SCHIECHTL
TIROLER WANDERBUCH 2

HUGO MEINHARD SCHIECHTL

TIROLER WANDERBUCH 2

Über 500 Wanderungen
zwischen Brenner und Karwendel,
Mieminger Plateau und Achensee

Mit 32 Kunstdruckbildern und einer Übersichtskarte

TYROLIA-VERLAG INNSBRUCK – WIEN – MÜNCHEN

Umschlagbild: Kalkkögel, Foto Sickert, Innsbruck
Übersichtskarte: Atelier mono grafic, Innsbruck
Schwarzweißbilder (nach der Bildfolge): R. Löbl. Bad Tölz, 2, 3, 7, 9, 14,
15, 16, 17, 19, 20, 22, 26, 27, 28, 29, 30, 31, 32
Sickert, Innsbruck, 1, 4, 5, 6, 8, 10, 13, 18, 21, 25
Schiechtl, Innsbruck, 11, 12, 23, 24

ISBN 3-7022-1256-6
1977
Alle Rechte bei der Verlagsanstalt Tyrolia Gesellschaft m. b. H.,
Innsbruck, Exlgasse 20
Satz, Druck und Buchbinderarbeit in der Verlagsanstalt Tyrolia
Gesellschaft m. b. H., Innsbruck

INHALT

Vorwort 7
Allgemeine Hinweise 9
Abkürzungen 12
Absam 13
Aldrans 27
Ampass 31
Axams inkl. Hoadl und Birgitzköpfl 33
Baumkirchen 46
Birgitz/Götzens 49
Ellbögen 54
Flaurling/Polling 57
Fritzens 60
Fulpmes 64
Gnadenwald 75
Götzens 50
Gries am Brenner 86
Gries im Sellraintal und Praxmar (99) 93
Grinzens 103
Gschnitz 109
Hatting 118
Hall in Tirol 239
Innsbruck 119
   Innsbruck-Amras (132), Innsbruck-Arzl (133), Innsbruck-Hafelekar (134), Innsbruck-Hötting (143), Innsbruck-Kranebitten (147), Innsbruck-Hungerburg (150), Innsbruck-Mühlau (161), Innsbruck-Seegrube (168), Innsbruck-Wilten (174)
Innsbruck-Vill/Igls/Patscherkofel 181
Inzing 191
Kematen/Unterperfuss 193
Kolsass/Kolsassberg 447
Kühtai 196
Lans 200
Leutasch 203
Matrei am Brenner 219
Mieders/Schönberg 227
Mieming/Obsteig/Wildermieming 233
Mils/Hall in Tirol 239

Mötz	245
Mutters/Kreith/Natters	248
Navis	257
Neustift im Stubaital	264
Obernberg am Brenner	286
Oberperfuss	293
Obsteig	234
Patsch	298
Pettnau	302
Pfaffenhofen/Oberhofen	304
Pfons	309
Ranggen	311
Reith bei Seefeld	314
Rinn	318
St. Sigmund	322
Scharnitz	325
Schmirn	343
Schönberg	227
Seefeld	347
Sellrain	362
Sistrans	367
Steinach	370
Telfes	378
Telfs/Mösern (389)	382
Terfens	390
Thaur	392
Trins	395
Tulfes	403
Vals/St. Jodok	415
Volders/Klein- und Großvolderberg	421
Völs	429
Wattens/Wattenberg	432
Weer/Weerberg – Kolsass/Kolsassberg. -	446
Zirl	454
Verwendete und empfehlenswerte Literatur	464
Forstmeilen und Fitness-Parcours	465
Schiwanderwege	467
Seilbahnen und Sessellifte	468
Wanderungen ebenaus	470
Wanderungen abwärts	472
Register	475

VORWORT

Lieber Wanderer und Naturfreund, ein paar Worte muß ich wohl zuerst sagen, um dir das Auffinden jenes Wanderweges zu erleichtern, der für deine Stimmung, die Jahreszeit und das Wetter der richtige ist.

„Innsbruck-Umgebung" ist ein Begriff, der recht unterschiedlich abgegrenzt wird. Mancher wird mir sagen – was ich natürlich als alter Innsbrucker auch weiß –, daß nämlich der Innsbrucker fast ganz Südtirol zur Umgebung seiner Heimatstadt zählt, zumindest aber die Brennerberge auch südlich der Grenze. Und mancher wird meinen, daß der zünftige Innsbrucker am Wochenende selbstverständlich auch ins Engadin und aufs Stilfser Joch und in die Dolomiten oder den Kaiser fährt.

Nun, irgendwo muß eben ein Ende sein, und da hielt ich mich eben ans Praktische – an den Umfang, den so ein Wanderführer gerade noch haben darf. Und so ergab sich ganz von selbst die Abgrenzung, die durch die beiden Bezirke Innsbruck-Stadt und Innsbruck-Land gegeben ist – mit einigen kleinen „Grenzübertritten" in die Nachbarbezirke. Das ist also das Gebiet zwischen der bayrischen und der südtirolischen Grenze von Stams – Mieming – Kühtai bis Weer und Vomperbach.

Immerhin 70 Gemeinden liegen in diesem Gebiet. Über 500 empfehlenswerte Wanderungen habe ich zusammengetragen, manche davon noch nie beschrieben. Bestimmt übersah ich auch noch einige, und all die „Wege und Steige", die hierzulande von vielen Leuten ganz selbstverständlich begangen werden, mußte ich ausschließen, weil sich der Führer nicht an die „Extremen", sondern an die vielen anderen wendet.

Nur ein Teil der empfohlenen Wanderwege kann von Innsbruck aus angetreten werden. Die meisten erfordern die Zufahrt zum Ausgangspunkt mit öffentlichen Verkehrsmitteln oder mit dem eigenen Auto.

Darum ordnete ich die Wanderungen nach ihrem Ausgangspunkt. Dies sind meist Gemeinden. Manchmal faßte ich aber mehrere Gemeinden zusammen, wie z. B. Birgitz und Götzens oder Kolsass und Weer. Gelegentlich sind auch Orte als Ausgangspunkte angegeben, die keine politischen Gemeinden sind, so etwa Kühtai oder Praxmar.

Diese Ausgangsorte sind alphabetisch geordnet, um ihr Auffinden zu erleichtern. Allerlei Wissenswertes über jeden Ort wird vorangestellt.

Zwar bemühte ich mich, die Wegrouten möglichst klar zu beschreiben, doch wird es besonders bei längeren Wanderungen und bei Bergwanderungen immer wieder Orientierungsprobleme geben. Deshalb rate ich dir, immer eine der für jeden Ausgangsort angegebenen Landkarten mitzunehmen, am besten eine im Maßstab 1:25.000. Auch ein Höhenmesser (Aneroid) und der Taschenfahrplan, im Grenzgebiet auch der Reisepaß, können wertvolle Dienste leisten.

Die in der Wegbeschreibung benützten Bezeichnungen „rechts" und „links" sind meistens durch Angabe der Himmelsrichtung (in Klammer) ergänzt. Wo dies nicht der Fall ist, wird „rechts" oder „links" im hydrographischen Sinn gebraucht, also in der Fließrichtung mit Blickrichtung von der Quelle zur Mündung.

Die Angabe von Höhenunterschied und Gehzeiten bei jeder Wanderung soll abschätzen helfen, wie anstrengend eine Wanderung ist. In den Gehzeiten sind keine Rastzeiten enthalten.

Eine Liste aller Wanderwege, die ohne Aufstieg, also ebenaus oder talab möglich sind, findest du im Anhang, ebenso einen Namensindex, nach dem du rasch einen bestimmten Ort, Hütte, Berg oder Tal finden kannst.

Nun wünsche ich dir für alle Wanderungen und Bergfahrten ein schönes Wetter, gute Laune und fröhliche Begleiter!

Innsbruck, im Herbst 1976

Hugo Meinhard Schiechtl

Allgemeine Hinweise

ALLGEMEINE HINWEISE

Ausrüstung und Bekleidung
Vor der Beschreibung jeder Wanderung steht ein großes W oder B. W bedeutet Wanderweg, B = Bergwanderung.

Der Unterschied zwischen beiden liegt vor allem in der notwendigen Ausrüstung.

Wanderungen können mit einfachen Wanderschuhen ausgeführt werden (hohe Schuhe sind aber immer vorzuziehen); Regen- und Kälteschutz gehören zur Normalausrüstung.

Bei Bergwanderungen stößt man meist ins Hochgebirge vor und ist dort weitgehend auf sich allein angewiesen. Die Bekleidung muß diesen Umständen entsprechen. Feste wasserdichte Bergschuhe und die Mitnahme eines Rucksackes sind selbstverständlich. Kurze Hosen kommen im Hochgebirge auch im Sommer nicht in Frage; am besten eignen sich Bundhosen mit wollenen Kniestrümpfen. Als Windschutz wird man meist einen Anorak mitführen.

In den Rucksack gehören zusätzlich warme Kleidungsstücke (Pullover, Socken, Handschuhe, Kopfbedeckung, Wäsche), Regenschutz und eine kleine Rucksackapotheke (mit elastischer Binde, Verbandpäckchen, Hansaplast und Puder).

Wer mit Kindern Bergwanderungen in ausgesetztem Gelände macht, sollte auch stets eine ca. 10 m lange Reepschnur mitführen. Auf Bergwanderungen, in deren Verlauf Gletscher überschritten werden müssen (G), sind Seil, Eispickel und Steigeisen mitzuführen.

Verpflegung
Die auf dem Wanderweg berührten Gasthäuser, Hütten und Jausenstationen sind jeweils angegeben. Einen kleinen Vorrat an Lebensmitteln sollte man aber immer mit sich tragen, im häufig wasserarmen Kalkgebirge auch etwas zu trinken.

Jahreszeit
Jede Jahreszeit hat ihre Reize. Wenngleich die eigentliche Wanderzeit der Sommer und im Hochgebirge die kurze Zeit zwischen Sonnenwende und ersten herbstlichen Schneefällen ist, kann doch manche Wanderung zu den anderen Jahreszeiten ebenso schön oder noch viel schöner sein. Die Kenner werden vor allem den Frühling und den Herbst als ideale Wanderzeiten schätzen,

und nicht umsonst ist Innsbruck an den goldenen Herbst-Wochenenden geradezu ausgestorben, weil alles in die Berge strebt.

Aber auch im Winter gibt es richtige Wanderperioden, wenn etwa wochenlang kein Schnee fiel und eine feste Harschdecke das Betreten sonst ungangbarer Kultur- und Sumpfflächen erlaubt und auch die Benützung nicht geräumter Wanderwege möglich macht. Auf die Lawinengefahr muß dann freilich geachtet werden, weshalb winterliche Bergfahrten immer nur Erfahrenen vorbehalten bleiben.

In manchem Ort gibt es auch Wanderwege, die den ganzen Winter über von Schnee geräumt werden und daher jedem zugänglich sind.

Hütten und alpine Sicherheitseinrichtungen

Die alpinen Vereine haben das Hochgebirge der Alpen durch den koststpieligen Bau von Hütten und Wegen erschlossen, allen voran der Alpenverein. Jeder Benützer sollte diese Erschließungs- und Erhaltungsarbeit durch seine Mitgliedschaft bei einem der alpinen Vereine unterstützen. Damit genießt man ja überdies die Ermäßigung der Nächtigungsgebühren und bei den meisten Seilbahn- und Liftgesellschaften auch eine Fahrpreisermäßigung.

Alle Hütten und ihre Bettenkapazität sowie die Öffnungszeiten sind im Führer angegeben.

Gerät man in Bergnot, so sollte frühzeitig das *alpine Notsignal* gegeben werden: innerhalb einer Minute 6mal in regelmäßigen Abständen Pfeifen, Rufen oder Blinken. Die Antwort erfolgt mit ähnlichen Zeichen, jedoch dreimal in der Minute. Bei allen AV-Hütten und bei vielen Berggasthäusern sind alpine Meldestellen eingerichtet, bei denen man Bergunfälle melden kann. Über Telefon oder Funk wird von dort aus Hilfe durch Bergrettungsdienst, Gendarmerie oder Helikopter angefordert.

Kann man sich selbst wieder aus Bergnot befreien, ehe eine Hilfe eintraf, so melde man dies unverzüglich bei der nächsten Meldestelle, damit zeit- und kostenraubende Rettungsaktionen vermieden werden.

Kunstdenkmäler

Auf Kunstdenkmäler wird bei jeder Ortsbeschreibung und manchmal auch bei der Wegbeschreibung hingewiesen. Eine nä-

Allgemeine Hinweise

here Würdigung der Kunstdenkmäler ist in diesem Rahmen nicht möglich. Wer sich dafür interessiert, nehme am besten DEHIOs „Kunstdenkmäler Tirols" mit oder studiere es vor der Wanderung.

Naturschutz

Auch die Naturdenkmäler, und zwar nicht nur die bereits unter Schutz stehenden, sind bei den einzelnen Orten angegeben. Es muß selbstverständlich sein, daß man nicht nur die unter Naturschutz stehenden Objekte respektiert, sondern sich auf allen Wanderungen als Naturfreund verhält, der Pflanzen und Tiere schont, sich ruhig verhält und keine Abfälle hinterläßt. Das Pflücken und Ausgraben aller alpinen Polsterpflanzen ist überall verboten!

Die Einhaltung der alpinen Naturschutzbestimmungen wird von den Organen der Bergwacht überprüft. Hilf diesen selbstlosen Idealisten durch dein naturgerechtes Verhalten!

ABKÜRZUNGEN

G = Gletscherwanderung
B = Bergwanderung
W = Wanderweg
S = Schiwanderweg
→ = ebenaus
⇄ = hin und zurück ebenaus
↑ = aufwärts
↓ = abwärts
↑↓ = aufwärts und abwärts
bew. = bewirtschaftet
bez. = bezeichnet
ganzj. = ganzjährig
AV = Alpenverein
B = Bettenanzahl
DAV = Deutscher Alpenverein
Ew. = Einwohner
FVV = Fremdenverkehrsverband
forstw. = forstwirtschaftlich
Gh. = Gasthaus
Hm = Höhenmeter
landw. = landwirtschaftlich
M = Matratzenlager
Min. = Minuten
N = Norden
NF = Naturfreunde
NO = Nordosten
NW = Nordwesten
ÖAV = Österreichischer Alpenverein
O = Osten
ÖTK = Österreichischer Touristenklub
S = Süden
SO = Südosten
SW = Südwesten
St. = Stunde
W = Westen

Absam

ABSAM 632 m

Haltestelle der Dörfer-Autobuslinie ab Innsbruck bzw. Hall. 5280 Ew.; 5192 ha, davon 558 landw., 1801 forstw. genutzt. FVV, 13 Fremdenverkehrsbetriebe, 103 Privatvermieter, 594 Betten, Alpensöhnehütte, 1345 m, am Eingang des Halltals, Bettelwurfhütte, 2077 m, am Südhang des Bettelwurfs (AV-Sektion Innsbruck), Hallerangerhaus, 1768 m, an der Isarquelle nördlich des Lafatscherjochs (AV-Sektion Schwaben). Die FVV Absam, Hall und Mils gaben gemeinsam einen Wanderpaß heraus, mit dem man eine Wandernadel erwandern kann. Sprungschanze, Naturrodelbahn, Skiwanderweg, Waldspielplatz in der Uster, Forstmeile.

Geschichte:
Lanzenspitze aus der Urnenfelderzeit und 1 Bronzeschwert. Urkundlich seit 990 bekannt, Pfarrei seit 1305, seit 1313 selbständige Gemeinde. Am Hügel oberhalb des alten Dorfkerns der Ansitz *Melans*. Schon 1295 wird ein Eberhard der Vegler von Melans, Salzmair in Hall, urkundlich genannt. 1413 von den Bayern zerstört, erwarb 1450 Herzog Sigmund Melans, 1509 Hans von Fieger. 1537 verlieh Kaiser Ferdinand I. dem Salzmair Hans von Zott einen eigenen Burgfrieden und die „niedere Gerichtsbarkeit" innerhalb der Mauern und Zäune um die Güter des Ansitzes. Letzter Inhaber des Burgfriedens war Felix von Riccabona, der Melans 1805 erwarb. Zwischen Bach- und Stainergasse, also unmittelbar am südwestlichen Fuß des Melanser Hügels und westlich des alten Ortskerns, liegt der *Ansitz Krippach*. Ursprünglich als Oberst-Mairhof des Hochstiftes Augsburg für die Güter im Inntal errichtet, wurde der Ansitz 1454 an Hans II. Kripp von Prunberg zu Erblehen verliehen. Seit dem 16. Jahrhundert trägt dieser Mairhof den Namen Krippach, da er zu einem Ansitz mit rechteckigem Bau und rundem, helmgedeckten Turm ausgebaut, mit Asylrecht ausgestattet und mit der Gerichtsbarkeit in Hofmarkangelegenheiten versehen wurde. 1803 wurde der Lehensverband zu Augsburg aufgelöst.

Kunstdenkmäler:
Große, von der Landbevölkerung vielbesuchte und besonders zur Eheschließung beliebte *Wallfahrtskirche St. Michael;* dreischiffige Hallenkirche, ursprünglich spätgotisch, innen 1780 im

Rokokostil umgebaut, mit Bildern von J. A. Zoller, 1780. Hinter dem rechten Nebenaltar ist ein Muttergottesfresko aus dem Jahre 1470 des Haller „Meisters des Weltgerichts" erhalten, am „Fronbogen" ein spätgotisches Kreuz aus dem Jahre 1492. Die 14 Bildstöcke am Kirchweg sind mit spätnazarenischen Stationsbildern Heinrich Kluibenschädls aus Rietz vom Jahre 1915 geschmückt. Orgel aus der 2. Hälfte des 18. Jahrhunderts, Weihnachtskrippe von Johann Giner d. Ä., um 1800.

Die *Bauernhöfe* gehören dem „Mittertenn"-Haustyp an, und viele tragen als Wandschmuck alte Fresken oder gemalte Fenster- und Türumrahmungen.

Naturdenkmäler:

Naturschutzgebiet *„Karwendel"*, zusammen mit Bereichen der Gemeinden Gnadenwald, Hall in Tirol, Thaur, Innsbruck, Zirl, Reith, Seefeld, Scharnitz, Vomp, Eben und Jenbach; Pflanzen- und Tierwelt sowie Landschaftsbild des Karwendelgebirges; 720 km² (1943).

Eichen beim Anwesen Dr. Schuster und am Vogelherd (1944). Älteste *Melanser Eiche* (Quercus robur) an der Südostecke des Melanser Hügels (1949). *Linde* (Tilia cordata) vor der Kapelle neben dem Wiesenhof im Gnadenwald (1947). *Buchengruppe* (Fagus sylvatica) im Halltal bei der zweiten Ladhütte am Bettelwurfeck (1942). *Weißtanne* im Halltal nahe dem Brunnen bei der dritten Ladhütte (1942).

Bedeutende Persönlichkeiten:

Geburts- und Heimatort des berühmten Geigenbauers Jakob Stainer (1611–1681). An ihn erinnert eine Tafel an seinem Geburtshaus in der westlich des Ansitzes Krippach aufwärts führenden Stainerstraße (Haus Nr. 7). Stainer hatte in seiner Jugend Gelegenheit, die damals berühmtesten italienischen Geigen kennenzulernen, da Erzherzog Leopold V. und seine Gemahlin Claudia an ihrem Hofe in Innsbruck häufig musikalische Feste veranstalteten, bei denen viele italienische Musiker auftraten. Stainer lernte die Kunst des Geigenbauens bei Amati, doch schuf er später ganz eigenständige Instrumente, die heute zu den wertvollsten auf der Welt zählen.

Karten:

Umgebungskarte von Innsbruck mit Wegmarkierungen 1:25.000 (Bundesamt für Eich- und Vermessungswesen, Wien),

Absam

Alpenvereinskarte 1:25.000, Blatt Karwendel Mitte; Alpenvereinskarte 1:50.000, Nr. 31/5, Innsbruck-Umgebung; Kompaß-Wanderkarte 1:50.000, Blatt 26, Karwendelgebirge; Kompaß-Wanderkarte 1:30.000, Umgebungskarte Innsbruck-Hall; Freytag-Berndt-Touristenwanderkarte 1:100.000, Blatt 33, Innsbruck-Umgebung.

 Nach Thaur und zurück

Auf dem Feldweg im Westen von Absam aufwärts und vor Erreichen der Jägerkaserne (auf dem Wiesenweg bleibend) nach Westen abbiegen und dann dem Waldrand entlang. Bei trockenem Wetter im Herbst und Frühling oder schneearmen Wintern zwischen den Wiesen und dem Waldrand, sonst auf dem schmalen Fahrweg unmittelbar am Waldrand, aber noch im Wald nach Westen und schließlich oberhalb der Fischzucht auf der Dorfstraße zur Thaurer Kirche (Sehenswürdigkeiten siehe Thaur). Von der Kirche etwas abwärts und auf der nach Osten führenden Hauptstraße bis zur kleinen Kapelle St. Vigil. Von hier nach links in eine Nebenstraße, die knapp unter der Fischzucht über das Kinzachbachl führt. Weiter durch die Wiesen und schließlich auf der Landesstraße zurück nach Absam.
Gesamtgehzeit 1½ St.; Höhenunterschied 150 Hm; sonnig.

Nach Baumkirchen zurück über Mils

Auf der Hauptstraße nach Eichat. Dort die Salzbergstraße querend und auf Weg Nr. 14 über den Weißenbach und am linken Ufer des Weißenbachgrabens an den obersten Häusern von Mils vorüber. Von dort dem Weg Nr. 6 am Waldrand des Österberges entlang oberhalb des Hofes Haselfeld bis Baumkirchen.
Rückweg über die Landesstraße nach Mils (Ortsmitte). Nach der Querung des Weißenbaches auf einem Feldweg zuerst am rechten Ufer des Bachgrabens, dann nach Nordwesten abbiegend nach Absam zurück.
Gesamtgehzeit 2 – 2½ St.; Höhenunterschied 70 Hm.; sonnig, Waldrandweg halb schattig.

Zur ältesten Melanser Eiche

Vom Parkplatz gegenüber dem Gasthaus Stamser in Dorfmitte zuerst der Dörferstraße entlang bis zum Moos. Dort links abbiegen und vor dem ersten Haus links zuerst über eine Treppe, dann steil über die Wiesenkante empor. Nach ca. 100 m flacher dem Waldrand an der Ostkante des Melanser Hügels folgend bis zum trigonometrischen Punkt an der am weitesten nach Osten vorspringenden Kante. Dort steht die mächtigste Melanser Eiche. Sie wurde 1949 unter Naturschutz gestellt. Von hier dem Waldrand folgend bis zum Nordrand der Felder und von dort ca. 50 m steil abwärts.

Rückweg entweder dem Westfuß des Melanser Hügels entlang über Rhomberg- und Bachgasse oder der Tiefenlinie am Ostfuße des Melanser Hügels folgend durch das Moos.

Gesamtgehzeit 1 St.; Höhenunterschied 160 Hm; sonnig.

 Rund um Melans

Auf einem beherrschenden, abgeflachten Hügel oberhalb des Dorfes wurde im 14. Jahrhundert der Ansitz Melans errichtet. Durch das Zusammenwachsen der Siedlungen Eichat und Bettelwurf mit dem alten Dorfteil rückte der Melanser Hügel allmählich in das Zentrum des heutigen Siedlungsgebietes. Man wird den Spaziergang rund um Melans trotzdem meist vom Parkplatz gegenüber dem Gasthof Stamser in der Dorfmitte beginnen (Haltestelle der Dörferlinie und Parkplatz). Von hier folgt man der Dörferstraße nach Osten bis zum Moos. Bei trockenem Wetter empfiehlt sich der sanft ansteigende Wiesenweg durch das meist feuchte Moos und der Tiefenlinie östlich des Melanser Hügels durch lichten Laubwald bis zum Nordfuß des Hügels (zuerst sonnig, dann halb schattig).

Bei feuchtem Wetter ist es ratsam, der Dörferstraße bis zum Wegkreuz und dann dem Riccabonaweg bis zum Haus Nr. 1 zu folgen. Dort links abbiegen und auf der Nebenstraße bis zum Nordfuß des Melanser Hügels.

Beide Wege führen an herrlichen Baumgruppen des ehemaligen Stieleichen-Winterlinden-Mischwaldes vorüber, die stellenweise von Schwarz- und Rotkiefernpflanzungen unterbrochen werden.

Vom Nordfuß des Melanser Hügels auf seiner Westseite der Rhombergstraße bis zur Stainerstraße folgend (dieser Teil ist am stärksten von Autos befahren) und dort links abwärts durch die Bachgasse am Ansitz Krippach vorüber zum Ausgangspunkt in der Dörferstraße.

Gesamtgehzeit 1 St.; Höhenunterschied 120 Hm; teils halb schattig.

⏐W↑↓⏐ In die Uster

Über Eichat der Halltalstraße folgend bis zum Gehöft „Hackl" und knapp hinter diesem über den Weißenbach, dem „Absamer Erholungs- und Wanderweg" folgend bis zur Hinweistafel „in die Uster". Erholungs- und Ruhegebiet mitten im Wald mit zahlreichen Ruhebänken. Im Winter Wildfütterung. Kinderspielplatz im Wald am Fuße der FISU-Sprungschanze mit Spielgeräten aus Holz (Indianerdorf mit 5 Zelten, 2 Bodenschaukeln, 6 Hängeschaukeln, 1 Kletterbaum, 2 Sandkästen, Spielhölzern und Ballspielwiese). Für die Aufsichtspersonen sind Holzbänke und -tische vorhanden.

Gesamtgehzeit ab Dorfmitte 1 St.; bis zur Walderstraße auch mit dem Auto Zufahrt möglich; dort Parkplatz; von diesem aus ¼ St. zu Fuß; halb schattig. Markierung: pfeilförmige grüne Tafeln mit weißer Schrift.

Von der Uster aus zu Maximilianquelle, ¼ St.

⏐W↑↓⏐ Zum Runstboden

Zum Sportplatz am Waldrand ober dem Dorf (hieher auch mit eigenem Auto, Parkplatz). Westlich des Sportplatzes auf mäßig steigender Forststraße in 25 Min. zum unteren Runstboden (50 m östlich der Straßenkehre) mit schönem Ausblick auf das untere Halltal, den Gnadenwald und den Zunterkopf. Von hier in ¼ St. dem Forstweg folgend zum oberen Runstboden. Vom unteren Runstboden führt ein Fußsteig mäßig fallend zur Halltalstraße und am Gehöft „Hackl" vorüber zurück nach Absam.

Gesamtgehzeit ab Dorfmitte ca. 2½ St., ab und zum Sportplatz 1½ St.; Höhenunterschied ab Dorfmitte zum unteren Runstboden 230 Hm, zum oberen Runstboden 300 Hm, ab Sportplatz 140 bzw. 210 Hm; halb schattig. Markierung: pfeilförmige grüne Tafeln mit weißer Schrift.

|W↑↓| **Zum Wasserfall**

Über Eichat auf der Halltalstraße bis knapp ober das Gehöft „Hackl", dann den Bach überschreiten und dem „Absamer Erholungs- und Wanderweg" folgend bis zur Hinweistafel „zum Wasserfall" (20 Min.); bis hieher auch mit dem Auto, Parkmöglichkeit an der Walderstraße. Der leicht ansteigende Waldweg ist mit Ruhebänken ausgestattet und führt in ca. 40 Min. zum romantischen Wasserfall des Fallbaches. Der Weg führt stets durch lichten Erika-Rotföhren-Wald und endet etwa 100 m vor dem untersten der 3 Wasserfälle, wo eine Bank in einer Gruppe von 3 Salweiden zum Verweilen einlädt.

Von hier schweift der Blick auf die vor uns aufragenden, steilen, von Felsen durchsetzten Grashänge, die lange Zeit hindurch gemäht wurden. Um das Zuwachsen der Wiesen mit Bäumen zu verhindern, zündete man wie in vielen Gegenden Tirols im Frühling oder Herbst immer wieder das dürre Gras an. Verständlicherweise griff dabei das Feuer häufig in die benachbarten Wälder über und vernichtete die Gehölze auch an Stellen, wo eine Grasnutzung nicht möglich war, z. B. auf den Felswänden. Dort bildeten sich durch die intensive Besonnung und durch die Aushagerung des Bodens an Stelle des ehemaligen Buchen-Tannen-Waldes blumenreiche Blaugrashalden aus, und in den Felspartien blühen im Frühling zu Tausenden die unter Naturschutz stehenden gelben „Platenigl" (Aurikel, Petergstamm, Primula auricula), an überhängenden Felswänden die weißblühenden Fingerkräuter (Potentilla caulescens), eine der charakteristischsten Felsnischenpflanzen der Kalkalpen. Vereinzelt konnten sich an schattigen Stellen auch noch die altertümlichen Eiben erhalten.

Wer mit gutem Schuhwerk ausgerüstet ist, gelangt in wenigen Minuten bis zum Wasserfall selbst (Steinschlaggefahr!), vor dem an einem großen Steinblock eine Kupfertafel an den 22jährigen Sig'l Geppert erinnert, der hier am 11. April 1959 beim Platenigl-pflücken tödlich abstürzte. Ein sinniger Spruch warnt den Platenigljäger:

> „Bin gwesn a lustiger Bua,
> iatzt bin i halt gfalln in die ewige Ruah.
> Buam passt's auf beim Plateniglbrocken,
> mit so an Blüaml tuat der Senseler lockn.
> Bleib halt an Augenblick stiahn,
> dank Gott für die Gsundheit,
> bevor weiter tuast giahn."

Absam

Der Aufstieg zum Wantlalmsteig ist nur für geübte Bergsteiger zu empfehlen und muß etwa 200 m vor dem Wasserfall über den westlichen Teil der Wiesen ohne Weg selbst gesucht werden (steil, 380 Hm, ca. 1 St.).

Gesamtgehzeit Absam – Wasserfall 1¾ St., ab Walderstraße ¾ St.; Höhenunterschied bis Wasserfall 370 Hm, ab Walderstraße 180 Hm; halb schattig. Markierung: grüne pfeilförmige Tafeln mit weißer Schrift.

W⇄	**Absamer Erholungs- und Wanderweg**

Über Eichat auf der Halltalstraße bis knapp ober das Gehöft „Hackl", dann über den Bach nach Osten. Von hier aus ist der Weg gut mit grünen, pfeilförmigen Tafeln gekennzeichnet. Der Weg steigt leicht durch lichten Erika-Föhren-Wald an, und man erreicht nach Querung des Fallbaches und der Urschenreiße in 50 Min. St. Martin im Gnadenwald, das zu kurzer Rast einladet.

Im 11. Jahrhundert soll hier ein Jagdhaus mit einer dem heiligen Martin geweihten Kapelle gestanden sein, die zuerst urkundlich 1337 erwähnt wird. Um 1445 bestand bereits eine Einsiedelei mit zwei Eremiten, und 1487 stiftete Magdalena Getznerin aus Hall ein Kloster der Augustinerinnen („Waldschwestern"), siehe auch bei St. Magdalena. 1520 brannte das Kloster ab, wurde von Christoph Wenig wieder errichtet und von Einsiedlern bewohnt. Seit 1939 besitzen die Tertiarschwestern von Hall das Kloster und richteten darin eine Fremdenpension ein. Die Kirche wurde nach dem Brand Ende des 17. Jahrhunderts wieder aufgebaut, 1724 barockisiert und 1732 geweiht; sehenswert 3 spätgotische Wappenschilde vom Anfang des 16. Jahrhunderts.

In St. Martin endet der Absamer Erholungs- und Wanderweg, doch führt der Wanderweg als „Waldlehrpfad" weiter bis St. Michael, von St. Martin 2 km, und als „Gnadenwalder Erholungsweg" bis Mairbach, von St. Martin 5 km (siehe auch unter Gnadenwald, Seite 79).

Gehzeit von „Hackl" bis St. Martin 50 Min., bis Mairbach 2 St.; Höhenunterschied 120 Hm; sehr gut gepflegter Wanderweg, halb schattig.

W⇄ Auf dem Adolf-Pichler-Weg zum Thaurer Schloß und zur Adolf-Pichler-Quelle

Westlich des Dorfes über den Johannesweg durch die Wiesen aufwärts an einem von zwei Birken flankierten Feldkreuz vorüber zur Jägerkaserne. Von dort auf dem blau (früher blau-weißblau) markierten Adolf-Pichler-Weg (Nr. 3) im Wald nach Westen. Nach ca. 15 Min. oberhalb der Kapauns-Siedlung und des ehemaligen Salzbergstollens in die Thaurer Klamm. Am Beginn der Klamm lohnt es sich, ca. 20 m nach links zur hohen Bogensperre zu gehen, die von der Wildbachverbauung in romantischer Felsenge zum Schutze der Ortschaft Thaur errichtet wurde, und den Tiefblick auf Thaur zu genießen. Nach etwa 200 m verlassen wir die Schluchtstrecke wieder und steigen nach links steil zum Romedikirchl (siehe Thaur) und zu den Ruinen des Schlosses Thaur auf.

Hier sind noch zahlreiche Eibenbäume erhalten, und auf den sonnigen Trockenwiesen blüht im Frühling die berühmte Innsbrucker Küchenschelle (Pulsatilla oenipontana), eine endemische, nur auf den Hügeln zwischen Kranebitten und Thaur vorkommende, violette Anemonenart.

Nördlich am Schloß vorüber und unmittelbar ober dem Schloßbauernhof nach Westen über die Schloßhofwiesen und nach weiteren 50 m zu der im Wald liegenden Adolf-Pichler-Quelle.

Sie ist nach dem großen Tiroler Dichter und Geologen Adolf Pichler benannt, der hier das einzige Nordtiroler Vorkommen der stengellosen Primel (Primula acaulis) entdeckte. Es dürfte sich dabei wohl nicht um ein Relikt aus wärmeren Zeiten handeln, denn gerade im Innsbrucker Raum gibt es deren zahlreiche, aber keines mit der stengellosen Primel. Vielmehr ist anzunehmen, daß diese häufig kultivierte Primelart aus den Gärten des Thaurer Schlosses stammt und im lichten Wald verwilderte.

Gesamtgehzeit 1½ St., Rückweg 1¼ St.; Höhenunterschied je 120 Hm; gut gepflegter und markierter Wanderweg, meist halb schattig.

Von der Adolf-Pichler-Quelle kann die Wanderung auf dem Waldweg über den Garzanhof – Rechenhof zur Hungerburg ober Innsbruck fortgesetzt werden. Abkürzungen sind vom Garzanhof nach Rum, vom Rechenhof nach Arzl und Innsbruck möglich. Von der Hungerburg kann die Standseilbahn zur Abfahrt nach

Innsbruck benützt werden. Gesamtgehzeit bis Hungerburg 3 St.;
Höhenunterschied 400 Hm.

 Zur Alpensöhnehütte

Durch das untere Halltal bis zum Bettelwurfeck. Hieher auch
mit Pkw (Bergerfahrung erforderlich!). Im Buchenwäldchen, das
unter Naturschutz steht, biegt der zuerst als AV-Weg Nr. 222
markierte Steig nach rechts ab. In der Bettelwurfreiße verlassen
wir den zur Bettelwurfhütte führenden AV-Weg und folgen dem
rechts abbiegenden, rot-blau markierten, sehr gut erhaltenen Fußsteig in steilen Serpentinen ansteigend zur Alpensöhnehütte, die
oberhalb einer ehemaligen Bergmahd im lichten Wald steht.
Prächtige Aussicht auf das obere Halltal.

Rückweg am selben Weg oder vorerst leicht absteigend nach
Osten in 1 St. zur Wandlalm und von dort steil nach Südosten
abwärts bis zur Wegabzweigung Gnadenwald, wo wir nach rechts
abbiegen und über die „Fischleraste" durch Kiefernwald zur
Walderbrücke und zurück nach Absam wandern.

Unterhalb der Fischleraste stand einst am Fallbach-Anger ein Man-
gan-Erzbergbau, der im Jahre 1860 aufgelassen wurde.

Gesamtgehzeit ab Absam 2½ St., Rückweg 2 St., über Wandlalm 2½ St., ab Bettelwurfeck ¾ St., zurück ½ St.; Höhenunterschied ab Absam 760 Hm in jeder Richtung, ab Bettelwurfeck
350 Hm in jeder Richtung; gut markierter und gut gepflegter Weg,
teils sonnig, teils halb schattig.

 Absamer Skiwanderweg

Der Absamer Erholungs- und Wanderweg ist gleichzeitig als
Ski-Wanderweg ausgebaut und wird im Winter entsprechend betreut. Der 3,5 km lange Weg führt vom Gehöft „Hackl" am Eingang des Halltales über den Bach und nach St. Martin, wo er in
den Gnadenwalder Erholungsweg mündet und weiter bis Mairbach führt.

Ins Halltal
nach St. Magdalena

W↑↓

Das Halltal ist eines der Naturjuwele in der weiteren Umgebung von Innsbruck, und fast auf jeder Wanderung begegnet man hier noch Gemsen. Auch heute noch stößt man immer wieder auf die Spuren des ehemaligen Salzbergbaues, der ab 1232 über 800 Jahre lang betrieben wurde, sehr wahrscheinlich aber schon in vorgeschichtlicher Zeit in einfacher Form stattfand. Immer wieder ist neben dem Weg die alte, aus Holzrohren gebaute Soleleitung sichtbar, in der die aus dem Haselgebirge ausgelaugte Sole zu der etwa 10 km entfernten Sudpfanne in Hall geleitet wurde. Die „Herrenhäuser", Stolleneinfahrten, Lawinenschutzbauten, der leider verfallene „Fluchtweg", die Ladhütten, manches Bildstöckl und zahlreiche Ortsnamen beschwören auch heute noch das einst geschäftige Leben im berühmten Halltaler Salzbergbau herauf, obwohl 1968 Bergbau und Sudwerk stillgelegt wurden.

Im Norden Absams durch den Ortsteil Eichat und dann die Salzbergstraße aufwärts am Gehöft „Hackl" vorüber leicht ansteigend ins romantische, bald enger werdende Halltal.

Beim Beginn der Talverengung überschreiten wir die Freiung, die ehemalige Grenze des Bergrechtes. Zur Kennzeichnung wurde hier die Freiung- oder Bergerkapelle errichtet, auf der eine Inschrift an das alte Recht erinnert: „Die Kapelle war das Grenzzeichen der von König Heinrich im Jahre 1324 bestimmten und von Kaiser Maximilian I. im Jahre 1491 bestätigten Freiung des Salzberges." Dieses Recht war eine Gerichtsausnahme bei leichten Vergehen für alle im Salzbergbau Beschäftigten.

Beim Bettelwurfbrünnl steil aufwärts zum Bettelwurfeck, wo die Straße nach Westen abbiegt und bei der 2. Ladhütte einen alten, unter Naturschutz stehenden Buchenbestand quert. Mit Bergschuhen ausgerüstete geübte Berggeher können von der 2. Ladhütte ab links den steil emporführenden ehemaligen „Fluchtsteig" benützen, der einst den Bergknappen den Zugang zum Bergwerk bei Lawinengefahr gestattete. Der normale Weg ist die nicht mehr instand gesetzte Fahrstraße, die sanft ansteigt und beiderseits von Latschen- und Strauchbuchenbeständen gesäumt wird, die von den häufig abgehenden Lawinen niedrig gehalten werden. Nach ¼ St. ab dem Bettelwurfeck tritt der Weg wieder in den Hochwald ein, und hier zweigt nahe einer unter Naturschutz stehenden mächtigen Tanne der Weg nach links ab. Nach einer weiteren Viertelstunde liegt St. Magdalena auf grünem Wiesenplane vor uns.

Absam

Von hier aus bietet sich eine gewaltige Kulisse dar: im Norden die schroffen Felsabstürze des Bettelwurfs und an seinem Südabhang die Bettelwurfhütte, darunter die nach Waldbränden vollkommen verkarsteten Felsplatten des Turmschlages und neben dem Bettelwurf anschließend die Felsgestalten des Großen Lafatscher, der Backofenspitze und des Roßkopfs, im Osten die ebenso markante Wechselspitze und vor uns im Tal der Felsklotz des Kartellers. St. Magdalena wurde 1448 als Einsiedelei gegründet und lange Zeit von Augustinerinnen bewohnt, die als „Waldschwestern" bezeichnet wurden. Um 1490 zogen diese nach St. Martin im Gnadenwald. 1520 wurde das Kloster St. Magdalena durch einen Brand vernichtet, aber wieder aufgebaut. Spätgotischer Altar aus dem Jahre 1614.

Gesamtgehzeit von Absam 2–2½ St., zurück ca. 2 St., Abkürzung durch Auffahrt mit Pkw bis zur 2. oder 3. Ladhütte möglich; Höhenunterschied ab Absam in jeder Richtung 650 Hm, ab Freiung 400 Hm; Weg bequem und gut markiert (Nr. 221) halb schattig.

B ↑↓ Zum Halleranger

Durch das Halltal bis zur 3. Ladhütte, wo der Weg nach Sankt Magdalena abzweigt. Bis hieher auch mit eigenem Pkw (Maut). Unterhalb der mächtigen, unter Naturschutz stehenden Tanne nach rechts über den Bach oder (bei Hochwasser besser) auf der Salzbergstraße ca. 300 m aufwärts und dann erst nach rechts abzweigend und dadurch immer am rechten Ufer des Ißbaches bleibend. In ¾ St. erreicht man die hochstaudenbestandenen, im Sommer herrlich blühenden, feuchten Bergwiesen des „Hirschbades", über die der Weg in 3 Kehren in den darüberliegenden lichten Bergwald und weiter zum Ißanger führt.

Variante: von der 3. Ladhütte der Salzbergstraße folgend bis zu den „Herrenhäusern", dem ehemaligen Wohn- und Verwaltungsgebäude der Saline Hall (keine Bewirtschaftung mehr).

1725 wurde die Kapelle zum hl. Rupert erbaut, 1968 fuhr der letzte Bergknappe in den Salzstollen, nachdem der Bergbau über 800 Jahre lang betrieben wurde und einer der bedeutendsten Wirtschaftszweige des Landes war.

Der Wegmarkierung Nr. 221 folgend an den ehemaligen Bergbauanlagen des „Stein-" und „Mitter-" und „Wasserberges" vorüber zum Ißjöchl, 1668 m, und dann leicht abwärts zum Ißanger, 1631 m.

Das Jagdbuch Kaiser Maximilians I. nannte am Ißanger einen kleinen See. Er ist heute verlandet, und nur blütenreiche Naßwiesen lassen die Stelle noch undeutlich erkennen.

Vom Ißanger der Wegmarkierung Nr. 223 nach Norden folgend in zwei Serpentinen zum Lafatscherjoch, 2085 m, der breiten Einsattelung zwischen Speckkarspitze und Kleiner Lafatscherspitze. Hieher vom Ißanger 1 St. Vom südlichen Jochkreuz wandert man an einem Wassertümpel vorüber leicht abwärts zum nördlichen Jochkreuz, das am Rande des Steilabfalles steht. Der Weg wendet sich nun nach Osten zur Speckkarspitze hin und führt im „Durchschlag", einer steilen Schuttrinne unter den fast senkrecht stehenden Felstafeln der „Schlifferwände" hinab in ½ St. zum Hallerangerhaus, 1768 m, das zwischen Lärchen und Latschen etwas ober der Hallerangeralm steht. (DAV-Sektion Schwaben-Stuttgart; Pfingsten – 1. oder 2. Sonntag im Oktober bew.; 22 Betten, 60 Lager.)

Gehzeit von Absam 3½ St., von der 3. Ladhütte 2½ St., Rückweg nach Hall 3 St., zur 3. Ladhütte 2 St.; Höhenunterschied von Absam ↑ 1450 Hm, ↓ 320 Hm, von der 3. Ladhütte ↑ 750 Hm, ↓ 320 Hm, beim Rückweg umgekehrt; Weg gut markiert mit AV-Tafeln und rotweißroter Farbe, meist sonnig.

B ↑↓ Zur Bettelwurfhütte

Durch das Halltal zum Lafatscherjoch. Von dort zweigt am südlichen Joch der Weg Nr. 222 nach Osten ab und führt zuerst 80 Höhenmeter ansteigend, dann das Bettelwurfkar querend und schließlich absteigend zur Bettelwurfhütte, 2077 m (ÖAV-Sektion Innsbruck, 15. 6. – 1. oder 2. Sonntag im Oktober bew.; 12 Betten, 35 Lager).

Die Lage der Hütte auf einem vom Kleinen Bettelwurf herabziehenden Felsgrat ist großartig, ebenso die Aussicht auf das Halltal, das Inntal und die Zentralalpen.

Von der Hütte führt der Weg steil über latschenbestandene Felshänge in vielen Kehren hinab zur Bettelwurfreiße und bei der 2. Ladhütte auf die Salzbergstraße.

Gehzeit von Absam 4½ St., Rückweg 3 St., von der 2. Ladhütte 3 St., Rückweg 2 St.; Höhenunterschied von Absam ↑ 1550 Hm, ↓ 1550 Hm, von der 2. Ladhütte ↑ 1100 Hm, ↓ 1100 Hm. Der Weg ist gut markiert und meist sonnig.

B↑↓   Auf den Großen Bettelwurf

Von der Bettelwurfhütte leicht ansteigend nach Osten bis zum Eisengattergrat. Auf diesem führt der mit Drahtseilen versicherte Weg steil aufwärts zum Gipfel des Großen Bettelwurfs, 2725 m.

Der Große Bettelwurf ist die mächtigste Erhebung dieser Gebirgskette und zudem am leichtesten zu erreichen. Von seinem Gipfel genießt man eine herrliche Rundsicht; am eindrucksvollsten nach Norden, wo die 1300 m hohe Wandflucht in das wenig begangene Vomperloch abstürzt.

Gehzeit, Aufstieg von der Hütte 1¾ St., Abstieg 1¼ St.; Höhenunterschied ↑↓ je 650 Hm; guter, alpiner Steig, der aber Trittsicherheit und Schwindelfreiheit erfordert.

B↑↓   Törl – Kaisersäule – Thaur

Durch das Halltal bis zu den Herrenhäusern, 1481 m. Von dort in steilen Kehren empor zum Törl, 1773 m; von Absam 4 St. Jenseits nach SW durch Wiesenmatten und Legföhren in ¼ St. hinab zur „Kaisersäule", 1701 m, und weiter auf Weg Nr. 218 zur Thaurer Alm, 1464 m; ab Törl ½ St. Auf dem neu erbauten Alpweg in 1½ St. hinunter nach Thaur und von dort zurück nach Absam.

Gesamtgehzeit 6½ St.; Höhenunterschied ↑↓ je 1150 Hm; gut gepflegte und markierte Wege, zu zwei Dritteln sonnig.

B↑↓   Zunterkopfkamm

Wie oben durch das Halltal zum Törl, 1773 m; von Absam 4 St. Auf dem Westhang aufwärts durch Legföhrenbestände, dann durch Wiesenmatten zum Thaurer Zunterkopf, 1918 m, und auf aussichtsreichem Steig über den Rücken nach Osten in

½ St. zum Haller Zunterkopf, 1965 m. Weiter dem Rücken folgend nach Osten zum Hochmahdkopf hinab, 1738 m, und auf schmalem Steig zuerst flach nach NW durch Legföhrenkrummholz, dann steil in Serpentinen durch lärchenreichen Hochwald hinunter nach St. Magdalena, 1285 m, und durch das Halltal zurück nach Absam.

Gesamtgehzeit ↑ 5 St., ↓ 3 St.; Höhenunterschied ↑↓ je 1350 Hm; Weg zur Hälfte sonnig und halb schattig.

B ↑↓ Auf die Pfeis und nach Scharnitz

Durch das Halltal aufwärts zu den Herrenhäusern und an den ehemaligen Salzbergbauanlagen des Stein- und Mitterberges vorüber zum Wasserberg, von wo der Weg Nr. 221 nach W durch Krummholz und über Schotterreißen (zuletzt etwas mühsam) steil ansteigend zum Stempeljoch, 2218 m, führt. Von Absam 4½ St.

Das Stempeljoch erhielt seinen Namen von der Lagerung der Stempel (= Grubenholz), die hieher durch das Samertal heraufgeliefert und den Sommer über gelagert wurden. Im Frühling ließ man dann das Holz über die Schneefelder zum Ißanger hinab, von wo es zu den einzelnen Verwendungsorten in den Stollen des Salzbergwerkes verteilt wurde. Vor zwei Jahrzehnten waren am Stempeljoch noch die Reste der einfachen Transportanlagen und des ehemaligen Holzganters zu sehen.

Auf der Westseite des Stempeljoches führt uns der Weg in ½ St. über grüne Wiesenmatten hinab in die Pfeis, wo unweit der unscheinbaren Alphütte in 1947 m Höhe die Pfeishütte (AV-Sektion Innsbruck, 15. – 1. oder 2. Sonntag im Okt. bew.; 34 B, 45 M, im Sommer bew.) zur Rast einladet.

Weiter durch das Samertal auf gutem Weg über die Möslalm in 2 St. zur Amtssäge, 1195 m (Gh. im Sommer bewirtschaftet).

Die Namen Samertal und Amtssäge erinnern ebenfalls an den einstigen Bergbau. Die Amtssäge ist urkundlich als „Christensag" schon um 1500 genannt, und hier wurden damals die im Haller Salzbergwerk benötigten und im Scharnitzer Wald geschlägerten Stämme zugeschnitten und für den Transport über das Stempeljoch vorbereitet. Aus Abrechnungen des Haller Salzmairamtes wissen wir, daß der Weg durch das Samertal schon um 1363 bestand.

Von der Amtssäge führt der fahrbare Weg durch das Gleirsch-

Aldrans

tal („Gleirsch" = rätoromanisch für Schotter) nach NW bis zum „Krapfen", wo der alte Fußweg steil abkürzend hinab ins Hinterautal führt, und weiter nach Scharnitz, 964 m. Von dort Rückfahrt mit der Bahn. Von der Amtssäge bis Scharnitz 2 St. Gesamtgehzeit Absam – Scharnitz 9 St.; Höhenunterschied ↑ 590 Hm, ↓ 1250 Hm; Wege gut markiert und gepflegt, zu zwei Drittel sonnig; am Aufstieg zum Stempeljoch einige hundert Meter schotterig, Ausdauer erforderlich.

ALDRANS 759 m

Haltestelle der elektrischen Schmalspurbahn Innsbruck – Igls. Bushaltestelle der Postautobuslinie Innsbruck – Tulfes. 1147 Ew.; 889 ha, davon intensiv landw. 326 ha, forstw. 514 ha genutzt. FVV, 13 Gastbetriebe, 84 Privatvermieter, 727 Betten, Skischule, Heimatbühne.

Geschichte:
Bronzezeitliche Funde und römische Münzfunde. Erste urkundliche Nennung 995, ab 1313 Steuergemeinde, seit 1967 selbständige Pfarrei, davor zur Pfarre Ampass gehörig. 1929 zum Großteil abgebrannt.

Kunstdenkmäler:
Pfarrkirche zum hl. Martin, 1365 erwähnt, jetzige Kirche 1426 erbaut und Anfang des 18. Jahrhunderts barockisiert. *Ansitz Brandhausen,* 1579 zum Ansitz erhoben. *Zephius-Schlößl,* Landedelsitz aus der Zeit um 1800. *Gloriette* aus der 2. Hälfte des 18. Jahrhunderts, turmähnliches, gemauertes Gartenhaus mit schindelgedecktem Dach und hölzerner Laterne, gehörte früher zum Zephius-Schlößl. *Ansitz Rosenegg,* Wohnsitz des Tiroler Dichters Rudolf Greinz, 1866–1942. *Schrattenburg,* 1908 von Univ.-Prof. Hermann von Schullern erbaut.

Naturdenkmäler:
Naturschutzgebiet *„Zirmberg",* zusammen mit Bereichen der Gemeinde Rinn, Zirben-Urwald, 178 ha (1942).

Karten:
Umgebungskarte von Innsbruck mit Wegmarkierungen

1:25.000 (Bundesamt für Eich- und Vermessungswesen, Wien); Kompaß-Wanderkarte 1:30.000, Blatt Innsbruck-Hall, Umgebungskarte; Alpenvereinskarte 1:50.000, Blatt Nr. 31/5 Innsbruck-Umgebung; Freytag-Berndt-Touristenwanderkarte 1:100.000, Blatt 33, Innsbruck-Umgebung.

 Nach Sistrans

Auf der Rinner Landesstraße nach Süden bis zur Säge. Dort nach rechts (W) und nach 100 m wieder nach links (S) dem Weg Nr. 18 folgen. Der Weg steigt zuerst im Wald leicht an und führt dann über Wiesen an der Gletscherkapelle (schöner Ausblick) vorüber nach Sistrans.
Gehzeit 1 St., Höhenunterschied ↑ 150 Hm.
Rückweg: von Sistrans auf der Landesstraße nach Westen und nach ca. 100 m nach Norden auf einem Wiesenweg abwärts nach Rans und von dort auf dem Fahrweg zurück nach Aldrans.
Gehzeit ½ St.; Höhenunterschied ↓ 150 Hm; sonnig.

 Nach Ambras

Von der Dorfmitte westlich auf der Landesstraße bis Schönruh. Dort die Straße verlassen und nach rechts abwärts am ehemaligen Schwimmbad vorbei in ½ St. zum Schloß Ambras mit seinen sehenswerten Sammlungen und dem Schloßpark (siehe Seite 122).

 Nach Ampass

Von der Dorfmitte zuerst nach Süden auf der Rinner Landesstraße und vor der Säge nach links (Osten) zum Herzsee.

Der Herzsee ist schon 1305 urkundlich genannt, und zwar als „Laibeins". Erst seit 1892 wird er nach dem anschließenden Herztal als Herzsee bezeichnet.

Nach dem Herzsee biegt der mit Nr. 16 auf gelber Tafel markierte Weg nach links (Norden) ab und führt den Bach entlang

Aldrans 29

durch das bewaldete Herztal in ½ St. sanft fallend nach Ampass.
Gehzeit 1 St.; Höhenunterschied ↑ 100 Hm, ↓ 200 Hm.
Rückweg auf dem alten Fahrweg (Nr. 15) nach Westen aufwärts und durch das Pfarrtal nach Aldrans, ¾ St., sonnig.

W↑↓ Paschberg – Lanser Kopf

Von der Ortsmitte nach Westen zur Haltestelle Tantegert. Etwa 100 m der Bahn entlang nach Westen, dann im Wald leicht ansteigend der weißen Markierung folgend zur Poltenhütte. Dort links vorüber auf breitem Waldweg Nr. 10 und ab einer Abzweigung auf dem Weg Nr. 12 weiter nach Vill, 817 m, ¾ St.
Von Vill ca. 200 m auf asphaltierter Straße nach Osten leicht ansteigend bis zu einer Wegabzweigung. Dort auf ebenem Waldweg Nr. 12 zum Lanser See und nördlich desselben nach links (Norden) zum Lanser Kopf, 930 m.
An dem am Südfuß des Lanser Kopfes liegenden Lanser Moor (Naturschutzgebiet) und vor der Bahn nach links (Osten) auf Weg Nr. 14 am Mühlsee vorüber durch das Mühltal auf die Wiesen von Aldrans und zurück zum Ort.
Gehzeit 2 St.; Höhenunterschied ↑↓ je 230 Hm; Weg zur Hälfte sonnig und schattig.

W↑↓ Nach Judenstein und Rinn

Auf der Rinner Straße nach Süden bis knapp vor der Säge und dort nach links (Osten) zum Herzsee. Dem Weg Nr. 19 folgend über die Prockenhöfe, die schon im 13. Jahrhundert urkundlich erwähnt sind, und die Teufelsmühle zur Wegabzweigung, wo wir nach links auf Weg Nr. 29 weitergehen, der am Waldrand entlang, dann durch Wiesen über die Mooshöfe nach Judenstein, 907 m, führt; bis hierher 1 St.
Von der Kirche wenden wir uns zuerst nach Süden und gelangen durch lichten Fichtenwald und Wiesen in ¼ St. nach Rinn, 918 m. Zurück auf der Landesstraße nach Westen zu den Wiesenhöfen.
Die Wiesenhöfe bestehen schon seit mindestens 1313, da sie erstmals urkundlich genannt werden. Daneben war damals ein ca. 4 ha großer „See zu Wiesing". Bei der Versteigerung der landesfürstlichen Fisch-

wässer 1779 erwarb die Gemeinde Aldrans den See um 3900 Gulden mit dem Recht, den Seeboden auszutrocknen und ihn in Mähder und Äcker umzuwandeln. Heute ist noch der ehemalige Damm im Westen und der Seeboden entlang der Straße zu erkennen. Die Felder blieben zum Teil bis heute naß und moorig.

Vom Wiesenhof wenden wir uns von der Landesstraße ab und auf einem Fußweg nach NW zu den Prockenhöfen und über den Herzsee wieder zurück nach Aldrans.
Gesamtgehzeit 2 St.; Höhenunterschied ↑↓ je 150 Hm; Weg zu einem Drittel schattig, sonst sonnig.

W↑↓ Nach Lans

Nach Westen auf den Weg Nr. 14 durch die Felder ins Mühltal und am Mühlsee entlang und von dort nach Süden leicht ansteigend über die Wiesen nach Lans, ½ St.
Rückweg: beim Gh. Traube nach links ca. 200 m auf der Landesstraße nach Norden, dann nach rechts (O) abbiegen und auf Weg Nr. 17 über Rans zur Säge an der Rinner Landesstraße und von dort wieder zurück nach Aldrans.
Gehzeit 1½ St.; Höhenunterschied ↑↓ je 100 Hm; meist sonnig.

W↑↓ Aldranser Alm

Auf der Landesstraße nach Rinn bis zur Einmündung der Landesstraße von Sistrans, ½ St.; bis hieher auch mit Autobus oder Pkw. Von hier zweigt der Forstweg (mit Nr. 47 gelb-rot umrandet markiert) nach S ab und führt zuerst kurz durch Wald, dann über die teilweise sumpfigen Wiesen mäßig ansteigend zum Hochwald empor. In diesem stetig ansteigend in mehreren Kehren zur Aldranser Alm, 1511 m.
Rückweg: nach W ½ St. leicht ansteigend auf dem mit Nr. 46 markierten Weg an der Hirschlacke vorüber und unmittelbar nach der Hirschlacke auf dem Forstweg (mit Nr. 48 markiert) rechts abwärts nach Sistrans und über die Gletscherkapelle zurück nach Aldrans.

Gesamtgehzeit ↑ 2½ St., ↓ 2 St.; Höhenunterschied ↑↓ je 800 Hm; Weg gut markiert, zwei Drittel schattig.

W↑↓   Rinner Alm – Rinn

Auf der Rinner Landesstraße bis zur Einmündung der Sistranser Landesstraße, ½ St.; hierher auch mit Autobus oder Pkw. Dem Forstweg folgend (mit Nr. 47 gelb markiert) nach S 5 Min. durch den Wald, dann durch die teilweise sumpfigen Wiesen sanft ansteigend bis zum Hochwald. In diesem mäßig, aber stetig ansteigend in mehreren Kehren empor, bis nach ca. 2 St. bei einer Rechtskehre ein Fußweg nach links abbiegt, auf dem wir in ¼ St. die Rinner Alm, 1394 m, erreichen (Gh., im Sommer einfach bewirtschaftet).

Auf dem Forstweg (Nr. 45) abwärts in mehreren Kehren durch den Hochwald bis knapp ober Rinn, 1½ St. Dort am Sportplatz nach links (W) auf dem Waldweg nach Sistrans (mit Nr. 20 Markiert) bis zum Seehüterhof. Dort nach unten zur Landesstraße, diese queren und auf dem Fußweg über die Prockenhöfe zurück nach Aldrans.

Gehzeit ↑ 2¾ St., ↓ 2 St.; Höhenunterschied ↑↓ je 640 Hm; Wege gut markiert, meist in schattigem Fichtenhochwald.

AMPASS   650 m

Haltestelle der Postautobuslinie Innsbruck – Ampass – Hall in Tirol – Tulfes – Rinn. 930 Ew.; 790 ha, davon 327 ha landw., 402 ha forstw. genutzt. 5 Gastbetriebe, 12 Privatvermieter, 127 Betten.

Geschichte:

Am Südfuß des Sonnenbühels Funde aus der Urnenfelderzeit (12. – 10. Jh. v. Chr.) und der Späthallstatt-La-Tène-Zeit (6. – 4. Jh. v. Chr.) sowie aus der Zeit 1800 – 800 v. Chr. der Höttinger Kultur (Inntaler Urnenfelderkultur) und der Fritzener Kultur (nach 800 v. Chr.). Vermutlich war hier eine frühurnenfeldzeitliche Kultur vorhanden. Skelettfunde aus der bajuwarischen Einwanderung um 600 n. Chr. Um 1140 erstmals urkundlich erwähnt und ab 1313 Steuergemeinde.

Kunstdenkmäler:
Pfarrkirche zum hl. Johannes, 1426 geweiht. Nach einem Brand 1567 wurde die jetzige Kirche erbaut, 1744 barockisiert. Inneres mit reicher Stukkatur um 1744, Deckenbilder von Joh. Mich. Strickner, 1744. Oberhalb der Kirche wurde der einzeln stehende *Glockenturm mit Kapelle* 1739 erbaut, um die für den Kirchturm zu schwere Glocke aufzunehmen. An dieser Stelle stand vermutlich die um 1000 erwähnte Burg. *Spätgotische Filialkirche* St. Veit, 1521 für die Salzführer errichtet. *Spätgotischer Pfarrhof* mit Wehrmauer und spätgotisches Tor sowie Saal aus dem 17. Jahrhundert mit Intarsientüren. *Spätgotische "Viertelsäule* an der Straße nach Hall beim Sonnenbühel erinnert daran, daß hier ein Viertel der Hingerichteten zur Schau gestellt wurde.

Naturdenkmäler:
Prachtzirbe unter der Neunerspitze im Hochwald zum Hühnerwald (1926).

Karten:
Umgebungskarte von Innsbruck 1:25.000, Bundesamt für Eich- und Vermessungswesen, Wien; Kompaß-Wanderkarte 1:30.000, Blatt Innsbruck-Hall; Alpenvereinskarte 1:50.000, Blatt 31/5 Innsbruck-Umgebung; Freytag-Berndt-Touristenwanderkarte 1:100.000, Blatt 33, Innsbruck-Umgebung.

| W↑↓ | **Nach Häusern** |

Nach Osten über Agenbach auf dem Wiesenweg südlich der Landesstraße in ½ St. nach Häusern, 582 m. Am östlichen Ende von Häusern quert der mit Nr. 35 markierte Weg die Wiesen nach Süden und steigt im Wald auf die Hochfläche, wo wir nach ca. 35 Min. den Erbhof „Egger" erreichen. Zuerst prachtvolle Ausblicke auf das Inntal gewährend und dann durch Wald führt uns der Weg nach Westen weiter zum Taxerhof, 827 m, und zu den Prockenhöfen, 850 m (Weg mit Nr. 19 markiert), und weiter hinab zum Herzsee; und von hier an mit Nr. 16 markiert durch das bewaldete Herztal nach Norden hinunter nach Ampass.

Gesamtgehzeit 2 St., Höhenunterschied ↑↓ je 270 Hm; Weg je zur Hälfte sonnig und schattig.

⬛W↑↓ Durch das Pfarrtal nach Aldrans und durch das Herztal zurück

Vom Dorf auf dem alten Fahrweg (Nr. 15) nach Westen aufwärts und an der Wehrmauer des spätgotischen Pfarrhofes entlang ins Pfarrtal. Durch den Boden desselben in ca. ¾ St. nach Aldrans.
Rückweg: zuerst der Rinner Straße folgen und ca. 100 m vor der Säge nach links zum Herzsee. Nach dem Herzsee nach links auf dem Weg Nr. 16 abwärts entlang dem Bach durch das bewaldete Herztal bis zu einer ober Ampaß liegenden neuen Siedlung und von dort auf der Fahrstraße nach links hinab zum alten Pfarrhof, ¾ St.
Gesamtgehzeit 1½ St.; Höhenunterschied ↑ 160 Hm, ↓ 160 Hm; Pfarrtal sonnig, Herztal schattig, Wege gut markiert.

AXAMS 878 m

Haltestelle der Postautobuslinien Innsbruck – Grinzens und Innsbruck – Lizum. 2880 Ew.; 2216 ha, davon 1081 ha landw., 950 ha forstw. genutzt. FVV, 8 Gastbetriebe, 90 Privatzimmervermieter, 596 Betten. Naturfreundehaus am Birgitzköpfl, 2135 m, Skihütte Axamer Lizum des Skiklubs Axams, 1633 m, Skischulen Axams und Axamer Lizum. Aufstiegshilfen: Sessellifte Axamer Lizum – Birgitzköpfl und Axamer Lizum – Hoadl, Standseilbahn Axamer Lizum – Hoadl, Schlepplifte Schönboden, Pleißen, Axamer Lizum und Götzner Gruben – Birgitzköpfl sowie Axams. Austragungsort der IX. Olympischen Winterspiele 1964 und der XII. Olympischen Winterspiele 1976 (Abfahrtslauf Damen, Riesentorlauf und Torläufe).

Geschichte:
Schon im 8. Jahrhundert war das Hochstift Brixen in Ouxemes begütert. Ab 1313 ist Axams selbständige Steuergemeinde, ab 1811 mit Omes politische Gemeinde. Ab 1362 wird das Gericht Axams genannt, zu dem noch Birgitz, Sellrain und Gries gehörten.

Kunstdenkmäler:
Haufendorf mit *schönen Bauernhäusern* des Mittelflurtyps, teils

mit Malereien auf den Fassaden. *Pfarrkirche* zum hl. Johannes d. Täufer, urkundlich 1214, heutige Kirche 1732. Innen mit üppiger Stukkatur aus dem Frührokoko. Im Friedhof Gruftkapelle mit der hl. Kummernus (Wilgefortis), 1666. *Kapelle zum hl. Sebastian* (Lindenkapelle), 1635. *Gotischer Bildstock* am westlichen Ende des Dorfes.

Naturdenkmäler:
Naturschutzgebiet *„Mutterer Alpe"*, zusammen mit Bereichen der Gemeinden Mutters, Birgitz und Götzens (1956).

Bedeutende Persönlichkeiten:
Sylvester Jordan, Professor a. d. Marburger Universität und Politiker, 1792–1861. Karl Schönherr, Dramatiker, 1867–1943.

Karten:
Umgebungskarte von Innsbruck 1:25.000, Bundesamt für Eich- und Vermessungswesen, Wien; Kompaß-Wanderkarte 1:30.000, Blatt Innsbruck-Hall; Alpenvereinskarte 1:50.000, Nr. 31/5, Innsbruck-Umgebung; Freytag-Berndt-Touristenwanderkarte 1:100.000, Blatt 33, Innsbruck-Umgebung.

W⇄ Nach Grinzens

Von der ersten Kehre der Hoadlstraße ober dem Knappenhof nach W im Wald nach Pafnitz. Weiter über den Sendersbach und hinab nach Untergrinzens. Dort wieder über den Bach und eben nach O zurück nach Axams.
Gehzeit 1½ St.; Höhenunterschied ↑↓ je 200 Hm.

W↓ Über den Kristenkamm nach Völs

Von der Kirche in Axams nach N am linken Einhang des Axamer Baches hinab zur Kreuzung des Axamer Grabens mit dem Trockental, das von Omes (W) her gegen Völs hinabzieht, 770 m. Auf dem Fahrweg gelangen wir zwischen den Ferienhäusern über die Kristenleiten hinauf zu den Kristenhöfen, 820 m. Dort wenden wir uns nach rechts (O) und steigen auf dem Kamm immer sanft fallend (Forstmeile) über den Blasienberg nach Völs, 590 m, ab.

Axams

Gehzeit 1¼ St.; Höhenunterschied ↑ 50 Hm, ↓ 280 Hm.
Am Kristenkamm ist eine Forstmeile eingerichtet, der Weg ist gut bez., halb schattig, halb sonnig.

W↑↓ **Zum Adelshof**

Östlich des Axamer Baches zum Eingang des Lizumer Tales und über die erste Kehre der Hoadlstraße hinauf. Dort queren wir die Hoadlstraße und gelangen in mehreren Serpentinen durch den Osterberger Lärchenwald steil hinauf zum Adelshof, 1315 m, einem alten Erbhof (seit einigen Jahren auch ganzj. bew. Gh.), von wo man einen prächtigen Blick auf die Lizum und die dahinter aufragenden Kalkkögel genießt.
Rückweg wie Anstieg oder auf der Hoadlstraße.
Gehzeit ↑ 1¼ St., ↓ ¾ St.; Höhenunterschied ↑↓ je 440 Hm.

B↑↓ **Axamer Kögele – Pleisen – Hoadl – Lizum**

Nahe dem Skilift am südwestlichen Ortsende beginnt der „Kögeleweg" und führt zuerst über den Rücken bis zum Punkt 1462, wo von links die 2. Aufstiegsmöglichkeit – der von der ersten Kehre der Hoadlstraße abzweigende „Brunnensteig" – einmündet. Weiter über den Rücken an der Fritzens-Jagdhütte vorüber zur Waldgrenze und über mit Alpenrosen bestandenes Gelände zum Axamer Kögele, 2098 m, wo wir eine herrliche Aussicht auf die Kalkkögel, das Inntal mit seiner breiten Terrasse und die Sellrainer Berge genießen; bis hieher 3½ St. Vom Axamer Kögele über den Rücken in 1 St. auf die Pleisenspitze, 2235 m, etwas absteigend auf das Pleisenjöchl, 2190 m, und weiter auf den Hoadlgipfel, 2340 m (Jausenstation, ganzj. geöffnet).
Rückweg auf bezeichnetem Steig zuerst in 10 Min. auf dem Rücken nach S, dann in der Senke nach links (O) auf bez. Steig – meist der Skipiste folgend – hinab in die Axamer Lizum, 1583 m (mehrere ganzj. bew. Gh.). Abfahrt auch mit dem Sessellift oder der Standseilbahn möglich.
Gehzeit ↑ 4¼ St., ↓ 1¼ St.; Höhenunterschied ↑ 1500 Hm, ↓ 760 Hm; sehr lohnende Bergwanderung, besonders z. Zt. der Alpenrosenblüte im Juni und Juli; Weg zur Hälfte schattig bzw. sonnig.

B↑↓ Schartensteig – Schafalm – Lizum

Auf dem Kögeleweg wie vorne bis nahe an die Waldgrenze. Dort (Wegtafel) zweigt der „Schartensteig" nach links (SO) ab und quert nahe der Waldgrenze die Nord- und Ostflanke des Axamer Kögeles durch Baumgruppen und Alpenrosenbestände. Nach Überschreitung der „dunklen Ries" führt der Weg oberhalb einer Jagdhütte vorüber und stetig fallend im Hochwald zur alten Lizumer Schafalm, 1557 m, hinab und eben weiter in 10 Min. zur Axamer Lizum, 1564 m (2 Gh. und 1 Hotel, ganzj. bew.). Weiter nach Axams auf dem Fußweg neben dem Axamer Bach in 1 St. oder Rückfahrt mit dem Postautobus.

Gehzeit ↑ 2½ St., ↓ bis Lizum 1 St., ↓ bis Axams 2 St.; Höhenunterschied ↑ 800 Hm, ↓ bis Lizum 80 Hm, ↓ bis Axams 800 Hm; besonders lohnend zur Zeit der Alpenrosenblüte im Juni und Juli, zwei Drittel des Weges schattig, ein Drittel sonnig.

W↑↓ In die Axamer Lizum

Dem Axamer Bach entlang durch das bewaldete Lizumer Tal auf dem alten Weg in 1½ St. in die Axamer Lizum.

Der rätoromanische Name „Lizum" bedeutet „der große Viehläger". In Nordtirol kehrt dieser Name wieder in der Wattener Lizum. Außerhalb Tirols ist noch im Engadin – wo ja heute noch „romantsch" gesprochen wird – die Bezeichnung Lizum geläufig. In der Axamer Lizum war am Talgrund seit langer Zeit eine gute Rinderalpe mit einem großen Alpanger und daneben, etwas oberhalb, eine Schafalm. Bis zu den IX. Olympischen Winterspielen 1964 bestand keine Zufahrtsmöglichkeit, doch war damals schon die Lizum ein beliebtes Ziel für Wanderungen und Skitouren, besonders als Zwischenstation des beliebten „Fotscher Expresses" und als Ausgangspunkt für Kletterfahrten in den Kalkkögeln.

Autobusverbindung ab Innsbruck, Axams und Zirl.

Gehzeit ↑ 1½ St., ↓ 1 St.; Höhenunterschied ↑↓ je 700 Hm.

Da die Hoadlstraße am rechten Talhang angelegt wurde, bleibt trotz des großen Verkehrsaufkommens auf dieser Straße der alte Talweg dem Wanderer vorbehalten.

Seit den Olympischen Winterspielen 1964 entstanden in der Axamer Lizum zahlreiche Aufstiegshilfen und 3 Gh. Zu den XII.

Olympischen Winterspielen 1976 wurde die Standseilbahn gebaut. Im Sommer sind vor allem die Standseilbahn auf den Hoadl, 2340 m, und der Sessellift auf das Birgitzköpfl, 2035 m, eine bequeme Möglichkeit, rasch in die Hochgebirgsregion zu gelangen und dort Wanderungen abseits von Lärm und Trubel zu machen.

Wanderungen vom Hoadlgipfel aus, 2340 m

  Hoadl – Lizum – Axams

Von der Bergstation der Standseilbahn zuerst 10 Min. auf dem Rücken nach S bis zum Hoadlsattel, 2264 m, hinab. Dort (Wegweiser) nach links (O) auf dem neben der Skiabfahrt immer an der Grenze zwischen Silikatgesteinen und den Kalken verlaufenden Weg über Almböden und Alpenrosenbeständen, zum Schluß am Rande von Legföhren- und lichten Lärchenbeständen hinab zur Lizum.
Gehzeit 1½ St.; Höhenunterschied ↓ 760 Hm.

  Hoadl – Pleisenspitze – Axamer Kögele – Axams

Von der Bergstation am Hoadlgipfel auf dem Rücken nach N absteigen bis zum Pleisenjöchl, 2190 m, dann wieder etwas ansteigen und östlich der Pleisenspitze vorüber, 2235 m, und immer weiter am Rücken bleibend nach N hinab zum wetterkreuzgeschmückten Axamer Kögele, 2098 m. Von dort am Rücken im Wald an der Fritzens-Jagdhütte vorbei nach NW abwärts über den Pafnitzberg mit 3 Varianten: a) bei 1460 m nach rechts (N) in den Brunnensteig abbiegen und hinab zur untersten Kehre der Lizumer Straße, b) bei ca. 1100 m nach rechts (N) auf dem „Kögeleweg" durch den Wald nach Axams, c) auf dem Rücken bleibend über den Pafnitzberg steil in zahlreichen Serpentinen hinunter zum Zeidlerhof und über Pafnitz nach Axams.
Gehzeit 3 St.; Höhenunterschied ↑ 80 Hm, ↓ 1550 Hm.

  Hoadl – Kemater Alm – Senderstal – Grinzens

Von der Bergstation der Standseilbahn am Hoadlgipfel auf dem Rücken nach S in 10 Min. zum Hoadlsattel, 2264 m. Weiter nach

W auf unbezeichnetem, stellenweise verwachsenem Almsteig über
die Wiesenhänge und zwischen Legföhrengruppen in ¾ St. steil
hinab zur weithin sichtbaren Kemater Alm, 1673 m (Gh.). Auf
dem Wirtschaftsweg (ab Kemater Alm Taxiverkehr) in 1¼ St.
durch das Senderstal nach Grinzens, 950 m (Autobushaltestelle).

Gehzeit bis Kemater Alm 1 St., bis Grinzens 2½ St.; Höhenunterschied bis Kemater Alm ↓ 670 Hm, bis Grinzens ↓ 1390 Hm.

B ↑↓ Hoadl – Hochtennboden – Halsl – Birgitzköpfl

Von der Bergstation der Standseilbahn am Hoadlgipfel auf dem
Rücken nach S in 10 Min. bis zum Hoadlsattel, 2264 m. Auf
dem felsigen Kalkrücken (mit Nr. 111 bez. AV-Steig) ca. 80 Hm
ansteigen, dann ziemlich flach nach O über den Hochtennboden
auf den Widdersbergsattel, 2262 m.

Schöne Aussicht über die weiten Böden und Kare der nördlichen
Kalkkögel, die ein eigenes Reich abseits der Lizum und ihr doch so
nahe, bilden.

Wir steigen über grasige Hänge ins Lizumer Kar ab und schließlich am Fuße der Ampfersteinwände durch Schuttreißen auf den
Scheiderspitzboden, 2120 m. Durch Legföhrenbestände, Almwiesen und winderodierte Schuttrücken steil hinab zum Halsl,
1992 m, und jenseits zunächst 10 Min. steil ansteigend und dann
fast eben nach N über den Westhang der Saile zum Birgitzköpfl,
2035 m.

Gehzeit 2½ St.; Höhenunterschied ↑ 360 Hm, ↓ 250 Hm; gut
bez. (mit Nr. 111 und ab Halsl zusätzlich mit Nr. 12) Höhenweg
durch sehr abwechslungsreiches, hochalpines Gelände.

Sowohl vom Hochtennboden als auch vom Lizumer Kar kann
man auf unbezeichneten Wegen in die Lizum absteigen; vom Halsl
auf einem markierten Steig.

Unschwer können auch zwei Gipfel vom Weg aus bestiegen
werden: *Hochtennspitze*, 2549 m, vom ersten Anstieg aus (↑↓ je
200 Hm, 1½ St.), und *Widdersberg*, 2327 m, vom Widdersbergsattel aus nach N (↑↓ je 70 Hm, ½ St.).

B ↓ Hoadl – Adolf-Pichler-Hütte, 1977 m

Von der Bergstation der Standseilbahn zunächst auf dem Rükken nach S in 10 Min. zum Hoadlsattel, 2264 m. Dann fast eben auf dem Westhang des obersten Senderstales am Fuße der schroffen Kalkwände der Hochtennspitze, Steingrubenwand und des Steingrubenkogels auf AV-Steig Nr. 111 bis zu der von der Alpenklubscharte herabziehenden Schotterreiße. Dort nach rechts in Serpentinen steil hinab zur Adolf-Pichler-Hütte, 1977 m (Akademischer Alpenklub Innsbruck, vom 15. 6. bis 1. 10. bew., 20 B, 36 M).

Gehzeit 1 St.; Höhenunterschied ↓ 470 Hm; sehr aussichtsreicher, lohnender, gut gepflegter und bez. Weg, sonnig.

| B ↑↓ | **Hoadl – Alpenklubscharte – Schlick**

Von der Bergstation der Standseilbahn auf dem Hoadl zunächst in 10 Min. auf dem Rücken nach S zum Hoadlsattel, 2264 m. Der Weg führt nun fast eben am Fuße der schroffen Wände der Hochtennspitze, der Steingrubenwand und des Steingrubenkogels entlang (AV-Weg mit Nr. 111 bez.). Schließlich mündet er nach ca. ½ St. in den Weg Nr. 113 ein, der von der Adolf-Pichler-Hütte in zahlreichen Kehren steil durch Kalkschutt und Horstseggenrasen empor zur Alpenklubscharte, 2451 m, leitet.

Im S ragen die glatten Wände der Kleinen Ochsenwand empor, die ein beliebtes Kletterziel ist. Bei Betreten der engen Scharte blickt man auf der Schlicker Seite auf die imposant aufstrebende NO-Kante der Großen Ochsenwand.

Von der Alpenklubscharte läßt sich unschwer die Kleine Ochsenwand, 2544 m, auf einem ausgetretenen Schottersteig südlich der Scharte ersteigen, 20 Min., 100 Hm.

Der Weg 113 führt nun zunächst ein Stück durch einen Felshang in einen rasigen Rücken unter der südlichsten Schlicker Nadel, wo kurz danach der Gsallerweg nach links (N) abzweigt.

Hier öffnet sich der Blick frei auf die unter uns liegende Schlicker Alm, das vordere Stubaital und die darüber aufstrebenden Habicht und Tribulaune.

In vielen Windungen leitet der Weg durch Legföhrenbestände hinunter in den flachen Almboden der Roßgrube, ½ St., und durch den Fichten-Lärchen-Bergwald zur Schlicker Alm, 1643 m (privat, Gh. ganzj. bew., 25 B, 110 M). Auf Fahrweg talaus in

½ St. nach Froneben, 1316 m, und in einer weiteren ¾ St. nach Fulpmes oder Telfes. Ab Froneben Sessellift nach Fulpmes.

Gehzeit bis Schlicker Alm 2 St., bis Froneben 2½ St., bis Fulpmes 3¼ St.; Höhenunterschied ↓ bis Schlicker Alm 990 Hm, bis Froneben 1320 Hm, bis Fulpmes 1700 Hm; ↑ 290 Hm; sonniger Wanderweg durch eine großartige Hochgebirgslandschaft, rot-weiß-rot markiert und mit Nr. 111 (bis Alpenklubscharte), Nr. 113 (bis Schlicker Alm) und Nr. 114 (ab Schlicker Alm) bez.

 Hoadl – Hochtennspitze, 2549 m – Lizum

Von der Bergstation der Hoadlbahn nach S hinab zum Hoadlsattel, 2264 m, ¼ St. Geradeaus nach S auf dem felsigen Rücken in ½ St. hinauf zum Hochtennboden, 2373 m. Wir überschreiten die grasige, im mittleren Teil ebene und von einigen Dolinen unterbrochene Weidefläche nach S und steigen nun steil auf schmalem, schottrigem und teils felsigem Steig an mehreren bizarren Felstürmen vorbei in 1 St. zur Hochtennspitze an, 2549 m.

Hier öffnet sich ein umfassender Ausblick auf das Schlicker Tal, die Berge der Kalkkögel und das vordere Stubaital.

Rückweg: wie im Anstieg zum Hochtennboden hinab, dann auf dem gut bezeichneten Wanderweg nach O etwas hinunter, die Schuttreißen unter der Hochtennspitze querend zum begrasten Widdersbergsattel, 2262 m. Wir folgen noch ein Stück dem gut erhaltenen Höhenweg, der zum Halsl weiterführt. Bei einer Wegabzweigung an seiner tiefsten Stelle verlassen wir ihn und steigen nach links (N) im Lizumer Tal über Grasmatten, später durch Alpenrosenbestände und einen lichten Lärchen-Zirben-Latschen-Bestand vorbei steil zwischen Hörzingwand und Schneiderwand hinunter zu der Hoadl-Skipiste, über die wir an der Kapelle vorüber zur Axamer Lizum, 1583 m, gelangen.

Gehzeit ↑ 1 St., ↓ 2½ St., zusammen 3½ St.; Höhenunterschied ↑ 300 Hm, ↓ 1150 Hm; für trittsichere und geübte Bergsteiger mäßig schwierige, aber im Anstieg zum Gipfel steile Bergwanderung.

Gsallerweg auf die Marchreisenspitze, 2620 m

B ↑↓

Von der Bergstation der Hoadlbahn nach S in ¼ St. hinab zum Hoadlsattel, 2264 m. Geradeaus führt nun der AV-Steig Nr. 111 ziemlich eben unter der Steingrubenwand und dem Steingrubenkogel über Bergwiesen, Schuttreißen und schrofiges Gelände bis zur Abzweigung, wo der Weg nach rechts (W) hinab zur Adolf-Pichler-Hütte weiterführt. Hier steigen wir nach links über die Schutthalde empor auf dem AV-Steig Nr. 113 zur Alpenklubscharte, 2451 m; bis hieher 1 St. Jenseits führt der Weg zunächst etwas nach links (O) hinab. Bei einer Abzweigung verlassen wir den in die Schlick führenden Weg Nr. 113 und wechseln auf den Gsallersteig, auf dem wir die felsigen und teils grasigen S-Hänge der Nördlichen Kalkkögel queren. Der abwechslungsreiche und romantische Gsallerweg führt anfangs leicht fallend, steile, schrofige Blaugrashalden querend unter den Abstürzen des Steingrubenkogels nach N, dann durch eine enge Felsspalte im S-Grat der Steingrubenwand und zahlreiche steile Felsrinnen und Grashänge überschreitend, unter der Hochtennspitze und der Malgrubenspitze zur Malgrubenscharte; ab Alpenklubscharte 1½ St. Stellenweise einem Felsband folgend führt uns der an ausgesetzten Stellen mit Drahtseilen gesicherte Steig schließlich in ¾ St. auf den aussichtsreichen Gipfel der Marchreisenspitze, 2620 m.

Abstieg: am Aufstiegsweg zurück bis zur Malgrubenscharte, 2401 m. Nach N kann man nun den steilen Weg ins Lizumer Tal hinabsteigen oder neben dem Weg durch den Schutt abfahren. Im Lizumer Tal treffen wir auf den vom Widdersbergsattel zum Hoadl führenden Höhenweg (Nr. 111), den wir aber bald wieder verlassen und nach N über die Steilstufe hinab auf die Hoadl-Skipiste und schließlich an der Kapelle vorüber in die Axamer Lizum gelangen, 1583 m.

Gehzeit 5 – 6 St.; Höhenunterschied ↑ 550 Hm, ↓ 1300 Hm. Der Gsallerweg ist nur bei klarem, trockenem Wetter zu empfehlen und bleibt bergerfahrenen, vollkommen schwindelfreien und trittsicheren Bergwanderern vorbehalten.

Der Weg kann auch von der Schlick bzw. von der Adolf-Pichler-Hütte aus begangen werden.

Der Gsallerweg ist nach dem Innsbrucker Bergsteiger Karl Gsaller benannt, der sich um die Erschließung der Kalkkögel verdient gemacht hatte. Karl Gsaller und seiner Bergsteigergruppe „Wilde Bande" verdanken wir die Ersteigung aller wichtigsten Gipfel in den Kalkkögeln in den achtziger Jahren des 19. Jahrhunderts.

W↓ Hoadl – Pleisenjöchl – Schafalm – Lizum oder Axams

Von der Bergstation der Hoadlbahn neben dem Kreuz am Hoadlgipfel vorüber auf den Rücken zwischen Lizumer Tal und Senderstal nach N zum Pleisenjöchl hinab, 2190 m.

Hier wenden wir uns nach rechts (O) und gelangen in wenigen Min. zur Bergstation des Schönanger-Schleppliftes hinunter. Wir folgen nun der Skipiste bis zur Talstation (undeutliche Steigspuren). Von da an führt ein Steig an der Talstation des Pleisenliftes westlich vorbei – zweimal die Skiabfahrt querend – hinab zur Schafalm, 1568 m, und von dieser ins Lizumer Tal, das man etwas unterhalb des Parkplatzes erreicht. In 10 Min. gelangt man von dort zur Autobushaltestelle bzw. zum Parkplatz.

Gehzeit 1½ St.; Höhenunterschied ↓ 760 Hm.

B↑ Von der Axamer Lizum auf das Birgitzköpfl

2 Varianten:

a) Von der Liftstation nach O über die Wiesen leicht ansteigend neben dem Lawinendamm zum Waldrand, dann durch ein kurzes Waldstück steil aufwärts und schließlich auf der Skipiste ziemlich steil neben einem Lärchen-Fichten-Wald und dann neben Legföhrenbeständen hinauf zum Birgitzköpfl, 2035 m, empor. Gehzeit 1¼ bis 1½ St.

b) Von der Liftstation zuerst über die sanft ansteigenden Wiesen nach SO und der Markierung folgend durch Legföhren- und Grünerlenbestände durch den Graben unter dem „Hahlen Rinner" zum Halsl hinauf, 1992 m.

Vom Halsl am Westhang der Nockspitze zunächst in mehreren Kehren durch Latschen bis auf ca. 2100 m Höhe, dann ziemlich eben nach N durch alpine Grasheiden und Felsfluren zum Birgitzköpfl, 2035 m.

Gehzeit 1¾ St.; beide Varianten ↑ 470 Hm Anstieg.

Auffahrt auf das Birgitzköpfl auch mit dem Sessellift möglich.

Axams: Birgitzköpfl

Wanderungen vom Birgitzköpfl, 2035 m

Am Birgitzköpfl ladet das Birgitzköpflhaus zur Rast und Nächtigung ein (NF, ganzj. bew., 34 B, 50 M).

| W↓ | **Birgitzköpfl – Lizum**

Von der Bergstation führt der Steig nach W neben der Skiabfahrt und das letzte Stück im lichten Bergwald steil hinab in die Axamer Lizum, 1560 m.
Gehzeit 1 St.; Höhenunterschied ↓ 480 Hm.

| W↓ | **Birgitzköpfl – Mutterer Alm**

Vom Birgitzköpflhaus nach NO zunächst in die Senke und dann auf dem mit Nr. 12 und 111 bez. Weg mäßig fallend durch Legföhrenbestände und durch die Schuttreißen unter der Pfriemeswand zum Pfriemesköpfl (umfassender Tiefblick auf Innsbruck und Umgebung). Vom Pfriemesköpfl in ¼ St. steil durch den Lärchen-Fichten-Wald zur Mutterer Alm, 1610 m (Gh., ganzj. bew., 10 B).
Vom Pfriemesköpfl oder ab Mutterer Alm Abfahrt mit Sessellift möglich.
Gehzeit 1 St.; Höhenunterschied ↑ 20 Hm, ↓ 450 Hm.

| B↑↓ | **Birgitzköpfl – Saile (Nockspitze), 2403 m**

Vom Birgitzköpflhaus steigen wir zunächst nach S auf dem mit Nr. 12 und 111 bez. Weg quer über den W-Hang der Saile durch felsiges, teils von Latschen bestocktes, teils grasbewachsenes Gelände. Nach ca. ½ St. zweigt nach links der AV-Steig Nr. 112 ab und leitet uns steil über Almmatten empor zum Gipfel der Saile, 2403 m.
Abstieg wie Anstieg (↑↓ je 370 Hm) oder

Variante: zuerst dem Grat nach S folgend und nach 10 Min. nach links abzweigen, das felsig-schotterige Kar querend zur Pfriemeswand (Kreuz) und weiter links (NW) in mehreren Serpentinen zum Weg Nr. 111, der über das Pfriemesköpfl zur Mutterer Alm führt (↑ 370 hm, ↓ 800 Hm).

Gehzeit ↑ 1¼ St., ↓ zum Birgitzköpfl ¾ St., zur Mutterer Alm ↓ 1½ St.

Die Variante zur Mutterer Alm ist bedeutend abwechslungsreicher und schöner, erfordert aber Trittsicherheit und Erfahrung im alpinen Gelände.

| B↓ | **Birgitzköpfl – Sailenieder – Kreither Alm oder Telfes** |

Leicht ansteigend auf dem mit Nr. 12 und 111 bez. Steig am teils latschenbewachsenen, teils grasigen und felsigen W-Hang der Nockspitze bis ca. 2100 m empor, dann in Kehren steil hinab zum Halsl, 1992 m. Auf der S-Seite des Halsls an der kleinen Kapelle vorüber, am oberen Weg fast eben über die aus dem Jahre 1947 stammende Waldbrandfläche in ½ St. zur Sailenieder, 1974 m, einer kleinen Scharte im Verlauf des Nederjochkammes.

Von hier 2 Abstiegsmöglichkeiten: a) nach N auf schmalem Steig im felsigen, latschenbewachsenen Graben steil hinab zur Kreither Alm, 1492 m, und über die Holznerhöfe nach Kreith, 991 m (Haltestelle der Stubaitalbahn), oder b) nach S zunächst flach bis zum Rücken, der steil durch die Brandfläche hinunter zur Pfarrachalm, 1736 m, führt. Von dieser entweder auf dem neuen Forstweg oder auf dem steileren Fußsteig durch den Wald nach Telfes, 990 m.

Gehzeit 3½ St.; Höhenunterschied (beide Varianten) ↑ 70 Hm, ↓ 1100 Hm.

| B↓ | **Birgitzköpfl – Nederjoch – Kreith** |

Leicht ansteigend auf dem mit Nr. 12 und 111 bez. Steig am teils latschenbewachsenen, teils felsigen W-Hang der Nockspitze bis ca. 2100 m empor, dann in Kehren steil hinab zum Halsl, 1992 m. Auf der S-Seite des Halsls nach O an der kleinen Kapelle vorbei auf dem oberen Weg fast eben in ½ St. zur Sailenieder, 1974 m, einem kleinen Sattel in dem von der Saile zum Nederjoch ziehenden Rücken. Weiter am N-Hang des Nederjoches knapp unter dessen Gipfel nach O zum Jochkreuz, 2045 m, und von da an über den Rücken in einigen Serpentinen zuerst in grasigem Gelände, dann durch Latschen und Bergwald zur Mittlasisse hinunter und weiter, bis wir auf den von Telfes heraufführenden Forstweg stoßen. Auf diesem (mit Nr. 18 bez.) ein Stück nach N und dann zum Stockerhof hinab, 1156 m (Gh.), von dem ein Fahrweg über den Sagbachgraben nach Kreith, 908 m, führt. Haltestelle der Stubaitalbahn.

Gehzeit 3½ St.; Höhenunterschied ↑ 80 Hm, ↓ 1140 Hm.

B↓	**Birgitzköpfl – Halsl – Telfes**

Leicht ansteigend auf dem mit Nr. 12 und 111 bez. Steig nach S am teils latschenbewachsenen, teils felsigen und grasigen W-Hang der Nockspitze bis in ca. 2100 m Seehöhe empor, dann steil in Kehren hinab zum Halsl, 1992 m. Vom Halsl nach S an der kleinen Kapelle rechts hinab über Almmatten zum Ißboden, 1672 m, und von da ab neben dem Halslbach durch Legföhrenbestände und lichten Fichten-Kiefern-Wald ziemlich steil nach Telfes, 990 m.

Gehzeit 2 St.; Höhenunterschied ↑ 70 Hm, ↓ 1100 Hm.

B↑↓	**Birgitzköpfl – Halsl – Schlick**

Vom Birgitzköpflhaus nach S leicht ansteigend auf dem mit Nr. 12 und 111 bez. Steig über den teils latschenbewachsenen, teils felsigen und grasigen W-Hang der Nockspitze bis in ca. 2100 m Seehöhe empor, dann steil in Kehren hinab zum Halsl, 1992 m. Vom Halsl nach S an der kleinen Kapelle rechts vorbei und auf Almmatten hinunter zum Ißboden, 1672 m. Hier zunächst nach SW etwas aufwärts auf den „Gloatsteig", der ziemlich eben über die O- und S-Hänge des Ampfersteins leitet. Der Weg verläuft immer nahe der Waldgrenze durch Bergwald, Latschenfelder, Schutt- und Felsrinnen und zum Schluß über eine ehemalige, erikabewachsene Waldbrandfläche zur Schlicker Alm, 1643 m (Gh., ganzj. bew., 25 B, 110 M).

Gehzeit 3 St.; Höhenunterschied ↑ 120 Hm, ↓500 Hm; sehr abwechslungsreicher, unschwieriger Weg durch alpines Kalkgelände, großteils sonnig.

BAUMKIRCHEN 595 m

Personenzugstation der ÖBB. 710 Ew., 403 ha, davon 181 ha landw. und 198 ha forstw. genutzt. FVV, 3 Gastbetriebe, 1 Jugenderholungsheim, 19 Privatvermieter, 122 Betten; Bad Baumkirchen ist ein seit 1692 beliebtes Frauenbad.

Geschichte:
1040 erstmals urkundlich als Pauminachircha erwähnt, seit 1313 selbständige Steuer- und Flurgemeinde. Sitz der Herren von Baumkirchen erstmals 1223 erwähnt. Seit 1602 Pfarrei. Edelsitze Wohlgemutsheim 1474 in der heutigen Form erbaut; ursprünglich „oberer Turm", Ansitz Freudeneck ursprünglich „unterer Turm".

Kunstdenkmäler:
Pfarrkirche St. Lorenz, 1310, jetziger Bau spätgotisch. *Kapelle* St. Anna bei Bad Baumkirchen, 1650 vermutlich nach Plänen des Haller Arztes Dr. Hippolit Guarinoni. *Schloß Wohlgemutsheim*, 1474 erbaut von Paul Heuberger, 1587 von Erzherzog Ferdinand II. von Tirol erworben. Schloßkapelle Heilige Dreifaltigkeit 1517 mit spätgotischem Portal.

Naturdenkmäler:
Baumkirchener Tongrube (zum Betrieb des Tonwerkes Fritzens gehörig): Dort treten Bändertone auf, in denen einzelne Fossilien gefunden wurden, u. a. Zweige von Legföhren und Sanddorn. Die genaue Untersuchung durch F. *Fliri* und Mitarbeiter ergab neue Erkenntnisse über das Alter der ca. 300 m mächtigen Inntaler Terrassensedimente und der Inntalvergletscherung. Danach war das Inntal im Raume von Innsbruck in der Zeit von 20.000—31.000 vor der Gegenwart eisfrei, und das Klima erlaubte eine bescheidene Vegetation sowie das Leben von Fischen im See (etwa dem heutigen Zustand in Hochgebirgsseen vergleichbar). Die gesamte Würm-Eiszeit kann nicht länger als etwa 10.000 Jahre gedauert haben, denn vor 11.300 Jahren (± 150 Jahre) wurde auf der Würm-Moräne bereits wieder Waldwuchs nachgewiesen.

Eibe (Taxus baccata) vor dem Eingangstor des Schlosses Wohlgemutsheim (1930). *Winterlinde* (Tilia cordata) nächst dem Bad bei der Kapelle (1927). *Zahlreiche alte Linden und Stieleichen* als Relikte des ehemaligen Eichen-Linden-Mischwaldes.

Baumkirchen

Karten:
AV-Karte 1:25.000, Blatt Karwendel Mitte und Ost; AV-Karte 1:50.000, Blatt Nr. 31/5, Innsbruck-Umgebung; Österreichische Karte 1:50.000, Blatt 118; Kompaß-Wanderkarte 1:30.000, Blatt Innsbruck–Hall; Freytag-Berndt-Touristenwanderkarte 1:100.000, Blatt 33, Innsbruck-Umgebung; Umgebungskarte von Innsbruck 1:25.000 mit Wegmarkierungen (Bundesamt für Eich- und Vermessungswesen, Wien).

 Nach Mils und zurück

Etwas oberhalb der Ortsmitte auf befahrbarem Wiesenweg an einigen Eichengruppen vorüber, unterhalb des Hofes Haselfeld vorbei, dann abwärts bis zur Weggabelung und leicht ansteigend nach Mils. Dort in der Ortschaft aufwärts bis zum Grüneck und dann auf dem rot markierten Waldrandweg Nr. 6 zurück nach Baumkirchen.

Die am Waldrand und auf der Haselfelder Terrasse stehenden mächtigen Stieleichen sind Reste des ehemaligen Eichen-Linden-Mischwaldes, der einst die unteren, sonnseitigen Hangabschnitte des Inntales bedeckte.

Gesamtgehzeit 1½ St.; Höhenunterschied ↑↓ je 120 Hm; Wiesenweg sonnig, Waldrandweg halb schattig.

 Nach St. Martin in Gnadenwald

Von der Dorfmitte über die Wiesen aufwärts und beim Waldrand links neben dem Bildstock dem rot markierten Weg Nr. 3 folgend, zuerst mäßig steil, nach ¼ St. steil ansteigend durch Nadelmischwald mit vielen Tannen empor. Nach ½ St. senkt sich der Weg zum Rand der Wiesenhoffelder hinab. Von hier ab dem Weg Nr. 5 folgend nach rechts am Jagdhaus vorüber über die Wiesen nach St. Martin.

Gehzeit 1 St.; Höhenunterschied ↑ 300 Hm; Weg gut markiert, anfangs sonnig, im Wald bis zu den Wiesen von St. Martin halb schattig.

Rückweg: am Jagdhaus vorüber zur Weggabelung bei Punkt 839, dann dem rot markierten Weg Nr. 5 folgend zuerst 5 Min. steil ansteigend, dann abwärts links an der Schottergrube vor-

über und bei der Weggabelung links abbiegend und durch das Baumkirchener Tal nach Baumkirchen.
Gehzeit ¾ St.; Höhenunterschied ↓ 300 Hm; schattig.

W↑↓ Baumkirchner Tal – Wiesenhof

Zuerst kurz am rechts-, dann am linksufrigen Hang des Fallbaches auf dem Forstweg durch das Baumkirchner Tal aufwärts bis zu einer Wegkreuzung. Von dort folgen wir dem Weg Nr. 5 nach rechts (N), der südlich einer großen Schottergrube durch den Wald hinauf zum Wiesenhof führt. Am Waldrand (noch vor Erreichen des Jagdhauses) zweigen wir nach rechts ab und gelangen auf Weg Nr. 3 (rot markiert) steil zu den Wiesen bei der ehemaligen Zachenaste und nach Baumkirchen zurück.
Gehzeit 2 St.; Höhenunterschied ↑↓ je 300 Hm; schattiger Waldweg.

W↑↓ Durch den vorderen Gnadenwald

Am orographisch rechten Einhang des Fallbaches gehen wir im Baumkirchner Tal aufwärts, bis wir nach einer Quelle zu einer Wegkreuzung gelangen; bis hieher ½ St. Dort wenden wir uns nach links (SW) und kommen nach einer weiteren Viertelstunde über den flachen Planitzwald beim Mooskreuz auf den Weg Nr. 5, dem wir bis in die Siedlung auf der ehemaligen Milser Heide folgen. Bei der ersten Querstraße in der Siedlung wenden wir uns nach links (O). Am „Grüneck" vorüber führt der nun mit Nr. 9 bez. Weg am Waldrand entlang nach Baumkirchen zurück.
Gehzeit 2¼ St.; Höhenunterschied ↑↓ je 180 Hm.

Über Falun ins Farmtal nach Fritzens

Von Baumkirchen nach O auf Weg Nr. 8 zunächst am Waldrand, dann neben dem Riedfeld steil ansteigend in den Wald und ober der Baumkirchner Tongrube durch den Falun-Wald ins Farmtal. Der befahrbare Weg quert ein· gutes Stück oberhalb des Farmtaler Hofes den Bach. Dort wenden wir uns nach rechts (SO) und wandern durch das Farmtal nach Fritzens hinaus. Noch vor Erreichen der Ortsmitte überqueren wir an der obersten Querstraße den Fritzner Bach und wandern nun eben nach W über den ehemaligen „Weingarten" ober dem Tonwerk Fritzens auf Weg Nr. 8 zurück nach Baumkirchen.

Gehzeit 1¾ St.; Höhenunterschied ↑↓ je 180 Hm.

BIRGITZ und GÖTZENS

sind heute bereits baulich zusammengewachsen und bilden daher für einige Wanderungen den gemeinsamen Ausgangs- oder Zielpunkt.

BIRGITZ 858 m

Haltestelle der Postautobuslinie Innsbruck – Grinzens und Innsbruck – Lizum. 574 Ew.; 478 ha, davon 191 ha landw., 272 ha forstw. genutzt. FVV, 4 Gastbetriebe, 10 Privatvermieter, 173 Betten, Skischule, Minigolf.

Geschichte:

Nördlich des heutigen Ortes, auf der „hohen Birga", einem bewaldeten Hügel gegen das Nasse Tal hin, wurden 1938 Reste einer vorgeschichtlichen Siedlung aus der Fritzener und Mellauer Kultur (um Christi Geburt) gefunden. Drei bis vier Gehöfte mit insgesamt 12 Gebäuden wurden ausgegraben. Sie waren aus Steinen im Lehmverband errichtet, die von Holzrahmen zusammengefaßt waren. Die Küchen waren in eigenen Gebäuden untergebracht. Die Kleinfunde befinden sich im Birgitzer Museum (z. Zt. in der Schule). 1286 als „Purgitz" erstmals genannt. Um 1400 besaß das Stift Frauenchiemsee neun Höfe, 1313 wird Purgitsch selbständige Steuergemeinde. Seit 1811 selbständige politische Gemeinde.

Kunstdenkmäler:

Pfarrkirche Mariä Heimsuchung, 1634, Neubau 1727.

Naturdenkmäler:

Naturschutzgebiet „Mutterer Alpe", zusammen mit Bereichen der Gemeinden Mutters, Axams und Götzens (1956).

GÖTZENS 868 m

Haltestelle der Postautobuslinie Innsbruck – Grinzens und Innsbruck – Lizum. 2083 Ew.; 972 ha, davon 446 landw., 441 forstw. genutzt. FVV, 9 Gastbetriebe, 99 Privatvermieter, 604 Betten, Skischule, Schlepplift Götzens–Götznerberg, 1 Übungslift, Minigolf, automatische Kegelbahn.

Geschichte:
1128 erstmals als „Gecens" urkundlich genannt. 1313 selbständige Steuer- und Flurgemeinde. Auf Schloß Vellenberg war mindestens ab 1274 Gerichtssitz. Dort war auch Oswald von Wolkenstein einige Tage eingekerkert. Heute ist vom Schloß nur noch eine Ruine erhalten.

Kunstdenkmäler:
Typische Beispiele für das *Bauernhaus* des mittleren Inntales: gemauerter zweigeschossiger Wohntrakt mit Tenne und Stall in gemeinsamer Giebelfront. Oft gotische Steintore mit Kreisbogen, manchmal auch Erker und Freitreppen. Ziergiebel. *Pfarrkirche* St.-Peter-und-Paul, urkundlich 1350. Jetzige Kirche 1772–1775 erbaut von Franz Singer, Baumeister und Stukkateur aus Götzens. Eine der schönsten barocken Dorfkirchen des süddeutschen Raumes. Innen schöne Raumwirkung und üppige Ausstattung mit Rokoko-Stukkatur von Franz Singer. Deckengemälde von Matthäus Günter, 1775. Kapelle am westlichen Ausgang des Dorfes spätgotisch, Altar von 1669. Bedeutsame Krippen. *Burgruine Vellenberg* am nördlichen Ortsrand neben der Auffahrtsstraße von Innsbruck, 1332 erstmalig als Besitz der Grafen von Andechs erwähnt, 1670 durch Erdbeben beschädigt.

Naturdenkmäler:
Naturschutzgebiet *„Mutterer Alpe"*, zusammen mit Bereichen der Gemeinden Axams, Mutters und Birgitz (1956).

Bedeutende Persönlichkeiten:
Baumeisterfamilie Singer: Franz I, um 1775; Franz II, um 1886; Jakob, um 1730; Kassian, 1712–1759. Malerfamilie Kirchebner: Anton, gest. 1780, Anton II, um 1864. Baumeister Andreas Hueber, 1725–1808. Bildhauer Peter Troll, 1689–1735.

Birgitz/Götzens

Karten:
Umgebungskarte von Innsbruck 1:25.000, Bundesamt für Eich- und Vermessungswesen, Wien; Kompaß-Wanderkarte 1:30.000, Blatt Innsbruck–Hall; AV-Karte 1:50.000, Blatt 31/5, Innsbruck-Umgebung; Österreich-Karte 1:50.000, Blatt 147; Freytag-Berndt-Touristenwanderkarte 1:100.000, Blatt 33, Innsbruck-Umgebung.

| W⇄ | **Akademikersteig** |

Bei der Ruine Vellenberg am N-Ende von Götzens zweigt der Akademikersteig von der Innsbrucker Landesstraße nach W ab und führt nahe dem Waldrand im obersten Teil des rechten Einganges zum Nassen Tal in ½ St. zur Hohen Birga, wo die ältesten Zeugen einer Besiedlung in diesem Raum aufgefunden wurden. Von der Hohen Birga auf dem Feldweg nach Birgitz.
Gehzeit 1 St.; Höhenunterschied ↑↓ 60 Hm.

| W↓ | **Nasses Tal – Völs** |

Von Birgitz auf dem Feldweg nach NW zum Waldrand an der Hohen Birga und bei der Weggabelung nach rechts (NO) durch den Wald ins Nasse Tal bis zum Bauhof. Dort wechselt der Weg auf das linke Ufer und führt durch Wiesen und Siedlungen nach Völs, 592 m (Bahn- und Autobushaltestelle).
Gehzeit 1 St.; Höhenunterschied ↓ 270 Hm.

 Adelshof

Von Birgitz oder Götzens über die Felder zur Weggabelung außerhalb der Götzner Wassermauer. Der ehemalige Fahrweg zieht nun durch den Wald westlich der Beilerhofwiesen zur zweiten Kehre der Lizumer Straße und von da an parallel zu dieser etwas oberhalb im Wald nach W bis zum Adelshof, 1315 m (Gh. ganzj. bew., 10 B.). Rückweg wie Hinweg.
Gehzeit ↑ 1½ St., ↓ 1 St.; Höhenunterschied ↑↓ je 450 Hm.

⃞W↑↓ Götzner Alm

Von Birgitz oder Götzens nach S durch die Felder aufwärts zur alten Wassermauer am Geroldsbach.

Götzens und Birgitz wurden im Jahre 1809 vom Geroldsbach schwer vermurt, wobei allein in Götzens 22 Häuser in der Umgebung der Kirche so schwer beschädigt wurden, daß man sie östlich des Altwirtes neu errichten mußte. Die Kirche war bis dahin die Ortsmitte gewesen, und die einzelnen Bauernhäuser hatten sich rings um sie geschart. Nach der Dorfchronik war die Ursache der Mure ein schwerer Hagelschlag, durch den sich die zahlreichen, heute noch vorhandenen Blaiken gebildet hatten, vor allem die „große Blaike" oder „Götzner Höll" in ca. 1500 m Höhe, bei der eine Kommission 3 Tage nach dem Unwetter den Hagel noch 3 Schuh hoch (= ca. 1m!) fand. Die beiden Gemeinden Götzens und Birgitz, zwischen denen damals der Geroldsbach nach N floß, beschlossen daraufhin den Bau einer Wassermauer, durch welche der Bach in das heutige Bett abgedrängt wurde. 100 Jahre lang mußte jeder Bürger der beiden Gemeinden Fronschichten leisten, und eigene Wägen wurden gebaut, um die schweren Steine transportieren zu können. Da brach im Jahre 1908 zum zweiten Mal die Katastrophe herein. Die fast fertiggestellte, rund 800 m lange Mauer wurde von einem Murstoß durchbrochen und die Dörfer neuerlich vermurt. Die Wassermauer besserte man daraufhin aus und setzte wie bei alten Festungswerken noch eine zweite Mauer davor. Erst mit der Gründung der staatlichen Wildbachverbauungsämter konnten dann wirkungsvollere Bauten – Geschiebestausperren und ingenieurbiologische Verbauung der Blaiken – weitere schwere Schäden verhindern.

Der Weg führt zwischen den beiden Wassermauern auf einer Brücke über den Bach und mäßig steil durch den Wald auf den Götzner Berg und weiter am rechten Grabeneinhang hinauf zur Götzner Alm, 1542 m (im Sommer als Jausenstation bewirtschaftet); bis hieher 1¾ St. Abstieg: von der Götzner Alm zuerst eben nach W auf einem Fußweg durch den Wald und nach ¼ St. leicht fallend auf dem Forstweg bis zur Kehre der Hoadlstraße oder dem Adelshof, 1315 m (Gh., ganzj. bew.). Von dort auf der Hoadlstraße nach O bis zur großen Linkskehre und dann auf dem Fußweg westlich des Beilerhofes vorüber zur Wassermauer und nach Götzens zurück.

Gehzeit ↑ 1¾ St., ↓ 1½ St.; Höhenunterschied ↑↓ je 700 Hm; Weg bis zur Götzner Alm breiter Fahrweg, gut bez., größtenteils schattig.

B ↑↓ Götzner Alm – Birgitzalm

Von Götzens oder Birgitz wie oben auf die Götzner Alm, 1¾ St. Ober der Alm auf dem Forstweg und dann auf dem Fußweg zuerst den Graben aufwärts und dann nach rechts über mit Legföhren und Alpenrosen bestandene Buckel leicht ansteigend auf den Almboden der Birgitzalm, ¾ St., 1808 m.

Abstieg: dem Rücken entlang über den Hüttenboden auf dem Forstweg zur Hoadlstraße und über den Adelshof und Beilerhof wieder zurück nach Götzens oder Birgitz.

Gehzeit ↑ 2½ St., ↓ 1¾ St.; Höhenunterschied ↑↓ je 950 m; Weg zum größten Teil im Wald, bei der Birgitzalm sehr schöne Aussicht auf die Kalkkögel, Axamer Lizum und Seefelder Berge.

Wanderungen vom Birgitzköpfl aus

Auffahrt mit dem Sessellift von der Axamer Lizum auf das Birgitzköpfl, 2035 m (Birgitzköpflhaus, NF, ganzj. bew., 34 B, 50 M). Die nicht nach Birgitz oder Götzens führenden Abstiege vom Birgitzköpfl sind unter Axamer Lizum beschrieben (Seite 43).

B ↓ Birgitzköpfl – Birgitzalm – Adelshof – Axams, Birgitz, Götzens

Nach N am eigentlichen Birgitzköpfl vorbei zwischen Latschenfeldern leicht abwärts zur Birgitzalm, auf herrlichem Aussichtsplatz 1808 m hoch gelegen. Weiter nach N zuerst auf dem Rücken durch den Wald – stellenweise den neuen Fahrweg verfolgend – zum Hüttenboden. Etwas unterhalb wendet sich der Weg nach NW zum Adelshof, 1315 m (Gh., ganzj. bew., 10 B).

Vom Adelshof zwei Varianten: a) steil nach N durch den Osterbergwald nach Axams und auf dem Feldweg zurück nach Birgitz oder Götzens, b) der Lizumer Straße folgend bis zu ihrer Linkskehre, dann steil am alten Fahrweg westlich der Beilerhofwiesen hinab zur Wassermauer und durch die Felder zurück nach Birgitz oder Götzens.

Vom Adelshof Rückfahrt mit Autobus möglich.

Gehzeit 2½ St.; Höhenunterschied ↓ 1180 Hm; lohnender, bequemer Weg, ein Drittel sonnig, zwei Drittel schattig.

B↓ Birgitzköpfl – Götzner Alm – Birgitz/Götzens

Vom Birgitzköpflhaus nach NO in die Mulde hinab und links an der Bergwachthütte vorbei in 1 St. – immer dem Graben nach – hinab zur Götzner Alm, 1542 m (im Sommer als Jausenstation bew.). Von der Götzner Alm auf dem Forstweg über den Götzner Berg zur Wassermauer am Geroldsbach und über die Wiesen zurück nach Götzens oder Birgitz.

Gehzeit 2½ St.; Höhenunterschied ↓ 1180 Hm; Weg ein Drittel sonnig, zwei Drittel schattig.

ELLBÖGEN 1071 m

Haltestellen Mühltal und St. Peter der ÖBB-Autobuslinie Innsbruck – Marxen, 823 Ew.; 3444 ha, davon 1398 ha landw., 155 ha forstw. genutzt. FVV, 6 Gastbetriebe, 29 Privatvermieter, 128 Betten, Glungezerhütte, 2600 m, unter dem Gipfel des Glungezer (AV-Sektion Hall in Tirol), Meißner Haus, 1706 m, im Viggartal (AV-Sektion Meißen), Berghaus Boscheben, 2028 m, östlich des Patscherkofels (privat).

Geschichte:

In St. Peter wurden Brandgräber (1967) der Illyrer aus der Zeit um 1200 – 1000 v. Chr. freigelegt. 1032 erstmals als „auf dem Ellenbogen die Tarzner Felder" genannt, 1775 Gemeinde.

Kunstdenkmäler:

Pfarrkirche zum hl. Petrus im Weiler St. Peter, urkundlich 1286, jetzige Kirche 1472, in der 2. Hälfte des 18. Jahrhunderts barockisiert.

Naturdenkmäler:

Naturschutzgebiet *Patscherkofel*, zusammen mit Bereichen der Gemeinden Innsbruck, Patsch, Lans und Sistrans; Alpenflora, besonders Alpenrosen; 12 km² (1947).

Karten:

Umgebungskarte von Innsbruck 1:25.000, Bundesamt für Eich-

Ellbögen

und Vermessungswesen, Wien; Kompaß-Wanderkarte 1:30.000, Blatt Innsbruck-Hall; AV-Karte 1:50.000, Blatt 31/5, Innsbruck-Umgebung; Österreichische Karte 1:50.000, Blatt 148; Freytag-Berndt-Touristenwanderkarte 1:100.000, Blatt 33, Innsbruck-Umgebung.

W↓ **Speckbacherweg nach Tulfes**

Von Tarzens nach N auf dem mit Nr. 34 bez. Speckbacherweg durch die Wiesen nach Ruckschrein und von dort am Waldrand ober Patsch vorbei. Vom Grünwalderhof an begleitet der Weg die Ellbögner Landesstraße bis zum Igler Badhaus, quert dann ein kurzes Waldstück und tritt auf die Wiesen von Sistrans. Nach Sistrans steigt der Weg etwas in den Wald hinauf, führt beim Speckbacherbründl vorüber und berührt den südlichen Dorfrand von Rinn. Ab Rinn mit Nr. 31 bez. am Oberlavierenbad vorbei (Gh.) und schließlich am Waldrand entlang nach Tulfes, 923 m.

Gehzeit 3 St.; Höhenunterschied ↑ 50 Hm, ↓ 200 Hm.

Der Speckbacherweg ist ein vom Dachverband für Fremdenverkehr im östlichen Mittelgebirge 1975 neu errichteter Wanderweg. Da er immer wieder Ortschaften berührt, kann er beliebig unterbrochen und die Rückfahrt mit Autobus oder Taxi gewählt werden. Der Weg führt je zur Hälfte durch schattigen Wald und sonnige Wiesen und ist mit 50 Ruhebänken ausgestattet.

B↑↓ **Viggartal – Morgenkogel, 2607 m**

Von Mühltal auf Weg Nr. 32 bzw. 333 am orographisch linken Ufer des Viggarbaches aufwärts durch den Wald an der Wegscheideralm, der Edelweiß- und Kleißhütte vorbei zum Meißner Haus, 1722 m (AV-Sektion Meißen, vom 15. 12. bis 15. 11. bew., 20 B, 60 M); bis hieher 1¾ St. Von der Hütte zum Bach hinunter und zum Viggar-Niederleger. Von dort rechts (SW) durch den Hochwald hinauf. An der Waldgrenze bei der äußeren Malgrube nach rechts (westlich) unter dem mit einem Steinmann versehenen Signalkopf vorüber, dann nach S über die große Mulde auf den W-Grat und auf diesem zum Gipfel des Morgenkogels, 2607 m.

Abstieg: am Grat nach O und durch das zweite Kar nach N

über Blockhalden zum Blauen See, 2235 m; dann weglos eben nach rechts (O), bis man beim „Geschriebenen Stein", 2192 m, auf den von der Kreuzspitze herabführenden Weg stößt. Auf diesem auf der rechten, sonnseitigen Flanke des Viggartales zurück zum Meißner Haus und nach Ellbögen.

Gehzeit ↑ 4½ St., ↓ 3 St.; Höhenunterschied ↑↓ je 1570 Hm. Der Weg ist bis zum Meißner Haus und ab Geschriebenem Stein gut bez. und erhalten, auf den Morgenkogel jedoch stellenweise nur Steigspuren im hochalpinen Gelände, daher Bergerfahrung notwendig und bei schlechtem Wetter nicht empfehlenswert; halb schattig, halb sonnig.

B ↑↓ Durch das Arztal ins Voldertal

In Mühltal verlassen wir die Ellbögner Landesstraße und gehen auf der „Oberstraße" über die Wiesenhänge nach Oberellbögen. Bei einer Kapelle, 1313 m, beginnt die Wegmarkierung (Nr. 332), und über den Schröter- und Hinterlarcherhof gelangen wir am Sonnenhang ober dem Falkesaner Bach zur Hinterlarcher Kapelle und über die Rosenjochhütte zum Arztaler Unterleger, 1900 m. Noch vor Erreichen des Arztaler Hochlegers überwindet der Steig die Steilstufe und bringt uns über die Penzenböden auf den Grat zwischen Rosenjoch und Kreuzspitze, 2660 m. Jenseits steigen wir durch Block- und Schutthalden und über Almböden ins Gamskar hinab und stoßen bei der nicht mehr bewirtschafteten Gwann-Schafalm, 1966 m, auf den Tulfeinweg. Diesen queren wir und steigen weiter steil hinab ins Tal und gelangen schließlich auf dem Voldertaler Fahrweg bequem über die Vorbergalm zur Voldertaler Hütte, 1376 m (NF, 35 M). Von hier in 1 St. nach Volderwildbad und über Windegg nach Tulfes, 923 m, Autobushaltestelle (von der Voldertaler Hütte 2¼ St.) oder über den Volderberg nach Volders, 558 m, Bahn- und Autobushaltestelle (von der Voldertaler Hütte 3½ St.

Gehzeit ↑ 4½ St., ↓ bis Tulfes 3½ St., bis Volders 5 St.; Höhenunterschiede ↑ 1640 Hm, ↓ bis Tulfes 1760 Hm, bis Volders 2120 Hm.

Flaurling/Polling

FLAURLING und POLLING

sind Ausgangs- und Zielorte für einige gemeinsame Wanderwege.

FLAURLING 675 m

Personenzughaltestelle der ÖBB, Arlbergbahn. Haltestelle der Dörferlinie des Autobusunternehmens Dietrich, Telfs. 884 Ew.; 1965 ha, davon 896 ha landw., 493 ha forstw. genutzt. 4 Gastbetriebe, 9 Privatvermieter, 80 Betten. Skihütte Flaurlinger Alm, 1614 m. Badeanstalt.

Geschichte:
763 urkundlich erstmals als Flurilinga erwähnt. 1313 wird Flaurling und Flaurlingerberg (mons Vlurlingen) als selbständige Steuergemeinde genannt, ab 1775 sind beide getrennte Steuergemeinden. Seit 1816 selbständige politische Gemeinde.

Kunstdenkmäler:
Pfarrkirche zur hl. Margaret, eine Kapelle 1326 erwähnt, 1508 Vergrößerung, 1574 und 1750 Umbauten. Grabstein des Sigismund Ris (gest. 1532) aus rotem Marmor mit Reliefbild. *Pfarrhof*, ehemaliges Jagdschloß Erzherzog Siegmunds von Tirol, im Kern aus der 2. Hälfte des 15. Jahrhunderts mit Gratgewölben und Täfelungen. Ansitz Risenegg 1510. *Riskapelle* zwischen Pfarrhof und Risenegg, 1510 von Sigismund Ris, dem Hofkaplan des Erzherzogs, erbaut und 1745 umgebaut. Spätgotischer Flügelaltar.

Bedeutende Persönlichkeiten:
Pfarrer Sigismund Ris, 1431–1532, Gründer der berühmten Bibliothek der Ris-Stiftung.

POLLING 621 m

Haltestelle der Autobuslinie Innsbruck – Telfs (Dörferlinie). Personenzughaltestelle Flaurling der ÖBB, Arlbergbahn. 395 Ew.; 497 ha, davon 180 ha landw., 248 ha forstw. genutzt. 1 Gastbetrieb, 1 Jugenderholungsheim, 30 Privatvermieter, 42 Betten.

Geschichte:
763 wird „Pollinga" erstmals urkundlich genannt. Im Register von 1427 wird es als Steuer- und Ortschaftsverband angeführt, seit 1817 ist Polling selbständige Gemeinde.

Kunstdenkmäler:
Kaplaneikirche zum hl. Rochus, hl. Fabian und hl. Sebastian, 1608 erbaut, 1754 Neubau nach einem Plan von Peter Anich. Deckenbilder von Anton Kirchebner, 1756; im Fußboden Intarsien von 1869.

Karten:
Österreichische Karte 1:50.000, Blätter 117, 146, 147; AV-Karte 1:50.000, Blatt 31/5, Innsbruck-Umgebung; Kompaß-Wanderkarte 1:50.000, Blatt 35, Telfs-Kühtai-Sellraintal; Freytag-Berndt-Touristenwanderkarte 1:100.000, Blatt 33, Innsbruck-Umgebung.

W↑↓ „Mittelgebirgsweg" nach Oberperfuss

Von Flaurling über den Kalvarienberg durch den Wald hinauf nach Mooslehen und Fritzens, wo wir bei einer Kapelle zum Fahrweg stoßen. Dieser führt uns – stets etwas auf- und absteigend – von Hof zu Hof über den Flaurlinger- und Pollingerberg und nach Querung des Klammbachwaldes (unmittelbar nach dem Sticklberghof) auf die Wiesen des Hattinger Berges (dort Abstieg nach Hatting möglich). Über den Greifen- und Baierhof gelangen wir zum Weiler Hof oberhalb Inzing. Das tief eingeschnittene Tal des Enter(Hunds-)baches zwingt uns, in den Graben hinab- und jenseits wieder aufzusteigen. Auf der Inzingerbergstraße gelangen wir zum Weiler Eben und von nun an – immer leicht steigend – zum Weiler Ried und nach Querung des Lehnertales auf die Rangger Wiesen. Durch Wiesen und am Waldrand wandern wir nun ziemlich eben über Völsesgasse nach Oberperfuss (Autobushaltestelle) und von da zuerst auf der Landesstraße nach N hinab, dann auf einem Fußsteig zur Mündung des Rettenbachgrabens und am Waldrand beim Ansitz Ferklehen vorüber nach Unterperfuss (Autobushaltestelle), 596 m.

Gehzeit 3½ St.; Höhenunterschied ↑ 150 Hm, ↓ 200 Hm. Der Weg ist stellenweise ein Güterweg, der aber nicht allzuviel befahren wird. Nach Polling, Hatting und Inzing kann man vorzeitig absteigen; ein Drittel schattig, zwei Drittel sonnig, im Winter jedoch durch den Bergschatten längere Zeit ohne Sonne.

Flaurling/Polling

 Flaurlinger Alm

Auf der Fahrstraße nach S auf den Flaurlinger Berg und durch den Wald immer mäßig ansteigend zum Kanzingbach und neben diesem aufwärts zur Flaurlinger Alm, 1614 m hoch an der Gabelung des Kanzing- und Seetales am Talgrund gelegen (Gh., vom 15. 6. bis 30. 9. bew.). Rückweg wie Anstieg.
Gehzeit ↑ 3 St., ↓ 2 St.; Höhenunterschied ↑↓ je 950 m.

 Hocheder, 2798 m

Am rechten Ufer des Kanzingbaches zum südlichen Ortsende von Flaurling und durch den Wald steil aufwärts zur Oberhofner Alm, 1652 m, auf breitem Rücken nahe der Waldgrenze gelegen. Auf Almmatten und durch Alpenrosenbestände folgen wir dem Rücken bis zu jenem Platz, wo einst die Neuburger Hütte des AV stand; bis hieher 3 St. Der Weg steigt noch auf ca. 2000 m an und leitet dann nahezu eben nach S bis oberhalb der Flaurlinger Alm an den O-Rücken des Hocheder. Von da an wendet sich der Steig nach W ins innerste Kanzingtal und zunehmend steiler werdend von S her auf den felsigen Gipfel des Hocheder, 2798 m.

Rückweg auf dem N-Grat über den Schafmarebenkogel, 2651 m, und das Sonnkarköpfl, 2262 m (nur für Bergerfahrene, Trittsichere).

Gehzeit ↑ 6 St., ↓ 4½ St.; Höhenunterschied ↑↓ je 2200 Hm; Weg mit Nr. 154 bez., ein Drittel schattig, zwei Drittel sonnig.

Flaurlinger Scharte – Kühtai/Haggen

Auf der Fahrstraße nach S über den Flaurlinger Berg ins Flaurlinger Tal und neben dem Kanzingbach in 3 St. zur Flaurlinger Alm, 1614 m (vom 15. 6. bis 30. 9. bew., 15 M). Von der Alm nach SW neben dem Bach aufwärts ins Kanzingtal, wo man nach 10 Min. den Weg von der Neuburger Hütte (zerstört) zur Roßkogelhütte quert. Über die Almböden führt der manchmal undeutlich sichtbare Steig nach S in eine steinige Mulde an der Weibeleslacke vorüber zur Flaurlinger Scharte, 2400 m (2½ St. ab Flaurlinger Alm). Südlich der Scharte ca. 100 Hm hinab zu einer Weggabelung. Nach links (O) führt der Steig an der Schafhütte vorüber durch die baumlosen Hänge nach Haggen, 1650 m. Nach rechts (W) kommen wir ins oberste Zirmbachtal und an der Mündung desselben zur Landesstraße, der wir über die Stockacher Höhe, 2017 m, nach Kühtai folgen, 1967 m.

Gehzeit ↑ 5½ St., nach Haggen ↓ 1½ St., nach Kühtai ↓ 2 St.; Höhenunterschied nach Haggen ↑ 1725 Hm, ↓ 750 Hm, nach Kühtai ↑ 1825 Hm, ↓ 550 Hm. Der Weg ist nicht viel begangen und erfordert ab der Flaurlinger Alm Bergerfahrung; ein Drittel schattig, zwei Drittel sonnig.

B ↑↓ Über Flaurlinger Joch und Schützensteig zum Rangger Köpfl

Auf der Flaurlingerbergstraße beim Schweighof vorbei in den Wald. Dort nach links (S) über den Rücken im Wald empor bis zur Waldgrenze bei der Ochsenalm. Von da über die Almmatten und Alpenrosenbestände steil hinauf zum Widdersberg, 2152 m, und den Grat zum Flaurlinger Joch, 2211 m. Weiter über den Grat nach S auf den Rauhen Kopf, 2302 m. Von dort am grasigen Rücken zuerst bis ca. 2100 m nach O hinab, dann biegt der Steig – hier als Schützensteig benannt – wieder nach S und quert hoch über der Inzinger Alm den O-Hang des Brechten und zieht dann den ganzen Talkessel des Hundstales aus in den N-Hang des Windeggs zum Krimpenbachsattel, 1899 m, und über das Rangger Köpfl zur Roßkogelhütte, 1878 m (AV-Sektion Innsbruck, ganzj. bew., 10 B, 25 M). Von hier in ¾ St. nach Stieglreith und nach einer weiteren Stunde oder mit dem Sessellift nach Oberperfuss, 812 m (Autobushaltestelle).

Gehzeit ↑ 5 St., ↓ bis Roßkogelhütte 1½ St., bis Oberperfuss 3½ St.; Höhenunterschied ↑ 1630 Hm, bis Roßkogelhütte ↓ 430 Höhenmeter, bis Oberperfuss ↓ 1490 Hm; lohnender Weg, ein Drittel schattig, zwei Drittel sonnig, in der hier beschriebenen Richtung anstrengender als umgekehrt (s. Oberperfuss, Seite 297).

FRITZENS 592 m

Personenzughaltestelle der ÖBB. 1689 Ew.; 614 ha, davon 280 ha landw., 289 ha forstw. genutzt. FVV, 3 Gastbetriebe, 48 Privatvermieter, 249 Betten.

Fritzens 61

Geschichte:
Nördlich des Dorfes, im Tal des Lahnbaches, befand sich in der 2. Hälfte des 1. vorchristlichen Jahrtausends eine Siedlung, nach der diese Kulturepoche „Fritzener Kultur" benannt wurde. Bedeutendste Ausgrabungen dieser Epoche sind neben Fritzens, Birgitz und Himmelreich bei Volders. 1250 als „Frücenz" genannt.

Kunstdenkmäler:
Pfarrkirche zum hl. Johannes d. Täufer, 1933.

Naturdenkmäler:
Fritzner Tongrube, siehe Baumkirchen.

Karten:
AV-Karte 1:25.000, Blatt Karwendel-Ost; AV-Karte 1:50.000, Blatt 31/5, Innsbruck-Umgebung; Kompaß-Wanderkarte 1:50.000, Blatt 26, Karwendelgebirge; Österreichische Karte 1:50.000, Blatt 118, 119; Freytag-Berndt-Touristenwanderkarte 1:100.000, Blatt 33, Innsbruck-Umgebung; Umgebungskarte von Innsbruck 1:25.000, Bundesamt für Eich- und Vermessungswesen, Wien.

 Kandlerhof

Von der Ortsmitte auf Weg Nr. 24 nach O und über den Meningwald am Riedbichl und durch das Stadelfeld zum Kandlerhof.
Rückweg: vom Kandlerhof nach S bis zum Eichenrain und an diesem entlang nach W zurück nach Fritzens.
Gehzeit 1 St.

 Zur Thierburg

Von der Dorfmitte auf asphaltierter Straße aufwärts bis zum Waldrand beim viertletzten Haus der Griesbachsiedlung. Von dort (grüner Wegweiser Nr. 20) zuerst steil auf schmalem Fußsteig durch den Tannenwald am Südhang empor. Nach ca. ¼ St. biegt der Weg nach links (Norden) ab und führt in weiteren

10 Min. durch ein lichtes Waldtal sanft ansteigend an einer Wildfütterung vorbei zum Wiesenrand. Diesem folgt nun der Weg und mündet 100 m nördlich des Greinwaldhofes in den Fahrweg. Auf diesem durch die Wiesen unweit eines Buchenwaldrandes nach Osten an einem Wegkreuz vorüber zur Kirchner Hueben, 838 m, und weiter zum Schloß Thierburg, auch Werl genannt.

Die Thierburg hieß im 15. Jahrhundert „im Hof" und wurde 1480 von den Besitzern Peter und Anton Rumml von Lichtenau zu einem Edelsitz umgebaut, worauf den Brüdern von Kaiser Maximilian I. das Recht verliehen wurde, sich danach zu benennen. Heute ist Thierburg ein Bauernhof.

Wir wenden uns nach Süden und an der Westseite des Werlweihers entlang, der von schönen Bäumen, darunter den in Tirol recht seltenen Schwarzerlen, bestanden ist. Der Weg führt nun zum Waldrand und dann mäßig steil im Wald in westlicher Richtung hinab nach Fritzens.

Gehzeit 1½ St.; Höhenunterschied ↑ 260 Hm, ↓ 260 Hm; zwei Drittel des Weges schattig, ein Drittel sonnig.

W↑↓ Farmtal

Vom Bahnhof dem Fritzner Bach entlang aufwärts und auf einem befahrbaren Wirtschaftsweg – der roten Markierung Nr. 1 und 8 folgend – in ½ St. zum Farmtaler Hof, 740 m, der von schattseitigen Tannen- und sonnseitigen Föhren- und Buchenwäldern umrahmt inmitten des Farmtales liegt. Vom Farmtaler Hof führt ein Fußweg zuerst am Waldrand entlang und nach 300 m durch gemischten Wald sanft ansteigend zum „Pulverer", dessen Lage am Steilhang des hier engen Farmtales verrät, daß der Hof nicht für landwirtschaftliche Zwecke, sondern als Pulvermühle gedient hatte.

Über dem Eingang kündet noch das Wappen Kaiser Franz I. von diesem einst bedeutenden Industriezweig. Im Gnadenwald gab es einst vier solcher Pulvermühlen, die erst 1893 nach der Erfindung des rauchlosen Schießpulvers ihren Betrieb einstellten. Im Freiheitskampf 1809 hatten diese Pulvermühlen große Bedeutung.

Hinter dem Pulverer führt uns der Weg steil empor auf die Hochfläche des Gnadenwaldes und zur Landesstraße (vom Farmtaler Hof ½ St.). Wir folgen der Landesstraße etwa 400 m nach Osten und biegen dann nach rechts (S) auf einen Seitenweg ein, der uns zuerst zur Speckbacherkapelle bringt.

Die Kapelle wurde 1959 in Erinnerung an den bekanntesten Mitkämpfer Andreas Hofers, den Landesschützenmajor Josef Speckbacher (geb. 13. 7. 1767, gest. 1820), an der Stelle seines Geburtshauses errichtet.

Am „oberen und unteren˙ Spökhof" vorüber führt der Weg nun nach Südosten durch die Wiesen und Felder zum Widmannhof. Dort verlassen wir wieder die Gnadenwalder Hochfläche und steigen nach Süden durch lichten Buchen-Kiefern-Wald hinab (nicht markiert) zum Farmtaler Hof. Auf demselben Wirtschaftsweg wie beim Aufstieg erreichen wir in 20 Min. den Fritzner Bahnhof.

Gesamtgehzeit 2 St.; Höhenunterschied ↑↓ je 330 Hm; bequemer Weg, Rückweg vom Widmannhof zum Farmtaler Hof steil, je zur Hälfte sonnig und halb schattig.

 Michaelerhof

Vom Gemeindeamt auf dem Gnadenwalder Fahrweg aufwärts in den Wald. Etwa 100 m ober den letzten Häusern zweigt ein Fußsteig nach links ab und führt durch eine Waldwiese neben dem Bach – zuletzt steil ansteigend – auf die Gnadenwalder Hochfläche und zum Michaelerhof, 878 m (Gh.).

Gehzeit ↑ 1 St., ↓ ¾ St.; Höhenunterschied ↑↓ je 300 Hm.

W↑↓ **Über Vollandsegg nach Terfens**

Am nördlichen Ortsende von Fritzens über der Siedlung nach O zuerst am Waldrand, dann im Wald aufwärts zum Werlweiher, südlich der Thierburg, 820 m. Zwischen dem Weiher und der Thierburg zweigt der fahrbare Weg nach O ab. Über den Hof Vollandsegg (umfassende Aussicht auf das Inntal und die Tuxer Voralpen) kommen wir eben nach Puiten und Eggen, von wo der Weg ins bewaldete Larchtal zur Wallfahrtskirche Maria Larch hinab und weiter nach Terfens, 589 m, führt.

Rückweg: zunächst auf der Landesstraße nach W bis an den

Waldrand unter dem Aichberghof. Dort auf Fußweg (mit Nr. 23 bez.) aufwärts zum Aichberghof und durch Fichten-Föhren-Wald zurück nach Fritzens.

Gehzeit 3 St.; Höhenunterschied ↑↓ je 300 Hm.

FULPMES   937 m

Endstation der Stubaitalbahn; Haltestelle der Autobuslinie Innsbruck – Neustift – Mutterbergalm. 2553 Ew.; 1678 ha, davon 392 ha landw., 879 forstw. genutzt. FVV, Zweigstelle des Tiroler Landesreisebüros, 35 Gastbetriebe, 1 Jugendholungsheim, 130 Privatvermieter, 1866 Betten, Skischule, Sprungschanze, Skibobschule, Minigolf, Hallenbad, Bad Medraz, geheiztes Schwimmbad, Schießstand, Kegelbahn, Fitness-Parcour. Aufstiegshilfen: Doppelsessellift Fulpmes – Froneben, Doppelsessellift Froneben – Kreuzjoch, Sessellift Schlicker Alpe – Sennesjöchl, Schlepplift Galtalm, Fulpmes, Zirmachalm – Sennesjöchl und weitere 3 Schlepplifte.

Geschichte:
1286 als Vultmeins erstmals genannt. Laut Register von 1427 war Vulpes eine Gemeinde. Nach dem Theresianischen Kataster 1775 eigene Steuergemeinde. In der Schlick wurde früher Eisen abgebaut, das in Fulpmes geschmolzen wurde. Nach Aufhören des Bergbaues im 16. Jahrhundert wurden aus den Bergknappen Schmiede, die ihre Erzeugnisse in alle Länder Europas trugen. 1840 gab es in Fulpmes 67 Werkstätten und 200 Schmiede. 1897 wurde die Werkzeuggenossenschaft gegründet. Neben Werkzeug sind Eispickel, Steigeisen u. a. alpine Geräte Spezialerzeugnisse der Stubaier Kleineisenindustrie. 1920 wurde bei der Knappenhütte ein Aufschließungsstollen zum Abbau von Magnesit und Eisenglanz vorgetrieben, aber bald wegen mangelnder Wirtschaftlichkeit wieder aufgelassen.

Kunstdenkmäler:
Am Hauptplatz stattliche *Häuser,* teils mit barocken, dekorativen Fassadenmalereien. *Alte Schmieden* entlang des Schlicker Baches. *Pfarrkirche* zum hl. Vitus, 1386 erstmals urkundlich erwähnt, jetzige Kirche 1746/47 von Franz de Paula Penz erbaut.

Fulpmes

Reiche Rokoko-Stukkatur. Deckenbilder von Bergmüller, 1747.
Glocke von Hans Christoph Löffler, 1570.

Karten:
Neue Österr. Landesaufnahme 1:25.000, Blatt 148/1, Fulpmes;
AV-Karte 1:50.000, Blatt 31/5, Innsbruck-Umgebung; Österreichische Karte 1:50.000, Blätter 147, 148; Kompaß-Wanderkarte 1:50.000, Blatt 36, Innsbruck-Brenner; Freytag-Berndt-Touristenwanderkarte 1:100.000, Blatt 33, Innsbruck-Umgebung.

 Nach Vergör

Von der Dorfmitte zum Waldrand und hinter dem Fronebenlift vorüber auf teils schattigem Güterweg in ca. 1 St. zum Bauernhof Vergör, 1230 m.

Einer der beiden Höfe ist aufgelassen, der andere wird zusätzlich als Berggasthof betrieben. Herrliche Aussicht auf Serles, Pinnistal, Elfer und das äußere Stubaital.

Ober dem Hof Lärchenwiesen, die zum Verweilen einladen.
Rückweg: von Vergör auf dem Güterweg zurück bis zum Waldrand und dort auf gut ausgebautem Fußsteig in ¼ St. hinab zum Gröbenhof, 1073 m (Jausenstation). Weiter im Wald zum Güterweg, der nach Fulpmes zurückführt.

Gehzeit 1¾ St.; Höhenunterschied ↑ 600 Hm, ↓ 600 Hm; Weg gut markiert, die Hälfte schattig.

 Nach Pfurtschell

Von der Dorfmitte zum Waldrand und hinter dem Fronebenlift vorüber auf teils schattigem Güterweg in ca. 1 St. zum Bauernhof Vergör, 1230 m (bew.). Vor Vergör auf nicht markiertem, schmalem Steig über den Seebachgraben auf die Gschnitzmäder. Dort laden herrliche enzianübersäte Lärchenwiesen zum Verweilen ein. Danach in den Omesbergbachgraben absteigend und jenseits wieder empor auf die Wiesen des Berghofes Pfurtschell, 1270 m; bis hieher von Fulpmes 1½ St., von Vergör ½ St.

Die Aussicht von Pfurtschell übertrifft noch jene von Vergör, weshalb man sich hier Zeit für eine Rast nehmen sollte.

Von Pfurtschell auf gut ausgebautem Weg nach Omesberg hinab und von dort auf dem wenig befahrenen Güterweg ohne erhebliche Steigungen zuerst durch Wiesen, später am Waldrand entlang in ca. 1 St. nach Fulpmes.

Gesamtgehzeit 2½ St.; Höhenunterschied ↑ 600 Hm, ↓ 600 Hm; Wege zum Teil nicht markiert und schmal, Hälfte schattig.

 Froneben – Vergör

Mit dem Sessellift nach Froneben, 1306 m. Von dort nach Westen auf mäßig fallendem Steig in ca. 20 Min. hinab zum Berghof und Berggasthaus Vergör, 1230 m. Von Vergör auf dem Güterweg über die Talstation des Fronebenlifts zurück nach Fulpmes.

Gesamtgehzeit 1 St.; Höhenunterschied ↓ 370 Hm; Weg gut gepflegt und markiert, die Hälfte schattig.

 Nach Neustift

Vom Kirchplatz in Fulpmes nach SW eben zum Gröbenhof und über die Wiesen an einigen Bauernhöfen vorüber zum Weiler Jedles, wo der Weg in die Landesstraße einmündet. Hier etwas aufwärts durch die Wiesen zum Waldrand und an einigen sonnseitigen Bauernhöfen vorbei und schließlich vor dem Bachertal hinab nach Neustift, 993 m; bis hierher 2 St.

Rückweg: von der Neustifter Kirche nach S über die Ruetz und dann auf dem nach O ansteigenden Fahrweg unter dem Elferlift hindurch zum Weiler Schmieden, 1040 m. Von dort auf dem Wiesenweg hinunter nach Kampl und weiter nach Medraz, 922 m, und auf dem „Ebnersteig" im Wald zurück nach Fulpmes.

Medraz ist seit langem durch seine kohlensäurehaltige, radioaktive Heilquelle bekannt, die neben dem Badwirtshaus mit einer Temperatur von 5,6 Grad C entspringt. Sie wird zu Trink- und Badekuren mit Erfolg benutzt.

Gehzeit 4 St.; Höhenunterschied ↑↓ je 190 Hm.

Fulpmes 67

B ↑↓   Schlick – Halsl – Lizum

Mit dem Sessellift nach Froneben, 1350 m. Von Froneben nach W sanft ansteigend ins Schlicker Tal. Nach ca. ¾ St. erreichen wir den Schlicker Almboden und biegen 100 m danach nach rechts (N) ab (Wegweiser mit roter Markierung). Der Weg führt zuerst durch den Bergwald, dann durch Legföhren in ¾ St. zum „Berger Brünnl", einem Aussichtspunkt in einer ehemaligen Waldbrandfläche, 1700 m hoch gelegen. Von hier ab führt der „Gloatsteig" immer leicht auf und ab in tief eingeschnittene Felsrinnen, durch Legföhrenbestände und die obersten Baumgruppen vom S- zum O-Hang des Ampfersteins nach N und schließlich etwas hinab zum Ißboden, 1672 m. Dort trifft der Gloatsteig mit dem von Telfes heraufführenden Weg zusammen. In der Senke steigen wir mäßig steil durch Almmatten auf das Halsl, 1992 m, an dessen S-Seite eine kleine Kapelle steht; bis hieher 3 bis 3½ St. Vom Halsl nach N abwärts in ¾ St. in die Axamer Lizum, 1564 m (3 Gh. und Autobushaltestelle).

Gehzeit ↑ 3 – 3½ St., ↓ ¾ St.; Höhenunterschied ↑ 1070 Hm, ↓ 500 Hm; aussichtsreicher, gut bez. Weg, ein Drittel schattig, zwei Drittel sonnig.

B ↑↓   Sonnenstein – Maria Waldrast

Von der Brücke über die Ruetz nach links (NO) steil durch Kiefernwald aufwärts in 1½ St. zum Gh. Sonnenstein, 1365 m, und weiter durch Fichtenwald und Legföhrenbestände auf dem Wallfahrtsweg in einer weiteren Stunde auf das Jöchl, 1692 m, und jenseits in 10 Min. hinab zum Kloster Maria Waldrast (Gh., das von den Servitenpatres ganzj. bew. wird, 63 B, 10 M; von Matrei aus Jeepverkehr).

Gehzeit ↑ 2¾ St., ↓ 1¾ St.; Höhenunterschied ↑↓ je 800 Hm. Der schattige Weg ist gut markiert und nur anfangs steil und schotterig.

Nach Wildeben

Von der Brücke über die Ruetz zuerst nach rechts (SW) am Waldrand entlang, dann im Wald ober Medraz mäßig ansteigend und nach ca. 1 St. in den vom Kampl heraufführenden Weg einmündend und steil in einer weiteren Stunde empor zur Jausenstation Wildeben, 1760 m, die in prachtvoller Aussichtslage auf einem beherrschenden, von der Serles herabziehenden Rücken liegt. Abstiegsvariante: auf demselben Weg hinab, dann aber weiter nach Kampl und von dort auf dem Waldweg über Medraz zurück nach Fulpmes.

Gehzeit ↑ 2½ St., ↓ 1¾ St.; Höhenunterschied ↑↓ je 860 Hm.

Von Wildeben kann der geübte Bergwanderer das *Serlesjöchl*, 2384 m, in 1¾ St. erreichen und von dort in einer weiteren Stunde auf den Gipfel der Serles, 2718 m, gelangen. Abstieg vom Serlesjöchl nach S über Maria Waldrast (Gh.) und von dort nach N über Sonnenstein (Gh.) hinab nach Fulpmes.

W↑↓ Froneben – Starkenburger Hütte

Dem Schlicker Bach entlang aufwärts bis zum Weiler Plöven, wo einst 4 Hammerschmieden standen. Dort beginnt der alte Schlicker Weg, von den Innsbruckern früher „der Buttermilchweg" genannt, weil zu Beginn der Plövener Schluchtstrecke eine Tafel mit dem Sprüchlein stand:

> „Hier ist der Weg ins Plövner Loch,
> wer da hin will, bedenke doch,
> daß hier auch geht der Weg zur Alpe Schlick,
> wer zuviel Buttermilch trinkt, dem wünsch' ich Glück!"

In einer Kehre führt der Weg steil zu den Wiesen von Froneben hinauf, 1350 m (Gh., 30 B). Bei der etwas oberhalb liegenden Liftstation wählen wir den linken (nach W) leicht im Wald ansteigenden Weg (mit Nr. 116 bez.), der uns über die Galtalm und dann über latschenbewachsene Sonnenhänge zur Knappenhütte führt, 1750 m (Gh.).

Unmittelbar neben dieser Hütte ist noch ein verbrochener Stollen zu sehen, der letzte sichtbare Zeuge des einstigen Eisenbergbaues.

Nach Überschreiten des Omesberggrabens treten wir auf das freie Gelände der Kaserstattalm, einem der schönsten Aussichtsplätze des ganzen Stubaitales. Immer gleichmäßig ansteigend leitet uns der Weg durch herrlich blühende Bergfluren zur Starkenburger Hütte, 2237 m (DAV-Sektion Starkenburg/Darmstadt, von Pfingsten bis 1. 10. bew., 12 B, 22 M).

Fulpmes

Rückweg wie Anstieg bis zur Kaserstattalm, dann auf dem Rücken westlich des Omesberggrabens nach rechts (S) steil durch den Wald zum Bergbauernhof Pfurtschell, 1279 m, und auf dem Wiesenweg durch die Pfurtscheller Wiesen, ein kleines Waldstück und dann durch die Wiesen der Ruetzauen über den Gröbenhof nach Fulpmes.

Gehzeit ↑ 3½ – 4 St., ↓ 2½ – 3 St.; Höhenunterschied ↑↓ je 1300 Hm; gut bez. Weg (mit Nr. 116), besonders schön während der Bergblumenblüte im Sommer (Juni, Juli) und im Herbst; ein Drittel sonnig, zwei Drittel schattig. Der Anstieg kann durch Auffahrt mit dem Sessellift bis Froneben um ca. 1 St. verkürzt werden.

B↑↓ Froneben – Schlick – Schlicker Schartl – Seejöchl – Adolf-Pichler-Hütte

Mit dem Sessellift nach Froneben, 1350 m. Sanft ansteigend durch den Wald ins Schlicker Tal (NW) in 1 St. zur Schlicker Alm, 1643 m (Gh., ganzj. bew., 25 B, 110 M). Durch den Talgrund des Schlicker Tales auf Weg Nr. 114 und über eine Steilstufe in die „Goldgrube" hinauf und dann über grasige und teils schottrige Hänge zum Schlicker Schartl, 2547 m, empor, einem Einschnitt zwischen den Schlicker Mandln und dem Hohen Burgstall. Ein nahezu ebener Steig führt von der W-Seite der Schlicker Scharte durch die Schotterreißen unter der Schlicker Seespitze nach NW in ½ St. zum Seejöchl, 2525 m, und von da stetig fallend über eine Schotterreiße und weite Almböden hinab zur Adolf-Pichler-Hütte, 1977 m (Akademischer Alpenklub Innsbruck, vom 15. 6. bis 1. 10. bew., 20 B, 36 M). Von hier weiter siehe Grinzens (Seite 105).

Gehzeit ↑ 3 – 3½ St., ↓ 1½ St.; Höhenunterschied ↑ 1200 Hm, ↓ 570 Hm; gut bez. Wege durch sehr formenreiches, hochalpines Gelände, ein Viertel schattig.

W↑↓ Auf das Sennesjöchl, 2259 m

Mit dem Sessellift nach Froneben, 1350 m. Von dort zwei Varianten: a) in 1 St. durch den Wald sanft nach NW ansteigend ins Schlicker Tal bis zur Schlicker Alm, 1643 m (Gh., ganzj. bew., 25 B, 110 M), und von da mit dem Sessellift auf das Sennesjöchl

(↑ 300 Hm), b) von Froneben mit dem Doppelsessellift auf das Kreuzjoch, 2125 m. Von da leicht fallend nach NW gegen die Zirmachalm, vor der man auf den zum Sennesjöchl steil hinaufführenden Weg stößt (↑ 200 Hm, ¾ St.).

B↓ Sennesjöchl – Schlicker Alm – Froneben – Fulpmes

Von der Bergstation am Sennesjöchl zunächst ca. 10 Min. nach NO auf einen kleinen Sattel hinab. Dort nach links (NW) steil hinunter zur Zirmachalm, die 1936 m hoch etwas unter der Waldgrenze liegt. Der Weg (von hier ab mit Nr. 114 bez.) führt nun etwas talein zum Talgrund hinab, biegt dann nach rechts (NO) um. Durch abwechslungsreiche Talgrundlandschaft wandern wir flach talauswärts über Almmatten, Geröllfluren, an Legföhren, Lärchen- und Zirbengruppen vorüber zur Schlicker Alm, 1643 m (Gh., ganzj. bew., 25 B, 110 M).

Neben der Alm steht eine kleine, von Clemens Holzmeister, einem gebürtigen Fulpmer, erbaute Bergkapelle.

In ca. 20 Min. erreichen wir das Ende des flachen Schlicker Talbodens und in weiteren 30 Min. die Liftstation oberhalb von Froneben, 1350 m. Von hier mit dem Sessellift oder auf dem befahrbaren Weg zuerst nach NO über die Wiesen von Froneben, dann steil nach rechts (S) hinab in 40 Min. nach Fulpmes.

Gehzeit 2¼ St.; Höhenunterschied bis Froneben ↓ 880 Hm; sehr lohnender, leichter und gut bez. Weg, ein Viertel schattig, drei Viertel sonnig.

B↓ Vom Sennesjöchl auf dem Krinnenkopfweg nach Fulpmes

Von der Liftstation nach NO durch alpines, dann latschenbewachsenes Gelände zur Bergstation des Doppelsesselliftes am Kreuzjoch. Von dort durch Latschen und Bergwald – immer nahe dem Bergrücken – mäßig fallend nach NO hinab. Nach etwa 1 St. Gehzeit biegt der Weg nach rechts (S) hinunter zur Galtalm, 1634 m. Von der Galtalm 2 Varianten: a) auf dem flachen Waldweg nach links (NO) nach Froneben und Fulpmes (Abfahrt mit dem Sessellift möglich), b) nach S weiter zunächst steil durch Fichtenwald, dann flacher durch schütteren Lärchenwald zum

Fulpmes: Sennesjöchl

Bergbauernhof Vergör, 1266 m (Gh.), und von dort auf dem Forstweg nach Fulpmes.

Gehzeit 3 St.; Höhenunterschied ↓ bis Froneben 880 Hm, bis Fulpmes 1250 Hm; lohnender, gut bez., ein Drittel schattiger, sonst sonniger Weg.

B↓ Vom Sennesjöchl über Pfurtschell nach Fulpmes

Von der Bergstation des Sessellifts zuerst ca. 10 Min. nach NO hinab auf einen kleinen Sattel und auf neuerbautem Weg nach S durch Almmatten und Latschen zur Knappenhütte, 1750 m (Gh.). Leicht nach S steigend bis zum Rücken (10 Min. ab Knappenhütte) und von dort im Wald nach links (S) steil hinunter zum herrlich gelegenen Bergbauernhof Pfurtschell, 1297 m. Beim Hof biegen wir nach links ab und gelangen über die Pfurtscheller Wiesen und ein kurzes Waldstück auf den Wiesenweg, der fast eben am linken Ufer der Ruetz über den Gröbenhof nach Fulpmes leitet.

Gehzeit 3 St.; Höhenunterschied ↓ 1250 Hm; sehr lohnender und gut bez., vorwiegend sonniger Weg.

B↑↓ Sennesjöchl – Starkenburger Hütte – Neustift

Von der Bergstation des Sesselliftes am Grat nach SW zuerst kurz ansteigend, dann auf neuerbautem Steig nach S durch die Burgstallmulde und den S-Hang des Hohen Burgstalls fast eben bis knapp unter die Starkenburger Hütte. Dorthin 10 Min. Anstieg. Wir zweigen unter der Hütte vom Fahrweg ab und folgen dem mit Nr. 115 bez. AV-Steig steil über die Bergwiesen und Lärchenmähder über das „Schönegg" und den „Mähderberg" hinab nach Neustift, 993 m.

Gehzeit 3 St.; Höhenunterschied ↑ 100 Hm, ↓ 1400 Hm; sehr lohnender, aber stellenweise steiler und bei Nässe glatter, sonniger, besonders zur Blütezeit der Bergblumen im Juni und Juli zu empfehlender Weg.

Vom Sennesjöchl auf den Hohen Burgstall, 2611 m

Von der Bergstation des Sesselliftes auf neuerbautem Steig nach

W über den Rücken des Niederen Burgstalls empor auf den Hohen Burgstall, 2611 m. Rückweg wie Anstieg.

Gehzeit ↑ 1½ St., ↓ 1 St.; Höhenunterschied ↑↓ je 380 Hm; sehr lohnender und bequemer Gipfelausflug auf gut erhaltenem, sonnigem Steig.

B ↑↓ Vom Sennesjöchl rund um den Burgstall

Von der Bergstation des Sesselliftes auf neuerbautem Weg nach W über den Rücken zum Niederen Burgstall, 2436 m, empor. Leicht absteigend nach N, bis wir in ca. 2200 m Höhe auf den Weg Nr. 114 stoßen. Dieser führt uns nach links (W) auf die Schlicker Scharte, 2456 m, hinauf. Von hier wenden wir uns nach S und steigen – immer mäßig steil – auf dem mit Nr. 116 bez. AV-Steig zur Starkenburger Hütte, 2237 m, ab (DAV-Sektion Starkenburg/Darmstadt, von Pfingsten bis 1. 10. bew., 12 B, 22 M).

In der Umgebung der Hütte erfreut uns besonders im Frühling eine mannigfaltige Flora, deren Reichtum auf dem Zusammentreffen von Silikatgesteinen und Kalken beruht. Einige auf den Felsen wachsende Primeln werden dem Pflanzenkenner wegen ihrer unterschiedlichen bunten Färbung ins Auge stechen. Es ist die flaumige Primel (Primula pubescens Jacq.), ein Bastard zwischem dem Schrofenrösl (Primula hirsuta) und dem Platenigl (Primula auricula). Weil der Bastard fruchtbar ist, entstehen durch Rückkreuzung mit den Eltern und durch Aufspaltung zahlreiche Formen. Da sich die flaumige Primel leicht kultivieren läßt, wurde sie schon früh in den Gärten angepflanzt. Clusius, Professor in Wien, sandte schon 1592 an seinen Freund Van der Dilft nach Belgien solche Pflanzen und von da an verbreiteten sie sich als „Aurikeln" rasch in ganz Europa. Unsere Primeln sind natürlich geschützt und dürfen nicht gepflückt werden.

Von der Starkenburger Hütte in 1½ St. zurück zum Sennesjöchl, 2259 m, und mit dem Sessellift zur Schlicker Alm oder in 2 St. zur Bergstation des Doppelsesselliftes am Kreuzjoch, 2125 m, und mit diesem nach Froneben und weiter nach Fulpmes.

Gehzeit 3½ – 4 St.; Höhenunterschied ↑↓ je 500 Hm.

B ↑↓ Jöchlweg vom Sennesjöchl über Seejöchl zum Hoadl

Von der Bergstation des Sessellifts am Sennesjöchl in 1 St. nach SW zur Starkenburger Hütte, 2237 m (DAV-Sektion Starkenburg-

Fulpmes: Sennesjöchl

Darmstadt, von Pfingsten bis 1. 10. bew., 12 B, 22 M). Von der Hütte auf dem mit Nr. 116 bez. Steig nach N zuerst über steile, bewachsene Hänge in ein schutterfülltes Kar, in das der kleine Schlicker See eingebettet liegt, und hinauf zum Seejöchl, 2525 m; bis hieher von der Starkenburger Hütte 1½ St.

Einst war dieses Kar von einem kleinen Gletscher erfüllt, dessen Stirnmoräne noch deutlich zu sehen ist. Das Seejöchl liegt an der Grenze zwischen den triadischen Kalkkögeln und dem aus Silikatgesteinen aufgebauten Villerspitz-Kamm. Hier ist besonders gut zu erkennen, daß die Kalkkögel ein Teil jener „Brennerdecke" sind, die von S nach N auf die darunter liegenden Silikatgesteine aufgeschoben wurde.

Vom Seejöchl nach N zunächst eine von der Schlicker Seespitze herabziehende Schuttreiße querend und in eine weite, grüne Almmulde hinab, in der man neben dem Bach in 1½ St. die Adolf-Pichler-Hütte, 1977 m, erreicht (Akademischer Alpenklub Innsbruck, vom 15. 6. bis 1. 10. bew., 20 B, 36 M). Von der Hütte nach O steil in Serpentinen aufwärts auf Weg Nr. 111 bzw. 113 in Richtung Alpenklubscharte. In ca. 2200 Höhe biegen wir nach N ab und gelangen sanft ansteigend unter den Steilabstürzen des Steingrubenkogels, der Steingrubenwand und der Hochtennspitze auf den Hoadlsattel, 2264 m, und zum Gipfel des Hoadl, 2430 m. Abfahrt vom Hoadl in die Axamer Lizum mit der Standseilbahn.

Gehzeit 4½ St.; Höhenunterschied ↑ 650 Hm, ↓ 600 Hm; sehr lohnende Höhenwanderung, die uns auf gut bez. Steigen durch die einmalige Hochgebirgslandschaft am Rande der Kalkkögel führt.

B ↑↓ Auf dem Franz-Senn-Weg über das Sendersjöchl zur Franz-Senn-Hütte

Vom Sennesjöchl in 1 St. zur Starkenburger Hütte, 2237 m. Von der Hütte auf dem mit Nr. 116 bez. Steig nach N zuerst über steile, bewachsene Hänge in ein schutterfülltes Kar und hinauf zum Seejöchl, 2525 m (von der Hütte 1½ St.). Vom Seejöchl fast eben (mit Nr. 117 bez.) unter dem Gamskogel vorbei nach W zum Steinkogel, 2589 m, und hinunter zum Sendersjöchl, 2477 m (¾ St.). Von Sendersjöchl führt uns der Weg auf der Sonnenseite ein Stück abwärts und quert dann hoch über dem Oberbergtal die steilen, felsdurchsetzten Rasenhänge des Villerspitzkammes, und immer leicht absteigend erreichen wir die verfallene Seduggalm, 2249 m.

Dort zweigt ein Steig ab, der hinauf zur Wildkopfscharte und jenseits hinunter zur Potsdamer Hütte führt (mit Nr. 118 bez., aber schlecht erkennbar).

Am S-Hang der Schaldersspitze leitet der Weg nun über eine steile Felsflanke in die Viller Grube und fällt sodann gleichmäßig ab bis zur Franz-Senn-Hütte, 2149 m (AV-Sektion Innsbruck, vom 1. 6. bis 15. 10. und 15. 2. bis 15. 5. bew., 158 B, 88 M).

Gehzeit 6 bis 6½ St., ab Starkenburger Hütte 5 – 5½ St.; Höhenunterschied ↑ 600 Hm, ↓ 450 Hm. Der Franz-Senn-Weg ist ein sehr interessanter und aussichtsreicher Höhenweg, der aber Ausdauer und Trittsicherheit erfordert. Bei schlechtem und besonders bei nassem Wetter ist von der Benützung des Franz-Senn-Weges abzuraten.

B↑↓ Schlicker Alm – Adolf-Pichler-Hütte

Von der Schlicker Alm zweigt knapp westlich der Kapelle der Weg ab (mit Nr. 113 bez. und blau markiert) und führt durch Bergwald und Latschen nach N steil hinauf zur Roßgrube. Weiter durch Legföhrenbestände, Almmatten und felsiges Gelände in vielen Serpentinen zur Alpenklubscharte, 2396 m, zwischen der Kleinen Ochsenwand und den Felszacken der Schlicker Nadeln gelegen; bis hieher 2 St.

Von der Alpenklubscharte aus kann man in ca. 20 Min. die Kleine Ochsenwand, 2554 m, auf schottrig-felsigem Steiglein erreichen (nur für Geübte).

Auf der W-Seite der Scharte in vielen Kehren durch eine Schuttreiße und zum Schluß über grüne, bucklige Almmatten in ½ St. zur Adolf-Pichler-Hütte, 1977 m (Akademischer Alpenklub Innsbruck, vom 15. 6. bis 1. 10. bew., 20 B, 36 M).

Gehzeit ↑ 2 St., ↓ ½ St.; Höhenunterschied ↑ 750 Hm, ↓ 420 Hm.

B↑↓ Rund um die Kalkkögel

Mit dem Sessellift nach Froneben, 1350 m, und mit dem Doppelsessellift weiter auf das Kreuzjoch, 2125 m. Von da leicht fallend nach SW zur Zirmachalm, 1936 m, und nun mäßig ansteigend über eine Steilstufe in die „Goldgrube" und danach über grasige und teilweise schottrige Hänge zum Schlicker Schartl empor, einem 2547 m hoch zwischen den Schlicker Mandln und dem Hohen Burgstall gelegenen Einschnitt; bis hieher 2 St. Weiter nach NW nahezu eben in ½ St. durch die Schotterreißen unter der Schlicker Seespitze auf das Seejöchl, 2525 m (Weg mit Nr. 116 bez.) und jenseits zuerst durch eine Schuttreiße, dann durch grüne Almmatten stetig fallend in 1½ St. hinab zur Adolf-Pichler-Hütte, 1977 m (Akademischer Alpenklub Innsbruck, vom 15. 6. bis 1. 10. bew., 20 B, 36 M). Von der Adolf-Pichler-Hütte, zuerst steil nach O in Kehren durch die Schotterreißen in Richtung Alpenklubscharte empor (Weg mit Nr. 111 und 113 bez.), dann in ca. 2200 m Höhe nach links (N) unter den Felsabstürzen des Steingrubenkogels, der Steingrubenwand und der Hochtennspitze bis zu einer Weggabelung vor Erreichen des Hoadlsattels. Wir folgen dem Weg Nr. 111 nach rechts (O) auf den Hochtennboden und gelangen weiter zum Widdersbergsattel, 2262 m (bis hieher von der Adolf-Pichler-Hütte 2 St.) Jenseits hinab ins Lizumer Kar und unter den Felswänden des Ampfersteins entlang zum Schneiderboden, von dort durch Legföhren hinab zum Halsl, 1992 m; bis hieher vom Widdersbergsattel 1 St. Vom Halsl nach S durch die Senke hinunter zum Ißboden, 1672 m, und leicht ansteigend zur Pfarrachalm, 1736 m, wo wir zum letzten Mal die prachtvolle Aussicht auf Kalkkögel, Serleskamm und Stubaital genießen. Nun auf dem neuen Forstweg oder steiler auf dem alten Fußsteig durch den Wald hinunter nach Telfes oder Fulpmes, 990 bzw. 940 m.

Gehzeit 8 – 9 St.; Höhenunterschied ↑ 1100 Hm, ↓ 1980 Hm. Dieser Weg ist die schönste Rundwanderung um die Kalkkögel, deren schroffe Felsgestalten wir stets vor uns haben. Die Wege sind gut bez. und unschwierig, doch ist Ausdauer erforderlich. Eine Übernachtung auf der Adolf-Pichler-Hütte ist ratsam.

GNADENWALD   879 m

Haltestelle der Autobuslinie Hall in Tirol – Gnadenwald (Fa. Heiß, Hall). 350 Ew.; 1149 ha, davon 288 ha landw., 779 forstw. genutzt. Erholungsdorf, 8 Gastbetriebe, 17 Privatvermieter, 204 Betten, Schlepplift, Langlaufloipe.

Geschichte:

Mehrere vorgeschichtliche Funde (Silexklinge, Spät-La-Tène-Fibel, späteisenzeitliche Keramik, Feuersteinmesser, Ziegelplatte von einem Plattensarg) lassen vermuten, daß zu dieser Zeit bereits Siedlungen auf dem Gnadenwalder Plateau waren. 1085 werden Höfe auf den „mon supra Tervanes" erwähnt, 1277 die Schwaigen zu Zinkmoos (Luechnergut), Oberaichberg (Vollandsegg), Zehenthof und Umlberg. 1313 wird eine „Gemain auf dem Walde" als selbständige Steuer- und Flurgemeinde angeführt. 1719 wird erstmals von „vulgo Gnadenwald" geschrieben. Nach *Stafflеr* leitet sich der Name „Gnadenwald" von den „Gnaden ab, welche die Landesfürsten ihren minderen Dienern dadurch angedeihen ließen, daß sie ihnen anstatt der Provisionen und Gnadengehalte im Gelde einen gewissen Anteil an diesem Waldbezirke zur Kultivierung und zur Ansiedlung anzuweisen pflegten". Bis 1893 gab es in Gnadenwald 4 Pulvermühlen und einen Marmorbruch.

Kunstdenkmäler:

Pfarrkirche zum hl. Michael, urkundlich 1337, 1741 durch Franz de Paula Penz erneuert. *Benefizialkirche zum hl. Martin,* urkundlich 1337, um 1445 mit der Einsiedelei, um 1500 mit dem Kloster der „Waldschwestern" verbunden, nach Brand Ende des 17. Jahrhunderts wiederhergestellt, 1724 barockisiert. Innen 3 spätgotische Wappenschilde (Reichsadler, Österreich, Tirol) vom Anfang des 16. Jahrhunderts. *Kapelle beim Wiesenhof,* 1723, mit wertvollem Deckenbild.

Naturdenkmäler:

Naturschutzgebiet *„Karwendel",* zusammen mit Bereichen der Gemeinden Absam, Hall in Tirol, Thaur, Jenbach, Eben, Vomp, Innsbruck, Zirl, Reith, Seefeld und Scharnitz: Pflanzen- und Tierwelt sowie Landschaftsbild des Karwendelgebirges, 720 km^2 (1943). *Schirmfichte* auf der Walderalm (1926). *Winterlinden* und *Zirben* bei der Kirche von St. Martin (1928). *Gitterbuche* auf der Grundparzelle 774 (1940). *6 Bergahornbäume* beim Gasthaus Speckbacher (1946). *5 Baumgruppen* als Reste des Parks um den Gnadenwalder Hof (4 Linden, 1 Eschengruppe) (1947). *Lindengruppe* bei der Wiesenhofkapelle nahe St. Martin. Zahlreiche *alte Eiben* am Umlberg und besonders bei der Ganalm. Kleines Wäldchen von *Rotzedern* (Thuja plicata) am Rücken des Umlberges, ca. 1920 aufgeforstet.

Gnadenwald

Karten:

AV-Karte 1:25.000, Blatt Karwendel Ost und Mitte; Umgebungskarte von Innsbruck 1:25.000, Bundesamt für Eich- und Vermessungswesen, Wien; Österreichische Karte 1:50.000, Blätter 118, 119; AV-Karte 1:50.000, Blatt 31/5, Innsbruck-Umgebung (zum Teil); Kompaß-Wanderkarte 1:50.000, Blatt 26, Karwendelgebirge; Freytag-Berndt-Touristenwanderkarte 1:100.000, Blatt 33, Innsbruck-Umgebung.

W↓ St. Martin – Wiesenhof – Baumkirchen

Von St. Martin nach S ca. 200 m durch die Wiesen bis zu einem kleinen Wäldchen. Dort nach rechts (W) in ¼ St. zum Wiesenhof.

Der Wiesenhof war einst die Burg der Grafen von Wicka zu Wickburg. 1805 brannte diese Burg ab, und 1899 wurde dann der heutige Wiesenhof von Alois Hepperger aufgebaut. Das neben dem Wiesenhof an der Gnadenwalder Straße stehende Kirchlein zu den „Sieben Schmerzen" wurde 1732 errichtet und war früher eine viel besuchte Wallfahrtsstätte. Die Lindengruppe bei der Wiesenhofkapelle steht unter Naturschutz.

Vom Wiesenhof nach S über die Wiesen und auf den Waldrücken, wo wir auf eine Weggabelung stoßen. Wir folgen dem nach rechts (W) hinab führenden Weg (mit Nr. 5 bez.) südlich einer großen Schottergrube vorbei und erreichen nach Querung des Fallbaches eine Straßengabelung. Von da wenden wir uns nach links (SO) und wandern durch das von dunklem Hochwald bestandene Baumkirchner Tal hinaus nach Baumkirchen, 593 m (Bundesbahnhaltestelle).

Gehzeit 1½ St.; Höhenunterschied ↓ 300 Hm; Weg gut bez., drei Viertel schattig, ein Viertel sonnig.

Von St. Martin durch das Farmtal nach Fritzens

Vom Gh. Speckbacher zuerst 200 m auf der Landesstraße nach O und dann rechts auf einem Wiesenweg hinab in den Bachgraben. Unmittelbar am Waldrand kommen wir beim „Pulverer" vorüber.

Dieses Haus ist das einzige noch erhalten gebliebene von ehemals 4 Pulvermühlen, die erst 1893 nach der Erfindung des rauchlosen Pulvers ihren Betrieb einstellen mußten. Noch im Freiheitskampf 1809 hatten die Gnadenwalder Pulvermühlen eine große Bedeutung. Über dem Eingang des gelben Gebäudes kündet das Wappen Kaiser Franz I. von diesem einst so bedeutenden Industriezweig.

Durch herrlichen Kiefern-Fichten-Tannen-Buchen-Wald, der im Herbst in satten Farben erglüht, wandern wir sanft fallend talab und gelangen nach etwa ½ St. zum Farmtaler Hof, 740 m, der mitten im Tal auf einer üppigen Wiese liegt. In einer weiteren halben Stunde wandern wir durch das untere Farmtal hinaus nach Fritzens und zum Bahnhof, 560 m.

Gehzeit 1 St.; Höhenunterschied ↓ 330 Hm; Weg gut bez. und bequem, zwei Drittel schattig, ein Drittel sonnig.

W↓ Von St. Michael nach Fritzens

Vom Gasthaus St. Michael nach S über die Wiesen und dann steil im Wald hinab zu einer kleinen Waldwiese, der Pluner Aste, neben dem Griesbach. Weiter durch Wald abwärts zu den obersten Häusern von Fritzens und zum Bahnhof, 560 m.

Gehzeit ¾ St.; Höhenunterschied ↓ 320 Hm. Der Weg ist nicht markiert und nur bei trockenem Wetter zu empfehlen, am schönsten im Herbst oder Frühling, ein Drittel sonnig, zwei Drittel schattig.

W↓ Von Mairbach über die Thierburg nach Fritzens

Vom Weiler Mairbach auf Weg Nr. 17 nach S über die Wiesen und dann durch das Taldaxertal (oberstes Larchtal) und durch einen Wald zur Thierburg. Weiter am Werlweiher vorüber zum Waldrand und auf dem Fahrweg nach SW über den steilen Südabhang der Gnadenwalder Terrasse hinab nach Fritzens, 560 m.

Gehzeit 2 St.; Höhenunterschied ↓ 300 Hm. Der Weg ist mit Nr. 17 bez.; je zur Hälfte schattig und sonnig.

W↓ Von der Gunggl durch das Larchtal nach Terfens

Vom Gh. Gunggl auf einem Feldweg (mit Nr. 18 bez.) nach S hinab ins Taldaxertal (Larchtal) und in diesem nach O zur Wallfahrtskirche Maria Larch und weiter nach Terfens, 589 m (Bundesbahnhaltestelle).

Gehzeit 2 St.; Höhenunterschied ↓ 200 Hm. Der Weg ist mit Nr. 18 bez. und in der unteren Hälfte ein wenig frequentierter Wirtschaftsweg, ab Maria Larch stärker befahrene Landesstraße; ein Drittel schattig, zwei Drittel sonnig.

W⇄ Gnadenwalder Erholungsweg

Ausgangspunkt St. Martin. Dort gegenüber neben der Auffahrt zur Hinterhornalm Parkplatz. Vom Parkplatz entlang dem westlichen Zaun des Klosters ca. 100 aufwärts, dann nach Osten in leichtem Auf und Ab dem Waldrand entlang. Der Weg führt über den Ablagerungsplatz des Schrammbaches und über den Hasenbach bis St. Michael im Gnadenwald (35 Min.).

Bis hieher wurde der Gnadenwalder Erholungsweg vom Tiroler Forstverein mit Hilfe der Sparkasse Hall als Waldlehrpfad mit zahlreichen Ruhebänken, einer Quelle und erläuternden Texttafeln ausgestaltet.

Ab St. Michael führt der Weg (rote Markierung) durch Erika-Föhren-Wald oberhalb der Felder am Waldrand bis zum Klammbach, wo er bei einer Gruppe alter Bergahornbäume abwärts bis zur Straße führt und auf einer eigenen Brücke den Bach quert. Weiter im Wald ober dem Gh. „Gunggl" – an den Resten eines im Jahre 1739 errichteten Schießstandes vorüber, der den Gnadenwalder Freiheitskämpfern des Jahres 1809 zur Schießausbildung gedient hatte – bis nach Mairbach, einen aus mehreren Bauernhöfen bestehenden Weiler.

Gesamtgehzeit ab St. Martin 1¼ St.; Höhenunterschied ↑↓ je 50 Hm; Weg halb schattig, rot markiert, an wichtigen Abzweigungen mit grünen Pfeiltafeln.

Wer den Rückweg auf einer anderen Route vorzieht, kann nur die Fahrstraße wählen, die man jedoch ca. 300 m westlich des Gh. „Gunggl" verlassen kann. Dort folgt man dem alten Weg zuerst an einigen neuen Ferienhäusern vorüber, später an alten Bauernhöfen vorbei über St. Michael und gelangt nach Querung des Hasenbaches wieder auf die Fahrstraße.

⟦W⇌⟧ Eggenweg von Hof zu Hof

Von St. Michael auf der Landesstraße nach Osten bis zum Weberhof (10 Min.) und auf der durch Wegweiser gekennzeichneten Fahrstraße (Richtung Fritzens) nach rechts leicht fallend zwischen Leemoos- und Luechnerhof hindurch in die Senke nördlich des Fasserwaldes. Dort verlassen wir den nach Fritzens hinabführenden Fahrweg und wenden uns nach links (Süden) und nach ca. 100 m bei der 2. Weggabelung unmittelbar vor dem Wald nach rechts und gelangen nach 5 Min. zum Fasserhof. Von hier fast eben nach Osten durch die Wiesen am Kirchnerhof vorüber und südlich an der Thierburg vorbei zum Hof Vollandsegg (Voreggen).

Hier lohnt es sich, neben dem Bauernhof an die Kante der Inntalterrasse zu treten, um den großartigen Rund- und Tiefblick auf das ganze vor uns liegende Inntal, das Weertal und die Tuxer Voralpen zu genießen.

Der Weg führt weiterhin fast eben nach Osten durch die Wiesen und wir gelangen in ½ St. am Puitenhof vorbei und von da an etwas abfallend zum Eggenhof. Hier biegen wir scharf nach links (N) – nicht auf der asphaltierten, nach Terfens führenden Fahrstraße, sondern zuerst zwischen Zäunen hindurch auf dem Fußweg zum Waldrand und im Wald hinab in das Larchtal. Im Tal gelangen wir auf einen Wiesenweg, der das Tal nach Westen aufwärts stetig ansteigt und schließlich nach links empor führt zum Taldaxerhof. Von diesem nach Westen weiter zurück nach St. Michael.

Gesamtgehzeit 2½ St.; Höhenunterschied ↑↓ je 150 Hm; bequeme Wege, die zum Teil wenig befahrene Wirtschaftsstraßen sind, meist sonnig.

 Auf dem Vorbergweg zu Fuß zur Hinterhornalm

Ausgangspunkt St. Martin. Dort Autobushaltestelle Gh. „Speckbacher" und Parkplatz neben dem Beginn der Mautstraße. Westlich von Kirche und Kloster St. Martin, 890 m, führt der rot markierte Weg zuerst sanft ansteigend durch Erika-Föhren-Wald mit vielen Felsenbirnensträuchern und beiden heimischen Kugelblumen im Unterwuchs. Nach ca. 10 Min. gelangt man am linken

1 Adolf-Pichler-Hütte mit den westlichen Kalkkögeln. Nach links führen die Wege auf die Alpenklubscharte (siehe Seiten 38, 69, 74, 75, 105, 106, 275) und zum Hoadl, nach rechts zum Seejöchl, zur Franz-Senn-Hütte und zur Potsdamer Hütte.

2 Birgitz mit Blick gegen Oberinntal, Rangger Köpfl und Roßkogl (siehe Seite 49).

3 St. Magdalena im Gschnitztal (siehe Seite 111). Hinten Habicht (links) und Kalkwand.

4 Der Aufstiegsweg von Gschnitz auf die Innsbrucker Hütte (siehe Seiten 113). Hinten der Zillertaler Hauptkamm mit Olperer, Fußstein und Kraxentrager.

5 Die Tribulaungruppe von der Innsbrucker Hütte aus. Von links nach rechts: Schwarzwandspitze, Schneetalscharte, Gschnitzer und Obernberger Tribulaun. Davor die Garklerin. (Siehe Übergänge von Gschnitz nach Obernberg, Seiten 113 – 117).

6 Am Weg von der Tribulaunhütte auf die Schneetalscharte (hinten) und auf das Gstreinjoch (siehe Seite 116).

7 Am Hafelekar mit Blick auf Innsbruck und das Wipptal (siehe Seite 134).

8 Am Kreuzjöchl/Innsbrucker Nordkette mit Blick gegen Kaskar- und Praxmarerkarspitze (siehe Seite 142).

Ufer des Urschenbaches auf den asphaltierten Fahrweg und genießt an dieser Stelle zum ersten Mal einen herrlichen Ausblick auf die Wandlalm und die darüber aufragenden Felswände der Hohen Fürleg und auf das Innsbrucker Talbecken. Der Weg folgt steiler werdend dem Rücken neben dem Urschenbach, quert dreimal die Fahrstraße und führt dann durch einen buschwaldartigen Buchenbestand mit Ebereschen, Bergahorn und Weiden, in dem die Nadelbäume wegen der häufigen Lawinenabgänge nur einige Meter hoch werden können. Nach Querung dieses weiten Hanges folgt der Weg in einem mächtigen Tannen-Fichten-Hochwald dem Rücken, der über mehrere Verflachungen („Martlboden") direkt zur Hinterhornalm führt, 1522 m.

Die Hinterhornalm liegt auf einer Verebnung unter dem Walder Zunterkopf. Das neben der alten Alphütte erst kürzlich erbaute Alpengasthaus ist im Sommer ganz, im Winterhalbjahr nur an Wochenenden bewirtschaftet. Herrliche Aussicht auf das Inntal, die Tuxer Voralpen und die Stubaier Alpen.

Bis zur Hinterhornalm darf man auch mit eigenem Pkw auf der asphaltierten Interessentschaftsstraße fahren. Die Straße ist mautpflichtig.

Gesamtgehzeit 1¾ St.; Höhenunterschied ↑ 630 Hm; steil, gut markiert, meist halb schattig.

Die Hinterhornalm bildet den Ausgangspunkt für mehrere Wanderwege, die der Tiroler Forstverein gut markiert und neu beschildert hat. Übersichtstafel östlich der Hütte.

W⇌ Hinterhornalm – Nißlachboden und zurück

Gehzeit 1 St., keine Steigungen, sehr leichter Spazierweg, rote Markierung Nr. 1.

W⇌ Hinterhornalm – Walderalm und zurück

Der roten Markierung Nr. 2 folgend durch Fichten-Hochwald nördlich des Gungglkopfes vorbei, wo man auf die flache Wiese der in einer Bergsenke liegenden Walderalm, 1502 m, gelangt.

Prächtige Aussicht auf die im Norden aus dem wildromantischen Vomperloch aufragenden Berge der Vomper Kette (Kaiserkopf, Huderbank, Hochglück). Die Walderalm war im Mittelalter ein ganzjährig bewohnter Schweighof. Infolge der Klimaverschlechterung im 16. Jahrhundert wurde er zur Alm.

Gesamtgehzeit 1½ St.; Höhenunterschied ↑↓ je 50 Hm; sehr leichter und bequemer Spazierweg, gut markiert, halb sonnig und halb schattig.

W↑↓ Hinterhornalm, 1522 m – Walderjoch, 1636 m – Walderalm und zurück

Der roten Markierung Nr. 3 folgend durch Fichten-Hochwald bis zur Weidefläche der Walderalm. Auf dieser nach Osten leicht ansteigend durch Hochwald und über von Wald umschlossene Weideflächen zum Rücken des Walderjoches. Von dort nach Westen hinab zur Walderalm und zurück auf Weg 2 zur Hinterhornalm.

Gesamtgehzeit 2½ St.; Höhenunterschied ↑↓ je 120 Hm.

W↑↓ Hinterhornalm, 1522 m – Ganalm, 1189 m, und zurück

Der roten Markierung Nr. 4 folgend über die Walderalm und dann nach Norden absteigend durch Hochwald zu der auf steilen, zum Vomperloch abfallenden Wiesen liegenden Ganalm, 1189 m.

Auf den Wiesen der Ganalm steht eine ungewöhnlich große Zahl mächtiger, teils mehr als 500 Jahre alter Eiben (Taxus baccata), die wahrscheinlich schon bei der Rodung für die Alpe geschont worden waren. Es dürften die ältesten Eiben Mitteltirols sein, ein Naturwunder seltener Art inmitten einer Hochgebirgsnaturlandschaft.

Rückweg auf demselben Wege.

Gesamtgehzeit 2½ St.; Höhenunterschied ↑↓ je 333 Hm; Weg gut markiert, ein Drittel sonnig, sonst halb schattig.

Über den Walderkamm zum östlichen Gnadenwald

Von der Hinterhornalm zuerst der roten Markierung Nr. 3 folgend zum Walderjoch und von dort auf manchmal schlecht erkennbarem Steig den leicht abfallenden Rücken entlang nach Osten. Nach ca. ½ St. erreichen wir einen auf der Sonnseite hinabführenden Forstweg, auf dem wir in ca. 20 Min. beim Forst-

Gnadenwald: Hinterhornalm

garten der Österreichischen Bundesforste oberhalb des Weilers Umlberg, 870 m, die Gnadenwalder Fahrstraße erreichen.

Die wegen der schlechten Bringungsverhältnisse noch recht urtümlichen Hochwälder des Vomper Loches und des Walderkammes sind Mischbestände aus Nadel- und Laubbäumen, in denen noch häufig die Eibe anzutreffen ist. Sogar auf den Sonnenhängen vermochte sich diese sehr langsam wüchsige Schattholzart noch zu halten. Eine Besonderheit des Walderkammwaldes ist ein kleiner Bestand von duftenden „Rotzedern" (Thuja plicata), die in den nordamerikanischen Küstengebirgen beheimatet ist. Sie wurde hier um die Jahrhundertwende gepflanzt und weist bereits reichlich natürliche Verjüngung auf. Der naturverständige Wanderer wird sich gerade auf diesem Wege bei richtigem, ruhigem Verhalten belohnt sehen, wenn er immer wieder Rotwild beobachten kann.

Gesamtgehzeit bis zur Gnadenwalder Straße 1½ St.; Höhenunterschied ↓ 770 Hm; Weg meist halb schattig, stellenweise schwer zu finden.
Von hier zur Autobushaltestelle St. Michael in 1 St. → oder Abstiege nach Terfens 1 St. ↓ oder Vomperbach 1½ St. ↓.

W↓ Von der Hinterhornalm auf dem „Gungglweg" nach St. Michael

Von der Hinterhornalm, 1522 m, dem rot markierten Weg Nr. 6 folgend, zuerst östlich durch Fichtenhochwald bis zum Beginn der Weiden der Walderalm, dann nach rechts auf gutem, breitem Weg in 8 Serpentinen über den von lichtem Wald bestockten Unterberg hinab zum Gh. Gunggl, 890 m, und von dort nach Westen zum Weiler St. Michael.
Gesamtgehzeit 1½ St.; Höhenunterschied ↓ 630 Hm.

B ↑↓ Hinterhornalm – Knappensteig – Vomperloch – Vomp

Von der Hinterhornalm, 1522 m, durch Fichtenwald und Weideflächen zur Walderalm, 1502 m, ¾ St., und von dort auf rot markiertem Weg Nr. 5 zuerst nach Norden, dann in westlicher Richtung, mehrere steile Felsrinnen querend, hinab zum Grund des Vomperloches, 1050 m; bis hieher 1¾ St. Von hier unter der „triefenden Wand" steil aufwärts, dann wieder abwärts zum Ödkarlbach und neuerlich ¼ St. ansteigend zu der von der Huderband herabziehenden Stierschlagklamm. Weiter talauswärts ober der „weißen Wand" vorbei nach Norden ins Zwerchloch, das man nach Überschreitung der Huderbachklamm über die aus 160 Stufen gehauene „Katzenleiter" erreicht. Nach der Querung des Zwerchlochbaches empor zur Jagdhütte „im Zwerchloch", 1008 m, bis hieher von der Hinterhornalm 3½ St.

Hier nur für Geübte eine Abzweigung möglich über die Lamsenscharte, 2217 m, zur Lamsenhütte, 1953 m, 3 St.; ↑ 1200 Hm, ↓ 300 Hm.

Vom Zwerchloch leicht ansteigend und ab dem Naßtal wieder leicht fallend über die Südhänge des Hochnißl an der Melansalpe, 1022 m, vorüber und schließlich auf einem befahrbaren Forstweg zum Gh. „Karwendelrast" am Vomperberg, 850 m; bis hieher vom Zwerchloch 1 St. Rechts vom Gh. „Karwendelrast" über einen Fußsteig steil hinab zum Vomper Bach und in 1 St. zur Bahnstation Vomperbach, 540 m, oder auf dem Fahrweg nach Vomp und Schwaz, 1½ St.

Gesamtgehzeit 5 – 6 St.; Höhenunterschiede ↑ 300 Hm, ↓ 1400 Hm; eine der wildromantischsten Wanderungen, aber nur für Geübte und ausdauernde Geher geeignet.

B ↑↓ Wandlsteig, von der Hinterhornalm ins Halltal

Von der Hinterhornalm folgen wir ca. 10 Min. der neuen Fahrstraße nach Westen bis zur Straßenkehre und von dort dem rot-blau markierten Fußsteig in weiteren 10 Min. bis zum Urschenbachgraben, der aus einem romantischen, von steilen, im Frühling von Plateniglblüten (Primula auricula) goldenen Felswänden gesäumten Kar herabzieht.

Der Weg führt weiter durch steilen Bergwald mit mächtigen Tannen; trotz der niedrigen Lage eine Kampfzone des Bergwaldes. Die Windwirkung der durch den Wald herabfegenden Lawinen erkennt man vielfach am Fehlen der weniger standfesten Nadelbäume und am Überwiegen der Buchen.

Nach ca. 50 Min. ab Hinterhornalm erreichen wir eine Wegabzweigung. Hier Abstiegsmöglichkeit: über den Rücken am rechten Ufer des Urschenbaches hinab und den Bach nach zirka

Gnadenwald: Hinterhornalm 85

20 Min. nach links querend nach St. Martin, ½ St., oder weiter durch den flachen Föhrenwald nach Südwesten zur Walderbrücke (1 St.). Von der Wegabzweigung erreichen wir am Wandlsteig in 10 Min. leicht absteigend die Wandlalm bzw. Halltaler Hütte, 1253 m (nicht bew.).

Zweifellos war dieser Weg schon vor mehr als drei Jahrtausenden begangen worden, denn knapp unter der Wandlalm wurde 1972 eine aus der Zeit um 1300 v. Chr. stammende Certosa-Broncefibel gefunden.

Von der Wandlalm stetig leicht steigend über den Graben der Mitterreiße und des Fallbaches ober der nicht bewirtschafteten, 1967 erbauten Schäferhütte vorüber in ca. 1 St. zur Alpensöhnehütte, 1375 m (nur an Sonntagen leicht bew.), die unterhalb des Halltaler Zunterkopfes ober einer ehemals gemähten, steilen Bergwiese liegt.

Hier bietet sich ein herrlicher Ausblick auf das untere Halltal und auf Hall, vor allem aber auf das obere Halltal mit seiner schroffen Umrahmung, den „Herrenhäusern" und St. Magdalena.

Auf gut gepflegtem Steig in Serpentinen steil hinab zur großen Bettelwurfreiße, wo der von der Bettelwurfhütte herabführende Alpenvereinssteig Nr. 222 einmündet und zur 2. Ladhütte an der Salzbergstraße führt. Auf der Salzbergstraße hinab nach Absam.
Gesamtgehzeit 3½ St.; Höhenunterschied ↑ 250 Hm, ↓ 1000 Hm; gut markiert, teils sonnig, teils halb schattig.

| B ↑↓ | **Hinterhornalm – Walder Zunterkopf (Hundskopf), 2242 m, und zurück** |

Von der Hinterhornalm auf rot markiertem Weg Nr. 7 direkt ober der Alm zuerst über Weideflächen steil ansteigend, später durch Legföhren-Krummholz und schließlich im Fels des Ostgrates bis zum Gipfel, 2242 m. Alle anderen Anstiegsrouten sind Klettersteige.
Gesamtgehzeit 3 St. (davon 2 St. Anstieg); Höhenunterschiede ↑↓ je 740 Hm.

GÖTZENS (siehe unter **BIRGITZ,** Seite 49)

GRIES AM BRENNER 1165 m

Personenzugstationen St. Jodok, Gries, Brennersee der ÖBB (Brennerbahn), Stationen der ÖBB-Autobuslinie Innsbruck – Brenner. 1396 Ew.; 5581 ha, davon 3185 ha landw., 1954 ha forstw. genutzt. FVV; 18 Gastbetriebe, 60 Privatvermieter, 825 Betten, Landshuter Hütte, 2693 m, am Kraxentager Sattel (AV-Sektion Landshut). Skischule, Sessellift Gries–Sattelalm, Schlepplift Sattelalm–Sattelberg, Campingplatz

Geschichte:

Gries verdankt seine Entstehung dem mittelalterlichen Verkehr auf der Brennerstraße. Nezlach (Nößlach), Nidernperg (Vinaders) 1313 und Ritten 1325 erstmals urkundlich genannt. 1627 werden Nößlach und Ritten und Niederer Riegat (Vinaders) als Steuergemeinden genannt, 1811 zur Gemeinde Gries zusammengezogen. In Gries bestand eine Schmelzhütte für das im Obernbergtal gewonnene Erz, sie wurde 1539 aufgelassen.

Kunstdenkmäler:

Pfarrkirche Mariä Heimsuchung, urkundlich 1534, jetzige Kirche 1825/26. Kirche zum hl. Jakob in Nößlach 1305 erbaut, teils noch romanisch, 1656, teils umgebaut. Im Weiler Nößlach zwei originelle spätbarocke *Kapellen* mit Bauernheiligen. Am Lueg die *Kapelle zum hl. Siegmund* und hl. Christoph. Auf der Höhe der heutigen Bahntrasse im 13. Jahrhundert eine *Burg*, 1241 zerstört, seit 1287 befestigte Zollstätte, im Krieg 1809 zerstört. Am Weg zum Brennersee ein Stück der *gepflasterten Römerstraße* mit Spurrillen erhalten.

Naturdenkmäler:

Naturschutzgebiet *Brennersee* (1930). Zahlreiche große, über die Felsen hängende Büsche des *Sefenstrauches* (Juniperus sabina).

Karten:

Neue Österr. Landesaufnahme 1:25.000, Blatt 148/3, Trins, und Blatt 148/4, Steinach; Österreichische Karte 1:50.000, Blätter 148, 149, 175; Kompaß-Wanderkarte 1:50.000, Blatt 83; Freytag-Berndt-Touristenwanderkarte 1:100.000, Blatt 33, Innsbruck-Umgebung

Gries am Brenner

 Vom Brennerpaß nach Gries

Neben der Bundesstraße nach N und vor dem Brennersee nach links hinab und am westlichen Ufer des Sees entlang, unter der Autobahn hindurch, bei einem Bauernhof vorüber und steil über die Wiesen hinab nach Lueg (St. Sigmund), 1227 m.

Kapelle, Hof und Gasthaus liegen an der engsten Stelle des Wipptales. In der Tat leitet sich der Name „Lueg" von „luech = loch" ab. Einst sperrte hier eine Höhlenburg das Tal, die um 1241 als „spelunca" erwähnt wird. 1703 verhinderte hier der Tiroler Landsturm den Durchmarsch der bayerischen Truppen. 1809 ließ jedoch Marschall Lefebvre die ganzen Anlagen niederbrennen. Seit 1287 befand sich in Lueg eine Zollstätte, die den höchsten Ertrag aller Zollämter Tirols einbrachte. Erst 1915 wurde sie aufgelassen. 1449 gründete Herzog Sigmund in Lueg eine Kaplanei, die 1811 wieder aufgelassen wurde.

Von Lueg führt uns der Weg immer nahe dem Waldrand an der W-Seite des Tales bis Gries, 1165 m.

Gehzeit 1½ St.; Höhenunterschied ↓ 200 Hm.

 Auf den Padauner Kogel, 2068 m

Von der Bahnstation oberhalb der Ortschaft nach SW steil durch den Hochwald zum „Gartenwasserl", 1670 m. Von hier durch lichten Wald und über die Padauner Bergmähder auf den breiten Bergrücken, dem wir nun nach N auf den Gipfel folgen; bis hieher 3 – 3½ St. Abstieg: Vom Gipfel zuerst nach N steil hinab bis zur Waldgrenze und dort, wo am Zaun der Weg nach rechts zum Gh. Steckholzer in Padaun abzweigt, wenden wir uns nach links (W) und steigen weglos über die Bergmähder hinunter, bis wir bei einigen Heuhütten auf den neuen Forstweg stoßen. Auf diesem zurück zum Bahnhof Gries, 1257 m.

Gehzeit ↑ 3 – 3½ St., ↓ 2 – 2½ St.; Höhenunterschied ↑↓ je 820 Hm; lohnender, aber steiler Weg, halb sonnig und halb schattig.

Vom Brennersee auf den Padauner Kogel, 2068 m

Von der Haltestelle Brennersee der ÖBB auf der Bundesstraße

zurück bis zum Beginn der Gefällstrecke; bis hieher auch mit eigenem Pkw. Dem mit runden gelben Schildchen markierten Weg Nr. 1 nach Osten folgend unter der Bahn hindurch und dann in Serpentinen durch den Wald empor zu den Wiesen des Padauner Sattels, ¾ St. An einer Wiesenkapelle vorüber zum Larcherhof und dort nach links (Norden) abbiegen (roter Pfeil). Der Fußweg führt zuerst steil durch die Wiesen und dann durch den Wald hinauf. Nach etwa ½ St. erreichen wir den nun sanft ansteigenden Westrücken des Padauner Kogels, auf dem der Weg durch blumenreiche Bergmatten und an malerischen Fichtengruppen durch die Kampfzone des Bergwaldes zum Gipfel führt, 1066 m; bis hieher ca. 2½ St.

Abstieg: Vom Gipfel dem rot-weiß-rot markierten Weg folgend wenden wir uns zuerst nach Norden und erreichen nach ¼ St. steilen Abstieges einen flachen Almboden. Von hier zuerst über einen Weidezaun nach rechts (Osten) und dann an einigen mächtigen Lärchen (eine davon trägt die rot-weiß-rote Markierung) vorüber durch lichten Bergwald hinab in Richtung St. Jodok. Etwas unterhalb eines Holzbrunnens auf einer Lichtung (dort schlecht markiert!) nach rechts (SO) abzweigen und eben zum Berggasthof Steckholzer am Padauner Sattel. Von dort auf dem Wiesenweg über den Padauner Sattel zurück zum Ausgangspunkt.

Gesamtgehzeit 4 – 5 St.; Höhenunterschied ↑↓ je 770 Hm; Weg zur Hälfte sonnig und schattig.

W↑↓ Nößlach – Bergeralm – Steinach

Vom Bahnhof Gries a. Br. zuerst hinab ins Dorf. Beim Gh. „Weißes Rößl" führt eine Brücke über die Sill und jenseits ein Fußweg steil hinauf zu den Wiesen von Nößlach, 1437 m; bis hieher 1 St. Nach Nößlach auch mit Pkw über die Brennerautobahn.

Nößlach ist eine Fraktion der Gemeinde Gries a. Br. mit 119 Ew. Die Streusiedlung liegt ca. 200 m oberhalb von Gries auf einer Terrasse, die den Rest eines ehemaligen Talbodens darstellt, der mit den Verebnungen des Padauner Sattels und der Sattelalm korrespondiert. Im Register von 1313 ist „Nezlach" als eigene Gemeinde angeführt, seit 1811 gehört es zur Gemeinde Gries a. Br. Das Kirchlein St. Jakob oberhalb der Brennerautobahn wurde 1305 von Ritter Petrus Trautson gestiftet und später mehrmals restauriert, zuletzt 1661. Im Kirchlein steht ein gotischer Flügelaltar von 1600.

Von Nößlach durch den Wald in 1¼ St. steil hinauf zur nicht bewirtschafteten Nößlachjochhütte, 1700 m.

Die alte Nößlachjochhütte diente seit Jahren der evangelischen Pfarrgemeinde Innsbruck als Ferienlager und wurde 1975 wegen Baufälligkeit abgerissen. Zur Zeit ist ein Neubau im Gange. Die Hütte war einst eine Baracke des Reichsarbeitsdienstes, der sie im Zweiten Weltkrieg errichtete, weil damals das an der Waldgrenze anstehende, dünnmächtige Anthrazitvorkommen abgebaut wurde. Nach Aufgabe des Bergbaues war die Hütte von der evangelischen Pfarrgemeinde Innsbruck erworben worden.

Von der Nößlachjochhütte meist eben nach N auf rot markiertem Steig durch den Bergwald. Nach ca. ¾ St. gelangt man zur Skipiste vom Nößlachjoch und nach weiteren 10 Min. Abstieges zur Bergeralm, 1550 m.

Abstieg: auf breitem Forstweg oder auf steilem Fußweg neben der Skiabfahrt in 1½ St. hinab nach Steinach, 1048 m. Abfahrt auch mit Sessellift möglich. Rückweg auch auf Fußweg (mit Nr. 102 bez.) nach Nößlach möglich.

Gehzeit ↑2¼ St., → ¾ St., ↓ nach Steinach 1½ St., ↓ nach Nößlach 1 St.; Höhenunterschied ↑ ab Gries 550 Hm, ↑ ab Nößlach 270 Hm, ↓ nach Nößlach 270 Hm, ↓ nach Steinach 650 Hm. Der Weg ist gut markiert, je zur Hälfte sonnig und schattig, und ist am schönsten zur Zeit der Bergblumenblüte von Anfang Juni bis Ende Juli und zur Zeit der Herbstfärbung im September und Oktober.

B↑ Vennatal – Landshuter Hütte, 2693 m

Von der Eisenbahnstation Brennersee oder Brenner in das Vennatal 20 Min. durch den Wald, dann auf die Talwiesen, in deren Mitte am Talboden der kleine Weiler Venn 1457 m hoch liegt.

Das malerische Tal dürfte seinen Namen vom lateinischen „foenum" = Heu erhalten haben, da auch heute noch die ganze Sonnseite infolge der einst geübten Bergmahd baumfrei ist. Noch vor 30 Jahren waren ja das Wahrzeichen der Vennspitze einige Heupiller nahe ihrem Gipfel. Schon um 1300 wird das Tal „im Vende", später „Fendt", „Fenns" und „Fenn" genannt. Ursprünglich hielt man das Vennatal für das Quelltal der Sill. Erst seit Peter Anichs kartographischen Arbeiten, 1770, betrachtet man das Griesbergkar unterhalb des Wolfendorn als den Ursprung der Sill.

Etwa ¼ St. nach Venn biegt der Weg nach rechts (SO) ab und steigt im Bergwald steil bis zur Waldgrenze und über die Matten der Ochsenalm zum Kraxentragersattel, wo die Landshuter Hütte 2693 m hoch an der Grenze steht (DAV-Sektion Landshut, derzeit unbewirtschaftet, 30 B, 18 M. Die Staatsgrenze verläuft mitten durch die Hütte. Die südliche Hälfte wird von der italienischen Finanzwache benützt).

Gehzeit 4½ St.; Höhenunterschied 1350 Hm.

Abstieg auch nach S auf italienischem Staatsgebiet nach St. Jakob im Pfitscher Tal möglich (Reisepaß erforderlich), 1240 Hm, 2½ St., steil.

 Landshuter Hütte – Pfitscherjochhaus

Von der Landshuter Hütte zuerst ein Stück nach O absteigen, dann ziemlich eben am Sonnenhang des Kraxentrager und der Hohen-Wand-Spitze hoch über dem Pfitscher Tal zum Pfitscherjochhaus, das in 2277 m Höhe an der S-Seite des Pfitscher Joches liegt (Gh., privat).

Gehzeit 3 St.; Höhenunterschied ↓ 420 Hm.

Vom Pfitscherjochhaus nach St. Jakob im Pfitsch 1½ St., ↓ 830 Hm, und mit dem Autobus nach Sterzing oder

über das Pfitscher Joch zur Dominikushütte am Schlegeis-Stausee hinab, 2 St., und nach Ginzling im Zillertal oder

über das Pfitscher Joch und die Alpeiner Scharte zur Geraer Hütte im Valser Tal, 4½ St.

B↑↓ **Wolfendorn, 2776 m**

Von der Landshuter Hütte auf dem Grat nach SW in ¾ St. zur Wildseespitze, 2733 m, danach etwas absteigend weiter auf dem Grat und schließlich von N her durch Schutt, Blockwerk und Fels auf den Gipfel des Wolfendorn, 2776 m.

Bis hieher von der Landshuter Hütte 3 St., ↑ 206 Hm, ↓ 50 Hm.

Abstieg 2 Varianten: a) weglos nach N über die weiten Blockhalden und Almböden des Griesbergkars zu der ober der Waldgrenze auf der Sonnenseite liegenden Griesbergalm, 1928 m, und hinab zur Ortschaft Brenner, 1365 m, ↓ 1410 Hm, 3 St. Dieser Weg entspricht der Winterroute; b) auf der italienischen Seite über

Gries am Brenner

den Rücken nach W hinab zur Postalm, 1675 m, und zur Ortschaft Brenner, 1410 Hm, 2½ St.

B↑↓ Zum Kraxentrager, 2998 m

Von der Landshuter Hütte auf dem Grat nach NO zum Gipfel des Kraxentrager. Rückweg wie Aufstieg.

Gehzeit ↑ 1 St., ↓ ¾ St.; Höhenunterschied ↑↓ je 300 Hm; aussichtsreicher Felssteig, für Geübte leicht.

B↓ Von der Landshuter Hütte ins Valser Tal

Von der Hütte vorerst nach N ca. 70 Hm ins Vennatal hinab, dann auf dem „Geistbeckweg" (mit Nr. 529 bez.) zum Stumpfschartl, 2666 m, empor. Wir überschreiten nun den vom Kraxentrager herabziehenden N-Grat und steigen steil zum Tscheischbachgraben hinunter, überqueren den Bach und wandern flach hinaus zur Touristenrast, 1345 m hoch an der Talgabelung gelegen (Gh.).

Gehzeit 5 St.; Höhenunterschied ↓ 1400 Hm, ↑ 150 Hm.

Von der Touristenrast nach Vals und St. Jodok oder in 3 St. auf die Geraer Hütte am Olperer.

B↑↓ Auf die Sattelalm, 1635 m

Von Gries ins Obernbergtal bis knapp vor die Liftstation; dort Parkplatz. Der Weg führt östlich des Bächleins über die Wiesen steil hinauf zu einem Gehöft und dann über den Rücken durch lichten Wald zu den Sattelwiesen, in deren Mitte die Sattelalm liegt (Gh.).

Rückweg: auf der Forststraße nach Vinaders hinab und dann auf der Landesstraße durch das äußerste Obernbergtal zurück nach Gries.

Gehzeit ↑ 1½ St., ↓ 1 St.; Höhenunterschied ↑↓ je 470 Hm. Der Weg ist vor allem im Sommer und im Herbst reizvoll, wenn die blumenreichen Wiesen blühen oder die Lärchen golden leuchten; halb schattig, halb sonnig.

Von der Sattelalm genießt man einen eindrucksvollen Blick in das Vennatal und auf die Brennerberge, besonders den Wolfendorn und Kraxentrager. Die Umgebung der Sattelalm eignet sich sehr gut zum Lagern mit Kindern an heißen Tagen. Das Gebiet der Sattelalm steht unter Landschaftsschutz; daher diesbezügliche Bestimmungen beachten! Abfahrt auch mit dem Sessellift möglich.

B ↑↓ Auf den Sattelberg, 2113 m

Mit dem Sessellift auf die Sattelalm, 1635 m. Auf dem Forstweg ca. 200 m weiter flach nach S, dann nach rechts (W) dem Wegweiser und der rot-weißen Markierung folgend aufwärts zuerst durch Fichtenwald, dann durch Zwergstrauchheiden zum Gipfelkreuz. Über den Gipfel des Sattelberges verläuft die österreichisch-italienische Grenze, die durch Grenzsteine deutlich gekennzeichnet ist. Knapp an der Grenze befindet sich ein italienischer Postenstand. Das Sattelberghaus ist leider durch Brand zerstört; bis hieher von der Sattelalm 1½ St.

Abstieg: entlang der Staatsgrenze ca. 200 m nach SW absteigen, dann auf schmalem Steig nach N in ¼ St. hinab zu mehreren kleinen Lacken. Durch einen schmalen Latschengürtel gelangen wir zu einem Steig, der uns in ca. 1700 m Höhe nach links (S) bis in den Talgrund führt. Dort überqueren wir den Griebenbach und steigen an seinem linken Ufer bis zu den Hütten der Niederbergalm, 1640 m, ab (vom Sattelberg bis hieher 1 St.). Ein Fahrweg führt durch den Wald hinunter nach Au im Obernbergtal, 1360 m. In der Nähe des Gh. Tribulaunblick kommen wir auf die Talstraße, auf der wir zurück zur Liftstation wandern, ½ St., bzw. nach Gries, ¾ St.

Gehzeit 3½ St.; Höhenunterschied ↑ 500 Hm, ↓ 950 Hm. Einfache Gipfelbesteigung, die durch eine außergewöhnliche Aussicht auf die Umrahmung der Brennersenke belohnt wird. Orientierung unschwierig, doch bei schlechtem Wetter abzuraten; halb schattig, halb sonnig. Wegen der Grenznähe empfiehlt sich die Mitnahme des Reisepasses.

B ↑↓ Sattelberg – Flachjoch – Obernberg

Mit dem Sessellift auf die Sattelalm, 1635 m. Auf dem Forstweg ca. 200 m flach nach S, dann nach rechts (W) dem Wegweiser und der rot-weißen Markierung folgend durch den Bergwald und Zwergstrauchheiden in 1½ St. auf den Gipfel des Sattelberges, 2113 m. Entlang der Staatsgrenze, die durch Grenzsteine deutlich gekennzeichnet ist, wandern wir am Kamm nach SW. Unweit von uns verläuft etwas unterhalb des Kammes auf der italienischen Seite eine Militärstraße. Oberhalb der Eisackquelle vorbei kommen wir zum Steinjoch, 2186 m, und zum Kreuzjoch, 2243 m. Hier biegt der mit Nr. 1 bez. Gratweg nach W um und nach ca. ¼ St. wieder nach SW. Nach 2 St. ab dem Sattelberg gelangen wir zum Flachjoch, 2124 m. Hier verlassen wir den Grenzweg und steigen nach NW über Almböden und durch Zwergstrauchheiden, später durch lichten Bergwald, ins Fradertal hinunter. Am rechten Talhang bleibend, führt uns der Weg die ausgedehnten Mähwiesen der Fraderalm entlang bis zum letzten Alpgebäude und dort neben dem Fraderbach steil hinunter zu den Fraderhöfen im Obernbergtal, 1370 m. Von der Fraderalm kann auch nach Überschreiten des Baches der flachere, aber längere Forstweg gewählt werden. Er wird an schönen Wochenenden ziemlich stark befahren. Von der Obernberger Straße bei den Fraderhöfen mit dem Autobus zurück nach Gries.

Gehzeit ca. 5 St.; Höhenunterschied ↑ 800 Hm, ↓ 1100 Hm; aussichtsreiche Kammwanderung, doch nur bei trockenem Wetter und guter Sicht ratsam; ein Viertel schattig, drei Viertel sonnig. Ausweisdokumente mitnehmen, da der Weg lange Zeit an der Staatsgrenze verläuft.

GRIES IM SELLRAIN 1238 m

Haltestelle Marendebach und Gries der Postautobuslinie Innsbruck – Kühtai. 468 Ew.; 2262 ha, davon 1154 ha landw., 817 ha forstw. genutzt. FVV, 11 Gastbetriebe, 20 Privatvermieter, 390 Betten, Skischule, 2 Schlepplifte, Hallenbad, Schwimmbad.

Geschichte:
Die Ortschaft Marendebach 1254 urkundlich genannt; ab 1811 politische Gemeinde.

Kunstdenkmäler:
Pfarrkirche zum hl. Martin, 1734.

Karten:
AV-Karte 1:25.000, Stubai-Nord; Österreichische Karte 1:50.000, Blatt 147; Kompaß-Wanderkarte 1:50.000, Blatt 35 und 83; Freytag-Berndt-Touristenwanderkarte 1:100.000, Blatt Nr. 33, Innsbruck-Umgebung; Wanderkarte 1:50.000 des Fremdenverkehrsverbandes Gries im Sellrain.

B ↑↓ Von Gries auf den Roßkogel, 2649 m

Von der Kirche dem Wegweiser folgend zu den ersten Marendebachhöfen und dann in steilen Serpentinen nach N durch den Wald zu den Sonnbergmähdern hinauf. Von hier zuerst auf bequemem, später steilem Weg über Hirscheben auf den Gipfel des Roßkogel.

Der Roßkogel ist berühmt wegen der weit umfassenden Rundsicht über die Nordtiroler Kalkalpen und das Inntal, die Stubaier und Ötztaler sowie die Tuxer Voralpen.

Abstieg wie Aufstieg oder nach O über das Kögele, 2192 m, und über St. Quirin nach Sellrain.

Gehzeit ↑ 3½ – 4 St., ↓ 3 St.; Höhenunterschied ↑↓ je 1420 Hm. Der Weg ist sonnig und steil, doch unschwierig. Der Roßkogel kann jedoch bequemer vom Rangger Köpfl oder von St. Quirin aus erstiegen werden.

W ↑↓ Juifenau – Narötz

Von Gries auf dem Promenadenweg (mit Nr. 2 markiert) durch den Wald am Fuße des Windecks, in ca. ½ St. zum Weiler Juifenau, 1350 m (mehrere Gh. und Hallenbad). Am Südende der Juifenauer Wiesen führt der Weg von der Fahrstraße auf die andere Talseite und dort (mit Nr. 3 markiert) über den Weiler Narötz wieder hinab nach Gries.

Gehzeit 1¼ St.; Höhenunterschied ↑↓ je 150 Hm; gut markierte und gepflegte Wege, bequeme und lohnende Wanderung, je zur Hälfte sonnig und schattig.

W↑↓ Juifenau – Lüsens

Auf dem Panoramaweg von der Melach am Sportplatz vorbei (mit Nr. 2 markiert) am Westhang des Windecks über den Funerhof in ½ St. zum Weiler Juifenau, 1350 m.

Die „Schwaighöfe in Juvenau" wurden 1400 erstmals im Urbar des Stiftes Frauenchiemsee genannt.

Wir folgen nun der Fahrstraße, die zuerst ca. 2 km sanft ansteigt und eine mächtige Lawinengasse quert, und gelangen zur Melachbrücke. In mehreren Kehren wird der „Kniepiß" überwunden, eine Steilstufe, über die erst in den dreißiger Jahren von der Wildbachverbauung unter Oberforstrat Straube der erste Karrenweg errichtet wurde, um das notwendige Material für die Verbauung der Melach bei Lüsens bringen zu können. Bei der Weggabelung ober dem Kniepiß folgen wir dem linken, unteren Weg, der neben der Melach in ¼ St. zu den versumpften Gallwiesen unterhalb Praxmar führt.

Hier stehen am Bachufer einige Lorbeerweiden (Salix pentandra), die das erstaunliche Alter von über 90 Jahren erreicht haben. In der Nähe entdeckte auch A. Neumann 1967 am Osthang den bisher tiefsten bekanntgewordenen Standort der Krautweide (Salix herbacea) bei 1620 m.

Ein einige hundert Meter breiter Zirbenwald schließt die Gallwiese nach S ab, und nach dessen Durchquerung liegt der Almboden von Lüsens vor uns, überragt vom markanten Lüsenser Fernerkogel. Am Ende des Almbodens liegt die Alm Lüsens, 1636 m (Gh., ganzj. bew., N-Möglichkeit).

Das ganze Lüsenser Tal wurde 1140 vom Brixner Bischof Reginbert dem Stift Wilten geschenkt. Das Stiftsurbar von 1305 nennt „Malusens" mit 3 Schwaighöfen. Nach 1400 wurde aber die Dauersiedlung aufgelassen und in eine Alm umgewandelt; vorübergehend wurde um 1646 ein Silber- und Bleibergbau betrieben.

Gehzeit ↑ 1½ St., ↓ 1 St.; Höhenunterschied ↑↓ je 450 Hm.

Bis Lüsens auch mit Pkw oder Autobus (Bus-Unternehmung Denifle, Gries).

Gries im Sellrain

W⇄ Zum Lüsenser Fernerboden

Von Lüsens auf breitem Fahrweg (Fahrverbot) fast eben neben der Melach taleinwärts.

Von beiden Talflanken ziehen in den Lawinengängen die Bestände der nordischen Birke bis ins Tal, mit ihren bis zum Boden glatten, weißen Stämmen die schönste Birke des Alpenraumes. Zu den dunklen Zirben- und Alpenrosenbeständen bilden diese Birkenwälder einen lebhaften Farbkontrast.

Nach ca. ¾ St. erreichen wir den Lüsenser Fernerboden, 1710 m, auf dem am Rande des Zirben-Fichten-Waldes die Sommerhütte der Wiltener Sängerknaben steht.

Einst reichte der Lüsenser Ferner bis nahe an den Fernerboden herab. Doch immer noch ist dies einer der grandiosesten Talschlüsse im Raume Innsbrucks, wenngleich nur mehr im obersten Teil das Gletschereis die abschüssigen, blank gefegten Felsplatten krönt. Der Moränenschutt wurde im Laufe der letzten Jahrzehnte zum größten Teil in zahlreichen Murgängen herabgetragen, wodurch die einstigen Wiesen und der artenreiche Eberschen-Birken-Weidenbestand im Schutt versanken. Damit verschwand auch die früher so charakteristische und recht seltene Flaumweide (Salix laggeri) bis auf einige kümmerliche Büsche.

Gehzeit ↑ ¾ St., ↓ ½ St.; Höhenunterschied ↑↓ je 80 Hm; sehr lohnender, bequemer Wanderweg, sonnig.

B↑↓ Juifenalm – Windeck, 2577 m

Von Gries in ca. ½ St. zum Weiler Juifenau im Lüsenser Tal, 1350 m; bis hieher auch mit Pkw oder Autobus (Denifle, Gries). Südlich von Juifenau zweigt dort, wo die Fahrstraße in den Wald eintritt, nach links (O) ein neu erbauter Forstweg ab (Hinweistafel). Der Weg steigt durch den Juifenauer Zirbenwald in mehreren Kehren hinauf zur Juifenalpe, 2010 m. Von der Juifenalpe biegt man nach Osten ab und gelangt über „Unlage" und „Plattenschuß" auf einen Fußsteig in 1½ St. zum Gipfel des Windecks, 2577 m.

Gehzeit ↑ 3½ St., ↓ 2½ St. ab Juifenau; Höhenunterschied ab Juifenau ↑↓ je 1230 Hm; gut mit Nr. 9 bez. Weg, meist sonnig.

Gries im Sellrain: Lüsens

B ↑↓ Von Lüsens zur Franz-Senn-Hütte

Gegenüber des Gh. Lüsens am Hang leicht ansteigend zuerst durch Birken- und Latschenbestände, dann durch Alpenrosen und grüne Almmatten ins Große Horntal, das umrahmt ist von den dunklen Wänden und Graten der Lüsenser und Hohen Villerspitze und der Schafgrüblerspitze. Auf schmalem Steig durch das hochalpine, schutterfüllte und meist bis in den Herbst schneebedeckte Hintere Horntal empor zum Horntaljoch, 2802 m. Von Lüsens 3 St.

Vom Horntaljoch kann unschwer die Schafgrüblerspitze, 2920 m, auf felsigem Steig in ½ St. erstiegen werden. Vom Gipfel genießt man eine großartige Übersicht auf die Umrahmung des Lüsenser Ferners.

Vom Horntaljoch auf der S-Seite ein Stück in die Viller Grube hinab und dann über den grasigen Rücken der Schafgrüblerspitze über das Maurnlechner- und Blörchnerkar taleinwärts (S) zur Franz-Senn-Hütte, 2147 m (ÖAV-Sektion Innsbruck, 1. 6. bis 15. 10. und 15. 2.–15. 5. bew., 158 B, 88 M).

Gehzeit ↑ 3½ St., ↓ 1½ St., zusammen 5 St.; Höhenunterschied ↑ 1170 Hm, ↓ 660 Hm; Weg nur bei trockenem Wetter und guter Sicht im Hochsommer ratsam, mit Nr. 132 bez.

B ↑↓ Von Lüsens oder Praxmar zum Westfalenhaus

Von Lüsens nach SW in einigen Serpentinen mäßig steil bis zur Waldgrenze empor oder von Praxmar nach S stets leicht ansteigend, bis beide Wege zusammenstoßen. Der Steig biegt nun nach W ins Längental und führt über die sonnseitigen, von Grasfluren und Schneeböden bedeckte Talflanke zum 2273 m hoch gelegenen Westfalenhaus (DAV-Sektion Münster in Westfalen, 1. 3.–2. 5. und 1. 7.–20. 9. bew., 20 B, 15 M).

Rückweg wie Anstieg oder nach S steil hinunter ins Längental und flach hinaus zur Längentaler Alm, 1988 m. Von da über die bewaldete Steilstufe und durch Grünerlenbuschwald neben dem Längenbach zum Fernerboden hinab und dann flach auf der Straße hinaus nach Lüsens.

Gehzeit ↑ 2½ St. (von Lüsens) bzw. 3 St. (von Praxmar), ↓ 2

bis 2½ St.; Höhenunterschied ↑↓ je 640 Hm; sehr lohnender und unschwieriger, meist sonniger Weg, mit Nr. 141 bez.

B ↑↓ Vom Westfalenhaus zur Winnebachseehütte

Ober der Hütte über Schneeböden nach W durch das Ochsenkar und erst zum Schluß stark steigend durch Blockhalden und Firn zum Winnebachjoch, 2788 m; bis hieher 1½ – 2 St. Auf der W-Seite des Winnebachjoches sanft durch die nur mehr schwach vergletscherte Karmulde zum Winnebachkar und in diesem steil durch Blockhalden und Schneeböden zur Winnebachseehütte, 2362 m hoch am S-Ufer des Winnebachsees oberhalb einer felsigen Steilstufe im innersten Sulztal gelegen (AV, erbaut von der Sektion Frankfurt/Oder, 1. 7. – 20. 9. und März/April bew., 8 B, 12 M).

Gehzeit ↑ 1½ – 2 St., ↓ 1 St.; Höhenunterschied ↑ 520 Hm, ↓ 430 Hm; hochalpiner, aber unschwieriger und schöner Übergang vom Sellraintal ins Ötztal, mit Nr. 141 bez.

B ↑↓ Vom Westfalenhaus über die Zischgenscharte zur Neuen Pforzheimer Hütte

Von der Hütte nach N steil auf Weg Nr. 143 über Krummseggenrasen und Schneeböden aufwärts über die Münsterhöhe ins Grubenkar, in dem der Weg steil in zahlreichen Serpentinen durch Blockhalden zur Zischgenscharte, 2936 m, emporführt, die einen schmalen Einschnitt zwischen Schöntalspitze im O und Grubenwand im W bildet. Auf der N-Seite der Scharte zunächst über den Zischgeles-Ferner und dann durch den Moränenschutt und über Schneeböden am orographisch rechten Hang des Gleirschtales bis zu dem von Praxmar über das Satteljoch zur Pforzheimer Hütte führenden Weg (mit Nr. 144 bez.). Auf diesem Steig nach links (W) hinab ins Gleirschtal, wo wir oberhalb der hinteren Gleirschalm den Bach queren und jenseits ca. 100 Hm hinauf zur Neuen Pforzheimer Hütte, Adolf-Witzenmann-Haus, 2308 m, steigen (DAV-Sektion Pforzheim, Weihnachten bis Neujahr, Anfang Feber bis Ende Mai und Anfang Juli bis Ende September bew., 40 B, 22 M).

Gehzeit ↑ 2½ St., ↓ 3 St., zusammen 5½ St.; Höhenunterschied ↑ 760 Hm, ↓ 740 Hm. Der Weg führt durch hochalpines und ver-

Gries im Sellrain: Praxmar

gletschertes Gelände und ist geübten, ausdauernden Alpinisten vorbehalten. Er sollte nur bei trockenem Wetter und guter Sicht begangen werden.

| G ↑↓ | **Vom Westfalenhaus zur Amberger Hütte** |

Von der Hütte sanft ansteigend auf dem Dr.-Siemon-Steig (mit Nr. 137 bez.) über die obersten Grasheiden und Schneeböden nach S auf die linksufrige Seitenmoräne des Längentaler Ferners und zur Gletscherzunge hin. Nahe dem orographisch rechten Rand des Längentaler Ferners hinauf zum Längentaler Joch, 2991 m. Jenseits durch Blockhalden ins Schrankar hinab und über Schneeböden und Krummseggenrasen zur Amberger Hütte, 2135 m (DAV-Sektion Amberg, 1. 7. – 30. 9. und 1. 3. – 2. 5. bew., 22 B, 36 M).

Gehzeit ↑ 3 St., ↓ 1½ St, zusammen 4½ St.; Höhenunterschied ↑ 720 Hm, ↓ 860 Hm; mühsamer, doch lohnender, durch die hochalpine und Gletscherregion führender Übergang ins Ötztal; nur für Ausdauernde und Hochgebirgserfahrene. Der Weg ist mit Nr. 137 bez.

PRAXMAR 1693 m

Weiler der Gemeinde St. Sigmund. 23 Ew.; 4 Fremdenverkehrsbetriebe, Skischule, Schlepplift Hausberg, 2 Übungslifte.

Geschichte:

Im Urbar des Stiftes Wilten vom Jahre 1305 wird „Prahsmaer" erstmals urkundlich erwähnt. Es war zuerst eine Alm, dann ein Schweighof und schließlich entwickelte sich daraus der heutige Weiler. Die Siedlung wurde von Walsern angelegt.

Naturdenkmäler:

Einige über 80 Jahre alte *Lorbeerweiden* am linken Ufer der Melach.

Karten:

AV-Karte 1:25.000, Stubaier Alpen, Nordblatt; Österreichische

Karte 1:50.000, Blatt 147; Kompaß-Wanderkarte 1:50.000, Blatt 83; Freytag-Berndt-Touristenwanderkarte 1:100.000, Blatt 33, Innsbruck-Umgebung; Wanderkarte 1:50.000 des Fremdenverkehrsverbandes Gries im Sellrain.

W↓ Fußweg über Kniepiß – Narötz nach Gries

Von Praxmar zunächst auf der Fahrstraße talaus und über die Kehren von Kniepiß hinab bis zur Melachbrücke, 20 Min. Dort zweigt nach links der stets am linksufrigen Hang führende Weg ab (rot markiert mit Nr. 3). Nach ca. ½ St. erreicht man die Wiesen nach Narötz und gelangt in einer weiteren ½ St. über den Weiler Narötz hinab nach Gries, 1238 m.

Gehzeit 1¼ St.; Höhenunterschied 450 Hm; gut markierter und bequemer Weg, je zur Hälfte sonnig und schattig.

W⇄ „Waldweg" nach Lüsens

Von Praxmar nach S auf breitem Weg immer leicht fallend zuerst durch die Praxmarer Wiesen, dann (nach ca. ¼ St.) in den Fichtenwald eintretend. Nach einer weiteren Viertelstunde verläßt der Weg wieder den Wald und führt nun eben über die Lüsenser Hausanger zur Lüsenser Alm, 1636 m (Gh. und Nächtigungsmöglichkeit).

Gehzeit → ½ St., ← ¾ St.; Weg zur Hälfte sonnig und schattig, bequeme Kurzwanderung.

W↑↓ Gallwieser Alm – Aflinger Alm

Von Praxmar über die Wiesen hinab zum Talboden, ¼ St., über die Melach und durch lichten Zirbenwald links (nach O) empor zur Gallwieser Alm, von der ein Fußsteig über die Almböden nach N mäßig steil zur Aflinger Alm, 1816 m, ansteigt. Rückweg wie Hinweg.

Gehzeit ↑↓ je 1 St., zusammen ca. 2 St.; Höhenunterschied ↓ 90 Hm, ↑ 220 Hm, zurück umgekehrt.

Gries im Sellrain: Praxmar

W↑↓ Von Praxmar zur Schafalm

Vom Gh. Praxmar nach S über den Bach und dem Wegweiser folgend in ½ St. zur Schafalm, 1896 m.
Rückweg: nach N über den Moarlerbach zur Moarler Alm (= Sattelalm), 1910 m, und über Weideflächen am Rücken zurück nach Praxmar.
Gehzeit 1 St.; Höhenunterschied ↑↓ je 220 Hm.

W↑↓ Von Praxmar zur Kogelalm

Von Praxmar zuerst steil aufwärts über Weideböden zur Moarler Alm (= Sattelalm), 1910 m, und von dort auf dem mit Nr. 144 bez. AV-Steig zur Praxmarer Kogelalm, 2102 m. Rückweg wie Anstieg.
Gehzeit ↑ 1¼ St., ↓ ¾ St., zusammen 2 St.; Höhenunterschied ↑↓ je 410 Hm.

B↑↓ Von Praxmar auf den Freihut, 2616 m

Auf Weg Nr. 8 nach N zur Kogelalm und immer mäßig steigend über die Narötzer Schafalm, 2058 m, in die „Grube" und steil auf den Gipfel des Freihut.
Abstieg wie Aufstieg oder zurück bis zur Narötzer Schafalm und durch den Wald nach Narötz und weiter nach Gries, ↑ 1380 Hm, 2½ St.
Gehzeit ↑ 2½ St., ↓ 1½ St.; Höhenunterschied ↑↓ je 980 Hm; unschwieriger Weg, sonnig mit Nr. 8 bez.

Der heute relativ wenig begangene Weg war einst eine wichtige Verbindung zwischen Praxmar und St. Sigmund, die ja zusammen eine Gemeinde bilden. Die Aussicht vom Gipfel steht der vom Roßkogel nichts nach.

Von Praxmar auf die Lampsenspitze, 2875 m

Von Praxmar zur Kogelalm, 2102 m. Von dort nach W aufwärts

über Almböden, Krummseggenrasen und blockiges Gelände zum Gipfel der Lampsenspitze. Rückweg wie Anstieg.

Gehzeit ↑ 3½ St., ↓ 2½ St.; Höhenunterschied ↑↓ je 1180 Hm.

B ↑↓ Von Praxmar auf den Zischgeles, 3005 m

Von Praxmar nach S über den Bach und zur Schafalm. Weiter zuerst mäßig steil über Almböden, dann steiler werdend über Schneeböden und Blockhalden auf markiertem Steig zum Gipfel des Zischgeles.

Man genießt vom Gipfel eine umfassende Aussicht auf die umgebenden Berge der Stubaier Alpen. Mehr als im Sommer wird der Zischgeles im Spätwinter von Tourenskifahrern besucht.

Rückweg wie Anstieg.

Gehzeit ↑ 3½ St., ↓ 2 ½ St.; Höhenunterschied ↑↓ je 1320 Hm. Der Weg ist markiert und für geübte Bergsteiger leicht.

B ↑↓ Von Praxmar über das Satteljoch zur Neuen Pforzheimer Hütte

Vom S-Ende Praxmars zuerst auf rot-weiß mit Nr. 1 markiertem Weg steil neben dem Lift durch die Wiesen aufwärts in den Zirbenwald und dann über Almböden und Alpenrosenbestände ins alpine, nur mehr von Krummseggenrasen bewachsene Gelände nahe dem Wild- und Lampsensee empor zum Satteljoch, 2734 m. Auf der W-Seite des Satteljoches steil hinab ins Gleirschtal, ober der hinteren Gleirschalm über den Bach und ca. 100 Hm auf dem Gegenhang empor zur Neuen Pforzheimer Hütte (= Adolf-Witzenmann-Haus), 2309 m (DAV-Sektion Pforzheim, von Weihnachten bis Neujahr, Anfang Februar bis Ende Mai und Anfang Juli bis Ende September bew., 40 B, 22 M).

Gehzeit ↑ 3½ St., ↓ 1½ St.; Höhenunterschied ↑ 1150 Hm, ↓ 530 Hm. Der Weg ist mit Nr. 1 und Nr. 144 bez. und rot-weiß markiert und unschwierig.

B ↑↓ Über den Roten Kogel zur Potsdamer Hütte im Fotschertal

Von Praxmar zunächst über die Wiesen hinab zum Talboden und über die Melach, ¼ St. Dort zweigt vom Fahrweg der Steig

Grinzens 103

zur Gallwieser und Aflinger Alm ab, die gegenüber von Praxmar am W-Hang liegen. Von der Aflinger Alm, 1816 m, steigen wir durch lichten Zirbenwald zuerst steil aufwärts und dann flach nahe der Waldgrenze nach SO zum Gallwieser Hochleger, 2098 m. Ohne deutlich sichtbaren Weg steigen wir über die Almweiden und Schneeböden ziemlich steil aufwärts zum Kamm „Auf Sämen" und auf felsigem Grat nach S zum Gipfel des Roten Kogels, 2834 m; bis hieher von Praxmar 4 St. Vom Gipfel nach NO in die weite Mulde hinunter, an einigen Lacken vorüber und am Ende des felsigen Kastengrates nach rechts (SO) über die Almböden zur Potsdamer Hütte, 2012 m (DAV-Sektion Potsdam, Ski- und Ferienheim, vom 20. 11. – 5. 5. und 15. 6. – 20. 10. bew., 18 B, 29 M).

Gehzeit ↑ 4 St., ↓ 1½ St., zusammen 5½ St.; Höhenunterschied ↑ 1250 Hm, ↓ 920 Hm. Der Weg ist nur zum Teil bez., daher nur für erfahrene Bergsteiger ratsam.

Der Rote Kogel wird im Winter häufig von Skitouristen befahren und ist der Beginn des klassischen „Großen Fotscher Expresses", der von Praxmar nach Innsbruck führt und nach der Abfahrt vom Roten Kogel bei der Fotscherhütte in den eigentlichen, später als „Kleinen Fotscher Expreß" bezeichneten Teil dieser Route mündet.

GRINZENS 903 m

Endstation der Postautobuslinie ab Innsbruck. 882 Ew.; 2871 Hektar, davon 1300 ha landw., 867 ha forstw. genutzt. FVV, 6 Gastbetriebe, 29 Privatvermieter, 242 Betten, Adolf-Pichler-Hütte, 1977 m, an der Westseite der Kalkkögel (Akademischer Alpenklub Innsbruck). Naturrodelbahn von der Kemater Alm nach Grinzens, 4 km, Skischule, 1 Übungs-Schlepplift.

Geschichte:

1286 als Gratzinnes erstmals urkundlich erwähnt, 1629 Grinzens mit Omes als eine Steuergemeinde genannt, 1811 Grinzens mit Neder zur selbständigen politischen Gemeinde ernannt.

Karten:

Umgebungskarte von Innsbruck 1:25.000 (zum Teil), Bundesamt für Eich- und Vermessungswesen, Wien; Österreichische

Karte 1:50.000, Blatt 147, Axams; AV-Karte 1:50.000, Blatt 31/5, Innsbruck-Umgebung; Kompaß-Wanderkarte 1:50.000, Blatt 36, Innsbruck-Brenner; Freytag-Berndt-Touristenwanderkarte 1:100.000, Blatt 33, Innsbruck-Umgebung

W⇄ Nach Sellrain

Von Grinzens eben nach SW zum Weiler Dafl. Von da nach rechts durch den Wald hinab an der Kirche vorüber und an Bad Rothenbrunn vorbei zum Dorf Sellrain. Zurück denselben Weg.
Gehzeit ↓ 1¼ St., ↑ 1½ St.; Höhenunterschied ↑↓ je 80 Hm.

W↑↓ Fotschertal – Sellrain

Von Grinzens eben auf wenig befahrener Forststraße über die Weiler Dafl, Neder und Tanneben nach SW. Der Weg führt auf sonniger Wiesenterrasse (alter Talboden) mit Blick auf den gegenüber liegenden Steilhang, auf dem die Wiesen, Äcker und Bauernhäuser weit verstreut um das Kirchlein von St. Quirin liegen. Nach ca. 1½ St. Gehzeit wendet sich die Straße nach S ins bewaldete Fotschertal und führt nach Überquerung des Fotscherbaches mäßig steil hinab zum Ort Sellrain, 908 m; bis hieher 2 St.

Rückweg: auf der Hauptstraße talaus an Bad Rothenbrunn vorüber und ober der Kirche steil im Wald aufwärts zum Weiler Dafl und zurück nach Grinzens.
Gehzeit: ↓ 2 St., ↑ 1½ St.; Höhenunterschiede: ↑↓ je 180 Hm.

B↑↓ Nederer Jagdhütte – Salfeins

Vom südlichen Ortsende zuerst auf dem Senderstalweg bis zum letzten Haus, dann am Zaun nach rechts abbiegen und in zahlreichen Kehren durch den Wald auf dem Rücken zur Nederer Jagdhütte, 1½ St. Weiter auf dem Rücken bis zur Waldgrenze und an den letzten Zirben vorüber auf das aussichtsreiche Salfeinsköpfl, 2001 m, Gipfelkreuz.

Abstieg: vom Gipfel nach S auf breiter Kuppe an einem kleinen See vorüber nach links (O) über die Salfeinsalm ins Senderstal hinab und auf dem Senderstalweg zurück nach Grinzens.

Grinzens 105

Gehzeit: ↑ 3 St., ↓ 2¼ St.; Höhenunterschied: ↑↓ je 1070 Hm; gut bez. Weg, zwei Drittel schattig, ein Drittel sonnig.

W↑↓	**Kemater Alm –**
	Adolf-Pichler-Hütte

Von Grinzens nach S ins bewaldete Senderstal auf dem mit Nr. 117 bez. Weg an zwei Kapellen vorbei bis zu den freien Wiesen der Wechselmähder, wo bis 1580 zwei Bauernhöfe standen. Von hier durch offenes Gelände neben dem Bach zur Kemater Alm, 1646 m (privat, im Sommer bew., 25 B, 25 M); bis hieher 2 St. Zur Kemater Alm auch mit Pkw oder mit Taxi (S 10.– Maut wird bei der Kemater Alm eingehoben). Von der Kemater Alm über die reich blühenden Almweiden und durch Alpenrosenbestände mit einzelnen Zirben in 1 St. hinauf zur Adolf-Pichler-Hütte, 1977 m (Akademischer Alpenklub Innsbruck, 15. 6. – 1. 10. bew., 20 B, 36 M).

Gehzeit ↑ 3 – 3½ St., ↓ 2 – 2½ St.; Höhenunterschied ↑↓ je 1030 Hm.

Dieser Weg ist einer der lohnendsten und bequemsten im Raum von Innsbruck, weil er direkt zum Fuß der Kalkkögel führt. Schon bei der Kemater Alm, wo man aus dem Wald auf die Almböden tritt, erblickt man zum ersten Mal die bleichen Wandfluchten. Bei der Adolf-Pichler-Hütte befinden wir uns dann direkt am W-Rand dieser markanten Berggruppe. Die alpine Erschließung der Kalkkögel erfolgte in den achtziger Jahren des 19. Jahrhunderts. Karl Gsaller und seine Bergsteigergruppe „Wilde Bande" erstiegen alle wichtigen Gipfel, und 1904 wurde dann vom Akademischen Alpenklub Innsbruck die Adolf-Pichler-Hütte erbaut und nach dem bekannten Innsbrucker Geologieprofessor und Heimatdichter benannt. Um die Jahrhundertwende bestiegen vor allem der Akademische Alpenklub Innsbruck und die Bergsteigerriege des Innsbrucker Turnvereins viele Gipfel und Wände. Heute noch ist die Adolf-Pichler-Hütte der wichtigste Stützpunkt für Kletterfahrten in die Kalkkögel, aber daneben auch für Bergwanderungen und Übergänge zu anderen Hütten.

Bergwanderungen von der Adolf-Pichler-Hütte aus:

Von der Adolf-Pichler-Hütte in die Schlick
siehe Seite 74

Über den Hoadlsattel auf den Hoadl
siehe Seite 38

Über den Hochtennboden und Widdersberg zum Halsl
siehe Seite 75

B ↑↓ Von der Adolf-Pichler-Hütte zur Starkenburger Hütte

Von der Hütte auf Weg Nr. 116 zuerst nach S über flache Almböden, dann steiler über Horstseggenrasen und Schotterreisen zum Seejöchl, 2525 m, empor; bis hieher 1½ St.

Vom Seejöchl kann unschwer die Schlicker Seespitze, 2804 m, erstiegen werden. Vom Jöchl führt ein schottrig-felsiger Steig nach O in die W-Flanke der Schlicker Seespitze und über felsiges Gelände auf eine kleine Scharte. Über brüchiges Gestein, aber ohne Schwierigkeiten von dort auf den Gipfel (↑↓ je 280 Hm, ↑ 1 St., ↓ ½ St.). Trittsicherheit und Schwindelfreiheit sind erforderlich.

Auf der S-Seite des Seejöchls immer gleichmäßig fallend zum Schlicker Schartl und weiter am W-Hang des Hohen Burgstalls zur Starkenburger Hütte, 2237 m (DAV-Sektion Starkenburg/Darmstadt, von Pfingsten bis 1. 10. bew., 12 B, 22 M).
Gehzeit ↑ 1½ St, ↓ 1 – 1½ St.; Höhenunterschied ↑ 550 Hm, ↓ 290 Hm.

B ↑↓ Von der Adolf-Pichler-Hütte zur Potsdamer Hütte im Fotschertal

Von der Hütte auf Weg Nr. 117 zuerst leicht ansteigend nach SW auf eine kleine Scharte südlich des Sonntagsköpfls. Von dort in das hinterste Senderstal hinab und dann in Serpentinen durch Zwergstrauchheiden und Almmatten auf das Kreuzjöchl, 2280 m. Auf der W-Seite des Kreuzjöchls mäßig steil talwärts zur Seealm am Grunde des Fotschertales, 1927 m, und am Gegenhang zirka 90 Hm hinauf zur Potsdamer Hütte, 2009 m (DAV-Sektion Potsdam, 10. 12 – 5. 5. und 15. 6. – 30. 10. bew., 18 B, 29 M).
Gehzeit 3 St.; Höhenunterschied ↑ 510 Hm, ↓ 450 Hm.

B ↑↓ Von der Adolf-Pichler-Hütte zur Franz-Senn-Hütte

Auf Weg Nr. 117 zuerst leicht ansteigend nach SW auf eine kleine Scharte südlich des Sonntagsköpfls. Dort bei der Weggabelung nach links (S) stets gleichmäßig steigend auf das Sendersjöchl, 2477 m. Vom Sendersjöchl führt der Franz-Senn-Weg auf der Sonnseite ein Stück abwärts und quert dann hoch über dem Oberbergtal die steilen, felsdurchsetzten Rasenhänge des Villerspitzkammes und immer leicht absteigend erreichen wir die Seduggalm, 2249 m. Am S-Hang der Schaldererspitze leitet nun der Steig über eine steile Felsflanke in die Viller Grube und fällt sodann gleichmäßig ab bis zur Franz-Senn-Hütte, 2149 m (ÖAV-Sektion Innsbruck, 1. 6. – 15. 10. und 15. 2. – 15. 5. bew.; 158 B, 88 M).

Gehzeit ↑ 1½ St., ↓ 2½ St., zusammen 4 – 5 St.; Höhenunterschied ↑ 500 Hm, ↓ 330 Hm. Der Weg ist interessant und aussichtsreich, doch erfordert er Trittsicherheit und Ausdauer. Bei schlechtem, nassem Wetter oder Nebel nicht ratsam.

B ↑↓ Von der Kemater Alm auf den Schafleger und den Salfeinser Rücken

Mit dem Taxibus zur Kemater Alm, 1673 m (Gh., im Sommer bew.). Von dort nach SW talein über den Bach und flach ansteigend durch das oberste Senderstal, bis der Weg mit dem von der Adolf-Pichler-Hütte ins Fotschertal führenden AV-Steig Nr. 117 zusammentrifft. Auf diesem Steig steil nach W zum Kreuzjöchl, 2280 m, empor. Vom Kreuzjöchl auf dem Grat nach N zum Gipfel des Schaflegerkogels, 2405 m, und mehrmals auf- und absteigend über den Angerbergkopf (2499 m) und Fotscher Grieskogel, 2168 m, nach Salfeins, 2001 m. Von Salfeins geradeaus nach N über den Rücken durch den Wald an der Nederer Jagdhütte vorbei nach Grinzens zurück oder von Salfeins nach SO über die Salfeinsalm ins Senderstal hinab und auf dem Talweg zurück nach Grinzens.

Gehzeit ↑ 3 St., ↓ 3 – 4 St.; Höhenunterschied ↑ 1000 Hm, ↓ 1500 Hm; lohnende, aussichtsreiche, unschwierige Gratwanderung, doch nur für ausdauernde Bergsteiger. Der Weg ist zu einem Viertel schattig, sonst sonnig und am Grat nicht immer deutlich erkennbar.

B ↑↓ Senderstal – Salfeins, 2001 m

Von Grinzens nach S ins Senderstal, das zu den Kalkkögeln

führt, sanft auf breitem Forst- und Alpweg ansteigend durch den Wald – an 2 Kapellen vorüber – bis zu den freien Almböden der Wechselmähder; bis hieher 1 St.

Hier standen einst 2 ganzjährig bewohnte Bauernhöfe, der Tieflehnhof und etwas weiter talein Almör-Angerberg, die beide schon 1305 als dem Stift Wilten gehörig urkundlich erwähnt werden. Seit 1582 scheinen beide Höfe als Almen auf, wohl als Folge der damaligen Klimaverschlechterung. Die Bergmähder gegen den Hoadl hin (Westhang) wurden bis 1970 gemäht und nach ihrer Auflassung wegen der zunehmenden Verwilderung durch Grünerlen von der Bezirksforstinspektion Innsbruck vorwiegend mit Zirben aufgeforstet. Der Sendersbach wurde im 14. Jahrhundert als Axer bezeichnet.

Etwa in der Mitte der Alpwiesen überschreiten wir auf schmalem Steg den Bach nach rechts (W) und folgen einem unbezeichneten Weg teils über Almweiden, teils durch Bergwald auf die Salfeinsalm, 1735 m. Weiter über mäßig steile Mulden auf die breite Kuppe von Salfeins, 2001 m, von der sich ein weiter Ausblick auf Inntal und Nordtiroler Kalkalpen bietet.

Rückweg wie Anstieg oder über die Nedertalhütte (siehe oben).
Gehzeit ↑ 3½ St., ↓ 2 St.; Höhenunterschied ↑↓ je 1000 Hm. Bis zu den Wechselmähdern breiter Fahrweg, dann nicht bez. Fußsteig, aber ohne Orientierungsprobleme, zwei Drittel sonnig, ein Drittel schattig.

B ↑↓ Senderstaler Höhenwanderung

Von Grinzens nach S ins Senderstal bis zu den freien Almböden bei den Wechselmähdern (siehe oben). Etwa in der Mitte derselben überschreiten wir auf schmalem Steg den Sendersbach nach W und folgen einem unbez. Weg teils über Almweiden, teils durch Bergwald auf die Salfeinsalm, 1735 m. Weiter über mäßig steile Mulden auf die breite Kuppe von Salfeins, 2001 m, von der sich ein weiter Ausblick auf das Inntal und die Nordtiroler Kalkalpen bietet; bis hieher 3½ St. Von Salfeins wandern wir über den zwischen Senderstal und Fotschertal liegenden Bergrücken nach S mehrmals auf- und absteigend über den Fotscher Grieskogel, 2168 m, Angerbergkopf, 2400 m, zum Gipfel des Schaflegerkogels, 2410 m. Der Weg führt meist nahe dem Kamm und bietet stets prachtvolle Ausblicke auf die schroffen Felsberge der gegenüberliegenden Kalkkögel.

Abstieg vom Schaflegerkogel nach S in 10 Min. zum Kreuzjöchl und dann entweder a) nach links (O) hinab ins Senderstal und in 1½ St. zur Kemater Alm, 1673 m (Gh., im Sommer bew.), und in weiteren 1½ St. zurück nach Grinzens, oder b) vom Kreuzjöchl nach rechts (W) zuerst durch Almweiden und Zwergstrauchheiden und später durch Zirbenwald in 1½ St. zum Bergheim Fotsch im Fotschertal, 1420 m (bew. Gh.) und weiter durch das Fotschertal auf breitem Fahrweg in 1 St. nach Sellrain, 909 m (Autobushaltestelle), oder über Tanneben in 2 St. zurück nach Grinzens.

Gehzeit ↑ 5 St., ↓ 3 – 3½ St.; Höhenunterschied ↑↓ je 1500 Hm; Weg zwischen Wechselmähdern und Kreuzjöchl nicht gut markiert und manchmal schwer erkennbar, sonst jedoch gut gepflegte und teils befahrbare Wege, zwei Drittel sonnig, ein Drittel schattig.

GSCHNITZ 1270 m

Haltestelle der Postautobuslinie Steinach – Gschnitz. 371 Ew., 5912 ha, davon 1844 landw., 1042 ha forstw. genutzt. FVV, 13 Gastbetriebe, 31 Privatvermieter, 587 Betten, Skischule, 3 Schlepplifte. Innsbrucker Hütte, 2369 m, am Pinnisjoch (AV-Sektion Touristenklub Innsbruck) Bremer Hütte, 2412 m, am Ostfuß der großen, inneren Wetterspitze (AV-Sektion Bremen), Tribulaunhütte, 2064 m, im Sandestal (Naturfreunde), 1975 durch Lawine zerstört.

Geschichte:
1286 als Gasnitz erstmals urkundlich erwähnt; im 13. Jahrhundert bereits 9 Schweighöfe. 1811 eigene politische Gemeinde. Die Laponesalm war einst ein Schweighof und wurde nach der Klimaverschlechterung im 17. Jahrhundert zur Alm, weil sie unterhalb der Getreidegrenze liegt.

Kunstdenkmäler:
Schöne *Einhöfe* mit Mittelflur. An einigen Höfen gute, spätbarocke Fassadenmalerei in der Art Anton Zollers aus der 2. Hälfte des 18. Jahrhunderts, z. B. Prangerhof. *Pfarrkirche* Unser Lieben Frau Maria Schnee, 1730; 1755 Umbau durch Franz de Paula

Penz mit Rokoko-Stukkatur und Deckenbildern von Anton Zoller, 1759. Besonders reich geschnitzte Beichtstühle. *Kapelle Sankt Magdalena,* urkundlich 1307 errichtet, einst Einsiedelei, mit Netzrippengewölbe und Rankenmalerei.

Naturdenkmäler:
Naturschutzgebiet *„Inneres Gschnitztal",* mit Bereichen der Gemeinde Trins (1949). *Zirben* in Grundparzellen 461, 463, 464, 491 (1942).

Karten:
Österreichische Karte 1:25.000, Blatt 148/3, Trins; AV-Karte 1:25.000, Hochstubai; Österreichische Karte 1:50.000, Blatt 147 und 148; AV-Karte 1:50.000, Blatt 31/5, Innsbruck-Umgebung (nur äußerer Teil); Kompaß-Wanderkarte 1:50.000, Blatt 36 oder 83; Freytag-Berndt-Touristenwanderkarte 1:100.000, Blatt 33, Innsbruck-Umgebung.

W→	**Rund um Gschnitz**

Am östlichen Ortsende hinab zum Bach und an dessen linkem Ufer auf dem Hochwasserdamm bachaufwärts über Weideflächen und zum Teil durch Erlen-, Kiefern- und Fichtengruppen bis zum Weiler Untertal, 1268 m, wo der Fußweg auf die Fahrstraße trifft. Wir wandern auf der Fahrstraße zurück bis zur Kirche und hinter dieser nach links auf dem Wiesenweg über den Weiler Pitzens zurück zum Ausgangspunkt.

Gehzeit 1¼ St.; Höhenunterschied ↑↓ je 70 Hm; sehr schöner, sonniger Spazierweg.

W↓	**Wiesenweg** **über Trins nach Steinach a. Br.**

Am östlichen Ende der Gschnitzer Wiesen verläßt der Weg (mit Nr. 10 bez.) nach rechts die Fahrstraße, führt über die Gschnitzbachbrücke und bleibt stets rechts (südlich des Gschnitzbaches. Nach ca. 1½ St. Wanderung durch den unbewohnten, von Erlen-, Birken- und Fichtengruppen bestockten Wiesengrund erreichen wir die berühmte Trinser Stirnmoräne, durch die der Weg hindurchführt, wobei sich ein prächtiger Blick auf das am Hang liegende Dorf Trins öffnet. Wir bleiben weiter auf der orographisch rechten Talseite und gelangen über weite Mähwiesen in 1 St. zur Talstation des Bergeralmliftes und in einer weiteren halben Stunde zum Bahnhof Steinach a. Br.

Gehzeit 3 St.; Höhenunterschied ↓ 200 Hm; sehr lohnender, gut bez. Weg, teils sonnig, teils halb schattig.

 Nach St. Magdalena

Beim Gschnitzer Hof über den Gschnitzbach und jenseits – mehrere, von Legföhren bewachsene Lawinengassen querend – durch den Lärchen-Fichten-Wald aufwärts nach O in den Martheier Graben. Auf der östlichen Bachseite nach einer Weggabelung nach rechts (SO) ansteigend durch lichten Bergwald und eine ehemalige Bergwiese auf schmalem Steig empor zum Kirchlein St. Magdalena, 1661 m.

Die Kapelle wurde nach einer Urkunde zum erstenmal 1307 erwähnt. Nach der Überlieferung soll sie von einem Ritter von Schneeberg zur Abbüßung seiner Sünden erbaut worden sein und er soll sich selbst hier als erster Einsiedler niedergelassen haben. Doch erst um 1500 taucht ein Rat Kaiser Maximilians I. namens Schneeberger auf, als er den Ansitz der Trinser Stirnmoräne verliehen bekam. Bis 1787 – also nahezu 5 Jahrhunderte – lebte hier heroben ein Einsiedler, 400 Höhenmeter ober den Siedlungen auf der vorgeschobenen Felskanzel des Berglerschrofens. Einer der großartigsten Überblicke Tirols bietet sich unserem Auge dar, zumal wenn wir auch in die Vergangenheit zurückblicken.

Die beiden Orte zu Füßen erzählen uns allein durch ihre Form einiges aus ihrer Geschichte. Während Gschnitz aus weit verstreuten, behäbigen Einzelhöfen besteht, die breit in das Land hingelagert liegen, von dem der Bauer lebt, drängen sich die Häuser von Trins eng am Hang aneinander, und nur wenig Nutzland umgibt das Dorf. Die Bewohner lebten auch vorwiegend nicht vom Ertrag des Bodens, sondern waren Bergknappen, die in näherer und weiterer Umgebung das Fahlerz aus dem Dolomit gruben. Für das bißchen Landwirtschaft, das sie nebenher betrieben, brauchten sie nicht viel Land und keine großen Höfe. Heute ist der Bergsegen längst versiegt, ja beinahe vergessen. Der ebene Talboden zwischen Trins und Gschnitz zeigt noch deutlich die Spuren seiner glazialen Vergangenheit. Noch vor 10.000 Jahren war hier das Tal von einer mächtigen Gletscherzunge erfüllt, die bei Trins die wohl schönste Stirnmoräne des ganzen Landes zurückließ.

Unser Blick hebt sich aber auch auf den gegenüberliegenden Serleskamm mit seiner Zacken aus triadischen Kalken von der Waldrastspitze bis zum Habicht. An der sonnigen Flanke unter dem Padasterkogel erkennen wir noch deutlich eine Waldbrandfläche aus dem Jahre 1947, als im ganzen Lande nach langer Trockenperiode Brände wüteten.

Rückweg wie Anstieg oder bei der genannten Weggabelung im Martheier Graben am rechten Ufer, zuerst steil, dann flacher werdend, durch den Wald talaus zum Talboden des Gschnitztales und auf den Wanderweg nach Trins.

Gehzeit ↑ 1½ St., ↓ 1 St., nach Trins 2 St.; Höhenunterschied ↑↓ je 220 Hm; sehr lohnender, ein Drittel sonniger, zwei Drittel schattiger Weg, besonders im Hochsommer und Herbst zu empfehlen.

B ↑↓ Von Gschnitz zur Bremer Hütte

Von Gschnitz taleinwärts über eine bewaldete Talstufe auf die weiten Wiesen der Laponesalm, 1487 m (Gh., im Sommer bew.); bis hieher auch mit Taxi.

An einer der alten Hütten ist noch deutlich zu erkennen, daß die Alm früher einmal ein Schweighof war. Erst nach der Klimaverschlechterung wurde der Hof zur Alm, weil kein Getreide mehr reifen konnte. Das innerste Gschnitztal wurde 1949 wegen seiner landschaftlichen Schönheit und Eigenart zum Naturschutzgebiet erklärt.

Bis hieher 1½ St. Nach der hintersten Hütte zweigt der Weg nach rechts (NW) ab und führt steil in mehreren Kehren durch schütteren Bergwald und aufgelassene Bergmähder und Weiden zur teilweise versumpften Simminger Alm und dann über felsdurchsetzte alpine Grasheiden auf den plattigen, vom Gletscher blank geschliffenen Felsrücken, auf dem in 2413 m Höhe die Bremer Hütte steht (DAV-Sektion Bremen, 1. 7. – 15. 9. bew., 13 B, 28 M).

Gehzeit ↑ 5 St., von der Laponesalm 3½ St., ↓ 3 St.; Höhenunterschied ↑↓ je 1170 Hm.

B ↑↓ Von der Bremer Hütte zur Innsbrucker Hütte

Zuerst über den felsigen Rücken nach NW hinab zum Lauterersee, dann wieder ansteigend über einen Felsrücken und hinein zur Traulalm, wieder ansteigend auf einen kleinen Sattel nördlich

Gschnitz: Bremer Hütte, Innsbrucker Hütte

der Bramarspitze und weiter mehrmals auf und ab, in kleine Kare hinein und wieder hinaus auf felsige Rücken, bis man schließlich zu der auf der Südseite des Pinnissattels hoch thronenden Innsbrucker Hütte gelangt, 2369 m (ÖAV-Sektion Touristenklub Innsbruck, 15. 6. – 15. 9. und bei schönem Wetter an Sa und So im Oktober bew., 34 B, 66 M).

Gehzeit ca. 6 St.; Höhenunterschied ↑↓ je ca. 700 Hm. Der mit Nr. 124 bez. Weg ist landschaftlich ungemein reizvoll, doch wegen der vielen Gegensteigungen ziemlich beschwerlich. Vor Antritt der Wanderung sollte man sich nach dem Zustand des Weges erkundigen. Er ist nur im Hochsommer begehbar und ausdauernden, trittsicheren Bergsteigern vorbehalten.

B ↑↓ Von der Bremer Hütte zur Nürnberger Hütte

Von der Hütte führt der Steig nach W über felsig-plattiges Gelände, Schneeböden und Moränen und schließlich steil über Blöcke und Schrofen auf das Simminger Jöchl, 2764 m; bis hieher 1½ St. Auf der W-Seite des Simminger Jöchls durch das Schuttkar des Oberen Grübls, dann über Schneeböden und Krummseggenrasen hinab ins Langental zum schluchtartigen Bach. Am Gegenhang steil über plattige Felsen und Grasheiden hinauf zur Nürnberger Hütte, 2297 m (DAV-Sektion Nürnberg, 15. 6. – 20. 9. bew., 62 B, 88 M).

Gehzeit 3 St.; Höhenunterschied ↑↓ je 550 Hm. Der gut markierte Weg ist mit Nr. 102 bez. und ein Teil des südlichen Weitwanderweges, der in unserem Bereich von der Geraer Hütte durch das Valser Tal nach St. Jodok – Bergeralm – Gschnitztal – Bremer Hütte – Nürnberger Hütte – Sulzenauhütte – Dresdener Hütte und Hildesheimer Hütte ins Ötztal führt.

B ↑↓ Von Gschnitz auf die Innsbrucker Hütte, 2369 m

Von der Gschnitzer Kirche noch einige Min. taleinwärts. Neben einem kleinen, von rotem Holunder gesäumten Bächlein führt der Weg (Tafel, mit Nr. 123 bez.) nach rechts (N) steil durch lichten Bergwald, Weideflächen und alte, aufgelassene Bergmähder zu einer bewaldeten Schulter; von da an in vielen Serpentinen hinauf gegen die Felsen der Kalkwand. Unter diesen wendet sich der

Steig nach W und führt an der Grenze zwischen Silikatgestein und Kalken entlang über einen Rücken bis zum Pinnisjoch, wo auf der Gschnitztaler Seite die Innsbrucker Hütte in 2369 m Höhe steht (ÖAV-Sektion Touristenklub Innsbruck, 15. 6. – 15. 9. und bei schönem Wetter an Sa und So im Oktober bew., 34 B, 66 M).

Gehzeit ↑ 3¼ St. (Gepäckstransport mit der Materialseilbahn möglich), ↓ 2½ St.; Weg unschwierig, doch mühsam, weshalb der Aufstieg meist vom Stubaital aus vorgezogen wird.

G ↑↓ Von der Innsbrucker Hütte auf den Habicht, 3277 m

Von der Hütte nach W zu einer Gratrippe und auf einem Steiglein in die Felsen empor in die zum Pinnistal jäh abstürzende Flanke. Von einer ausgesetzten Stelle leitet der Felssteig in Serpentinen zum „Köpfl", einer schneefreien Schulter neben dem kleinen Habichtferner.

Dieser Gletscher ist im unteren Teil steil und endet unvermittelt über den Steilabstürzen zum Pinnistal. Hier sind schon viele Bergsteiger aus Leichtsinn beim Abfahren über den Schnee zu Tode gestürzt, daher beim Abstieg nicht abfahren!

Vom Köpfl quer über den Habichtferner zum felsigen Gipfelaufbau und auf den Gipfel.

Der Habicht, dessen älterer Name „Hagler" lautet (= Berg, an dessen Fuß die Hage, also eingezäunte Mähwiesen liegen), galt lange Zeit als einer der höchsten Berge Tirols. Heute noch gilt er nicht zu Unrecht als berühmter Aussichtsberg.

Abstieg wie Anstieg.

Gehzeit ↑ 3 St., ↓ 2 St.; Höhenunterschied ↑↓ je 910 Hm. Der Steig ist stellenweise ausgesetzt, doch mit Drahtseilen gesichert. Seine Begehung ist nur im Hochsommer möglich und erfordert Trittsicherheit und Schwindelfreiheit.

B ↑↓ Von Gschnitz auf die Tribulaunhütte

Von Gschnitz taleinwärts bis zu den Höfen vor dem Sandesbach, ½ St. Links (östlich) des Wasserfalles über eine Steilstufe ins Sandestal, in dessen Hintergrund der Gschnitzer und Pflerscher Tribulaun kühn aufragen. Zurückblickend bewundern wir den schneegekrönten Gneisgipfel des Habicht und daneben die Kalkwände der Kirchdach- und Ilmspitzen. Wie mit dem Lineal gezogen heben sich die Kalkberge von ihrem silikatischen Unterbau ab. Flacher wandern wir weiter zur Vallisser Alm, 1664 m. Nach einer Flachstrecke steigt der Weg schließlich in Kehren nach links (O) zu einer grünen Verebnung, auf der die Tribulaunhütte steht, 2064 m (NF, 1. 6. – 15. 9. bew., 24 B, 60 M). Die Hütte wurde im Winter 1974/75 von einer Lawine zerstört und ist als provisorische Unterkunft wieder aufgebaut.

Gehzeit ↑ 2½ St., ↓ 1¾ St.; Höhenunterschied ↑↓ je 830 Hm. Der mit Nr. 127 bez. Weg ist sehr lohnend und unschwierig; er führt in eine reizvolle Hochgebirgslandschaft.

B ↑↓ Von der Tribulaunhütte auf die Garklerin, 2472 m

Von der Hütte zuerst auf dem Weg zum Sandesjöchl nach SW, dann nach N biegend mäßig steil über die Grasböden zum Kamm und auf dem felsigen S-Grat auf den Gipfel der Garklerin, einem auf dem silikatischen Unterbau aufsitzenden Dolomitgipfel mit schöner Rundschau auf die naheliegenden Berge des inneren Gschnitztales.

Gehzeit ↑ 1½–2 St., ↓ 1–1½ St.; Höhenunterschied ↑↓ je 400 Hm; felsiger Steig, für geübte Bergsteiger nicht schwierig, doch Trittsicherheit erforderlich.

B ↑↓ Von der Tribulaunhütte auf den Gschnitzer Tribulaun, 2946 m

Von der Hütte nach S ins schutterfüllte Schneetal und auf im Hochsommer meist noch schneebedeckten Schuttreißen steil auf die Schneetalscharte, 2642 m; bis hieher 2 St. Von der Scharte führt nun der Steig nach rechts (W) über Felsstufen und Schutt auf den Gipfel. Abstieg wie Anstieg.

Gehzeit ↑ 3 St., ↓ 2 St.; Höhenunterschied ↑↓ je 880 Hm. Der Weg ist für geübte Bergsteiger unschwierig, erfordert aber Trittsicherheit und Schwindelfreiheit. Fesselnde Rundsicht auf die wilde Felslandschaft der nächsten Umgebung und auf die ferneren Berge des Gschnitz- und Pflerschtales, die Tuxer und Zillertaler Alpen und die Dolomiten.

Sandestal – Gstreinjoch – Obernberg

Von Gschnitz talein zur Mündung des Sandesbaches. 200 m weiter beginnt ein neuer Forstweg, der am orographisch linken Ufer des Sandesbaches die Steilstufe überwindet und an der „Ing.-O.-Pfund-Sperre" in 1420 m Höhe endet. Auf nicht markiertem, aber gutem Fußsteig gelangen wir am linken Ufer bis zur Vallisser Alm, wo eine Brücke über den Bach auf die freien Almböden führt. Nach einer flachen Strecke steigt der Weg schließlich nach links (O) in Kehren zur Verebnung empor, auf der die Tribulaunhütte liegt; bis hieher 2½ St. Von der Hütte vorerst ¼ St. auf Grasböden ein Stück ins Schneetal nach S, dann nach links (O) in steilen Kehren über Schuttreißen und felsdurchsetzte alpine Grasfluren zum Gstreinjöchl, 2545 m; von der Tribulaunhütte 1½ St. Am Kamm kurz an Felszacken vorbei nach N, dann in einem weiten Bogen zu den Almböden der inneren Wildgrube hinab. In vielen Serpentinen leitet der Steig nun steil durch Horstseggenrasen und Legföhrenbestände ins Hinterennskar am Fuße der Nordwand des Obernberger Tribulauns und dann neben dem Schuttstrom des Hinterennsbaches flach hinaus nach Obernberg, 1430 m.

Gehzeit ab Gschnitz ↑ 5 St., ab Tribulaunhütte ↑ 1½ St., ↓ 2 St.; Höhenunterschied ab Gschnitz ↑ 1305 Hm, ↓ 1120 Hm, ab Tribulaunhütte ↑ 500 Hm, ↓ 1120 Hm. Der mit Nr. 127 bez. AV-Steig führt durch eine abwechslungsreiche, kalkalpine Hochgebirgslandschaft und ist nicht schwierig.

Von der Tribulaunhütte über die Schwarzewandspitze und Obernberger Tribulaun ins Obernberger Tal

Von der Hütte nach S ins schutterfüllte Schneetal und zum Schluß steil – meist über Schnee – auf die Schneetalscharte, 2642 m; bis hieher 2 St. Von der Scharte auf versichertem Felssteig nach links (O) – einen Felsturm auf eiserner Leiter umgehend – in 1 St. zum abgeplatteten Grat und auf den Gipfel der Schwarzewandspitze, 2917 m.

Die Aussicht von dort ist prächtig: in der Nähe abenteuerliche Felszacken, im S eine weite Durchsicht über sanfte Höhen zu den Felszinnen der Dolomiten.

Gschnitz: Tribulaunhütte 117

Nach O vom abgeplatteten Gipfelaufbau an Steilabstürzen vorüber in 1 St. zum Gipfel des Obernberger Tribulauns, 2798 m. Von diesem führt nun der Steig über Fels und Schutt nach NO hinab zum Kleinen Tribulaun, 2491 m, und dann über felsdurchsetzte Grasfluren, Latschenfelder und Bergwald nach SO hinunter zum Obernberger See und nach Obernberg, 1420 m.

Gehzeit ↑ 3 St., ↓ 4 St., zusammen 7–7½ St.; Höhenunterschied ↑ 850 Hm, ↓ 1500 Hm. Der Weg ist bis zur Schneetalscharte mit Nr. 128, von dort mit Nr. 129 bez. und an den absturzgefährlichen Stellen mit Drahtseilen versichert. Ein sehr lohnender Felssteig in wildromantischem, kalkalpinen Hochgebirge; Ausdauer, Trittsicherheit und Schwindelfreiheit sind erforderlich. Der Weg ist nur im Hochsommer bei sicheren Wetterverhältnissen zu empfehlen.

B ↑↓ Von Gschnitz übers Muttenjoch ins Obernbergtal

Von Gschnitz über die Brücke beim Gschnitzerhof und durch den Wald hinauf zu einer Wegabzweigung. Der linke Steig führt zum Kirchlein St. Magdalena. Wir folgen dem rechten Weg nach S ins Martheier Tal zunächst durch schütteren Bergwald und einen breiten Krummholzgürtel, dann durch alpine Grasheiden in eine Schuttreiße, die wir nach O queren. Über eine Felsrippe gelangen wir schließlich wieder nach S abbiegend in die innere Wildgrube und über Grasböden auf das Muttenjoch, 2400 m.

Vom Muttenjoch kann leicht auf einem steinigen Steig in ½ St. der Muttenkopf, 2637 m, erstiegen werden (↑↓ je 230 Hm, ↑↓ 1 St.).

Vom Muttenjoch über felsdurchsetzte Rasenhänge nach SO zum Burgstallboden hinunter und über ehemalige Bergwiesen zur Kastenalm, 1743 m; von da steil durch lichten Bergwald und Lärchenwiesen hinab nach Obernberg, 1420 m.

Gehzeit ↑3½ St., ↓ 2–2½ St., zusammen 5–5½ St.; Höhenunterschied ↑ 1160 Hm, ↓ 1000 Hm; unschwieriger, mit Nr. 126 bez. Steig mit großartiger Aussicht.

HALL IN TIROL, siehe bei **MILS** und **HALL IN TIROL**, Seite 239

HATTING 617 m

Personenzughaltestelle der ÖBB, Arlbergbahn. 634 Ew.; 708 ha, davon 246 ha landw., 374 ha forstw. genutzt. FVV, 3 Gastbetriebe, 20 Privatvermieter, 140 Betten.

Geschichte:
Wahrscheinlich zur Zeit der Völkerwanderung von den Bajuwaren besiedelt. Im 11. Jahrhundert erstmals urkundlich als Hattenhoven erwähnt; 1286 als Haettingen. 1775 selbständige Steuergemeinde, 1832 selbständige politische Gemeinde. Zwischen Hatting und Leiblfing bestand früher eine Fähre über den Inn. 1900 wurde die Brücke gebaut.

Kunstdenkmäler:
Bauernhöfe des westtirolischen Mittelflurtyps, oft mit schönen Ziergiebeln. *Expositurkirche zum hl. Ägidius,* 1359 Kapelle, im 15. Jahrhundert und 1531 Vergrößerungen; im wesentlichen gotisch erhalten, der Südturm 1740–1745. *Kapelle* beim Sorgerhof am Hattinger Berg aus dem 18. Jahrhundert.

Karten:
AV-Karte 1:25.000, Stubaier Alpen, Nordblatt (zum Teil); Österreichische Karte 1:50.000, Blatt 117; AV-Karte 1:50.000, Blatt 31/5, Innsbruck-Umgebung; Kompaß-Wanderkarte 1:50.000, Blatt 35; Freytag-Berndt-Touristenwanderkarte 1:100.000, Blatt Nr. 33, Innsbruck-Umgebung.

 Auf den Hattinger Berg

Vom südlichen Ortsende Hattings westlich der Fahrstraße steil durch den Wald am Rücken in ¾ St. empor zum westlichen Teil des Hattingerbergplateaus, 900 m. Weiter eben von Hof zu Hof nach O und vor Erreichen des Enter-(Hunds-)baches nach links (NO) hinab über den Weiler Hof und an der großen Enterbachsperre vorüber nach Inzing. Im oberen Drittel des Ortes nach links (W) abzweigen und durch die Wiesen über den Weiler Toblaten zum Waldrand und zurück nach Hatting.
Gehzeit 2½ St.; Höhenunterschied ↑↓ je 300 Hm.

B↑↓ Von Hatting
auf die Inzinger Alm

Auf der Fahrstraße nach S auf den Hattinger Berg. Dort weiter steil aufwärts im Wald zuerst nach S über den Vorberg, dann nach SO und knapp unter der Archbrandhütte nach S abbiegend ins Hundstal und fast eben zur Inzinger Alm (= Hundstalalm), 1641 m (im Sommer und an Sonn- und Feiertagen bew., 2 B, 12 M).

Rückweg wie Anstieg oder durch das Hundstal zum Inzinger Berg und nach Inzing (Autobushaltestelle).

Gehzeit ↑ 3 St., ↓ 2 St., zusammen 5 St.; Höhenunterschied ↑↓ je 1030 Hm; bequemer Wanderweg, zwei Drittel schattig, ein Drittel sonnig.

W↑↓ Von Hatting
auf den Rauhen Kopf, 2302 m

Auf der Fahrstraße nach S auf den Hattinger Berg. Weiter steil im Wald aufwärts zuerst nach S, dann nach SO über den Vorberg und zum Schluß am Rücken gegen das Hundstal hin nach rechts über Weideflächen aufwärts zur Archbrandhütte, 1696 m. Undeutliche Wegspuren führen den Rücken weiter aufwärts nach SW über eine Verebnung und weiter auf bez. Steig am grasigen, felsdurchsetzten Grat auf den Rauhen Kopf, 2302 m.

Rückweg wie Anstieg oder über den Rücken des Flaurlinger Joches nach NW hinab auf den Flaurlinger Berg und nach Flaurling (Autobushaltestelle).

Gehzeit ↑ 5 St., ↓ 3 St., zusammen 8 St.; Höhenunterschied ↑↓ je 1690 Hm.

INNSBRUCK 574 m, Landeshauptstadt von Tirol

KG Amras (499 ha), Arzl (2097 ha), Hötting (4773 ha), Igls (554 ha), Innsbruck-Stadt (307 ha), Mühlau (1145 ha), Pradl (380 ha), Vill (367 ha), Wilten (675 ha), zusammen 10.489 ha, davon 2194 ha landw., 3722 ha forstw. genutzt. FVV Innsbruck-Igls und Umgebung; Landesfremdenverkehrsamt, Verkehrsamt der Stadt Innsbruck, Tiroler Landesreisebüro, 9 private Reisebüros, 192 Gastbetriebe, 3 Jugendherbergen, 719 Privatvermieter, 10.028 Betten, 3 Campingplätze. Skischule Igls-Patscherkofel, Skischule Seegrube, Skischule Axamer Lizum. Nordkettenbahn (Seilschwebebahn), Hungerburg – Hafelekar mit Mittelstation Seegrube; Hungerburgbahn (Standseilbahn) Innsbruck – Hungerburg; Patscherkofelbahn (Seilschwebebahn) Igls – Patscherkofel; Sessellift auf den Patscherkofelgipfel; Sessellift Igls – Heiligwasserwiese; Sessellift Seegrube – Frau-Hitt-Warte; Sessellift Stütze III – Seegrube; Schlepplift Patscherkofel; Schlepplift Badhauswiese Igls; Stubaitalbahn Innsbruck – Fulpmes im Stubaital; Sprungschanze Bergisel; Bob- und Rodelbahn Igls; Kunsteishalle; Hallenbad mit Sauna.

Geschichte:
Bereits in der jüngsten Steinzeit dauernde Niederlassungen im Raum Innsbruck. 1200–900 v. Chr. die ersten Siedlungen in Hötting, Mühlau und Wilten.

Auf dem Schwemmkegel der Sill röm. Station Veldidena. Da sie nicht an der Brücke über den Inn lag, blieb sie unbedeutend und wurde offenbar während der Völkerwanderung zerstört. Erst 807 taucht der „Locus Wiltina" auf, als das Kloster gegründet wurde.

950 wird Amras als „omeras" genannt.

1138 übernehmen die Prämonstratenser das Stift Wilten, dem fast das ganze Gebiet zwischen Sill und Inn gehört.

Den Keim für die Stadtentwicklung Innsbrucks bildete der am linken Innufer auf gräflich-andechsischem Gebiet entstandene Brückenmarkt, den Bertold III. von Andechs 1180 auf das rechte Innufer verlegte, nachdem er ein Stück der unbesiedelten Innau in der Größe der späteren Altstadt vom Stift Wilten kaufte. Die neue Gründung wird 1187 urkundlich zum ersten Mal „Innsprucke" genannt und erhielt nach ihrer Ummauerung 1239 von Otto VIII. von Andechs das Stadtrecht.

1248 stirbt Otto VIII., und Innsbruck gelangt an die Grafen von Tirol. 1281 erwirbt Graf Meinhard II. von Tirol die Grundherrschaft der heutigen Maria-Theresien-Straße (damals Neustadt).

1292 durch Brand großteils vernichtet.

1420 übersiedelt der landesfürstliche Hof von Meran nach Innsbruck, wodurch Innsbruck allmählich zur neuen Hauptstadt von Tirol wird.

Innsbruck 121

1566 große Überschwemmung.
1572 ein 40 Tage lang dauerndes Erdbeben, das große Zerstörungen verursachte (Strebepfeiler an den Altstadthäusern heute noch zu sehen).
Mitte des 16. Jahrhunderts wuchs die ummauerte Altstadt, die ca. 5000 Ew. beherbergte, über ihre Umwallung hinaus, und zwar zunächst nach Süden gegen Wilten hin (Vorstadt oder Neustadt), nach Nordosten ein Hof- und Klosterviertel mit barocken Bauten des Hofes und der Kirche und gegen Südwesten am Innrain.
1669 Gründung der Leopold-Franzens-Universität.
1703 zieht der bayerische Kurfürst Max Emanuel in Innsbruck ein, doch wird den bayerischen Truppen eine vernichtende Niederlage durch den Tiroler Landsturm zugefügt, sodaß sie das Land wieder verlassen mußten. Die 1706 errichtete Annasäule in der Maria-Theresien-Straße erinnert an den Abzug dieser bayerischen Besatzungstruppen am St.-Anna-Tag.
1805 rücken die Franzosen ein, Tirol kommt an Bayern.
1809 nach der Erhebung Innsbruck und Tirol dreimal befreit. Andreas Hofer residiert in Innsbruck.
Nach Beginn des Bahnbaues 1858 setzte ein rasches Wachstum der Stadt ein, sodaß die unbesiedelten Freiräume zwischen der Stadt und den Vororten rasch geschlossen wurden.
1938 werden Hötting, Mühlau und Amras, 1940 Arzl, 1942 Igls und Vill eingemeindet.
Im Zweiten Weltkrieg wurde Innsbruck 21mal bombardiert.
1945 besetzten amerikanische Truppen die Stadt, zwei Monate später zog die französische Besatzungsmacht ein, die zehn Jahre lang blieb.
1964 IX. Olympischen Winterspiele, 1976 XII. Olympischen Winterspiele in Innsbruck.

Kunstdenkmäler:
Altstadt, eingeschlossen von Burg- und Marktgraben, Rennweg, Herrengasse und dem Inn. Die Altstadt war einst von 4 Toren mit Zugbrücken über die mit Wasser gefüllten Stadtgräben abgesperrt. Diese Befestigungen wurden im 18. Jahrhundert abgetragen und die Gräben aufgefüllt. Von der Stadtmauer blieb an der Ottoburg ein kleines Stück erhalten. Das Zentrum bildet die Herzog-Friedrich-Straße, die einst der Markt- und Stadtplatz war. Die stattlichen Häuser der Wirte, Frächter und Kaufleute sind im Inn-Salzach-Typus mit Blendgiebeln und Erkern ver-

sehen und besitzen in der Herzog-Friedrich-Straße durchwegs „Lauben". Im Zentrum der Altstadt ragt neben dem unscheinbaren alten Rathaus der eigenartige „Stadtturm" auf, der Anfang des 14. Jahrhunderts erbaut wurde. Der ursprünglich gotische Abschluß mit hohem Spitzdach und 4 Erkerhelmen wurde 1560/61 im Renaissancestil umgebaut. Im 5. Geschoß Uhr von 1602, Sonnenuhr aus dem 16. Jahrhundert, Wasserspeier von 1586.

Hofburg, anfangs die Burg der Tiroler Landesfürsten Ende des 14. Jahrhunderts; 1754–1770 unter Maria Theresia Umbau nach barocken Plänen des Johann Martin Gumpp d. J.

Altes Rathaus, Herzog-Friedrich-Straße 21, urkundlich 1358, gotischer Bau, nach Erdbeben 1691 durch Johann Martin Gumpp d. Ä. wiederhergestellt.

Altes Regierungsgebäude, Herzog-Friedrich-Straße 3, Mitte 15. Jahrhundert erbaut, 1569 für die landesfürstlichen Kanzleien adaptiert, nach Erdbeben 1690–1692 von Johann Martin Gumpp d. Ä. wiederhergestellt.

Alte Universität, Universitätsstraße 4–6, von 1562–1572 erbaut, ehemals Jesuitenkolleg, seit 1672 Universität. Alte Universitätsbibliothek, Universitätsstraße 8; 1603–1606 an Stelle von drei alten Häusern für das 1562 gegründete Gymnasium erbaut, 1722 von Georg Anton Gumpp barockisiert. Ab 1776 Teil der Universität. Erdgeschoß Hörsaal mit Stuckdecke aus dem Jahre 1724. Im 1. Obergeschoß Saal mit Holzkassettendecke aus dem 16. Jahrhundert, im 2. Obergeschoß zwei große Säle mit reichen Stukkaturen.

Altes Zeughaus, Zeughausgasse; von Kaiser Maximilian I. Anfang des 16. Jahrhunderts erbaut, urkundlich erstmals 1504 genannt. Im wesentlichen in der alten Form erhalten, heute Museum für naturwissenschaftliche Sammlungen.

Schloß Ambras, im 10. Jahrhundert Besitz der Andechser, später landesfürstlich; 1564–1567 von Erzherzog Ferdinand II. von Tirol im Renaissancestil umgebaut. „Ambraser Sammlungen": Harnische, Waffen, Bilder, Raritäten, Kuriositäten. Spanischer Saal 1570/71 von Johann Lucchese, frühester monumentaler Renaissance-Saalbau auf deutschem Boden.

Büchsenhausen, Hötting, Weiherburggasse 9, westlicher Teil erbaut 1539 von Geschützgießer Gregor Löffler, östlicher Teil 1545; unter Kanzler Biener wurden 1648 beide Trakte vereinigt.

Eingangstor von 1688 mit Statue des hl. Nepomuk aus der
1. Hälfte des 18. Jahrhunderts.
Damenstift, Stiftgasse 1, im 15. Jahrhundert als „äußere Burg"
zur landesfürstlichen Hofburg gehörig, 1771–1773 für das von
Kaiserin Maria Theresia 1765 gegründete adelige Damenstift erweitert und barockisiert; Südtrakt nach Bombenschaden 1947
wieder neu erbaut, im Erdgeschoß (Restaurant) Reste der einstigen Bemalung aus dem 16. Jahrhundert.
Palais Fugger (Taxispalais), Maria-Theresien-Straße 45, 1679 für
Graf Hans Otto Fugger durch Hofbaumeister Johann Martin
Gumpp d. Ä. erbaut; 1784 an den Grafen von Thurn und Taxis
übergegangen, 1905 an die Tiroler Landesregierung. Früheste
Innsbrucker Palastanlage nach dem Grundriß italienischer Paläste.
Im Hauptgeschoß der Paris-Saal mit Rokoko-Wanddekoration
von 1750 und Deckengemälde „Urteil des Paris" 1785/86 von
Martin Knoller.
Goldenes-Dachl-Gebäude, Herzog-Friedrich-Straße 15, der
Hausblock um 1420 von Herzog Friedrich mit der leeren Tasche
als Residenz ausgestaltet und seit dem 16. Jahrhundert für landesfürstliche Kanzleien verwendet.
Goldenes Dachl, erbaut von Kaiser Maximilian I. Ende des
15. Jahrhunderts als Zuschauerloge des Hofes bei öffentlichen
Spielen auf dem Stadtplatz; Erker in Architektur, Plastik und
Malerei eine der reizvollsten Schöpfungen der deutschen Spätgotik.
Schloß Grabenstein (Sternbachschlößl), Mühlau, Sternbachplatz 2, urkundlich 1596 erbaut, ab 1709 im Besitz der Freiherren
von Sternbach; im Hof Kapelle Mariahilf, 1720, mit reizvoller
Stukkatur und Gemälden.
Schloß Rizol, Sternbachplatz 1, Anfang 18. Jahrhundert zu
einer barocken Schloßanlage ausgebaut und mit Schloß Grabenstein verbunden.
Karlsburg mit Kolbenturm, Schlossergasse 3, Marktgraben 27,
alter, in die Stadt eingebauter Adelssitz der Kolbe von Kolbenturm. Reste von Fassadenmalereien aus der ersten Hälfte des
16. Jahrhunderts.
Landesmuseum Ferdinandeum, Museumstraße 15, 1842–1854,
enthält die reichen Sammlungen des 1823 gegründeten Museumsvereins.
Landesgerichtsgebäude in Wilten, Klostergasse 1, ehemals
„Leuthaus", also Herberge des Klosters Wilten für weltliche

Gäste; westlicher Teil später Amtsgebäude des Wiltener Hofrichters, seit 1818 Sitz des Landgerichtes Sonnenburg; im Mittelalter erbaut; Portale, Erker und Giebel. Spätrenaissance aus der 1. Hälfte des 17. Jahrhunderts.

Landhaus, Maria-Theresien-Straße 43, 1725–1728 von Hofbaumeister Georg Anton Gumpp erbaut, monumentalster Barockpalast Innsbrucks; im 2. Obergeschoß Landtagssaal zweigeschossig mit Galerie und schwerer Barock-Dekoration; im nördlichen Querflügel Kongreßsaal mit Rokoko-Stukkaturen, 1753; Landhauskapelle ebenfalls 1725–1728 von Gumpp.

Lichtenthurm, Hötting, Schneeburggasse 15, von Erzherzog Ferdinand 1588 zum Edelsitz erhoben.

Palais Lodron (Greilhaus), Maria-Theresien-Straße 11, aus zwei Bürgerhäusern seit 1744 zu einem Adelssitz für Josef Nikolaus Graf Lodron umgebaut; Treppe mit schönem Schmiedeeisengitter, um 1744.

Schloß Mentlberg in Wilten-West, urkundlich 1305 Hof im Besitz des Stiftes Wilten, im 15. Jahrhundert Bauernhof „Galwis", unter Heinrich Mentlberger zum Adelssitz erhoben, 1774 Neubau, in der 2. Hälfte des 19. Jahrhunderts umgebaut.

Neues Stift, jetzt Volkskunstmuseum, Universitätsstraße, östlich an die Hofkirche angebaut, ehemals zur Versorgung der Hofkirche bestimmt; 1553–1563 von Nikolaus Türing d. J. Kreuzgang gebaut, 1719 von Georg Anton Gumpp umgebaut, 1563 bis 1775 Franziskanerkloster, 1775–1784 Theresianische Ritterakademie, 1785–1790 Theologisches Seminar, 1868–1910 Gymnasium.

Ottoburg, Herzog-Friedrich-Straße 1, mittelalterlicher Wohnturm, erbaut 1494/95 von Kaiser Maximilian I., anschließend ein Stück der alten Innsbrucker Stadtmauer.

Dogana, heute Kongreßhaus, Rennweg, ehemaliges Hoftheater, erbaut 1629 für Erzherzog Ferdinand Karl vom Hofbaumeister Christoph Gumpp d. J., 1944 durch Bombenangriff zerstört, 1973 nach Ausbau zum Kongreßhaus eröffnet.

Palais Sarnthein (Peterlongohaus), Maria-Theresien-Straße 59, aus ehemaligen Bürgerhäusern 1671–1686 für Graf David Sarnthein umgebaut durch Johann Martin Gumpp d. Ä., nach Bombenschaden 1953 umgebaut.

Sakralbauten:
Amraser Pfarrkirche Mariä Himmelfahrt, jetzige Kirche 1443.

Hofkirche, Universitätsstraße – Rennweg, erbaut 1553–1563 zur Aufstellung des Grabdenkmales Kaiser Maximilians I. Inneres um 1700 und 1731 barockisiert durch Georg Anton Gumpp, wertvollstes kirchliches Baudenkmal in Nordtirol, dreigeschossige Hallenkirche, Orgel 1555–1561, Fürstenchor-Renaissance-Empore mit kunstvoller Intarsia; Grabmal Kaiser Maximilians I., größtes deutsches Kaisergrabmal mit 28 überlebensgroßen Erzstatuen („schwarze Mander") seiner Ahnen, 24 Alabastertafeln an den Seitenwänden mit Darstellungen aus dem Leben des Kaisers; Schmiedeeisengitter 1573; westlich angebaut die Silberne Kapelle, Grabkapelle Erzherzog Ferdinands II. von Tirol und seiner Gemahlin Philippine Welser, erbaut 1578–1587, Marmorgrabmal Philippine Welsers von Alexander Colin, 1581; Altar mit Silberrelief aus der 2. Hälfte des 16. Jahrhunderts; Marmorgrabmal Erzherzog Ferdinands II. von Alexander und Abraham Colin 1588–1596; hölzerne Schrankorgel aus dem Ende des 16. Jahrhunderts.

Höttinger alte Pfarrkirche, Steinbruchgasse, Hötting, hl. Ingenuin und hl. Albuin, urkundlich 1286, jetziger Bau aus dem 15. Jahrhundert.

Jesuitenkirche Hl. Dreifaltigkeit, Universitätsstraße, jetziger Bau 1646, 1943 durch Bomben beschädigt, 1946–1953 wiederhergestellt; Krypta von 1636 mit Fürstengruft (Erzherzog Leopold V. und Claudia von Medici).

Johanneskirche, Innrain, 1729 von Johann Anton Gumpp erbaut.

Mariahilfkirche, Mariahilfer Straße – Kindergartenweg, barokker Zentralbau, 1647–1649 von Christoph Gumpp d. J. erbaut.

Servitenkirche und -kloster, Maria-Theresien-Straße, erbaut 1614–1616, 1944 durch Bomben zerstört und 1946/47 wiederhergestellt.

Spitalkirche, Maria-Theresien-Straße, urkundlich 1326, neu erbaut 1700–1701 nach einem Entwurf des Hofbaumeisters Johann Martin Gumpp d. Ä.; üppige barocke Stukkatur an Portalen und Fenstern.

Dom, Stadtpfarrkirche St. Jakob, Pfarrplatz, 1180 erstmals eine Kirche erwähnt, danach gotischer Bau, der im 14., 15. und 16. Jahrhundert vergrößert und abgeändert wurde; in der 2. Hälfte des 17. Jahrhunderts teils barockisiert; Ende des 17. Jahrhunderts Erdbebenschäden, 1717 abgebrannt; die jetzige Kirche ist ein barocker Neubau von Johann Jakob Herkommer und Johann

Georg Fischer, beide aus Füssen, erbaut 1717–1722; 1944 durch Bomben stark beschädigt und 1946–1950 wiederhergestellt; bedeutendster barocker Kirchenbau Nordtirols; Deckenbilder von Kosmas Damian Asam, München, 1722–1723; Grabmal Erzherzog Maximilians des Deutschmeisters, gest. 1618, aus dem Jahre 1620.

Ursulinenkirche und -kloster, Innrain 5–9, erbaut 1700–1705 Von Johann Martin Gumpp unter Mitwirkung seiner beiden Söhne.

Wiltener Pfarrkirche Mariä Empfängnis, Basilika, Pastorstraße, urkundlich 1140, Anfang des 14. Jahrhunderts erweitert, im späten 15. Jahrhundert gotisch gewölbt, 1728 barockisiert; die jetzige Kirche ein Rokoko-Neubau von 1751–1755 nach Plänen von Franz de Paula Penz; schönste Rokoko-Kirche Nordtirols, Vorbild für viele Landkirchen.

Wiltener Stiftskirche und Stift, Klostergasse, schon früh ein Heiligtum des hl. Laurentius, vermutlich schon seit dem 8. Jahrhundert mit einem Konvent von Regularkanonikern, seit 1138 Prämonstratenserstift, 1651–1665 barocker Neubau nach Plänen von Christoph Gumpp d. J., 1944 durch Bomben schwer beschädigt, 1944–1956 wiederhergestellt, auf der Orgelempore provisorisch aufgestellte Kastenorgel mit Flügeltüren aus dem 17. Jahrhundert, älteste Transmissionsorgel der Welt.

Stift, im wesentlichen auf den mittelalterlichen Mauern 1670 bis 1696 aus einer uneinheitlichen Gruppe mehrerer Gebäude zu einem geschlossenen frühbarocken Bau umgestaltet.

Denkmäler und Brunnen:
Annasäule, Maria-Theresien-Straße, zum Dank für die Befreiung von der bayrischen Besatzung 1703 gestiftet von den Tiroler Landständen, ausgeführt 1706 von Christoforo Benedetti.

Leopoldsbrunnen, Rennweg, vor den Stadtsälen, errichtet von Herzog Leopold V. 1621–1632.

Rudolfsbrunnen, Bozner Platz, zum Gedächtnis der 500jährigen Verbindung Tirols mit dem Hause Habsburg 1877 errichtet.

Triumphpforte, Maria-Theresien-Straße – Leopoldstraße, erbaut 1765 anläßlich der Vermählung des Großherzogs Leopold von Toskana mit der spanischen Prinzessin Maria Ludovica aus dem Material des abgebrochenen Georgstores in der Altstadt; Statuen und Reliefs von Balthasar Moll.

Wegsäule auf der Straße nach Amras, gestiftet von Max Getzner, 1418, spätgotisch.

Naturdenkmäler:
Naturschutzgebiet *Ahrenwald* bei Vill, Vogelschutzgebiet, 108 Hektar (1965). Naturschutzgebiet *Karwendel,* zusammen mit Bereichen der Gemeinden Scharnitz, Seefeld, Reith, Zirl, Thaur, Absam, Gnadenwald, Vomp, Jenbach, Eben und Hall in Tirol zur Erhaltung der Pflanzen- und Tierwelt und des Landschaftsbildes geschützt, 720 qkm (1933). Naturschutzgebiet *Kranebitter Innau,* botanisch wertvolles Weidengebüsch, Schutz von Vogelbrutstätten, 26 ha (1972). Naturschutzgebiet *Patscherkofel,* zusammen mit Bereichen der Gemeinden Ellbögen, Lans, Patsch und Sistrans, Schutz der Alpenflora, besonders der rostroten Alpenrose, 12 qkm (1947). Naturschutzgebiet *Rosengarten* Igls, mit Bereichen der Gemeinde Patsch, Schutz von Vogelgehölzen und subalpinen Pflanzen, 80 ha (1942).

Waldfriedhof *Tummelplatz* in Amras, historische Gedenkstätte (1948).

Weißkieferngruppe am nordwestlichen Rand der Gp. 1319 in Wilten (1926). *Pyramidenpappel* am linken Innufer, Hoher Weg bei Hungerburgbahn (1930). *Fichte* unterhalb Schloß Mentlberg, Wilten (1930). *Trauerweide* unterhalb der Sillbrücke am linken Ufer der Sill (1932). *Stieleiche* westlich des Geroldsbaches an der Völser Straße (1939). *Stieleiche* Ecke Meinhardstraße – Brixner Straße (1934). *3 Winterlinden* am linken Innufer bei der Innbrücke (1935). *Winterlinde* beim Haus Brennerstraße 6 (1937). *Stieleiche* westlich des Hauses Schulgasse 6 in Hötting (1940). *Stieleiche* beim Gh. Dollinger an der Innpromenade in Mühlau (1940). *Weißkieferngruppe,* darunter eine mit einem „Hexenreis", am rechten Ufer des Sillfalles (1941). Alte *Weißkiefer* oberhalb des Planötzenhofes in Hötting (1928). *Weißbirke* auf dem Arzler Kalvarienberg zwischen Kapelle und Kriegerdenkmal (1929). *2 Platanen* bei der Wegkapelle an der Arzler Straße (1931). Gruppe von *Hopfenbuchen* (Ostrya carpinifolia) am Buchweg unterhalb der Arzler Alpe „bei den Bründelen" (1931). *2 Fichten* („Adolf-Pichler-Fichte", „Gallenfichte") östlich der Lawinenrinne „Gmoaner" und südwestlich des Arzler Horns am Rand der „Herzwiese" auf der Nordkette (1932). *Winterlinde* auf der Hungerburg neben dem Gh. „Linde" (1947). *Riesenfichte* bei Maria im Walde oberhalb der Hungerburg (1948). *Winterlinde* am Lindenbichl nordöstlich der Leonhardskapelle in Hötting. Reste des ehemaligen *Stieleichen-Winterlinden-Mischwaldes* auf dem Scheibenbichl und am Spitzbichl in Mühlau sowie die dortigen Vorkommen der *Innsbrucker Küchenschelle* (Pulsatilla oenipontana). *2 Winterlinden* beiderseits des Bildstöckls beim „Greateler"-Hof (H. Wach) in Arzl-Finkenberg. Je *1 Riesensequoie* (Sequoiadendron giganteus) in Mühlau, Schloßfeld Nr. 9, und *1 Winterlinde* (Tilia cordata) im Ansitz Haselwanter, Mühlau, Josef-Schraffl-Straße. *2 Eiben* (Taxus baccata) in St. Nikolaus, Weiherburggasse, und *1 Eibe* am Innufer gegenüber Haus Innstraße Nr. 111.

Umgebungskarte von Innsbruck 1:25.000; AV-Karte 1:25.000, Blatt Karwendel-Mitte (zum Teil) und -West (zum Teil); Kompaß-Wanderkarte 1:30.000, Blatt Innsbruck-Igls-Solbad Hall; AV-Karte 1:50.000, Blatt 31/5, Innsbruck-Umgebung; Österreichische Karte 1:50.000, Blätter 118, 148; Freytag-Berndt-Touristenwanderkarte 1:100.000, Blatt 33, Innsbruck-Umgebung.

W↑↓ Weiherburg – Schillerweg – Rechenhof

Vom Stadtzentrum (Altstadt) über den Rennweg und den Innsteg nach St. Nikolaus. An der Kirche und Schloß Büchsenhausen (siehe Seite 122) vorbei durch die Weiherburggasse aufwärts zur Weiherburg.

1460 baute Christian Tangel (Tänzel?) ein Haus „am Valpach", das später Erzherzog Sigmund erwarb. Kaiser Maximilian I. nannte das Haus „Weiherburg" und benützte es als Jagdschloß. Die letzten privaten Besitzer waren die Herren von Attlmayr. Nach Richard von Attlmayr ist auch der anschließende Richardsweg benannt. Einst führte über unseren Weg die Landesstraße an der Weiherburg vorüber und dem heutigen Richardsweg entsprechend wieder am Mühlauer Badhaus vorbei zum Talboden, bis schließlich der „Neue Weg" (heute „Hoher Weg") am Inn entlang erbaut wurde. Im Volksmund wird die Höhe bei der Weiherburg als „Pensionistenjöchl" bezeichnet, wegen der Beliebtheit dieses Spazierweges bei älteren Herren. Zur Weiherburg gehörten damals sieben Gutshöfe, darunter der Hof Mariabrunn an der Stelle des heutigen, gleichnamigen Hotels auf der Hungerburg. Einer der sieben Höfe war der Weiherhof hinter der Weiherburg mit

Innsbruck

einem von uralten Nußbäumen umgebenen Teich. Er mußte 1964 dem Alpenzoo weichen.

Von der Weiherburg nach O am Spitzbühel vorüber auf den Schillerweg (Fahrverbot).

Der Spitzbühel wurde früher Judenbichl genannt, weil sich an seinem S-Hang der Judenfriedhof befand. Diesen entfernte man während des Zweiten Weltkrieges, planierte die Kuppe des Hügels und errichtete dort einen Kinderspielplatz.

Auf dem Schillerweg leicht ansteigend unter der Hungerburgbahn hindurch und über das Eckenried zum Lawinengraben des Duffbachls.

Die letzte große Lawine stürzte hier im Jahre 1935 bis zur Holzgasse hinab und beschädigte den Dibiasihof schwer. Danach wurde die Verbauung bei der Arzler Alpe errichtet und – nachdem noch mehrmals kleinere Lawinenausläufer bis zum Schillerweg vordrangen – der große Lawinendamm am Rosnerweg.

Vom Duffbachl leicht abwärts am E- und Wasserwerk der Gemeinde Innsbruck vorbei zum Schillerhof (ehemals beliebtes Ausflugsgasthaus, heute vor dem Abtrag). Hier mündet der Schillerweg in die Josef-Schraffl-Straße, die nach 300 m bei der über den Wurmbach führenden „Schweinsbrücke" endet.

Am 21. 1. 1952 wurde hier das 1907 erbaute alte Innsbrucker E-Werk durch eine Lawine schwer beschädigt. Seither ist dieses Werk außer Betrieb.

Weiter – nach S ansteigend – zum Gh. Schönblick und von da (an Sonn- und Feiertagen Fahrverbot!) in vielen Kurven durch lichten Wald zum Rechenhof, 867 m, ganzj. bew. Gh.

Gehzeit 1½ St.; Höhenunterschied ↑ 300 Hm; teils sonnig, teils schattig, wohl der beliebteste Nahwanderweg im Raum Innsbruck. Rückweg: nach W auf dem Rosnerweg über den Purenhof und die Mühlauer Klamm in ¾ St. zur Hungerburg und von dort mit der Standseilbahn zurück nach Innsbruck.

W↑↓	**Über das Sprengerkreuz zum Höttinger Steinbruch**

Vom Innsteg durch die Schmelzergasse an der St.-Nikolaus-Kirche und westlich des Schlosses Büchsenhausen vorüber aufwärts bis zum ehemaligen Venusbad, jetzt Höttinger Riedgasse Nr. 81; bis hieher auch mit eigenem Pkw möglich.

Das Venusbad wird 1496 erstmals urkundlich erwähnt, als der Forstmeister Kaiser Maximilians I., Karl von Spaur, das „Bad am Venusberg" dem Michael Jäger verlieh. Der Name Venus dürfte auf den 1450 urkundlich erwähnten Innsbrucker Bürger Hans Venus zurückgehen. 1849 verheerte der Fallbach den Stadtteil St. Nikolaus und besonders das Venusbad. Heute ist der Bach gezähmt und fließt ab dem großen Rechen unter der Straße.

Vom Venusbad steil aufwärts und bei den letzten, am Hang stehenden Häusern auf schmalem Fußsteig nach rechts (Osten) über die von Laubbäumen und Gebüsch bestandene Felsstufe. Nach ca. ¼ St. gelangt man in ein liebliches Wiesental, an dessen östlichem Rand der Weg an einem Bauernhof vorüber aufwärts zum Sprengerkreuz führt.

Auf einer von mächtigen Winterlinden bestandenen Kuppe steht die Kreuzigungsgruppe inmitten einer gepflegten Gedenkstätte für die Verstorbenen des TV „D'Burgstadler", und eine gedeckte, hölzerne Laube lädt zum Verweilen ein.

Von hier gelangt man in etwa 10 Min. auf der Höhenstraße zum ehemaligen Höttinger Steinbruch.

Der Höttinger Steinbruch wurde einst vom Innsbrucker Baumeister Mayr betrieben. Unter der Aufsicht des „Penzen-Thomele" (Thomas Spielmann), der mit seiner Familie das etwas unterhalb am sonnigen Wiesenrain gelegene „Mohrenhäusl" (einer der sechs zur Weiherburg gehörigen Gutshöfe) bewohnte, brachen hier rund 200 Steinmetzen die berühmte Höttinger Breccie. Berühmt ist die Breccie nicht nur als Baustein, aus dem der größte Teil der Innsbrucker Altstadt errichtet wurde, sondern vor allem auch wegen der Versteinerungen, die in dieser eigenartigen, aus mächtigen Murgängen entstandenen Felsbildung eingeschlossen sind (z. B. Rhododendron ponticum, die pontische Alpenrose, die heute erst ab Istanbul in bedeutend wärmerem Klima anzutreffen ist). Auf schweren Ochsenkarren wurden die behauenen Blöcke zu den Baustellen über die alte Steinbruchstraße in die Stadt gefahren. Der letzte große Bau mit der Höttinger Breccie war der Bahnviadukt. Heute dient der Höttinger Steinbruch vor allem der bergsteigerischen Innsbrucker Jugend als Klettergarten, und viele später weltberühmt gewordene Alpinisten machten hier ihre ersten Kletterübungen.

Gesamtgehzeit ab Venusbad 1 St.; Höhenunterschied ↑ 200 Hm; meist sonnig, nicht markierte, aber gute Steige.

Abstieg: vom Höttinger Steinbruch über den „Lugaussteig"
zum Alpenzoo und über die Weiherburggasse zurück zum Innsteg, ¾ St., oder auf die Hungerburg – zuerst 300 m dem Lugaussteig folgen und dann nach links mäßig ansteigend zur Höhenstraße und auf dieser in 20 Min. zur Hungerburg. Abfahrt mit
der Hungerburgbahn in die Stadt.

   Zu Fuß auf die Hungerburg

Von der Stadtmitte über den Rennweg neben dem Hofgarten
zum Inn und an der rechtsufrigen Innpromenade bis zum Holzsteg neben dem Jugendwohnheim. Über den Inn und durch die
Anlagen des Villa-Blanka-Parks empor zur Weiherburg. Neben
dem Eingang zum Alpenzoo führt nun der Weg in mehreren
Kehren durch lichten Laubwald auf das Plateau der Hungerburg
hinauf.
Gehzeit ↑ 1 St., ↓ ½ St.; Höhenunterschied ↑↓ je 290 Hm.

INNSBRUCK-AMRAS

Stadtteil Innsbrucks mit 499 ha und 4238 Ew. Die ältesten
Besiedlungszeugen dieses Gebietes sind die Reste eines Bestattungsplatzes aus der Urnenfelderzeit (1200–900 v. Chr.), die
1969 am Nord-Abhang des heutigen Schloßparkes aufgedeckt
wurden.
Amras wird als „locus Omarus" 837 zum ersten Male urkundlich genannt.
Hier lag das Eigengut „villa Umeras" (1232) der Grafen von
Andechs, das von einem Propst verwaltet wurde, der auch die
niedere Gerichtsbarkeit in Amras, Hötting, Aldrans und Ellbögen innehatte. Als selbständige Gemeinde wird Amras mit Pradl
und den Sillhöfen 1313 erstmals erwähnt. 1904 wurden Pradl
und die Sillhöfe mit der Stadt Innsbruck vereinigt, 1938 auch
Amras.
In Amras wird schon seit 1299 ein See erwähnt, der auch im
Fischereibuch Kaiser Maximilians I. 1500 als landesfürstlicher
Besitz ausgewiesen ist. In der landesfürstlichen Fischereiwässerbeschreibung von 1768 scheinen – wahrscheinlich als Folge der
zunehmenden Verlandung – sogar 3 Seeflächen auf. Der See wurde

vom Ramsbach, der vom Patscherkofel herabfließt und durch einen Kanal von der Sill her gespeist. Noch im Jahre 1709 wurden jährlich 4000 bis 6000 Karpfensetzlinge im Amraser See gezüchtet. Nach dem Verkauf des Sees wurde er ab 1861 ausgetrocknet und in Grünland umgewidmet.

Das Schloß Ambras oberhalb des Dorfes Amras war Sitz der Grafen von Andechs. 1138 wurde die damalige Burg zerstört, danach aber wieder aufgebaut. 1263 ging sie auf Graf Meinhard I. von Tirol über und wurde von 1564 bis 1567 durch Erzherzog Ferdinand II. zu einem Renaissanceschloß umgebaut und erweitert (Spanischer Saal, Kunst- und Wunderkammer, Bibliothek mit dem berühmten „Ambraser Heldenbuch").

1605 ging das Schloß an Kaiser Rudolf II. über. Nach dem Aussterben der Tiroler Linie der Habsburger um 1665 wurde der Großteil der Sammlungen nach Wien abtransportiert.

Heute ist das Schloß teilweise Museum. Im Sommer finden hier die Ambraser Schloßkonzerte statt.

Die Schloßkirche war ursprünglich Sitz der Urpfarre, zu der neben Amras noch Aldrans, Pradl, Tulfes, Rinn und Ampass gehörten.

Auf dem Pfaffensteig und dem Kaspar-Sautner-Weg nach Hall

In Amras folgen wir nach der Unterführung der Brennerautobahn der Luigenstraße nach O und biegen von ihr beim Haus Pfaffensteig 2 nach rechts ab. Der Pfaffensteig führt im Wald ober Egerdach leicht ansteigend nach O zur Straße Aldrans – Ampass und nach deren Überquerung zur Ampasser Kirche. Von dort gelangt man hinab zum westlichen Ortsteil von Ampass und am aufgelassenen Steinbruch vorüber zum Sportplatz, wo sich auch ein Kinderspielplatz befindet. Nun folgt der Kaspar-Sautner-Weg zuerst dem Bach, dann immer am unteren Waldrand – an der Pestkapelle von Häusern vorüber – nach O bis zur Haller Innbrücke, über die man nach Hall gelangt.

Gehzeit ca. 2 St.; Höhenunterschied ↑↓ je 150 Hm.

Der 7 km lange Kaspar-Sautner-Weg erinnert an den Mitkämpfer Josef Speckbachers im Tiroler Freiheitskrieg (1797 und 1809). Der Weg wurde 1976 vom Landschaftsdienst der Tiroler Forstinspektion unter Mitarbeit der Gemeinden Innsbruck und Ampass errichtet. Dazu wurden 1300 m neue Steige gebaut, mit denen man bestehende Weganlagen verband; 20 Ruhebänke und einige farbige Abbildungen heimischer Vögel (im Bereich von Ampass) wurden aufgestellt.

INNSBRUCK-ARZL 644 m

Zufahrt mit Buslinie C bis Endstation beim ehemaligen Kalkofen oder mit der „Dörferlinie" bis zur Dorfmitte. Seit 1940 Teil der Stadt Innsbruck mit altem, bäuerlichem Ortskern. Pfarrkirche hl. Johannes der Täufer, urkundlich 1378 erwähnt, nach Brand 1756 erneuert; Innenraum durch rote Pilaster und reiche Stukkaturen gegliedert (1710–1720). Arzl wird 1187 als „Arcella" erstmals genannt und war ab 1775 eine selbständige Gemeinde.

 Auf den Arzler Kalvarienberg

Von der Hauptstraße (Haltestelle der Dörferlinie) neben dem westlichsten Bauernhof von NW her an den gemauerten Kreuzwegstationen vorüber auf den Kalvarienberghügel, 673 m, 10 Min.

Vermutlich krönte einst den Berg eine rätische Wallburg. Die heutige Kapelle wurde 1666 erbaut und 1777 renoviert. Neben der Kapelle schmücken ein Kriegerdenkmal und eine im Jahre 1929 unter Naturschutz gestellte mächtige Birke den Hügel. Durch den Abbau des Lehmes von Süden her durch die ehemalige Ziegelei Mayr sind der Bestand der Kapelle und des Kalvarienberges selbst ernsthaft bedroht.

Eine Umwanderung des Kalvarienberges ist vom Gipfel aus möglich, wenn man auf dem Serpentinenweg vom Kriegerdenkmal nach Osten absteigt und den schmalen Fußsteig am Südfuß des Hügels wählt, der an Schilfbeständen und an der zuletzt noch betriebenen Tongrube westlich des Kalvarienberges zur Fahrstraße führt, die wieder aufwärts zum Ausgangspunkt in der Ortsmitte führt.

Gehzeit ¾ St.; Höhenunterschied ↑↓ je 150 Hm; sonnig.

 Von Arzl auf den Rechenhof

Vom alten Ortszentrum an der Kirche vorüber nach N den

Purenhofweg aufwärts zum Neuen Landeshauptschießstand und an diesem westlich vorüber und den Rechenhofweg querend steil hinauf. Bei der Linkskehre des Forstweges nach rechts in den schmäleren Fußweg abbiegen und steil hinauf zu den Purenhofwiesen. Noch im Wald knapp vor den Wiesen nach rechts (O) abbiegen und eben auf dem Wiesenweg zum Rechenhof, 869 m, ¾ St.

Rückweg auf dem asphaltierten Weg zur Ortsmitte von Arzl. Gehzeit ↑ ¾ St., ↓ ½ St.; Höhenunterschied ↑↓ je 230 Hm.

HAFELEKAR 2334 m

Mit der Hungerburgbahn oder eigenem Pkw auf die Hungerburg und von dort mit der Nordkettenbahn auf die *Seegrube* (Mittelstation) und die Bergstation *Hafelekar,* 2269 m hoch unter dem Gipfel des Hafelekars gelegen.

Schon 1765 erscheint erstmals der Name „Havelschör" in einer Niederschrift über die Weiderechte des Bauernhofes „beim Hafele". In den Jahren 1927/28 wurde die Nordkettenbahn erbaut; die Gebäude entwarf der Innsbrucker Architekt Baumann. In den Baubaracken oberhalb der Bergstation war in den darauffolgenden Jahren eine einfache Station zur Erforschung der kosmischen Höhenstrahlung untergebracht. Die Ergebnisse brachten dem jungen Forscher Viktor Franz Hess den Nobelpreis für Physik 1936 und der modernen Weltraumforschung wichtige Grundlagen, die erst das Vordringen des Menschen in den Weltraum und die Raumfahrt ermöglichten.

Von der Bergstation der Seilbahn gelangt man auf breitem, bequemem, aber schottrigem Weg in 10 Min. zum Gipfel des Hafelekars, 2334 m, von dem man eine ungewöhnlich kontrastreiche Aussicht genießt. Im S liegt fast 2000 m tiefer das Inntal mit Innsbruck, Hall und seinen begleitenden Terrassen mit vielen kleineren Ortschaften und einem pulsierenden Verkehr auf den Straßen und Bahnen. Wir blicken ins Wipptal bis zur Staatsgrenze und auf die Stubaier und Zillertaler Alpen mit mehr als 50 Gletschern von über 3000 m Höhe.

Im N dagegen breitet sich das unbewohnte Felsland des Karwendelgebirges aus, das große Naturschutzgebiet unmittelbar neben Tirols Landeshauptstadt. Wie Kulissen ragen hintereinander die einzelnen Ketten dieses Kalkgebirges auf mit unzähligen fahlen Wandfluchten, Felstürmen und Karen, grünen, blütendurchsetzten Bergrasen und dunklen Latschenfeldern und Wäldern.

Von der Bergstation kann man auch in 10 Min. nach W bis zur Wetterstation gehen, neben der die steile Hafelekarrinne zur Seegrube hinabzieht, wo im Winter die Innsbrucker Skifahrer hinabfahren.

B↓ Vom Hafelekar zur Seegrube hinab

Neben der Bergstation beginnt eben nach O verlaufend der Goetheweg. Gleich nach der Terrasse zweigt von diesem nach rechts (S) hinab der Steig zur Seegrube ab. Er führt zuerst durch teils von Horstseggenrasen und Blütenpflanzen bewachsene Schrofen und quert dann die große Schotterreiße nach W zur Seegrube hin.

Gehzeit ¾ St.; Höhenunterschied ↓ 365 Hm. Trittsicherheit erforderlich; der Weg ist mit Nr. 1 markiert; sehr schöne Aussicht.

B↑↓ Auf dem Goetheweg zur Pfeishütte

Von der Bergstation der Nordkettenbahn beinahe eben am felsigen Hang immer etwas unter dem Grat nach O bis zum Gleirschjöchl, wo der Weg kurz zu einem grünen Sattel hinabführt, 2208 m. Immer noch am S-Hang führt der Goetheweg nun ein Stück eben und dann in zwei Kehren durch Schrofen aufwärts zur Mühlkarscharte, 2243 m. Hier verläßt der Steig den S-Hang und wechselt nach N hinab in das oberste Mandltal, quert einige Schotterreißen und steigt schließlich steil in Serpentinen zur Mandlscharte auf, 2277 m. Von der Mandlscharte in Serpentinen nach NO durch die Schotterreißen hinunter in das hügelige, großteils von Legföhren bewachsene Moränengelände der Pfeis und zur ziemlich tief liegenden Pfeishütte, 1922 m (ÖAV-Sektion Innsbruck, 15. 6.–1. oder 2. Sonntag im Oktober bew., 36 B, 36 M).

Gehzeit 2 St.; Höhenunterschied ↑ 120 Hm, ↓ 470 Hm. Der Goetheweg gilt als einer der schönsten Höhenwege in den Nördlichen Kalkalpen. Er ist unschwierig und an ausgesetzten Stellen mit Drahtseilen versichert. Trittsicherheit und Bergausrüstung sind aber erforderlich. Der Goetheweg ist mit Nr. 1 und mit Nr. 219 bez.

B ↑↓ Von der Pfeishütte auf die Rumer Spitze, 2460 m

Von der Pfeishütte auf Weg Nr. 217 nach S bis zur Arzler Scharte, 2158 m. Dort wenden wir uns nach links (O) und steigen zuerst über Rasenpolster flach zum felsigen W-Grat hinan (rote Markierung), dann stellenweise ausgesetzt über den Grat bis zum Gipfelkreuz.

Abstieg über den kurzen Ostgrat, dann über eine teils grasige, teils felsig-schotterige Rinne zum Kreuzjöchl, 2121 m, und von dort nach NW zurück zur Pfeishütte.

Gehzeit ↑ 1½ St., ↓ 1 St., zusammen 2½ St.; Höhenunterschied ↑↓ je 540 Hm. Die Rumer Spitze ist die bedeutendste Felspyramide der östlichen Inntalkette, sie wird häufig bestiegen; für geübte Bergsteiger mäßig schwierig, stellenweise leichte Kletterei; Trittsicherheit und Schwindelfreiheit sind erforderlich.

B ↑↓ Von der Pfeishütte auf die Stempeljochspitze, 2543 m

Von der Hütte auf AV-Steig Nr. 221 nach SO in 1 St. zum Stempeljoch, 2215 m. Vom Joch nach N über einen breiten, felsigen, zum Teil mit Horstseggenrasen bewachsenen Rücken auf den Gipfel der Kleinen Stempeljochspitze und weiter über den Grat zur Großen Stempeljochspitze; 1½ St. vom Stempeljoch. Abstieg wie Aufstieg.

Gehzeit ↑ 2½ St., ↓ 2 St., zusammen 4½ St.; Höhenunterschied ↑↓ je 630 Hm.

B ↑↓ Von der Pfeis über die Arzler Scharte nach Innsbruck

Von der Pfeishütte auf dem mit Nr. 217 bez. AV-Steig mäßig steil nach S zur Arzler Scharte, 2158 m. Von dort durch die schutterfüllte Arzler Reiße steil hinab zum Törl und etwas unterhalb in ein geschlossenes Latschenfeld; bis hieher kann man im losen Schutt abfahren. Wenn man durch das Latschenfeld abwärts wandert, erreicht man oberhalb des Mühlauer Ursprungs in ca. 1200 m Höhe einen befahrbaren Wirtschaftsweg, der den Mühlauer Graben quert; bis hieher 1½ St.

Von hier drei Varianten: a) nach rechts (W) auf dem Fahrweg am Innsbrucker Wasserstollen vorüber zur Arzler Alm und zur Hungerburg und von da mit der Hungerburgbahn nach Innsbruck; bequemste Variante; b) geradeaus über die Schrofen hinunter und durch die Mühlauer Klamm zum Stadtteil Mühlau; schnellste Variante; c) am alten Fahrweg nach links abwärts zur Enzianhütte, 1040 m (Gh.), und über Teehütte und Eggenwald nach Schönblick (Gh.) und weiter zu den Stadtteilen Arzl oder Mühlau.

Gehzeit 2½ St.; Höhenunterschied ↑ 240 Hm, ↓ 1590 Hm (bis zur Hungerburg 1300 Hm). Für Bergsteiger, die gewöhnt sind, im Schutt abzufahren, ist dies der schnellste und bequemste Weg von der Pfeis nach Innsbruck; für alle anderen ist dieser Weg ziemlich mühsam. Auch vom Aufstieg, der früher alljährlich für den Viehtrieb zur Möslalm benützt wurde, ist wegen seiner Beschwerlichkeit eher abzuraten.

B↓ Vom Hafelekar nach Scharnitz

Von der Bergstation der Nordkettenbahn in wenigen Min. zu dem Sattel neben den Baracken und dann nach NW auf markiertem und teils versichertem Steig ca. 100 m hinab ins Schotterkar. Am Fuß der westlich aufragenden Grubreisentürme führt der Steig nach N im Schutt hinab zu flacheren, von Horstseggenrasen bewachsenen Böden und später durch Latschen ins Mandltal. Nach kurzer Wanderung durch schütteren Bergwald erreicht man dann den neuen Forstweg, der von der Angeralm zum „Kreidenegg" hinabführt, wo man auf die Samertalstraße trifft; bis hieher 1½ St. Nun auf der Forststraße nach W über die Möslalm und Amtssäge in 2½ St. nach Scharnitz.

Gehzeit 4 St.; Höhenunterschied ↓ 1310 Hm. Bis zur Mündung des Mandltales in das Samertal ist der Steig mit Nr. 216 bez., dann mit Nr. 221. Dieser Abstieg ist der kürzeste Weg nach Scharnitz.

Mandltal – Scharnitz

Vom Goetheweg biegen sowohl vom Gleirschjöchl als auch etwas nördlich der Mühlkarscharte Fußsteige durch die schutterfüllten Kare nach NW ab, die beide durch hügeliges, latschenbestandenes Moränengelände bei ca. 1800 m in den Mandltalweg einmünden und wie oben beschrieben weiter nach Scharnitz führen.

 Von der Pfeis nach Scharnitz

Von der Pfeishütte auf dem mit Nr. 221 bezeichneten „Reibensteig" über den Bach nach N und dann durch die Schuttreißen und Latschenfelder nach W abwärts. Unter den S-Abstürzen der Kaskar-, Praxmarkar- und Jagerkarspitze und den N-Abstürzen des Gleirschtaler Brandjochs führt der Steig durch einen fast schluchtartigen Abschnitt des Samertales.

Den Namen trägt das Samertal aus den Zeiten der Haller Saline, als hier herauf das für das Haller Salzbergwerk benötigte Holz von der „Christensag" (heute Amtssäge) mit Pferdefuhrwerken und Saumtieren zum Stempeljoch transportiert wurde. Auch die Ortsnamen „Bei der alten Sag" und „Kohlplatzl" erinnern noch an die straffe Forstwirtschaft der damaligen Zeit in diesen abgelegenen Tälern. Das Salzmaieramt in Hall war für die Erhaltung des Weges verantwortlich, wie wir aus der Abrechnung von Wegbaukosten „in Gleyrs" aus dem Jahre 1363 wissen.

Am rechten Talhang erkennt man bei der „Brandstatt" noch die bleichen Reste abgebrannter Latschenfelder, dann biegt der Weg um das Kreidenegg, wo die Forststraße vom Mandltal links herabkommt. Auf ebenem, freiem Wiesenboden steht das Denkmal an Generalkonsul Leo Schoelter, der von 1927 bis 1936 Jagdherr im Gleirschtal war. Von nun an trägt das Tal einen anderen Namen: Gleirschtal (vom raetoromanischen „Gluirsch" = Schotter). Fast eben wandern wir in ½ St. zur Möslalm (Arzler Kristenalm), die im Sommer als Jausenstation bewirtschaftet wird. Hier verbringen die meisten Rinder der Arzler und Mühlauer Bauern den Sommer. Zu den Weidegründen der Möslalm gehört auch das Kleine Kristental, das von hier aus nach S zum Frau-Hitt-Kar ansteigt. In einer weiteren Viertelstunde gelangen wir zur Amtssäge (heute nicht mehr bew.) und etwa 500 m danach mündet von links das Große oder Zirler Kristental ein, durch das man über die Zirler Kristenalm zum Solsteinhaus am Erlsattel aufsteigen kann. Am Talboden wandern wir bis zu einer Hirschfütterung, wo auch der Weg zur Weingertalalm abzweigt, dann führt die Forststraße fast eben in unzähligen Kurven nach NW am Sonnenhang des Hochgleirsch bis zum „Krapfen", seinem äußersten Vorsprung, während zur Linken der Gleirschbach tief unten durch die Klamm schäumt. Am Krapfen, wo das Gleirschtal in das Hinterautal einmündet, verlassen wir den weit ins Hinterautal hineinführenden Fahrweg und steigen auf dem Fußsteig nach links (W) steil durch den Bergwald hinab zur Isar und jenseits wieder empor auf den Fahrweg. Nun führt der aus dem Hinterautal kommende Weg (mit Nr. 224 bez.) am Fuße des Kienleitenkopfes durch lichten Kiefern-, Spirken- und Fichtenwald in 1 St. flach hinaus nach Scharnitz, 964 m. Rückfahrt nach Innsbruck mit den Bundesbahnen.

Gehzeit 4½ St.; Höhenunterschied ↓ 1040 Hm, ↑ 80 Hm.

Alle Wege von der Innsbrucker Nordkette, also von der Mühlkarscharte, vom Gleirschjöchl, vom Hafelekar und vom Frau-Hitt-Kar, nach Scharnitz münden früher oder später in diesen Weg ein. Die Wanderung ist unschwierig, doch erfordert sie Bergausrüstung. Die durchwanderte Landschaft ist sehr abwechslungsreich und von der typisch kalkalpinen Mannigfaltigkeit an Formen; am schönsten wohl in den goldenen Herbsttagen.

| B ↑↓ | **Vom Hafelekar zur Bettelwurfhütte**

Ab der Bergstation am Hafelekar auf dem Goetheweg (mit Nr. 219 bez.) nach Osten immer etwas unter dem Grat auf der Sonnseite über das Gleirschjöchl bis zur Mühlkarscharte. Nun nach N etwas abwärts über Schotterreißen und dann in Serpentinen steil zur Mandlscharte empor, 2277 m; ab Hafelekar 1 St. Auf der O-Seite der Mandlscharte steigt man zur Arzler Scharte ab und benützt den von der Mandlscharte aus deutlich sichtbaren, aber nicht markierten Steig am Fuße der Rumer Spitze, auf dem man ohne Höhenverlust zum Weg Nr. 221 gelangt, der von der Pfeishütte auf das Stempeljoch führt. Nach kurzem, steilem Anstieg kommt man auf das Stempeljoch, 2215 m. An der steilen Ostseite des Stempeljochs steigt man ca. 150 Hm ab und dann nach links (N) in den „Wilde-Bande-Steig" ein. Hier liegt meist bis zur Sonnenwende eine steile Schneewächte. Der Wilde-Bande-Steig führt uns nun durch die zerklüfteten, wasserlosen Kare der Stempeljochspitze, des Roßkopfs, der Bachofenspitze und des Lafatschers und durch Latschenfelder beinahe eben zum breiten Lafatscherjoch, dem Übergang vom Halltal ins Hinterautal, 2085 m. Vom Joch weiter nach O (auf Weg Nr. 222) zunächst etwa 100 m ansteigend, dann fast eben und zum Schluß etwas abwärts zur Bettelwurfhütte, 2050 m (ÖAV-Sektion Innsbruck, 15. 6.–1. oder 2. Sonntag im Oktober bew., 12 B, 40 M).

Gehzeit 4–5 St.; Höhenunterschied ↑↓ je 420 Hm; sehr lohnender, aussichtsreicher und bequemer Höhenweg, der mit einer Besteigung der Speckkarspitze und des Bettelwurfs verbunden werden kann (siehe Seite 25); dann empfiehlt es sich, auf der Bettelwurfhütte zu übernachten.

Im letzten Wegabschnitt und von der Hütte blickt man hinab in das Halltal mit seinen geschichtsträchtigen Anlagen für den Salzbergbau, der hier 800 Jahre lang betrieben wurde, und zum Kirchlein St. Magdalena.

Abstieg von der Bettelwurfhütte nach Hall sehr steil, ↓ 1400 Hm, 3 St.

| B ↑↓ | **Vom Hafelekar über Pfeis und Halltal nach Hall**

Von der Bergstation der Nordkettenbahn auf dem Goetheweg nach O (mit Nr. 219 bez.) in 1 St. zur Mandlscharte, 2277 m. An der Ostseite der Mandlscharte nach NO hinab zur Pfeishütte, 1922 m. Von der Pfeishütte auf Weg Nr. 221 nach SO mäßig ansteigend in 1 St. auf das Stempeljoch hinauf, 2215 m. Jenseits steil über die bis in den Hochsommer hinein schneebedeckte Stempelreißen hinab entweder a) immer am rechten Hang bleibend zum Ißjöchl und dann über den Stein-, Mitter- und Wasserberg zu den Herrenhäusern hinab und weiter auf der Salzbergstraße an mehreren, aufgelassenen Anlagen des ehemaligen Salzbergbaues vorüber talaus oder b) der Tiefenlinie folgend zum Ißanger und über das „Hirschbad" neben dem Ißbach talaus, bis wir bei der 3. Ladhütte die Salzbergstraße erreichen. Auf der Salzbergstraße ziemlich steil abwärts bis Hall oder Absam; dort Autobushaltestellen, in Hall auch Bahn.

Innsbruck: Hafelekar

Gehzeit 5 – 5½ St.; Höhenunterschied ↑ 420 Hm, ↓ 2080 Hm; einer der beliebtesten Höhenwanderwege in ungemein reizvoller Hochgebirgslandschaft; bei ruhigem Verhalten ist es sehr leicht möglich, daß man auf diesem Wege Gemsen und Hirsche zu sehen bekommt.

| B ↑↓ | **Vom Hafelekar zum Halleranger** |

Von der Bergstation der Nordkettenbahn auf dem mit Nr. 219 bez. Goetheweg nach O in 1 St. zur Mandlscharte, 2277 m. Nun entweder nach NO hinab zur Pfeishütte, 1922 m, oder mit viel geringerem Höhenverlust nach O zur Arzler Scharte hinab und auf dem von der Mandlscharte aus gut sichtbaren, aber schlecht markierten Steig durch die Schotterreißen am Fuße der Rumer Spitze und schließlich über grüne, felsdurchsetzte Böden empor zum Stempeljoch, 2215 m. An der steilen Ostseite des Stempeljochs ca. 150 Hm über die steilen Stempelreißen hinab, wo meist bis zur Sonnenwende die Reste einer mächtigen Schneewächte liegen. Dort nach links (N) in den „Wilde-Bande-Steig" (mit Nr. 223 bez.), der fast eben – trockene Kare, Felsrinnen und Krummholzbestände querend – zum Lafatscherjoch führt, 2080 m; ab Stempeljoch 1 St. Auf diesem Weg kann man – wenn man sich entsprechend ruhig verhält – fast immer Gemsen beobachten. Vom südlichen Jochkreuz an einem Wassertümpel vorbei leicht abwärts zum nördlichen Jochkreuz, das am Rande des Steilabfalles zum Hinterautal steht.

Hier bietet sich uns ein großartiger Ausblick auf das obere Hinterautal mit den dahinter aufragenden Wänden, Karen und Gipfeln des Karwendelhauptkammes. Zu beiden Seiten wird das Joch von den markanten Felsfluchten des Lafatschers und der Speckkarspitze flankiert.

Der schottrige Steig wendet sich nun nach NO zur Speckkarspitze hin und führt im „Durchschlag", einer steilen Schuttrinne, unter den fast senkrecht stehenden Felstafeln der „Schifferwände" in ½ St. zum Hallerangerhaus hinab, das in 1768 m Höhe zwischen mächtigen Lärchen und Legföhren etwas oberhalb der Hallerangeralm liegt (DAV-Sektion Schwaben/Stuttgart, von Pfingsten – 1. oder 2. Sonntag im Oktober bew., 20 B, 60 M).

Gehzeit 4 – 5 St.; Höhenunterschied ↑ 340 Hm, ↓ 630 Hm; sehr lohnender, unschwerer, aber Trittsicherheit und Bergausrüstung erfordernder Höhenweg durch wildromantisches Kalkhochgebirge.

W↓   **Vom Hallerangerhaus in 3½ St.
durch das Hinterautal nach Scharnitz**

(siehe Seite 337) oder

B↑↓   **Vom Hallerangerhaus in 8 – 9 St.
durch das Vomperloch nach Vomp**

(siehe Seite 338)

B↑↓   **Vom Hafelekar über das Kreuzjöchl
und die Vintlalm nach Innsbruck**

Von der Bergstation der Nordkettenbahn auf dem Goetheweg nach O in 1 St. zur Mandlscharte, 2277 m. Nach O hinab durch die Schuttreiße zur Arzler Scharte und auf dem ebenen, schlecht markierten Steig durch die Schuttreißen am Nordfuß der Rumer Spitze nach O und schließlich steil über felsdurchsetzte Polsterseggenrasen hinauf zum Kreuzjöchl, 2158 m; bis hieher vom Hafelekar 2 St.

Sicheren Felsgehern sei anstelle des Nordweges die Überschreitung der Rumer Spitze empfohlen. Der Steig führt von der Arzler Scharte stetig aufwärts auf den Westgrat und an einigen Stellen ausgesetzt zum Gipfel, 2458 m; jenseits über ein felsiges Stück und eine Schuttrinne zum Kreuzjöchl hinab, ↑↓ je 300 Hm, 1½ St.

Vom Kreuzjöchl am Osthang der Rumer Spitze über blumigen Rasen, Felsrinnen und Legföhrenbestände auf gut ausgebautem Steig in 1 St. zur Vintlalm hinunter, die 1560 m hoch auf einem vorspringenden Bergrücken liegt (Jausenstation, im Sommer bew.). Etwa 50 m oberhalb der Vintlalm biegt der von hier an mit Nr. 218 bez. Steig nach W um und quert die Rote Riepe, eine aus dem Ende des 18. Jahrhunderts stammende, in die roten Werfenerschichten eingeschnittene Blaike. Mäßig fallend gelangen wir über einige Kehren durch Lauchen und einzelne Bergwaldhorste, welche die zahlreichen Lawinen bisher stehen ließen, zu der nach dem Brand neu erbauten Rumer Alm, 1243 m (ganzj. bew. Gh.). Von der Rumer Alm zur 2. Kehre des Forstweges hinab, auf diesem ober dem Mühlauer Ursprung die Arzler Mitter-

und Schusterreißen querend über die Arzler Alm zur Hungerburg, 860 m.

Gehzeit 4 St.; Höhenunterschied ↑ 280 Hm, ↓ 1740 Hm; sehr lohnende Bergwanderung, vor allem für Autofahrer, die den Wagen auf der Hungerburg abstellen wollen.

INNSBRUCK-HÖTTING

Der auf den sonnseitigen Hügeln und Abhängen der Nordkette liegende Stadtteil Hötting ist wohl der am längsten besiedelte Raum Innsbrucks. Hier wurden in der jetzigen Höttinger Gasse Urnengräber aus der späteren Bronzezeit (1200 – 900 v. Chr.) aufgedeckt. Nach ihnen ist die „Höttinger Kultur" benannt.

Urkundlich ist „Hetiningen" erstmals 1128 genannt, und ab 1150 wird Hötting als Dorf bezeichnet.

Zeitweise, so vor allem in der ersten Hälfte des 18. Jahrhunderts, war Hötting der Sitz des Pflegers und Landrichters von Sonnenburg. Seit Anfang des 14. Jahrhunderts stand das Hochgericht auf dem „Teiseck" in der Nähe der jetzigen Weiherburg. Um 1330 wurde es auf den Galgenbühel bei den Allerheiligenhöfen übertragen. Eigene Hinrichtungsstätten („Köpfplatzeln") gab es auch am Fallbach in St. Nikolaus und in der Höttinger Au.

Im 15. und 16. Jahrhundert wurde in Hötting an drei Stellen Bergbau auf Silber, Galmei und Blei betrieben. Das Zentrum des Bergbaues war im Höttinger Graben (Knappenlöcher), daneben waren einige Bergbaue im Kerschbuchtal (Knappental), am Inn zwischen Guggenbichl und Gh. Heimgartl und vorübergehend auch unter dem Achselkopf und am Solstein. Im Kerschbuchtal wurden vor allem auch Vitriol und Schwefel gewonnen. Zum größten Teil wurden die Erze in die Schmelzwerke in Hötting (Schmelzergasse) und nach Mühlau gebracht.

Seit 1357 durften die Innsbrucker Bürger die Bausteine von den Höttinger Steinbrüchen beziehen. Die Höttinger Breccie, aus der ein großer Teil der Innsbrucker Altstadt erbaut wurde, ist eine weltweit bekannte geologische Bildung, deren eigenartige Lagerung als erste und einzige in den Alpen sichere Anzeichen für drei durch langandauernde Intergalzialzeiten getrennte vier „Eiszeiten" erbrachte. 1913 wurde im östlichen Weiherburggraben zur Beweissicherung der Lepsiusstollen gegraben („Geologensteig").

Im 16. Jahrhundert gab es in Hötting eine bedeutende Erzgießerei beim Schloß Büchsenhausen. Hier goß die Familie der Löffler, die berühmte Gußmeister waren, hunderte von Kanonen und Glocken, die aus ganz Mitteleuropa bestellt worden waren. 1509 durfte der Büchsenmacher Hans Selos am Höttinger Bach eine Bohrmühle errichten. Vom 15. Jahrhundert bis ca. 1600 betrieben die Tiroler Landesfürsten auf den Hängen beiderseits der alten Kirche Weinbau.

Lange Zeit war Hötting mit rund 12.000 Ew. das größte Dorf Österreichs, bis es 1938 mit der Gemeinde Innsbruck vereinigt wurde.

Wanderungen von Hötting aus:

 Schießstand – Buzzihütte

Vom Platz bei der Höttinger Kirche, 607 m (Haltestelle der Buslinie A, Parkplatz), durch die Schulgasse ca. 200 m aufwärts (beim Haus Nr. 6 unter Naturschutz stehende Stieleiche; Blick auf den alten Höttinger Kirchturm, siehe Seite 125) und die erste Quergasse nach W über den Höttinger Bach und dann die Dorfgasse und Schießstandgasse aufwärts zum Höttinger Schießstand (Gh.), ¼ St. Weiter fast eben am Waldrand auf aussichtsreichem Weg nach W zur Siedlung Sadrach. Wir gehen durch die Siedlung und gelangen am westlichen Teil derselben auf den zum Waldrand führenden Fußweg. Auf diesem durch lichten Kiefernwald flach verlaufend zur Buzzihütte, 707 m (Gh.).

Gehzeit ¾ St.; Höhenunterschied ↑ 100 m; meist sonnig.

 Zum „Grünen Boden" (Waldspielplatz)

Durch die Schneeburggasse bis zur Endstation der Buslinie A beim Großen Gott. Von da zur Siedlung Sadrach und in derem westlichen Teil hinauf zum Waldrand. Diesem entlang nach W in ¼ St. zum „Grünen Boden", wo ein Waldspielplatz eingerichtet ist.

Gehzeit vom Großen Gott ½ St.

Innsbruck: Hötting

 Zum Höttinger Bild

Von der Höttinger Kirche, 607 m (Haltestelle der Buslinie A, Parkplatz) ca. 200 m die Schulgasse aufwärts, dann nach W über den Höttinger Bach und die Dorfgasse und Schießstandgasse steil aufwärts zum Planötzenhof, 784 m (Gh.). Weiter nach N durch Föhrenwald (am W-Rand ober dem Planötzenhof unter Naturschutz stehende Föhre) sanft ansteigend zum Höttinger Bild, 905 m.

Auf einem ebenen, von alten Buchen und Bergahornen bestandenen Platz steht ein Barockkirchlein und am Platz davor eine Kreuzigungsgruppe mit einem Altar. Am Heiligen Abend wird hier stets eine vielbesuchte Mette gefeiert. Das Höttinger Bild ist aber seit alters ein Wallfahrtsort für Studenten in Prüfungsnöten. Nach *Mutschlechner* (1975) steht die Kapelle auf einer ehemaligen Bergbauhalde, und mehrere verbrochene Stollen sind in der Umgebung noch erkennbar. Die weitere Umgebung war ja im 15. und 16. Jahrhundert der Schauplatz einer regen Bergbautätigkeit und wohl das Zentrum des Höttinger Bergbaues. Wenngleich davon nichts überliefert ist, dürften wohl damals schon die Bergknappen an dieser Stelle ein Kreuz oder Marienbild an einem Baum befestigt haben, wie dies an vielen Stellen im Höttinger Wald üblich war. 1675 wurde eine kupfergestochene Kopie des Muttergottesbildes von Maria Waldrast auf einer großen Lärche am Platz der heutigen Kapelle angebracht. Um 1700 erbaute man eine hölzerne Kapelle und an ihrer Stelle im Jahre 1777 die heutige.

Rückweg: nach Osten über den Höttinger Graben (Knappenlöcher und ehemalige Bergbaustollen sind noch zu sehen, meist aber zugemauert) zum Gramartboden (Kinderspielplatz), 20 Min. Von dort nach S abwärts und steil durch „die Höhl'" zum „Anger" und dann den Höttinger Bach entlang zurück zum Ausgangspunkt.

Gehzeit ↑ 1 St., ↓ ¾ St.; Höhenunterschied ↑↓ je 300 m.

 Höttinger Bild – Knappensteig – Rauschbrunnen

Von Hötting zum Höttinger Bild wie oben; vom Höttinger Bild direkt nach W mäßig ansteigend durch den Hofwald.

Der Knappensteig erinnert an den Bergbau, der im 15. und 16. Jahrhundert auch hier unter dem Achselkopf betrieben wurde.

Nach 20 Min. queren wir im unteren Drittel die „Iglermähder", die früher als Bergmahd genutzt wurden, und biegen schließlich in den weiten Lawinengraben des Bärfalls, durch den im Winter die Lawinen, vom Schneekar und unter dem Brandjochkreuz abbrechend, gegen den Ortsteil Allerheiligenhöfe hinabstürzen. Wir queren den von niedrigem Buschwald bestandenen Bärfall und den Nachtigallenrinner und steigen auf zum Rauschbrunnen (Gh., im Sommer an Wochenenden bew.), 1092 m.

Rückweg über zahlreiche Kehren direkt unter dem Gh. Rauschbrunnen hinab zum Stangensteig und weiter, nach Querung des Lawinengrabens diesen wieder verlassend, hinunter über das Fuchsegg und an der Buzzihütte vorüber zum Berktoldhof (Gh.). Von hier durch die Schneeburggasse zurück nach Hötting.

Gesamtgehzeit ↑ 1¾ St., ↓ 1¼ St.; Höhenunterschied ↑↓ je 459 Hm; meist halb schattig, teils sonnig.

| W↑↓ | **Almsteig über Umbrüggl zur Arzler Alm** |

Von Hötting über den Planötzenhof zum Höttinger Bild. Von dort westlich des Heimes des Turnvereins Friesen, Hötting, vorüber, mäßig steil aufwärts durch den Wald zum Höttinger Graben, der bei der Vereinigung des alten Lehners mit dem Roßfall unterhalb der Lippenmahd gequert wird. Jenseits des Grabens nach O durch den Wald zur Umbrüggler Alm, 1114 m.

Nach der Sage ist diese Alm der Wohnsitz des „Kasermandls", eines guten Almgeistes, der durch das Lied Josef Pölls zu einer bekannten, volkstümlichen Gestalt wurde. Der Alp- und Gastbetrieb wurde nach weitgehender Zerstörung der Alpgebäude durch eine vom Gerschrofen im Januar 1952 herabgestürzte Lawine aufgelassen.

Von der Umbrüggler Alm meist eben nach O bis zum Lawinengraben unterhalb des Rastlbodens, dort abwärts bis zum Titschenbrunnen, 1051 m, und weiter eben durch den Wald und über zwei weitere Lawinenzüge (Penzenlehner und Engerlehner, beide mit Bremsverbauungen) zur Arzler Alm, 1067 m.

Rückweg: leicht fallend nach SW zur Hungerburg und auf der Gramartstraße eben zum Höttinger Bild und von dort zurück nach Hötting.

Gehzeit: ↑ 2 St., ↓ 1½ St.; Höhenunterschied ↑↓ je 500 m; sehr empfehlenswerter, wenig begangener Wanderweg, ein Drittel sonnig, zwei Drittel schattig.

W↑ Von Hötting nach Kranebitten

Von der Endstation der Buslinie A beim „Großen Gott" auf der Schneeburggasse weiter bis zu den Allerheiligenhöfen (Gh.) und oberhalb des Galgenbichls vorüber, unter der Karwendelbahn hindurch und am Waldrand – immer fast eben – nach Kranebitten, das sich seit einigen Jahren zu einem fast geschlossenen Siedlungsgebiet entwickelt hat; bis hieher 1 St.

INNSBRUCK-KRANEBITTEN

Erstmals wird 1402 das Gebiet „in dem Kranebittach" erwähnt. Der Name Kranebitten (= Wacholder) stammt vom mittelhochdeutschen „gran" (= Nadel) und dem althochdeutschen „witu" (= Holz). Um 1624 wurde die Kapelle Mariä Heimsuchung anläßlich eines Pestgelöbnisses von der Gemeinde Hötting erbaut. Um 1500 gab es in den Felsen ober Kranebitten noch Steinböcke, 1718 fand die letzte Bärenjagd statt und 1764 wurde der letzte Luchs erlegt. Gemsen gibt es aber heute noch, und man kann sie oft aus der Nähe beobachten, wenn man durch die Kranebitter Klamm auf die Magdeburger Hütte oder auf den Hechenberg wandert.

Im Ersten Weltkrieg (1917) und noch mehrmals bis in die letzten Jahre tobten in der weiteren Umgebung von Kranebitten ausgedehnte Waldbrände, die in dem unwegsamen, wasserarmen Gebiet schwer zu löschen waren. Ihnen fielen die herrlichsten Mischwälder ober der Klamm und am Hechenberg und die Bergwälder und Latschenfelder auf den Fritzner Mähdern und auf Aspach zum Opfer, in denen es einst zahlreiche mächtige Eiben und unzählige Maiglöckchen gab. Die Maiglöckchen wurden früher von den Höttinger Bäuerinnen gepflückt und in Ruckkörben zum Innsbrucker Markt getragen. Die Kranebitter Klamm und der Hechenberg wurden 1932 unter Naturschutz gestellt, die Kranebitter Innau vor allem wegen der vielen dort brütenden Vögel im Jahre 1937.

Nach Kranebitten gelangt man auch mit der Autobuslinie LK oder mit der ÖBB.

B↑↓ **Kranebitter Klamm**

Vom Gh. Kranebitten (Autobushaltestelle) über die Bundesstraße und auf der Fahrstraße zur Haltestelle der ÖBB, 697 m, ¼ St., und weiter auf dem asphaltierten, zum Kerschbuchhof führenden Fahrweg bis zur großen Rechtskehre unterhalb des Ausgangs der Klamm. Hier kann auch beschränkt geparkt werden. Auf rot markiertem Steig über Geröll und einige Eisenleitern in die Klamm. Bald erreicht man ihre engste Stelle bei der „Hundskirche", wo die Felswände so nahe aneinander rücken, daß man nur mehr einen schmalen Streifen des Himmels sieht.

Im Weiterwandern treten aber die drohenden Felswände bald zurück und machen Platz für viele seltene Gewächse: das breitblättrige Pfaffenhütchen (Evonymus latifolia), akeleiblättrige Wiesenraute (Thalictrum aquilegifolium), Bergrosen (Rosa pendulina), Türkenbund (Lilium martagon), Frauenschuh (Cypripedium calceolus) und Maiglöckchen (Convallaria majalis). Der unheimlichen Stille in der „Hundskirche" folgt hier der jubelnde Gesang vieler verschiedener Singvögel. Und ober uns erscheinen nun die mächtigen, fahlen Südwände des Solsteinkammes.

Steil führt uns der Weg über den kurzen Lehner gegen die „Nasse Wand" empor, bis wir auf den AV-Steig Nr. 214 stoßen, der von Hötting herauf und weiter zur Magdeburger Hütte führt. Diesem Steig folgen wir nun nach O zum Mitteregg, dann hinunter in den langen Lehner und nach dessen Querung nahezu eben durch den Buchen-Tannen-Bergwald – an vielen wild in die Kranebitter Klamm hinabschießenden Steilrinnen vorüber – zum Sparberegg.

Frei liegt nun das ganze Inntal vor uns, und das Auge schweift bis zum vergletscherten Kamm der Zillertaler Alpen und zu den Kalkkögeln. Direkt unter uns aber liegen Kranebitten, der Kerschbuchhof und der Innsbrucker Flugplatz.

Wir steigen nun beim Sparberschrofen neben einer kleinen Hütte durch die blumenreiche ehemalige Bergmahd etwas hinab und queren dann den schütteren Hochwald zum Rauschbrunnen hin, 1092 m (Gh., an Sonn- und Feiertagen bew., 10 B). Etwa 5 Min. vorher zweigt unser Weg nach rechts (SW) ab, auf dem wir in ½ St. zum Kerschbuchhof gelangen, 811 m (Gh., ganzj. bew.). Von hier zurück zum geparkten Wagen oder den Haltestellen der ÖBB bzw. Autobus.

Gehzeit 3 – 3½ St.; Höhenunterschied ↑↓ je 700 Hm. Der Weg erfordert Trittsicherheit und ist am schönsten im Hochsommer, zwei Drittel schattig, ein Drittel sonnig.

| B↑↓ | **Von Innsbruck zur Magdeburger Hütte und zum Solsteinhaus**

Mit der Autobuslinie H zur Endstation oder mit der ÖBB (Karwendelbahn) bis zur Haltestelle Allerheiligenhöfe. Von den Allerheiligenhöfen steil durch den Lawinengraben aufwärts zum Stangensteig und weiter in vielen Kehren durch den Wald zum Rauschbrunnen, 1092 m (Gh., an Sonn- und Feiertagen bew.). Der Weg führt nun ein Stück eben nach W durch den Bergwald, dann betreten wir die freien Hänge der Fritzenmähder, die aber schon lange nicht mehr bewirtschaftet werden und daher allmählich mit Gehölzen zuwachsen. Über den Sparberschrofen steigen wir an einer kleinen Hütte vorüber zum Sparberegg hinauf, und hier biegen wir nun vom Inntal in die Kranebitter Klamm ab. Zuerst führt uns der Steig – zahlreiche abschüssige Steilrinnen querend – durch einen der wenigen geschlossenen Buchen-Tannen-Mischwälder, die von den zahlreichen Waldbränden übriggeblieben sind. Dann queren wir den langen Lehner, der von den S-Wänden des Kleinen Solsteins herabzieht, steigen steil etwa 100 Hm zum Mitteregg empor und hin zur Nassen Wand, queren den kurzen Lehner, und unter den fahlen, kahlgefegten Felsen des „Altweiberbrandes" gelangen wir in den Schoberwald. In vielen Serpentinen steigen wir auf zu Schoberwaldhütte, und von da an geht es flach durch das schüttere Larchach zur Neuen Magdeburger Hütte, die in 1633 m Höhe am Martinsberg liegt, einem breiten Sattel zwischen Solstein und Hechenberg (DAV-Sektion Geltendorf, von Pfingsten bis 15. 10. bew., 20 B, 34 M).

Hier Abkürzungsmöglichkeit über die Zirler Mähder nach Hochzirl und Zirl.

Wir wenden uns von der Hütte nach rechts (NW) auf dem Zirler Schützensteig kurz durch den obersten Waldstreifen, dann durch Latschen und über Schrofen (stellenweise gesichert) an der Flanke des Großen Solsteins stetig steigend zum Erlsattel, auf dem das Solsteinhaus steht, 1806 m (ÖAV-Sektion Innsbruck; Mitte Mai bis zum 2. Sonntag im Oktober bew., 28 B, 39 M). Vom Solsteinhaus auf AV-Steig Nr. 213 nach S über die Solenalm zur

Bahnstation Hochzirl, 922 m, und mit der Bahn zurück nach Innsbruck.

Gehzeit ↑ 4 St., ↓ 2 St.; zusammen 6 St; Höhenunterschied ↑ 1200 Hm, ↓ 880 Hm. Der Weg führt durch eine großartige kalkalpine Landschaft und ist bis zum Solsteinhaus mit Nr. 214, von dort nach Hochzirl mit Nr. 213 bez., ein Drittel schattig, zwei Drittel sonnig.

INNSBRUCK-HUNGERBURG 860 m

Hieher mit der Standseilbahn (Hungerburgbahn) oder mit eigenem Pkw (Parkplätze vorhanden).

Dieser Teil der Nordkettenterrasse, der heute den Stadtteilen Hötting und Mühlau angehört, dürfte schon in vorgeschichtlicher Zeit besiedelt gewesen sein. Denn oberhalb des Steinbruchs wurden 1874 Steinwerkzeuge gefunden, die ältesten Siedlungszeugen im Raume von Innsbruck.

Im Mittelalter war aber die ganze Terrasse von geschlossenem Wald bedeckt und erst um 1500 berichtet eine Urkunde von der Bezeichnung „Planötz" und von einer Waldwiese „pleurs gereut" im westlichen Teil der Terrasse, wohl beim heutigen Gramartboden.

Um 1616 wird zum ersten Mal eine Vogelhütte erwähnt, eine Vogeltenne also, wie sie damals rund um die ganze Stadt zu finden waren. Sie gehörte einem Italiener namens Marzioli. Diese Hütte wurde häufig von den Höttinger Vogelfängern besucht, doch gab es noch keinen Gastbetrieb.

Erst 1840 rodete der damalige Besitzer der Weiherburg Andrä von Attlmayr einen Teil des Waldes und kultivierte den Boden als Acker und Wiese. An der Stelle der ehemaligen Vogeltenne errichtete er 1847 ein solid gebautes Haus mit Walmdach im Stil eines Landsitzes mit einem Stall für 14 Stück Großvieh. Das Wahrzeichen des Hauses war ein Holzturm mit einer Glocke. Dieser Hof war einer der sechs Gutshöfe, die zum Attlmayrschen Besitz der Weiherburg gehörten. Deshalb wurde er auch gelegentlich als „Oberweiherburg" bezeichnet.

Neben dem Haus stand ab 1855 ein Brunnen. Er wurde aus einer Quelle gespeist, die von Attlmayr nach einer Legende zufällig unterhalb des Rastlbodens entdeckt worden sei („Titschenbrunnen"). Von Attlmayr wurde daraufhin sein Ansitz „Maria-

Innsbruck: Hungerburg 151

brunn" genannt. Bis dahin mußte das Wasser vom sogenannten „Katzenbrunnen„ (richtig wohl „Kaltenbrunnen"), an der heutigen Gramartstraße gelegen, etwa 20 Min. weit in Tragbutten hergebracht werden.

Der Name „Hungerburg" erscheint erst um 1850. Über seine Herkunft gibt es drei verschiedene Auffassungen. *Sinwel* meint, daß er von einer alten Flurbezeichnung stamme, Adolf *Pichler* vertritt die Auffassung, daß die schlechte Bewirtung im Attlmayrschen Pachthof dazu führte und *Klaar* gibt der Armut des Pächters am Attlmayrschen Hof Mariabrunn die Schuld. Die wahrscheinlichste Deutung ist wohl die erste. Wenn nämlich die Fluren (wegen der überall anstehenden Höttinger Breccie) nicht so mager gewesen wären, hätte man sicherlich das Gebiet schon früher und intensiver besiedelt.

1906 wurde die Hungerburgbahn erbaut, 1928 die Nordkettenbahn, und schließlich erbaute man auch die neue Höttinger Höhenstraße. Dadurch kam es zu einer raschen wirtschaftlichen Entwicklung dieses Stadtteiles, und schon ist man mit dem Namen „Hungerburg" nicht mehr recht zufrieden und möchte gerne „Hoch-Innsbruck" genannt werden.

W↓ Von der Hungerburg über das Sprengerkreuz nach St. Nikolaus

Etwa 300 m auf der Höhenstraße abwärts, dann auf dem Fußweg nach links an einem steinernen Wegkreuz vorüber bis zum fast eben verlaufenden „Lugaussteig" und auf diesem nach rechts (W) bis zum ehemaligen Höttinger Steinbruch (siehe Seite 129); bis hieher auch auf der Höhenstraße, jedoch dort Verkehrsbelästigung. Vom Höttinger Steinbruch auf der Höhenstraße ca. 300 m weit abwärts, dann auf schmalem Fußsteig nach links (hier die einzige Wegtafel) zum Sprengerkreuz, einer Gedenkstätte für die Verstorbenen des Höttinger Trachtenvereins „D'Burgstadler", wo eine Sitzlaube – umgeben von mächtigen alten Winterlinden – inmitten einer liebevoll gepflegten Anlage zum Verweilen einlädt. Von hier steil abwärts am östlichen Rande eines Wiesentales und später über eine von Eichen-Linden-Wald bestandene Felsstufe den Fallbachgraben hinab über das Venusbad zur St. Nikolauser Kirche und zum Innsteg.

Gesamtgehzeit 1 St.; Höhenunterschied ↓ 300 Hm; teils sonnig, teils halb schattig.

W↓ Über den Erlerweg nach Mühlau

Von der Bergstation der Hungerburgbahn zuerst ca. 300 m auf der Höhenstraße nach W. Bei der 1. Wegabzweigung nach links hinab (nach Pension Troppmair) zum „Lugaussteig". Auf diesem eben nach links (O), unter der Hungerburgbahn hindurch und auf dem „Erlerweg" durch den Föhrenwald mäßig steil hinab. Der Weg quert den „Schillerweg" und führt weiter durch den Föhrenwald hinunter zum Richardsweg und zur Mühlauer Innbrücke (Haltestelle der Buslinie C und der Straßenbahnlinie 1).

Gehzeit ¾ St.; Höhenunterschied ↓ 300 m; meist halb schattig.

W↓ Über den Knappensteig nach Mühlau

Von der Bergstation der Hungerburgbahn nach N an der Talstation der Nordkettenbahn vorüber und dann eben nach rechts (O). 100 m nach dem letzten Haus nach rechts hinab über das „Seyrlingbödele" und den „Wilhelm-Greil-Weg" querend auf dem „Knappensteig" durch den lichten Wald zum Duffbachl (Lawinengraben) und jenseits flach weiter bis zum Schillerweg. Vom Schillerhof am besten über die Josef-Schraffl-Straße und den Kirchsteig zum Mühlauer Hauptplatz (Haltestelle der Buslinie C).

Der Knappensteig erinnert an die Bergknappen, die auf diesem Weg im 15., 16. und 17. Jahrhundert das im Höttinger Bergbau gewonnene Erz zur Schmelze nach Mühlau trugen.

Gehzeit ¾ St.; Höhenunterschied ↓ 250 m; meist halb schattig.

Über die Steigerruhe nach Mühlau

Vom Parkplatz ober der Nordkettenbahn-Talstation über die Treppe unter der Seilbahn hinauf zum Rosnerweg und auf diesem nach rechts (O) bis zu dem 1974/75 erbauten Lawinenschutzdamm unter der Arzler Alm, 20 Min. Westlich des Lawinendammes führt der „Amarellersteig" durch den Wald in 10 Min. zur Steigerruhe hinab, einem Rastplatz mit Bänken oberhalb einer felsigen Steilstufe. Weiter nach O zum Duffbachl absteigend, dieses unter den Fleischbankeln querend und dann am linksufrigen Rücken durch den Wald hinab. Der Amarellersteig quert zuerst den „Knappensteig" und 200 m unterhalb den „Schillerweg" und endet schließlich an der Ostseite des 1935 von der Lawine beschädigten Dibiasihofes an der Josef-Schraffl-Straße. Auf dieser nach rechts zum Deutschen Heim und hinab zur Mühlauer Innbrücke (Bus- und Straßenbahnhaltestellen).

Gehzeit 1½ St.; Höhenunterschied ↑ 50 Hm, ↓ 300 Hm; Weg meist halb schattig.

W↓ Von der Hungerburg über die Weiherburg nach St. Nikolaus

Von der Hungerburg zunächst auf der Höhenstraße nach W bis hinunter zur Pension Troppmair. Dort nach links (S) auf dem mit Nr. 11 bez. Weg (blau-weiß-blau) hinunter und nach ca. 200 m nach O in den Lugaussteig einbiegen. Von diesem nach rechts abzweigen und durch parkartigen Laubmischwald neben dem Alpenzoo hinab zur Weiherburg.

Bei der letzten Wegbiegung zweigt ein schmaler Stichweg nach links ab, der „Geologensteig". Er führt in den Graben des Höttinger Tuffbaches zum Lepsiusstollen hinein. Dieser Stollen wurde 1913 anläßlich des Geologenkongresses gegraben und lieferte den Beweis für die Theorie von vier Eiszeiten, die durch längere Interglazialzeiten unterbrochen waren. Heute ist noch der äußere Teil des Stollens betretbar. Unter der hier anstehenden Höttinger Breccie tritt an der Obergrenze einer älteren Moräne mit mächtiger Schüttung die Quelle des Tuffbaches aus. Sie ist zum Teil gefaßt.

Von der Weiherburg entweder in den Parkanlagen direkt hinab zum Holzsteg über den Inn und auf der Innpromenade in die Stadt oder über die Weiherburggasse an Schloß Büchsenhausen vorbei nach St. Nikolaus und dort über den Innsteg ins Stadtzentrum.

Gehzeit 1 St.; Höhenunterschied ↓ 280 Hm.

W↓ Von der Hungerburg über den Gramartboden nach Hötting

Vom Parkplatz ober der Nordkettenbahn auf der Gramartstraße durch Hochwald nach W in ½ St. zum Gramartboden, einem freien Wiesenplatz mit 2 Gasthäusern und einem Kinderspielplatz. Dort nach links zuerst auf asphaltiertem Fahrweg zu einer Gabelung, wo wir links auf dem Fußsteig über den meist von niederem Wald bestockten Rücken zum Hexenbödele ober dem Plattenhof gelangen. Vom Hexenbödele steil über den Burgstadlhang hinab zum alten Höttinger Turm und über die Höttinger Gasse in die Stadt.

Gehzeit 1½ St; Höhenunterschied ↓ 280 Hm.

| W↓ | **Von der Hungerburg über den Höttinger Graben nach Hötting** |

Von der Hungerburg auf der Gramartstraße durch den Hochwald nach W in ½ St. zum Gramartboden. Dort nach links (S) auf dem asphaltierten Fahrweg steil hinab durch die „Höhl" zum „Angerle" im Höttinger Graben.

Bis hieher sind die größten bekannten Lawinen durch die vom Brandjoch herabziehenden Gräben vorgedrungen. An den beiden Einhängen oberhalb des Angerle erkennt man noch immer die Wucht der Lawinen am Fehlen hoher Nadelbäume und am Vordringen des Buschwaldes.

An einer Säge und der Höttinger Schottergrube vorbei wandern wir den Höttinger Graben hinab in die Höttinger Dorfgasse, nach links zum Kirchplatz und über die Höttinger Gasse in die Altstadt.

Gehzeit 1½ St.; Höhenunterschied ↓ 280 Hm; ein Drittel schattig, zwei Drittel sonnig.

| W↓ | **Über das Höttinger Bild und Planötzenhof nach Hötting** |

Von der Hungerburg auf der Gramartstraße durch den Hochwald nach W in ½ St. zum Gramartboden. Nach NW über den freien Wiesenboden in den Höttinger Graben, in dem die Spuren der vielen Lawinenstürze deutlich sichtbar sind. Im Winter beachte man die Lawinenwarntafeln und die Wegsperrung bei akuter Gefahr.

In der felsigen Verengung des Grabens, wo oberhalb des Steges der junge und der alte Lehner zusammentreffen, sind noch die zugemauerten Stolleneingänge des ehemaligen Höttinger Bergbaues zu erkennen. Und auch das Höttinger Bild, das wir in ¼ St. erreichen, geht auf den Bergbau im 15. und 16. Jahrhundert zurück, denn die Kapelle steht auf einer alten Stollenkippe und wurde an einer Stelle errichtet, wo 1675

Innsbruck: Hungerburg 155

die Bergknappen zuerst ein Muttergottesbild an einer großen Lärche anbrachten. Daher stammt auch der Name „Höttinger Bild".

Auf dem alten Wallfahrtssteig wandern wir nun nach S durch den Föhrenwald zum Gh. Planötzenhof und weiter direkt über den sonnigen Steilhang hinab nach Hötting.

Gehzeit 2 St.; Höhenunterschied ↓ 250 Hm; halb schattig, halb sonnig; der Weg ist bis zum Höttinger Bild mit Nr. 8, danach mit Nr. 7 bez.

| B↓ | **Auf dem Stangensteig zum Kerschbuchhof** |

Von der Hungerburg auf der Gramartstraße durch den Hochwald nach W in ½ St. zum Gramartboden. Nach NW über den freien Wiesenplatz in den Höttinger Graben und jenseits wieder im Wald zum Höttinger Bild, einer zwischen alten Buchen und Bergahornen stehenden Wallfahrtskapelle. Nun ca. 200 m auf dem alten Wallfahrtsweg nach S, dann nach rechts (W) über einen kleinen Rücken zum Forstweg hinab, der nun ziemlich eben durch den Hofwald führt.

Dieser heute großteils von Kiefern bestockte Wald ist nahezu 5 Jahrhunderte lang der Holzlieferant für die Innsbrucker Hofburg gewesen, die ja bis vor etwa 40 Jahren mit Kachelöfen beheizt wurde. Früher standen hier viel mehr Buchen und Tannen als heute. Der Stangensteig ist ein uralter Weg, der stellenweise – vor allem im östlichen Teil – die Grenze zwischen dem Hofwald und dem Gemeindewald bezeichnete. Schon im Jahre 1684 wird er urkundlich genannt (*Hye*, 1975). Heute ist der Stangensteig einer der beliebtesten Wanderwege; er wird vom Innsbrucker Verschönerungsverein betreut.

Nach ca. ½ St. ab Höttinger Bild führt der Steig am „Ötztaler Trögl", einem frischen Brunnen, vorüber und quert bald darauf die Lawine, die zu den Allerheiligenhöfen hinabzieht und vor ihrer Verbauung mehrmals bis über die Karwendelbahn vordrang. Wir kreuzen hier den zum Rauschbrunnen führenden Weg und gelangen – immer leicht fallend – durch den Hochwald des Unteren Aspach (Aspuech) zum Kerschbuchhof, der frei in einer ausgedehnten Wiese auf vorgeschobenem Rücken liegt, 810 m (Gh., ganzj. bew.); bis hieher 2½ St.

Im Urbar des Stiftes Wilten wird der „Gersbuchhof" zum ersten Mal erwähnt. Erzherzog Ferdinand II. kaufte den Hof und die Mahd und errichtete einen „Gamsgarten" zum „Zügeln des Wildprets". Während der Pestjahre im 17. Jahrhundert war dann der Kerschbuchhof ein Zufluchtsort für den landesfürstlichen Hof.

Auf den Kerschbuchhofwiesen nach O hinab ins Knappental und am Waldrand zu den Allerheiligenhöfen (Bahn- und Autobusstation), ½ St. oder vom Kerschbuchhof nach S steil hinab zur Bahnstation Kranebitten, ¼ St., bzw. zur Autobushaltestelle beim Gh. Kranebitten, ½ St.

Gehzeit ca. 3 St.; Höhenunterschied ↑ 50 Hm, ↓ 250 Hm; Weg mit Nr. 8 bez., zwei Drittel schattig, ein Drittel sonnig.

W ↑↓ Von der Hungerburg zum Thaurer Schlößl

Von der Bergstation der Hungerburgbahn, 868 m, steil nach rechts (N) zwischen den Häusern hinauf in den Wald zum Rosnerweg (mit Nr. 9 bez.). Auf diesem steigen wir durch Fichtenhochwald mäßig steil bis zum Penzenlehner an, jener Lawine, die unmittelbar neben dem Hafelekargipfel abbricht und hier am Hungerburgplateau bisher zum Stehen kam. Nun eben weiter durch Hochwald, bis wir in 20 Min. ab der Hungerburg den neuen Lawinenschutzdamm unterhalb der Arzler Alm erreichen, auf dessen Krone der Rosnerweg verläuft. Wieder im Hochwald queren wir die unsichtbar im Boden verlegte Druckrohrleitung des Innsbrucker Elektrizitäts- und Wasserwerkes und bald darauf die vom Wurmbach durchflossene Mühlauer Klamm, durch welche am 21. Jänner 1952 die große Lawine vom Gamsänger (Rumer Spitze) herabstürzte und dabei das alte Innsbrucker Elektrizitätswerk bei der Schweinsbrücke zerstörte.

Damals wurden alle in der Klamm stehenden Bäume niedergerissen, darunter die sehenswerte riesige Hopfenbuche (Ostrya carpinifolia) nahe dem Ausgang der Klamm.

Jenseits steigt der Weg, der in diesem Abschnitt Hueberweg heißt, wieder an und bald gelangen wir zu dem Wiesenplateau, auf dem im Westen der Purenhof und im östlichen Teil der Rechenhof liegen.

Der Purenhof erscheint schon 1305 in einer Urkunde als ein Gut „Pur". Der Hof war einst ein landesfürstliches Lehensgut, und 1410 waltete hier Christof, der letzte der hochangesehenen Kämmerer von

Thaur. Noch um 1502 beklagte sich die Frau Purnerin, daß ihr ein Bär 2 Kühe geschlagen hätte, und noch lange danach zogen die Bauern zur Wolfsjagd aus. In einer Grenzbeschreibung der Gemeinde Rum wird 1540 der „Röhenhof" genannt, der „bis zu Purners Gatter" reiche. 1573 kaufte ihn Erzherzog Ferdinand um 1000 Gulden, damit er dort „Rech zügeln" könne.

Zwischen Purenhof und Rechenhof queren wir wiederum einen Lawinengang, der schon mehrmals bis an die Mauern des Gh. Hernstein und daneben weit in die Purenhofer Wiesen vordrang, freilich ohne bisher größeren Schaden anzurichten. Es ist der Alplehner, der von der Rumer Spitze abbricht und neben der Rumer Alm über die Rumer Wand herunterstürzt und hier am breiten Schuttkegel meist zum Stehen kam.

Vom Rechenhof gelangen wir in 5 Min. zu den „sieben Wegen", wo sich die von Rum heraufkommenden Wege mit unserem – ab hier Adolf-Pichler-Weg genannt – kreuzen; bis hieher von der Hungerburg 1 St. Kurz nach den sieben Wegen queren wir die Rumer Mure.

Die Unglückschronik geht bis in das Jahr 1769 zurück, als die herabstürzenden Felsmassen ein so lautes Getöse verursachten, daß man es bis Innsbruck hörte. Unzählige Male ergossen sich seither die Geröllmassen aus dem mürben Hang unter der Grauen Wand über Wald und Feld.

Mitten im Wald liegt einsam der schon seit 1313 genannte Garzanhof, und ein letztes Mal queren wir gleich danach eine Lawinenbahn, ehe wir im dunklen Fichtenbestand zu einer Quelle kommen, die frisch aus einer Steinnische perlt.

Der Innsbrucker Verschönerungsverein hat diesen Brunnen ausgebaut und nach dem Gelehrten und Dichter Adolf Pichler benannt, der hier oft rastete und den einzigen Standort der stengellosen Primel (Primula acaulis) Nordtirols entdeckt hat. Daß es sich bei diesem seltenen Vorkommen um ein natürliches Relikt aus wärmeren Zeiten handelt, mag wohl bezweifelt werden. Eher dürften die Primeln, die ja im ganzen Land kultiviert werden, aus dem Garten des nahen Thaurer Schlosses stammen und hier verwildert sein.

Bald ist der Waldsaum erreicht, die Wiesen des Schloßhofes liegen vor uns.

Der Hain aus mächtigen Bergulmen, der früher den Hof umgab, hat sich inzwischen leider stark gelichtet. Die meisten Bäume fielen dem Ulmensterben zum Opfer. Gleich unter dem Hof ragt das alte Gemäuer des einst so stattlichen Thaurer Schlosses aus dichtem Gesträuch. Viele reich blühende und fruchtende Eiben (Taxus baccata) sind am Burghügel erhalten geblieben. Der Bau des Schlosses wurde im 11. Jahrhundert begonnen. Sichere Kunde haben wir aber erst aus der Mitte des 13. Jahrhunderts, als es der Graf von Hirschberg, „Herr des Inntales", zu einer weitläufigen Anlage ausbaute. Am Beginn des 14. Jahrhunderts rauchten bereits im neugegründeten Hall die Sudpfannen. Thaur hatte aber seine Bedeutung noch nicht eingebüßt, und die Kämmerer von Thaur hausten hier heroben auf dem Schloß. Die Glanzzeit des Schlosses fiel aber in die Zeit, da Kaiser Maximilian I. hier weilte. Er ließ es im Westen durch eine massive Tor- und Rondellanlage erweitern. Im 1. Stock war sein Prunkgemach, und aus den Schußscharten des dicken Gemäuers ragten die nagelneuen Geschütze, die wohl nur zu festlichem Knallen dienten, das der Kaiser so liebte. Am sonnigen Steilhang unter dem Schloß war ein Weinberg angelegt mit „Vahrner Angst- und Schlafreben". Östlich vom Schloß steht noch auf freier Höhe das Wallfahrtskirchlein hl. Peter und Paul, um das sich die Sage des heiligen Romedius rankt und das deshalb im Volk als „Romedikirchl" bekannt ist. Am Palmsonntag wird heute noch von der Thaurer Pfarrkirche in einer Prozession die auf hölzernem Esel thronende Christusfigur über den Burghang hier herauf zum Romedikirchl gezogen.

Vom Romedikirchl führt der Adolf-Pichler-Weg in den Graben hinab und jenseits über die Kapaunssiedlung durch den Wald über die Absamer Jägerkaserne nach Eichat, von wo man auf der Salzbergstraße in ½ St. nach Hall gelangt.

Wir aber wandern lieber über den sonnigen, von Eichenwaldresten bestandenen Burghügel hinab, und vielleicht entdecken wir noch eine der selten gewordenen und durch eine Lärchenaufforstung bedrängten Innsbrucker Küchenschellen (Pulsatilla vernalis), die eine der größten floristischen Raritäten der Umgebung von Innsbruck sind. In 20 Min. erreichen wir das Dorf mit seinen schönen Bauernhöfen, die besonders durch die mächtigen Tore auffallen.

Gehzeit 2½ – 3 St.; bis Hall ¾ St. mehr; Höhenunterschied 120 Hm, ↓ 280 Hm. Der vielbegangene Wanderweg ist bei Lawinengefahr gesperrt, sonst aber das ganze Jahr begehbar; am schönsten zwischen Ostern und dem ersten Schneefall, zwei Drittel schattig, ein Drittel sonnig.

B ↑↓ Innsbrucker Almweg

Hungerburg – Arzler Alm, 1067 m – Rumer Alm, 1243 m – Vintlalm, 1567 m – Thaurer Alm, 1461 m

Von der Hungerburgbahn-Bergstation hinauf auf den Rosnerweg und dort gleich nach links aufwärts (Wegtafel) durch den Mischwald nach NO zur Arzler Alm, 1067 m, wobei wir den von Buschwald bestandenen „Penzenlehner" queren. Weiter über mehrere Lawinengräben durch Buchen-Tannen-Fichten-Wald am Innsbrucker Wasserstollen vorüber in den Mühlauer Graben, der oberhalb des Mühlauer Ursprungs in weitem Bogen überquert wird. Jenseits etwas steiler durch den Wald zu der nach dem Brand neu erbauten Rumer Alm, 1243 m (Gh., ganzj. bew.); bis hieher 1 St. Von der Rumer Alm geht es nun etwas steiler in Serpentinen durch Bergwald und Latschen ein Stück den Südhang der Rumer Spitze hinauf und dann wieder flach nach O zur Vintlalm, 1567 m (Jausenstation, im Sommer bew.), die in herrlicher Aussichtslage am Rücken neben der Roten Riepe liegt. Von der Vintlalm fällt der Steig nach O etwa 80 m ab und quert die „Kesselreißen" oberhalb der „Köllenburg", wo im Frühling die Schrofen gelb sind von den duftenden Blüten der Platenigl. Über einen kleinen Sattel nördlich des Thaurer Roßkopfs gelangen wir zur Thaurer Alm, 1461 m (Gh., im Sommer bew., 10 M); bis hieher von der Hungerburg 2–2½ St. Von der Thaurer Alm auf dem Forstweg über das Thaurer Schlößl hinab nach Thaur, 633 m; dort Autobushaltestelle.

Gehzeit ↑ 2–2½ St., ↓ 1½–2 St., zusammen 3½–4½ St.; Höhenunterschied ↑ 730 Hm, ↓ 950 Hm. Der Weg steigt immer mäßig an, ist unschwierig und kann bei jeder der Almen abgekürzt werden. Er ist mit Nr. 5 bzw. 218 bez., ein Drittel schattig, zwei Drittel sonnig. Auf dem ganzen Weg genießt man einen herrlichen Tiefblick auf das Inntal. Am schönsten ist er im Hochsommer und Herbst, doch sollte man im Hochsommer nicht gerade um die Mittagszeit auf den heißen Sonnenhängen wandern.

B ↑↓   Über die Kaisersäule ins Halltal

Von der Hungerburg auf den Rosnerweg und auf diesem nach O über die Mühlauer Klamm, Puren- und Rechenhof zum Garzanhof, 876 m (mit Nr. 9 bez.); bis hieher 1–1½ St. Vom Garzanhof auf Weg Nr. 2 aufwärts durch den Wald und neben dem Kiechlberg in den Graben der Köllenburg (Rumer Langebach). Steil führt nun der Steig in Serpentinen die Stanglmahd empor, die schon lange nicht mehr gemäht wird und bereits einen Jungwald trägt. In 1½ St. ab Garzanhof erreichen wir die Thaurer Alm, 1461 m (Gh., im Sommer bew., 10 M). Nach O sanft ansteigend zur „Kaisersäule", 1700 m, und nun steiler zum Törl, 1805 m.

Hier öffnet sich überraschend der Einblick ins Halltal mit seinen schroffen Wänden, dem eigenartig in der Talmitte abgesackten Felsklotz des Kartellerjöchls und mit seinen vielen noch erkennbaren Anlagen des 800 Jahre lang betriebenen Halltaler Salzbergbaues.

Auf der N-Seite des Törls führt der Weg steil in Serpentinen hinab zu den Herrenhäusern und dann auf der Salzbergstraße durch das ganze Halltal hinaus nach Absam oder Hall, 570 m, von wo man mit dem Autobus zurück nach Innsbruck fahren kann; von Hall auch mit der Bundesbahn.
Gehzeit ↑ 3–3½ St., ↓ 2½–3 St., zusammen 5½–6½ St.; Höhenunterschied ↑ 1070 Hm, ↓ 1250 Hm, bis Absam ↓ 1190 Hm. Der Steig ist bis zum Garzanhof mit Nr. 9, dann bis zur Thaurer Alm mit Nr. 3 und ab dieser mit Nr. 218, ab den Herrenhäusern mit Nr. 221 bez., halb sonnig, halb schattig.

W ↑↓ Von der Hungerburg zur Höttinger Alm, 1473 m

Von der Hungerburg über den Parkplatz nördlich der Nordkettenbahn und an dessen nordwestlicher Ecke auf Weg Nr. 3 bzw. 215 durch den Wald am Kreuzbrunnen und Bergheim vorüber in ¾ St. zur Umbrückler Alm, 1114 m (im Sommer als Jausenstation bew.). Zuerst flach nach W, dann auf dem Rücken meist auf oder neben der Skipiste in Serpentinen steil durch den Wald. Dieser, als „Nißl-Reitsteig" bezeichnete Weg quert zuletzt den Graben ober dem Roßfall und führt steil zur Höttinger Alm, 1473 m, deren Hütten und Kapelle weithin sichtbar auf sonnigem Rücken liegen (Gh., vom Mai bis Oktober bew., 25 M).

Rückweg: bis zum Graben zurück, dann den Roßfall hinunter zur Lippenmahd, wo der Roßfall in den Höttinger Graben mündet, und dort nach links (O) hinauf in den Wald und über den Brandlschrofen und Maria im Walde zurück zur Hungerburg.
Gehzeit ↑ 2 St., ↓ 1½ St., zusammen 3½ St.; Höhenunterschied ↑↓ je 620 Hm.

Innsbruck: Hungerburg, Mühlau 161

| B ↑↓ | **Von der Hungerburg zu Fuß auf die Seegrube** |

Auf der Gramartstraße zur Theresienkirche und dann der Markierung Nr. 1 folgend nach rechts (N) im Wald aufwärts zum Titschenbrunnen und weiter über die von Jungwald bestockte Fläche des Lawinenzuges nach rechts hinauf zum Rastlboden. Weiter steil aufwärts, wobei dreimal der Forstweg zur Höttinger Alm zu queren ist, in den Spitzwald und an dessen Ostrand in vielen Kehren steil zur Bodensteinalm, 1661 m (Gh., im Sommer bew.), die auf einer Verebnung an der Waldgrenze liegt. Auf dem Rücken ober der Alm steil zuerst durch Latschenbestände, dann durch Bergweiden bis ca. 1900 m Höhe und schließlich nach links (W) ziemlich flach zur Seegrube, 1905 m, der Mittelstation der Nordkettenbahn (Hotel, ganzj. bew.).

Rückweg wie Anstieg oder mit der Nordkettenbahn.

Gehzeit ↑ 3 St., ↓ 2 St.; Höhenunterschied ↑↓ je 1050 Hm. Der Weg ist mit Nr. 1 und Nr. 216 bez., ein Drittel schattig, zwei Drittel sonnig.

Zum Stadtteil *Mühlau* vom Zentrum auf der Innpromenade, dann über die Innbrücke neben der Hungerburgbahn und über die Anton-Rauch-Straße zum Hauptplatz. Zum Hauptplatz auch mit der Buslinie C oder mit eigenem Pkw.

INNSBRUCK-MÜHLAU

1313 Arzell mit Mülein als selbständige Steuergemeinde erstmals urkundlich genannt. Hier stand die Schmelzhütte des Höttinger Bergwerkes. Um 1460 Plattner und Harnischwerkstätten. Eine davon noch weitgehend erhalten am Hauptplatz, Ecke Anton-Rauch-Straße. In der Mühlauer Erzgießerei wurden für die Hofkirche 17 Statuen gegossen. 1786 Badeanstalt, danach 1 Papierfabrik, 1 Knoppernmühle, 10 Getreidemühlen und 2 Hammerschmieden. 1580 wurde eine Brücke über den Inn errichtet, um das Brunnenwasser vom Mühlauer Bach zu den Hofgebäuden zu leiten. 1838–1843 wurde von *Josef Duile* die einzige Kettenbrücke Tirols errichtet. Sie hatte 75 m Spannweite und überquerte den Inn im rechten Winkel unmittelbar neben der Brücke der Hungerburgbahn. Nachdem sie fast 100 Jahre gedient hatte, wurde sie 1937–1939 durch die heutige Brücke ersetzt. Die Eisenbahnbrücke wurde 1858 errichtet, die Brücke der Hungerburgbahn 1906.

Kunstdenkmäler:
Pfarrkirche St. Leonhard, 1437 erstmals urkundlich genannt, doch stand schon davor an dieser Stelle ein Gotteshaus. 1748 wurde die Kirche neu erbaut. Sicher trug der Hügel schon vor der Christianisierung eine Siedlung oder befestigte Wohnstätte, denn an seinem Fuße wurde ein Urnenfeld aus der jüngeren Steinzeit um 1200–900 v. Chr. aufgedeckt. *Ansitz Ehrenreitz,* 1596, heute Pfarrhof. *Schloß Grabenstein,* um 1600 erbaut, seit 1709 Ansitz der Freiherren von Sternbach. Dort Hauskapelle aus dem frühen 18. Jahrhundert und im Hof Mariahilfkapelle, um 1720. Mit dem Schloß Grabenstein war ein seit 1596 verliehener Burgfrieden verbunden.

W↑↓   Zum Rechenhof

Vom Mühlauer Hauptplatz zum neuen Friedhof und westlich von diesem durch die Wiesen ins „Talele" zwischen Scheibenbichl und Spitzbichl hindurch, das Hasental querend zum „Greatelerhof" am Finkenberg, wo ein Holzkreuz zwischen zwei Linden steht. Steil hinauf zum Gh. Schönblick, dann mäßig steigend auf dem asphaltierten Fahrweg (mit Nr. 13 bez., an Sonn- und Feiertagen Fahrverbot) in zahlreichen Kehren zum Rechenhof, 869 m.

Rückweg: zuerst eben nach W am Purenhof vorüber und auf dem mit Nr. 9 bez. Hueberweg in die Mühlauer Klamm. Vor Erreichen der Brücke biegen wir scharf links (S) ab. Am Steilhang führt uns der Weg unter überhängenden Felsen vorüber, in welche die „Teehütte" hineingebaut ist.

Hier weilte oft im Freundeskreis Josef Pöll, der Schöpfer vieler volkstümlicher Lieder, und hier in der Nähe fiel ihm auch sein Liedl vom Mühlauer Tatzlwurm ein.

Am Egg unterhalb des 1975 für die Arzler Wasserversorgung geschlagenen Stollens, wo rechts des Weges die „Klammnase" ihren Zacken vorstreckt, von dem schon mancher zu Tode gefallen ist, biegt der Weg nach O in den Eggenwald hinab und geradewegs zum Rechenhofweg, den wir vom Gh. Schönblick heraufgekommen sind. Etwa 30 m vor der Einmündung kommen wir auf einem schmalen, blau-weiß-blau markierten Steiglein über einen bewaldeten Rücken auf ein kleines Wiesenplateau und unterhalb Schönblick wieder auf den Rechenhofweg. Ihm folgen wir zur Schweinsbrücke, wo 1952 die Lawine steckengeblieben war, und dann links an der rechtsufrigen Hangkante des Wurmbachgrabens die Kirchgasse abwärts bis zum Mühlauer Hauptplatz.

Gehzeit ↑ 1 St., ↓ ¾ St.; Höhenunterschied ↑↓ je 290 Hm.

W↑↓ Zum Canisiusbrünnl

Ausgangspunkt: Hauptplatz im Stadtteil Mühlau; Haltestelle der Buslinie C; bis hieher auch mit eigenem Pkw (Parkplatz). Vom Hauptplatz steil auf dem Kirchsteig westlich der Mühlauer Kirche aufwärts erreicht man in ca. 10 Min. beim Ansitz Haselwanter (Weingartner) die Josef-Schraffl-Straße, der man weitere 10 Min. bis zum Schillerhof folgt. Beim Schillerhof eben nach Osten bis zur „Schweinsbrücke", wo im Jahre 1952 die letzte große Lawine zum Stehen kam, und nun aufwärts nach Südosten. 200 m nach der Schweinsbrücke bei der Straßengabelung die rechte Straße benützen. Wir gelangen beim „Greateler" (Wegkreuz mit zwei Winterlinden, herrlicher Ausblick auf die Stadt und auf die Nordkette) zum Finkenberg. Hier folgt der Weg dem ehemaligen Wassergraben, der das Dorf Arzl mit Trinkwasser aus der Mühlauer Klamm versorgte. Wir queren den Purenhofweg unterhalb des neuen Landeshauptschießstandes und erreichen knapp hinter den Häusern nahe dem „Muchelerhof" den eigentlichen Canisiusweg, der nun am Waldrand nach Osten führt.

Unterhalb liegen die malerischen „Arzler und Rumer Bichl", von denen leider nur mehr wenige erhalten blieben. Sie sind vor allem im Frühling einen Besuch wert, wenn die nur zwischen Innsbruck und Thaur vorkommende Innsbrucker Küchenschelle ihre behaarten violetten Blüten öffnet. Die Küchenschellen stehen unter Totalschutz und daher darf keine einzige Blüte gepflückt werden!

Unvermittelt taucht hinter einer Wegbiegung der Gh. Canisiusbrünnl auf. In unmittelbarer Nähe eine Forstmeile.

Rückweg: über den Murweg nach Rum ¼ St., ↓ 80 Hm, von dort Autobus (Dörferlinie) zurück nach Innsbruck.

Gesamtgehzeit 1½ St.; Höhenunterschied ↑ 150 Hm; Weg ab Schillerhof gut markiert, größtenteils sonnig.

| W↑↓ | **Amarellersteig – Arzler Alm** |

Vom Mühlauer Hauptplatz durch die Holzgasse nach W aufwärts bis zum Schloßfeld und auf einem Wiesenweg hinauf zur Josef-Schraffl-Straße. Von dieser zweigt unmittelbar östlich des 1935 von einer Lawine beschädigten Dibiasihofes der Amarellersteig ab und führt zwischen dem Duffbachl und der „Hege", einer Mähwiese, in der noch ein von der Lawine 1935 zurückgelassener Felsblock von diesem Ereignis kündet, steil aufwärts. Der Amarellersteig quert nach 5 Min. den Schillerweg und nach weiteren 5 Min. den Knappensteig und steigt zuerst weiter steil im Föhrenwald an bis zum Buechweg, wo er scharf nach links (W) abzweigt und von da flacher den Lawinengraben quert und unterhalb der „Fleischbankeln" hinauf zur „Steigerruhe" führt.

Der Pflanzenkundige entdeckt auf dem linksufrigen Rücken des Lawinengrabens zahlreiche einzelne Hopfenbuchen (Ostrya carpinifolia), die hier eine große Seltenheit darstellen. Hier und in der Mühlauer Klamm befinden sich nämlich die einzigen Nordtiroler Vorkommen dieser südlichen Baumart, die als Elemente des Flaumeichenwaldes Relikte aus wärmeren erdgeschichtlichen Perioden darstellen. Die Nordgrenze ihres geschlossenen Verbreitungsgebietes liegt im Brixner Talkessel. Seit dem Jahre 1931 ist eine der Hopfenbuchengruppen neben dem Buech- oder Loamweg unter Naturschutz gestellt.

Von der Steigerruhe führt der Amarellersteig in 10 Min. weiter aufwärts zum Rosnerweg und am 1975 neu erbauten Lawinenschutzdamm vorbei zur Arzler Alm, 1067 m (Gh., im Sommer einfach bew.), früher Buechalm genannt. Die mächtigen, namengebenden Buchen, die einst am Rande der Almwiese standen, wurden 1951 ein Opfer der Lawine.

Rückweg: Auf dem neuen Forstweg nach O hinab zum Rosnerweg und weiter bis zur Schneise der Druckrohrleitung des Mühlauer E- und Wasserwerkes. In dieser, durch niedrigere Bäume erkennbaren Schneise führt der Begehungssteig in vielen Kehren (prächtige Aussicht) hinab zum Schillerweg. Über Josef-Schraffl-Straße und Kirchsteig erreicht man wieder den Mühlauer Hauptplatz.

Gehzeit ↑ 1½ St., ↓ 1 St.; Höhenunterschied ↑↓ je 500 Hm; meist halb schattig.

B ↑↓ Durch die Mühlauer Klamm zur Enzianhütte

Vom Mühlauer Hauptplatz neben der Kirche auf dem Kirchsteig steil aufwärts, bis man bei der Villa Haselwanter auf die Fahrstraße (Josef-Schraffl-Straße) stößt. Auf dieser bis zum ebenen Platz neben dem ehemaligen Gh. Schillerhof. Dort links an einem kleinen, unter alten Bäumen liegenden Brunnen vorüber zum Ausgang der Mühlauer Klamm.

Unter der weit vorspringenden „Klammnase" sind etliche „Gufeln" zu erkennen, Höhlungen, die durch Auswaschung zwischengelagerter tonig-erdiger Schichten entstanden sind. Die festeren Felsen hängen oft weit über, bis sie ihren Halt verlieren und zu Tal stürzen. Einer davon ist die mitten im Bett des schäumenden Wurmbaches liegende „Teufelskanzel". Sie lockt zum Besuch, und ihre Besteigung ist einfach, seit man sie auf einer eisernen Stiege erreichen kann. Auf der Südseite des mächtigen Blockes streckt die Felsenbirne (Amemanchier ovalis), die wir als Kinder „Edelweißstauden" genannt hatten, ihre zarten Zweige zur Sonne. Leider hat die Klamm seit der Lawine vom Jänner 1952 viel von ihrer Romantik verloren, weil damals alle großen Bäume vernichtet wurden, unter ihnen die gewaltige, in ihrer Größe sicher einmalige Hopfenbuche (Ostrya carpinifolia). Mit ihr verschwand auch manch anderes liebliche Plätzchen und auch einige Steige wurden zerstört.

Wir steigen am orographisch rechten Ufer steil aufwärts zur „blauen Lacke", der einstigen Bachfassung für das Innsbrucker E-Werk, die heute freilich nicht mehr blau, sondern von Schotter erfüllt ist.

Auf dem Weg dahin entdecken wir immer noch manche floristische Kostbarkeit – nicht nur die wenigen erhalten gebliebenen Hopfenbuchen, die nun auch bereits blühen und fruchten. Am Weg blüht oft die gelbe, strauchige Kronenwicke (Coronilla emerus), die in Tirol auch nur an ganz wenigen Stellen vorkommt. Am eigenartigsten sind aber wohl die Felsfluren. In den überhängenden, vom Bach vor Urzeiten ausgewaschenen Felsnischen, wo oft jahrelang kein Regen hinfällt, siedelten sich nämlich ganz bestimmte Pflanzen an, die hier keine Konkurrenz haben und nur deshalb sich erhalten konnten. Die Pflanzengesellschaft ist benannt nach dem weißen, langstengelig herabhängenden Fingerkraut (Potentilla caulescens), und daneben finden wir vor allem drei verschiedene Streifenfarne (Asplenium viridis, trichomanes und ruta muraria). Mehrere „Duffquellen" bilden hier die wundervollen, durch Kalkausscheidung verschiedener Moose entstandenen Steingebilde. Im Winter kann man in diesem unteren Teil der Mühlauer Klamm und vor allem in der Nähe der Gufeln und der Klammnase die Gemsen beobachten, wenn sie durch den hohen Schnee aus ihrem eigentlichen Revier vertrieben werden.

Gegenüber der „Teehütte" führt nun der Weg über den Schrofen einer natürlichen Felsbarriere, dann flach das letzte Stück hinauf zum Rosnerweg; bis hieher 1 St. Am Rosnerweg nach rechts (O) über den Wurmbach und jenseits am oberen Weg hinauf. Nach ca. 10 Min. biegen vor dem Rand der Purenhofwiesen bei einer einzelnen Linde, unter der eine Bank zur Rast einlädt, nach links (N) ab. Der Weg steigt nun steil durch Mischwald empor, und nach ca. ¼ St. erinnert ein originelles Marterl daran, daß früher auf diesem Weg die Rinder von Arzl und Mühlau zur Möslalm getrieben wurden:

> Christliches Andenken an
> *Sebastian Keilenaler*
> welcher am 27. Sept. 1841
> Vieh von der Möslalpe nach Hause dreiben wollte,
> droben auf dem Joche von Näße, Kälte, Wind und Schnee
> erfroren aufgefunden wurde.
> Oh Wanderer steh still
> Allhier an diesem Ort
> Beth ein Vaterunser mir
> Dan setz Deine Reise fort
> Weil du auch nie was weist
> Wann es ist mit dir aus
> Vielleicht kommst auch heute noch
> Zu mir ins Todenhaus.
> Lebt wohl ihr Älteren
> und Verwandten auch alle meine Lieben
> und Musikalischen
> Kameraden Ihr alle um mich drauern.
> Wir werden uns widersehen.

In 10 Min. erreichen wir die Enzianhütte, die in 1115 m Höhe mitten im Wald steht (Gh., 1. 3. – 1. 11. und im Winter an Samstagen und Sonntagen bew., 3 B, 5 M; 1975 Neubau begonnen).

Rückweg: zuerst ca. 100 m nach O zum Forstweg und auf diesem zum Rechenhof und auf dem Rechenhofweg nach Mühlau.

Gehzeit ↑ 2 St., ↓ 1½ St.; Höhenunterschied ↑↓ je 520 Hm. Der Weg durch die Mühlauer Klamm ist großteils schattig. Wegen der Steilheit und Steinigkeit sind feste Schuhe notwendig.

W→ Auf dem Marthaweg nach Hall

Als es noch keine Autobusverbindung gab, war der Marthaweg der klassische Fußweg von Innsbruck nach Hall. Seinen Namen erhielt er von den Anfangsbuchstaben der durchwanderten Dörfer *M*ühlau – *A*rzl – *R*um – *Th*aur – *A*bsam. Damals entsprach der Marthaweg der Landstraße. Heute meiden wir lieber die Landstraße und finden zwischen den Dörfern immer noch einen nicht befahrenen Feldweg. Die Dörfer selbst aber wollen wir durchwandern, damit wir auch etwas von der alten bäuerlichen Kultur sehen, der man hier auf Schritt und Tritt begegnet.

Der Marthaweg ist in den letzten Jahrzehnten kürzer geworden. War man einst schon bei der Mühlauer Brücke am Land, so schob sich inzwischen die Stadt bis Arzl vor. Unsere Wanderung beginnen wir deshalb erst am Mühlauer Hauptplatz, wohin uns die Buslinie C bringt.

Vom Mühlauer Hauptplatz zuerst zum neuen Mühlauer Friedhof hinauf, dort ein Stück am W-Hang des Scheibenbichls bis zu einem am Baum- und Strauchbewuchs weithin erkennbaren Rainweg und auf diesem nach O an einem bombentrichterförmigen Toteisloch vorüber zum Arzler Pestfriedhof und ober dem ehemaligen Kalkofen vorbei auf der Gemeindestraße ins Dorf Arzl hinein. Nach der Kirche gehen wir unter dem Friedhof entlang über eine alte Ackerbau-Terrassenlandschaft, wo die Arzler von alters her ihre berühmten Krautköpfe anbauten, zu den Rumer Bicheln. Auf dem Gebiet des ehemaligen „Rumer Lagers" kommen wir durch eine neue Siedlung und gelangen wieder hinab auf die Landesstraße und auf dieser nach Rum hinein. Gleich am Anfang bei der Kapelle an der Wegkreuzung verlassen wir wieder die Landesstraße und gehen links eben weiter auf dem Madleinweg durch die Wiesen an einem Wegkreuz vorbei nach Thaur.

Hier fällt uns schon auf, daß auf den Thaurer Äckern meist Gemüse angebaut wird – Thaur ist ja einer der wichtigsten Salat- und Gemüseproduzenten für Innsbruck. Thaur hat die schönsten Bauernhäuser der Marthadörfer mit barocken Fassadenmalereien und mächtigen Holztoren, gotischen Erkern und Flurgewölben.

Wir queren das Dorf fast eben und münden in einen Fußweg ein, der nach O durch die Felder an einem Bildstöckl und unter der Fischzucht am Kinzachbachl vorbeiführt. Bei einer einzelnen, weithin sichtbaren, kugelförmigen Roßkastanie stoßen wir wieder auf die Landesstraße. Auf dieser gelangen wir in wenigen Min.

nach Absam. Bei der Absamer Wallfahrtskirche biegen wir nach rechts (S) ab und nach ca. 50 m nochmals nach rechts auf dem mit Nr. 2 bez. Feldweg, der direkt nach Heiligkreuz hinabführt, 20 Min., einem Weiler, der früher Gampas hieß und heute zu Hall gehört. Von hier erreicht man in 20 Min. auf Gemeindestraßen den unteren Stadtplatz von Hall, von wo man mit dem Autobus nach Innsbruck zurückfahren kann.

Gehzeit 2½ St.; Höhenunterschied ↑↓ je 80 Hm. Der großteils sonnige Weg ist das ganze Jahr begehbar, doch wird der Schnee auf den Feldwegen nicht geräumt. Alle Jahreszeiten haben hier ihren eigenen Reiz.

Mit der Hungerburgbahn oder mit dem eigenen Pkw auf die Hungerburg (Parkplatz) und von dort mit der Nordkettenbahn auf die Mittelstation *Seegrube*.

INNSBRUCK-SEEGRUBE   1905 m

Die Seegrube ist im Jagdbuch Kaiser Maximilians I. aus dem Jahre 1500 noch als Gletscherkar erwähnt. Erst 1752 taucht der Name „Seegruben" auf.

Wanderungen von der Seegrube aus:

B↓   Von der Seegrube über das Arzler Horn auf die Hungerburg

Über die Schotterreißen fast eben nach O und dann am grasigen und latschenbewachsenen Rücken gegen die Bodensteinalm hinab. Etwa 200 m ober der Alm nach links (O) und zuerst flach, dann leicht fallend den „Scheibling" querend zum Arzler Horn, einer auffallenden, etwas aus dem Hang vorspringenden grasigen Verebnung, 1717 m. Der Weg quert nun eine grasige Lawinenrinne und führt auf dem Gegenhang an einer Jagdhütte vorbei durch Latschen mit einzelnen Fichten hinab zur Herzwiese.

Die Herzwiese ist eine alte Bergmahd, doch seit ca. 20 Jahren wird hier nicht mehr gemäht. Durch die früher regelmäßig geübte Schwendung griffen die Brände vielfach auf den benachbarten Wald über; die Mahdfläche wurde dadurch immer mehr vergrößert und der Boden abgeschwemmt. Seit etwa 15 Jahren versuchen die Wildbach- und Lawinenverbauung und das städtische Forstamt von Innsbruck, die Fläche teilweise wieder aufzuforsten.

An einer Privathütte vorüber steigen wir steil am Ostrand der Wiesen zwischen mächtigen Kiefern hinab. Am Fuß der Herzwiese erkennt man noch das Plateau, auf dem einmal die abgebrannte Jagdhütte des „Lugen Luis" stand. Hier wenden wir uns nach rechts (W) und durch Strauchbuchenbestände kommen wir zur Arzler Alm (Gh.) und weiter auf dem mit Nr. 5 bez. Steig zur Hungerburg.

Gehzeit 2 – 2½ St.; Höhenunterschied ↓ 1050 Hm. Der sehr aussichtsreiche Steig ist am schönsten im Hochsommer und Herbst und erfordert feste Bergschuhe.

B↓ Von der Seegrube über die Bodensteinalm zur Hungerburg

Direkt unter der Station führt der Weg zuerst durch Schutt, dann durch Almenrausch-, Weiden- und Latschengebüsch in der Mulde neben der Seilbahn bis zur Stütze III; dort wenden wir uns nach links, und ober den Fallböden der Lawinenverbauung gelangen wir in ca. ¾ St. zur Bodensteinalm, 1661 m (im Sommer bew. Gh.). Von der Alm steigen wir auf dem mit Nr. 216 bez. Steig durch die Reste des von Lawinen arg bedrängten Spitzwaldes steil neben dem Taubental hinab zum Rastlboden. Von hier entweder nach O auf dem Forstweg über die Arzler Alm (Gh.) oder nach W hinunter am Titschenbrunnen vorbei zur Hungerburg, 860 m.

Gehzeit 2 – 2½ St.; Höhenunterschied ↓ 1050 Hm; feste Bergschuhe erforderlich; der Weg ist während der ganzen schneefreien Zeit begehbar, ein Drittel schattig, zwei Drittel sonnig.

B↓ Von der Seegrube über Höttinger und Arzler Alm zur Hungerburg

Wie unten zur Höttinger Alm, 1473 m (Gh., Mai bis Oktober bew., 25 M). Von der Höttinger Alm auf dem Forstweg in 1 St. zur Arzler Alm, 1067 m (Gh. im Sommer einfach bew.), und von da über den mit Nr. 5 bzw. Nr. 216 bez. Weg auf die Hungerburg, 860 m.

Gehzeit 2½ St.; Höhenunterschied ↓ 1050 Hm; bequemer Wanderweg, ein Drittel schattig, zwei Drittel sonnig.

B↓ Von der Seegrube über die Höttinger Alm nach Innsbruck

Von der Station Seegrube zuerst leicht abwärts den „Osthang" querend zum Rücken, der hinab zum Zunterkopf führt, auf Bergwiesen. Der Zunterkopf ist ein auffallender, in 1823 m Höhe aus dem nach Süden abfallenden Rücken ragender Stein, der von einem Drahtseil umschlungen ist; etwa 100 m weiter abwärts dem Rücken folgen und dann nach rechts (W) in den „Ausmelchrinner" hinab auf einem schmalen Fußsteig, der sich meist in der Mitte der von Legföhren frei gehauenen Skiabfahrt hält. Am unteren Ende des Ausmelchrinners, wo die Skipiste nach links in den Wald abbiegt, folgen wir dem alten „Almsteig" nach rechts und gelangen nach 5 Min. beim „Schiane-Seiten-Rinner" auf den neuen Fahrweg zur Höttinger Alm, 1427 m.

Abstieg von der Höttinger Alm: a) auf dem Nißlsteig über den Rücken hinab zum Gramartboden (Gh., Kinderspielplatz); weiter auf der Gramartstraße nach Osten zur Hungerburg und mit der Standseilbahn nach Innsbruck oder vom Gramartboden geradeaus abwärts neben der Schottergrube vorbei zur alten Höttinger Kirche und die Höttinger Gasse zur Innbrücke oder bei den letzten Häusern am Gramartboden der asphaltierten, steil abwärts führenden Straße in die „Höhl" folgend zum „Angerle" und den Höttinger Bach entlang in den Stadtteil Hötting. b) 200 m unterhalb der Höttinger Alm den Nißlsteig verlassen und nach rechts auf schmalem Steig in den felsigen „Roßfall" hinab bis zur Gabelung der beiden Lawinengräben und dort nach rechts abwärts bis zum Höttinger Bild. Vom Höttinger Bild sanft abwärts zum Planötzenhof (Gh.) und weiter auf schmalen Fußsteig direkt in den Stadtteil Hötting oder auf breitem Waldrandweg zum „Schlotthof" und über Sadrach zur Haltestelle Großer Gott in der Schneeburggasse (Buslinie A).

Gesamtgehzeit 1½ – 2 St.; Höhenunterschiede bis Hungerburg ↓ 1050 Hm, bis Großer Gott ↓ 1250 Hm, bis Innsbruck ↓ 1330 Hm.

B↓ Von der Seegrube über den Achselkopf nach Hötting

Von der Seilbahnstation nach W leicht ansteigend zum Grubegg (Frau-Hitt-Warte), 1982 m, und über den „weiten Berg" bis zum „Braunegg" fast eben. Dort gehen wir ein Stück auf dem

Innsbruck: Seegrube 171

Rasen abwärts und dann nach rechts (W) in die tief eingeschnittene „Pleisries"; danach leicht fallend über grasige, latschen- und bergweidenbewachsene Rücken und nackte Fels- und Schuttrinnen zum flachen Wiesenboden, wo einst die Höttinger Schäferhütte (Nairzhütte) stand, 1743 m. In 5 Min. gelangen wir geradeaus nach S durch die oberste Waldkulisse hinab zur Achselbodenhütte, 1634 m. Auf flachem Wiesenboden kommt man zum vorderen, südlichen Teil des Achselkopfes, wo das Denkmal des „TV Friesen Hötting" steht. Von diesem Denkmal führt der Steig nach O ziemlich steil an der „Tafelefeichten" vorbei durch den Achselwald zur Galtalm hinab, 1152 m, und weiter zum Höttinger Bild und nach Hötting, 607 m
Gehzeit 3 St.; Höhenunterschied ↓ 1300 Hm.

B↓ Von der Seegrube auf dem Durrachsteig ins Aspach und nach Hötting

Von der Seilbahnstation nach W leicht ansteigend zum Grubegg (Frau-Hitt-Warte) und dann fast eben über den „weiten Berg" zum Braunegg. Dort ein Stück abwärts, dann nach W in die Pleisries und an der neuen Höttinger Schäferhütte, 1717 m, vorüber, leicht fallend über die vom Brandjoch herabziehenden Gräben und Rinnen zur Achselbodenhütte, 1645 m; bis hieher 2 St. Hier beginnt der Durrachsteig, der seinen Namen wohl zu Recht trägt, denn er führt uns zuerst über den Jagerrinner, durch den die Lawinen zu den Allerheiligenhöfen hinabstürzen, dann durch felsiges, anfangs noch mit Latschen, später nur mehr spärlich mit Erika und einigen typischen Brandnachfolgepflanzen bewachsenes Gelände.

Immer wieder tobten hier heroben Waldbrände, die schließlich im Verein mit den stürzenden Lawinen allen Boden zerstörten und zu Tal trugen. Nur sehr langsam kann sich wieder neues Leben bilden.

Im Bogen queren wir das vom Schneekar herabziehende Obere Tal und kommen zur nicht bewirtschafteten Aspachhütte, 1534 m. Nach SO steigen wir ziemlich steil zuerst durch Fichten-, dann durch Buchenwald hinab zum Rauschbrunnen, 1092 m (Gh., an Samstagen und Sonntagen im Sommer bew., 10 B). Vom Rauschbrunnen auf breitem Weg in vielen Kehren nach S zum Stangensteig hinunter und weiter zu den Allerheiligenhöfen (Bahn- und Autobushaltestelle).
Gehzeit 4 St.; Höhenunterschied ↓ 1250 Hm.

B ↑↓ Von der Seegrube auf den Langen Sattel, 2256 m

Von der Station nach W leicht ansteigend in ca. 10 Min. zum Grubegg (Frau-Hitt-Warte). Auf dem eben weiter nach W führenden Steig unter dem Kemacher bis zu einer Abzweigung, ½ St. Wir folgen hier dem Steig nach rechts aufwärts über steiles, von Blaugras- und Horstseggenrasen bewachsenes Geschröf auf den Langen Sattel, 2256 m, wo wir eine prachtvolle Aussicht auf die nördlichen Karwendelketten, die Ahrnspitzgruppe und den Wetterstein haben.

Abstieg wie Anstieg bis zur genannten Wegabzweigung. Von dort entweder zurück zur Seegrube, ½ St., oder über die Höttinger Alm zur Hungerburg.

Gehzeit ↑ 1½ St., ↓ 1 St. zur Seegrube, ↓ 3 St. zur Hungerburg; Höhenunterschied ↑ 350 Hm, zur Seegrube ↓ 350 Hm, ↓ zur Hungerburg 1400 Hm. Der Steig ist zwar unschwierig, erfordert aber Trittsicherheit und Schwindelfreiheit.

B ↑↓ Von der Seegrube auf das Brandjoch, 2559 m

Von der Station nach W leicht ansteigend in 10 Min. zum Grubegg (Frau-Hitt-Warte). Auf dem eben nach W führenden Steig bis unter den Kemacher. Bei einer Wegtafel folgen wir dem teilweise seilversicherten Schmidhubersteig, der zuerst mäßig steigend durch den schottrigen und felsigen, großteils rasenbewachsenen Hang unter dem Langen Sattel führt. Ober dem Sulzköpfl quert er das Geschröf und steigt steil zum Frau-Hitt-Sattel empor, 2217 m; bis hieher 1½ St. Vom Frau-Hitt-Sattel auf dem stellenweise seilversicherten Ostgrat in 1¼ St. steil, aber unschwierig auf den Gipfel des Brandjochs, 2559 m, einem der höchsten und schönsten Gipfel der Innsbrucker Nordkette.

Abstieg wie Anstieg und entweder zur Seegrube zurück oder über die Höttinger Alm zur Hungerburg.

Gehzeit ↑ 2¾ St., ↓ 2 St. zur Seegrube, ↓ 3½–4 St. zur Hungerburg; Höhenunterschied ↑↓ 660 Hm (zur Seegrube), ↓ 1700 Hm zur Hungerburg; sehr lohnende Gipfelbesteigung mit prachtvoller Aussicht. Übung und Trittsicherheit sowie Schwindelfreiheit sind erforderlich.

Innsbruck: Wilten 173

| B ↑↓ | **Von der Seegrube über den Frau-Hitt-Sattel nach Scharnitz** |

Von der Station auf der Seegrube nach W zum Grubegg (Frau-Hitt-Warte) und fast eben unter den Schrofen des Kemacher hin. Auf dem Schmidhubersteig (Wegtafel) zum Frau-Hitt-Sattel hinauf, 2217 m, ab Seegrube 1½ St. An der Nordseite der Frau-Hitt-Figur (Markierung Nr. 3 bzw. 215) auf versichertem Felssteig ca. 10 m steil hinab in den imposanten Felskessel des Frau-Hitt-Kars, im W flankiert vom zackigen Grat der Hippenspitze. Der Steig führt rechts ober dem Kargrund, in dem ein kleiner See liegt, über die Karschwelle nach N hinab durch Latschen und schütteren Bergwald ins Kleinkristental. Bald erreichen wir einen Forstweg, auf dem wir zur Möslalm (Arzler Kristalm), 1252 m, gelangen (privat, 15. 6.–1. 10. bew., 4 B, 5 M); bis hieher vom Frau-Hitt-Sattel 2 St. Auf dem Forstweg wandern wir nach NW in 2 St. durch das Gleirsch- und zum Schluß durch das Hinterautal nach Scharnitz, 964 m; von dort mit den ÖBB nach Innsbruck.

Gehzeit ↑ 1½ St., ↓ 4–4½ St., zusammen 5½–6 St.; Höhenunterschied ↑ 320 Hm, ↓ 1250 Hm. Der sehr lohnende Weg führt in eines der einsamsten Kare des Naturschutzgebietes Karwendel und ist sehr abwechslungsreich. Er erfordert jedoch Ausdauer und Trittsicherheit und ist nur im Hochsommer bei schneefreier Lage zu empfehlen.

| B ↑↓ | **Von der Seegrube zum Solsteinhaus** |

Von der Station nach W zum Grubegg (Frau-Hitt-Warte) und zuerst fast eben, dann (nach ½ St.) auf dem Schmidhubersteig (Wegtafel) steil empor zum Frau-Hitt-Sattel, 2217 m; bis hieher 1½ St. Auf der N-Seite der Frau Hitt – Markierung Nr. 3 bzw. 215 folgend – auf versichertem Felssteig ca. 10 m steil hinab in das schutterfüllte Frau-Hitt-Kar, in dem ein kleiner See liegt. Unser Weg leitet auf der rechten Seite des imposanten, von zackigen Graten gerahmten Schuttkessels zur Karschwelle. Dort biegen wir nach links (W) ab und queren nun den Hang unter den nördlichsten Wänden der Hippenspitze in ca. 1600 m Höhe ins Arzler Kar hinein und steigen (nach ca. 1 St. ab Frau-Hitt-Sattel) wieder steil durch Rasenflächen und Latschen zum Sandegg auf, 1920 m, einem grünen Rücken zwischen Klein- und Großkristental. Auf der Westseite des Rückens gehen wir etwa ¼ St. eben nach S gegen das Hippen-(Fuchsschwanz-)Kar und biegen dann nach W ab und gelangen durch den Knappenwald – immer am Fuß der Steilabstürze vom Kleinen Solstein – hinunter in den Grund des Großkristentales. Von da an ist der Weg mit Nr. 9 bzw. 213 bez. Mäßig steigend passieren wir die obersten Baumgruppen und die Latschenregion und kommen zum freien Erlsattel, auf dessen Südseite 1806 m hoch das Solsteinhaus liegt (ÖAV-Sektion Innsbruck, Mitte Mai bis zum 2. Sonntag im Oktober bew., 28 B, 39 M). Vom Solsteinhaus über die Solenalm nach Hochzirl (2 St., 880 Hm) oder über den Zirler Schützensteig zur Magdeburger Hütte und über die Kranebitter Klamm in 3 St. nach Innsbruck, ↓ 1200 Hm.

Gehzeit 4½–5 St.; Höhenunterschied ↑ 960 Hm, ↓ 1060 Hm. Der Weg zum Solsteinhaus ist wenig begangen, obwohl er einer der schönsten im Gebiet der Innsbrucker Nordkette ist. Er führt durch wildromantisches Kalkhochgebirge und einsame Kare, und oft kann man Gemsen und Hirsche beobachten, wenn man sich ruhig verhält. Ausdauer und Trittsicherheit sind erforderlich.

INNSBRUCK-WILTEN

Der südwestliche Stadtteil Innsbrucks geht auf das vorrömische Veldidena zurück. Am Fuße des Bergisel wurde ein großes urnenzeitliches Gräberfeld entdeckt. In der Nähe der heutigen Konzertkurve befand sich ein zu Ende des 3. Jahrhunderts errichtetes römisches Kastell, das um 400 zerstört wurde. Um 925 taucht zum ersten Mal der Name Wiltina auf. In dieser Zeit scheint auch das Kloster gegründet worden zu sein. Durch Schenkungen des Bischofs Reginbert von Brixen erhielt das junge Kloster Wilten bedeutende Güter, vor allem den ganzen Talboden, auf dem heute Innsbruck liegt, und einen großen Teil des Sellraintales. Die Gründung der Stadt Innsbruck war erst durch die Einwilligung zur Verlegung des am linken Innufer liegenden Marktes auf das rechte Ufer im Jahre 1190 möglich geworden. Später entstand auf dem Gebiet der alten Stift-Hofmark das Dorf Wilten als eigene Gemeinde, die dann 1906 Innsbruck angeschlossen wurde.

Wanderungen von Wilten aus:

 Rund um den Bergisel

Der Name Bergisel leitet sich von „mons Burgusium" (1140) ab. 1267 wird auch der Name „mons fageti" (= Buchenberg) genannt. Auch heute noch sind am Bergisel einzelne Buchen vorhanden, was südlich des Inns im Raume von Innsbruck eine Besonderheit ist. Funde aus der La-Tène-Zeit (Fritzener Kultur). Da der Bergisel der letzte Hügel des Wipptales unmittelbar vor dem Innsbrucker Talkessel ist, war er seit der Frühbronzezeit eine wichtige Talsperre gegen eindringende Feinde. Reste einer früh- oder hochmittelalterlichen Befestigung sind erkennbar. 1809 war der Bergisel das wichtigste Kampfgebiet im Tiroler Freiheitskampf. In den Schlachten am 25. und 29. Mai und am 13. August wurde Tirol von der französisch-bayerischen Besatzung befreit. Am 1. November verloren die Tiroler die Schlacht. 1845 wurde ein Schützenhaus beim dortigen Schießstand errichtet, das 1880 zum Kaiserjägermuseum umgebaut wurde. Andreas-Hofer-Denkmal, Heiligkreuzkapelle, Kapelle zu „Unserer Hohen Frau von Tirol" mit den Ehrenbüchern für die Gefallenen des Ersten und Zweiten Weltkrieges. Bergiselsprungschanze, für die IX. und XII. Olympischen Winterspiele umgebaut.

Von der Straßenbahnendstation am Fuße des Bergisel auf die Brenner-Bundesstraße (Roßkastanienallee) und von dort bei deren Rechtskurve auf dem Fußweg empor zur Gedenkstätte, 20 Min.; bis hieher auch mit Pkw, Parkplatz. Weiter nach Westen zur Bergiselsprungschanze (prachtvolle Aussicht auf die Stadt) und am Fuß derselben auf der für den öffentlichen Verkehr gesperrten Zufahrtsstraße bis ca. 100 m vor dem Sonnenburgerhof. Dort links aufwärts auf den Westrücken des Bergisels und dann dem Fußsteig folgend auf die Südseite wechselnd durch lichten Föhrenwald leicht abwärts (Markierung „Sillschlucht") bis zu einem markanten Felsen am Abhang zur Schlucht. Hier blühen im Frühling die Sträucher der Felsenbirne. Den Weg zur Sillschlucht verlassend nach einer Serpentine wieder nach Osten leicht ansteigend über dem Südportal des Autobahntunnels vorüber, wo einige Ruhebänke zum Verweilen einladen, zum Sonnenburgerhof und von diesem über den „Hohlweg" zurück zur Straßenbahn-Endstation.

Gesamtgehzeit 1½ St.; Höhenunterschied ↑ 150 Hm, ↓ 150 Hm; meist halb schattig.

W↑↓ Geroldsbachweg

Mit dem Autobus zum Gh. Peterbrünnl und von dort nach links (S) aufwärts zum „Waldhüttl" ober Schloß Mentlberg. Dort auf dem nach rechts (W) abbiegenden Weg (mit Nr. 6 bez.) leicht ansteigend in das Tal des Geroldsbaches oberhalb der zum Landesgefangenenhaus („Ziegelstadel") gehörenden Lehmgrube empor zum Natterer See. Der Weg verläuft immer auf der orographisch rechten Talseite des Geroldsbaches. Badesee mit Campingplatz und Gh.; bis hieher 1½ St. Vom Natterer See eben durch den Wald nach N zum Eichhof und weiter nach N hinab über den Klosterberg zum Waldhüttl.

Gehzeit ↑ 1½ St., ↓ ¾ St., zusammen 2¼ St.; Höhenunterschied ↑↓ je 250 Hm; Weg mit Nr. 6 markiert, meist schattig.

W↑↓ Andreas-Hofer-Weg

Von der Endstation der Straßenbahn beim Stift Wilten in 10 Min. zum Olympia-Sprungstadion und von dort nach W durch den Wald zum Sonnenburgerhof (15 Min.); bis hieher auch mit Pkw. Unmittelbar neben (südlich) dem ehemaligen Gh. Sonnenburgerhof führt der Weg nach Querung der Brenner-Bundesstraße in den Wald und über dem Westast der Brenner-Autobahn zum Schloß Felseck, über der Mentlbergsiedlung vorüber und über den „Klosterberg" zum Natterer Krankenhaus. An diesem nördlich vorbei nach O zum Tschurtschentalerhof und am sonnigen Waldrand entlang über das Plumesköpfl zurück zum Sonnenburgerhof und zur Straßenbahn-Endstation.

Gehzeit 2–2½ St.; Höhenunterschied ↑↓ je 250 Hm; Weg zum Teil mit Nr. 5 bez., meist halb schattig.

Der Andreas-Hofer-Weg erinnert an den Führer des Tiroler Freiheitskampfes 1809, der im Gebiet des Bergisels den Franzosen schwere Schlachten lieferte. In der Mauer des Sonnenburgerhofes erinnert eine beim Bau des Hauses aufgefundene Kanonenkugel an die Bergiselschlachten.

Sillschluchtweg

Vom Bahnhof der Straßenbahn am Fuße des Bergisels unter

der Brennerbahn hindurch und unmittelbar danach nach rechts (Wegtafel). Nach etwa 5 Min. erreicht man einen Kinderspielplatz.

Schöner Blick auf die Bogenbrücke der Brennerautobahn und die dahinter aufragende Innsbrucker Nordkette.

Der Weg führt nun am orographisch linken Hang bis zu einer Holzbrücke, die einen großen, in die Sill abgestürzten Felsbrocken als Auflager benützt, und von da an am orographisch rechten Sillufer bis zu einer Stahlbrücke; bis hieher ½ St. Von hier aus mehrere Varianten möglich:

1. Über die Stahlbrücke und am S-Hang des Bergisels in Kehren über dem Tunnel der Brennerbahn und der Brennerautobahn (schöner Aussichtspunkt mit mehreren Ruhebänken) zum Sonnenburgerhof. Weiter über den „Hohlweg" zurück zur Straßenbahn-Endstation, 1 St.

2. Auf dem rechten Sillufer bleibend den Schluchtweg weiter unter der Sillbrücke 2 der Brennerautobahn hindurch bis zur Gärberbachbrücke, über diese zum Gh. Gärberbach nach W hinauf und auf dem parallel zur Brenner-Bundesstraße verlaufenden Fahrweg bis zur Abzweigung Mutters – Natters. Von dort am Gehweg neben der Brenner-Bundesstraße zum Sonnenburgerhof und über den Hohlweg zur Straßenbahn-Endstation zurück, 2 St.

Dort, wo heute der Autobahnknoten südlich des Sonnenburgerhofes liegt, erhob sich vor dem Bau der Autobahn ein bewaldeter Hügel mitten im Tal. Auf ihm stand einst die Sonnenburg. 1253 wurde sie erstmals urkundlich erwähnt. Sie war von Anfang an in landesfürstlichem Besitz, ab 1320 wurde sie verpfändet. Lange Zeit hindurch war die Sonnenburg der Sitz des Landgerichtes und bis zum Beginn des 17. Jahrhunderts wohnten dort auch die Landrichter; danach in Innsbruck oder Hötting. Als der Hügel 1961/62 beim Autobahnbau abgetragen wurde, fanden sich zahlreiche Mauerreste und Kleinfunde.

3. Bis zur Gärberbachbrücke wie bei 2., dann aber links hinauf nördlich des Zenzenhofes unter der Brennerautobahn hindurch zum Hahndlhof und von dort nach links (N) auf dem Fahrweg nach Vill, 2½ St., und zurück nach Innsbruck, ¾ St.

Der Zenzenhof wurde erstmals 1411 urkundlich genannt, und der erste Besitzer war der Innsbrucker Bürger Chunrat der Scheran. Seit 1876 ist der Zenzenhof im Besitz der Jesuiten.

4. Von der Sillbrücke II auf steilem Steig (mit Nr. 8 bez.) über die Gluirschhofwiesen hinauf nach Vill, 2 St.

Seit 1251 ist die „cultura dicta gluirs" urkundlich bekannt. Der Hof war lange Zeit im Besitz der Familie Pembaur, aus der bekannte Musiker und Komponisten hervorgingen: Josef Pembaur d. Ä. (1848–1920), Komponist; Josef Pembaur d. J. (1875–1950), Musikprofessor und Pianist; Karl Pembaur (1876–1939), Komponist; Walter Pembaur (1886–1948), Vizebürgermeister von Innsbruck.

Höhenunterschiede 1 und 2: ↑↓ je 120 Hm, 3 und 4: ↑↓ je 280 Hm; sehr empfehlenswerter Weg des Innsbrucker Verschönerungsvereins, jedoch nicht bei Regen oder Glatteis, im Winter gesperrt.

Der Sillschluchtweg ist einer der ältesten, vom Innsbrucker Verschönerungsverein gebauten Wanderwege im Raume Innsbrucks, doch leider verlor er durch den Bau des Kraftwerkes Untere Sill und durch die Verschmutzung der Sill und ihrer Nebenbäche inzwischen wesentlich an Schönheit. Die Schluchtstrecke ist auch für den Pflanzenfreund interessant, denn hier sind Reste des ehemaligen Eichen-Linden-Ulmen-Ahorn-Schluchtwaldes erhalten mit den einzigen Buchen, die im Raume Innsbrucks südlich des Inns vorkommen. Auf den sonnseitigen Felsen kann man Felsenbirnen (Amelanchier ovalis) und Zwergmispel (Cotoneaster tomentosa) entdecken.

W↑↓ Lanser Steig – Lanser Köpfe

Von der Straßenbahn-Endstation beim Stift Wilten nach Osten über die Sillbrücke und unmittelbar danach steil nach rechts auf blau-weiß-blau markiertem Steig unter der Autobahnbrücke hindurch auf die Viller Straße. Auf dieser ca. 100 m weiter und dann nach links ober der Kraftwerkanlage beim ehemaligen Lemmenhof vorbei mäßig steigend durch den Paschbergwald. Nahe dem unter Naturschutz stehenden Lanser Moor (Seerosenweiher) treten wir aus dem Wald, wandern am Nordrand des Moores vorüber und gelangen steil durch den Wald auf den felsigen Lanser Kopf, 930 m, von dessen freier Höhe man eine herrliche Aussicht genießt.
Gehzeit 1 St.
Abstieg nach NW über die Poltenhütte nach Wilten zurück, ¾ St.; Höhenunterschied ↑↓ je 340 Hm.

Innsbruck: Wilten

| W↑↓ | **Tummelplatz – Schloß Ambras** |

Von der Endstation der Straßenbahn beim Stift Wilten zuerst nach Osten über die Sillbrücke und knapp danach nach rechts aufwärts am Bretterkeller vorüber und dann über die Igler Landesstraße. Von dort führt der Bederlungerweg durch den Paschbergwald (mit den Nr. 1 und 2 auf blau-weiß-blauer Markierung gekennzeichnet) nach Osten. Bei der Abzweigung folgen wir dem unteren Weg und erreichen in ½ St. den Tummelplatz.

Diese Bezeichnung stammt von der einstigen Verwendung dieses Ortes als Auslauf der Reitpferde von Schloß Ambras. Seit 1779 ist dieser Platz als Friedhof für die Gefallenen und für verstorbene Soldaten des Militärspitals Schloß Ambras in Verwendung, und bisher liegen hier 1100 Soldaten begraben. 1948 wurde der Tummelplatz als historische Gedenkstätte unter Denkmalschutz gestellt.

Vom Tummelplatz gelangt man in 5 Min. zum Park und Schloß Ambras (siehe Seite 122).

Rückweg durch den unteren Parkausgang nach Amras zur Straßenbahn.

 Über Judenstein nach Hall

Von der Endstation der Straßenbahn beim Stift Wilten zuerst nach Osten über die Sillbrücke und knapp danach rechts aufwärts am Gh. Bretterkeller vorüber und dann über die Igler Landesstraße. Weiter auf dem blau-weiß-blau mit Nr. 1 und 2 markierten Bederlungerweg durch den Paschbergwald über Tantegert zur Haltestelle Aldrans, ½ St.; bis hieher auch mit der Straßenbahnlinie 6. Weiter auf dem nun mit Nr. 13 markierten Weg nach Aldrans und auf der Rinner Landesstraße nach Süden bis knapp vor die Säge; dort nach Osten abbiegend zum Herzsee.

Schon 1305 wird ein See „Laibeins" genannt; erst seit 1892 wird er nach dem nördlich davon nach Ampass hinabziehenden Herztal als Herzsee bezeichnet.

Am See entlang, dann durch den Wald nach Osten leicht ansteigend zu den Prockenhöfen und an der Teufelsmühle vorbei auf dem Weg Nr. 29 zu den Mooshöfen und Judenstein, 907 m; bis hieher 1½ St.

Am 12. Juli 1462 soll der dreijährige Andreas Ochsner von jüdischen Kaufleuten gemartert und getötet worden sein. Die Legende führte zur Verehrung des Knäbleins als Heiliger, und 1670 wurde ihm zu Ehren über dem Stein, auf dem er gemartert worden sein soll, eine Kirche errichtet, die bis ins 20. Jahrhundert ein bedeutender Wallfahrtsort war.

Von Judenstein fast eben nach Osten über die „Obere Hochstraße" (Häusergruppe) und den Grafenhof nach Gasteig und von dort scharf links hinab durch den Wald ins Zimmertal und über die Innbrücke nach Hall in Tirol; von Judenstein 1½ St.

Gesamtgehzeit ab Wilten 3 St.; Höhenunterschiede ↑ 320 Hm, ↓ 350 Hm; gut markierte und gepflegte Wege, zur Hälfte schattig.

Durch das Zimmertal nach Volders

Wie oben zum Herzsee. Am Herzsee vorüber, dann durch den Wald leicht ansteigend zu den Prockenhöfen und nach Osten hinab in das bewaldete Knappental.

Das langgestreckte, tief in die glazialen Schuttablagerungen eingeschnittene Tal entstand durch paraglaziale Schmelzwässer, die hier durch den Schutt abflossen, als im Inntal selbst noch der abschmelzende, nicht mehr fließende Gletscher als Toteiskörper lag. Das Tal trägt in seinen drei, durch Krümmungen voneinander getrennten Abschnitten drei verschiedene Namen: im obersten Bereich Knappental (seit dem 16. Jahrhundert), in der Mitte Hasental und im untersten Teil Zimmertal (seit dem 13. Jahrhundert). Laut einer Urkunde von 1264 gehörten die Güter Cimbertal, Gavelinas (Gaflein) und Ahleiten der Pfarre Innsbruck. Im Steuerregister von 1313 scheint das Zimmertal als Teil der Gemeinde Rinn auf. Bei der Anlage der Katastermappe im Jahre 1856 wurde es der Gemeinde Ampass zugeteilt. Das Zimmertal bildete einst die Grenze zwischen den Gerichten Sonnenburg und Thaur.

Wir folgen dem Talweg meist am sonnseitigen Waldrand bis zum Glockenhof an der alten, von Hall über Tulfes nach Matrei führenden alten Salzstraße; bis hieher 2½ St.

Der finster von einem einfachen Wandbild herabblickende Glockenhofer und eine Tafel erinnern an die Legende von den Räubern am Glockenhof (siehe Seite 244).

Hier besteht eine Abkürzungsmöglichkeit über den Volderwaldhof auf der Landesstraße zurück nach Hall, ½ St. Wir folgen der Landesstraße nach Osten und gelangen in 5 Min. zum Gh.

Innsbruck: Vill

Kreuzhäusl und von dort nach links abfallend bis zu einem geschnitzten Wegweiser, der uns zum Jugendwohnheim Lachhof weist. An diesem vorüber kommen wir über Wiesen nach Aich und fast eben zum Schloß Friedberg und hinab nach Volders, 558 m, 1 St. ab Glockenhof.

Rückfahrt mit dem Autobus ab Volders.

Gesamtgehzeit 3½ St.; Höhenunterschied ↑↓ je 280 Hm; Wege gut markiert, zur Hälfte schattig.

 Nach Vill und Igls

Von der Straßenbahn-Endstation beim Kloster Wilten über die Sillbrücke und unmittelbar danach steil nach rechts (S) auf blau-weiß-blau mit Nr. 3 markiertem Steig empor, unter der Autobahn hindurch zur Igler Landesstraße. Auf dieser etwa 100 m weiter und dann nach links der Markierung folgend oberhalb der Anlage des Kraftwerkes Untere Sill, wo einst der Lemmenhof stand, aufwärts zur Poltenhütte. Von dort auf dem Gstillweg durch den Paschbergwald am Grillhof nahe vorbei nach Vill, 817 m; bis hieher 1 St.

Der Grillhof wird erstmals 1240 erwähnt und ist nach den beiden Brüdern Grillo benannt. Der Hof war einst ein „landesfürstlicher Vogelherd", der die Küche des Innsbrucker Hofes mit Vögeln versorgen mußte, dafür aber von der Steuer befreit war. 1738 ging der Hof an das Stift Wilten und seit 1961 ist er Tiroler Volksbildungsheim.

INNSBRUCK-VILL 817 m

war bis 1942 eine eigene Gemeinde, bis es an Innsbruck angeschlossen wurde. Am Turmbichl fand man Reste einer illyrischen Siedlung, die bis ins 4. Jahrhundert bestand. Einzelne Gräber stammen aus der Merowingerzeit. Südlich und östlich des Seebichls wurden Pfähle mit spitzen Eisenschuhen aus der frühen Römerzeit gefunden sowie Lanzenspitzen aus der frühen Hallstattzeit. Um 1220 wird der Ort erstmals als „Ville" urkundlich genannt.

Südlich des Grillhofes wenden wir uns nach O und wandern am Waldrand entlang oberhalb des Viller Moores zum Lanser See.

Das Viller Moor war einst ein See, den 1328 der Landesfürst dem Kloster Wilten schenkte. Graf Heinrich von Tirol überließ damals den Viller samt dem Lanser See als Entschädigung für den Aufwand, den das Stift anläßlich der Vermählung des Landesfürsten mit Beatrix von Savoyen hatte. Der See war mit einer Grundfläche von 1800 Klaftern (7 ha) eingetragen. 1808 wurde der See von der bayerischen Regierung an die Gemeinde Vill verkauft und bald darauf trockengelegt. Die entstandenen Wiesen verteilte die Gemeinde an ihre Bürger. Die Trockenlegung ist aber nur unvollkommen gelungen; die Wiesen sind auch heute noch ziemlich minderwertig.

Vom Lanser See in ¼ St. nach Igls, 870 m. Rückfahrt mit Straßenbahn oder Autobus.

Gehzeit 1¾ St.; Höhenunterschied ↑ 280 Hm.

INNSBRUCK-IGLS 870 m

Bis 1942 war Igls – vor seiner Eingliederung an Innsbruck – eine eigenständige Gemeinde mit einer Fläche von 554 ha und und 964 Ew. Siedlungen bestanden schon in der La-Tène-Zeit. Aus der Zeit der ersten bayerischen Landnahme wurden Reihengräber in Igls und Vill aufgedeckt. 1273 wird Igls das erste Mal urkundlich genannt, 1375 taucht es als Thingstätte des Landgerichtes Sonnenburg auf. 1883 wurde es zu zwei Dritteln durch einen Brand zerstört. 1907 wurde das erste Kurhaus in Igls errichtet.

| W↑↓ | **Von Igls nach Patsch**

Vom südwestlichen Ortsausgang am Waldrand nach S und dann durch die Wiesen über den Pfaffenbichl nach Patsch, 998 m. In der Ortsmitte von Patsch nach O aufwärts zum Waldrand und dort auf dem „Speckbacherweg" bis zum Hotel Grünwalderhof. Beim Hotel queren wir die Landesstraße und gelangen auf dem mit Nr. 2 bez. Weg durch die Wiesen ins Naturschutzgebiet „Rosengarten".

Das ca. 80 ha umfassende Gebiet steht seit 1942 unter Naturschutz wegen seiner schönen Gehölzgruppen, in denen wir das tiefste Vorkommen der Zirbe (Pinus cembra) entdecken und wo zahlreiche Vogelarten brüten. Im Frühling kann man hier auch das Holunder-Knabenkraut (Orchis sambucina) und einige subalpine Pflanzen blühen sehen.

Innsbruck: Igls

Auf den feuchten Wiesen sind noch wenige Frühlingsknotenblumen (Leucojum vernum) erhalten.

Am sonnigen Westhang gelangen wir zum Waldrand und über das Pfarrbrünnl nahe der Taxburg vorüber zum Ausgangspunkt.
Gehzeit 2 St.; Höhenunterschied ↑↓ je 150 Hm.

| W↑↓ | **Von Igls nach Heiligwasser** |

Von der Talstation der Patscherkofelbahn zwischen den Parkplätzen nach S auf dem mit Nr. 4 bez. alten Wallfahrtsweg durch den Wald, dann am Waldrand zur Ellbögener Straße, 20 Min. Nach Querung im Fichtenhochwald in 10 Min. zum Fahrweg hinauf. Auf diesem queren wir zuerst nach O die Heiligwasserwiesen ober der Olympia-Bob- und -Rodelbahn und kommen – wieder im Wald – nach einer Rechtskehre nach Heiligwasser, 1234 m (Gh.).

Die Quelle war schon im Mittelalter als „Kaltenprunn" bekannt (1504), und Anfang des 17. Jahrhunderts wurde sie als „Butterbrünnl" bezeichnet. Die Entstehung der Wallfahrt ist der Sage nach zwei Hirtenknaben zuzuschreiben, die 1606 ihre Kühe weideten und sechs davon nicht mehr fanden. Als sie in ihrer Not die Muttergottes anriefen, erschien sie ihnen und zeigte ihnen, wo sie die Kühe fänden. Als 1651 ein stummes Kind nach dem Besuch des Ortes dieser Erscheinung wieder sprechen konnte, baute man eine Kapelle, die 1665 durch das heutige Kirchlein ersetzt wurde.

Rückweg auf dem Fahrweg, bis er beim Goldbichl in die Ellbögner Straße einmündet. Dort auf dem mit Nr. 6 bez. Weg nach N durch den Serleswald zum Igler Kurhaus und zur Ortsmitte zurück.
Gehzeit 2 St.; Höhenunterschied ↑↓ je 370 Hm.

| B↑↓ | **Lanser Alm – Patscherkofel** |

Von der Ellbögner Straße beim Goldbichl abzweigend auf der befahrbaren Forststraße mäßig nach O ansteigend durch den Wald. Nach ca. 10 Min. führt der Weg über die Heiligwasserwiesen und oberhalb der Olympia-Bob- und -Rodelbahn wieder in den Wald. Nach 35 Min. erreicht man Kapelle und Gh. Heiligwasser, 1234 m. Weiter nach O durch den Hochwald in ½ St. zur Igler Alm, 1475 m (Gh.), und nach Querung des Ramsbachgrabens zur Lanser Alm, 1718 m; bis hieher ab Ellbögner Straße 1½ St. Steil ansteigend auf dem rechtsufrigen Rücken des Ramsbach-(Lanser-)Grabens und diesen schließlich querend empor zum Patscherkofel-Berghotel, 1964 m (Gh., ganzj. Bew.).

Rückweg: vom Hotel an der Bergstation nach W zum AV-Patscherkofel-Schutzhaus und von dort weiter nach W zuerst mäßig steil, dann steiler werdend, teils über die Skipisten hinab zur Patscher Alm, 1694 m (Gh., im Sommer bew.), und von dort nach rechts (NW) hinunter über Heiligwasser nach Igls.

Gehzeit ↑ 3 St., ↓ 2½ St.; Höhenunterschied ↑↓ je 1100 m; Wege gut bez., je zur Hälfte sonnig und schattig.

W↓ Vom Patscherkofel über die Patscher Alm nach Igls

Vom Schutzhaus nach SW am Rande der Skiabfahrt hinab zur Patscher Alm, 1694 m. Auf dem Fußsteig von der Alm durch den Fichtenwald zuerst nach NW, dann nach O zum Wallfahrtskirchlein Heiligwasser hinunter, 1234 m (Gh.). Weiter auf dem Fahrweg und nach Querung der Heiligwasserwiesen oberhalb der Olympia-Bob- und -Rodelbahn auf dem mit Nr. 4 bez. Weg durch den Wald zur Ellbögner Straße, über diese hinweg und wieder durch Wald zur Patscherkofelbahn-Talstation in Igls.

Gehzeit 2½ St.; Höhenunterschied ↓ 1070 Hm; unschwieriger, großteils schattiger Weg talab.

W↓ Vom Patscherkofel über die Lanser Alm nach Igls

Von der Terrasse des Berghotels nach NO in den Lanser (Ramsbach-)Graben und jenseits steil in Serpentinen durch den Lärchen-Zirben-Wald in ½ St. hinab zur Lanser Alm, 1718 m. Der Weg führt nun nach W nochmals über den Lanser Graben durch Fichtenwald zur Igler Alm, 1475 m (ganzj. bew. Gh., 10 B, 15 M). Nun auf dem Forstweg nach Heiligwasser und Igls, 890 m.

Gehzeit 2½ St.; Höhenunterschied ↓ 1070 Hm; bequemer Abstieg vom Patscherkofel, zwei Drittel schattig, ein Drittel sonnig.

Innsbruck: Patscherkofel 185

B↓ Vom Patscherkofel über die Sistranser Alm nach Igls

Von der Bergstation der Patscherkofelbahn zuerst ca. 50 Hm nach SO ansteigen, dann eben nach O zum Grünbichl, 2024 m. Bei der Weggabelung nach links über den Rücken durch Legföhrenbestände und Zirbenwald bis zu einer Verflachung am Rücken und dort nach links (Wegtafel) in nördlicher Richtung durch den Wald steil hinunter zur Sistranser Alm, 1608 m (Gh., im Sommer bew., 8 B, 14 M). Auf dem Forstweg nordwestlich der Alm durch den Hochwald in 2 Kehren über den Lanser Berg zum großen Ramsbachdamm, 1100 m; von dort über die Badhauswiesen zum Badhaus und auf Weg Nr. 7 nach Igls.

Gehzeit 3 St.; Höhenunterschied ↓ 1080 Hm; bequemer, zu zwei Drittel schattiger Abstieg.

B↓ Vom Patscherkofel über die Sistranser Alm nach Sistrans

Von der Bergstation der Patscherkofelbahn zunächst ca. 50 Hm nach SO ansteigen, dann nach O eben zum Grünbichl, 2024 m. Bei der Weggabelung wählen wir den linken, nördlichen Steig, der über latschen- und zirbenbestandenen Rücken nach Ißeben, 1880 m, hinabführt; von da auf dem mit Nr. 48 bez. Weg nach NW zur Sistranser Alm, 1608 m (im Sommer bew. Gh., 8 B, 14 M); bis hieher 1¼ St. Nun auf der Forststraße (Nr. 48) durch den Fichtenwald nach NO hinab nach Sistrans, 920 m.

Gehzeit 3–3½ St.; Höhenunterschied ↓ 1080 Hm; schöner, abwechslungsreicher Abstieg vom Patscherkofel, besonders im ersten Abschnitt, der bis Ißeben nahe der Waldgrenze führt, zwei Drittel schattig, ein Drittel sonnig.

B↑↓ Über die Almen nach Tulfes

Von der Bergstation der Patscherkofelbahn nach O absteigend über den Ramsbach-(Lanser)Graben und jenseits in steilen Serpentinen in ½ St. hinab zur Lanser Alm, 1718 m; weiter auf schmalem Fußsteig (mit Nr. 46 gelb markiert) leicht absteigend durch flechtenbehangenen Zirben-Lärchen-Wald in ½ St. zur Sistranser Alm, 1608 m (Gh., einfach bew.); weiter leicht fallend nach O auf dem mit Nr. 46 markierten Forstweg an der Hirschlacke vorüber in ¾ St. zur Aldranser Alm, 1511 m (Gh., im Sommer einfach bew.). Von der Aldranser Alm weiter nach O auf immer gleichmäßig fallendem Forstweg (von hier an mit Nr. 47 bez.) bis zur 1. Kehre. Dort verlassen wir den Forstweg und erreichen auf dem Fußsteig in ½ St. die Rinner Alm, 1394 m (Gh., im Sommer einfach bew.). Von der Rinner Alm auf dem Forstweg leicht ansteigend weiter nach O an der Seebles-Lacke, einem kleinen, waldumstandenen Tümpel am Fuße einer Blockhalde knapp ober dem Weg, vorüber bis zur „Kalten Kuchl", 1650 m, 1 St. Dort verlassen wir bei der Wegkreuzung (gut beschildert) endgültig den Forstweg und folgen einem Fußsteig, der steil in 1 St. hinab nach Tulfes, 923 m, führt.

Gehzeit ↑ 1 St., ↓ 3½ St.; Höhenunterschied ↑ 300 m (zwischen Rinner Alm und Kalter Kuchl), ↓ 1050 Hm; sehr bequemer, lohnender Waldweg, von dem aus man immer wieder prachtvolle Ausblicke auf das Inntal und dessen Terrassen und auf das Karwendelgebirge genießt, großteils schattig.

W↓ Vom Patscherkofel über die Patscher Alm nach Patsch

Vom Schutzhaus nach SW am Rande der Skiabfahrt in ½ St. zur Patscher Alm, 1694 m, hinab. Nun auf dem Forstweg nach W über den Oberen Berg in 4 Kehren durch den Hochwald nach Patsch, 998 m.

Gehzeit 2–2½ St.; Höhenunterschied ↓ 970 Hm; bequemer, zu zwei Drittel schattiger Wanderweg talab.

B↑↓ Rund um den Patscherkofel

Von der Bergstation der Patscherkofelbahn zum Schutzhaus des ÖAV (*Sektion Touristenklub,* ganzj. bew., 23 B, 27 M) und weiter sanft ansteigend nach S ober dem Klimahaus der Forstlichen Bundesversuchsanstalt vorbei in den Zirbenwald am W-Hang. Der Weg biegt nun allmählich nach S um, steigt in Serpentinen über die Waldgrenze zum Fahrweg auf, der nun nach N zum Gipfel führt, 2246 m; bis hieher 1 St.

Am Gipfel befinden sich die Antennen und Umsetzeranlagen für das Fernsehen und den Rundfunk sowie eine Jausenstation. Die Aussicht vom Gipfel ist zu Recht berühmt, vor allem ins Wipptal und in die naheliegenden Stubaier Gletscher und Tuxer Alpen.

Vom Gipfel auf dem Ostrücken durch alpines Blockwerk, Krummseggenrasen und Schneeböden hinab nach Boscheben, 2028 m (im Sommer bew. Gh., 4 B, 15 M); von Boscheben nach W in ½ St. eben über den Grünbichl und zuletzt 50 Hm absteigend zur Bergstation der Patscherkofelseilbahn.

Gehzeit 2 St.; Höhenunterschied ↑↓ je 280 Hm; bequemste Gipfelwanderung im Raume Innsbruck.

W↑↓ Zirbenweg vom Patscherkofel nach Tulfein

Von der Bergstation der Patscherkofelbahn zunächst 50 Hm ansteigen, dann fast eben über den Grünbichl nach Boscheben, 2035 m (im Sommer bew. Gh., 4 B, 15 M); weiter auf dem Steig zum Glungezer. Nach ¼ St. zweigt der Zirbenweg westlich der Viggarspitze nach links ab und führt nun immer in ca. 2050 m Höhe durch die obersten Zirbengruppen, einzelne Latschenbestände, subalpine Zwergstrauchheiden und Blockhalden nach O zur Tulfeinalm, 2035 m (Jausenstation). Von dort erreicht man in 5 Min. den Sessellift, der über Halsmarter nach Tulfes führt.

Gehzeit 2–3 St.; Höhenunterschied ↑↓ je 130 Hm.

Der Zirbenweg ist ein bequemer, auch für Kinder geeigneter Wanderweg mit geringen Steigungen, der in herrlicher Aussichtslage 1500 m über dem Inntal an der Waldgrenze des berühmten Zirbenwaldes entlangführt. Er kann in beiden Richtungen begangen werden. Der Weg ist mit zahlreichen Ruhebänken ausgestattet und von der Landesforstinspektion mit vielen lehrreichen Hinweistafeln versehen, die auf die Funktion des Waldes sowie der Pflanzen und der Tierwelt hinweisen. Die gute Beschilderung erlaubt das Begehen auch bei schlechter Sicht, doch ist natürlich schon wegen der Aussicht ein Schönwettertag vorzuziehen. Am schönsten ist der Zirbenweg wohl zur Zeit der herbstlichen Laubfärbung.

Vom Patscherkofel ins Viggartal

Von der Bergstation zuerst ca. 50 Hm nach O aufwärts, dann

eben über den Grünbichl nach Boscheben, 2035 m (im Sommer bew. Gh., 4 B, 15 M); bis hieher ½ St.; weiter nach O sanft fallend durch den Wald zum Meißner Haus, das in 1710 m Höhe gegenüber dem Viggar-Unterleger am Sonnenhang liegt (DAV-Sektion Meißen, 15. 12.–15. 11. bew., 20 B, 60 M). Von der Hütte über den Bach zum Viggaralm-Unterleger und dann linksufrig talaus nach Mühltal, 1040 m, 1¼ St. Dort nicht bis zur Ellbögner Straße hinab, sondern über den Bach und zwischen den Häusern nach NW steil zu den Wiesen von Tarzens hinauf. Bei einem Bildstöckl kommt man zu dem Weg, der nach Tarzens und weiter zum Kristeigerhof führt. Vom Hof steil hinunter in den Ruckschreingraben nach Ruckschrein, 1064 m ¾ St. Auf der Ellbögner Straße überschreiten wir den Bach, und bald nach den Häusern steigt der Fußsteig (Wegweiser) rechts in Richtung Heiligwasser an. Nach der 3. Kreuzwegstation finden wir einen Weg, der uns an Wochenendhäusern am Waldrand vorüber ober Patsch nach N zum Grünwalderhof (Hotel) bringt. Von da an bleiben wir neben der Straße bis zum Heiligwasserweg neben der Bob- und Rodelbahn, queren dort die Ellbögner Straße und erreichen nun in ¼ St. auf dem mit Nr. 4 bez. Weg die Patscherkofelbahn-Talstation. Rückfahrt auch mit Autobus ab Mühltal, St. Peter oder Tarzens möglich.

Gehzeit bis Mühltal 2¼ St., bis Igls 4½ St.; Höhenunterschied ↓ 1080 Hm, ↑ 50 Hm; bequemer Weg, ab Meißner Haus mit Nr. 333 bez., ein Drittel schattig, zwei Drittel sonnig, am schönsten vom Frühsommer bis zum Spätherbst.

B ↑↓ Vom Patscherkofel ins Navistal

Von der Bergstation der Patscherkofelbahn auf bez. Weg über Grünbichl und Boscheben hinab zum Meißner Haus im Viggartal, 1710 m (DAV-Sektion Meißen, vom 15. 12.–15. 11. bew., 20 B, 60 M); bis hieher 1 St. Es empfiehlt sich, am Nachmittag bis zum Meißner Haus zu wandern und dort zu nächtigen. Vom Meißner Haus folgen wir dem Weg Nr. 333 taleinwärts auf den Viggaralm-Hochleger und immer gleichmäßig ansteigend über den Sonnenhang des Glungezer zum „Geschriebenen Stein", 2192 m, ¾ St. ab Meißner Haus. Nach kurzem Steilanstieg gelangen wir in die „Seegrube", 2385 m, das oberste, von einigen kleinen Seen erfüllte Kar des Viggartales und über Schneeböden und

Blockhalden zum Schluß steil auf die Kreuzspitze, 2746 m, ab Patscherkofel 3½ St. Auf dem Grat werden wir von rot-weißen Markierungen und vereinzelten Stangen in ¼ St. zum Rosenjoch geleitet, 2796 m, wo ein Gipfelbuch unsere Eintragung aufnimmt. Am Grat steigen wir nun ca. 100 Hm nach S ab und dann ebensoviel hinauf zur Grünbergspitze, 2790 m, ½ St.; weiter etwas auf und ab zur Grafmartspitze, 2720 m, ¼ St., und immer am Grat in ¾ St. zum Naviser Jöchl, 2477 m. Auf der S-Seite des Jöchls führt nun der mit Nr. 331 bez. AV-Steig in 3 St. über die Matten der Grafmartalm steil hinab zur Zeheteralm und Peeralm und von da auf dem Fahrweg nach Navis, 1340 m. Von Navis mit dem Taxibus oder zu Fuß in 2½ St. nach Matrei.

Gehzeit insgesamt 8–9 St.; Höhenunterschied ↑ 1260 Hm, ↓ 1970 Hm. Dieser Weg ist sehr aussichtsreich und lohnend, doch erfordert er Ausdauer und Trittsicherheit. Er ist nur bei trockenem Wetter zu empfehlen; am schönsten im Hochsommer.

B↑↓ Vom Patscherkofel in die Wattener Lizum

Wir wandern wie oben beschrieben über das Meißner Haus zur Kreuzspitze und dann auf dem Grat zum Naviser Jöchl; bis hieher 5½ St. Auf der S-Seite des Naviser Jöchls queren wir den Südhang der Naviser Sonnenspitze, bis wir nach ca. ¼ St. den Grat erreichen, der das Navistal vom Mölstal scheidet, 2332 m. Der Weg steigt nun mäßig auf die Schoberspitze an, 2448 m, und fällt danach wieder zum Klammjoch ab, 2359 m, ab Naviser Jöchl 1 St. Hier stoßen wir auf die Militärstraße, auf der wir in ¾ St. hinab zur Lizumer Hütte gelangen, 2019 m (ÖAV-Sektion Hall in Tirol, 15. 5.–30. 9. und 15. 12.–31. 4. bew., im Oktober und vom 1. 5.–15. 6. nur an Samstagen und Sonntagen, 21 B, 80 M).

Gehzeit 8–8½ St.; Höhenunterschied ↑ 1370 Hm, ↓ 1390 Hm. Der sehr aussichts- und abwechslungsreiche Weg ist im Gratbereich etwas mühsam und erfordert Trittsicherheit und Ausdauer.

B↑↓ Vom Patscherkofel ins Voldertal

Von der Bergstation der Patscherkofelbahn auf bez. Weg über den Grünbichl und Boscheben nach O in 2¾ St. zur Glungezerhütte, 2610 m (ÖAV-Sektion Hall in Tirol, 21. 6.–30. 10. und 26. 12.–15. 4. je nach Schneelage bew., 4 B, 30 M). Auf dem blockigen Grat nach S über die Gamslanerspitze in 2½ St. zur Kreuzspitze und in weiteren 2 St. über das Rosenjoch, Grünbergspitze und Grafmartspitze zum Naviser Jöchl, 2479 m. Über plattige und blockige Halden und Schneeböden nach N hinab zum Melkboden und zur Steinkasernalm, 2002 m, deren zahlreiche Hütten zwischen Steinblöcken hingeduckt liegen, 1 St. Beim Kreuz neben den Hütten ladet eine Bank zum Genuß der prachtvollen Aussicht auf das innere Voldertal mit seinen steilen Bergflanken und dunklen Zirbenwäldern. Auf dem Fahrweg wandern wir nun talaus über die Vorbergalm und die Voldertalhütte nach Tulfes, 923 m, 3 St., oder Volders, 560 m, 4 St.

Gehzeiten ↑ 3¾ St., → 4½ St. bis Naviser Jöchl, ↓ bis Tulfes 3 St., bis Volders 4 St.; Höhenunterschied ↑ 750 Hm, nach Tulfes ↓ 1700 Hm, nach Volders 2150 Hm; sehr lohnender und aussichtsreicher Weg, ab Naviser Jöchl mit Nr. 331 bez. Weil der Weg im Gratbereich sehr mühsam ist sowie Trittsicherheit und Ausdauer erfordert, empfiehlt sich eine Nächtigung auf der Glungezerhütte.

B ↑↓ Gratwanderung über Glungezer – Rosenjoch – Mieslkopf nach Matrei a. Br.

Von der Bergstation der Patscherkofelbahn, 1960 m, fast eben nach O über den Grünbichl und Boscheben, 2035 m, Gh., am S-Hang unter der Viggarspitze vorbei zur Glungezerhütte, 2610 m (ÖAV-Sektion Hall in Tirol, 4 B, 30 M); bis hieher 3 St. Von der Glungezerhütte auf dem Grat nach S. Nach ca. 100 Hm Abstieg und ebensoviel Anstieg erreichen wir die Grünbergspitze, 2790 m, und folgen nun dem Grat zwischen Navistal und Arztal – mehrmals auf- und absteigend – über Seeköpfl, 2716 m, Serblesspitze, 2628 m, Punkt 2550 m, Kreuzjöchl, 2640 m, Rauher Kamm, 2664 m, zum Mieslkopf, 2628 m; von der Grünbergspitze 2 St. Abstieg vom Mieslkopf nach W über den Rücken zur Ritzenalm, 2072 m, auf Weg Nr. 7 (blau markiert) weiter flach nach S bis zum Ißlboden und dann steil durch den Wald hinab über Schöfens nach Matrei am Brenner, 992 m.

Gesamtgehzeit ↑ 3 St., → 5 St., ↓ 3½ St., zusammen 11½ St.; Höhenunterschiede ↑ 1400 Hm, ↓ 2120 Hm; aussichtsreiche und lohnende Gratwanderung, aber nur für ausdauernde, geübte

Inzing 191

Bergwanderer. Wege am Grat nicht immer ausgebaut und gelegentlich schwer zu finden, nur bei schönem Wetter zu empfehlen, am schönsten im Hochsommer und Herbst, drei Viertel sonnig.

INZING 621 m

Personenzugstation der ÖBB, Arlbergbahn. 2190 Ew.; 1937 ha, davon 721 ha landw., 673 ha forstw. genutzt. FVV, 6 Gastbetriebe, 90 Privatvermieter, 555 Betten, 3 Naturrodelbahnen, Sport- und Erholungszentrum mit geheiztem Schwimmbad, Skischule, 2 Schlepplifte.

Geschichte:
Am Burgbichl („in der Bucht") vorgeschichtliche Siedlung, 1034 als Inigazingo erstmals urkundlich erwähnt. 1427 Steuergemeinde, 1816 selbständige politische Gemeinde.

Kunstdenkmäler:
„Schloß" – Edelsitz mit rechteckigem Turm aus dem 17. Jahrhundert. *Pfarrkirche zum hl. Petrus,* Kapelle urkundlich 1260 erwähnt, 1310 vergrößert, 1777–1779 barockisiert, Wallfahrtskirche.

Naturdenkmäler:
Friedrichslinde bei Toblaten (1933).

Bedeutende Persönlichkeiten:
Vinzenz Gasser, Fürstbischof von Brixen, 1809–1879; Jörg Kölderer, Maler, 1538 zu Innsbruck gestorben; Edmund Klotz, Bildhauer, 1855–1929; Blasius Hueber, Kartograph, 1814 zu Innsbruck gestorben.

Karten:
AV-Karte 1:25.000, Blatt Stubaier Alpen-Nord; AV-Karte 1:50.000, Blatt 31/5, Innsbruck-Umgebung; Österreichische Karte 1:50.000, Blätter 117, 147; Kompaß-Wanderkarte 1:50.000, Blatt 35; Freytag-Berndt-Touristenwanderkarte 1:100.000, Blatt Nr. 33, Innsbruck-Umgebung.

⬛W↑↓ Über den Inzinger Berg nach Ranggen

Von der Ortsmitte die Fahrstraße zum Inzinger Berg empor bis zum Weiler Eben, 867 m. Beim Tanglhof nach Osten abzweigen und auf Fußwegen fast eben durch die weit verstreute Siedlung Eben und danach durch Wiesen und Buschgelände zum Weiler Ried. Weiter auf einer wenig befahrenen Wirtschaftsstraße über den Graben des Lehnbaches zum Schöllerhof und über Obergasse hinab nach Ranggen, das in eine Wiesenmulde eingebettet liegt. Am Erbhof Kreuzer (1707) vorüber gelangen wir ins Dorf, an dessen Westrand der Weg ins Lehntal hinab im Wald führt. Nach steilem Abstieg gelangen wir auf die Inzinger Wiesen und auf die Landesstraße östlich von Inzing.

Gesamtgehzeit 2½ St.; Höhenunterschied ↑ 270 Hm, ↓ 270 Hm; Weg gut markiert, je zur Hälfte sonnig und schattig.

⬛B↑↓ Von Inzing zur Inzinger Alm und zum Hundstalsee

Vom südlichen Ortsende Inzings dem Enterbach entlang und dann links hinauf zum Weiler Eben am Inzinger Berg. Auf dem Forstweg weiter nach S durch das bewaldete Hundstal zur Inzinger Alm, (Hundstalalm), 1638 m (an Sonn- und Feiertagen ganzj. bew., 2 B, 12 M); bis hieher 2½ St. Von der Alm flach nach S über den Almboden und durch Baumgruppen, dann geradeaus durch Alpenrosenbestände und über Bergweiden steil empor (nur Wegspuren) bis zum Schützensteig. Auf diesem ziemlich eben nach W bis zum Seebach und an dessen rechtem Ufer weglos durch Grasheiden und blockiges Gelände in 2 St. zum Hundstalsee, der in 2287 m Höhe mitten im Schuttkar eingebettet liegt, überragt von dunklen Felsgraten. Abstieg wie Aufstieg.

Gehzeit ↑ 4½ St, ↓ 3 St., zusammen 7½ St.; Höhenunterschied ↑↓ je 1670 Hm.

⬛B↑↓ Von Inzing über den Krimpenbachsattel nach Sellrain

Zunächst neben dem Enterbach nach S aufwärts und dann nach links zum Weiler Eben am Inzinger Berg. Auf dem Forstweg

9 Kerschbuchhof, Hechenberg und Kranebitter Klamm (siehe Seiten 148, 155).

10 Weg vom Patscherkofelschutzhaus auf den Gipfel (siehe Seite 186). Hinten das Stubaital mit seinen Gletschern. Vor der Serles das Gleinserjöchl und der Rinderberg (siehe Seite 231).

11 Blick auf Kühtai (siehe Seite 196). Vorne die Straße nach Ötz, links hinten über die baumlose Mulde führt die Fahrstraße nach Gries im Sellrain.

12 Am Achenweg in Oberleutasch (siehe Seite 215). Blick auf den Weiler Kirchplatzl und das Gaistal.

13 Abstieg vom Serlesgipfel (siehe Seite 226, 403). Hinter dem Serleskamm Habicht, Zwölfer und Elfer, ganz hinten die Gletscher des Inneren Stubai mit dem Zuckerhütl.

14 Mils mit dem bewaldeten Steilhang zum westlichen Gnadenwald und der Bettelwurfgruppe (siehe Seite 239).

15 Mutterer Alm mit Pfriemeswand und Saile (Nockspitze). (Siehe Seite 253 – 257.)

16 Inneres Navistal gegen Naviser Jöchl und Mölsjoch (siehe Seite 262).

durch das bewaldete Hundstal in 2½ St. zur Inzinger Alm (Hundstalalm), 1638 m (an Sonn- und Feiertagen ganzj. bew., 2 B, 12 M). Von der Alm über den Almboden und durch den schütteren Bergwald nach O gleichmäßig ansteigend in 1 St. zum Krimpenbachsattel, 1899 m.

In ½ St. über das Rangger Köpfl zur Roßkogelhütte, 1777 m, und nach Oberperfuss, 2 St., 970 Hm.

Vom Krimpenbachsattel eben nach S in 10 Min. zur Krimpenbachalm und weiter leicht steigend über Almböden und Zwergstrauchheiden auf den vom Roßkogel herabziehenden Ostrücken. Über diesen Rücken führt nun der Weg zuerst durch offenes Gelände, dann steil durch Fichtenwald hinab nach St. Quirin, 1243 m. Teils auf dem Fahrweg, teils auf Fußweg durch die Wiesen kommen wir steil hinunter nach Sellrain, 909 m; dort Autobushaltestelle.

Gehzeit ↑ 3½ St., ↓ 2¼ St., zusammen 5¾ St.; Höhenunterschied ↑ 1280 Hm, ↓ 990 Hm.

KEMATEN und UNTERPERFUSS

KEMATEN 610 m

Personenzughaltestelle der ÖBB, Arlbergbahn; Haltestelle der Autobuslinien Innsbruck – Sellrain – Kühtai, Innsbruck – Oberperfuss und Innsbruck – Telfs. 1650 Ew.; 697 ha, davon 524 ha landw., 126 ha forstw. genutzt. FVV, 5 Gastbetriebe, 53 Privatvermieter, 333 Betten.

Geschichte:

Der Name Kematen stammt vom lateinischen cemenata, d. h. Wärmestube oder Posthaus. Vermutlich war beim Martinsbühel der älteste Übergang der Römerstraße über den Inn, zu dem ein Rasthaus gehörte. 1180 als Chemenaten erstmals urkundlich genannt. In Kematen gab es einen steuerbefreiten Hof, den Burghof. Er wird seit 1500 als Maierhof erwähnt und diente zum unmittelbaren Gebrauch für die landesfürstliche Hofwirtschaft.

Kunstdenkmäler:

Bauernhäuser des Mittertenn- und Mittelflurtyps. 3 bemerkenswerte „Kästen" (Getreidespeicher) in schöner Mauerung, der älteste Nr. 51. *Pfarrkirche zum hl. Viktor,* urkundlich 1391, um 1754 erweitert. Im Friedhof geschnitzte *Kreuzigungsgruppe,* um 1700, an der Grabstätte der Familie Lotter. *Kapelle Maria Schnee* im Weiler Afling, 1778, Rokoko-Zentralbau. *Ansitz Burghof,* urkundlich 1514. *Oberer Lotterhof,* 1627–1785 im Besitz der Familie Fröhlich von *Fröhlichsburg. Kapelle bei der Kemater Alm,* 1934.

Naturdenkmäler:
Alte *Stieleichen* am Ufer der Melach.

UNTERPERFUSS 599 m

Haltestelle der Autobuslinie Innsbruck – Telfs (Dörferlinie). 198 Ew.; 228 ha, davon 122 ha landw., 84 ha forstw. genutzt. 2 Gastbetriebe, 1 Reitstall.

Geschichte:
Erst 1832 wurde Unterperfuss selbständige Gemeinde. Davor war es mit Oberperfuss und Ranggen eine Anwaltschaft des Gerichtes Hörtenberg.

Kunstdenkmäler:
Ansitz Ferklehen, vor 1560 erbaut, 1703 abgebrannt und danach neu, aber nicht mehr in der ehemaligen Größe aufgebaut. Der Name leitet sich von Färge = Fährmann ab, denn lange Zeit befand sich in unmittelbarer Nähe eine Fähre über den Inn; heute im Besitz der Familie Schreckenthal. *Filialkirche* zur hl. Katharina. Eine Kapelle 1648 erbaut, jetzige Kirche durch Franz Singer aus Götzens im Jahre 1761 neu errichtet.

Karten:
Österreichische Karte 1:50.000, Blätter 117, 147; AV-Karte 1:50.000, Blatt 31/5, Innsbruck-Umgebung; Kompaß-Wanderkarte 1:50.000, Blatt 36; Freytag-Berndt-Touristenwanderkarte 1:100.000, Blatt 33, Innsbruck-Umgebung.

Kematen/Unterperfuss

 Nach Völs und zurück

Von der Ortsmitte in Kematen auf dem Feldweg am Hangfuß entlang nach O bis zum Michlfeld. Weiter auf dem Feldweg bis zu den Garvenswerken am westlichen Ortsrand von Völs. Dort nach rechts (SW) aufwärts zum Weiler Afling. Wir wandern nun durch Afling und leicht ansteigend über die Aflinger Felder nach W zurück nach Kematen.
Gehzeit 2 St.; Höhenunterschied ↑↓ je 80 Hm.

Kristenkamm

Vom südöstlichen Ortsende von Kematen zuerst der neuen Fahrstraße nach Axams folgend in ½ St. zum Weiler Wollbell (Gh. Alpenblick). Von dort zuerst auf der Fahrstraße am Talboden nach Omes und über die mit Ferienhäusern bebaute Kristenleiten, die einst Wein- und Ackerbaugebiet war, zu den Kristenhöfen am Kristenkamm empor, 830 m. Nun dem Waldlehrpfad entlang am Kamm nach O bis zum Blasiusberg und über diesen nach N hinab nach Völs, 592 m. Weiter am Waldrand dem ehemaligen Völser See entlang (heute nur mehr an sumpfigen Stellen, Weidengruppen und Schilfbeständen erkennbar) nach W, dann etwas ansteigend zum Weiler Afling, 620 m, und durch die Wiesen zum Ausgangspunkt zurück.
Gehzeit ↑ 1½ St., ↓ 1¾ St.; Höhenunterschied ↑↓ je 240 Hm; sehr lohnender Weg mit schöner Aussicht auf das Inntal, die Solsteinkette, die Kalkkögel und die paraglazialen Trockentäler, die von Grinzens und Axams über Omes nach Völs ziehen; halb sonnig, halb schattig.

 Durch das Rettenbachtal nach Ranggen

Von der Ortsmitte nach W zum Ansitz Ferklehen und von dort am Waldrand entlang aufwärts bis zur Landesstraße, die durch das Rettenbachtal nach Ranggen führt. Die Straße ist an Werktagen bis zur Schottergrube bei der Abzweigung nach Itzlranggen stark, danach nur mehr wenig befahren und führt im Talgrund neben dem Rettenbach sanft ansteigend nach W zwischen sonnseitigen Wiesen und schattseitigem Wald. Wo links der Wald zurücktritt, kann man die Straße bei einer Autobushaltestelle verlassen und auf dem sonnseitigen Wiesenweg durch die gepflegten Kulturen direkt nach Ranggen gelangen, 1 St.

Rückweg: von der Kirche leicht aufwärts nach Osten und zuerst durch Wiesen, dann am Waldrand entlang nach Itzlranggen (Kleinranggen); von dort nach S hinab ins Rettenbachtal und zurück nach Unterperfuss.

Gesamtgehzeit 2 St.; Höhenunterschied ↑ 230 Hm, ↓ 230 Hm; bequemer, gut markierter Weg, zum Großteil sonnig.

W↑↓ Nach Oberperfuss

Von der Ortsmitte zuerst nach W zum Ansitz Ferklehen und von dort am Waldrand entlang aufwärts bis zur Landesstraße, die durch das Rettenbachtal nach Ranggen führt. Diese Straße ist bis zur Schottergrube bei der Abzweigung nach Itzlranggen stark frequentiert, danach wenig befahren. Nach ca. ½ St. zweigt der Weg Nr. 14 (rot markiert) von der Fahrstraße nach S ab und führt steil durch den Wald empor zu dem am Hochplateau liegenden Weiler Völsesgasse. Von dort durch die Wiesen nach Oberperfuss, 812 m.

Zurück am selben Weg oder über Ranggen und das Rettenbachtal.

Gesamtgehzeit 1¾ St.; Höhenunterschied ↑ 220 Hm, ↓ 220 Hm; Weg gut markiert, ein Drittel halb schattig, sonst sonnig.

KOLSASS und **KOLSASSBERG** (siehe **WEER**, Seite 447)
KREITH (siehe bei **MUTTERS**, Seite 249)

KÜHTAI 1967 m

Haltestelle der ÖBP-Autobuslinien Innsbruck – Kühtai und Ötz – Kühtai, Wintersportzentrum der Gemeinde Silz. FVV, 16 Gastbetriebe, 18 Privatvermieter, 624 Betten, 2 private Hallenbäder. Sessellift Kühtai – Plenderleseekopf, Schlepplift Kühtai – Hohe Mut, Schlepplift Kühtai – Wiesberg, Schlepplift Kühtai – Stockachböden, Sessellift Kühtai – Hochalterkar, Schlepplift Küh-

Kühtai

tai (Übungslift). Dortmunder Hütte, 1948 m (AV-Sektion Dortmund).

Geschichte:
1288 als Zubehör des landesfürstlichen Urbaramtes Petersberg erstmals genannt als Chutay = Kühalm. Dieser Schweighof kam in den Besitz der Herren von Freundsberg. Nach deren Aussterben 1587 gestaltete Erzherzog Leopold von Tirol den Hof Kühtai 1622 zu einem fürstlichen Jagdsitz in der Form eines großen Oberinntaler Bauernhofes um. In der Kapelle Altar und Stukkaturen aus dem 17. Jahrhundert. 1624 Fahrweg von Sellrain nach Kühtai gebaut. Zirmbachalm 1288 als „Schweighöfe in Zirmbach" genannt. 1333 an das Stift Wilten und 1355 im Tauschweg an das Stift Stams.

Naturdenkmäler:
Zirbenwaldreste zwischen Haggen und Kühtai, im Raum Kühtai und am Südhang des Birchkogels.

Karten:
AV-Karte 1:25.000, Blatt Stubai-Nord; Österreichische Karte 1:50.000, Blatt 146; Kompaß-Wanderkarte 1:50.000, Blatt 35; Freytag-Berndt-Touristenwanderkarte 1:100.000, Blatt 33, Innsbruck-Umgebung.

B ↑↓	**Von Kühtai zur Gubener Hütte**

Von der Dortmunder Hütte auf breitem Weg nach SO durch lichten Zirbenwald und Alpenrosenbestände zum Finstertalbach und über die Talstufe zum Finstertaler See, 2240 m, 1 St.

Früher gab es zwei durch eine Felsstufe getrennte Seen, in denen seit undenklicher Zeit Fischerei betrieben wurde. Kaiser Maximilian I. ließ Saiblinge und Forellen einsetzen, die trotz der großen Höhe gut gediehen. 1629 wurden zwei Schiffe über den neu erbauten Weg von Sellrain und Kühtai zum See gebracht. Im Sommer hatte der See eine Temperatur von 12 Grad, in einer Tiefe von 28,5 m nur mehr 4 Grad C. 8 Monate lang war der See mit einer bis 1,5 m dicken Eisschicht bedeckt. Mehrere Jahre lang wurde der See unter Leitung von Prof. Pechlaner der Universität Innsbruck untersucht, wozu eine limnologische Station errichtet worden war. 1974 mußte diese Station dem Kraftwerksprojekt weichen, das die beiden Seen zu einem einzigen, dem Pumpspeicherbetrieb dienenden See aufstauen wird.

Vom Ende des Sees führt der Steig über Krummseggenrasen und Schneeböden über die „Schafleger", dann nach links (O) auf Moränen und Blockhalden und wendet sich schließlich nach W gegen eine Felswand hin. Über felsiges Gelände und Schutt erreichen wir die Finstertaler Scharte, 2779 m, von Kühtai 3 St. Auf der Südseite der Scharte gelangen wir nach ca. 50 m Abstieg zu einer Wegteilung.

Nach links (O) kann in 1 St. die Kraspesspitze, 2953 m, erstiegen werden. Der Weg quert zuerst einen blockigen Hang, führt dann auf einen mit Krummseggenrasen bewachsenen Felsriegel und weiter nach O zum Südgrat. Auf diesem gelangt man zum Gipfel, 1¾ St., ↑↓ je 175 Hm.

Von der Steiggabelung unterhalb der Finstertaler Scharte führt der Gubener Weg zu den grasigen Böden des „Weiten Kars" hinab und weiter über die Weidehänge der Zwieselbachalm zur Gubener Hütte, 2034 m (DAV-Sektion Schweinfurt, 20. 6.– 15. 9. bew., 18 B, 34 M).

Gehzeit ↑ 3 St., ↓ 1½ St., zusammen 4½ St.; Höhenunterschied ↑ 830 Hm, ↓ 750 Hm. Der AV-Steig ist mit Nr. 146 bezeichnet.

B↓ Marlstein – Silzer Sattel nach Haiming

Mit dem Autobus durch das Sellraintal nach Kühtai, 1967 m. Von der Dortmunder Hütte am westlichen Ende des Ortes dem Wegweiser folgend nach W etwas oberhalb der Fahrstraße und zum Teil auf dieser bis zur Autobushaltestelle Ißalm. Von dort auf dem rechten, sonnseitigen Talhang dem AV-Weg Nr. 148 (rot-weiß-rot markiert) über Mareil nach Marlstein, 1789 m (Gh.), und immer leicht absteigend oberhalb der Ortschaft Ochsengarten vorüber zum Silzer Sattele, 1687 m, ab Kühtai 1½ St. Von hier auf dem neuen Forstweg zuerst durch Zirben- und Fichtenwald, dann durch Wiesen über den Haiminger Berg nach Haiming, 670 m, wobei immer wieder prachtvolle Tiefblicke auf das Inntal zwischen Mötz und Imst frei werden.

Rückfahrt von Haiming mit Bahn oder Autobus.

Gehzeit 4 St.; Höhenunterschied ↓ 1300 Hm; sehr lohnender Weg, gut bez., über den Haiminger Berg immer wieder Abkürzungen vom Fahrweg möglich; je zur Hälfte halb schattig und sonnig.

Kühtai

 Auf den Birchkogel, 2831 m

Vom Jagdschloß Kühtai steil nach N auf zwergstrauch- und rasenbewachsenen Hängen aufwärts zu den flachen Stockacher Böden. Weiter nach NW durch eine Mulde mit drei Seen, die überragt wird von den dunklen Irzwänden, zum grasigen SO-Rücken des Birchkogels und auf diesem steil zum Gipfel.

Auf dem Gipfel bietet sich eine prächtige Rundschau auf die Nördlichen Kalkalpen von der Parseierspitze bis zum Kaisergebirge, auf die Ferwall- und Silvrettagruppe, die nördlichen Ötztaler Alpen, Sellrainer Berge und die westlichen Zillertaler Alpen.

Abstieg wie Anstieg oder nach W über den grasigen Rücken zuerst steil, dann immer flacher werdend zu den weiten Böden der Feldringer Alm und von dort nach S zum Gh. Marlstein, 1789 m, und hinab nach Ochsengarten, 1550 m. Mit Autobus zurück nach Kühtai oder hinunter nach Ötz.

Gehzeit ↑ 2½ St., ↓ 2½ St., zusammen 5 St.; Höhenunterschied ↑ 880 Hm, ↓ 1280 Hm; unschwieriger, aber nicht immer gut bez. Weg.

 Von Kühtai über das Kreuzjoch nach Stams

Von Kühtai auf der Fahrstraße nach O über den Stockacher Sattel und dann leicht fallend bis zur „Marche". Dort verlassen wir (Markierung) die Landesstraße und steigen über den alpenrosenbewachsenen Sonnenhang leicht nach NO an. Nach ca. 10 Min. biegt der Steig ins Zirmbachtal ein. Kurz nach der Zirmbacher Schäferhütte queren wir den Bach und über die weiten Böden der oberen Zirmbachalm, zum Schluß steil in Serpentinen ansteigend, erreichen wir das Kreuzjoch, 2556 m; bis hieher 2 St. Auf der Nordseite des Joches führt der Steig zuerst nach N durch Block- und Schutthalden, dann an einem kleinen See vorüber nach W steil durch das grasbewachsene Wurmetal zu den Wurmetalböden hinab und weiter am linken Talhang zur Stamser Alm, 1858 m, 1½ St. ab Kreuzjöchl. Auf dem neuen Fahrweg nach N durch Zirben- und Fichtenhochwald zuerst über den Stamser Bach, dann am „Gwand" vorbei zur Stamser Maiß und auf dem Nordhang in 7 Kehren nach Hauland und Stams, 670 m.

Gehzeit ↑ 2 St., ↓ 4 St., zusammen 6 St.; Höhenunterschied ↑ 590 Hm, ↓ 1890 Hm. Der Weg ist zwar unschwierig, erfordert aber Ausdauer.

B ↑↓   **Über die Flaurlinger Scharte nach Flaurling**

Von Kühtai über den Stockacher Sattel auf der Landesstraße nach NO und jenseits wieder leicht abwärts. Kurz nach der „Marche" verlassen wir die Landesstraße und steigen auf dem Fußweg über alpenrosenbestandene Hänge ins Zirmbachtal. Unter der Zirmbacher Schäferhütte queren wir den Bach und folgen nun dem Steig auf dem von Heiderich und Rasen bewachsenen steilen Sonnenhang zuerst nach O, dann nach N zur Flaurlinger Scharte hinauf, 2400 m; bis hieher 1¾ St. Nach N steigen wir von der Flaurlinger Scharte über Schneeböden flach zur Weibeleslacke und dann den Wegspuren folgend durch Blockhalden und Almböden nach NO zum Ißanger und zur Flaurlinger Alm, 1614 m (Gh., vom 15. 6.–30. 9. bew.). Nun wandern wir auf dem Fahrweg durch das bewaldete Kanzingtal zum Flaurlinger Berg und nach Flaurling hinab, 675 m (ÖBB-Haltestelle).

Gehzeit ↑ 1¾ St., ↓ 4–4½ St., zusammen ca. 6 St.; Höhenunterschied ↑ 550 Hm, ↓ 1825 Hm. Der wenig begangene Weg ist nicht gut markiert und erfordert Bergerfahrung und Ausdauer, ein Drittel schattig, zwei Drittel sonnig.

LANS   869 m

Haltestellen der Igler Bahn Innsbruck – Igls. 593 Ew.; 629 ha, davon 197 ha landw., 375 ha forstw. genutzt. FVV, 11 Gastbetriebe, 31 Privatvermieter, 422 Betten. Alpenbad Lanser See, Badeanstalt Mühlsee, Minigolf, Skischule.

Geschichte:
1180 als Lannes erstmals urkundlich genannt; im 13. Jahrhundert Lens, später Laens, Lenns, Länn:, seit 1801 Lans. 1228 schenkte Markgraf Heinrich von Istrien dem Kloster Benediktbeuren eine Hube in Lannes. 1627 gab es in Lans bereits 35 Bauernhöfe. 1379 ist ein Zollamt in Lans genannt. 1902 Groß-

brand, 1944 Fliegerangriff (1 Toter). Berühmt war einst das Lanser Bauerntheater. Im Scheidlhaus arbeitete mehrere Sommer hindurch der Nobelpreisträger Prof. Dr. Viktor Heß.

Kunstdenkmäler:
Pfarrkirche zum hl. Lambert, urkundlich genannt 1369. Mitte des 15. Jahrhunderts umgebaut, 1722 erweitert, 1739/40 barokkisiert. Früher Wallfahrtsstätte. In ein Loch des Fußbodens mitten im Kirchenschiff legten Heilungsuchende ihre Kleider oder steckten ihre Füße hinein. Zierliche Rokoko-Stukkatur um 1722, 2 Glocken aus der Löfflerschen Werkstätte aus den Jahren 1556 und 1566.

Naturdenkmäler:
Naturschutzgebiet *Lanser Moor,* kleiner *Lanser Seerosenweiher* (1950). 1 *Schraubenfichte* am Lanser Kopf, nördlich des Turn- und Sportplatzes ober dem Poltenhof (1942). Naturschutzgebiete *Patscherkofel,* zusammen mit Bereichen der Gemeinden Innsbruck, Patsch, Ellbögen und Sistrans; Alpenflora, besonders Alpenrose, 12 qkm (1947).

Karten:
Umgebungskarte von Innsbruck 1:25.000; AV-Karte 1:50.000, Blatt 31/5, Innsbruck-Umgebung; Österreichische Karte 1:50.000, Blatt 116; Kompaß-Wanderkarte 1:30.000, Blatt Innsbruck-Igls-Solbad Hall; Freytag-Berndt-Touristenwanderkarte 1:100.000, Blatt 33, Innsbruck-Umgebung.

| W↑↓ | **Lans – Lanser Köpfe** |

Von der Hauptstraße in Lans nach N der Senke folgend über das Mühlhaus in 10 Min. zum Mühlsee.

Schon 1260 wird ein „Lacus minor in pede montis dicti Phlanters" urkundlich genannt. Im Fischereibuch Kaiser Maximilians I. 1504 wird der Mühlsee als „See bei Sperberegg" bezeichnet. Seit dem 16. Jahrhundert heißt das Tal Mühltal, weshalb seither auch der See als „Teuchl im Mühltal" bezeichnet wurde. 1840 wurde der See trockengelegt, 1902 aber wieder aufgestaut, und 1925 errichtete man die erste Badeanstalt.

Vom Mühlsee wenden wir uns nun der Bahn entlang nach W bis zur Haltestelle Lans und biegen dort nach NW ab. Am Waldrand kommen wir zum Lanser Moor, auch Seerosenweiher genannt.

Hier wurde ursprünglich für die Spinnerei Herrburger und Rhomberg Torf gestochen. Nach Auflassen des Torfstiches füllte sich die Senke mit Wasser, 1870 blühten hier zum ersten Mal Seerosen, und seit 1928 ist das Moor unter Naturschutz gestellt. Der älteste bekannte Name lautet „Moos in Pflanters", und 1260 wird es als „kleiner See am Fuße des Pflantersberges" bezeichnet.

Am Nordrand des Moores wandern wir zunächst nach W, dann auf einem Rücken nach N durch den Kiefernwald auf die freie, felsige Höhe des Lanser Kopfes, 930 m.

Eigentlich handelt es sich um zwei, den Rücken überragende glaziale Rundbuckel mit Gletscherschliffen, deren westlicher nur um 9 m niedriger ist, aber deshalb weniger beachtet wird. Schon 1141 werden sie als „Berg Pflanters" urkundlich genannt. 1879 errichtete die DAV-Sektion Innsbruck den marmornen Orientierungstisch.

Vom Lanser Kopf wandern wir am selben Weg ein Stück zurück, dann nach S zum Lanser See, 851 m.

Der 11 m tiefe und 2,6 ha große See wird 1270 erstmals urkundlich erwähnt. Im Kataster der Gemeinde Lans von 1775 wird er als „Wildsee in der Lanser Feldung" bezeichnet. Damals dehnte er sich nach Osten und Westen erheblich weiter aus als heute. 1792 senkte man ihn auf die heutig Größe ab, um Land zu gewinnen. 1847 wurde die erste Badehütte errichtet.

Über das Westufer des Lanser Sees gelangen wir zur Haltestelle Lanser See und neben der Bahn zur Haltestelle Lans und zurück nach Lans.

Gehzeit 2 St.; Höhenunterschied ↑↓ je 120 Hm; sehr abwechslungsreiche und lohnende Kurzwanderung.

W↑↓ Lanser Alm – Sistranser Alm

Von der Ortsmitte auf der Ellbögner Straße bis zum letzten Haus rechts und dort von der Straße in den Feldweg nach S abbiegen (Wegweiser). Über die Wiesen und durch den Wald aufwärts. Nach ca. ½ St. quert der Weg beim Hochwasserschutzdamm am Ramsbach den von Sistrans nach Heiligwasser führenden Wanderweg. Wir steigen weiter zuerst flach nach O an, dann in vielen Kehren nach S über den Lanser Berg steil aufwärts zur Lanser Alm, 1718 m.

Rückweg: auf Fußsteig (mit Nr. 46 gelb bez.) nach O durch den Bergwald in ½ St. leicht absteigend zur Sistranser Alm, 1608 m (Gh., im Sommer bew.). Weiter auf dem Forstweg (mit Nr. 48 gelb markiert) in mehreren Kehren hinab nach Sistrans und von dort zurück nach Lans.

Gehzeit ↑ 2½ St., ↓ 2½ St.; Höhenunterschied ↑↓ je 850 Hm; Wege gut bezeichnet, meist schattig im Wald verlaufend.

LEUTASCH 1126 m

Haltestelle der ÖBP-Autobuslinie Seefeld – Oberleutasch – Mittenwald. 1435 Ew.; 10.313 ha, davon 753 ha landw., 1091 ha forstw. genutzt. FVV, 50 Gastbetriebe, 201 Privatvermieter, 2358 Betten. Rauthhütte, 1598 m, am Osthang der Hohen Munde (privat), Meilerhütte, 2376 m, am Dreitorspitzgatter (AV-Sektion Bayerland), Erinnerungshütte, 2050 m, südlich des Scharnitzjöchls, nicht bewirtschaftet (Akadem. AV München). Bade- und Sportzentrum mit Hallenbad, Sauna, Minigolf, Tennisplätze, Eislaufplatz, Sprungschanze, Skischule, Skibobschule, Skikindergarten, Sessellift Weidach-Katzenkopf, Sessellift Oberleutasch – Moos – Rauthhütte, 5 Schlepplifte.

Geschichte:

Seit alters versteht man unter der Leutasch das Tal der Leutascher Ache, in dem heute 16 kleinere und größere Weiler liegen. Ursprünglich waren in der Leutasch nur Weideflächen, die vom Inntal aus bestoßen wurden. Die Besiedlung erfolgte relativ spät. 1116 werden „aqua et nemus Liutaske" erstmals urkundlich erwähnt, dagegen das anschließende „Geizzital" schon um 1060. Zur Zeit der ersten Rodung im 12. Jahrhundert waren die Stifte Polling bei Weilheim, Wilten und die Herrschaft Hörtenberg in den Grundbesitz geteilt. Später trat das Stift Wilten seine Rechte an das 1272 gegründete Stift Stams ab. Seit 1427 eigene Steuer- und Wirtschaftsgemeinde, seit 1816 eigene politische Gemeinde. Der Weidacher See ist im Fischereibuch von 1500 als landesfürstlich erwähnt. 1632–1634 wurde die Festungsanlage „in der

Schanz" erbaut. Sie bewährte sich im 30jährigen Krieg und hielt auch 1805 einigen Angriffen der Franzosen stand, wurde aber schließlich über den „Franzosensteig" umgangen.

Kunstdenkmäler:

In einzelnen Weilern (besonders in Gasse) sind noch die alten *Leutascher Bauernhaustypen* erhalten: Einhöfe des Mittelflurtyps mit tief herabgezogenen, flachen Dächern, die am Giebel weit vorragen und an der Vorderfront gegen die Traufe hin allmählich zurückgenommen sind; einzelne Häuser mit Fresken, meist aus dem 18. Jahrhundert. *Pfarrkirche zur hl. Magdalena,* urkundlich Ende des 12. Jahrhunderts, 1725 vergrößert, 1820 neu erbaut von Josef Falbesoner, Nassereith; mit einer Glocke aus dem Jahre 1482. *Pfarrkirche* hl. Johannes der Täufer in Unterleutasch, erbaut 1827–1831.

Naturdenkmäler:

Naturschutzgebiet *„Feldwachgebiet"* (1942). Naturschutzgebiet *„Ahrnspitze",* zusammen mit Bereichen der Gemeinde Scharnitz; interessante Flora, jedoch durch den Waldbrand von 1947 und durch starken Touristenbetrieb von Mittenwald her gestört, 12,5 qkm (1942). Hochfläche *„Wildmoos"* mit Bereichen der Gemeinden Telfs, Seefeld und Reith, blumenreiche Kurzrasen, Birkengruppen und zwei periodischen Seen. Großer, alter *Bergahorn* im Weiler Klamm am Weg zur Wangalpe. Mehrere alte, nicht geschneitelte *Eschen* in den Weilern Gasse und Ahrn. Große, schlanke *Traubenkirsche* (Purnus padus) im Weiler Reindlau. Alte, große *Reifweide* (Salix daphnoides) an der Landesstraße im Weiler Gasse. Große, alte *Bergulme* im Weiler Lehner neben dem Haus Panorama.

Karten:

AV-Karte 1:25.000, Blätter Wetterstein und Mieminger Gebirge, Ost und Mitte; AV-Karte 1:50.000, Blatt 31/5, Innsbruck-Umgebung; Österreichische Karte 1:50.000, Blätter 116, 117; Freytag-Berndt-Touristenwanderkarte 1:100.000, Blatt 33, Innsbruck-Umgebung.

 Rund um den Weidacher See

Ausgangspunkt: Hallenbad (Parkplatz). Von der Straßenbrücke

über die Ache führt der Weg am orographisch rechten Ufer die Ache aufwärts, bis wir nach ca. 25 Min. wieder mit der von Kirchplatzl nach Obern führenden Landesstraße zusammentreffen. Nach ca. 400 m verlassen wir unmittelbar hinter der Straßengabelung neben dem Haus Adlerhorst wieder die Landesstraße und biegen nach links (Osten) ab, überqueren die Wiesen und treten in schütteren Bergwald ein. Der Weg steigt nun etwa 50 m steil an, führt dann am Bründlmoos vorüber und danach fast eben durch Tannen-Fichten-Wald, bis er nach ca. 30 Min. neben einem kleinen Bächlein hinab zum Weidacher See führt.

Der Weidacher See wird zur Forellenzucht benützt, der hintere Teil ist zu zahlreichen Zuchtbecken ausgebaut. Schon im Fischereibuch von 1500 wird die landesfürstliche Fischerei im Weidacher See erwähnt.

Wir wandern am Südufer dem See entlang und am Forellenhof (Gh.) vorüber zur Landesstraße und auf dieser ca. 300 m nach links zurück zum Hallenbad.
Gesamtgehzeit 1½ St.; Höhenunterschied ↑ 50 Hm, ↓ 50 Hm; Wege gut mit beschrifteten Pfeiltafeln markiert und auch bei Schneelage begehbar, zum größten Teil schattig.

 Hochmoos – Obere Höhe

Von Weidach zwischen dem Badesee und dem Weidacher See auf dem „Langtalweg" (Nr. 17) nach SW im Wald aufwärts zum „Wurzensteig". Diesem folgen wir etwa 100 m eben nach O und biegen dann nach rechts (S) auf den Weg 17a ab, der uns steil über die „Rappenlöcher" zur „Oberen Höhe" hinaufführt. Von da auf dem Rücken nach SW durch den „Schlagerwald" auf das „Hochmoos", das mit 1554 m weitum die beherrschende Höhe ist; bis hieher 1½ St. Vom Hochmoos gelangen wir nach S in ¼ St. ziemlich steil hinunter zur Ferienkolonie Wildmoos. Dort wenden wir uns nach links (O) auf dem Weg Nr. 13 durch das „Gaßl" zur Wildmooser Alm. Diese lassen wir rechts liegen und wandern auf dem Fahrweg (Nr. 18) durch das Fludertal nach N zur Landesstraße Seefeld – Leutasch, auf der wir zurück nach Weidach kommen.
Gehzeit 3 St.; Höhenunterschied ↑↓ je 450 Hm.

Von Neuleutasch nach Oberleutasch

Von Neuleutasch neben dem Sessellift über die Wiesen auf dem mit Nr. 19 bez. Weg nach W zum Waldrand hinauf und dann im Kellentaler Wald zur Wildmooser Alm (alter Torfstich, Jausenstation). Leicht ansteigend gelangen wir nach W durch den Wald in ¼ St. nach Wildmoos, wo sich ein Golfplatz neben 2 periodisch auftretenden Naturseen mitten im Naturschutzgebiet befindet. Wir biegen unmittelbar neben dem Ferienheim nach N ab. Der „Schlagsteig" (mit Nr. 16 bez.) führt uns durch lichten Wald etwa 10 Min. aufwärts, dann jenseits ziemlich steil zum nördlichen Ende des Muggemooses. Flach fallend wandern wir am oberen Rand der Muggers Mahd und der Oberer Mähder zwischen Birken- und Lärchengruppen nach N und stoßen bei der Ostbachbrücke auf die Landesstraße. Diese queren wir, durchschreiten am Talboden einen kleinen Wald und die Wiesen nach Obern, 1166 m; dort Autobusanschluß.

Gehzeit 2 St.; Höhenunterschied ↑ 160 Hm, ↓ 250 Hm.

 Rund um den Simmelberg

Von Weidach auf der Landesstraße nach Neuleutasch. Etwa 200 m südlich des Gasthauses biegen wir nach links (O) ab und folgen der Markierung Nr. 21 zunächst durch Wiesen, dann durch den „Bauernwald" mäßig fallend ins Drahnbachtal. Der Weg bleibt immer am Hang. Bei den Seestadeln gelangen wir auf den Boden des Drahntales, biegen dort aber gleich nach N ab und kommen nach 10 Min. zur Weggabelung. Wir folgen nun der Fahrstraße (mit Nr. 20 bez.) zwischen Simmelberg und Zunteregg „durch den Boden" nach W zu den „unteren Mähdern", wo wir wieder auf die Landesstraße Seefeld – Leutasch stoßen.

Gehzeit 2½ – 3 St.; Höhenunterschied ↑↓ je 230 Hm.

W↓ **Bodenweg nach Gießenbach**

Von der Autobushaltestelle „durch die Böden" nach Osten auf der Fahrstraße 20 Min. durch die Wiesen leicht abwärts, dann durch Bergnadelwald, der von den beiden stark erodierten

Leutasch

Steilflanken des Simmelberges und des Zuntereggs herabzieht. Nach ca. 1 St. gabelt sich der Weg, und man hat nun zwei Möglichkeiten, zur Haltestelle Gießenbach der Mittenwaldbahn zu gelangen: a) geradeaus weiter über die Drahnbachwiesen zur Bundesstraße Seefeld – Scharnitz und weiter nach Norden zum Bahnhof; b) bei der Abzweigung links am Fuße des vom Sattelbach aufgeschütteten Schuttkegels „Sattelegries" nahe dem Gh. Hotel Kaiser Maximilian auf die Bundesstraße und von dort nach rechts eben der Instrumentenholzerzeugung Fuchs vorüber zum Bahnhof.

Gesamtgehzeit 1½ St.; Höhenunterschied ↓ 150 Hm; Weg gut markiert, ein Drittel sonnig, zwei Drittel halb schattig.

W↑↓ Oberleutascher Runde

Von Obern wandern wir auf dem mit Nr. 47 bez. Weg am Westrand der Ebene zuerst eben zum Weiler Moos, dann leicht ansteigend nach S durch das „Katzenloch" zum Hoiselerhof auf der Buchener Höhe.

Der einzeln stehende Hof ist von mächtigen Bergahornen umgeben, und hier bietet sich eine einmalige Aussicht auf das Oberinntal, das Mieminger Plateau und die nahen Felsfluchten der Hohen Munde.

Beim Hoiselerhof überqueren wir die Landesstraße und gehen eben nach S zum Gh. Buchen, 5 Min. Nördlich des Gasthauses steigt der Weg am Waldrand nach NO bis zur Buchener Höhe an, dann eben durch den Wald zum Muggemoos und nördlich davon am Torfstich vorbei, wo wir in den von Wildmoos herabführenden Weg Nr. 16 einmünden. Auf diesem wandern wir nach N durch das „Gsteig" und dann ober den Mädern zur Ostbachbrücke. Dort quert der Weg die Landesstraße und führt zurück nach Obern.

Gehzeit 2–2½ St.; Höhenunterschied ↑↓ je 130 Hm. Der Weg ist blau und z. T. rot markiert, halb schattig, halb sonnig.

W↑↓ Von Oberleutasch über Wildmoos nach Seefeld

Vom Weiler Obern auf Weg Nr. 16 nach SO über die Wiesen und durch ein kleines Waldstück zur Ostbachbrücke, wo wir die Landesstraße queren. Teils am Rand der Oberer Mähder, teils im Wald steigen wir mäßig bis zum Torfstich am Nordende des Muggemooses. Von hier steigt der „Schlagsteig" steil durch den Wald zum „Haagglen-Rücken" an und jenseits ca. 50 Hm hinab zur Ferienkolonie Wildmoos. Nun wenden wir uns nach O und wandern auf breitem Fahrweg (mit Nr. 13 bez.) durch das „Gassl" im Wald zur Wildmooser Alm. Etwa 500 m östlich der Alm biegen wir nach rechts ab und folgen dem „Hörmannweg" über das „Köhlerbödele" steil hinunter zur Seefelder Kirchwaldsiedlung und nach Seefeld.

Gehzeit 2 St.; Höhenunterschied ↑ 250 Hm, ↓ 220 Hm.

W⇄ Durch die Plaikner Mähder

Beim Weiler Kirchplatzl von der Landstraße abzweigend zuerst auf einer Fahrstraße an den Häusern vorbei leicht ansteigend durch Fichtenwald in 10 Min. zu einer Weggabelung. Wir folgen dem Weg nach links und treten in die zuerst von mächtigen Lärchen, nach 200 m baumlosen Wiesen des Weilers Plaik und erreichen nach ¾ St. (ab Kirchplatzl) den Weiler Klamm.

Dort neben dem zur Wangalm führenden Weg ein mächtiger, alter Bergahorn.

Vom Weiler Klamm hinab zur Gaistalstraße und auf dieser zurück bis zu den ersten Häusern von Plaik. Dort verlassen wir die Fahrstraße und steigen leicht aufwärts zum „Unteren Wiesenweg", der zuerst über die sonnigen Wiesen und im letzten Drittel durch romantische, von einzelnen Lärchen bestandene Tälchen zurück nach Kirchplatzl führt.

Gesamtgehzeit 1½ St.; Höhenunterschied ↑ 90 Hm, ↓ 90 Hm; Weg großteils sonnig, gut mit beschrifteten Pfeiltafeln markiert und im Winter geräumt.

W↑↓ Zur Hemmermoosalm

Vom Weiler Kirchplatzl von der Landesstraße nach Westen abzweigend über den „oberen Wiesenweg" zum Weiler Klamm. Dort ca. 200 m abwärts zur Gaistalstraße und dieser folgend durch das untere, schluchtartige Gaistal am Kalvarienberg vorüber bis zum Salzbach, 1½ St. (bis hieher auch mit eigenem Pkw, beschränkter Parkplatz vor dem Salzbach). Nun leicht ansteigend und nach ca. 10 Min. die Gaistalstraße verlassend nach rechts aufwärts durch ausgedehnte Weiden zur Hemmermoosalm, 1400 m (25 Min. vom Parkplatz am Salzbach).

Ganzj. bew., herrliche Aussicht auf die Nordabstürze der Mieminger Kette, die bewaldeten Rücken der Seefelder Senke, das Karwendelgebirge und die Zillertaler Alpen.

Rückweg: im Sommer Abkürzung über den Wiesenrücken direkt zum Parkplatz am Salzbach möglich. In Plaik verlassen wir wieder die Fahrstraße und wandern über den „unteren Wiesenweg" zurück nach Kirchplatzl.
Gesamtgehzeit von Kirchplatzl – Hemmermoosalm 2 St., zurück 1½ St.; Höhenunterschied ↑↓ je 280 Hm, ab Parkplatz ↑↓ je 180 Hm; Weg größtenteils sonnig, ca. ein Drittel schattig, mit beschrifteten Pfeiltafeln gut markiert und im Winter geräumt.

B ↑↓ Würziger Steig: Hemmermoosalm – Wangalm

Vom Weiler Klamm wandern wir zunächst auf der Gaistalstraße (mit Nr. 46 bez.) beim Herrenschrofen vorbei bis zum Salzbach. Gleich danach verlassen wir die Forststraße und gelangen über die Weideflächen auf die Hemmermoosalm, 1400 m (ganzj. bew. Gh.); bis hieher 1½ St. Ab der Alm führt der „würzige Steig" (mit Nr. 45 bez.) zuerst über die Wiesen nach N, dann durch den Bergwald ober Kupfeben und unter dem Rotschrofen entlang in 1¼ St. zur Wettersteinhütte, 1730 m (priv. Gh., 1. 6.– 1. 10. bew., 25 M). Den Scharnitzbach überschreitend betreten wir die Weideflächen der Wangalm, und in ¼ St. erreichen wir die etwas höher liegenden Almgebäude, 1751 m. Weiter steil über die Weiden hinab auf dem AV-Steig 817 (auch mit Nr. 44 bez.) in den Wald und zum Weiler Klamm, 1180 m.
Gehzeit ↑ 2¾ St., ↓ 1 St., zusammen 3¾ St.; Höhenunterschied ↑↓ je 580 Hm. Der Weg ist unschwierig und abwechslungsreich, je zur Hälfte sonnig und schattig; bis zur Hemmermoosalm ist der Weg auch im Winter begehbar.

W↑↓ Durch das Gaistal nach Ehrwald

Das Gaistal wird bereits 1060 erstmals urkundlich als Geizzital erwähnt; die Grenzen zwischen den Diözesen Brixen und Freising sind 1022 beurkundet. Der Almbesitz der Großgemeinde Mieming im Gaistal wird schon 1340 durch eine Urkunde bezeugt. Später wurden dann die Almen aufgeteilt.

Von der Endstation des Postautobusses im Weiler Plaik (1165 m) führt die Gaistalstraße zuerst fast eben an der Leutascher Ache entlang durch das schluchtartige Tal bis zum Salzbach, ¾ St. Von da ab ist die Straße für den öffentlichen Verkehr gesperrt; bis hieher auch mit eigenem Pkw (beschränkte Parkmöglichkeit).

Nun begegnen wir nur mehr selten den Fahrzeugen von Förstern, Jägern und Bauern, und auch die wenigen Hütten werden vom Weg aus leicht übersehen. Einzig die Tilfußalm mit dem Jagdschloß, wo Ludwig Ganghofer oftmals weilte und wohl auch manchen seiner Bergromane schrieb, ist über eine magere Alpweide hinweg am Rande eines Bergfichtenwaldes gut sichtbar. Die großartige Hochgebirgslandschaft beherrscht das Bild: im Süden steigen die Wandfluchten der Mieminger Kette an die 1400 m empor, und der Bergwald ist vielfach durchrissen von Lawinenbahnen und Muren. Legföhrenbestände reichen oft bis ins Tal herab. Aber auch auf der Sonnenseite enden Wald und Bergwiesen am Fuße 500 bis 600 m hoher Felswände.

Stets sanft durch lichten Wald und Almweiden ansteigend erreichen wir nach ca. 2¾ St. die Abzweigung zur Feldernalm und nach einer weiteren halben Stunde den von schlanken Gebirgsfichten umgebenen Egelsee, der im Herbst meist eingetrocknet ist. Nach zehn Minuten erreichen wir den Knappensteig, auf dem wir, uns nach rechts wendend, den Sattel, 1580 m, überschreiten und unvermittelt nach ca. 100 m Abstieg am Rande der ausgedehnten Ehrwalder Almwiesen stehen. Über Weiden und Wiesen geht es nun 600 m abwärts ins Ehrwalder Becken, das in diesem Teil von der Ehrwalder Sonnenspitze um 1400 m und von der Zugspitze um 2000 m überragt wird (ab dem Sattel bis zur Dorfmitte 1½ St.; Zeitersparnis durch Benützung des Sesselliftes um 1 St. möglich).

Rückweg zum Ausgangspunkt nach Plaik: Wer nicht den Abstieg nach Ehrwald machen, sondern wieder durch das Gaistal zurückwandern will, wird sich, wenn er unter dem Sattel die Aussicht ins Ehrwalder Becken genossen hat, als Abstieg den

Weg über die Pestkapelle und die Feldernalm wählen, von der man – steil ca. 100 m absteigend – die Forststraße nach ½ St. wieder erreicht.

Gesamtgehzeit Plaik – Sattel 4 St., Rückweg 3½ St.; Höhenunterschied Plaik – Sattel ↑ 400 Hm, Sattel – Ehrwald ↓ 600 Hm; Wege gut beschildert und gepflegt, meist halb schattig.

 Auf die Gehrenspitze

Vom Weiler Plaik über die Wangalm auf das Scharnitzjoch, 2040 m, 2¼ St., und von hier auf dem Grat an der Erinnerungshütte des Akad. AV München (nicht bew.) vorüber und beim „Kirchl" auf schmalem und teils ausgesetztem Weg knapp unterhalb des Grates auf der Sonnenseite bis zur Gehrenspitze, 2367 m, ab Scharnitzjöchl 1 St.

Hier genießt man eine herrliche Aussicht auf das Karwendelgebirge, die Zillertaler und Stubaier Alpen, die Mieminger Kette, das Gaistal und die Leutasch samt den sanften bewaldeten Rücken des Seefelder Sattels. Am eindrucksvollsten aber ist der Blick auf die gegenüberliegende Schüsselkar-Südwand und die nach Osten wie nach Westen sich fortsetzende, mehrere hundert Meter hoch aus den Karen aufragende Felsmauer.

Abstieg am selben Weg über die Wangalm oder über das Puitental. Nur für Geübte führt der kürzeste Abstieg zuerst weiter am Grat nach Osten und dann steil über Habers Mahd und Legföhrenbestände immer der Lawinenrinne folgend abwärts bis zum obersten Waldschopf und dann im lichten Wald bei ca. 1500 m oberhalb der Felsschrofen hinab zum Gh. Rößl im Weiler Obergasse, 2½ St.

Gesamtgehzeit, Anstieg 3¼ St., Abstieg am selben Weg 2½ St., über das Puitental 3 St., am Südostweg 2½ St.; Höhenunterschied ↑ 1240 Hm, ↓ 1250 Hm; Wege gut markiert, ausgenommen Südostweg, großteils sonnig.

 Scharnitzjoch – Puitental

Vom Weiler Plaik (Autobusstation und Parkplatz) aufwärts zum Weiler Klamm und weiter linksufrig des Klammbaches zuerst durch Wiesen und Weiden, dann durch lichten Föhren- und Fichtenwald in 1½ St. zur Wangalm, 1751 m. Weiter auf Almmatten empor ins Scharnitztal und schließlich nach rechts (O) in Serpentinen ansteigend zum Scharnitzjoch am Grat zwischen Scharnitz- und Gehrenspitze, 2040 m, ¾ St. ab Wangalm. 200 m südlich steht die nicht allgemein zugängliche Erinnerungshütte des Akad. AV München.

Von hier schweift der Blick über das Karwendelgebirge, die Zillertaler und Stubaier Alpen und das Gaistal. Aber am meisten wird er gefesselt von der durchgehenden Felsmauer im Norden. Oberreintalschrofen und Scharnitzspitze sind uns am nächsten, doch weiter im Osten ragen die gelbfahlen Fluchten der Schüsselkar-Südwand noch abweisender aus den sanften Matten des Puitentales empor. Lange galt die Schüsselkar-Südwand als die schwierigste Wand der Nordtiroler Kalkalpen. Am 1. Oktober 1913 wurde sie von Otto Herzog aus München mit dem Zillertaler Bergführer Hans Fiechtl zum ersten Male bezwungen. Weitere berühmte Kletterer fanden neue Routen durch die 500 m hohe, fast senkrechte Wand: die Brüder Spindler, Bertl, Göttner, Aschenbrenner, Aukenthaler, Rainer u. a.

Wir verlassen das Scharnitzjoch und steigen nach Osten zuerst steil durch zerfurchte Hänge hinab ins Puitental und dann über die flache Puitenalm bis zum Puitegg, von wo der Weg wieder steil etwa 300 Hm durch Tannenwald hinab in den Weiler Untergasse führt.

Autofahrer, die zurück zum Weiler Plaik kommen wollen, wählen am besten die am Waldrand entlang führende „Südpromenade" bis Kirchplatzl und von dort den „unteren Wiesenweg" über die Plaikner Mähder, ab Gasse ca. 1 St.

Gesamtgehzeit, Plaik – Scharnitzjoch 2¼ St., Abstieg Scharnitzjoch – Untergasse 2 St., zusammen 4½ St., bis Plaik zurück 5½ St.; Höhenunterschied ↑ 960 Hm, ↓ 1040 Hm; Wege gut markiert, großteils sonnig.

B ↑↓ Über den Söllerpaß zur Meilerhütte

Im Weiler Untergasse bzw. Lehner zum Waldrand und sanft ansteigend im Tannenwald nach N über den Puitbach, dann im Puitwald steil hinauf zu den Weideböden am Puitegg. Noch auf der Puitalm zweigt unser Steig nach rechts (N) ab und führt neben der Söllerrinne steil zwischen Legföhrenbeständen ins alpine, felsige Gelände empor. In vielen Serpentinen überwindet der AV-Steig (mit Nr. 818 bez.) die letzten, schrofigen Hänge zum Söllerpaß, 2259 m. Vor uns liegt nun eine imposante Karstlandschaft, das „Leutascher Platt", umrahmt vom Öfelekopf im O und den Dreitorspitzen im Westen. Wir steigen nun ca. 50 Hm nach NW ab und überqueren dann ziemlich eben das ganze Plattach. Zum Schluß steigt der Weg steil über die Schuttreisen zur Meilerhütte auf, 2378 m (DAV-Sektion Bayerland, München, Mitte Juni bis Anfang Oktober bew., 4 B, 80 M).

Die Meilerhütte dient vor allem als Stützpunkt für Kletterfahrten auf die Berge der weiteren Umgebung. Die beiden, durch eine Terrasse verbundenen Hütten, von denen eine auf bayerischem, die alte auf tirolischem Boden liegt, haben eine einmalige Lage und Aussicht: im S blickt man auf die Zillertaler und Stubaier Alpen, gerade gegenüber ragt der markante Gipfel des Öfelekopfes über das Plattach, neben der Hütte steigt unvermittelt der Ostgipfel der Dreitorspitze auf, und im W ragt die Zugspitze über das Höllental empor.

Von den Meilerhütten kann man den sehr lohnenden Abstieg über das Schachenhaus (Alpengarten und einer der ganz wenigen Zirbenbestände in den bayerischen Kalkalpen) nach Mittenwald wählen oder über Elmau nach Klais oder Garmisch-Partenkirchen, ca. 4 St. Von der Hütte kann in ¼ St. nach O die Törlspitze, 2443 m, erstiegen werden, von der aus die Aussicht noch umfassender ist.

Abstieg durch das Berglental zurück nach Leutasch: Von den Meilerhütten nach S durch die Schotterreißen hinab und immer am linken, sonnseitigen Hang des Berglentales durch alpine Schuttfluren und Grasheiden bis etwa 1900 m Höhe. Dort wechselt der Steig über den Bach auf die Schattseite und führt am Fuße der Öfelekopf-Nordwände durch Geröllfluren und Latschenbestände steil durch das Berglental in den Wald hinunter. In diesem geht es nun flacher nach S, und bei den Weilern Puitbach oder Reindlau gelangt man auf den Leutascher Talboden, 1070 m.

Gehzeit ↑ 5 St., ↓ 3 St., zusammen 8 St.; Höhenunterschied ↑↓ je 1300 Hm. Die Wege sind AV-Steige (bis Puitegg mit Nr. 817, über den Söllerpaß mit Nr. 816, durch das Berglental mit Nr. 801 bez.). Der Steig durch das Berglental ist ein Teil des Nördlichen Weitwanderweges. Der Weg ist sehr abwechslungsreich und bietet viele landschaftliche Höhepunkte, doch ist er erfahrenen, trittsicheren Bergwanderern vorbehalten. Am schönsten im Hochsommer, wenn in den Schutthalden unter den Meilerhütten der zierliche, durftende, weiße Alpenmohn blüht, der aber unter Naturschutz steht.

Da der Besuch der Meilerhütten mit einer Grenzüberschreitung verbunden ist, sind Ausweisdokumente mitzuführen.

B ↑↓   Hoher Sattel – Zwirchkopf

Im Weiler Ahrn überschreiten wir die Ache und steigen am Eggerhof vorbei auf dem mit Nr. 43 bez. Steig nach Osten. An der Wildfütterung vorüber gelangen wir ins steile, bewaldete Satteltal und nach 1¼ St. auf den Hohen Sattel, 1495 m. Bei der Jagdhütte zweigt nach N ein Steig ab, der zuerst durch schütteren Bergwald, dann durch Latschen neben der Weißlahn steil auf den Kamm führt, 1975 m. Auf dem Kamm wenden wir uns nach links (W) und wandern – undeutlichen Steigspuren folgend – über den Weißlahnkopf, 2002 m, und den Zwirchkopf, 1893 m, zum Unteren Ahrnkopf, 1769 m. Von da führt ein Steig steil hinab nach SW zwischen der „Blauen Wand" und den „Gamsflecken" durch den Wald zur Hirschfütterung am Ausgang des Satteltales und weiter nach Ahrn.

Gehzeit ↑ 3 St., ↓ 2 St., zusammen 5 St.; Höhenunterschied ↑↓ je 920 Hm. Der Weg ist nur bis zum Hohen Sattel gut bezeichnet und daher nur Bergerfahrenen zu empfehlen.

B ↑↓   Über den Hohen Sattel nach Scharnitz

Beim Weiler Ahrn über die Leutascher Ache und auf Weg Nr. 43 am Eggenhof und an der Hirschfütterung vorbei nach O ins bewaldete Satteltal. In diesem steil in 1¼ St. auf den Hohen Sattel, 1495 m. Jenseits zuerst flach durchs „Wammerstal", dann steil in Serpentinen über die „Sattelstiege" und über das Sattelgrieß, einem interessanten, von Spirken, Weißkiefern und baumförmigen, bis zu 10 m hohen Wacholdern bestandenen Schuttkegel, zum Talboden. Dort nach lins (N) und auf dem Weg Nr. 42 über die Wiesen nach Scharnitz, 964 m.

Gehzeit ↑ 1¼ St., ↓ 1½ St., zusammen 2¾ St.; Höhenunterschied ↑ 400 Hm, ↓ 530 Hm. Der Weg ist wohl am schönsten im Spätfrühling und Frühsommer, wenn von allen Wänden die duf-

Leutasch

tenden gelben Blüten der geschützten Platenigl (Primula aurita) herableuchten, ein Drittel sonnig, zwei Drittel schattig.

B↑↓ Über den Hohen Sattel auf die Ahrnspitze, 2195 m

Beim Weiler Ahrn überschreiten wir die Leutascher Ache und steigen auf Weg Nr. 43 am Eggenhof und der Hirschfütterung vorbei nach O ins bewaldete Sattelthal. Nach 1¼ St. steilen Anstieges erreichen wir den Hohen Sattel, 1495 m. Von dort bei der Jagdhütte links zunächst mäßig steil durch den Sattelwald, dann steil empor und durch felsig-schottriges Gelände zum Blasigskopf, 2007 m.

Knapp unterhalb liegt die Ahrnspitzhütte, 1955 m (DAV, keine Nächtigungsmöglichkeit, nur Unterstand).

Wir wenden uns vom Blasigskopf nach links (N) und steigen auf dem felsigen Steig in ¾ St. auf die Große Ahrnspitze, 2195 m. Abstieg: zuerst zurück bis zur Ahrnspitzhütte, dann leicht auf und ab durch das „bayerische Kar" nach N unter den Achterköpfen vorbei zum Rücken zwischen Leutascher und Isartal, 1970 m. Diesem Rücken folgen wir nun – immer an der Staatsgrenze entlang gehend – nach N bis zur Riedbergscharte, 1450 m. Dort wenden wir uns nach links (NW) und steigen steil über das „Schwarze Loch" das Schartental hinab zum Gh. Mühle in der Unterleutasch, 1030m, Autobushaltestelle.

Gehzeit ↑ 3½ St., ↓ 2½ St., zusammen 6 St.; Höhenunterschied ↑ 1100 Hm, ↓ 1170 Hm. Der Weg ist bis zum Hohen Sattel mit Nr. 43 bez. und von dort bis zur Ahrnspitzhütte mangelhaft markiert. Ausdauer und Trittsicherheit sind erforderlich; Ausweispapiere wegen Grenzüberschreitung sind mitzuführen.

Auf dem Achenweg von der Ober- in die Unterleutasch

Ausgangspunkt: Weiler Kirchplatzl. Von der Kirche aus über die Leutascher Ache und an deren rechtem Ufer flußabwärts. Nach ca. 15 Min. quert man nahe dem Hallenbad die Landesstraße Weidach – Kirchplatzl und nach einer weiteren Viertelstunde die Landesstraße Weidach – Gasse. Wiederum nach etwa 10 Min. wechselt der Weg vom rechten Flußufer auf das linke und führt nun auf dem Uferdamm durch freies Wiesengelände zum Weiler Ahrn. Bis hieher von Kirchplatzl 50 Min. In Ahrn wechseln wir wieder auf das rechte Ufer und wandern nun immer am Waldrand zu Füßen der Ahrnspitz-Steilwände nach NO.

Gegenüber wechseln großartige Bilder: der Blick auf die Nordabstürze der Gehrenspitze, die Felswände der Dreitorspitze, des Öfelekopfes und des Wettersteinkammes mit ihren mehrfach bis ins Tal herabreichenden Lawinenbahnen und der Einblick ins Puiten- und Berglental. Einen lieblichen Kontrast zu dieser Hochgebirgsszenerie bilden die Wiesen und vielfältigen Baumgruppen am Talboden und die stellenweise noch erhaltenen typischen Leutascher Höfe mit ihren flachen, alles beschützenden Dächern und geschwungenem Giebel. Nur bei der Reindlau und gegenüber der Unterleutascher Kirche entfernt sich der Weg von der Ache, eigentlich die Ache vom Weg, da sie in weiten Bögen zur anderen Talseite und zurückpendelt.

Nach etwa 1½ St. erreichen wir den Gh. Mühle, und von hier wandern wir auf der Landesstraße etwa ¼ St. zurück bis Unterleutasch.

Rückweg: beim südlichsten Haus von Unterleutasch führt nach rechts (NW) ein Fußweg zum Waldrand und dann teils im Wald, teils durch Wiesen über den Weilern Lochlehn, Reindlau, Puitbach und Gasse zurück nach Kirchplatzl. Die Rückfahrt ist auch mit dem Autobus möglich.

Gehzeit → 2¼ St., ← 2½ St., zusammen 4¾ St.; Höhenunterschied ↑↓ je 100 Hm. Der Weg ist das ganze Jahr über begehbar und an allen Kreuzungen durch Tafeln, zwischendurch mit roter Markierung bezeichnet. Im Winter wird er von Schnee bis zum Weiler Ahrn geräumt. Fast bei jedem Weiler besteht die Möglichkeit der Abkürzung, halb schattig, halb sonnig.

W↓ Unterleutasch – Mittenwald

Ausgangspunkt: südliches Ende des Weilers Unterleutasch. Auf bezeichnetem Wiesenweg gehen wir zum Waldrand am Fuße der Ahrnspitzgruppe. Der Weg führt nun am Waldrand nach N am Gh. Mühle vorüber zur Leutascher Schanz, 1022 m.

Dort sind noch neben dem Zollgebäude die Ruinen der ehemaligen Leutascher Befestigungsanlagen zu sehen, die zusammen mit der Scharnitzer Festung, der Porta Claudia, von der Erzherzogin Claudia Medici angelegt worden waren. In den Tiroler Freiheitskämpfen wurde die Leutascher Schanz am 3. November 1805 von den französischen Trup-

Leutasch

pen unter der Führung des Generals Loison angegriffen, nachdem ein bayerischer Förster die Franzosen über den „Franzosensteig" vom Ferchensee über den Sattel westlich des Grünkopfs in den Rücken der Verteidiger geführt hatte. Die 600 Verteidiger mußten daraufhin kapitulieren.

Nach dem Zollamt bleiben wir etwa 200 m auf der Landesstraße und verlassen sie kurz vor ihrem Eintritt in den Wald bei der Klammbrücke. Wir folgen nun dem Steig, der rechts des Baches zuerst über die Wiesen, dann im Wald am E-Werk vorbei neben der Leutascher Klamm in die Isarauen hinabführt. In den Auen wandern wir nordwärts nach Mittenwald, 913 m

Variante a): wir bleiben von der Leutascher Schanz an auf der Landesstraße bis zum bayerischen Zollhaus, wo nach rechts (O) ein Fußsteig steil hinab zu den Isarauen führt. Rückfahrt mit dem Autobus.

Gehzeit 1½–2 St.; Höhenunterschied ↓ 150 Hm; romantischer, bequemer Wanderweg, am schönsten im Herbst, halb schattig, halb sonnig. Wegen der Grenzüberschreitung sind Ausweispapiere mitzuführen.

Variante b): ca. 100 m nach der Klammbrücke verlassen wir die Landesstraße und steigen im Wald steil aufwärts auf den Grenzrücken zur Ederkanzel, 1180 m (Gh., lohnender Ausblick), und von dort nach N durch den Wald direkt nach Mittenwald.

Gehzeit 3 St.; Höhenunterschied ↑ 150 Hm, ↓ 300 Hm.

B ↑↓ Auf dem Franzosensteig nach Mittenwald

Beim Gh. Brugger in Unterleutasch über die Ache und im Wald nach NW steil hinauf zum Sattel zwischen Grünkopf und Wettersteinspitze, 1450 m, hoch ober den Ferchenseewänden an der Grenze zwischen Tirol und Bayern gelegen.

Der Sattel war früher ein wichtiger Übergang von Unterleutasch nach Mittenwald und wurde schon 1284 als Grenzpunkt der Grafschaft Tirol urkundlich erwähnt. Damals bezeichnete man ihn als „Leutascher Halsl". Um 1355 wird auf dem Halsl bereits eine Befestigungsanlage erwähnt. Den Namen „Franzosensteig" erhielt unser Wanderweg im Jahre 1805, als am 3. November die französischen Truppen unter General Loison von einem bayerischen Förster auf diesem Steig über das Halsl in den Rücken der Tiroler Verteidiger an der Leutascher Schanz geführt wurden, sodaß die 600 Verteidiger zur Kapitulation gezwungen waren.

Jenseits des Halsl gelangen wir auf dem Franzosensteig zuerst ein Stück unter den Abstürzen der Wettersteinspitze nach W und dann steil im Tannenwald hinab zu den Ferchenseewiesen und zum Ferchensee, 1065 m. Von dort führen mehrere Fußwege und eine Fahrstraße nach O über den Lautersee nach Mittenwald, 913 m.

Gehzeit ↑↓ je 1½ St., zusammen 3 St.; Höhenunterschied ↑ 410 Hm, ↓ 540 Hm; sehr abwechslungsreicher, romantischer Weg, zwei Drittel schattig. Ausweispapiere wegen der Grenzüberschreitung mitführen!

 Von Oberleutasch auf die Rauthhütte

Vom Weiler Obern zum Weiler Klamm und auf der Gaistalstraße bis zum Kalvarienberg. An diesem vorbei steigt der Weg steil im Bühelwald an, und bald schon kommen wir aus dem von Lawinen arg heimgesuchten Waldbestand durch Latschen- und Strauchbuchenbestände auf die Weideflächen der Moosalm. Hier liegt frei in herrlicher Aussichtslage die Rauthhütte in 1598 m Höhe (privat, 15. 12.–30. 4. und 1. 6.–15. 11. bew., im Mai nach Bedarf, Anmeldung bei Familie Rauth, Leutasch, 15 B, 30 M); bis hieher 1½ St. Auffahrt auch mit dem Sessellift möglich.

Abstieg von der Hütte nach SO auf dem mit Nr. 49 bez. Steig zur Buchener Alm und von dort am Weg Nr. 47 (blau markiert) durch das Katzenloch nach Moos und Obern.

Gehzeit ↑ 1½ St., ↓ 1¼ St.; Höhenunterschied ↑↓ je 430 Hm.

Von Oberleutasch auf die Hohe Munde, 2695 m

Mit dem Sessellift auf die Rauthhütte. Auf den Weideflächen der Moosalm steigen wir bis zu deren Ende sanft ansteigend, dann durch Latschen den „Hüttenrinner" querend mäßig steil ins hochalpine Gelände empor. Auf schotterigem und felsigem Steig (mit Nr. 48 bez.) gelangen wir über den breiten Ostrücken auf den Ostgipfel der Hohen Munde, 2592 m. Auf unschwierigem Gratsteig gelangen wir vom Ost- auf den Westgipfel, 2659 m, wo uns eine prachtvolle Rundsicht erwartet. Abstieg wie Aufstieg.

Der Westgrat zur Niedermunde ist nur für schwindelfreie und bergerfahrene, trittsichere Alpinisten zu empfehlen.

Gehzeit ↑ 3 St., ↓ 2 St., zusammen 5 St.; Höhenunterschied ↑↓ je 1050 Hm. Der Steig ist sehr aussichtsreich und gut bez. und durch die Auffahrtsmöglichkeit mit dem Sessellift auch nicht mehr so mühsam. Trittsicherheit ist erforderlich.

MATREI AM BRENNER   992 m

Haltestelle der ÖBB, Brennerbahn; Haltestelle der ÖBB-Autobuslinie Innsbruck – Brenner; 1040 EW.; 36 ha, davon 27 ha landwirtschaftlich, 1 ha forstw. genutzt. FVV Matrei, Mühlbachl und Pfons, 9 Gastbetriebe, 35 Privatvermieter, 416 Betten. Skischule, Eislaufplatz, Minigolf, automatische Kegelbahnen.

Geschichte:
Älteste Funde ein frühhochbronzezeitliches Schwert und eine Randleistenaxt am Schloßbühel. Urnenfelder der Höttinger Kultur am Laimbichl, späte Bronzezeit, um 1200 v. Chr. Funde aus der Fritzener und Mellauner Kultur der jüngeren Eisenzeit (La-Tène-Zeit), um 600 v. Chr. Um den Laimbichl war der römische Rastort Locus Matereia um 200 n. Chr. angelegt. In der Straßenkarte des 4. Jahrhunderts n. Chr. ist eine römische Straßenstation Matreium eingezeichnet. Auf den drei Hügeln – Raspen- oder Laimbichl, Schloßbühel und Vogelbichl – wurden frühmittelalterliche Gräber und am Vogelbichl eine frühmittelalterliche Befestigung (Holzturm) aufgedeckt. Am Laim- und am Schloßbichl standen mittelalterliche Burgen (vordere und hintere Feste), die der Sitz der Herren von Matrei waren. 1334 erstmals ein Schulmeister genannt. Durch Bombenangriffe am 22. März 1945 wurde das Schloß Trautson zerstört. Die Pfarre entstand schon in der karolingischen Zeit, ist aber urkundlich erst ab 1291 genannt. Damals gehörte das ganze Wipptal südlich von Matrei mit seinen Seitentälern und auch mit Hintertux zur Pfarre Matrei. Seit 1249 „forum", selbständige Marktgemeinde.

Kunstdenkmäler:
Pfarrkirche Mariä Himmelfahrt, urkundlich 1311, jetzige Kirche spätgotisch, 1754–1755 vergrößert und barockisiert, innen Rokoko-Stukkaturen und Rokoko-Statuen, 1760. *Friedhofkapelle,* hl. Johannes der Täufer, urkundlich genannt 1284, jetziger Bau

spätgotisch, 1509. *Spitalskirche hl. Geist,* urkundlich 16. Jahrhundert, 1646 neu erbaut. *Latschburg,* Edelsitz erbaut Anfang 18. Jahrhundert von Martin Fuchs. *Schloß Trautson,* das fast völlig zerstörte Schloß ist noch auf zwei Wandbildern an der Ellbögner Straße dargestellt. *Ansitz Nornholz,* urkundlich 1271, seit 1595 „Ahrnholz". Älteste Siedlung des Wipptales mit gut erhaltenem altem *Straßenbild (Straßenplatz).* Viele Erker, gotische Tore und Hausflure, reiche Fassadenmalereien, schmiedeeiserne Wirtshausschilder. *Gh. Krone,* mit reizendem Spätrenaissance-Laubengang im Hofe, 17. Jahrhundert. *Gh. „Zur Uhr",* 1468 nach Brand vergrößert; großer, gewölbter Flur auf spätgotischem Rundpfeiler; im Hinterhaus zweigeschossige Treppenhalle mit Tonnengewölbe sowie Freitreppen und Galerien, die auf Kragsteinen ruhen.

Naturdenkmäler:
 3 Schwarzkiefern im Park neben der Bahnhofrestauration (1942).

Bedeutende Persönlichkeiten:
 Johann Eisenstecken, Landesschützenmajor 1779–1827; Maria Aigentler, Mutter Andreas Hofers, 1733–1770.

Karten:
 Österreichische Karte 1:50.000, Blatt 148; AV-Karte 1:50.000, Blatt 31/5, Innsbruck-Umgebung; Kompaß-Wanderkarte 1:50.000, Blatt 36; Freytag-Berndt-Touristenwanderkarte 1:100.000, Blatt 33, Innsbruck-Umgebung.

 Nach Obfeldes

Vom Bahnhof Matrei zum N-Ende des Ortes und dort nach links (W) auf schmaler Straße in Richtung Maria Waldrast aufwärts unter der Brennerautobahn hindurch in ca. 10 Min. zum Weiler Mietzens. Nach links (S) auf neuem Güterweg über den Bach und am Waldrand zu den Höfen von Obfeldes, 1190 m, ¾ St. Weiter bis zum Waldrand etwas ansteigend durch die Wiesen von Obfeldes und dann steil auf Weg Nr. 6 absteigend über die Wiesen hinab, unter der Autobahn hindurch und zurück zur Ortsmitte von Matrei.

Gehzeit ↑ ¾ St., ↓ ½ St.; Höhenunterschied ↑↓ je 200 Hm; sonniger, aussichtsreicher Weg.

Matrei am Brenner

W↑↓ Trinser Steig nach Steinach

Vom N-Ende Matreis in Richtung Maria Waldrast unter der Brennerautobahn hindurch bis zum Weiler Mietzens und dort nach links (S) auf neuem Wirtschaftsweg am Waldrand und durch Wiesen hinauf zu den Höfen von Obfeldes, 1190 m, ¾ St. Weiter durch die Wiesen von Obfeldes leicht ansteigend und dann auf Weg Nr. 2 (gelb markiert) steil durch den Föhrenwald auf eine freie Almfläche zu einer Kapelle, 1390 m. Hier nach links (S) abbiegen und dem rot markierten „Trinser Steig" (Nr. 29) folgend zuerst ca. ¾ St. leicht ansteigend bis zum Statzertal, einem Lawinengraben, der vom Blaser herabzieht. Weiter – mehrere kleine Lawinenrinnen querend – durch Bergwälder unterhalb der Hablerberg-Schrofen nach SO in ¾ St. zum lärchenbestandenen „Pflutschboden", 1308 m. Hier genießen wir eine herrliche Aussicht auf die Brennerberge, das Wipp- und Gschnitztal. Durch die Lärchenwiesen steil hinab auf Weg Nr. 8 zu dem an der Brennerautobahn liegenden Wipptaler Hof, dann unter der Autobahn hindurch, die Gschnitztalstraße querend und über den Gschnitzbach nach Steinach am Brenner, 1051 m.

Gehzeit 3½ St.; Höhenunterschied ↑ 470 Hm, ↓ 420 Hm. Der bequeme und gut markierte Weg ist am schönsten im Frühsommer, wenn Enziane und Anemonen blühen, und im Herbst zur Zeit der Laubfärbung, wenn die Lärchen goldig erglühen; zwei Drittel schattig, ein Drittel sonnig (Beginn und Ende).

W↑↓ Navisbachweg

Von Matrei auf dem Naviser Fahrweg in ½ St. nach St. Kathrein. Auffahrt mit Autobus möglich. Unmittelbar gegenüber der Schule zweigt der untere Weg ab, auf dem wir sanft absteigend in 20 Min. über mehrere Bauernhöfe zum Navisbach gelangen. Der Weg führt nun am Bach entlang talauswärts unter St. Kathrein und Tienzens vorüber zum Weiler Mühlen, wo wir den Bach überschreiten und nach N an der Spinnerei vorbei zurück nach Matrei gehen.

Gehzeit ↑ ½ St., ↓ ¼ St.; Höhenunterschied ↑↓ je 150 Hm; Weg gelb mit Nr. 1 bez., je zur Hälfte sonnig und schattig.

| W↑↓ | **Nach Navis**

Vom Bahnhof nach N und in der Mitte der Hauptstraße nach rechts (O) abzweigend hinab zur Sill und jenseits in 20 Min. zum Weiler Schöfens. Auf Weg Nr. 7 zum Waldrand und weiter nach S, wo wir unweit St. Kathrein auf die Naviser Straße stoßen; bis hieher ¾ St.

St. Kathrein, 1106 m, wird schon 1434 urkundlich erwähnt, als dort ein eigener Schulmeister eingesetzt wurde. Die heutige Filialkirche St. Kathrein wurde aus den Trümmern der Burg Aufenstein erbaut, die bereits im 14. Jahrhundert zerstört wurde. Das Schiff des spätgotischen Baues wurde 1718 barockisiert. An die Kirche anstoßend sind noch die Reste der 1331 geweihten Kapelle der Burg Aufenstein mit Fresken aus dem 14. Jahrhundert erhalten. Hinter St. Kathrein öffnet sich vor uns das Navistal, das 1257 als „Navisse" erstmals urkundlich genannt wurde. Das Tal Navis wird auch in Kaiser Maximilians I. Fischereibuch um 1500 und in der Wälderbeschreibung von 1555 genannt.

Auf dem Unterweg wandern wir von Hof zu Hof und gelangen nach 1½ St. (ab St. Kathrein) zum Zentrum der Talgemeinde, wo am Zusammenfluß des Weirich- und des Klammbaches Kirche und Gemeindeamt liegen, 1340 m.

Rückweg: vom Gemeindeamt zuerst nach N über beide Bäche, dann auf einem schmalen Wiesenweg steil empor zum Oberweg und auf diesem talaus. Ober- und Unterweg stoßen nach etwas mehr als der halben Wegstrecke beim Bacherhof zusammen.

Gehzeiten: ↑ 2¼ St., ↓ 2 St.; Höhenunterschied ↑↓ je 350 Hm; gut bez., meist befahrbarer Weg, sonnig; sehr zu empfehlen.

Einen besonderen Genuß bietet der Anblick der einzeln stehenden Naviser Bauernhöfe, die besonders im hinteren Talabschnitt sehr gepflegt und vielfach mit Malereien geschmückt sind. Ebenso verdienen die kleinen Bauerngärten an den Häusern Beachtung, die neben Gewürzkräutern und Gemüse zahlreiche Blumen beherbergen.

| B↑↓ | **Mieslkopf**

Über die Sill zum Weiler Schöfens und ab dem letzten Haus auf dem Fußsteig Nr. 7 über den Schöfner Berg durch den Wald steil empor zum Ißlboden, 1790 m. Weiter über Almmatten und durch Alpenrosenbestände an einzelnen, markanten Fichtengruppen vorüber zur Fritzenalm, 1072 m, die am oberen Ende einer steilen, gepflegten Mähwiese thront; bis hieher 3 St. Knapp vor der Fritzenalm biegt der Fußsteig rechts ab und führt über den W-Rücken in 1½ St. zum Gipfel des Mieslkopfes, 2623 m. Rückweg: nach S auf die Mieslalpe, 2018 m, und von dort auf dem Almsteig fast eben nach W und zum Schluß nach N zum Ißlboden und von diesem wieder auf Weg Nr. 7 durch den Wald steil hinab nach Schöfens und Matrei.

Gehzeit ↑ 4½ St., ↓ 3 St.; Höhenunterschied ↑↓ je 1730 Hm; Weg steil, nicht viel begangen, aber gut bez. und lohnend; je zur Hälfte sonnig und schattig.

W↑↓ Von Matrei nach Maria Waldrast

Am Nordende von Matrei biegen wir von der Hauptstraße bergwärts ab und gelangen auf der Fahrstraße in 10 Min. unter der Autobahnbrücke hindurch zum Weiler Miezens.

In Miezens ladet die St.-Peter-Kapelle zu kurzem Verweilen ein. Die älteste Kapelle entstand 1285; die heutige ist spätgotisch und wurde im 18. Jahrhundert erweitert und barockisiert. Aus dem Jahre 1750 stammt die Rokoko-Stukkatur, der Altar aus dem Jahre 1625.

Wir folgen nun dem Weg, der von Miezens nach S (Güterweg) über den Bach und am Waldrand zu den Höfen von Obfeldes, 1190 m, mäßig ansteigt; bis hieher ¾ St. Die Wiesen von Obfeldes queren wir leicht steigend nach SW und gelangen zum Weg Nr. 2 (gelb markiert), der steil im Föhrenwald zu einer freien Weidefläche ansteigt, 1390 m. Etwas oberhalb steht in einer kleinen Waldlichtung die 1. Kapelle. Von hier an führt der Weg zunächst eben durch den Wald, dann mäßig ansteigend zur 3. Kapelle, 1451 m, und mündet bei der Mutterbrunnenquelle in den Talweg ein. Etwa 200 m weiter, bei der Siebenbrunnenquelle, 1516 m, biegen wir von der Fahrstraße nach rechts (NW) ab und kommen durch den Wald hinauf zum Kloster Maria Waldrast, 1636 m.

Nach der Legende fanden 1407 zwei Hirten in einem hohlen Lärchenstamm das geschnitzte Marienbild, das seither verehrt wird. Christian Lusch erbaute 1429 an dieser Stelle die Auffindungskapelle. Die Serviten begannen 1621 mit dem Bau des Klosters, das als Gh. betrieben wird (nur im Sommer bew., 63 B, 10 M).

Auffahrt nach Maria Waldrast auch mit dem Jeep möglich (Anmeldung Tel. 05273/219).

Gehzeit ↑ 2 St., ↓ 1 St., zusammen 3 St.; Höhenunterschied ↑↓ je 650 Hm; schöne Kurzwanderung; halb sonnig, halb schattig.

W↑↓ Über Maria Waldrast zu den Gleinser Mähdern

Direkt ober dem Kloster im Wald am SO-Hang des Waldraster Jöchls zuerst mäßig, dann flach zum Gleinser Boden ansteigend, 1770 m. Der Gleinser Steig führt nun am Rücken der nicht mehr bewirtschafteten und von zerzausten Lärchen bestandenen Bergmähder nach N abwärts. Vor Erreichen des Waldrandes verlassen wir den Gleinser Weg und steigen nach rechts (O) ca. 50 Hm hinab zu den Gleinser Mähdern, die in der vernäßten Mulde zwischen Rinderberg und Gleinser Boden liegen.

Die Mähder sind reich an lichtliebenden Blütenpflanzen der hochmontanen und subalpinen Magerwiesen, vor allem des Bürstlingrasen-Typs. Auffallend ist der Reichtum an Orchideen, unter ihnen der Bastard zwischen der dunkelroten Brunelle (Nigritella nigra) und der wohlriechenden Handwurz (Gymnadenia odoratissima), der wegen seiner Schönheit und Seltenheit gleichermaßen Erwähnung verdient. Die vielen Naßstellen erhöhen noch den Reichtum an Pflanzenarten. Leider werden die Mähder zum größten Teil nicht mehr bewirtschaftet, die Heuhütten sind dadurch dem Verfall preisgegeben und die Wiesenpracht wird wohl allmählich dem vordringenden Wald weichen müssen.

Am Südende der Wiesen verfolgen wir einen Steig, der von den letzten Hütten ziemlich eben nach S (rechts) führt und bald in einen Forstweg mündet. Dieser Weg leitet uns – zunächst eben, zum Schluß leicht ansteigend – zurück zum Kloster Maria Waldrast oder, nach links abzweigend, hinab zur Talstraße nach Matrei.

Gehzeit 2 St.; Höhenunterschied von und nach Maria Waldrast ↑↓ je 150 Hm; sehr lohnend im Sommer zur Blütezeit (Juni, Juli); halb schattig, halb sonnig.

B↑↓ Über Maria Waldrast auf den Blaser, 2241 m

Am Nordende von Matrei biegen wir von der Hauptstraße bergwärts ab und wandern auf der Fahrstraße unter der Miezener

Matrei am Brenner 225

Autobahnbrücke hindurch das Waldraster Tal aufwärts bis zur Mutterbrunnenquelle unterhalb des Klosters Maria Waldrast. Etwa 100 m weiter biegt nach links (S) der Steig ab und führt im „Langen Tal" durch Bergwald und Latschenbestände auf den Sattel zwischen Peilspitze und Blaser, 2060 m. Hier wendet sich der Steig nach SO und steigt über blumenreiche, steinige Bergwiesen zur Blaserhütte, 2176 m (privates Gh., im Sommer bew.); bis hieher 4 St. Von der Hütte erreichen wir in ¼ St. den Gipfel des Blaser.

Der Blaser und seine Umgebung sind nicht nur wegen ihrer Aussicht, sondern mehr noch wegen der reichen Alpenflora berühmt. Der Reichtum des Blütenflors beruht darauf, daß neben den triadischen Kalken, aus denen der Blaser selbst aufgebaut ist, unterhalb auch noch paläozoische Gesteine anstehen. Schon die berühmten Botaniker Kerner von Marilaun und Wettstein, die auf der Trinser Moräne ihren Wohnsitz aufgeschlagen hatten, haben dies erkannt und beschrieben. Eine Besonderheit ist in den Wiesen am Blaser unter anderem der seltene Tiroler Spietzkiel (Oxytropis tiroliensis[Sieb] Fritsch), ein liegender Bergklee mit Fiederblättern und großen, gelb-blau gescheckten Blüten.

Abstieg: nach S über die Platzerwiesen bis zum Sattel vor dem Hablerberg und von dort nach links (N) steil durch das Statzertal zurück nach Matrei, 992 m.

Gehzeit ↑ 4 St., ↓ 2½ St., zusammen 6½ St.; Höhenunterschied ↑↓ je 1250 Hm; sehr lohnende Bergwanderung, unschwierig, ein Drittel schattig, zwei Drittel sonnig, am schönsten während der Blütezeit der Alpenflora im Juli.

B ↑↓ Von Matrei über das Kalbenjoch auf die Peilspitze, 2390 m

Von Matrei auf der Fahrstraße in Richtung Maria Waldrast bis knapp unter die Ochsenalm, 1560 m. Mäßig steil steigen wir durch Latschen und Bergwiesen nach SW auf das Kalbenjoch, 2226 m. Nach O führt nun der Weg auf breitem Gratrücken auf die Peilspitze, 2390 m, von der man eine schöne Aussicht auf die Felsberge des Serleskammes hat; bis hieher von Matrei 4½ St.

Abstieg: nach NO zum Sattel zwischen Peilspitze und Blaser und auf schmalem Steig durch das „Lange Tal" nach N zur Waldraster Straße. Nach 100 m verlassen wir die Straße nach rechts und gehen auf dem Fußweg über Obfeldes zurück nach Matrei, 992 m.

Gehzeit ↑ 4½ St., ↓ 3 St., zusammen 7½ St.; Höhenunterschied ↑↓ je 1400 Hm; lohnende, unschwierige Bergwanderung für den Hochsommer, ein Drittel schattig, zwei Drittel sonnig.

B ↑↓ Von Matrei auf die Serles, 2718 m

Vom Nordende Matreis durch das Waldraster Tal auf der Fahrstraße nach Maria Waldrast, 1640 m (Gh., im Sommer bew., 63 B, 10 M); bis hieher 2 St. Auffahrt auch mit Jeep möglich (Tel. 05273/219). Westlich des Klosters steigt der mit Nr. 121 bez. AV-Steig zunächst ziemlich steil im Wald an, nach ¼ St. biegt er nach SW um und quert sanft ansteigend den latschenbewehrten S-Hang der Serles. Ober dem Latschengürtel treten wir in eine Wiesenmulde, und steil geht es nun an einer Quelle vorüber durch schotterige Hänge zum Serlesjöchl hinauf, 2384 m. Durch felsigschotteriges, alpines Gelände steigen wir vom Jöchl nach N in ½ St. zum kreuzgeschmückten Gipfel der Serles, dem „Altar Tirols"; bis hieher 6 St., von Maria Waldrast 4 St.

Auf dem letzten Wegstück können wir mitten im Schutt im Hochsommer den goldfarbenen, duftenden Alpenmohn (Papaver raeticum) auf seinen einzigen Nordtiroler Standort entdecken. Er steht selbstverständlich unter Naturschutz und lohnt auch das Pflücken nicht, da die Blütenblätter sogleich abfallen.

Rückweg wie Anstieg oder vom Serlesjöchl nach S auf dem Serleskammweg in ¾ St. auf die Lämmermahdspitze, 2595, und – mehrmals auf und ab – bis zur Schulter östlich der Kesselspitze, 2660 m. Dort biegen wir nach links (SO) ab, steigen steil am Rücken hinab und nach N zum Kalbenjoch, 2226 m. Von diesem nach N durch den Matreier Graben zur Ochsenalm unterhalb Maria Waldrast und zurück nach Matrei.

Gehzeit ↑ 6 St. ab Matrei, ↑ 4 St. ab Maria Waldrast, ↓ 4 St. bis Matrei, ↓ 3 St. bis Maria Waldrast, zusammen 10 bzw. 7 St.; sehr lohnende, unschwierige Gipfelbesteigung, doch Ausdauer erforderlich, weshalb eine Nächtigung in Maria Waldrast empfohlen wird.

MIEDERS und SCHÖNBERG

MIEDERS 942 m

Haltestelle der Autobuslinie Innsbruck – Mutterbergalm (Stubaitalbahn AG). 682 Ew.; 1654 ha, davon 310 ha landw., 1129 ha forstw. genutzt. FVV, 15 Gastbetriebe, 68 Privatvermieter, 885 Betten, Mineralbad, Freischwimmbad, Tennisplatz, kombinierter Sessel-Schlepplift Mieders – Koppeneck.

Geschichte:
1250 erstmals urkundlich erwähnt. 1802 als eine der 5 Hauptgemeinden des Stubaitales selbständig geworden.

Kunstdenkmäler:
Einzelne Malereien auf den *Bauernhäusern* aus dem 18. Jahrhundert, besonders bemerkenswert Haus Nr. 31. *Pfarrkirche Mariä Geburt*, urkundlich genannt 1364, 16. Jahrhundert erweitert, 1737–1739 barockisiert unter Leitung von Franz de Paula Penz, noch wesentliche spätgotische Elemente erhalten, innen Stichkappengewölbe, Frührokoko-Stukkatur, Deckenbilder 1739 von Jakob Jenewein. Spätgotisches Kruzifix, um 1500.

SCHÖNBERG IM STUBAITAL 1013 m

Haltestelle der Autobuslinie Innsbruck – Mutterbergalm (Stubaitalbahn AG). 618 Ew.; 746 ha, davon 249 ha landw., 447 ha forstw. genutzt. FVV, 8 Gastbetriebe, 50 Privatvermieter, 660 Betten, Skischule, Tennisplatz, Schlepplift.

Geschichte:
Die römische Brennerstraße führte über die Höhe des Schönbergs. Römische Münzen aus der Zeit der Kaiser Trajan, Puprienus, Victorin und Licianus wurden gefunden. In Schönberg soll einst eine Burg gestanden haben, und auch Peter Anich zeichnete eine solche in seiner Karte ein. Doch ist nichts Genaues davon überliefert, nur eine Zisterne wurde 1932 aufgedeckt und daneben ein Erdwall und ein Erdgraben. Es könnte also eine Wallburg gewesen sein. 1270 erstmals als „Schönen Berge" urkundlich genannt. Johann Wolfgang von Goethe schrieb

von seiner Reise nach Italien 1786, die ihn auf der alten Straße über den Schönberg führte: „Den Brenner hinauf sah ich die ersten Lärchenbäume, bei Schönberg einen ersten Zirbel." Sie war die vermutlich gepflanzte „Goethe-Zirbe" an der alten Straße im nördlichen Teil des Ortes. 1809 erhielt in Schönberg Andreas Hofer die Nachricht vom Friedensschluß und faßte darauf den Entschluß, den Kampf fortzusetzen.

Kunstdenkmäler:
Pfarrkirche hl. Kreuz, eine Kapelle 1682 genannt, jetzige Kirche 1748/49 von Franz de Paula Penz erbaut. *Kapelle* in Unterschönberg, 1633. *Pfarrhaus,* 1700, von Franz de Paula Penz. *Gh.* „*Domanig*" in der Ortsmitte mit Wandmalereien, bez. 1713.

Naturdenkmäler:
„*Goethe-Zirbe*" im Nordteil des Ortes an der alten Straße.

Karten:
Österreichische Karte 1:25.000, Blatt 148/1, Fulpmes; Österreichische Karte 1:50.000, Blatt 148; AV-Karte 1:50.000, Blatt Nr. 31/5, Innsbruck-Umgebung; Kompaß-Wanderkarte 1:50.000, Blatt 36; Freytag-Berndt-Touristenwanderkarte 1:100.000, Blatt 33, Innsbruck-Umgebung.

W⇄	**Von Schönberg über die Europabrücke nach Patsch**

In Schönberg zum Nordende des Ortes und auf dem Wirtschaftsweg südlich neben der Autobahn am Parkplatz vorbei zur Europabrücke.

Die 820 m lange und in der Mitte 190 m über den Grund des Silltales aufragende Brücke stellt ein Meisterwerk moderner Brückenbaukunst dar. Sie wurde von 1959–1963 unter der Leitung von Hofrat Dipl.-Ing. Gruber, dem damaligen Leiter der Tiroler Brückenbauabteilung, erbaut.

Auf dem südlichen Gehweg überschreiten wir die Europabrücke und gelangen jenseits auf dem Fußweg – abseits vom Verkehr – über den Westhang hinauf nach Patsch, 1001 m. Rückweg wie Hinweg.

Gehzeit 2 St.; Höhenunterschied ↑↓ je 100 Hm.

W↑↓ Stefansbrücke – Gallhof

Vom nördlichen Ortsende Schönbergs wandern wir auf dem Wirtschaftsweg südlich neben der Autobahn bis zur Europabrücke. Unter der Brücke hindurch führt der Weg flach beim Wasserschloß des Ruetzwerkes vorbei nach Norden, wobei sich immer wieder imposante Ausblicke auf das mächtige Bauwerk der Europabrücke bieten. Vor dem „kleinen Burgstall" münden wir in die alte Römerstraße ein, die bis zum Bau der heutigen Brennerbundesstraße die Hauptverbindung nach dem Süden bildete. Auf dieser ziemlich steilen Straße wandern wir am Westhang des kleinen Burgstalls hinab zur Stefansbrücke, 715 m.

Am Bergrücken zwischen Sill und Ruetz stand nach der Überlieferung einst eine Burg Schönberg, und auch Peter Anich zeichnete in seiner Karte von Tirol eine solche ein. Heute ist nichts mehr davon erhalten, doch fand man 1932 auf der „Burgwiese" eine Zisterne, die auf das Vorhandensein einer Burg hinweist. Auch scheint der Erdwall mit Graben am kleinen Burgstall auf die Reste einer Wallburg hinzuweisen. Knapp vor der Stefansbrücke kommen wir an einem Denkmal vorbei, das zur Erinnerung an die Heimreise Papst Pius' VI. im Jahre 1782 erbaut wurde.

Die Stefansbrücke wurde 1842–1845 im Zuge des Ausbaues der Brennerbundesstraße durch Ritter von Ghega aus Höttinger Breccie erbaut. Zu dieser Zeit war die Brücke ein außerordentliches Bauwerk und mit ihrer Länge von 43,6 m und ihrer Höhe von 36,5 m die größte derartige Brücke in Österreich und die viertgrößte in ganz Europa. Den Namen erhielt sie nach dem Erzherzog Stefan, der die Eröffnung vornahm. Durch diesen Bau erfuhr die Straßentrasse eine entscheidende Veränderung. Mußten sich bis dahin alle Fahrzeuge zunächst die Ruetz entlang bis zur Brücke bei Unterberg und dann über die steile Römerstraße nach Schönberg und jenseits wieder hinab mühen, so wurde durch den Bau der Stefansbrücke und der folgenden Straße am Schönberg-Osthang im Silltal die Strecke nicht nur verkürzt, sondern vor allem wesentlich verflacht und entschärft.

Neben der Brücke steht das Gh. Stefansbrücke. Bei diesem wenden wir uns nach Süden und erreichen auf einem Fahrweg in 10 Min. die Fraktion Unterberg am Talboden.

Ursprünglich wurde dieses Gebiet „Zwischenwassern undern dem Schönperg" (1420) und seit 1627 „Unterm Schenperg", dann „Unterschönberg" und schließlich „Unterberg" genannt. Hier führte früher die Römerstraße über die Ruetzbrücke und auf den Schönberg.

Wir überqueren die Ruetz und wandern am bewaldeten linken Talhang mäßig steigend zum einsam gelegenen „Gallhof", 978 m, hinauf (schöne Aussicht). Vom Gallhof führt der Weg erst leicht abwärts und dann in den Wiesen neben der Ruetz bis unter den Wiesenhof, 833 m. Dort überschreiten wir wieder den Bach und gelangen auf steilem Steig hinauf nach Mieders, 952 m.
Gehzeit 2½ St.; Höhenunterschied ↑↓ je 320 Hm.

 Stollensteig

Von der Ortsmitte in Mieders nach W hinab gegen die Ruetz hin. Am rechten Taleingang gelangen wir etwa 50 Hm ober der Ruetz zum Stollensteig. Er führt nun durch Wald und Gebüsch – manchen schönen Ausblick auf die gegenüberliegende Talseite erlaubend – eben nach Norden. Unweit der Europakapelle stößt der Steig auf die alte Römerstraße. Auf ihr wandern wir aufwärts zum Rasthaus und nach Schönberg, 1013 m.
Gehzeit 1½ St.; Höhenunterschied ↑↓ je 80 Hm.

 Von Schönberg nach Gleins

In Schönberg nahe der Mautstelle unter der Brenner-Autobahn hindurch und steil über Wiesen und Wald zum Nockbödele und weiter durch lärchenreichen Wald nach Gleins, 1412 m, wo oberhalb der ursprünglich nur aus drei Bauernhöfen bestehenden Ansiedlung in den Lärchenwiesen eine Wochenendhauskolonie entstanden ist.

In Gleins ladet ein Gh. zum Verweilen ein, mehr aber noch die herrliche Aussicht auf das Stubaital, besonders auf die nahe Serles und die Kalkkögel.

Abstieg vom Gh. Gleins steil nach W über die Wiesen und dann im Wald zum Rücken über dem Zirkenbach und auf diesem nach Mieders, 952 m.
Gehzeit ↑ 1½ St., ↓ 1 St., zusammen 2½ St.; Höhenunterschied ↑ 400 Hm, ↓ 460 Hm; bequemer Weg, ein Drittel sonnig, zwei Drittel schattig.

`W↑↓` **Auf den Gleinser
und Rinderberg, 1720 m**

In Schönberg südlich der Mautstelle unter der Brenner-Autobahn hindurch und auf der asphaltierten Fahrstraße durch lärchenreiche Wälder nach Gleins, 1412 m. Vor den Gleinser Höfen verlassen wir die Fahrstraße und wandern auf dem Weg durch die Wiesen nach links (N) und noch in den Wiesen nach rechts abbiegend in den Lärchenwald hinauf nach SO und auf dem Rücken zur Höhe des Gleinser Berges, 1667 m, wo südwestlich des Steiges zahlreiche Tümpel im Wald liegen. Nach Verlassen des Waldes steigen wir auf dem Rücken aufwärts bis zur höchsten Erhebung, dem Rinderberg, 1720 m. Nun gehen wir weglos nach rechts (W) durch die Gleinser Mähder hinab bis zum Steig in der Senke und auf diesem nach N neben dem Bach zum Gleinser Forstweg, der uns zurück nach Gleins und Schönberg leitet.

Gehzeit ↑ 2¼ St., ↓ 1¾ St., zusammen 4 St.; Höhenunterschied ↑↓ je 700 Hm; sehr bequemer und lohnender Weg mit herrlichen Ausblicken von Gleins und vom Rinderberg aus, ein Drittel sonnig, zwei Drittel schattig. Am schönsten ist die Wanderung zur Zeit der Blüte in den Lärchenwiesen, etwa im Juni und Juli.

`W↑↓` **Über die Gleinser Mähder
nach Matrei**

In Schönberg nahe der Mautstelle unter der Brenner-Autobahn hindurch und steil über den Nockwald und das Nockbödele zum Weiler Gleins, 1412 m. Auf dem Fahrweg eben nach S bis zum Bach und an dessen rechtem Ufer hinauf zu den Gleinser Mähdern mit ihrem herrlichen Blütenflor. Der Weg führt in der Senke zwischen Rinderberg im Osten und Gleinser Boden im Westen an einigen halbverfallenen Heuhütten vorbei über die Höhe des Sattels, 1663 m, und schließlich über den Schönanger hinunter in den Wald. Dort biegt er nach links (O) ab und führt zwischen Zäunen durch die Wiesen hinab zum Weiler Miezens und auf der Waldraster Straße nach Matrei, 990 m.

Gehzeit ↑ 2 St., ↓ 1½ St., zusammen 3½ St.; Höhenunterschied ↑ 650 Hm, ↓ 670 Hm. Vom Weg sind in den Gleinser Mähdern gelegentlich nur Spuren zu erkennen, sonst ist er gut bezeichnet und bequem zu gehen, halb sonnig, halb schattig; besonders wäh-

rend der Blütezeit der Wiesenblumen im Juni und Juli und
während der herbstlichen Laubfärbung im Oktober zu empfehlen.

W↑↓ Von Mieders nach Maria Waldrast und aufs Gleinser Jöchl

Mit dem Sessellift von Mieders zur Bergstation Koppeneck,
1625 m. Auf dem Forstweg nach S leicht ansteigend in ca. ¾ St.
auf den Sattel, 1692 m, und jenseits in 10 Min. hinab zum Kloster
Maria Waldrast, 1636 m (Gh. im Sommer bew., 63 B, 10 M).
Vom Kloster steigen wir nach N durch den Wald auf den von
einzelnen zerzausten Lärchen bestandenen Gleinser Boden und
auf dem Gleinser Weg am Rücken nach N hinab zum Forstweg,
der uns fast eben nach Gleins hinaus bringt, 1412 m (Gh.). Von
Gleins steigen wir steil nach W über die Wiesen in den Wald
nach Mieders ab oder nach N durch lichten Lärchenwald über
das Nockbödele nach Schönberg, 1013 m.

Gehzeit ↑ 1 St., ↓ 2 St., zusammen 3 St.; Höhenunterschied
↑ 200 Hm, ↓ 780 Hm; sehr lohnender, bequemer und aussichtsreicher Wanderweg.

W↓ Vom Koppeneck über den Zirkenhof nach Mieders

Mit dem Lift von Mieders auf die Bergstation Koppeneck,
1625 m. Von der Bergstation eben nach O zur Miederer Ochsenalm, 1584 m, und dann ziemlich steil im Wald nach links (N)
abwärts zum Zirkenhof, einem einsam im Zirkenbachgraben liegenden Bauernhof, 1205 m. Hier überschreiten wir den Bach und
gelangen am jenseitigen Talhang hinunter nach Mieders, 952 m.

Gehzeit 1¼ St.; Höhenunterschied ↓ 670 Hm; bequemer Weg
abwärts, zwei Drittel schattig, ein Drittel sonnig.

W↓ Vom Koppeneck über Sonnenstein nach Mieders oder Medraz

Mit dem Sessellift von Mieders auf die Bergstation am Koppeneck, 1625 m. Auf dem leicht ansteigenden Forstweg wandern
wir nach S und stoßen nach ca. ½ St. im „Schwarzwald" auf den
Steig, der von Maria Waldrast nach Fulpmes führt. Ihm folgen
wir nach rechts (NW). Wir queren die mächtigen, von der Serles

herabziehenden Schuttreißen und zwei Latschenbestände und kommen nach 20 Min. zum Gh. Sonnenstein, 1330 m (privat, im Sommer bew., 3 B). Von hier führt der Weg nach Mieders zuerst eben nach O zum Mühlbach und nach dessen Überquerung auf einem Forstweg durch den Wald zum SW-Rand des Ortes zurück, 952 m.

Variante: vom Gh. Sonnenstein auf dem „Talerweg" zuerst mäßig, dann ziemlich steil nach W durch den Wald nach Medraz, 922 m. Rückfahrt nach Mieders mit dem Autobus.

Gehzeit 1¾ St.; Höhenunterschied ↓ 690 Hm; bequemer Weg talab mit wechselnden Landschaftsbildern, drei Viertel schattig, ein Viertel sonnig.

MIEMING (MIEMING, OBSTEIG und WILDERMIEMING)

MIEMING   807 m

Haltestellen der Autobuslinien Innsbruck – Nassereith – Reutte (ÖBP) und Innsbruck – Nassereith – Imst (Heel). 1380 Ew.; 5087 ha. FVV, 23 Gastbetriebe, 107 Privatvermieter, 1120 Betten. Beheiztes Schwimmbad in Barwies, Campingplatz, Skischule.

Geschichte:
1071 als „Mieminga superior et inferior" erstmals urkundlich genannt. Seit dem 15. Jahrhundert eigene Gemeinde. 1310 wird „Mieminger See" beim Weiler See vom Bischof von Augsburg dem Kloster Stams geschenkt. Er gehörte bis dahin dem Tiroler Landesfürsten. Zwischen 1770 und 1856 ausgetrocknet, totale Entsumpfung erst ca. 1900. Die Fischteiche beim Ansitz Freundsheim-Sigmundsfreud in Barwies wurden von Erzherzog Sigismund 1475 neu angelegt.

Kunstdenkmäler:
Pfarrkirche Mariä Himmelfahrt (Untermieming), urkundlich 1311 genannt, im 18. Jahrhundert barockisiert, 1890 abgebrochen; erhalten ist der 1498 erbaute Turm. Neubau 1890/91. *Filialkirche hl. Georg* (Obermieming), urkundlich 1342 genannt; jetziger Bau 17. Jahrhundert. *Pfarrkirche hl. Dreifaltigkeit* in Barwies, Ende 17. Jahrhundert. *Kapelle* im Weiler Tabland, 18. Jahrhundert.

Naturdenkmäler:
Bergulme in Untermieming gegenüber dem Widum (1931). *Bergulme* vor dem Hirnhof in Barwies (1933). Kaiser-Jubiläums-*Linde* in Barwies westlich der Kirche (1933).

OBSTEIG   995 m

Haltestelle der ÖBP-Autobuslinie Innsbruck – Reutte. 578 Ew.; 3465 ha, davon 554 ha landw., 1547 ha forstw. genutzt. FVV, 12 Gastbetriebe, 50 Privatvermieter, 618 Betten. Skischule, Langlaufloipe, Eislaufplatz, Sessellift Obsteig – Grünberg, Schlepplift Lehnbergalm, 2 Schlepplifte in Obsteig.

Geschichte:
Im Jahre 1313 werden Wald und Finsterfiecht als Orte im Gericht Petersberg erstmals genannt, seit 1835 selbständige politische Gemeinde.

Kunstdenkmäler:
Pfarrkirche zum hl. Josef, erbaut 1765. *Kapelle Mariä Heimsuchung* in Wald, 17. Jahrhundert. *Schloß Klamm,* 13. Jahrhundert auf der Westseite runder Bergfried, im Palas in den oberen Räumen Täfelungen aus dem 18. Jahrhundert, eine von Michael Hirn 1735. Das Schloß wurde in den Jahren 1955/56 vom Innsbrucker Architekten Wolfgang Brenner im Auftrag des jetzigen Besitzers Hünnebeck restauriert und umgebaut. Unter anderem wurde eine Balkendecke aus der Innsbrucker Altstadt aus dem 15. Jahrhundert eingefügt; Fresken von Max Spielmann, Innsbruck.

WILDERMIEMING   877 m

Haltestelle Affenhausen der Autobuslinie Innsbruck – Imst; 410 Ew.; 3124 ha, davon 354 ha landw., 1367 ha forstw. genutzt. 4 Gastbetriebe, 14 Privatvermieter, 181 Betten. Alplhaus, 1530 m im Alpltal (AV-Sektion München, 20 M, unbewirtschaftet, nur mit Schlüssel zugänglich), Tilfußalm, 1390 m, im Gaistal (privat).

Mieming/Obsteig/Wildermieming

Geschichte:
Im Steuerregister vom Jahre 1313 wird „Wielramingen" erstmals urkundlich erwähnt. Im Laufe des 14. Jahrhunderts entwickelte sich Wildermieming zu einer Wirtschaftsgemeinde mit einem Dorfmeister, der schon um 1300 genannt wird. 1811 gehörte Wildermieming zur Hauptgemeinde Mieming, die 1833 in die Gemeinden Obsteig, Mieming und Wildermieming geteilt wurde. Nachdem Wildermieming ursprünglich zum Gericht Petersberg und später zum Gericht Telfs gehörte, kam es 1938 zum Gericht Silz und zum politischen Bezirk Imst, doch wurde dies 1946 wieder rückgängig gemacht.

Kunstdenkmäler:
Pfarrkirche zum hl. Nikolaus, urkundlich 1352 erwähnt; ein spätgotischer Bau 1471, jetzige Kirche aus dem Jahre 1761. Sie wurde nach einem Brand 1876 neuromanisch aufgebaut.

Karten:
AV-Karte 1:25.000, Blatt Wetterstein und Mieminger Gebirge, Blatt Mitte; Österreichische Karte 1:50.000, Blatt 116; Kompaß-Wanderkarte 1:50.000, Blatt 35; Freytag-Berndt-Touristenwanderkarte 1:100.000, Blatt 33, Innsbruck-Umgebung.

| W↑↓ | **Über das Mieminger Plateau** |

Am Ostrand von Obermieming gehen wir von der Bundesstraße ziemlich eben durch die Felder nordöstlich nach Wildermieming, 884 m. Auf der Hauptstraße durchqueren wir das Dorf nach Südost und wandern weiter über die Brandäcker und nördlich an der Annakapelle vorbei zum Waldrand bei Neurat. Im Wald nach O zum Gerhartshof (Gh.); bis hieher ¾ St. Beim Gerhartshof biegen wir nach SW um und gehen auf der Fahrstraße hinab zur Bundesstraße. Wir queren die Straße und gelangen nach Überschreiten der Wiesen nach SW in ein Wiesental, das Fiechter Tal. Nach ca. 20 Min. öffnet sich das Tal zu einem weiten Wiesengelände, das von Lärchenwiesen und Föhrengruppen unterbrochen wird. Nach ca. ¾ St. ab der Straße erreichen wir den Weiler Fiecht, eine auf erhöhtem Platz liegende Hofgruppe.

Hier überblickt man einen großen Teil des Mieminger Plateaus und vor allem die dahinter aufragenden Berge der Mieminger Kette und des

Tschirgant mit dem Simmering. Das Mieminger Plateau erhielt seine heutige Form in der Riß-Würm-Eiszeit, als der Inntalgletscher durch das obere Inntal herabfloß. Wannenartige Mulden entstanden durch den Mieminger Gletscher, der einige Seitenmoränen quer zum Inntal hin schob. Schon in der Steinzeit war das Mieminger Plateau besiedelt, wie die Funde von Topfscherben und einem bronzenen Opfermesser aus der Hallstattzeit (1000–900 v. Chr.) am Saßberg nahe dem Locherboden beweisen.

Von Fiecht führt der Weg leicht fallend durch die Wiesen auf dem mit Nr. 12 bez. Weg nach W in 20 Min. nach Untermieming und weiter nach W durch den Wald zum Weiler Zein und dann am Waldrand hinunter nach Mötz, 655 m. Wir überschreiten dort den Klammbach und steigen jenseits steil über den Waldrücken nach NW an drei Wegkreuzen vorüber zum Weiler Wald. Durch die Wiesen von Wald geht es nun flach weiter nach W an Finsterfiecht südlich vorbei und im Wald nach NW zur Bundesstraße und nach deren Querung leicht ansteigend durch Föhrenwald und Lärchenwiesen zum Gh. Arzkasten, 1150 m. Hier wenden wir uns nun nach O und wandern durch Lärchenwiesen und Föhrenwald, stellenweise auch am Waldrand entlang, nach Gschwendt. Von da führt uns der Weg nach O an Freundsheim vorbei durch die neuen Siedlungen von Barwies und durch lichten Erika-Föhren-Wald zurück nach Obermieming, 869 m.

Gehzeit 5 – 6 St.; Höhenunterschied ↑↓ je 500 Hm; sehr lohnende Wanderung, vor allem im Herbst. Der Weg kann an mehreren Stellen unterbrochen und die Rückfahrt mit Autobus angetreten werden.

W↓ Von Wildermieming nach Straßberg

Westlich der Kirche in Wildermieming von der Hauptstraße auf Weg Nr. 15a (gelbe Pfeiltafel) nach N zum Waldrand. An der Sagkapelle vorbei steigt der Straßbergweg stetig nach NO durch den Erika-Föhren-Wald am „Kalchöfele" vorüber und durch die „lange Liechte", und biegt dann bei der „Blasse", dem Einhang zur Straßbergklamm, nach N um. Nun geht es flach nach N zu einem von Baumgruppen bestandenen Wiesenboden, auf dem neben einigen Wochenendhäusern auch das Gh. Straßberg steht, 1200 m (privat; ganzj. bew., 8 B, 10 M); bis hieher 1¼ St.

Rückweg wie Hinweg oder auf dem Fahrweg 5 Min. nach O

und dann steil nach S (mit Nr. 19 bez.) durch die Straßbergklamm nach Telfs, 633 m.

Gehzeit ↑ 1¼ St., ↓ ¾ St., nach Telfs ↓ 1 St.; Höhenunterschied ↑ 320 Hm, nach Wildermieming ↓ 320 Hm, nach Telfs ↓ 540 Hm; schöne Kurzwanderung mit der Möglichkeit, sich in der Umgebung von Straßberg in den blumenreichen Wiesen zu ergehen.

W↑↓ Von Wildermieming zum Alplhaus

Westlich der Kirche in Wildermieming auf Weg Nr. 17a (gelbe Pfeiltafel) nach N zum Waldrand und im schütteren Erika-Föhren-Wald zuerst steil bis zum Ochsenbrünnl hinauf. Dort biegt der Weg nach O und quert den Sonnenhang. Am Rücken angelangt biegt er dann nach NW in das Alpltal und steigt leicht durch Bergwald und Latschenfelder zum Alplhaus an, das in 1506 m Höhe bei den obersten Bäumen auf flachem, erhabenem Rücken mitten im Tal liegt (DAV-Sektion München; nicht bew.); bis hieher 2 St.

Rückweg: nach O durch das Alpltal hinab auf den von Baumgruppen parkartig bestandenen Straßberger Wiesenboden, wo in 1200 m Höhe das ganzj. bew. Gh. Straßberg liegt (privat, 8 B, 10 M). Von Straßberg wählen wir den Straßberger Weg, der uns zuerst nach S, dann in westlicher Richtung durch den Föhrenwald mäßig steil zurück nach Wildermieming führt.

Gehzeit ↑ 2 St., ↓ 1½ St., zusammen 3½ St.; Höhenunterschied ↑↓ je 620 Hm.

B↑↓ Von Mieming über die Grünsteinscharte ins Gaistal

Von Obsteig durch die Wiesen nach NW zum Waldrand und am Schlepplift vorbei zum Arzkasten, 1158 m (Gh., ganzj. bew., 7 B); bis hieher ¾ St.

Der Name Arzkasten erinnert an den mittelalterlichen Bergbau, der vor allem am Marienbergjoch und „im Seeben" lange Zeit hindurch betrieben wurde. Hier am Talboden war das Zwischendepot errichtet, eben der „Arzkasten", von dem aus das Erz zur Verhüttung abtransportiert wurde.

Der Fußweg führt nun über den Lehnbergbach und an dessen

rechtem Ufer hinauf zur Lehnbergalm, 1555 m (Gh.). Durch die obersten Waldbestände gelangen wir in den latschenbewachsenen Graben des Lehnbergtales und steigen nun in den Felsenkessel der „Höll" hinauf. Steil klettert nun der Steig durch den Kalkschutt der „Höllriesen" in vielen Kehren zur Grünsteinscharte (Seebentörl) an, 2263 m; bis hieher 3½ St.

Zum letzten Mal blicken wir hier nach S auf die Ötztaler und Stubaier Alpen und wenden uns nach N, wo sich ein großartiger Blick auf die Wandfluchten der Umrahmung des Drachenkars öffnet.

Wir steigen nun nach N die ausgedehnten Schutthalden in das Drachenkar hinab, in dessen Grund neben dem Drachensee die Coburger Hütte steht, 1917 m (DAV-Sektion Coburg, von Pfingsten bis Ende September bew., 8 B, 93 M). Von der Grünsteinscharte ¾ St.

Hütte und See liegen in herrlicher, einsamer Hochgebirgslandschaft und kaum vermag man sich vorzustellen, daß auch in diesen abgelegenen Karen im Mittelalter die fleißigen Bergknappen nach den Bergschätzen gruben. Von 1561 bis 1735 war der Bergbau Seeben im Schwärz- und Drachenkar in Betrieb, doch der Drachensee wird schon um 1500 als „Wildsee im Bergwerk" bezeichnet. Das Erz säumte man damals auf die Grünsteinscharte und streifte es jenseits in Ledersäcken auf dem Schnee im Frühling zum Arzkasten hinunter.

Von der Coburger Hütte steigen wir steil durch Latschen und Grasheiden zum Seebensee hinunter, 1653 m, und dann flach nach NO auf dem Knappensteig über die Seebenalm und durch einen Wald aus schlanken Gebirgsfichten zum „Sattel", 1580 m; bis hieher von der Coburger Hütte 1½ St.

Weiterwanderung entweder a) nach NW hinunter zur Ehrwalder Alm und über die „oberen Mähder" nach Ehrwald, 1000 m (↓ 580 Hm, 1½ St., Abkürzung durch Benützung des Sessellifts möglich); ÖBB- und Autobushaltestelle in Ehrwald, oder b) am Egelsee vorbei nach O durch das wildromantische Gaistal flach talaus, nahe der Tilfußalm vorbei nach Oberleutasch, 1170 m, Autobushaltestelle.

Gehzeit ↓ 3½ St., ↓ 5½ St., zusammen 9 St.; Höhenunterschied ↑↓ je 1100 Hm. Der Weg ist ein gut erhaltener AV-Steig und bis zum Sattel mit Nr. 813 bez. Durch das Gaistal wandern wir auf der Fahrstraße, die aber nur von den Förstern, Jägern und dem Alppersonal befahren werden darf. Sehr lohnende Wanderung in abwechslungsreichem Kalkhochgebirge, eine Nächtigung in der Coburger Hütte ist anzuraten.

MILS / HALL in Tirol

MILS 607 m

Haltestelle der ÖBB-Autobuslinie Innsbruck – Rattenberg. 1519 EW.; 694 ha, davon 318 ha landw., 312 ha forstw. genutzt. FVV, 5 Gastbetriebe, 29 Privatvermieter, 274 Betten, Campingplatz.

Geschichte:
Eine bronzene Fibel aus der La-Tène-Zeit wurde im Gebiet von Mils gefunden; frühmittelalterliche Gräber. 930 als Mulles erstmals urkundlich erwähnt. 1313 selbständige Steuer- und Flurgemeinde.

Kunstdenkmäler:
Pfarrkirche Mariä Himmelfahrt, spätgotische Kirche 1791 abgebrannt. Neubau 1804. *Ansitz Schneeburg*, erbaut 1581. *Kapelle hl. Anna* im Friedhof, spätgotisch.

HALL IN TIROL 581 m

Haltestelle der ÖBB. Haltestelle der Autobuslinien Innsbruck – Hall in Tirol (Schnellverkehr) und der Dörferlinie und der Linie Innsbruck – Tulfes. 12.599 Ew.; 547 ha, davon 397 ha landw., 19 ha forstw. genutzt. FVV, Tiroler Landesreisebüro, 12 Gastbetriebe, 1 Kuranstalt, 29 Privatvermieter, 726 Betten; Sportplatz, Schwimmbad, 6 Tennisplätze, Minigolf, automatische Kegelbahnen, Eislaufplatz, Eisschießbahnen, Skischule, Campingplatz.

Geschichte:
1232 wird Hall zum ersten Mal urkundlich genannt, 1256 wird das „Salzhaus" und der „Zoll ze Halle" erwähnt. 1286 scheint Hall schon als Markt auf. 1303 wird Hall von Herzog Otto mit denselben Rechten und Freiheiten wie Innsbruck ausgestattet.

Das Stadtsiegel taucht erstmals 1316 auf. Seit dem 14. Jahrhundert wird die Stadt „Hall im Innthal", im 19. Jahrhundert „Hall in Tirol", seit 1938 „Solbad Hall in Tirol" genannt. 1356 erhielt Hall zwei Jahrmärkte, die bedeutender als die Innsbrucker Märkte wurden. Denn einerseits endete hier die Innschiffahrt und andererseits war hier die große Lände für das vom Sudhaus benötigte Brennholz. Dazu war der Inn durch einen mächtigen Rechen abgesperrt. Von 1300 – 1400 standen landesfürstliche Richter und später Pfleger des Landgerichts Thaur an der Spitze der Stadt; seit dem 15. Jahrhundert selbständige Bürgermeister. 1405 wurde der Stadt das „Königshaus" zur Verwendung als Rathaus geschenkt. 1477 wurde die Münzstätte von Meran nach Hall gebracht. Seit 1570 wurde zur Prägung ein mit Wasser betriebenes Walzwerk verwendet. Die letzten hier geschlagenen Münzen waren die Andreas-Hofer-Zwanziger aus dem Jahre 1809. 1975 wurde die Münze aus Anlaß der XII. Olympischen Winterspiele 1976 in Innsbruck wieder aktiviert. 1534 – 1630 bestand im Ansitz Scheibenegg am linken Innufer eine landesfürstliche Glashütte. 1720 wurden neue Sudhäuser errichtet, 1760–1795 und 1822 wurden sie umgebaut. 1854 wurde das Sudhaus in der Au erbaut. 1952 wurde ein neues Sudwerk mit elektrischer Energieversorgung errichtet, doch 1967 stellte man die Saline wegen mangelnder Rentabilität ein. 1938 wurden Absam und Heiligenkreuz der Stadtgemeinde Solbad Hall in Tirol angeschlossen, doch 1947 wurde Absam wieder zur selbständigen Gemeinde. Seit dem 13. Jahrhundert war in Hall ein Salzmairamt. Der Salzmair stand als höchster Salinenbeamter auch der „Pfannhaus- und Salzbergbefreiung" vor, einem Gericht für Unzucht und Frevel, dem alle Salinenarbeiter unterstanden. Die „Schefleut", welche die Innschiffahrt betrieben, hatten wesentlichen Anteil an der wirtschaftlichen Bedeutung Halls. Bereits 1313 ist von einer Innverbauung für die Schiffahrt die Rede. Hall war insbesondere der Anlege- und Stapelplatz für die gesamte Getreideeinfuhr vom unteren Inn und der Donau nach Tirol. Umgekehrt war Hall der Ausgangspunkt für den Transport von Holz, Erzen, Wein und italienischen Stoffen innabwärts. 1442 erhielt Hall eine eigene Lendordnung, die bis Ende des 18. Jahrhunderts galt und die Schiffahrt regelte. Durch den Bau der Bahn erlahmte Ende des 19. Jahrhunderts die Innschiffahrt.

Kunstdenkmäler:

Eine geschlossene *mittelalterliche Stadtanlage* mit den Resten der ehemaligen Stadtmauer. Der Stadtkern ist besonders gut erhalten, mit vielen schönen Bürgerhäusern, besonders Rosengasse 2. *Franziskanerkirche*, 1664, nach Brand 1760 erneuert. *Salvatorkirche*, zu Ende des 14. Jahrhunderts von Hans Kripp gestiftet. *Spitalkirche Hl. Geist*, 1342 erbaut, jetzige Kirche von 1727. *Kirche* des von der Erzherzogin Magdalena 1567 gestifteten *Damenstiftes*, nach dem Erdbeben von 1691/92 erneuert. *Lendkapelle* hl. Nepomuk, aus dem 18. Jahrhundert. *St.-Magdalenen-Kapelle* im alten Friedhof, urkundlich 1330.

Rathaus („Königshaus"), 1406 von Herzog Leopold der Stadt als Rathaus geschenkt, nach einem Brand 1447 in der heutigen Form erbaut. Altes *Salinengebäude*, mehrfach umgebaut, zuletzt 1822. *Stubenhaus* am oberen Stadtplatz, einst der Sitz der von Ritter Florian Waldauf 1508 gegründeten „Stubengesellschaft", spätgotisch. *Burg Hasegg*, ehemals landesfürstliche Burg, 1567 von Erzherzog Ferdinand als Münzstätte eingerichtet, geschlossenste Burganlage Nordtirols. *St.-Georgs-Kapelle*, 1515. *Schneeburg* aus dem 17. Jahrhundert. *Thömlschlößl*, um 1670 vom Damenstift für die Jesuiten erbaut. *Thurnfeld*, ab 1525 im Besitz des Augustinerklosters. *Ansitz Scheibenegg*, seit 1534 Glashütte und Sitz der Haller Glasindustrie, seit 1928 Altersheim. *Taschenlehen*, urkundlich Ende des 15. Jahrhunderts als „Lehen in der Achleite" erweitert. *St.-Barbara-Säule* am unteren Stadtplatz, 1486 von der St.-Barbara-Bruderschaft errichtet. *Brunnen* am Oberen Stadtplatz mit Figuren Johann Högele, 1776, und Wasserspeier aus Bronze von Stephan Godl aus dem 16. Jahrhundert.

Naturdenkmäler:

Naturschutzgebiet *Karwendel*, zusammen mit Bereichen der Gemeinden Thaur, Gnadenwald, Absam, Vomp, Jenbach, Eben, Achental, Innsbruck, Zirl, Reith, Seefeld und Scharnitz; Schutz der Pflanzen- und Tierwelt sowie des Landschaftsbildes; 720 qkm (1933). *Winterlinde* in der Scheidensteinerstraße (1945).

Karten:

Umgebungskarte von Innsbruck 1:25.000; AV-Karte 1:25.000, Blatt Karwendel Mitte; Österreichische Karte 1:50.000, Blatt 118; AV-Karte 1:50.000, Blatt 31/5, Innsbruck-Umgebung; Kompaß-Wanderkarte 1:30.000, Blatt Innsbruck – Igls – Solbad Hall; Freytag-Berndt-Touristenwanderkarte 1:100.000, Blatt 33, Innsbruck-Umgebung.

W⇄ Durch die Thaurer und Rumer Felder

Vom Stadtgraben in Hall gehen wir nach NW ober dem Schwimmbad vorbei nach Heiligkreuz.

Dieser Ortsteil von Hall mit ca. 450 Ew. und 95 ha Ausdehnung war von 1313–1938 eine selbständige Gemeinde mit dem Namen Gampas. Schon im 12. Jahrhundert wird er urkundlich genannt, ab 1484 waren beide Namen – Gampas und Heiligkreuz – üblich. Als Heilbad wird Heiligkreuz seit dem 14. Jahrhundert bezeichnet. Die Benefizialkirche zum Heiligen Kreuz wird 1420 erstmals erwähnt. In Heiligkreuz wurden zwei bedeutende Männer geboren, Dr. Josef Resch, Brixner Historiker, 1716–1782, und Dr. h. c. Josef Pöll, Naturforscher, Musiker, Dichter, 1874–1940, von dem viele unserer Tiroler Lieder im Volkston stammen. Lange Zeit war Heiligkreuz der Wohnsitz Sebastian Riegers, als Reimmichl im ganzen Land bekannt geworden, 1867–1953.

Auf dem mit Nr. 15 bez. Weg wenden wir uns nun direkt nach W durch die Felder. Nach Überschreiten des Kinzachbachls biegt der Weg nach rechts aufwärts durch die Thaurer Felder, auf denen vorwiegend Gemüse und Salat angebaut wird, gegen Thaur hin. Unter dem Sportplatz biegt der Weg bei einem Feldkreuz nach links (SW) um und führt parallel zur Landesstraße, südlich von ihr, durch die Felder nach Rum. Am Ostrand Rums wandern wir die Schulstraße und Bahnhofstraße abwärts. Etwa 200 m nördlich der Bahn verlassen wir Rum und wandern nach O auf dem mit Nr. 11 bez. Weg auf die Felder ober St. Loretto vorbei.

Hier in der Nähe von St. Loretto wurde 1921 eine Tiefbohrung abgeteuft. Dabei drang man bis in 198 m Tiefe vor, durchörterte aber nur Inntalschotter, ohne auf Fels zu stoßen.

Unter der Straubkaserne und dem Schwimmbad vorbei kehren wir zum Haller Stadtgraben zurück.

Gehzeit 2 St.; Höhenunterschied ↑↓ je 60 Hm.

Nach Baumkirchen und zurück
(siehe **Absam**, Seite 15)

Nach St. Martin im Gnadenwald

Von der Dorfmitte aufwärts über die heute völlig verbaute Milser Heide zum Waldrand; bis hieher auch mit Pkw, Parkmöglichkeit. 100 m oberhalb des Waldrandes nach rechts abbiegen und dann nicht dem flachen Forstweg nach rechts, sondern dem geradeaus führenden Waldweg folgend ziemlich steil aufwärts bis zum Mooskreuz, 20 Min. Von hier dem rot markierten Weg Nr. 5 folgend bis zur Planitzer Weggabelung. Wir überschreiten den Weg, der nach rechts abwärts durch das Baumkirchner Tal in ½ St. nach Baumkirchen und nach links aufwärts in 10 Min. zur Walderkapelle führt. Unser Weg steigt von hier aus unmittelbar rechts (S) neben der Schottergrube vorüber auf den bewaldeten Rücken südlich des Wiesenhofes und führt jenseits hinab zum Wiesenrand bei Punkt 839 und vom Jahdhaus über die Wiesen nach St. Martin; bis hieher 2 St.

Rückweg über Farmtal nach Fritzens oder ab Punkt 839 dem rot markierten Weg Nr. 3 folgend ziemlich steil nach Baumkirchen hinab und von dort auf Weg Nr. 6 dem Waldrand entlang zurück nach Mils.

Gesamtgehzeit 3–3½ St.; Höhenunterschied ↑ 300 m, ↓ 300 m; schattig, mit kurzen sonnigen Abschnitten auf den Wiesen.

W↑↓ Von Hall durchs Zimmer- und Knappental nach Aldrans

Von Hall auf der neuen Innbrücke über den Inn. Gleich nach der Autobahnunterführung verlassen wir die Landesstraße und steigen nach rechts (SO) steil auf Weg Nr. 26 hinauf nach Taschlehen. Dort mündet der Fußsteig in einen Forstweg, der am sonnseitigen Waldrand das Zimmertal aufwärts nach SW führt. Wo der Fahrweg nach N plötzlich steil ansteigt, verlassen wir ihn und folgen nun dem Fußweg (mit Nr. 27 bez.) stetig ansteigend durch das Hasental an der „Musmühle" und der „Teufelsmühle" vorbei ins bewaldete Knappental. Bei der Hasenheide, am Zusammenfluß zweier Bäche, verlassen wir den Wald, queren nun die Prockenhofwiesen, 850 m, und gelangen nach St. Maria im Walde und gleich danach zum Herzsee, von dem aus wir in ¼ St. Aldrans erreichen, 760 m. Von hier nach NW auf Weg Nr. 31 durch die Wiesen nach Amras und Innsbruck oder mit dem Autobus nach Innsbruck bzw. über Rinn – Tulfes zurück nach Hall.

Gehzeit 3 St.; Höhenunterschied ↑↓ je 280 Hm.

Zum Schloß Hohenfriedberg
ober Volders

W↑↓

Vom Unteren Stadtplatz über die Innbrücke und von dort nach links (O) und unter der Autobahnbrücke auf der Landesstraße am Hotel Volderwaldhof vorüber und durch den Wald zu dem im unteren Zimmertal an der Straße gelegenen Glockenhof.

Am heute wenig ansprechenden Haus hängt zur Erinnerung an die ehemalige Glockengießerei eine Tafel mit folgender Geschichte:

"Hochberühmt und kunsterfahren
lange Zeit hier hochgeehrt
starb vor über 300 Jahren
ein Verbrecher durch das Beil,
Glockengießer und daneben
Straßenräuber, welche Schmach,
führte er ein wüstes Leben,
bis man ihm das Urteil sprach.

Bei des Urteils trauriger Kunde
bat er nur um eine Gunst:
einmal vor der Sterbestunde
noch zu zeigen seine Kunst.
Eine Glocke soll noch werden
dort zu Mils soll ihr Hall
weit verkünden. Seinem Sterben
sei geweiht ihr erster Schall.

Und die Glocke ward vollendet,
meisterhaft ihr Guß gelang.
Ihre ersten Klänge sendet
sie zu des Meisters Todesgang.
Diese hört der Glockengießer,
ist zufrieden, geht zum Tod,
stirbt durch Henkershand als Büßer,
ausgesöhnt mit Welt und Gott."

Vom Glockenhof auf der Landesstraße weiter bis zum Gh. Kreuzhäusl und dort nach links abwärts bis zum geschnitzten Wegweiser "Lachhof". Auf schmalem Fahrweg steil aufwärts in 10 Min. zum Lachhof, der heute dem Tiroler Aufbauwerk der Jugend als Jugendferienheim dient. Vom Lachhof führt ein Fußweg weiter durch die Wiesen zum Hofe Aich und (rot mit Nr. 27 markiert) fast eben in ½ St. zum Schloß Hohenfriedberg.

Mils/Hall in Tirol, Mötz

Die Umgebung des Schlosses, das am Rande der Volderbachschlucht auf einem aufragenden Quarzphyllit-Felsen steht, ist durch prächtige, alte Bäume gekennzeichnet. Schon bei der Annäherung an die Burg schreitet man unter einer alleeartigen Gruppe riesiger Fichten, Linden und Kirschbäume hindurch, die unter Naturschutz stehen. Beim Bauernhof oberhalb der Burg steht eine große Hauszirbe und der Schloßpark selbst sowie der angrenzende Schluchtwald gegen den Volderer Bach beherbergen herrliche, selten so schöne erhaltene Baumgestalten des ehemaligen Laubmischwaldes: Linden, Eichen, Bergulmen, Buchen und Ebereschen. Geschichtliches über Hohenfriedberg siehe Seite 424.

Zwischen dem Schloß und dem südlich davon liegenden Bauernhof zweigt der mit Nr. 26 markierte Fußweg ab, der in mehreren Kehren hinab zum Volderbach und in ½ St. hinaus nach Volders führt. Bei feuchtem Wetter empfiehlt es sich, den Fahrweg nach Volders zu wählen.

Rückfahrt von Volders mit dem Autobus.

Gesamtgehzeit 1½ St.; Höhenunterschied ↑↓ je 150 Hm; Weg meist sonnig, ca. ein Drittel halb schattig.

MÖTZ 655 m

Haltestelle der ÖBB, Arlbergbahn. 690 Ew.; 539 ha. FVV, 3 Gastbetriebe, 26 Privatvermieter, 185 Betten, Schwimmbad, Campingplatz.

Geschichte:

1166 als Mezzis erstmals urkundlich erwähnt. Ursprünglich Bestandteil der Gemeinde Mieming wurde Mötz erst 1959 eigene politische Gemeinde. In Mötz war eine Schiffslände („Mezer Lendt") der Innschiffahrt. Hier begann die Flößerei, und in Mötz war deshalb früher auch ein Holzmarkt. Eine Brücke über den Inn wird erstmals 1290 erwähnt.

Kunstdenkmäler:

Pfarrkirche Mariä Schnee, Kapelle 1635 ausgebaut, jetzige Kirche aus dem Jahre 1740. *Kapelle* am Burgeln, 1795.

Karten:

Österreichische Karte 1:50.000, Blatt 116; Kompaß-Wanderkarte 1:50.000, Blatt 35; Freytag-Berndt-Touristenwanderkarte 1:100.000, Blatt Innsbruck-Umgebung.

| W↑↓ | **Über den Achberg nach Telfs**

Vom Bahnhof Mötz gehen wir über den Inn in den Ort und gleich am Anfang von der Fahrstraße weg nach rechts (O) hinauf zum Locherboden, 816 m. Weiter führt der Weg nach NW über den Rücken des Saßberges, wo die ältesten Kulturzeugen in diesem Gebiet aufgefunden wurden, und zum Weiler Zein. Etwas abwärts folgen wir nun der Fahrstraße nach O über den Lehnbach nach Untermieming. Hieher gelangt man auch etwas kürzer und bequemer von Stams über die Stamser Innbrücke. Auf dem Fahrweg (mit Nr. 12 bez.) wandern wir von Untermieming durch die Wiesen in östlicher Richtung, verlassen aber vor Erreichen der Fraktion Fiecht die Straße und biegen gegen den Wald hin nach SO ab. Auf dem Rücken gelangen wir nun durch den Föhrenwald zur höchsten Erhebung, dem Achberg (Fiechterköpfl), 1033 m. Sanft, aber stetig fällt von hier der Weg – immer durch Föhrenwald führend – nach O ab, bis wir zum westlichen Siedlungsrand von Telfs gelangen.

Gehzeit 4 St.; Höhenunterschied ↑↓ je 480 Hm. Der Weg führt meistens durch Föhrenwald und ist zum größten Teil nicht befahren. Ab Untermieming ist er mit Nr. 12 bez., zwei Drittel halb schattig, ein Drittel sonnig, besonders für den Frühling und Spätherbst zu empfehlen.

 Zum Locherboden

Vom Bahnhof Mötz gehen wir über den Inn in den Ort, und gleich zu Beginn wenden wir uns von der Fahrstraße weg nach rechts (O). Der Weg führt ziemlich steil durch trockenen, lichten Föhrenwald auf den Westhang des Saßberges, wo über felsigem Steilhang die Wallfahrtskirche Locherboden weithin sichtbar steht, 816 m.

Hier am Saßberg war eine urgeschichtliche Siedlung, wie der Fund von Tonscherben und eines Prunkmessers aus Bronze aus der Zeit um 800 v. Chr. beweist. Einst wurde hier Bergbau betrieben und in einem der Stollen befand sich schon lange die Kopie des Innsbrucker Mariahilfbildes, das ein Knappe – wie damals vielfach üblich – gestiftet hatte. Nach der überraschenden Heilung der Maria Kalb aus Rum, 1871, wurde der Locherboden zum Wallfahrtsort. Die neugotische Kapelle wurde 1896 erbaut.

Rückweg durch den Wald nach N bis zum Waldrand, dann an diesem entlang nach NW zurück nach Mötz.
Gehzeit 1½–2 St.; Höhenunterschied ↑↓ je 180 Hm.

 Über das Mieminger Plateau nach Telfs

Vom Bahnhof Mötz gehen wir über die Innbrücke in den Ort und wenden uns gleich am Beginn desselben nach rechts hinauf zur weithin sichtbaren Wallfahrtskirche Locherboden, 816 m. Nun nach NO zum Waldrand und fast eben nach Untermieming. Von hier führt der Weg nach O durch die Felder (mit Nr. 12 bez.) und steigt bis zum Weiler Fiecht leicht an. Weiter nach NO wandernd fällt der Weg sanft ins Fiechter Tal ab durch Wiesen und kurz auch durch einen Wald bis nahe an die Bundesstraße. Dieser läuft im letzten Stück unser Weg nahezu parallel im Wald und endet nach Verlassen des Waldes am Westrand der Telfser Siedlungen beim St.-Wendelin-Kreuz. Wir folgen nun dem mit Nr. 1 bez. Weg nach S am Waldrand entlang an der Kapelle St. Moritzen vorbei über die Terrasse hinab zum Inn. Am linken Innufer entlang kommen wir zur Innbrücke und über diese zum Bahnhof Telfs.
Gehzeit 3–4 St.; Höhenunterschied ↑↓ je 200 Hm; zu allen Jahreszeiten reizvolle, ruhige Wanderung in abwechslungsreicher, meist lieblicher Landschaft, ein Drittel schattig, zwei Drittel sonnig.

 Von Mötz auf den Grünberg

Vom Bahnhof Mötz gehen wir auf der Innbrücke über den Inn in den Ort und neben dem Klammbach nach N auf dem „Gattsteig" durch den Wald und an einem Wasserfall vorüber zum Schloß Klamm, 870 m.

Der Steig ist nach dem BB-Oberinspektor Gatt benannt, der 1910 den Fremdenverkehrsverein gründete. Unvermittelt ragt vor uns das Schloß Klamm mit seinem weithin sichtbaren runden Bergfried auf. Seit dem 13. Jahrhundert ist das Schloß als Lehen der Herren Chlam urkundlich erwähnt, ab 1320 erhielten es die Milser, zu Ende des 14. Jahrhunderts die Starkenberger, und nach 1424 wird die Burg landesfürstlich. Im 17. Jahrhundert wurde sie aber an Graf Clary

Aldringen verpfändet. 1955 erwarb die Familie Hünnebeck die ziemlich verfallene Burg und ließ sie von Architekt Wolfgang Brenner, Innsbruck, renovieren. Dadurch wurde nicht nur die Ruine vor ihrem gänzlichen Verfall bewahrt, sondern auch ein nachahmenswertes Beispiel für die Revitalisierung solch wertvoller Kulturdenkmäler gegeben. Beim Umbau fügte man eine gotische Balkendecke aus der Innsbrucker Altstadt aus dem 15. Jahrhundert ein, und den Rittersaal schmückte Prof. Max Spielmann, Innsbruck, mit Fresken und Sgrafitti.

Hinter dem Schloß überschreitet der Steig den Bach, biegt nach links (W) und führt zum Weiler Finsterfiecht hinauf, 990 m. Durch die Wiesen wenden wir uns zum Waldrand nach S und wandern auf dem Forstweg (Fahrverbot!) zum Sattel zwischen Grünberg und Simmering. Von hier verfolgen wir den nach links (O) mäßig ansteigenden Fußweg auf den bewaldeten Grünberg, 1508 m.

Unter uns fallen die von ruppigem Erika-Föhren-Wald bestandenen Dolomithänge jäh gegen den Inn ab, und vor uns liegt ausgebreitet das Oberinntal von Telfs bis zur Ötztalmündung und gegenüber der Haimingerberg.

Abstieg: nach Osten auf dem Rücken zuerst sanft abfallend, dann steil nach NO in Kehren hinab zum Weiler Wald und von dort nach SO steil über den Rücken nach Mötz zurück, 640 m.
Gehzeit ↑ 3 St., ↓ 2 St., zusammen 5 St.; Höhenunterschied ↑↓ je 860 Hm.

MUTTERS – KREITH – NATTERS

MUTTERS   830 m

Haltestellen der Stubaitalbahn. 1011 Ew.; 1244 ha, davon 362 ha landw., 783 ha forstw. genutzt. FVV, 22 Gastbetriebe, 1 Jugendgasthaus, 80 Privatvermieter, 970 Betten. Gondellift Mutters – Mutterer Alm mit Mittelstation Nockhöfe, Sessellift Mutterer Alm – Pfriemesköpfl, Sessellift Lärchenwald, Skischule, Langlaufloipen, Rodelbahn, Tennisplatz.

Geschichte:
1100 als Muttres erstmals urkundlich erwähnt, seit 1313 selb-

ständige politische Gemeinde. Bereits im 12. Jahrhundert werden eigene Kirchen in Mutters und Natters genannt.

Kunstdenkmäler:
Straßendorf mit dreieckigem Dorfplatz und einem der besterhaltenen *Ortskerne* in Tirol. Die Häuser sind vielfach aneinander gebaute Einhöfe des Mittertenntyps. *Einzelne Höfe* mit spätgotischen, steingerahmten Toren, Erkern und Malereien. *Pfarrkirche St. Nikolaus,* urkundlich 1327, Umbauten 1440 und 1510 und Barockisierung 1759; außen im wesentlichen spätgotisch, innen Stichkappengewölbe mit Rokoko-Stukkaturen, Deckenbilder 1759 von Anton und seinem Sohn Josef Anton Zoller, Spätrokoko-Altäre, 1790. *Pfarrhaus* mit Spätrokoko-Stukkatur, Ende des 18. Jahrhunderts.

Naturdenkmäler:
Naturschutzgebiet *„Mutterer Alm",* zusammen mit Bereichen der Gemeinden Axams, Birgitz und Götzens (1956).

KREITH 990 m

Haltestellen der Stubaitalbahn. 151 Ew.; 659 ha, davon 140 ha landw., 440 ha forstw. genutzt. 3 Gastbetriebe, 5 Privatvermieter, 75 Betten, Schlepplift.

Geschichte:
Kreith gehörte ursprünglich zur Telfser Oblei des Gerichtes Stubai. Erst 1722 selbständige Steuer- und Wirtschaftsgemeinde, Ortsgemeinde nachweislich erst seit 1825.

NATTERS 783 m

Haltestelle der Stubaitalbahn und der Autobuslinie Mayer (nur Mittwoch, Samstag, Sonntag). 1153 Ew.; 733 ha, davon 314 ha landw., 392 ha forstw. genutzt. FVV, 7 Gastbetriebe, 59 Privatvermieter, 483 Betten, Schwimmbad am Natterer See, Campingplatz, Eislaufplatz, Langlaufloipen.

Geschichte:
Funde im Oberdorf aus der 1. Hälfte des vorchristlichen Jahr-

tausends, Grabfund bei der Sonnalm. Funde aus dem 1. Jahrhundert n. Chr. (der „Tote im Weinbehälter") und aus der germanischen Epoche im 7. Jahrhundert (Reihengräber südlich der Kirche). Natters gehörte mit Mutters, Raitis, Hötting und Völs zur Urpfarre Wilten und wurde erst 1949 von der Pfarre Mutters getrennt und zur eigenen Pfarrei erhoben. Im Gebiet der Gemeinde befand sich bis 1959 der Sonnenburger Hügel mit Resten der Sonnenburg, die 1253 erstmals urkundlich erwähnt wird und nach der das Landgericht Sonnenburg seinen Namen hatte. Das Schloß diente im 14. Jahrhundert dem Landrichter als Amts- und als Wohnsitz. Natters war bis ins 18. Jahrhundert ein Heilbad. Diese Heilquelle soll jedoch 1755 nach dem Lissaboner Erdbeben versiegt sein. Der Natterer See wurde von Erzherzog Sigmund 1480 als „Edenhauser Weiher" aufgestaut. Im Fischereibuch Kaiser Maximilians I. wird er als dreijähriger Ablaßsee bezeichnet. Um 1600 wurde er trockengelegt. Bis 1928 „Felder im See". 1930 wurde die Badeanstalt eröffnet. 1940 wurde in Natters die Heilanstalt errichtet.

Kunstdenkmäler:

Pfarrkirche zum hl. Michael, 1451 geweiht, im 18. Jahrhundert barockisiert, 1909 neugotisch restauriert. Innen das wertvolle Marmorgrabmal der Barbara Fundin, vermutlich aus der Werkstätte Alexander Colins. Sie war die Gattin des Leibarztes der Phillipine Welser. Ein weiterer Grabstein erinnert an den letzten Stachelburger Johann Graf Anton, der 1809 am Bergisel fiel. Gotische Kreuzigungsgruppe. An der Südseite des Turmes die letzte und beste *Sonnenuhr von Peter Anich,* die Josef Anton Zoller gemalt hat. An der Ostseite erinnert eine eingemauerte Kanonenkugel an den Beschuß durch die Bayern im Jahre 1809. *Ansitz Waidburg,* in dem sich das Gemeindeamt befindet, wurde 1520 von den Brüdern Wendelin und Ambrosi Yphofer gebaut.

Naturdenkmäler:

Vorkommen des *Apollofalters,* geschützt (1932). *Schirmföhre* an der Straße von Natters zum Krankenhaus. *Stieleiche* vor dem Eichhof. Alte *Winterlinde* am Waldrand oberhalb des Hofes Edenhausen.

Karten:

Innsbruck und Umgebung 1:25.000; Kompaß-Wanderkarte

1 : 30.000, Innsbruck – Igls – Hall; Österreichische Karte 1 : 50.000, Blätter 147, 148; AV-Karte 1 : 50.000, Blatt 31/5, Innsbruck-Umgebung.

 Mutterer Luvens

Von Mutters neben der Landesstraße nach W durch die Mutterer Luvens nach Neugötzens, 920 m.

Die Mutterer Luvens entstand wie auch das Natterer Tiefental und zahlreiche weitere grabenartige Trockentäler auf den Inntalterrassen in der Umgebung Innsbrucks durch paraglaziale Schmelzwasserbäche, die sich zu einer Zeit in die Schotterablagerungen eingruben, als im Inntal selbst noch der Toteiskörper des abschmelzenden Inntalgletschers lag.

Von Neugötzens wandern wir abseits der Straße durch die Wiesen nach Osten. Nach ¼ St. gelangen wir am Waldrand zu einer Wegkreuzung, bei der wir im Wald geradeaus nach NO weitergehen und sanft abfallend zum Gigglberghof und nach Natters absteigen, 783 m.

Gehzeit 2 St.; Höhenunterschied ↑↓ je 150 Hm.

 Zum Natterer See

Von der Ortsmitte von Natters zuerst nach Westen zum Krankenhaus und an diesem westlich vorüber zum Eichhof und dem Gh. Eiche; bis hieher asphaltiert und gelegentlich Autoverkehr. Vom Gh. Eiche auf markiertem Weg durch den Herrenwald und bei der Abzweigung entweder nach links über den Hof Edenhausen zum Ostrand oder bei der Abzweigung geradeaus weiter durch den Wald bis zum Westrand des Natterer Sees, von Natters 1 St.

Der Natterer See wurde 1480 von Herzog Sigmund als Fischweiher aufgestaut. Im Fischereibuch Kaiser Maximilians I. ist er als dreijähriger Ablaßsee bezeichnet. Um 1600 wurde der See trockengelegt, doch dürften die „Felder im See" nicht sehr ertragreich gewesen sein. 1928 wurde er neuerlich aufgestaut und ab 1930 als Badesee eingerichtet.

Rückweg über den Weg am sonnseitigen Waldrand des Tiefentales, 50 Min.

Gesamtgehzeit 2 St.; Höhenunterschied ↑ 65 Hm, ↓ 65 Hm; gut

gepflegter Weg, mit beschrifteten Schildern gut markiert, je zur Hälfte sonnig und schattig.

W↑↓ Über die Geroldsmühle nach Götzens

Von Natters am sonnseitigen Waldrand des Tiefentales in 50 Min. zum Natterer See. Von dort nach W hinab in den Graben des Geroldsbaches, jenseits wieder empor und durch die Felder nach Götzens bis knapp vor die sehenswerte Kirche (siehe Seite 50).

Rückweg auf der Landesstraße bis Neugötzens und von dort wieder hinab ins Tiefental und auf dem schattseitigen „Herrnsteig" durch den Wald zurück nach Natters.

Gehzeit 3 St.; Höhenunterschied ↑↓ je 125 Hm; zwei Drittel sonnig, ein Drittel schattig.

W↑↓ Durch die Telfeser Wiesen

Von Mutters auf dem Fahrweg nach S in den Mühlbachgraben und über den Weiler Raitis nach Kreith; bis hieher auch mit der Stubaitalbahn oder mit dem Pkw. Vor der großen Bahnbrücke über den Kreither Graben folgen wir dem Fahrweg nach rechts aufwärts, der nach der Bachüberschreitung einen alten Rutschhang quert, auf dem wir ein besonders tiefes Vorkommen von Legföhren, Grünerlen und Wimper-Alpenrosen (Almrausch) entdecken. Wir treten nun auf die Wiese, wo in beherrschender Höhe der Stockerhof thront, 1156 m (Gh.). Fast eben führt der Weg durch die schönsten Lärchenwiesen in Innsbrucks näherer Umgebung auf der Stubaitaler Terrasse zum Weiler Kapfers und nach Telfes, 990 m.

Rückweg: von Telfes immer nahe der Stubaitalbahn nach N zum Weiler Luimes und stets eben durch die Telfeser Wiesen bis über den Kreither Graben und zurück nach Mutters.

Gehzeit ↑ 3 St., ↓ 2 St., zusammen 5 St.; Höhenunterschied ↑↓ je 360 Hm; eine der schönsten Wanderungen im vorderen Stubaital, halb sonnig, halb schattig. Der Weg ist das ganze Jahr begehbar, doch am schönsten zur Zeit der ungemein mannigfaltigen Blüte im Frühsommer und während der späten Herbsttage, da die goldenen Lärchen in der klaren Luft erglühen.

W↑↓ Kreither Alm – Raitiser Alm – Mutters

Von Mutters auf der Fahrstraße nach Kreith. Etwas südlich der Bahnstation biegt ein Forstweg rechts (W) ab und führt beiderseits des Grabens meist durch den Wald hinauf zur Kreither Alm, 1553 m (Jausenstation, im Sommer bew.). Über den Kreither Graben führt der Weg (mit Nr. 13 bez.) leicht ansteigend zur Raitiser Alm, 1553 m (Gh., im Sommer bew., 7 B, 20 M). Nach Mutters zurück führt direkt von der Alm weg ein Forstweg (mit Nr. 9 bez.) in vielen Kehren durch den Wald zum Scheipenhof, 1193 m (Gh.), und nach Raitis.

Gehzeit ↑ 2½ St., ↓ 1½ St., zusammen 4 St.; Höhenunterschied ↑↓ je 720 Hm.

Von Mutters mit dem Sessellift auf die Mutterer Alm, 1610 m
(ganzj. bew. Gh., 10 B)

W↓ Von der Mutterer Alm nach Mutters

Unter der Liftstation auf dem mit Nr. 4 bez. Fahrweg bis zu dessen 1. Rechtskurve. Dort geradeaus weiter nach N im Wald neben der Skiabfahrt hinab zur Mittelstation, 1233 m, neben der einst der inzwischen abgebrannte obere Nockhof stand. Nun über die Nockhofwiesen am unteren Nockhof vorbei zur Talstation des Lifts und nach Mutters, 830 m.

Gehzeit 1½ St.; Höhenunterschied ↓ 780 Hm.

W↓ Von der Mutterer Alm nach Raitis

Unter der Liftstation auf dem neuen Almweg durch den Wald abwärts nach O bis zur oberen Nockhofwiese. Von dort führt der Klausweg eben nach SW in den Mühlbachgraben und jenseits mäßig fallend durch den Wald zum frei stehenden Scheipenhof, 1193 m (Gh.). Vom Scheipenhof wandern wir auf dem Forstweg (Nr. 9) in mehreren Kehren durch Wald und Wiesen hinunter nach Raitis, 850 m.

Gehzeit ↓ 1½ St.; Höhenunterschied ↓ 760 Hm.

**Almwanderung von der Mutterer Alm
über die Raitiser Alm**

Bei der Mutterer Alm wandern wir nach S auf dem mit Nr. 13 bez. „Kasersteig" leicht fallend großteils durch Wald in ¾ St. zur Raitiser Alm, 1550 m (im Sommer bew. Gh., 7 B, 20 M). Von hier steigen wir auf dem Forstweg (Nr. 9) nach N durch den Fichtenhochwald zum einzeln stehenden Scheipenhof, 1193 m, hinab (Gh.) und weiter nach Raitis und Mutters, 830 m.

Gehzeit 2 St.; Höhenunterschied ↓ 780 Hm.

 **Almwanderung Mutterer Alm – Kreither Alm –
Stockerhof – Kreith**

Ab der Mutterer Alm wandern wir nach S auf dem mit Nr. 13 bez. „Kasersteig" leicht fallend großteils durch Wald in ¾ St. zur Raitiser Alm, 1550 m (im Sommer bew., 7 B, 20 M). Wir bleiben nun auf dem Weg Nr. 13, der weiterhin leicht fallend durch den Wald in den Kreither Graben führt, in dem die Kreither Alm 1492 m hoch liegt (im Sommer bew.). Ab der Kreither Alm ist der Weg zwar mit Nr. 18 bez., führt aber immer noch in derselben Richtung leicht fallend quer durch den Nederjochamtswald. Knapp vor dem Rücken, der vom Nederjoch nach O hinabzieht, verlassen wir bei den Brandfeichten den Weg und steigen nach links (O) durch den Wald steil hinunter zum herrlich frei auf den Wiesen gelegenen Stockerhof, 1156 m (Gh.). Unter dem Hof führt der Weg (ab hier Nr. 15) zunächst über die Wiesen, dann durch Wald und über den Sagbach nach Kreith und zurück nach Mutters, 830 m.

Gehzeit ↓ 3 St.; Höhenunterschied ↓ 780 Hm.

 **Almwanderung
von der Mutterer Alm zur Schlicker Alm**

Auf dem „Kasersteig" (Nr. 13) wandern wir von der Mutterer Alm leicht fallend nach S großteils durch Wald in ¾ St. zur Raitiser Alm, 1553 m, und weiter in ½ St. zur Kreither Alm. Nun durch den Nederamtswald immer noch leicht fallend bis zum Ostrücken des Nederjochs (½ St. ab Kreither Alm) und auf diesem Rücken empor zur Mittlasisse, einer kleinen, früher gemähten Waldwiese. Von da an führt der Steig, zuerst leicht ansteigend, dann eben durch die Waldbrandfläche aus dem Jahre 1947 am S-Hang des Nederjoches zur Pfarrachalm, 1736 m, wo sich ein prachtvoller Blick auf das äußere Stubaital bietet; von der Kreither Alm 1¾ St. Am Unterrand der Waldbrandfläche führt nun der Weg nach NW hinunter zum Ißboden, 1672 m, wo der „Gloatsteig" seinen Anfang nimmt. Er windet sich zunächst vom Ißboden ca. 50 Hm empor und dann um die Ost- und Südflanke des Ampfersteins – immer ziemlich eben durch die obersten Bergwaldhorste, Latschen und Felsrinnen – hinein ins Schlicker Tal und zur Schlicker Alm, 1616 m (ganzj. bew., 25 B, 110 M). Von der Schlick auf dem Fahrweg nach Froneben und weiter nach Fulpmes oder Telfes, 990 m, und von da mit der Stubaitalbahn zurück nach Mutters.

Gehzeit 6–6½ St.; Höhenunterschied ↑ 300 Hm, ↓ 880 Hm. Diese Almwanderung wird nicht oft gegangen, obwohl sie ungewöhnlich schöne Ausblicke in die einzelnen Berggruppen des vorderen Stubaitales bietet. Am schönsten an klaren Herbsttagen, je zur Hälfte schattig und sonnig.

Vor der Mittlasisse und bei der Pfarrachalm führen Wege nach Telfes, die eine vorzeitige Beendigung der Wanderung erlauben.

W↓   Mutterer Alm – Götzens

Von der Mutterer Alm wandern wir zuerst eben auf dem Forstweg (mit Nr. 13 bez.) nach NW, dann in vielen Kehren durch den Götzner Wald mäßig steil hinab zum Götznerberg, 1058 m, und weiter nach Götzens, 868 m, 1½ St. Auf der Landesstraße in 1 St. zurück nach Mutters oder mit dem Autobus von Götzens nach Mutters.

Gehzeit 1½ St.; Höhenunterschied ↓ 740 Hm.

W↑   Von der Mutterer Alm auf das Birgitzköpfl

Von der Mutterer Alm neben dem Sessellift auf Weg Nr. 12 bzw. 111 steil durch lichten Wald auf das waldfreie Pfriemesköpfl, 1801 m; bis hieher ¾ St.; Auffahrt mit dem Sessellift möglich. Der Weg führt nun (rot-weiß-rot markiert) zuerst steil zum Fuß der Pfriemeswand und quert dann die von der Nockspitze herabziehenden Schuttreißen und Latschenzungen. Immer leicht ansteigend gelangen wir schließlich durch die latschenbestandene und grasige Mulde zum Birgitzköpfl, 2035 m (Naturfreundehaus, ganzj. bew., 20 B, 20 M).

Gehzeit 1¾ St.; Höhenunterschied ↑ 430 Hm.

Vom *Birgitzköpfl* gibt es viele Möglichkeiten, die Wanderung fortzusetzen (siehe Seite 43) und auch die Abfahrtsmöglichkeit mit dem Sessellift in die Axamer Lizum, von wo man Autobusanschluß hat.

B ↑↓ Rund um die Saile (Nockspitze)

Mit der Gondelbahn auf die Mutterer Alm und von dort mit dem Sessellift auf das Pfriemesköpfl, 1801 m. Vom Pfriemesköpfl zuerst 200 m leicht absteigend, dann steil empor zum Fuß der Pfriemeswand und dann fast eben auf der Nordseite durch Schotterreißen, grasiges und latschenbestandenes Gelände zum Birgitzköpfl, 2035 m (Naturfreundehaus, ganzj. bew., 20 B, 20 M), 1 St. Vom Birgitzköpfl nach Süden leicht ansteigend bis zur Abzweigung auf die Saile und von hier rechts in einigen Kehren hinab auf das Halsl, 1992 m. Bei der kleinen Kapelle an dessen Südseite den oberen Weg nach Osten verfolgend fast eben über die aus dem Jahre 1947 stammende Waldbrandfläche zur Sailnieder, 1974 m, und dort nach Norden abbiegend, felsige und latschenbestandene Hänge querend zum 1920 m hoch gelegenen Wetterkreuz, von dem der Weg über den Rücken steil abwärts zur Raitiser Alm führt, 1553 m, Gh. Von der Raitiser Alm auf dem fast ebenen „Kasersteig" zurück zur Mutterer Alm, 1608 m (ganzj. bew. Gh.)

Gesamtgehzeit 4 St.; Höhenunterschied ↑ 350 Hm, ↓ 550 Hm; Wege gut gepflegt, rot-weiß markiert und mit beschrifteten Tafeln des AV und TVN gekennzeichnet.

Naturschutz: Das ganze umgangene Gebiet der Saile steht unter Naturschutz, weshalb das Pflücken von Blumen verboten ist.

B ↑↓ Auf die Saile (Nockspitze), 2403 m

Mit der Gondelbahn auf die Mutterer Alm und von dort mit dem Sessellift auf das Pfriemesköpfl, 1801 m. Vom Pfriemesköpfl zuerst 200 m leicht absteigen und dann steil empor zum Fuß der Pfriemeswand, von wo der rot-weiß markierte Weg leicht ansteigend zum Birgitzköpfl führt. Wir biegen von diesem Weg nach etwa 20 Min. (ab Pfriemesköpfl) nach links (S) ab und folgen dem ab hier zusätzlich auch hellgelb markierten Steig in steilen Serpentinen über felsig-schottriges, grasiges und latschenbewachsenes Gelände empor zur kreuzgeschmückten Pfriemeswand, 2103 m.

Prachtvoller Rundblick auf Innsbruck und auf die Berge seiner Umrahmung.

Von hier über felsiges, schottriges, alpines Steilgelände auf gut gepflegtem Weg, der jedoch Trittsicherheit erfordert, zuerst am Rücken, dann quer über die NO-Abstürze der Nockspitze auf den Kamm, der vom Spitzmandl auf den Gipfel führt und schließlich auf diesem Kamm zum Gipfel, 1½ St. ab Pfriemesköpfl.

Am 2403 m hohen Gipfel der Nockspitze genießen wir neben dem Blick auf Innsbruck die Rundsicht auf die Kalkkögel, den Tiefblick in die Axamer Lizum, die Stubaier Gletscher und die Tuxer Voralpen bis zum Olperer sowie im N zur Zugspitze. Den Gipfel ziert seit 1974 ein schönes hölzernes Kreuz, das mit schmiedeeisernen Zieraten geschmückt ist.

Abstieg: auf gutem Fußsteig am Westhang zuerst über Wiesen, dann über latschenbewachsene und felsige Hänge in Richtung Halsl. In halber Höhe zweigt der Weg nach N zum Birgitzköpfl ab, 2035 m (Naturfreundehaus, ganzj. bew., 20 B, 20 M). Vom Birgitzköpfl flach absteigend dem NW-Hang der Nockspitze entlang zurück zum Pfriemesköpfl. Von dort Abfahrt mit Lift zur Mutterer Alm und nach Mutters.

Gesamtgehzeit 3 St.; Höhenunterschied ↑ 600 Hm, ↓ 600 Hm; Markierung rot-weiß, am Aufstieg zur Saile zusätzlich hellgelb; AV- und TVN-Tafeln mit Beschriftungen.

Naturschutz: das ganze Sailemassiv steht unter Naturschutz, weshalb das Pflücken von Pflanzen verboten ist.

NAVIS   1340 m

Haltestelle der Autobuslinie I. Mair, Matrei a. Br. 1334 Ew.; 6408 ha, davon 619 ha landw., 3246 ha forstw. genutzt. FVV,

7 Gastbetriebe, 54 Privatvermieter, 400 Betten, Erholungsdorf, AV-Hütte Naviser Tal am Schranzberg, 1780 m (Akad. Sektion Innsbruck), Skischule.

Geschichte:
1297 wird „Navisse Underweges" erstmals urkundlich genannt. Seit 1811 ist Navis eine eigene politische Gemeinde.

Kunstdenkmäler:
Mehrere gut erhaltene und originelle *Ein- und Paarhöfe* in Streusiedlung. *Pfarrhof,* mit figuralen Wandmalereien, 1756. *Pfarrkirche zum hl. Christoph,* urkundlich 1577; 1756 durch Franz de Paula Penz barockisiert, 1905 vergrößert und gotisiert; 1966/67 Neubau durch Clemens Holzmeister. Die alte Kirche mußte wegen Einsturzgefahr zum Teil abgetragen werden; Turm und Altarraum blieben aber erhalten. Holzgeschnitzte Kreuzigungsgruppe von Josef Bachlechner, 1913. Holzstatuen Peter und Paul von Franz Xaver Nißl, spätes 18. Jahrhundert, am Choreingang. *Filialkirche St. Katharina,* auf den Trümmern der im 14. Jahrhundert zerstörten Burg Aufenstein (erbaut 1474), spätgotischer Bau, Schiff 1718 barockisiert.

Bedeutende Persönlichkeiten:
Franz de Paula Penz, Priester und Baumeister, 1707–1772, von dem viele Kirchen-Neu- und-Umbauten in Tirol stammen. Prof. Franz Kolb, Historiker, 1886–1959.

Karten:
Österreichische Karte 1:25.000, Blatt 148/2, Navis; Österreichische Karte 1:50.000, Blätter 148, 149; AV-Karte 1:50.000, Blatt 31/5, Innsbruck-Umgebung; Freytag-Berndt-Touristenwanderkarte 1:100.000, Blatt 33, Innsbruck-Umgebung.

W↑↓ Waldweg über die Lärchenwiese

Vom Unterweg zweigt der mit gelber Nr. 2 bez. Steig im Weiler Kopfers ab und führt über die Wiesen hinab zum „Kohler", wo er den Navisbach quert. Nun taleinwärts durch den Wald leicht ansteigend zum Penzenbachgraben und nach dessen Que-

Navis

rung durch die Lärchenwiesen und hinunter zur Kirche von Navis.

Gehzeit 1½ St.; Höhenunterschied ↑ 200 Hm, ↓ 150 Hm. Der Weg ist meist schattig und bietet schöne Ausblicke auf die sonnseitigen Bauernhöfe.

W↑↓ **Schranzer Aue – Griner Mühle**

Vom Gemeindeamt in Navis über den Weirichbach und dann auf dem mit gelben Blechschildern mit Nr. 4 bez. Weg dem Klammbach entlang durch den Wald nach NO in 1 St. zur Schranzer Aue, einer von Schirmfichten bestandenen Weidefläche, 1490 m. Wir überqueren den Klammbach und den Grinbergbach, um zur Griner Mühle am rechten Ufer zu gelangen. Von dort führt ein fahrbarer Weg leicht ansteigend auf die sonnseitigen Wiesen zum Liesnhof, 1510 m. Auf dem Fahrweg wandern wir über den Taxerhof, die Grinhöfe und Pension Lattererhof zurück nach Navis.

Gehzeit ↑ 1¼ St., ↓ ½ St.; Höhenunterschied ↑↓ je 180 Hm; Weg stellenweise am Bach durch die Unwetter etwas beschädigt, sonst bequem und gut markiert, ein Drittel schattig, zwei Drittel sonnig.

B↑↓ **Weirichalm – Kupferbergalm – Kreuzjöchl**

Von der Kirche neben dem Weirichbach mäßig ansteigend über die Weirichalm und Steixneralm zur Kupferbergalm, 2040 m; bis hieher 1¾ St.

Der Name Kupferbergalm erinnert ebenso wie die weiter nördlich gelegene „Knappenkuchl" an den mittelalterlichen Bergbau, der hier vor allem den Kupfererzen galt. Inzwischen sind die Bergknappen längst wieder aus dem Tal verschwunden, die einstigen Stollen verfallen, und nur die Waldarmut und speziell das Fehlen von Zirben in diesem Talkessel blieben als mahnende Erinnerung an die damaligen, viel Holz verbrauchenden Bergbaue.

Von der Kupferbergalm über Alpweiden steil aufwärts auf den grünen Grat zwischen Navis- und Schmirntal und auf diesem nach links (N) mäßig ansteigend zum Kreuzjöchl, 2536 m.

Abstieg: nach N über den Rücken zum „Bettlerstiegl", dann

nach W zur unteren Griffalm und Poltenalm und zum Schranzberghaus (Naviser Hütte) und von diesem durch den Bergwald hinab nach Navis.

Gehzeit ↑ 3½ St., ↓ 2¼ St., zusammen 6 St.; Höhenunterschied ↑↓ je 1200 Hm; Wege gut markiert, ein Drittel schattig, sonst sonnig.

B ↑↓ Über die Kupferbergalm ins Schmirntal

Von der Kirche in Navis neben dem Weirichbach mäßig ansteigend über die Weirichalm und Steixneralm zur Kupferbergalm, 2040 m; bis hieher 1¾ St. Weiter in 1 St. über steile Almweiden und Alpenrosenbestände zum grün bewachsenen Grat zwischen Navis- und Schmirntal. Vom Grat führt der Weg zuerst steil ohne Markierung nach SW über steinige Bergmähder, bis man in 2100 m Höhe einen guten Steig antrifft, der steil hinab nach Obern im Schmirntal, 1610 m, führt. Von Obern auf der Schmirntalstraße in ¾ St. nach Toldern und von dort mit dem Autobus nach Steinach.

Gehzeit ↑ 2¾ St., ↓ 1¾ St., zusammen 4½ St.; Höhenunterschiede ↑ 1010 Hm, ↓ 900 Hm. Abstieg ins Schmirntal z. T. weglos, deshalb ist Bergerfahrung erforderlich und wegen der steilen Grashänge auch Trittsicherheit. Die Wanderung sollte nur bei trockenem Wetter gemacht werden. Prachtvolle Ausblicke auf Olperer und Kasererspitzen, ein Viertel schattig, der Rest sonnig.

B ↑↓ Auf den Reckner, 2888 m

Von der Kirche taleinwärts am Steinbruch vorüber auf dem befahrbaren Weg (AV-Steig Nr. 325) durch den Fichtenwald hinauf zur Naviser Hütte (Schranzberghaus), 1785 m, neben der Stöcklalm an der Waldgrenze des Schranzberges gelegen (ÖAV, Akadem. Sektion Innsbruck; ganzj. bew., 40 B, 12 M); bis hieher 1¼ St. Leicht ansteigend gelangt man in ¼ St. zur Poltenalm und über die Almböden der unteren Griffalm und das „Bettlerstiegl" in die weiten, von Gräben durchfurchten Böden der inneren Griffalm und zum Schluß steil ansteigend zum Griffjoch, 2478 m. Auf schmaler Passage gelangt man am Rande der Abstürze zum Schmirntal in eine kleine, von den höchsten Gipfeln der Tarntaler

Gruppe umstandenen Karmulde, in deren Grund der blaue Staffelsee, 2655 m, eingebettet liegt.

Eine hochalpine Flora bedeckt den spärlichen Boden dieses zauberhaften, abgeschlossenen Reiches.

Wir lassen den Staffelsee rechts liegen und steigen durch Blockschutt auf den Sattel zwischen Geierspitze und Lizumer Reckner und von dort nach N über den Südgrat auf den von schwarzgrünem Serpentin gebildeten 2888 m hohen Gipfel.

Ein prächtiger Blick in die Zillertaler Gletscherwelt, die Tuxer Alpen und besonders die Tarntaler Berge mit der Lizum und dem Navistal lohnt uns die Mühen des Aufstieges.

Rückweg: bis zum Griffjoch wie beim Anstieg, dann aber dem Rücken zwischen Navis- und Schmirntal folgend bis zum Kreuzjöchl, 2536 m, und von dort nach W zuerst über den Rücken, danach steil über die Wiesen der Stöcklalm zur Naviser Hütte und zurück nach Navis.

Gehzeit ↑ 4½ St., ↓ 3 St., zusammen 7½ St.; Höhenunterschied ↑↓ je 1550 Hm; Wege gut bez., meist sonnig; ab Griffalm ist Bergerfahrung notwendig, und die Wanderung sollte nur bei sicherem Schönwetter gemacht werden.

B ↑↓ Tarntaler Köpfe

Von Navis über die Peeralm auf dem Fahrweg zur Klammalm und von dieser auf dem AV-Steig Nr. 327 über Almböden zur Oberen Knappenkuchl und die Kuchlböden zum Klammjoch.

Die Bezeichnung „Knappenkuchl" erinnert an den ehemaligen Silber- und Kupferbergbau, und zahlreiche, inzwischen eingestürzte Stollenlöcher sind aus dieser Zeit noch erkennbar. Vom Klammjoch bietet sich wohl der schönste Blick über den Klammsee hinweg auf die vorwiegend aus paläozoischen Kalken aufgebauten Tarntaler Berge, die mit ihren markanten Formen die Tuxer Alpen beherrschen.

Östlich des Klammsees steigen wir am W-Rücken zur Klammspitze empor und auf Blockhalden am N-Hang auf den Tarntaler Kopf, 2757 m. Rückweg wie Anstieg.

Gehzeit ↑ 4 St., ↓ 3 St., zusammen 7 St.; Höhenunterschied ↑↓ je 1420 Hm; gut bez. und gepflegter Weg, sonnig, sehr abwechslungsreich; ab Klammjoch ist Bergerfahrung erforderlich.

⬜W↑↓ Über das Klammjoch
in die Wattener Lizum

Auf dem Wanderweg Nr. 4 gehen wir am linken Ufer des Klammbaches vom Gemeindeamt bis zur Schranzer Aue und dort auf das rechte Ufer wechselnd bis zur Klammalm, 1948 m. Von dieser auf dem AV-Steig Nr. 327 über die Obere Knappenkuchl und die Kuchlböden zum Klammjoch, 2357 m, neben dem Klammsee gelegen. Vom Klammsee nach NO entweder über die Almböden oder auf der Militärstraße hinab in die Wattener Lizum und zur Lizumer Hütte, 2022 m (ÖAV-Sektion Hall i. T., bew. vom 15. 6.–30. 9. und 15. 12.–31. 4., vom 1. 10.–31. 10. und 1. 5.–15. 6. nur an Samstagen und Sonntagen, 21 B, 90 M).

Gehzeit ↑ 3 St., ↓ ¾ St.; Höhenunterschied ↑ 1020 Hm, ↓ 350 Hm. Der Weg ist meist sonnig, gut markiert, bis zur Klammalm durch Unwetter etwas beschädigt.

⬜B↑↓ Von Navis
über das Mölsjoch ins Wattental

Vom Gemeindeamt (Autobus-Endstation) gehen wir 10 Min. talein und vor dem Skilift auf dem befahrenen Weg aufwärts an mehreren alten, gepflegten Bauernhöfen vorüber. Ober dem reich bemalten Liesnhof zweigen wir links ab und gelangen nach kurzer Waldquerung zur Peeralm, 1664 m (im Sommer bew. Gh.). Hier verlassen wir den Fahrweg und steigen auf dem mit Nr. 331 bez. AV-Steig steil über die Almwiesen hinauf über die Zeheter- zur Grafenmartalm, 2161 m; bis hieher von Navis 2½ St. Weiter flach nach O ansteigend zum Mölsjoch, 2334 m, ½ St. Jenseits zuerst ohne Weg hinunter zum Roßboden und zu dem an der Waldgrenze liegenden Mölser Hochleger, 2037 m. Auf der Fahrstraße des Bundesheeres durch Zirbenwald zum Mölser Niederleger und nach Walchen, 1410 m (Gh., ganz bew., 14 B, 19 M). Von Walchen in 3 St. über die Wattentalstraße nach Wattens (Bahnhof und Autobushaltestelle) oder mit dem Taxibus nach Wattens.

Gehzeit ↑ 3 St., ↓ bis Walchen 2 St., ↓ bis Wattens 5 St.; Höhenunterschied ↑ 1000 Hm, ↓ bis Walchen 950 Hm, ↓ bis Wattens 1770 Hm; Wege gut markiert, Anstieg sonnig, Abstieg ab Möls-Hochleger schattig.

Navis

⬚B↑↓ Von Navis
ins Voldertal

Vom Gemeindeamt (Autobus-Endstation) etwa 10 Min. taleinwärts und vor dem Lift auf dem Fahrweg aufwärts an mehreren Bauernhöfen vorüber zur Peeralm, 1664 m (Gh., im Sommer bew.); bis hieher 1 St. Hier verlassen wir den Fahrweg und steigen auf dem AV-Steig Nr. 331 steil über die Almweiden zur Grafmartalm und weiter zum Naviser Jöchl, 2477 m, empor (3 St. ab Navis). Vom Jöchl führt der Weg nach N zuerst über Blockhalden mit einer bunten Schneebödenvegetation, dann über Krummseggenrasen und die Weideflächen des Melkbodens zur romantischen, aus zahlreichen, hinter Steinblöcke geduckten Hütten bestehenden Steinkasernalm, 2002 m. Prachtvolle Aussicht auf das vor uns liegende obere Voldertal. Weiter auf dem befahrbaren Weg durch Alpenrosenbestände und Zirbenwälder über Vorbergalm und Nößlachalm zur Voldertalhütte, 1376 m (Naturfreunde, im Sommer bew., 35 M); bis hieher vom Naviser Jöchl 2¼ St. Weiter über Volderwildbad in 1½ St. nach Tulfes, 923 m, oder in 2 St. nach Volders, 558 m.

Gehzeit ↑ 3 St., bis Tulfes ↓ 3¾ St., bis Volders ↓ 4¼ St.; Höhenunterschied ↑ 1140 Hm, bis Tulfes ↓ 1550 Hm, bis Volders ↓ 1920 Hm; Wege gut bez. und gepflegt, drei Viertel sonnig, ein Viertel schattig, relativ wenig begangen, mit reicher alpiner Flora und ungewöhnlich schöner Rundsicht am Naviser Jöchl.

⬚B↑↓ Von Navis
über den Bendelstein nach Steinach

Ab der Naviser Kirche nach S auf AV-Steig Nr. 326 zuerst mäßig steil durch den Wald, dann steil durch den Lehnergraben zur Vöstnalm, 1881 m, und weiter bis ober die Waldgrenze. Nach Querung des Schafalm-Hochlegers in westlicher Richtung erreicht man bei 2270 m den Grat zwischen Navis- und Padastertal. Auf dem Ostgrat gelangen wir dann auf den Gipfel des Bendelsteins, 2436 m.

Abstieg über den Rücken nach W zum vorgelagerten Schröflkogel, 2153 m. Von diesem geht es zuerst über waldfreies Gelände steil nach W hinab und schließlich durch den Wald nach Mauern und Steinach, 1048 m.

Gehzeit ↑ 3½ St., ↓ 3 St.; Höhenunterschied ↑ 1100 Hm, ↓ 1380 Hm; gut bez. Wege, je zur Hälfte sonnig und schattig.

B ↑↓ Von Navis auf den Mieslkopf, 2623 m

Vom Weiler Stippler am Oberweg (Kapelle) steigen wir links (NW) teils auf dem Forstweg, teils dem alten Fußweg folgend (steiler, aber kürzer) manche Kehre des Fahrweges abschneidend durch die Lärchenmähder zu den Mieslmähdern empor. Auch hier kann man sowohl den steileren, nicht immer leicht zu findenden alten Fußweg als auch den bequemeren, aber längeren Fahrweg wählen, der zuerst talein und schließlich nach links (W) zur Mieslalm, 2018 m, abzweigt; bis zur Alm 2 St. Von der Mieslalm steil aufwärts auf die flachen Mieslböden und über den W-Rücken steil empor auf den Mieslkopf, 2623 m. Rückweg: über den W-Rücken bis zur Waldgrenze, wo man in ca. 2000 m Höhe auf einen fast eben verlaufenden Steig trifft, der an einem für Dipl.-Ing. Steiner errichteten Kreuz nach S und O zurück zur Mieslalm führt. Von da auf dem Aufstiegsweg zurück zum Weiler Stippler.

Gehzeit ↑ 4 St., ↓ 2½ St., zusammen 6½ St.; Höhenunterschied ↑↓ je 1330 Hm. Der Weg ist mit Nr. 5 und 6 markiert, zu einem Drittel schattig, zwei Drittel sonnig; Abkürzungen nicht immer leicht zu finden, dagegen der Forst- und Almweg bequem und problemlos. Die Wanderung ist besonders schön im Sommer, wenn alle Bergwiesen blühen (Juli) und zur herbstlichen Laubverfärbung.

NEUSTIFT IM STUBAITAL 993 m

Haltestelle der Autobuslinie Innsbruck – Mutterbergalm (Stubaitalbahn AG). 2627 Ew.; 24.900 ha, davon 861 ha landw., 7207 ha forstw. genutzt. FVV, 38 Gastbetriebe, 330 Privatvermieter, 3150 Betten. Dresdener Hütte, 2308 m, in der oberen Fernau nordöstlich der Schaufelspitze (AV-Sektion Dresden, 1875 als 1. Hütte in den Stubaier Alpen erbaut); Elferhütte, 1950 m am Ostabhang des Elfers (privat); Franz-Senn-Hütte, 2147 m, unter dem Alpeiner Ferner im Oberbergtal (AV-Sektion Innsbruck,

Neustift im Stubaital

1885 eröffnet); Knappenhütte, 1750 m, am Südhang des Kleinen Burgstalls (privat); Nürnberger Hütte, 2297 m, im Oberen Langental (AV-Sektion Nürnberg); Oberißhütte, 1745 m, im Oberbergtal (AV-Sektion Innsbruck); Neue Regensburger Hütte, 2286 m, im Falbesontal (AV-Sektion Regensburg, 1931 erbaut); Starkenburger Hütte, 2229 m, am Südhang des Hohen Burgstalls (AV-Sektion Starkenburg, Darmstadt); Sulzenauhütte, 2191 m, am Sulzenauferner (AV-Sektion Leipzig, 1926 erbaut); Gondelbahn Mutterbergalm – Dresdener Hütte, Gondelbahn Dresdener Hütte – Eisgrat, Sessellift Neustift – Elferberg, Schlepplift Elferberg – Elferhütte, Schlepplift Eissee – Eisjoch, fünf Schlepplifte in Neustift; Skischule, Bergführer, geheiztes Freischwimmbad und Sauna, Minigolf.

Geschichte:
1280 wurden erstmals Milders und Ranalt genannt, 1387 wurde Neustift erstmals urkundlich erwähnt; seit 1802 ist Neustift eigene politische Gemeinde. Kaiser Maximilian I. soll 1505 zur Jagd ins Oberbergtal gekommen sein und darauf eine Kapelle gestiftet haben, die 1516 geweiht wurde und den Namen Neustift erhielt.

Kunstdenkmäler:
Zahlreiche gut erhaltene *originelle Bauernhöfe* in Streusiedlungsweise als Ein- und Paarhöfe des Mittel- und Seitenflurtyps. Neue *Pfarrkirche zum hl. Georg,* 1774 nach Plänen von Franz de Paula Penz erbaut; ungewöhnlich große Dorfkirche (50 × 30 m).

Karten:
Österreichische Karte 1:25.000, Blatt 148/1, Fulpmes (zum Teil); AV-Karte 1:25.000, Blatt Hochstubai; AV-Karte 1:50.000, Blatt 31/5, Innsbruck-Umgebung; Österreichische Karte 1:50.000, Blätter 147, 148, 174; Kompaß-Wanderkarte 1:50.000, Blatt 36; Freytag-Berndt-Touristenwanderkarte 1:100.000, Blatt 33, Innsbruck-Umgebung.

 Wiesenweg nach Fulpmes

In Neustift südlich der Kirche über die Ruetz und auf dem mäßig ansteigenden Fahrweg unter dem Elferlift hindurch am schattseitigen Wiesenhang talaus über die „Obergasse" zum Weiler „Schmieden". Am linken Ufer des Pinnisbaches gehen wir ein Stück abwärts, dann über die Brücke in den Weiler Neder und dort nahe dem Gh. Zegger über die Ruetz. Der Weg führt nun am linken Ufer der Ruetz flach durch die Auwiesen talauswärts bis Fulpmes, 937 m.

Gehzeit 1½ – 2 St.; Höhenunterschied ↑ 50 Hm, ↓ 100 Hm.

W↑↓ Neustifter Rundwanderung

Obergasse – Schmieden – Neder – Fagschlung – Ebnerhof – Rain – Kartnall – Forchach – Milders – Schaller – Stackler – Neder – Neustift.

In Neustift überschreiten wir südlich der Kirche die Ruetz und wandern auf dem mäßig ansteigenden Fahrweg unter dem Elferlift hindurch am schattseitigen Wiesenhang talaus über die Obergasse zum Weiler Schmieden. Dort nach N zum Weiler Neder und nahe dem Gh. Zegger über die Ruetz. Der Weg steigt nun unmittelbar nach der Ruetzbrücke über die Wiesen zum ersten Hof (Fagschlung) hinauf und von dort nach W zum Waldrand. Immer annähernd gleich hoch queren wir auf der Sonnseite abwechselnd Waldstücke und Wiesen und wandern über die herrlich gelegenen Bergbauernhöfe (Ebnerhof und Rain mit Gastbetrieb) taleinwärts bis zum Bachertal. Nach Querung des Bachertales ober Neustift steigt der Weg steil durch Buschwerk zu den Wiesen von Kartnall empor zum Kartnaller Hof, 1272 m (Gh.). Leicht ansteigend gelangen wir am Sonnenhang in 20 Min. zum Forchachhof, 1340 m (Jausenstation). Hier treffen wir auf den neuen, von der Wildbachverbauung angelegten Fahrweg, auf dem wir am steilen, felsigen Hang ins Oberbergtal hinabwandern. Etwas unterhalb von Bärenbad (Gh.) erreichen wir die Fahrstraße ins Oberbergtal. Ihr folgen wir nun bis Bärenbad, 1248 m, überschreiten den Bach und wandern auf dem rechtsufrigen Fußsteig durch den Wald talaus am Bichlhof vorüber und ober dem Weiler Milders vorbei, bis wir – leicht absteigend – nahe der Schallersäge auf den Talboden gelangen. Auf dem Franz-Senn-Weg (Nr. 1) wandern wir über die Autenhöfe, Stacklen und Lehner zurück nach Neustift.

Gehzeit 6 – 7 St.; Höhenunterschied ↑↓ je 350 Hm.

Neustift im Stubaital: Elferhütte 267

W↑↓ Nach Pfurtschell

Beim Weiler Neder zweigt am linken Ufer der Ruetz der Fußsteig ab und führt zuerst mäßig steil durch die Wiesen zu den Höfen Fagschlung und Jedler und von dort steil durch den Wald empor auf die Pfurtscheller Wiesen, in deren oberem Drittel der Hof Pfurtschell, 1297 m, in herrlicher Aussichtslage thront. Rückweg wie Anstieg.
Gehzeit ↑ 1 St., ↓ ¾ St.; Höhenunterschied ↑↓ je 330 Hm.

W↑ Hochstubailift – Elferhütte

Mit dem Hochstubailift zur Bergstation, 1794 m, wo sich nach einer steilen Auffahrt über die Baumwipfel des schattseitigen Schochnerwaldes plötzlich ein weiter Blick auf den zerschrundeten Serleskamm und nach O auf das liebliche äußere Stubaital auftut. Durch die Bergwiesen steigt man von der Bergstation des Liftes nach SW in ½ St. hinauf zu der nach einem Brand neu errichteten weithin sichtbaren, auf einem Felssporn ober den höchsten Zirben liegenden Elferhütte, 1950 m (privat, Gh., 1. 12. bis Ostern und 20. 5. – 15. 10. bew., 36 B).

B↑↓ Von der Elferhütte auf den Elfer, 2506 m

Von der Hütte auf markiertem Steig nach SW zuerst durch Latschenbestände auf einen Gratrücken. Auf diesem wechseln wir von den Stubaier Schiefern zu Triaskalken, in denen sich der Weg an bizarren Felstürmen vorbei hinaufwindet. Vom Vorgipfel der Elferspitze, die einer verfallenen Burg gleicht, erreichen wir auf einem mit Drahtseil gesicherten Felssteig den Hauptgipfel, die letzten 30 m in Kaminkletterei; bis hieher von der Hütte 1½ St. Abstieg wie Anstieg.
Gehzeit ↑ 1½ St., ↓ 1 St., zusammen 2½ St.; Höhenunterschied ↑↓ je 560 Hm; sehr abwechslungsreiche, lohnende Gipfelwanderung im Kalkhochgebirge. Trittsicherheit und Schwindelfreiheit nur im letzten Stück erforderlich, doch nicht schwierig; nur im Hochsommer bei Schneefreiheit zu empfehlen.

B ↑↓ Von der Elferhütte
über Zwölfernieder ins Pinnistal

Von der Hütte auf markiertem Steig nach SW zunächst durch Latschen auf den gratartigen Rücken und zwischen den bizarren Felstürmen vorbei bis zum Vorgipfel der Elferspitze. Dort benützen wir den ziemlich eben verlaufenden Steig am Fuß der Felswände bis zum Zwölfernieder, einer 2335 m hohen Scharte zwischen der Elfer- und der Zwölferspitze. Von der Scharte steigen wir nach S ziemlich steil durch das Kar ins Gratzengrübl hinab und weiter durch Latschen, Bergwiesen und Bergwald zur Pinnisalm, 1559 m, im Pinnistal. Von der Pinnisalm wandern wir durch das romantische Pinnistal in 2 St. hinaus zum Weiler Schmieden und von dort entweder nach links zurück nach Neustift oder geradeaus hinunter zum Weiler Neder (Autobushaltestelle). Von der Pinnisalm kann man auch mit dem Kleinbus zurück nach Neder fahren (Abfahrt 16 und 17 Uhr).

Gehzeit ↑ 1½ St., ↓ 3½ St., zusammen 5 St.; Höhenunterschied ↑ 390 Hm, ↓ 1340 Hm.

W ↓ Vom Elferlift
ins Pinnistal

Mit dem Hochstubailift fahren wir bis zur Bergstation, 1794 m. Der Steig führt eben bis zum Waldrand und dann steil durch den Herzebnerwald hinunter zum Gh. Herzeben, 1338 m hoch am Boden des romantischen Pinnistales gelegen (Gh., 20. 5. bis 30. 10. bew., 12 B, 12 M). Auf der Fahrstraße wandern wir talaus immer neben dem wildschäumenden Pinnisbach zum Weiler Schmieden und über Obergasse durch die Wiesen zurück nach Neustift.

Gehzeit ↓ 2½–3 St.; Höhenunterschied ↓ 830 Hm.

B ↓ Von der Elferhütte
über die Autenalm nach Neustift

Von der Hütte wandern wir zuerst durch Latschen, einzelne Zirbenhorste, Grünerlenbestände und blumenreiche Hochstaudenfluren leicht fallend nach W. Wir queren dabei die Steilhänge, die bis 1970 bewirtschaftete Bergwiesen waren, und gelangen ins latschenbestandene Schitterkar am Fuße der Elferspitze. Mäßig

Neustift im Stubaital 269

fallend führt nun der Weg durch Bergwald zur Autenalm hinab, 1658 m (Jausenstation).

Von der Autenalm zwei Abstiegsvarianten: a) nach NW steil im Wald nach Milders, b) nach NO zuerst flach, dann steil durch den Wald ins Schittertal und dann am Rücken zwischen Schittertal und Lehnertal hinunter zu den Lehnerhöfen und nach Neustift.

Gehzeit ↓ 2–2½ St.; Höhenunterschied ↓ 960 Hm.

B ↑↓ Von Milders über Zwölfernieder ins Pinnistal

Von Milders führt ein Weg durch die Wiesen quer über den Talboden nach SO zu den Autenhöfen. Dort beginnt der steile Anstieg auf die Autenalm, 1658 m (Jausenstation); bis hieher 1½ St. Durch den Wald ober der Alm steigen wir steil hinauf ins Autengrübl und durch Latschen und Blockhalden gegen die Elferspitze hin. Am Fuße der Nordwand biegen wir nach rechts (SW) um und gelangen über schrofiges Gelände auf die Zwölfernieder, 2335 m, eine felsige Scharte zwischen Elferspitze und Zwölfer; bis hieher von der Autenalm 2 St. Jenseits steigen wir steil ab nach SO ins Gratzengrübl und durch Latschen und Bergwaldhorste in 1½ St. zur Pinnisalm, 1560 m (Jausenstation). Durch das Pinnistal wandern wir in 2 St. hinaus zum Weiler Neder (Autobushaltestelle). Von der Pinnisalm kann man auch mit dem Kleinbus (ab 16 und 17 Uhr) nach Neder fahren.

Gehzeit ↑ 3½ St., ↓ bis Pinnisalm 1½ St., ↓ bis Neder 3½ St., zusammen 5 bzw. 7 St.; Höhenunterschied ↑ 1310 Hm, ↓ 1350 Hm (bis Pinnisalm 780 Hm); schöner und wenig begangener, doch steiler Weg, der Trittsicherheit, Ausdauer und Bergerfahrung erfordert.

B ↑ Durch das Pinnistal zur Innsbrucker Hütte

Vom Gh. Zegger im Weiler Neder (Autobushaltestelle) wenden wir uns nach S ins Pinnistal. Durch die bewaldete Schlucht wandern wir am wild schäumenden Pinnisbach entlang durch das äußere Pinnistal unter den rechts oben liegenden Hütten der Herzebenalm vorbei in ¾ St. zum Gh. Herzeben, 1338 m (20. 5.–30. 10. bew., 12 B, 12 M). Auf dem mit Nr. 123 bez.

Weg taleinwärts wandernd, haben wir immer die gewaltigen N-Abstürze des Serleskammes – Kesselspitze, Wasenwand, Hammerspitze, Kirchdachspitze, Ilmspitzen – vor uns. Nach etwa 10 Min. erreichen wir den von einer Trockenmauer umfriedeten Anger der Ißeangeralm, 1372 m. An einem mächtigen, gespaltenen Felsblock vorbei wandern wir taleinwärts auf dem teilweise von Geröll erfüllten Talboden zur Pinnisalm, 1559 m (im Sommer Jausenstation, Nächtigung möglich); bis hieher vom Gh. Herzeben ¾ St., Auffahrt auch mit Kleinbus möglich. Weiter talein wandern wir an den letzten Bäumen und Latschenfeldern vorbei über eine kleine Talstufe in ½ St. zur Karalm, 1737 m (im Sommer Jausenstation). Hier am Talschluß des Pinnistales überschreiten wir die Grenze zwischen Silikat- und Kalkgestein und steigen in mehreren Kehren – stets im Angesicht der Steilabstürze von Habicht, Ilmspitzen und Kalkwand – zur Karalmmulde und auf das Pinnisjoch empor, 2369 m, auf dessen Südseite die Innsbrucker Hütte hoch über dem Gschnitztal steht (ÖAV-Sektion Touristenklub Innsbruck, 15. 6.–15. 9. und an schönen Samstagen und Sonntagen im Oktober bew., 34 B, 66 M).

Gehzeit 4 St.; Höhenunterschied ↑ 1400 Hm.

Von der Innsbrucker Hütte auf den Habicht
(siehe Seite 114)

B ↑↓ **Vom Stubaital über den Serleskamm zum Padasterjochhaus**

Vom Gh. Zegger im Weiler Neder (Autobushaltestelle) wandern wir nach S ins Pinnistal in ¾ St. zum Gh. Herzeben, 1338 m. Etwa 5 Min. nach dem Gh. biegt noch vor dem Anger der Ißeangeralm der Rohrauersteig (mit Nr. 122 bez.) nach links (SO) ab. Er führt steil in vielen Serpentinen durch den Latschengürtel in die Felsregion der Wasenwand empor und schließlich südlich davon über die Hammerscharte, 2529 m, 3 St., und jenseits in ½ St. hinab zum Padasterjochhaus, 2232 m (Naturfreunde, 15. 6.–20. 9. bew., 25 B, 45 M).

Abstieg vom Padasterhochhaus auf dem Weg Nr. 122 in 2 St. über die Wiesen nach O ziemlich steil in den Graben des Padasterbaches hinunter und dann durch den Bergwald nach Trins, 1233 m (Autobushaltestelle).

Gehzeit ↑ 4 St., ↓ 2½ St., zusammen 6½ St.; Höhenunterschied ↑ 1560 Hm, ↓ 1300 Hm. Der Weg führt durch sehr abwechslungsreiche Hochgebirgslandschaft, ist aber stellenweise sehr steil und erfordert Trittsicherheit und Ausdauer, ein Viertel schattig, drei Viertel sonnig.

B↑↓ Zur Starkenburger Hütte

Am Fußweg nach Milders und ca. ½ km ins Obernbergtal, wo etwas vor Bärenbad der neue Fahrweg (Fahrverbot!) nach rechts abzweigt, ¾ St.; bis hieher auch mit Pkw oder Taxi. Auf dem Fahrweg in ca. 20 Min. zum Forchacher Hof (Jausenstation). Hier verläßt der etwas Geübte die Fahrstraße und steigt auf steilem, schmalem Steig direkt nach Norden empor zu einer Mähwiese mit drei Heuhütten und erreicht nach ½ St. am oberen Rand der Wiese wieder den Fahrweg. Nun auf dem Fahrweg bleibend, gleichmäßig ansteigend, das Bachertal queren und durch lichte Lärchenwiesen und blütenreiche Bergmähder in mehreren Kehren bis zur Kaserstattalm. Von hier ab wandelt sich das Bild: Der Weg durchschneidet nun die triadischen Kalke der Kalkkögel und umrundet schließlich den schmalen Felssporn, auf dem die Starkenburger Hütte liegt, 2229 m.

Von der Hütte aus bietet sich eine umfassende Aussicht dar auf das ganze Stubaital mit seinen Gletschern im Hintergrund.

Gehzeit 3½ St.; Höhenunterschied ↑ 1230 Hm; großteils sonnig, Weg gut markiert (rot-weiß-rot, AV-Weg Nr. 115).

Abstieg am besten auf dem steilen Fußsteig, der knapp unterhalb der Starkenburger Hütte vom Fahrweg abzweigt und gut markiert ist. Dieser Weg ist für Geübte schöner und kann auch abschnittweise benützt werden, weil er den Fahrweg vor der Bachertalquerung nochmals schneidet. Eine zweite Abstiegsvariante ist ab dem Hof Kartnal, 1272 m, möglich, von wo ein gut ausgebauter Fußsteig zuerst mäßig, zum Schluß sehr steil nach Neustift hinabführt.

Gehzeit für den Abstieg 2–2½ St.; Höhenunterschied ↓ 1230 Höhenmeter.

Von Neustift zur Franz-Senn-Hütte

Auf der asphaltierten Straße wandern wir am sonnseitigen

Hangfuß talein, bis nach ¼ St. beim Tschafalleshof am Ostrand von Milders nach rechts (NW) ein Abkürzungssteig abzweigt, der durch Gesträuch zu dem aus engem Tal herabtosenden Oberbergbach hinaufzieht. Gleich darauf überschreiten wir den Bach bei einem einsamen Bauernhaus, wo einst eine Lodenwalke war, und gelangen zur Fahrstraße in das Oberbergtal. Dieser folgen wir nun mäßig ansteigend durch den äußeren, engen und bewaldeten Abschnitt des Oberbergtales nach Bärenbad, 1252 m (Gh., ganzj. bew., 20 B); bis hieher von Neustift 1¼ St.

Bärenbad ist ein altes Bauernbadl, das wegen seines erdigen Eisenwassers aufgesucht wird. Auf der Sonnseite beginnen hier die Wiesen des Oberbergtales, die seit Jahrhunderten die karge Lebensgrundlage für die Dauersiedlungen bildeten, die sich von Bärenbad bis Sedugg hineinziehen. Auf der Schattseite hingegen war wie in den meisten hochgelegenen Tälern keine Besiedlung möglich. Hier blieb der Wald erhalten, und in den zahlreichen Blockhalden finden wir sogar vielfach das sonst nur sporadisch anzutreffende Nordische Moosglöckchen (Linnea borealis L).

Wir wandern nun ab Bärenbad neben dem Bach entlang anfangs noch etwas ansteigend, dann fast eben auf der Fahrstraße taleinwärts. Nach ca. 1 St. erreichen wir die Auffahrt nach Sedugg.
Variante: Von Bärenbad ist es viel schöner, den alten Fußweg über die Höfe nach Sedugg und dort wieder hinab auf die Talstraße zu gehen. Man verliert dabei nicht mehr als ¼ St., gewinnt aber dafür viele prachtvolle Einblicke in das auch heute noch harte Leben der Stubaier Bergbauern und genießt auch weit schönere Ausblicke auf die Berge.
Bei Sedugg wird der Blick freier, und man sieht schon den Talhintergrund. Der Wald löst sich in viele einzelne Zungen auf, wird schütterer und macht schließlich fast ganz den Almwiesen Platz. Bei der Stöcklenalm überschreiten wir den Bach, 1602 m (Gh., 1. 2. bis Oktober bew., 15 B, 5 M). Hier beginnen die sanft ansteigenden, ausgedehnten Mähwiesen der Oberißalm, wohl der schönsten im ganzen Stubaital. In ½ St. gelangt man über die grünen Matten von der Stöcklenalm zur nicht bewirtschafteten Oberißhütte der ÖAV-Sektion Innsbruck, etwas unterhalb der Oberißalm gelegen, 1748 m; bis hieher von Neustift 3 St. Die Anfahrt bis zur Stöcklenalm ist auch mit eigenem

Pkw möglich; bis zur Oberißhütte ist während der Saison ein regulärer Jeepverkehr eingerichtet. Bei der Hütte steht die Talstation der Materialseilbahn zur Franz-Senn-Hütte, auf die man das Gepäck verladen kann. In ¼ St. gelangt man über die Almmatten zur latschenbewachsenen Steilstufe, die der Weg (mit Nr. 131 bez.) in vielen, schön angelegten Kehren überwindet. Links vom Weg stürzt der Bach in einem mächtigen Wasserfall über die Felsen herab. In ¾ St. hat man die Steilstufe hinter sich, und eine Bank ladet auf der „Alpeiner Höhe" zur verdienten Rast.

Der Blick geht hier nochmals zurück zum mächtigen Schwemmkegel der Oberiß- und Stöcklenalm und das Oberbergtal, das von der Seespitze und dem Hohen Burgstall abgeschlossen wird, unter dem wir am felsigen Rücken die Starkenburger Hütte erkennen. Vor uns aber liegt die etwas versumpfte Alpeiner Alm und auf einem Rundbuckel dahinter die Franz-Senn-Hütte, hinter der die Gletscherberge des Alpeiner Tales aufragen.

Fast eben wandern wir auf die Alpeiner Alm und an der Schafschied vorbei, dann leicht ansteigend über zwergstrauchbewachsene Gletscherschliffe und zum Schluß über den Bach zur Franz-Senn-Hütte, 2147 m (ÖAV-Sektion Innsbruck, 1. 6.–15. 10. und 15. 2.–15. 5. bew., 158 B, 108 M).

Die Franz-Senn-Hütte ist nach Franz Senn benannt, der als Pfarrer von Vent Mitbegründer und Initiator des Alpenvereins war und die letzten Lebensjahre als Pfarrer in Neustift verbrachte. Die Hütte ist einer der bedeutendsten Tourenstützpunkte im Raum Innsbruck. Nicht weniger als 30 Dreitausender können von der Hütte aus erstiegen werden.

Gehzeit von Neustift 4½ St., von der Oberißhütte 1½ St.; Höhenunterschied ↑ 2150 Hm, ab Oberißhütte ↑ 400 Hm.

Wanderungen von der Franz-Senn-Hütte aus

Die Franz-Senn-Hütte erschließt das nächstgelegene Gletschergebiet von Innsbruck aus und ist für viele Sommer- und Wintertouren der Ausgangspunkt. Die von hier aus möglichen Berg- und Gletscherbesteigungen sind Spezialführern vorbehalten. Wir wollen nur die kürzeren Ausflüge und Wanderungen, für die kein Führer notwendig ist, sowie die Übergänge zu anderen Hütten beschreiben.

B ↑↓ Von der Franz-Senn-Hütte auf die Sommerwand, 2577 m

Von der Hütte nach S durch Alpenrosenbestände und Gemsheiden steil über den Rücken westlich des „Stiergschwetz" bis zum Fuß der Felsen und dort nach rechts über die Schrofen auf den Gipfel der Vorderen Sommerwand, dem nördlichen Eckpfeiler des langen Sommerwandgrates, der den Sommerwandferner vom Alpeiner Tal trennt. Sehr schöne Aussicht auf die Alpeiner Berge. Abstieg wie Anstieg.

Gehzeit ↑ 1¾ St., ↓ 1¼ St., zusammen 3 St.; Höhenunterschied ↑↓ je 530 Hm.

B ↑↓ Von der Franz-Senn-Hütte auf die Rinnenspitze, 3003 m

Nach Querung des Alpeiner Baches steigt man am Sonnenhang des Alpeiner Tales nach NW mäßig steil zu den Hängen am Ausgang des äußeren Rinnenkars. Der Steig fährt nun flacher in den „Rinnensumpf", einer Karmulde mit vielen kleinen Wassertümpeln. Ein kleines Wasserbecken überschreitet man auf Steinplatten und steigt dann zwischen mächtigen Steinblöcken hindurch zur höher gelegenen Karmulde, in welcher der Rinnensee liegt, 2645 m. Kurz vor Erreichen des Rinnensees zweigt der markierte Steig (Wegtafel) zur Rinnenspitze ab. Über Block- und Schutthalden, Schrofen und einzelne Grasbänder führt er ziemlich steil nach NW aufwärts zum NO-Grat und von da an gut versichert teils am Grat, teils in einer Verschneidung und in leichter Blockkletterei zum Gipfel der Rinnenspitze, 3003 m. Eine prachtvolle Aussicht belohnt den Ankommenden; besonders die Umrahmung des Lisenser, Berglas und Alpeiner Ferners locken dazu, Fotos zu machen. Abstieg wie Anstieg.

Gehzeit ↑ 3 St., ↓ 2 St., zusammen 5 St.; Höhenunterschied ↑↓ je 860 Hm.

Von der Franz-Senn-Hütte nach Lüsens im Sellraintal

Nach Querung des Alpeiner Baches steigt der Weg nach NO über die teilweise felsdurchsetzten Rasenhänge zu einem kleinen, grünen Felsvorsprung, wo sich die Wege gabeln. Wir folgen dem linken Weg nach N über den Maurnleger, an der Mündung der Schafgrübln vorbei und steil über die von Krummseggenrasen bewachsenen Felsköpfe zum Rand der Villergrube; von der Hütte 1½ St.

Hier ragt unvermittelt die von grünen Rasenbändern durchzogene Südwand der Hohen Villerspitze auf. Die dort auf brüchig-plattigem Fels wachsenden Edelweiß brachten schon vielen einen frühen Tod.

In Kehren geht es nun über eine Schuttreiße zum Großen Horntalerjoch hinauf, 2812 m.

Die Aussicht ist hier etwas enttäuschend, weshalb es sich empfiehlt, den westlich vom Joch aufragenden Schafgrübler, 2921 m, zu besteigen (30 Min., 110 Hm, leicht).

Der Abstieg vom Horntalerjoch nach Lüsens führt zunächst über steile Schutthänge, in denen lange der Schnee liegen bleibt, ins große Horntal hinab und quert flach hoch ober den Latschen- und Waldbeständen die mehrfach von Gräben und felsigen Rücken durchzogenen Westhänge der Lüsenser Villerspitze. Schließlich fällt der Steig steil über einen Alpenrosenhang zu einer Zirbengruppe hinab (Quelle), über die etwas versumpfte Wiese der Spielgruben hinweg und zuletzt über die Steilstufe hinunter nach Lüsens, 1636 m (Gh., ganzj. bew., 43 B, 25 M).

Gehzeit ↑ 2 St., ↓ 2½ St., zusammen 4½ St.; Höhenunterschied ↑ 660 Hm, ↓ 1180 Hm.

Der Übergang zur Lüsens führt durch eine großartige, gletschernahe Hochgebirgslandschaft und ist nur für geübte und trittsichere Bergwanderer bei schönem Wetter zu empfehlen.

Von der Franz-Senn-Hütte zur Potsdamer Hütte, Adolf-Pichler-Hütte und Starkenburger Hütte

Bei der Franz-Senn-Hütte über den Alpeiner Bach und zuerst auf dem Horntalerjochweg bis zur Abzweigung. Dort gehen wir rechts (Weg Nr. 117) weiter und steigen gleichmäßig über die steilen, felsdurchsetzten Rasenhänge quer durch die Villergrube und auf die „Schön" und dann über die ehemaligen Stöckler Mähder zur verfallenen Sedugg-Hochalm, 2249 m.

Zur *Potsdamer Hütte* müssen wir hier nach links abbiegen (auf Weg Nr. 118 nach N) und steil zur Wildkopfscharte, 2599 m hoch, aufsteigen. Jenseits führt der Weg zuerst steil durch Schrofen und Schotter, danach über Rasenhänge zum Fotscher Fernerboden hinunter, über den Fotscherbach und dann am linken Talhang eben hinaus zur Potsdamer Hütte, 2009 m (DAV-Sektion Potsdam, Berlin, 20. 12.–5. 5. und 15. 6.–30. 10. bew., 18 B, 29 M).

Gehzeit ↑ 3 St., ↓ 2½ St., zusammen 5½ St.; Höhenunterschied ↑ 450 Hm, ↓ 590 Hm.

Zur *Adolf-Pichler-Hütte* oder *Starkenburger Hütte* folgen wir von der Sedugg-Hochalm dem sanft ansteigenden Weg Nr. 117 weiter nach NO, hoch über dem Oberbergtal die Bergmähder und Gräben querend bis zum Sendesjöchl, 2477 m. Wer es eilig hat, zur *Adolf-Pichler-Hütte* zu kommen, verläßt hier den Steig und steigt nach N mäßig fallend (Nr. 117) am rechten Talhang hinab und über einen Rücken nach NO zur Adolf-Pichler-Hütte, 1977 m (Akad. Alpenklub Innsbruck, 15. 6.–1. 10. bew., 20 B, 42 M). Von der Franz-Senn-Hütte Gehzeit ↑ 4½ St., ↓ 1½ St., zusammen 6 St.; Höhenunterschied ↑ 330 Hm, ↓ 500 Hm.

Schöner ist aber der Weiterweg, der vom Sendesjöchl über den Grat zum Steinkogel, 2589 m, und dann flach fallend zum Seejöchl führt, 2518 m. Hier trennen sich nun die Wege. Nach N gelangt man über eine Schutthalde und grüne Böden zur Adolf-Pichler-Hütte (von der Franz-Senn-Hütte ↑ 5 St., ↓ 1½ St., zusammen 6½ St.; Höhenunterschied ↑ 440 Hm, ↓ 620 Hm).

Zur *Starkenburger Hütte* queren wir die Schotterreißen unter der Schlicker Seespitze leicht fallend zum Schlicker Schartl, 2456 m (Nr. 116), und steigen dann steil unter den Felshängen des Hohen Burgstalls nach S hinab zur Hütte, die – weithin sichtbar – auf einem Felssporn liegt, 2237 m (DAV-Sektion Darmstadt, Starkenburg, Pfingsten bis 1. 10. bew., 12 B, 22 M).

Gehzeit ↑ 5 St., ↓ 1 St., zusammen 6 St.; Höhenunterschied ↑ 440 Hm, ↓ 350 Hm. Alle Wege sind unschwierig, erfordern aber Ausdauer und Trittsicherheit. Sie sind nur bei trockenem Wetter und guter Sicht zu empfehlen.

Neustift im Stubaital: Franz-Senn-Hütte

B ↑↓ Von der Franz-Senn-Hütte zur Neuen Regensburger Hütte

Von der Hütte zuerst nach O talaus auf dem „Dr.-Franz-Hörtnagl-Weg" (der nach dem verdienten Innsbrucker Alpinisten benannt ist) mäßig ansteigend ins „Kuhgschwetz". Nach Querung des „Unnützen Grübls" steigt der Weg (Nr. 133) in einigen Serpentinen nach S durch die enge, schutterfüllte „Platzengrube" zur Schrimmennieder, 2714 m, hinauf; bis hieher von der Hütte 2½ St.

Die schöne Aussicht auf die vergletscherte Pfaffengruppe weitet sich zu einer umfassenderen Rundschau, wenn wir nach O das Baßlerjoch, 2830 m, besteigen (↑ 20 Min., ↓ 15 Min., ↑↓ je 115 Hm).

Der Weg bringt uns von der Schrimmennieder rasch nach S in Kehren durch das Schrimmenkar und quert nach SW leicht fallend den Schafleger der „Windtratten" zur Regensburger Hütte hin, die am Rande des Hochmoostales auf erhöhtem Platz steht, 2287 m (DAV-Sektion Regensburg, bew. um Ostern und 15. 6. bis 30. 9., 10 B, 65 M). Abstieg von der Hütte nach Falbeson in 1¾ St. (Autobushaltestelle).

Gehzeit ↑ 2½ St., ↓ 1 St., zusammen 3 ½ St.; Höhenunterschied ↑ 750 Hm, ↓ 430 Hm.

B ↑↓ Milderaunalm – Regensburger Hütte

Bei der Schallersäge innerhalb von Milders verlassen wir die Talstraße und steigen auf dem neuen Almweg stetig steigend am Unteregghof vorbei durch den Milderauner Wald zur Milderaunalm, 1671 m, hinauf; bis hieher ca. 2½ St. Ab der Milderaunalm steigt der Weg nach W bis an die Waldgrenze an und führt dann in etwa 2100 m Höhe durch die obersten Baumgruppen, Grünerlen-, Legföhren- und Alpenrosenbestände und steile Rasenhänge nach SW, unter dem Hühnerspiel und der Brennerspitze hin in die Kerrachgrube. Dort führt der Weg ziemlich steil zum „Ring" empor, einem vorspringenden, 2310 m hohen Rücken, und danach fast eben über die „Bassler Rinnen", das Schrimmenkar und die Schafleger Windtratten zur Neuen Regensburger Hütte, die in 2287 m Höhe auf einem erhöhten Platz am Anfang des Hohen Moostales liegt.

Gehzeit ↑ 5 St.; Höhenunterschied ↑ 1280 Hm.

B ↑↓ Von Krößbach auf die Mischbachalm

Vom Weiler Krößbach gehen wir zunächst talein bis vor den Weiler Gasteig. Dort biegen wir bei einer Tafel nach links (S) in den Wald. Der Weg führt nun im Wald sehr steil in den Mischbachgraben hinauf und nach dessen Querung zur Mischbachalm, 1848 m (nicht bewirtschaftet); bis hieher 2¼ St.

Von der Mischbachalm aus wird der Habicht über den Mischbachferner erstiegen, eine ziemlich oft begangene, aber schwierige Eistour (5 – 6 St.).

Abstieg von der Mischbachalm wie Anstieg.

Gehzeit ↑ 2¼ St., ↓ 1½ St., zusammen 3¾ St.; Höhenunterschied ↑↓ je 750 Hm.

W ↑↓ Waldweg von Krößbach über Oberegg nach Milders

In Krößbach überschreiten wir den Bach und wandern auf dem neuen Forstweg am linken Ufer in ¼ St. zum Hof Oberegg (Pension), 1203 m, und in einer weiteren ¼ St. nach Unteregg, 1125 m. Durch die Unteregger Wiesen und kurz durch den Wald gelangen wir sanft fallend hinab nach Milders und weiter nach Neustift.

Gehzeit 1 – 1½ St.; Höhenunterschied ↑ 100 Hm, ↓ 200 Hm.

B ↑↓ Von Falbeson auf die Neue Regensburger Hütte

Mit dem Autobus oder eigenem Pkw fahren wir bis Falbeson. Bei der Brücke zweigt von der Straße nach rechts (NW) neben einem einzelnen Haus der AV-Steig Nr. 133 ab. Er überwindet in vielen kurzen Serpentinen im Wald die Steilstufe bis zur Verebnung „auf der Forche", 1790 m; bis hieher 2 St. Schöner Rückblick auf den Habicht und die Feuersteingruppe. Nun biegt der Steig flach ins Falbesontal hinein, und in 10 Min. erreicht man die Falbesoner Ochsenalm, 1820 m. Mäßig steil steigen wir nun am sonnseitigen Talhang durch Legföhren und Zwergstrauchheiden zum Talgrund, der von einer felsigen Schwelle gebildet wird, über die der Hochmoosbach herabstürzt. Rechts steigen wir in Kehren über diese zweite Steilstufe zur Neuen Regensburger Hütte,

2287 m (DAV-Sektion Regensburg, bew. um Ostern und 15. 6. bis 30. 9., 10 B, 65 M). Die Felsschwelle, auf der die Hütte steht, trennt das untere (Falbesoner Tal) vom oberen, das als „Hohes Moos" bezeichnet wird und über dem die Ruderhofspitze mit dem Hochmoosferner aufragt.

Gehzeit ↑ 2½ St.; Höhenunterschied ↑ 1075 Hm.

Abstieg wie Anstieg ↓ 1½ St. oder über den „Ring" und die Milderaunalm nach Milders (4 St.; 30 Hm, ↓ 1290 Hm).

| B ↑↓ | **Von der Regensburger Hütte zur Franz-Senn-Hütte** |

Auf Weg Nr. 133 über Schrimmennieder, 3½ St.; ↑ 430 Hm, ↓ 560 Hm (siehe Seite 277).

Gipfeltouren von der Neuen Regensburger Hütte

Ruderhofspitze, Seespitze, Kreitspitze, Plattenspitze, Knotenspitze nur für geübte Bergsteiger oder mit Führer! Siehe Führer durch das Stubaital.

| B ↑↓ | **Von der Regensburger Hütte zur Dresdener Hütte** |

Von der Regensburger Hütte auf der Nordseite des versumpften Talbodens auf dem AV-Steig Nr. 135 nach W zu den mächtigen Moränen des Hochmoosferners und über diese hinauf zum Falbesoner See, 2577 m, 1¼ St. Auf der Südseite des Sees nach S über den Schutt zur Zunge des Hochmoosferners und diesen nach S – meist auf Schutt – querend zur tief eingeschnittenen Scharte der Grawagrubennieder, 2880 m, auf die man über einen sehr steilen Felshang (Randkluft) gelangt, 1¼ St. vom Falbesoner See.

Hier genießen wir einen prachtvollen Ausblick auf die zentralen Stubaier Gletscher.

Nun führt der Weg nach SW leicht fallend über schrofige Hänge und Krummseggenrasen zum Kamm nordwestlich der Schafspitze, 2760 m, und weiter nach W ins Ruderhofkar und in die „Grube", 2401 m (mit kleinem See), am Ausgang des Hölltales. Bald danach trifft man auf den von der Hölltalscharte herabführenden Weg, und unterhalb des Mutteberger Sees vorbei gelangen wir fast eben über den Zunterkopf, 2414 m, nach W, queren ober der Steil-

kante die Glamergrube und den Daunlehner in die Wilde Gruben hinein. In dieser steigen wir über Krummseggenrasen und Schneeböden auf einen kleinen Sattel, 2506 m, und jenseits hinab zur Dresdener Hütte, 2308 m (DAV-Sektion Dresden, ganzj. bew., 100 B, 170 M).
Gehzeit 5 – 6 St.; Höhenunterschied ↑ 710 Hm, ↓ 680 Hm.

RANALT 1260 m

18 Ew.; 1219 schenkte Herzog Otto von Andechs dem Stift Benediktbeuren den Zehent von 2 Schwaigen im „Ronalt". Dies ist die erste urkundliche Nennung Ranalts. Trotz der großen Lawinengefahr war Ranalt bis zum Ende des 19. Jahrhunderts ganzjährig bewohnt. Danach wurden drei der Bauernhöfe zu Almen. Die Kapelle stammt aus dem Zweiten Weltkrieg. Sie wurde von einem französischen Offizier der damaligen Besatzungsmacht finanziert, ein deutscher Kriegsgefangener entwarf den Plan, andere erstellten Bau und Inneneinrichtung. 1948 wurde die Kapelle geweiht.

B ↑↓ Von Ranalt auf die Nürnberger Hütte

Etwa 20 Min. nach Ranalt zweigt links der Weg ab (Parkplatz, Wegtafeln). Er führt zunächst durch Wald in das Langental und dann flach ansteigend zur Bsuechalm, 1572 m (im Sommer bew.); bis hieher 1 St. Hinter der Bsuechalm überwindet der Steig (Nr. 134) die Steilstufe am orographisch linken Talhang in vielen, sehr gut angelegten Kehren, zieht dann flach steigend auf eine Verebnung ober dem „Blaser" talein und leitet schließlich wieder in mehreren Serpentinen hinauf zur Nürnberger Hütte, 2280 m (DAV-Sektion Nürnberg, 15. 6. – 20. 9. bew., 62 B, 96 M). Das Gepäck kann bis zur Bsuechalm mit Jeep und von dort mit der Materialseilbahn zur Hütte transportiert werden.
Gehzeit 3 St.; Höhenunterschied ↑ 980 Hm.

B ↑↓ Von der Nürnberger Hütte zur Bremer Hütte

Von der Nürnberger Hütte auf dem Weg zum Wilden Freiger

ca. 10 Min. taleinwärts, dann nach links hinab ins Tal (Wegtafel). Nach Überschreiten des Langenbaches steigen wir über Grasböden steil nach O hinauf ins „Grübl" und zum Schluß über Schrofen auf das Simminger Jöchl, 2764 m, 2 St. Schöner Ausblick auf den Wilden Freiger. Auf der Ostseite des Simminger Jöchls führt der Weg zuerst steil, dann immer flacher werdend neben dem Simmingferner hinaus zu der auf einem gletschergeschliffenen Felsrücken hoch über dem Gschnitztal liegenden Bremer Hütte, 2413 m (DAV-Sektion Bremen, 1. 7. – 15. 9. bew., 13 B, 40 M).

Gehzeit 3 St.; Höhenunterschied ↑ 540 Hm, ↓ 400 Hm; unschwieriger, nicht vergletscherter Übergang; der mit Nr. 102 bez. AV-Steig ist stellenweise versichert und ein Teilstück des Südlichen Weitwanderweges.

**B ↑↓   Von der Nürnberger Hütte
zur Sulzenauhütte**

Von der Nürnberger Hütte auf dem AV-Steig Nr. 102 steil nach W zum „Niederl", 2680 m. Auf der Westseite durch eine mit Drahtseilen versicherte felsige Rinne ins „Schafgrübls" hinab und an einem kleinen See vorüber auf Schneeböden gegen den Grünausee hin. Knapp davor biegt der Weg talauswärts auf die rechte Seitenmoräne des Grünauferners und westwärts auf den nördlichsten Ausläufer des vom Aperen Freiger herabziehenden Grates und zum „Übergschritt", einem kleinen Felsbuckel am nördlichen Fuß des Sulzenaukogels. Nach Querung des Baches gelangen wir zur Sulzenauhütte, 2191 m (DAV-Sektion Leipzig, bew. um Ostern und Pfingsten und vom 15. 6. – 30. 9., 30 B, 87 M; die Hütte wurde im Winter 1974/75 von einer Lawine schwer beschädigt, ist aber provisorisch wieder instandgesetzt).

Gehzeit 2½ St.; Höhenunterschied ↑ 400 Hm, ↓ 490 Hm; unschwieriger, nicht vergletscherter Übergang im Silikat-Hochgebirge mit schönen Ausblicken auf die Stubaier Gletscher.

**B ↑   Von der Nürnberger Hütte
auf den Wilden Freiger, 3418 m**

Von der Hütte auf gut angelegtem AV-Steig nach S über Gletscherschliffe gegen den Grüblferner hinauf. Nach ca. 20 Min. wendet sich unser Steig nach rechts (SW) und leitet in vielen

Serpentinen zum Felsgrat empor, der vom Signalgipfel des Wilden Freigers nach N zieht. Unter der Seescharte, 2762 m, treffen wir auf den von der Sulzenauhütte heraufziehenden Steig. Weiter nach SW, bis man unterhalb der Gamsspitze den Grat erreicht, von dem man einen überraschenden Tiefblick auf den zerklüfteten Freigerferner hat. Der Steig folgt nun dem felsblockbedeckten Grat zu einem breiten Firnfeld. Einige Spalten erfordern das Anseilen (!) und dann gelangt man an einem Zollhaus vorbei zum Signalgipfel des Wilden Freiger, 3391 m. Auf den Hauptgipfel steigt man ohne Schwierigkeit in ¼ St. über ein breites Firnfeld empor. Rückweg wie Anstieg (alle anderen Abstiege nur mit Führer).

Gehzeit ↑ 3½ – 4 St., ↓ 3 St., zusammen 6½ – 7 St.; Höhenunterschied ↑↓ je 1140 Hm. Der Wilde Freiger ist einer der meistbesuchten Gipfel im Stubaital, genießt er doch den Ruf, der schönste Aussichtsberg des ganzen Tales zu sein. Die Besteigung ist eine leichte, schöne Gletschertour auf gut markierten AV-Steigen. Bergerfahrung, Ausdauer und Trittsicherheit sind jedoch erforderlich.

Von *Ranalt* führt heute eine gut angelegte, asphaltierte Fahrstraße über die Tschangalairalm und Grawaalm ins *Mutterbergtal*.

Das Mutterbergtal scheint 1699 erstmals urkundlich auf, als nach einem Bericht des Richters vom Stubai die „Wild- und Pergseen alle in Mutterperg, Gröbna und auf Rafatschgriebl" besetzt wurden. Der 3 ha große, 2480 m hoch gelegene Mutterbergsee war um 1869 laut *Heller* der höchste See Tirols, in dem noch Fische lebten.

B ↑↓ Von der Grawaalm auf die Sulzenauhütte

Etwa 200 m taleinwärts der Grawaalm zweigt von der Fahrstraße der Fußweg nach links (S) ab. Autobushaltestelle und Parkplatz. Man überschreitet die Ruetz und steigt mäßig steil zuerst durch Fichtenwald und dann durch Grünerlenbestände und Zirbengruppen über die Steilstufe des Sulzeggs in den flachen, von 200 m hohen Steilwänden umrahmten, ebenen Talboden der Sulzenaualm hinauf, 1847 m, 1 St. Dabei hat man immer den mächtigen Wasserfall des Sulzenaubaches vor sich, der schon von der Grawaalm an ein prächtiges Schauspiel bietet. Wir durchschreiten den Talboden der Sulzenau gegen seine südwestliche Ecke hin und steigen dort über die zweite Steilstufe in 1 St. zur Sulzenauhütte empor, die unweit der Zunge des Sulzenauferners liegt (DAV-Sektion Leipzig, 2191 m, bew. um Ostern und Pfingsten und 15. 6. bis 30. 9., 35 B, 64 M; die Hütte wurde im Winter 1974/75 von einer Lawine schwer beschädigt und ist inzwischen provisorisch wieder aufgebaut).

Gehzeit 2 St.; Höhenunterschied ↑ 660 Hm. Der Aufstieg zur Sulzenauhütte ist besonders abwechslungsreich und breitet immer wieder überraschende Landschaftsbilder vor uns aus. Der unschwierige Weg ist mit Nr. 136 bezeichnet.

B↑↓ Von der Sulzenauhütte zur Dresdener Hütte

Von der Hütte über Moränenschutt auf dem AV-Steig 102 nach W taleinwärts – die Zunge des Sulzenauferners stets zur Linken –, dann auf der Moräne und zuletzt steil hinauf auf das Peiljoch, 2676 m, 1½ St. Der Steig führt nun auf der Westseite des Peiljoches durch ein enges Schuttkar auf den Oberen Fernauboden hinab und über den Bach zur Dresdener Hütte, 2308 m (DAV-Sektion Dresden, Mitte Februar bis Mitte November bew., 100 B, 170 M).

Gehzeit ↑ 1½ St., ↓ 1 St., zusammen 2½ St.; Höhenunterschied ↑ 490 Hm, ↓370 Hm.

B↑↓ Von der Dresdener Hütte auf den Egesengrat, 2635 m

Von der Hütte nach W aufwärts dem Weg Nr. 135 folgend und nach ca. 100 m rechts abzweigen (rot markiert). Von der Abzweigung steigen wir über den mit Alpenrosen bewachsenen, felsigen Hang, der ab 2400 m Höhe nur mehr Krummseggenrasen und Polsterpflanzen trägt, in 1 St. auf den Kamm.

Der Egesengrat ist quasi der Aussichtsberg der Dresdener Hütte. Man überblickt von ihm aus im S Fernau-, Schaufel- und Daunkogelferner, im N die Ruderhofspitze, im NO den Habicht und davor das Unterbergtal.

Gehzeit ↑ 1 St., ↓ ½ St.; Höhenunterschied ↑↓ je 330 Hm.

B ↑↓ Von der Dresdener Hütte über die Wilde Gruben zur Mutterbergalm

Von der Hütte zuerst auf dem Weg Nr. 135 in ½ St. nach W zu einem kleinen Sattel hinauf, 2506 m. Jenseits geht es in steilen Kehren in die Wilde Gruben hinab bis ca. 2250 m, wo am unteren Ende des Kares der Weg Nr. 135 nach links über den Bach weiter zur Hölltalscharte führt. Wir bleiben am orographisch rechten Talhang und steigen zunächst weglos bei einem Lawinenwarnschild vorüber durch Alpenrosen und Almmatten über zwei Steilstufen mit dazwischenliegenden Flachstellen ab. Ab dem zweiten Boden wird stellenweise ein Steiglein erkennbar, doch ist die Orientierung nirgends schwierig, wenn man immer auf der rechten Talseite bleibt (linksufrig muß man einige dichte Legföhrenbestände queren, weshalb der Abstieg dort beschwerlicher ist). Eine dritte Steilstufe führt zuletzt hinunter zu Seilbahnstation und zur Mutterbergalm, 1720 m (Gh.).

Gehzeit ↑ ½ St., ↓ 2 St.; Höhenunterschied ↑ 200 Hm, ↓ 800 Hm. Der Weg ist zur Gänze sonnig, nur im ersten Drittel markiert und gepflegt.

B ↑↓ Von der Dresdener Hütte zur Regensburger Hütte

Von der Hütte dem Weg Nr. 135 folgend in ½ St. zu einem Sattel, 2506 m. Weiter nach NW steil abwärts in die Wilde Gruben bis ca. 2250 m, wo an einer Verflachung die Brücke nach links über den Bach führt. Nach leichtem, kurzem Anstieg durch Alpenrosen und Almmatten leitet der Weg unterhalb des Mutterberger Sees vorüber in die „Hohe Grube" am Ausgang des Hölltales. Nun folgen wir dem Steig ober der alten Karmulde durch Grasböden und Schutt steil nach N aufwärts ins Ruderhofkar. Der Felssteig quert dann die Süd- und Ostflanke der Gamsspitze und steigt schließlich zur Grawagrubennieder an, 2880 m.

Hier schöner Blick auf die markantesten Gipfel des Falbesoner Kammes.

Auf der Nordseite steigen wir steil zum Hochmoosferner hinab, wobei man auf die Randspalte achten muß. Der Ferner wird mäßig fallend nach N gequert. Am Falbesoner See vorbei bleiben wir immer am linken Hangfuß und wandern am Rand des versumpften Hochmooses zur Neuen Regensburger Hütte hinaus, die 2272 m hoch auf einer felsigen Talschwelle liegt.

Gehzeit 5 St.; Höhenunterschied ↑ 1100 Hm, ↓ 800 Hm. Der Übergang kann nur gletschererfahrenen Bergsteigern empfohlen werden, sonst mit Führer.

G ↑↓ Von der Dresdener Hütte über den Alpeiner Ferner zur Franz-Senn-Hütte

Von der Hütte dem Weg Nr. 135 folgend in ½ St. zu einem Sattel hinauf, 2506 m. In Kehren nach NW steil hinab in die Wilde Gruben bis ca. 2250 m, wo am unteren Ende des Kares eine Brücke über den Bach führt. Nach leichtem Anstieg durch Alpenrosen und Almmatten führt der Weg unterhalb des vom Weg aus nicht sichtbaren Mutterberger Sees vorbei und schließlich steil aufwärts durch das Hölltal zum Hölltalferner. Rechts (östlich) des Ferners folgen wir dem seilversicherten Steig über die Felsen zur Hölltalscharte, 3173 m. Jenseits überschreiten wir in weitem Bogen nach NW den Alpeiner Ferner gegen den Fuß der Wildgratspitze hin und dann auf der linken Seite des Ferners bleibend zur Seitenmoräne, über die der Steig im Alpeiner Tal zur Franz-Senn-Hütte, 2147 m, hinführt.

Gehzeit 6½ – 7 St.; Höhenunterschied ↑ 870 Hm, ↓ 1030 Hm. Dieser Weg ist gletschererfahrenen Bergsteigern vorbehalten, sonst nur mit Führer.

G ↑↓ Von der Dresdener Hütte über die Schaufelnieder zur Hildesheimer Hütte

Dieser kürzeste Weg vom Stubai- ins Ötztal führt von der Dresdener Hütte zuerst nach S über den Bach und auf Moränenschutt hinauf zum westlichen Ast des Fernauferners. Über den sanft ansteigenden Ferner führt nun der Weg nach S zur Schaufelnieder, 3050 m (Fernaujoch). Der Übergang liegt etwas westlich des tiefsten Einschnittes. Jenseits geht es durch felsiges Gelände zum Gaiskarferner und über diesen hinweg zu einem Felsrücken, auf dem der AV-Steig Nr. 102 nach links (SO) zur Hildesheimer Hütte führt, 2899 m, die in prachtvoller Aussichtslage neben einem kleinen See hoch ober dem Windachtal liegt (DAV-Sektion Hildesheim, 30. 6. – 20. 9. und um Ostern und Pfingsten bew., 23 B, 87 M).

Gehzeit 3 St.; Höhenunterschied ↑ 750 Hm, ↓ 150 Hm. Dieser Weg ist ein Teilstück des südlichen Weitwanderweges und erfordert Gletschererfahrung oder Führer.

G↑↓ **Von der Dresdener Hütte über das Bildstöckljoch zur Hildesheimer Hütte**

Von der Dresdener Hütte zuerst nach W aufwärts über felsiges Gelände, bis man nach ca. 1 Wegstunde über mächtige Moränen auf den Schaufelferner gelangt (Anseilen!). Auf dem Schaufelferner sanft ansteigend zu einem langen, flachen Sattel zwischen Schaufelspitze und Stubaier Wildspitze. Dieser Sattel ist durch mehrere Felszacken in einige Scharten unterteilt. Das eigentliche Bildstöckljoch, 3144 m, mit dem alten hölzernen Bildstöckl ist die westlichste davon. Seit einigen Jahren wird aber wegen der inzwischen eingetretenen Ausaperung die niederste Senke, 3133, für den Übergang benützt. Wir halten uns nun nach links (S) und wandern über die Gaiskarnieder auf den sanft abfallenden Gaiskarferner. Nach Überschreiten des Ferners gelangt man auf einen Felsrücken, und von da führt der AV-Steig Nr. 102 weiter zur Hildesheimer Hütte, 2899 m.

Gehzeit 4 St.; Höhenunterschied ↑ 830 Hm, ↓ 240 Hm. Für geübte Bergsteiger leichte Gletscherwanderung, für gletscherunerfahrene Bergsteiger ist ein Führer ratsam!

OBERHOFEN, siehe unter PFAFFENHOFEN
(siehe Seite 305)

OBERNBERG AM BRENNER 1393 m

Haltestelle der ÖBB-Autobuslinie Innsbruck – Brenner – Obernberg. 337 Ew.; 3866 ha, davon 404 ha landw., 616 forstw. genutzt. FVV, 4 Gastbetriebe, 32 Privatvermieter, 372 Betten, AV-Jugendheim, Skischule, Erholungsdorf.

Geschichte:
1253 erstmals urkundlich genannt. Laut dem Urbar von 1320 waren schon 13 Höfe „zu Oberberg Vinaders bei Matrey"; 1575 bereits 42 Höfe. Seit 1810 selbständige Gemeinde. Seit 1891 eigene Pfarre.

Obernberg am Brenner 287

Kunstdenkmäler:
Pfarrkirche St. Nikolaus, urkundlich 1339, jetzige Kirche 1760 neu erbaut. Gemalte Rokoko-Dekoration mit Deckenbildern 1760, drei Rokoko-Altäre und Rokoko-Kanzel. An der Außenseite keltische Schalensteine als Weihwasserbecken, die auf der „Froade" gefunden worden waren.

Naturdenkmäler:
Naturschutzgebiet „*Obernberger See*" (1935).

Karten:
AV-Karte 1:25.000, Blatt Hochstubai; Österreichische Karte 1:25.000, Blätter 148/3, Trins, und 175/1, Pflerscher Tribulaun; Österreichische Karte 1:50.000, Blätter 148 und 175; Kompaß-Wanderkarte 1:50.000, Blatt 83; Freytag-Berndt-Touristenwanderkarte 1:100.000, Blatt, 33, Innsbruck-Umgebung.

W↑↓	**Leitenweg**

Etwa 100 m östlich der Autobushaltestelle (zwischen Gh. Tribulaunblick und Spörr) auf dem neuen Güterfahrweg in mehreren Kehren von Hof zu Hof empor bis zum Ende des Fahrweges beim Schmiedhof, 1534 m. Von dort auf steilem Fußweg zwischen zwei Zäunen abwärts zum nächsten talaus liegenden Gehöft, wo ein zweiter Fahrweg endet. Auf diesem Fahrweg wiederum in mehreren Kehren von Hof zu Hof abwärts bis zur Einmündung in die Landesstraße zwischen Vinaders und Gh. Tribulaunblick. Auf der Landesstraße zurück zum Ausgangspunkt.

Gesamtgehzeit 2 St.; Höhenunterschied ↑ 220 Hm, ↓ 220 Hm; bequemer, gut markierter Weg, sonnig, am schönsten im Frühsommer und im Herbst.

B↑↓	**Über die Leiten und Egg nach Gries am Brenner**

Etwa 100 m östlich der Autobushaltestelle (zwischen dem Gh. Tribulaunblick und Spörr) auf dem neuen Fahrweg über die Sonnleiten in mehreren Kehren empor bis zum Ende des Fahrweges beim Schmiedhof, ½ St. Von dort zuerst fast eben nach Osten durch die Wiesen. Der Weg verliert sich hier stellenweise und ist nicht markiert. Man halte sich daher an das untere Ende der Mähwiesen, wo der Weg an der Oberkante der darunter liegenden, steilen Lärchenwiesen entlangführt. Nach ¼ St. steigt der Weg zu einem einzelnen, mitten in der Wiese stehenden Heustadel an. Von hier aus wendet man sich am besten 50 m steil aufwärts zum oberen Wiesenrand, quert die nächste Wiese in der Fallinie und erreicht einen weithin sichtbaren Zaunüberstieg, nach dem der Weg steil etwa 200 m durch einen lichten Fichtenwald zu den Wiesen der höchsten Höfe von Egg führt. Die Wiesen umgeht man am besten dem Zaun entlang und kommt schließlich zum Saxerhof, 1549 m. Auf dem neuangelegten Fahrweg gelangt man über den Baierler- zum Kracherhof, wo man eine herrliche Aussicht auf die Brennerberge, die Olperergruppe und das Wipptal genießt; bis hieher 1 St. Nun in mehreren Kehren auf dem Fahrweg oder dem steileren Fußweg folgend durch Lärchen- und Mähwiesen hinab zum St.-Jakob-Kirchlein, 1304 m, ½ St., und über die Steilhänge hinab nach Gries, 1163 m.

Gesamtgehzeit 2½ St.; Höhenunterschied ↑ 250 Hm, ↓ 380 Hm; Weg bequem, aber nicht immer leicht zu finden, meist sonnig.

B ↑↓ Über die Fraderalm auf den Lorenzberg

Etwas östlich des Gh. Spörr über den Obernbergbach und an den Fraderhöfen vorüber zum Waldrand. Dort entweder steil links den Fußsteig aufwärts oder flacher ansteigend nach rechts auf dem neuen Forstweg aufwärts. Bei der vierten Kehre dem linken Weg folgen. In ca. 1 St. erreicht man die Fraderalm, deren Mähwiesen sich am flachen Talboden mehr als einen Kilometer lang hinziehen. Von der Fraderalm kann man entweder auf die orographisch rechte Talseite hinüberwechseln und dort auf dem alten Fußweg oder auf dem neuen Fahrweg am orographisch linken Ufer bleibend zum Hochleger emporsteigen und von dort auf das Flachjoch, 2114 m. Vom Flachjoch führt der Weg nach Westen, dem österreichisch-italienischen Grenzkamm folgend zum 2314 m hohen Lorenzberg; bis hieher 3 St.

Von hier herrliche Aussicht auf das Pflerschtal, die Tribulaune, den Serleskamm und auf die Olperergruppe.

Rückweg nach Westen zum Sandjöchl, 2168 m, und den Obernberger See, 1594 m, nach Obernberg. Beim Parkplatz am Talgrund des Obernberger Tales Autobushaltestelle, 1440 m.

Gesamtgehzeit 5 – 6 St.; Höhenunterschied ↑ 920 Hm, ↓ 900 Hm; meist sonnig, nur ein Viertel halb schattig.

 Zum Obernberger See

Mit dem eigenen Pkw oder Autobus bis zum Parkplatz am Talende beim Gh. Waldesruh, 1445 m. Zunächst folgen wir dem Fahrweg, biegen aber nach der Durchquerung des Waldes nach links auf die Wiesen ab. Der Weg führt nun über die blumenreichen Matten direkt an den romantischen Hütten der Unter- und Oberreinsalm vorbei.

Beide Almen waren einst stattliche Bauernhöfe. Schon 1238 waren sie als die „drey Höfe von Padreins" erwähnt, 1315 als Schwaighöfe bezeichnet. Erst vor einigen Jahrzehnten wurden sie zu Almen.

Nach ½ St. gelangen wir ans obere Ende der Steilstufe, wo am Ausfluß des Obernberger Sees das Gh. Obernberger See liegt, 1593 m (Mai bis Oktober bew., 50 B, 15 M).

Der Obernberger See wird bereits im Fischereibuch Kaiser Maximilians I. 1500 erwähnt als „die zwei Wildseelein am Oberperg". Der See war stets dem landesfürstlichen Oberfischereiamt zugewiesen. Laut einer Beschreibung vom Jahre 1768 wurde damals der See jedes dritte oder vierte Jahr abgefischt, wobei man 3 Zentner Fische erhielt. Der Wasserspiegel des Sees ist Schwankungen je nach Schneelage unterworfen. Der See hat unterirdische Abflüsse. Oberhalb des Obernberger Sees entdeckte der Bildhauer Alexander Colin in der „Kachelstube" 1569 das Vorkommen eines weißen Marmors mit grünen Streifen. Dieser schöne Stein wurde dann in der Hofkirche zu Innsbruck verwendet. Südlich der Kachelstube sind noch fünf Knappenlöcher zu erkennen. Man vermutet in diesem Gebiet bereits in der vorrömischen Zeit einen Bergbau.

Da das Wasser zum Baden meist zu kalt ist, sei die landschaftlich sehr reizvolle, abwechslungsreiche Umwanderung des Sees empfohlen. Sie nimmt etwa eine Stunde in Anspruch. Besonders am Westufer wandern wir an zahlreichen romantischen Buchten mit bizarren Felsbrocken und tiefem blaugrünem Wasser vorüber, in dem sich die Fische tummeln. Rückweg wie Hinweg.

Gehzeit 2 – 2½ St.; Höhenunterschied ↑↓ je 150 Hm.

B ↑↓ Von Obernberg über das Muttenjoch nach Gschnitz

Zwischen Gh. Spörr und AV-Jugendheim biegt der Weg (mit Nr. 126 bez.) von der Fahrstraße nach rechts (NW) ab und führt zuerst ziemlich steil durch den Wald hinauf zur Kastenalm, 1743 m. Über freie Almmatten wandern wir nun nach W mäßig steigend zum Muttenjoch, 2400 m; bis hieher 2½ – 3 St. Vom Joch in ca. 1 St. nach W über den Grat zum Gipfel des Muttenkopfes, 2637 m (leicht, ↑↓ je 140 Hm).

Abstieg vom Muttenjoch nach Gschnitz: zuerst in Serpentinen steil nach N hinunter in die Wildgrube. In ca. 2100 m Höhe biegt der Weg nach W um einen Felsabsturz herum in den Almboden der Roßgrube, von wo man durch das Marthelertal hinauswandert. Bei einer Weggabelung vor der St.-Magdalena-Kapelle kann man links nach Gschnitz oder rechts nach Trins weitergehen.

Gehzeit ↑ 2½ – 3 St., ↓ 3 St., zusammen 5½ – 6 St.; Höhenunterschied ↑ 1000 Hm, ↓ 1160 Hm. Der Weg ist in dieser Richtung bequemer als umgekehrt (siehe Seite 117). Er ist zwar steil, bietet aber herrliche Ausblicke in die nahe Tribulaungruppe und auf den Habicht und Serleskamm sowie auf die beiden Täler.

B ↑↓ Von Obernberg über das Trunnajoch ins Gschnitztal

Nahe der Kirche von Obernberg zweigt der Weg (Nr. 125) von der Fahrstraße nach N ab und führt durch die Wiesen hinauf in den Wald. Über die blumenreichen „Taler Bergmähder" steigen wir mäßig steil an mehreren Heustadeln und Lärchengruppen vorüber zum Lichtsee hinauf, der 2164 m hoch in einer Verflachung unter dem Kammrücken liegt.

Der See war schon im Jagdbuch Kaiser Maximilians I. genannt, denn er hatte „sonder guet wohlgesmach vorhen (Forellen) innen". Zum Baden ist er allerdings meist zu kalt.

Vom See führt der Weg eben nach W zum Trunnajoch, 2153 m. Auf der Nordseite gelangt man in ¼ St. in die „schöne Grube" hinab und über die Böden der Trunnaalm zu der im Sommer bewirtschafteten Trunnahütte, die an der aus Lärchen gebildeten Waldgrenze liegt. Immer östlich des Grabens führt nun der Weg ziemlich steil durch die Trunnamähder und den Trunnawald nach Trins hinab, 1233 m. Ab der Trunnahütte kann man auch auf dem Forstweg erheblich flacher, dafür aber länger absteigen.

Gehzeit ↑ 2½ St., ↓ 2 St., zusammen 4½ St.; Höhenunterschied ↑ 780 Hm, ↓ 930 Hm; lohnender Übergang mit schönen Ausblicken in die Tribulaungruppe, auf Habicht und Serleskamm sowie die beiden Täler, ein Drittel schattig, zwei Drittel sonnig, leicht.

B ↑↓ Gratwanderung zum Nößlachjoch

Nahe der Obernberger Kirche zweigen wir von der Fahrstraße ab und steigen auf dem AV-Steig Nr. 125 nach N über die Wiesen und durch den schmalen Waldgürtel zu den „Taler Bergmähdern" empor. Über sie gelangen wir an zahlreichen Heustadeln und Lärchengruppen vorbei zum Lichtsee, der 2164 m hoch in einer Verflachung unter dem Kamm liegt. Von der Ostseite des Lichtsees führt ein undeutlich erkennbarer Steig nach N in ¼ St. hinauf zum Kastner Berg, 2209 m. Hier biegen wir nach Osten um und wandern etwas nördlich der Kammhöhe zum Leitnerberg, 2309 m, und dann am Grat etwas abwärts zu einem Sattel und jenseits wieder hinauf zum Eggerjoch, 2282 m, und weiter zum Nößlachjoch (Steinacher Jöchl), 2231 m. Vom Nößlachjoch steigen wir nach N durch Zwergstrauchheiden und an bizarren Felsbildungen sowie malerischen einzelnen Baumgruppen zur Hütte bei der Lift-Bergstation hinab, 2000 m (ganzj. bew. Gh.). Abstieg über die Bergeralm nach Steinach oder Abfahrt mit dem Sessellift.

Gehzeit ↑ 2½ St., → 2½ St., ↓ ¾ St. bis Lift-Bergstation, ↓ 1½ St. bis Bergeralm, ↓ 2½ St. bis Steinach; Höhenunterschied ↑ 1000 Hm, ↓ 1260 Hm (bis Steinach), ↓ 300 Hm (bis Lift-Bergstation), ↓ 760 Hm (bis Bergeralm). Die Kammwanderung ist bei schönem Wetter sehr aussichtsreich. In umgekehrter Richtung (Auffahrt mit dem Sessellift) ist sie weniger mühsam.

B ↑↓ Von Obernberg über die Tribulaunhütte ins Gschnitztal

Von der Endstation des Autobusses in Obernberg wandern wir nach W am „Waldbauer" vorbei über Weideflächen neben dem Schuttstrom des Hinterennsbaches bis zum Talschluß. Der mit

Nr. 127 bez. AV-Steig überwindet nun in Kehren steil die von Legföhren bestandene Steilstufe der Inneren Wildgrube und führt dann etwas flacher über Grasheiden und Schutt und biegt schließlich nach S unter dem Felsgrat zum Gstreinjöchl hin, 2550 m. Auf der Westseite des Gstreinjöchls steigen wir in Serpentinen durch Horstseggenrasen und Schutt hinab zur Tribulaunhütte, die am Nordfuß des Gschnitzer Tribulaun 2064 m hoch auf einer Verebnung liegt (Naturfreunde, 1. 6. – 15. 9. bew., 24 B, 60 M; im Winter 1974/75 durch eine Lawine zerstört und provisorisch wieder instandgesetzt).

Abstieg von der Hütte über die Vallißalm nach N durch das Sandestal nach Gschnitz, 1242 m. Autobushaltestelle.

Gehzeit ↑ 3½ St., ↓ 2½ St., zusammen 6 St.; Höhenunterschied ↑ 1150 Hm, ↓ 1210 Hm. Der Übergang ist in dieser Richtung etwas weniger beschwerlich als umgekehrt (siehe Seite 116); unschwieriger, sehr schöner Übergang, großteils im formenreichen Kalkhochgebirge.

B ↑↓ Von Obernberg auf den Obernberger Tribulaun, 2780 m

Mit dem Bus oder eigenem Pkw bis zum Parkplatz beim Gh. Waldesruh am Talende. Auf dem Fahrweg oder über die Wiesen der Unter- und Oberreinsalm zum Obernberger See, 1600 m. Nun westlich des Sees auf bez. Steig ziemlich steil durch den Bergwald nach SW bis zur Waldgrenze, dann über Bergrasen und felsiges Gelände in zahlreichen Serpentinen nach NW auf den plattigen Rücken des kleinen Tribulaun, 2490 m. Über teils von Horstseggenrasen bewachsene Felsstufen führt nun der Steig nach SW auf den Gipfel des Obernberger Tribulaun, 2780 m; bis hieher ca. 3½ St.

Abstieg wie Anstieg oder schönere Variante: vom Gipfel bis zu einem Wegweiser an der österreichisch-italienischen Staatsgrenze am Kamm und dann nach SO auf die nördliche Roßlaufspitze, 2878 m (1 St. ab Obernberger Tribulaun). Weiter auf dem felsigen Grenzkamm nach SO über die Pfeiferspitzen und südliche Roßlaufspitze – meist absteigend – und auf Rasen und Zwergstrauchheiden zum Portjoch hinab, 2110 m. Vom Portjoch führt der Weg nach N über Almböden und durch Legföhrenbestände zurück zum Obernberger See und nach Obernberg.

Gehzeit ↑ 3½ St., ↓ 2½ St., zusammen 6 St., Variante ↑ 4½ St.,

↓ 3 St., zusammen 7 St.; Höhenunterschied ↑↓ je 1340 Hm, Variante ↑↓ 1440 Hm. Der mit Nr. 129 bez. AV-Steig führt durch eine formenreiche Kalkhochgebirgslandschaft und ist wohl die schönste Gipfelbesteigung im Obernberger Tal. Die Rundsicht in die Zillertaler und Stubaier Gletscherwelt wird noch übertroffen von den bizarren Felsbildungen der nächsten Umgebung.

Vom Obernberger Tribulaun ist der Übergang über die Schwarzwandspitze zur Schneetalscharte und ab da auf AV-Steig Nr. 128 zur Tribulaunhütte und das Sandestal nach Gschnitz möglich (4 – 5 St. ab Tribulaun; ↑ 200 Hm, ↓ 1680 Hm).

OBERPERFUSS 814 m

Haltestelle der ÖBB-Autobuslinie Innsbruck – Oberperfuss. 1499 Ew.; 1527 ha, davon 526 ha landw., 591 ha forstw. genutzt. FVV, 6 Gastbetriebe, 65 Privatvermieter, 615 Betten, Erholungsdorf. Roßkogelhütte, 1778 m, am Osthang des Rangger Köpfls (Akad. Sektion Innsbruck), Waldschwimmbad, Skischule, Sessellift Oberperfuss – Stieglreith, Schlepplift Stieglreith – Mittelstation, 2 Schlepplifte Mittelstation – Rangger Köpfl, Schlepplifte Egghofwiese und Oberperfuss Übungshang.

Geschichte:
Südöstlich Oberperfuss' wurden auf der „Birgl" Reste einer urzeitlichen Siedlung gefunden. 1086 als „Oberpervers" erstmals urkundlich erwähnt, seit 1315 eigene Gemeinde des Gerichtes Hörtenberg, seit 1816 selbständige politische Gemeinde.

Kunstdenkmäler:
Reihendorf mit Mittertennhäusern. *Pfarrkirche* zur hl. Margaret, heutige Kirche 1729, in der Kirche *Grabstein* von Peter Anich, gest. 1766. Innen Stukkaturen, um 1733, Altäre, 1734. *Totenkapelle* mit Rokoko-Altar. *Katharinenkapelle*, 1761. *Pestkapelle* beim Albishof und Pestkreuz auf dem Pestfriedhof, 1767.

Naturdenkmäler:
Mächtige *Eschen* beim Egghof. 3 *Eiben* (Taxus baccata) gegenüber von Haus Völsesgasse Nr. 4.

Bedeutende Persönlichkeiten:
Peter Anich, Kartograph, 1723–1766, Blasius Hueber, Kartograph, 1735–1814, Anton Kirchebner, Kartograph, gest. 1831.

Karten:
AV-Karte Stubaier Alpen 1:25.000, Nordblatt; Österreichische Karte 1:50.000, Blätter 117, 147; Kompaß-Wanderkarte 1:50.000, Blatt 36; Freytag-Berndt-Touristenwanderkarte 1:100.000, Blatt Nr. 33, Innsbruck-Umgebung.

 Über Au nach Sellrain

Vom Postamt in Oberperfuss auf dem Fahrweg an der Kante zur Melachschlucht nach S zum Weiler Kammerland (schöner Aussichtspunkt!). Von hier auf fahrbarem Weg (mit Nr. 5 bez.) hinab zum Weiler Au im Sellraintal und weiter auf der Landesstraße zum Dorf Sellrain, 909 m, 1 St.

Rückweg: über den Fahrweg am Osthang zum Weiler Haslach unter St. Quirin, dann ins Tiefental und jenseits sanft fallend zurück nach Oberperfuss.

Gehzeit ↑ 1¼ St., ↓ 2 St.; Höhenunterschied ↑↓ je 130 Hm; ein Drittel schattig, zwei Drittel sonnig; sehr aussichtsreicher Weg, besonders für den Herbst und Frühling zu empfehlen, wenn wegen der Schneelage keine Wanderungen in höheren Regionen möglich sind.

W↑↓ **Nach St. Quirin**

Der Straße folgend leicht ansteigend nach Süden über die Weiler Brandstatt, Kammerland, Berchtesgaden und Mairhof ins Tiefental und nach Querung des Baches über Hinterburg zum Weiler Tiefental, 1 St.; bis hieher auch mit Pkw. Am unteren Ende des Weilers nach rechts abzweigen (grüne Tafel) und auf dem Kreuzweg über steile, üppige Wiesen hinauf nach St. Quirin, 1243 m. Zurück auf demselben Weg.

Gesamtgehzeit 2½ St., ab Tiefental 1 St.; Höhenunterschied ↑↓ je 450 Hm; meist sonnig.

B ↑↓ Auf den Roßkogel, 2642 m

Mit dem Lift bis Stieglreith, 1540 m, und von dort auf dem befahrbaren Weg über die Roßkogelhütte (ÖAV Akad. Sektion Innsbruck, ganzj. bew., 12 B, 20 M) auf das Rangger Köpfl, 1939 m. Weiter nach Westen zuerst in ½ St. leicht absteigend „am Rücken" über den Krimpenbachsattel zur Krimpenbachalm, 1918 m. Von der Krimpenbachalm über einen Rücken südlich der „weiten Grube" auf das „Rappenegg" empor zum „Schartl" am Ostgrat und danach am Grat hinauf zum Gipfel, 2642 m.

Besonders lohnende Rundsicht auf die Nordtiroler Kalkalpen, die Stubaier Alpen und das Sellraintal.

Gehzeit für den Aufstieg ab Stieglreith 3 St.; Höhenunterschied ↑ 1100 Hm; meist sonnig.

Abstiegsvarianten: a) über den Ostgrat zum Kögele, 2192 m, und von dort nach Osten dem sanft abfallenden Rücken über Bergwiesen folgend zur Waldgrenze beim Meilskreuz, 1797 m, und weiter durch den Bergwald hinab nach St. Quirin, 1243 m, und Sellrain, 909 m (3 St., 1730 Hm ↓); b) auf dem grasigen Südhang über „Hirscheben" und die Sonnbergmäder nach Gries im Sellrain, 1236 m (2½ St., 1450 Hm↓).

W ↑↓ Roßkogelhütte – Rangger Köpfl

Am südlichen Ortsausgang auf der Fahrstraße bis zur Weggabelung, dann den rechten Fußweg Nr. 10 steil empor zum unteren Egghof und von diesem über die Wiesen zum oberen Egghof, neben dem mächtige alte Eschen stehen, die nicht wie sonst überall zur Futterlaubgewinnung geschneitelt wurden; bis hieher 1½ St. Weiter durch die mit Birken und Lärchen bestandenen Wiesen in ¼ St. zur Endstation des Sesselliftes; bis hieher auch mit dem Lift. Von der Liftstation am Gh. Stieglreith vorüber, flach ansteigend im Wald zur Riepenalm und zur Roßkogelhütte, 1778 m, 1½ St. (ÖAV Akad. Sektion Innsbruck, 12 B, 20 M, ganzj. bew.).

Aufstieg Gehzeit 3 St.; Höhenunterschied ↑ 950 Hm; gute Wege, je zur Hälfte sonnig und halb schattig.

Von der Roßkogelhütte in ¾ St. auf das Rangger Köpfl, 1939 m.

Hier genießt man eine schöne Fernsicht auf das Inntal, vor allem auf das Innsbrucker Becken.

Rückweg: Von der Roßkogelhütte zuerst eben nach SW, dann nach links steil über die Gfaßer Wiesen nach S hinab zum Weiler Gfaß.

In Gfaß wohnen heute nur mehr 13 Ew. Schon 1271 wird es als Gevezze im Besitz des Klosters Frauenchiemsee bezeichnet. 1315 taucht es unter dem Namen Govez in einer Urkunde auf. 1943 brannte Gfaß ab und wurde wieder aufgebaut. In Gfaß wurde 1809 der spätere Fürstbischof von Brixen, Vinzenz Gasser geboren, da seine Familie wegen der Kriegswirren von Inzing hieher geflohen war.

Von Gfaß dem Tiefentalbach entlang abwärts bis zum neuen Fahrweg bei Hinterburg und dann auf diesem nach N über die Weiler Mairhof, Berchtesgaden, Kammerland und Brandstatt zurück nach Oberperfuss.

Gehzeit für den Rückweg 2 St.; Höhenunterschied ↓ 950 Hm; teils sonnig, teils schattig.

Gesamtgehzeit bis Rangger Köpfl und zurück 6 St., bei Liftbenützung (nur für Bergfahrt) 4½ St.

| B ↑↓ | **Roßkogelhütte – Krimpenbachalm – Sellrain** |

Von Oberperfuss nach W über die Wiesen und durch einen schmalen Waldgürtel ziemlich steil zu den Egghofwiesen und am Egghof vorbei bis zur Bergstation des Doppelsesselliftes Stieglreith, 1360 m; bis hieher 2 St. Auffahrt auch mit dem Lift möglich. Von Stieglreith (Gh.) nach W auf mäßig steilem Waldweg zur Roßkogelhütte, 1778 m, 1¼ St. Von hier dem Fahrweg nach W folgend und bei der 1. Wegkurve rechts ab und am S-Hang des Rangger Köpfls zur Hochfläche der Krimpenbachalm, 1920 m. Von der Alm über blumenreiche Wiesen nach S und nach ½ St. leicht auf den Rücken ansteigend, der vom Roßkogel nach Osten abfällt. Über diesem Rücken wandern wir zuerst auf freien Alm- und Alpenrosenmatten bis zu einer breiten Waldschneise. Von hier nach rechts (S) durch den Wald nach St. Quirin, 1240 m, und hinab nach Sellrain, 909 m. Autobushaltestelle.

Variante: vom Rücken nach O hinab zum Weiler Tiefental und weiter auf dem Fahrweg nach Oberperfuss zurück.

Gehzeit ↑ 3¾ St. (ab Stieglreith ↑ 1¾ St.), ↓ 2½ St.; Höhenunterschied ↑ 1020 Hm (ab Stieglreith ↑ 540 Hm), ↓ 1000 Hm.

Oberperfuss: Roßkogelhütte 297

| B ↓ | **Von der Roßkogelhütte nach Ranggen** |

Von der Hütte nach N durch lichten Lärchen-Fichten-Wald steil hinab zur Rangger Alm und weiter im Wald zu den Rangger Wiesen und nach Ranggen, 826 m.
Gehzeit 2–2½ St.; Höhenunterschied ↓ 950 Hm.

| B ↑↓ | **Von der Roßkogelhütte über die Inzinger Alm ins Inntal** |

Von der Hütte nach W über das Rangger Köpfl zum Krimpenbachsattel, 1899 m ¾ St. Hier ein Stück steil nach N durch Alpenrosenbestände und Grünerlen bis zur Waldgrenze hinab und dann nach links (W) sanft fallend durch Waldstreifen und Almmatten auf den Boden der Inzinger Alm (Hundstalalm), 1640 m (im Sommer bew. Gh., 2 B, 12 M). Abstieg nach N auf dem rechtsufrigen Forstweg durch das Hundstal zum Inzinger Berg und nach Inzing, 616 m, 2 St., oder sanft fallend durch den linksufrigen Hundstalwald zum Rücken unter der Archbrandhütte und von da durch den Vorbergwald zum Hattinger Berg und nach Hatting, 616 m, 2–2½ St.
Höhenunterschied ↑ 150 Hm, ↓ 1320 Hm. Der Weg ist gut bez. und je zur Hälfte sonnig und schattig.
Gehzeit bis zur Inzinger Alm 1½ St.

| B ↑↓ | **Von der Roßkogelhütte auf dem Schützensteig nach Flaurling** |

Von der Hütte nach W über das Rangger Köpfl, 1939 m, zum Krimpenbachsattel, 1899 m. Hier beginnt der Schützensteig, der leicht nach W ansteigt und um den ganzen Kessel ober der Inzinger Alm zum Ostrücken des Rauhenkopfes führt. Über den Rücken gelangen wir auf den Rauhenkopf, 2302 m, und nun auf dem NW-Grat zum Flaurlinger Joch und weiter bis zur Waldgrenze hinab. Immer dem Rücken folgend, führt nun der Weg durch den Wald zum Flaurlinger Berg und nach Flaurling hinab, 675 m.
Gehzeit ↑ 1½ St., ↓ 3½ St., zusammen 5 St.; Höhenunterschied ↑ 520 Hm, ↓ 1700 Hm; unschwieriger Weg, ein Drittel schattig, zwei Drittel sonnig.

| W↑↓ | **Von Oberperfuss auf der schattseitigen Terrasse nach Flaurling**

Von der Ortsmitte in Oberperfuss auf der Fahrstraße eben nach W zuerst durch Wiesen, dann am Waldrand entlang und durch die von zahlreichen Heustadeln bestandenen Rangger Mähwiesen zum Ortsteil Ranggen-Obergasse, ½ St. Von hier nach links zuerst steil 5 Min. lang hinauf zum Schöllerhof, dann (grüne Pfeiltafeln) fast eben auf einer Wirtschaftsstraße in weiteren 5 Min. über den Graben des Lehnbachls zum Weiler Ried. Hier endet die Fahrstraße. Der Weg führt weiter durch die Wiesen nach W und an Gebüschen und Waldgruppen vorbei zu den Wiesen des Weilers Eben. Hier folgen wir der nach rechts hinabführenden Inzingerbergstraße bis zum Hundsbach (Enterbach) und steigen jenseits wieder empor zum Weiler Hof. Im Hundstal Abkürzungsmöglichkeit auf der Fahrstraße nach Inzing; bis dahin 2 St.; Höhenunterschied ↑ 70 Hm, ↓ 230 Hm. Vom Weiler Hof steigen wir bis etwa 900 m nach W an, durchqueren einen Wald, und nun geht es eben vom Baierhof und Greifenhof über den Hattinger Berg zum bewaldeten Klammbachgraben, nach dessen Überschreitung wir beim Sticklberghof auf die Wiesen des Pollinger Berges kommen. Über mehrere Bauernhöfe führt uns der Weg nach Fritzens, Mooslehen und Ram und dort durch die bewaldete Steilstufe hinab nach Flaurling, 675 m. Vom Hattinger Berg kann man nach Hatting und vom Pollinger Berg nach Polling vorzeitig absteigen.

Gehzeit 3½ St.; Höhenunterschied gesamt ↑ 200 Hm, ↓ 150 Hm; ein Drittel schattig, zwei Drittel sonnig, im Winter jedoch durch den Bergschatten längere Zeit ohne Sonne.

OBSTEIG, siehe bei **MIEMING**, Seite 234

PATSCH   1001 m

Personenzughaltestelle der ÖBB, Brennerbahn. Haltestelle der ÖBB-Autobuslinie Innsbruck – Marxen. 706 Ew.; 973 ha, davon 304 ha landw., 481 ha forstw. genutzt. FVV, 4 Gastbetriebe, 39 Privatvermieter, 355 Betten, Skischule.

Patsch

Geschichte:
Als „Patsche" und „Pats" im Jahre 1200 erstmals urkundlich erwähnt. Im Steuerregister von 1313 wird Patsch als Steuergemeinde bezeichnet, seit 1621 eigene politische Gemeinde. Der Patscherkofel wird 1504 erstmals urkundlich als „Zurschenberg" und „Batscherkogel" genannt. 1934 und 1947 wurde er zum Naturschutzgebiet erklärt, 1935 der Alpengarten der Universität Innsbruck gegründet, 1940 die Wetterstation errichtet. 1955/56 wurde die Sendeanlage am Gipfel aufgestellt und in den Jahren 1956–1960 das Klimahaus der Forstlichen Bundesversuchsanstalt in der Nähe des Gipfelweges am Westhang erbaut.

Kunstdenkmäler:
Haufendorf mit z. T. sehr charakteristischen Mittelflur- und Mitterntennhäusern. *Pfarrkirche* zum hl. Donatus, urkundlich erstmals 1284 genannt, jetziger Bau aus dem Jahre 1479, 1767 umgebaut; innen Rokoko-Deckenbilder aus dem Leben des hl. Donatus, 1767 von Anton Zoller; spätgotischer Altarflügel mit Relief des hl. Florian vom Ende des 15. Jahrhunderts.

Naturdenkmäler:
Naturschutzgebiet *Patscherkofel,* zusammen mit Bereichen der Gemeinden Ellbögen, Innsbruck, Lans und Sistrans; Schutz der Alpenflora, besonders der rostroten Alpenrose, 12 qkm (1947). Naturschutzgebiet *Rosengarten,* zusammen mit Bereichen der Gemeinde Innsbruck, Schutz von Vogelgehölzen und subalpinen Pflanzen, 80 ha (1942). Vorkommen des *Apollofalters* (1933).

Karten:
Österreichische Karte 1:25.000, Blatt 149/1, Fulpmes; Umgebungskarte von Innsbruck 1:25.000; AV-Karte 1:50.000, Blatt Nr. 31/5, Innsbruck-Umgebung; Österreichische Karte 1:50.000, Blatt 148; Kompaß-Wanderkarte 1:30.000, Blatt Innsbruck-Igls-Solbad Hall; Freytag-Berndt-Touristenwanderkarte 1:100.000, Blatt 33, Innsbruck-Umgebung.

W↑↓	**Über den Rosengarten nach Igls**

In der Ortsmitte von Patsch nach O aufwärts zum Waldrand und dort auf dem „Speckbacherweg" bis zum Hotel Grünwalderhof. Beim Hotel überschreiten wir die Landesstraße und wandern auf dem mit Nr. 2 bez. Weg durch die Wiesen ins Naturschutzgebiet „Rosengarten".

Das ca. 80 ha umfassende Areal steht seit 1942 unter Naturschutz wegen seiner schönen Gehölzgruppen, in denen zahlreiche Vogelarten brüten und wo die Zirbe (Pinus cembra L) am tiefsten herabsteigt. Im Frühling kann man hier auch das Holunderknabenkraut (Orchis sambucina) und einige subalpine Pflanzen blühen sehen. Auf den feuchten Wiesen sind noch stellenweise einige Frühlingsknotenblumen (Leucojum vernum) erhalten geblieben.

Am sonnigen Westhang gelangen wir nach N zum Waldrand und im Wald an der Taxburg vorüber nach Igls. Noch bevor wir in den Ort kommen, biegen wir nach links (W) ab und wandern auf einem befahrbaren Feldweg durch die Wiesen nach S über den Pfaffenbichl zurück nach Patsch.
Gehzeit 2 St.; Höhenunterschied ↑↓ je 150 Hm; kurze, sehr schöne Wanderung, besonders im Frühling und Herbst; an Föhntagen nicht zu empfehlen.

W↑↓ Von Patsch nach St. Peter

Von der Ortsmitte in Patsch nach O aufwärts zum Waldrand. Dort folgen wir dem „Speckbacherweg" nach S, der bei Ruckschrein zur Bachquerung auf die Landesstraße etwas herabsteigt. Jenseits geht es kurz durch Wald zum Kristeigerhof und in den Wiesen zum Weiler Tarzens (Nr. 34) und weiter nach S und schließlich hinab nach St. Peter, das weithin sichtbar am rechtsseitigen Rücken des unteren Viggartales liegt. St. Peter durchqueren wir nach unten und steigen auf dem Wiesenrücken hinab zu den Rinnerhöfen. Dort wenden wir uns nach rechts (N) und wandern zuerst sanft absteigend durch Wiesen nach Pfraum und dann flach durch Wald auf die Auer Wiesen und über den bewaldeten Ruckschreingraben nach Kehr, einem einzelnen Gehöft am Westhang. Von Kehr (Weg Nr. 23) steigen wir über den Unteren Anger zurück nach Patsch hinauf.
Gehzeit 2 St.; Höhenunterschied ↑↓ je 170 Hm; lohnende, abwechslungsreiche Wiesenwanderung, ein Drittel schattig, zwei Drittel sonnig; bei Föhn nicht zu empfehlen.

W⇄ Von Patsch
über die Europabrücke nach Schönberg

Vom W-Ende des Dorfes (Wegtafel) nach W hinab zur Europabrücke. Auf dieser überqueren wir am südlichen Gehweg das Silltal und wandern auf dem Wirtschaftsweg südlich der Autobahn – am Parkplatz mit Rasthaus vorbei – nach Schönberg, 1025 m. Rückweg wie Hinweg.
Gehzeit 2 St.; Höhenunterschied ↑↓ je 100 Hm.

Von Patsch
nach Innsbruck

Von der Kirche auf Weg Nr. 1 nach NW und oberhalb der Autobahn über die Wiesen nach Pfosch und kurz durch den Wald zum südlichen Anfang des Ahrntales. Ab hier 2 Varianten: a) durch das Ahrntal, eine alte Flußschleife der Sill. Das Ahrntal ist zwar Naturschutzgebiet wegen seiner reichen Vogelwelt, dem Vorkommen des Straußenfederfarnes und mehrerer anderer seltener Pflanzen und wegen des floristisch und faunistisch eigenartigen, reichen Ökosystems im Bereich der Marmorfelsen im südlichen Teil; leider wird das Tal durch die 1976 begonnene Mülldeponierung der Stadt Innsbruck weitgehend entwertet. Wir genießen den noch weniger betroffenen südlichen Teil des bewaldeten Tales und wandern an seinem Ende zum Hahnlhof hinauf und dort am Waldrand nach links hinab, unter der Autobahn hindurch auf dem mit Nr. 8 bez. Weg nach Gärberbach und weiter auf dem Seberinysteig (Nr. 4) durch die Sillschlucht nach Innsbruck; b) vom südlichen Anfang des Ahrntales nach links (W) unter der Autobahn hindurch, über die ebenen Wiesen und dann am Westhang des Ahrnberges immer ober der Brennerbahn und unter der Autobahn nach N bis zum Zenzenhof. Vor dem Hof führt der Weg links (W) in den Wald hinab, in einem kleinen Tunnel über die Bahn und nach Gärberbach hinüber. Weiter nach Innsbruck wie oben durch die Sillschlucht oder bei Sperre des Sillschluchtweges (im Winter) über den Sonnenburgerhof und Bergisel nach Innsbruck.
Gehzeit 2 St.; Höhenunterschied ↓ 400 Hm.

| B ↑↓ | **Von Patsch auf den Patscherkofel, 2246 m**

Von der Sennerei am Nordende des Dorfes auf dem Forstweg (mit Nr. 31 bez.) zuerst nach O zum Waldrand, dann in weiten Kehren über den „oberen Berg" durch lichten Wald zur Patscher Alm hinauf, 1694 m (im Sommer bew. Jausenstation). Von da zwei Möglichkeiten: a) schöner, aber weiter über den Forstweg (Nr. 31) nach SO in 3 Serpentinen zur Hochmahdalm, 1909 m (im Sommer bew. Gh.), und über den „Südweg" bis zum Gipfel des Patscherkofels (Fernsehsender, Wetterstation, Gh.); b) von der Patscher Alm nach NO zum Patscherkofel-Schutzhaus, 1970 m (ÖAV-Sektion Touristenklub, ganzj. bew., 23 B, 27 M), und von dort auf dem „Südweg" zum Gipfel. Auffahrt auch mit dem Sessellift möglich.

Gehzeit bis zum Schutzhaus ↑ 3 St., bis zum Gipfel ↑ 4 St., Rückweg wie Anstieg ↓ 2½ St.; Höhenunterschied bis Schutzhaus ↑ 970 Hm, bis Gipfel ↑ 1150 Hm.

PETTNAU 610 m

Haltestelle der ÖBB-Autobuslinie Innsbruck – Imst. 516 Ew.; 1075 ha, davon 285 ha landw., 720 ha forstw. genutzt. FVV, 4 Gastbetriebe, 15 Privatvermieter, 1414 Betten.

Geschichte:

Im Register von 1313 wird „Pettnawe" erstmals urkundlich genannt als ein Teil von Zirl mit Leiblvingen. Im Kataster von 1575 scheint Pettnau mit Leiblfing als Steuergemeinde auf; seit 1817 ist es eine selbständige Ortsgemeinde. Eine Fähre über den Inn bestand offenbar schon in der Römerzeit. Während in der Karte Peter Anichs eine Brücke zwischen Flaurling und Pettnau eingetragen ist, zeigt die Spezialkarte von 1875 nur mehr eine Fähre zwischen Hatting und Leiblfing. 1900 wurde an dieser Stelle eine Brücke gebaut.

Kunstdenkmäler:

Einzelne gut erhaltene *Höfe* mit originellen offenen Ständergiebeln. *Gh. Öttl* an der Bundesstraße, spätgotisch mit Gratgewölbe in der Gaststube und barockisierter Fassade. *Gh. Baldauf* in Unterpettnau, Oberinntaler Bauernhaus mit Fassadenbemalung aus dem 18. Jahrhundert. *Ansitz Sternberg,* hoher Bau mit Krüppelwalmdach. Stukkaturen an der Fassade und einfache Stukkatur-Decken vom Anfang des 18. Jahrhunderts. *Pfarrkirche* zum hl. Georg, urkundlich 1090; 1496 und 1682 umgebaut, 1720 barockisiert, 1966/67 restauriert; besonders schöne Lage und Turmform; Stukkaturen und Kanzel aus dem Jahre 1720. *Kapelle* hl. Christoph und hl. Barbara, Oberpettnau, urkundlich 1412; Mitte des 17. Jahrhunderts vergrößert, 1746 erneuert; Stukkaturen aus dem Jahre 1746, Deckengemälde von J. A. Zoller, 1774.

Karten:
Österreichische Karte 1:50.000, Blatt 117; AV-Karte 1:50.000, Blatt 31/5, Innsbruck-Umgebung; Kompaß-Wanderkarte 1:50.000, Blatt 35; Freytag-Berndt-Touristenwanderkarte 1:100.000, Blatt 33, Innsbruck-Umgebung.

W↑↓ Waldweg nach Eigenhofen

Von Unterpettnau beim Gh. Baldauf am Bergfuß entlang nach O ober der Kirche von Leiblfing vorbei zu den obersten Wiesen und in den Wald. Im lichten Föhrenwald führt der Weg bis zu einer Gabelung. Dort wandern wir nach rechts (O) weiter in den Graben des Niederbaches (Dirschenbach) und jenseits auf eine flache Anhöhe im Wald hinauf. Dort nach S und nach wenigen Minuten nach O im Wald abwärts zum Weiler Eigenhofen. Rückweg von Eigenhofen am Waldrand entlang nach Dirschenbach und von dort über der Straße durch den Wald nach Leiblfing und zurück nach Unterpettnau.

Gehzeit 2 – 2½ St.; Höhenunterschied ↑↓ je 250 Hm.

W↑↓ Nach Reith bei Seefeld

In Unterpettnau beim Gh. Baldauf am Bergfuß entlang nach O ober der Kirche von Leiblfing zu den oberen Wiesen und in den Wald. Der Weg führt nun ziemlich steil durch lichten Erika-Föhren-Wald nach NO bis zu einer Weggabelung. Wir gehen nach links (NO) im Wald aufwärts bis zum Weiler Mühlberg und von dort über den Mühlbach und unter der Straße und Bahn hindurch nach Reith, 1130 m.

Rückweg: westlich des Gh. Meilerhof unter Bahn und Bundesstraße hindurch und im Wald linksufrig des Niederbaches zunächst nach S, dann nach ca. ¼ St. nach W abbiegen und über den Bachgraben zur Weggabelung am Aufstiegsweg. Von dort auf demselben Weg zurück nach Unterpettnau.

Gehzeit ↑ 1½ St., ↓ 1 St., zusammen 2½ St.; Höhenunterschied ↑↓ je 530 Hm.

 Von Pettnau nach Mösern

Von Oberpettnau beginnt der mit Nr. 30 bez. Weg am Hangfuß und führt im lichten Föhrenwald zuerst mäßig steil nach W, dann in Kehren steiler zum untersten Rand der Möserer Wiesen und an deren W- und N-Rand in den Ort Mösern, 1206 m.

Rückweg: zunächst bis zum Unterrand der Möserer Wiesen am selben Weg, dann nach W fast eben auf Weg Nr. 29 weiter, der zweimal die Landesstraße kreuzt, zur Lopuit, einer Wiese nördlich einer kleinen Verebnung. Hier biegen wir nach links (SO) um und gelangen in mehreren Serpentinen durch den Föhrenwald hinab zum Weiler Platten, an schönen Eichenwald-Reliktbeständen am vorgeschobenen Rücken zum Inn vorbei. Von Platten am Hangfuß entlang zurück nach Oberpettnau.

Gehzeit ↑ 1¾ St., ↓ 1¼ St., zusammen 3 St.; Höhenunterschied ↑↓ je 600 Hm.

PFAFFENHOFEN und OBERHOFEN

PFAFFENHOFEN 646 m

Haltestelle Telfs-Pfaffenhofen der ÖBB, Arlbergbahn. Haltestelle der Autobuslinie Innsbruck – Telfs (Dörferlinie). 793 Ew.; 699 ha, davon 141 ha landw., 377 ha forstw. genutzt. FVV, 5 Gastbetriebe, 25 Privatvermieter, 252 Betten; Campingplatz, Schwimmbad, Sauna, Tennisplatz.

Geschichte:
Im Raum von Pfaffenhofen wurden urgeschichtliche Funde aus

17 Fulpmes im vorderen Stubaital gegen Elfer (Seite 268) und Pinnistal (Seite 268–270).

18 Im Pinnistal (siehe Seite 268 – 270).

19 Der Weiler Sedugg im Oberberg/Stubaital. Siehe Seite 272.

20 Hinter der Franz-Senn-Hütte (siehe Seite 274).

21 Der Rinnensee in den Stubaier Alpen (siehe Seite 274).

22 Obernberg. Am Talschluß links des Kirchturmes der Übergang über das Gstreinjöchl nach Gschnitz (siehe Seite 291).

23 Die Gleirschhöfe im Sellraintal auf dem Weg von St. Sigmund zur Neuen Pforzheimer Hütte (siehe Seite 323).

24 Der kleine Ahornboden im Karwendel mit Blick nach Osten gegen die Lalidererwand. (Siehe Karwendeltour, Seite 333)

der Bronze- und Eisenzeit gemacht. An der Stelle der heutigen Pfarrkirche stand am Anfang des 6. Jahrhunderts eine frühchristliche Bischofkirche. Südlich davon wurde ein Gräberfeld mit 30 Gräbern aus dem 7. Jahrhundert aufgedeckt (1950). Im 7. und 8. Jahrhundert umfaßte die Urpfarre neben Pfaffenhofen noch Oberhofen, Flaurling, Polling, Hatting, Inzing, Ranggen, Leiblfing und Pettnau. 1197 wird „Phafenhoben" erstmals in einer Urkunde genannt, 1313 ist Pfaffenhofen mit Oberhofen eine Steuergemeinde, und 1796 wurden beide Gemeinden getrennt und sind seither eigene politische Gemeinden. Die Brücke über den Inn nach Telfs dürfte erst gegen Ende des 15. Jahrhunderts erbaut worden sein, da sie erstmals im Jagdbuch Kaiser Maximilians I. von 1500 erwähnt wird. Die heutige Stahlbrücke stammt aus dem Jahre 1900.

Kunstdenkmäler:
Haufendorf mit einigen sehenswerten, offenen Ständergiebeln. *Burg Hörtenberg,* Anfänge bis ins 7. Jahrhundert zurückgehend, urkundlich im Jahre 1227 im Besitze der Grafen von Eschenlohe, seit 1286 landesfürstlich. Bis Ende des 16. Jahrhunderts Sitz des Landgerichts Hörtenberg. 1709 durch Blitzschlag zerstört, 1873 durch Alexander Lener wieder hergestellt. Heute nur mehr der Bergfried und Reste der Ringmauern erhalten. *Dorfbrunnen,* mit geschnitzten Heilige Drei Könige aus dem 18. Jahrhundert. *Pfarrkirche* Mariä Himmelfahrt, 1310 geweiht, 1414 neuer Chor, 1860 bis 1863 erweitert, spätgotisch; im Chor einfache Rankenmalerei aus dem 15. Jahrhundert aufgedeckt (1958). *Totenkapelle* aus dem Jahre 1700.

Naturdenkmäler:
Lindenhain bei Hörtenberg (1943).

OBERHOFEN IN TIROL   626 m

Haltestelle Telfs-Pfaffenhofen der ÖBB, Arlbergbahn. Haltestelle der Autobuslinie Telfs – Innsbruck (Dörferlinie). 863 Ew.; 1859 ha, davon 403 landw., 665 ha forstw. genutzt. 2 Gastbetriebe, Neuburger Hütte, 1945 m am Nordostrücken des Hocheders (privat); Strieglhütte bei der Widdersbergalpe (privat).

Geschichte:
799 erstmals als Oparinhofe urkundlich genannt. 1313 Steuer- und Wirtschaftsgemeinde, seit 1816 politische Gemeinde. In Oberhofen ging einst eine Fähre über den Inn, die 1474 als landesfürstliches Lehen dem Hofbesitzer Peter Milaner in der Pettnau verliehen wurde. Die Schifflände befand sich auf der „kuerast". Beim Plabachhof und dem Bingerhof bestand im 17. Jahrhundert ein Bergbau.

Kunstdenkmäler:
Pfarrkirche St. Nikolaus, eine Kapelle schon im 12. Jahrhundert; jetzige Kirche 1740 erbaut und 1805 erweitert.

Karten:
AV-Karte 1:25.000, Blatt Stubai-Nord (z. T.); Österreichische Karte 1:50.000, Blätter 116, 117, 146, 147; AV-Karte 1:50.000, Blatt 31/5, Innsbruck-Umgebung (z. T.); Kompaß-Wanderkarte 1:50.000, Blatt 35; Freytag-Berndt-Touristenwanderkarte 1:100.000, Blatt 33, Innsbruck-Umgebung.

 Hörtenberg – Höll

Vom südlichen Ortsende in Pfaffenhofen zunächst neben dem Blahnbach aufwärts in 20 Min. zur Ruine Hörtenberg.

Die erste Befestigung geht bis in das 7. Jahrhundert zurück. Urkundlich ist die Burg erst ab 1227 als im Besitz der Grafen von Eschenlohe bezeugt. 1281 überläßt Graf Heinrich von Eschenlohe-Hörtenberg das Schloß und die Grafschaft Hörtenberg dem Grafen Meinhard II. von Tirol. Seit 1286 war die Burg landesfürstlich und bis zum Ende des 16. Jahrhunderts war sie Sitz eines Landgerichtes. 1709 wurde das Schloß durch Blitzschlag z. T. zerstört, doch 1873 wieder hergestellt, dann aber rasch verfallen. Heute sind nur mehr der Bergfried und Reste der Ringmauern erhalten. In der Umgebung der Ruine ist ein unter Naturschutz stehender, schöner Lindenhain als Relikt des ehemaligen Eichen-Linden-Mischwaldes erhalten.

Südlich der Ruine führt der Weg durch den Wald nach SW zur Hofgruppe „Höll" (Jausenstation), auf einem Wiesenplan westlich der Burg in schöner Aussichtslage.

Rückweg auf dem Fahrweg nach N durch den Wald hinab nach Pfaffenhofen.

Gehzeit 2 St.; Höhenunterschied ↑↓ je 210 Hm.

Pfaffenhofen/Oberhofen 307

|W↑↓| Zur Nößlachhütte

Von Pfaffenhofen nach S auf dem Fahrweg zuerst am Blahnbach entlang aufwärts bis Hinterried. Dort beginnt ein Forstweg, der in vielen Kehren durch den Wald hinauf gegen die Nößlacher Mähder führt. Nach Verlassen des Forstweges (Tafel) erreicht man in ¼ St. die Nößlacher Jausenstube, 1500 m, in schöner Aussichtslage (1. 6. – 15. 9. bew., im Herbst an Samstagen und Sonntagen). Rückweg: über die Nößlachwiesen nach NW abwärts zum Weiler „Höll" und von dort auf dem Fahrweg zurück nach Pfaffenhofen.

Gehzeit ↑ 2½ St., ↓ 1½ St., zusammen 4 St.; Höhenunterschied ↑↓ je 900 Hm.

|B↑↓| Auf die Oberhofener Alm

Vom südlichen Ortsende Oberhofens über die Ressenhöfe und Hornbachhöfe nach Hochried, einer Waldwiese ober dem Ort. Weiter auf dem Forstweg in zahlreichen Kehren durch den Wald zur Kreuzerhütte, 1239 m. Von hier führt der AV-Steig Nr. 154 weiter zuerst nach O, dann in vielen Serpentinen über den NO-Rücken empor zur Oberhofener Alm (Lattenalm), 1669 m. Rückweg wie Anstieg.

Gehzeit ↑ 2½ St., ↓ 2 St., zusammen 5 – 5½ St.; Höhenunterschied ↑↓ je 1000 Hm.

|B↑↓| Pfaffenhofener Höhenweg

Vom südlichen Ortsende Oberhofens über die Ressenhöfe und Hornbachhöfe nach Hochried. Weiter auf dem Forstweg in zahlreichen Kehren durch den Wald zur Kreuzerhütte, 1239 m, und auf dem AV-Steig Nr. 154 auf dem NO-Rücken empor zur Oberhofener Alm (Lattenalm), 1669 m. Der Weg führt nun ca. 200 Hm auf dem Rücken über Almwiesen hinauf zu einer Verebnung, auf der einst die inzwischen zerstörte Neuburger Hütte stand; bis hieher 3 St. Nun wenden wir uns leicht fallend nach W durch die obersten Waldschöpfe, Grünerlen- und Alpenrosenbestände zur Pfaffenhofener Alm, 1700 m, und dann wieder mäßig ansteigend über den weiten Graben des Klausbaches auf die Ver-

ebnung unter dem Rauhkopf, wo früher in 1927 m Höhe die inzwischen abgebrannte Peter-Anich-Hütte stand.
Abstieg: nach N über den Rücken am westlichen Ufer des Klausbachgrabens bis zu einem Forstweg und auf diesem hinab zu den Rangger Wiesen. Von dort entweder auf dem Forstweg nach W hinunter nach Rietz oder auf steilem Fußsteig nach N am Einhang des Klausbaches nach Pfaffenhofen.
Gehzeit ↑ 4 St., ↓ 2½ St., zusammen 6½ St.; Höhenunterschied ↑↓ je 1400 Hm.

B ↑↓ **Auf den Rietzer Grieskogel, 2884 m**

Von Pfaffenhofen nach O über Ressenhöfe und Hornbachhöfe nach Hochried und auf dem Forstweg im Wald zur Kreuzerhütte, 1239 m. Weiter auf dem AV-Steig Nr. 154 durch den Wald zur Oberhofener Alm (Lattenalm), 1669 m, und weiter auf dem NO-Rücken über die Weideflächen zu einer Verebnung in 1850 m Höhe, auf der einst die Neuburger Hütte des AV stand; bis hieher 3 – 3½ St. Von hier führt ein markierter Steig über Alpenrosenhänge und an den obersten Zirben vorbei auf das Sonnkarköpfl, 2262 m, und auf dem Grat zum Schafmarebenkogel, 2651 m; zum Schluß steil über den NO-Grat auf den Hocheder, 2798 m. Vom Hocheder erreicht man in 1½ St. über den Grat nach SW den Gipfel des Rietzer Grieskogels, 2884 m. Beide Gipfel bieten eine herrliche Aussicht.
Abstieg wie Anstieg; oder vom Grieskogel nach W auf den Bachwandkogel, 2758 m, und nach N in ein Schotterkar und zum „Oberen Moos" und weiter auf die Obere Seewenalm, beim Angersee gelegen, hinab. Weiter hinunter zu dem Seewenboden und dann nach links (W) hinaus auf die Verebnung an der Waldgrenze unter dem Rauhkopf, wo einst die Peter-Anich-Hütte stand. Auf steilem Weg durch den Wald hinab zu den Rangger Wiesen und von nach N auf einem steilen Fußweg nach Pfaffenhofen oder auf dem Forstweg nach Rietz.
Gehzeit ↑ 7 St., ↓ 4 – 5 St.; Höhenunterschied ↑↓ je 2200 Hm; nur für ausdauernde, bergerfahrene Alpinisten geeigneter Weg, weil kein Stützpunkt mehr vorhanden ist; stellenweise beim Abstieg undeutliche Wegmarkierung.

Pfons

PFONS 1043 m

Haltestelle Matrei am Brenner der ÖBB, Brennerbahn. 665 Ew.; 2178 ha, davon 432 ha landw., 897 ha forstw. genutzt. FVV Matrei-Mühlbachl und Pfons, 4 Gastbetriebe, 19 Privatvermieter, 171 Betten.

Geschichte:
Im Jahre 1070 als „Phunzum" zum ersten Mal urkundlich genannt, 1177 als „Phones" bezeichnet. Seit 1811 ist Pfons eine eigene Gemeinde.

Kunstdenkmäler:
St.-Margarethen-Kirche, 12. Jahrhundert (?), Mitte des 17. Jahrhunderts erweitert, 1752 neuer Chor. *St.-Nikolaus-Kirche* in Schöfens, 1454 erstmals genannt.

Karten:
Österreichische Karte 1:25.000, Blätter 148/1, Fulpmes, und 148/2, Navis; AV-Karte 1:50.000, Blatt 31/5, Innsbruck-Umgebung; Österreichische Karte 1:50.000, Blatt 148; Kompaß-Wanderkarte 1:50.000, Blatt 36; Freytag-Berndt-Touristenwanderkarte 1:100.000, Blatt 33, Innsbruck-Umgebung.

Von Pfons auf die Ochsenalm

Ober der Kirche von Pfons neben Pension Serlesblick auf dem Forstweg (Fahrverbot!) in vielen Kehren durch den Nadelwald bis knapp vor die Bletzichalm und von dort links aufwärts durch die letzten Baumgruppen und über die Almmatten – die Serpentinen des Fahrweges abschneidend – empor zur Ochsenalm, 2163 m (Gh., im Sommer einfach bew.); bis hieher 3 St. Rückweg: durch die Wiesen eben nach O und dann hinab zur Frontalalm und zur Bletzichalm, wo der Weg wieder mit dem Forstweg zusammentrifft. Auf diesem zurück nach Pfons.

Gehzeit ↑ 3 St., ↓ 2 St., zusammen 5 St.; Höhenunterschied ↑↓ je 1130 Hm; Weg zur Hälfte sonnig und schattig, mit Nr. 8 hellgelb markiert, gut gepflegt und bequem.

B ↑↓ Ochsenalm – Mieslkopf, 2623 m

Ober der Kirche in Pfons auf dem Forstweg (Fahrverbot!) in vielen Kehren durch den Lärchen-Fichten-Wald und ab 1900 m über Almmatten zur Ochsenalm, 2163 m (Gh., im Sommer einfach bew.), 3 St. Weiter über die Speikböden zuerst mäßig steil auf dem Rücken nach Osten, dann nach S steil über bewachsene Hänge empor auf das Kreuzjöchl, 2640 m, und auf dem Grat über den Rauhen Kamm, 2654 m, zum Mieslkopf, 2623 m; ab Ochsenalm 1¾ St.

Rückweg: am Kamm nach SW zur Fritzenalm hinab und von dort über den Almsteig zurück auf den zum Anstieg benutzten Forstweg.

Gehzeit ↑ 4¾ St., ↓ 3½ St., zusammen 8 – 8½ St.; Höhenunterschied ↑↓ je 1600 Hm. Der Weg ist bis zur Ochsenalm ein gut markierter Fahrweg (Nr. 8, gelb), danach nur Wegspuren vorhanden, aber bei gutem Wetter nicht schwer zu finden.

B ↑↓ Gratwanderung ins Voldertal oder Arztal

Auf dem Forstweg ober der Pfonser Kirche stetig ansteigend in vielen Kehren bis zur Waldgrenze und dann über Almmatten zur Ochsenalm, 2163 m; bis hieher 3 St. Weiter über die Speikböden zuerst mäßig steil auf dem Rücken nach O, dann nach S steil über grasbewachsene Hänge zum Kreuzjöchl, 2640 m, nördlich des etwas niedrigeren Mieslkopfes und des etwas höheren Rauhen Kammes. Auf dem Grat zuerst nach Nordosten über die Seblesspitze und das Seeköpfl immer leicht auf und ab zur Grünbergspitze, 2790 m, und von da nach N am Grat zwischen Voldertal und Arztal zuerst bis 2700 m absteigen und dann auf das Rosenjoch hinauf, 2796 m; bis hieher vom Kreuzjöchl 1½ St.

Abstieg entweder a) nach N am Grat bis 2680 m hinab absteigen, dann auf die Kreuzspitze, 2746 m, und nach W auf dem AV-Steig 332 hinab in die Seegruben und über den „Geschriebenen Stein" zum Meißner Haus, 1706 m (DAV-Sektion Meißen, 15 B, 60 M), und durch das Viggartal nach Mühltal-Ellbögen, 1040 m. Autobushaltestelle; oder b) nach N steil hinab auf AV-Steig 331 über die Gwannalm, 1968 m, ins Voldertal und zur Vol-

Ranggen

dertalhütte (Naturfreunde, 1500 m), 3 St., und über Volderwildbad nach Tulfes, 922 m. Autobushaltestelle.

Gehzeit ↑ 6 St., nach Ellbögen ↓ 3½ St., nach Tulfes ↓ 4 St.; Höhenunterschied ↑ 2220 Hm, nach Ellbögen ↓ 1760 Hm, nach Tulfes ↓ 1870 Hm. Nur für geübte und ausdauernde Bergsteiger. Die Wege zwischen Kreuzjöchl und Rosenjoch sind nicht ausgebaut und nicht immer leicht zu finden. Die Wanderung sollte nur bei trockenem Wetter und guter Sicht angetreten werden.

POLLING, siehe unter **FLAURLING**, Seite 57
PRAXMAR, siehe bei **GRIES IM SELLRAIN**, Seite 99

RANGGEN   825 m

440 Ew.; 697 ha, davon 246 ha landw., 381 ha forstw. genutzt. FVV, 2 Gastbetriebe, 28 Privatvermieter, 130 Betten.

Geschichte:
Nördlich des Dorfes wurde auf einer bewaldeten Kuppe eine vorgeschichtliche Siedlung freigelegt. Im Jahre 1242 wird Ranggen erstmals urkundlich genannt, und seit 1817 ist es eine selbständige Gemeinde.

Kunstdenkmäler:
Pfarrkirche zum hl. Magnus, urkundlich 1359; jetzige Kirche erbaut 1775 von Franz Singer, Götzens. *Ansitz Ferklehen* (nahe Unterperfuss), der älteste Bau wurde im Jahre 1572 umgebaut, brannte 1703 ab; heute im Besitz der Familie von Schreckenthal. *Kreuzer-Erbhof* in Ranggen, aus dem Jahre 1707.

Naturdenkmäler:
Große Winterlinde beim Haus Ranggen Nr. 15.

Karten:
AV-Karte 1:25.000, Stubaier Alpen, Nordblatt; AV-Karte 1:50.000, Blatt 31/5, Innsbruck-Umgebung; Österreichische Karte 1:50.000, Blätter 117, 147; Kompaß-Wanderkarte 1:50.000, Blatt 36; Freytag-Berndt-Touristenwanderkarte, Blatt 33, Innsbruck-Umgebung.

Hubertusweg

Vom Westrand des Dorfes ca. 200 m auf dem Inzinger Weg leicht abwärts bis zu einer Gruppe von 3 Häusern. Dort nach rechts (N) abbiegen (grüne Pfeiltafel) und dann auf dem zum Inntal abfallenden Hang im Wald nach Osten. Nach ca. ½ St. biegt der Weg nach Süden um und steigt wieder aufwärts durch den Wald zu den Rangger Wiesen, wo er bei einem Bildstöckl auf den Weg von Ranggen nach Itzlranggen trifft.
Gehzeit 1 St.; Höhenunterschied ↑↓ je 80 Hm.

 Nach Oberperfuss

Von der Kirche zuerst 350 m steil aufwärts zum Weiler Obergasse. Bei der Weggabelung nach links (Osten) auf dem Fahrweg an zahlreichen Heuhütten vorüber, fast eben durch die Wiesen in ½ St. zum Weiler Völsesgasse und von dort in ¾ St. weiter nach Oberperfuss, 812 m.
Gehzeit ¾ St.; Höhenunterschied ↑ 60 Hm, ↓ 60 Hm. Die Wege sind wenig befahrene Fahrstraßen, bequem, sonnig.

 Zum Inzingerberg

Von der Kirche zuerst nach Süden auf der Fahrstraße aufwärts über den Ortsteil Obergasse und zum Schöllerhof. Dort nach der Kapelle Wegabzweigung nach rechts (W) und auf neuerbauter Wirtschaftsstraße eben über den Graben des Lehnbaches zum Weiler Ried, 20 Min. Hier endet der Fahrweg, und wir folgen dem Fußweg nach Westen zuerst durch die Wiesen, dann einige hundert Meter am Waldrand und an Baum- und Buschgruppen vorüber. Nun öffnet sich der Blick auf das nach N abfallende Wiesental, und vor uns breiten sich die Wiesen und Felder des Weilers Eben aus. Nach leichtem Anstieg erreichen wir den ersten Hof, und fast eben führt der nun wieder fahrbare Weg bis zum Tenglhof, wo die von Inzing heraufführende Fahrstraße endet.
Gesamtgehzeit 1 St.; Höhenunterschied ↑ 60 Hm, ↓ 60 Hm. Die Wege sind mit grünen Pfeiltafeln markiert, sonnig.

Ranggen 313

 Zum Omesbergerhof

Von der Ranggener Kirche nach S aufwärts zum Ortsteil Obergasse und beim Schöllerhof links (grüne Pfeiltafel). Durch den bewaldeten Graben des Lehnbachls führt der Weg steil hinauf zum einzeln liegenden Omesbergerhof.
Gehzeit 1 St.; Höhenunterschied ↑↓ je 150 Hm.

 Zur Inzinger Alm

Von der Ranggener Kirche nach S aufwärts zum Ortsteil Obergasse und den grünen Pfeiltafeln folgend in ½ St. zum Omesbergerhof. Nun führt ein steiler Steig durch den Wald in Richtung zur Rangger Alm. Knapp vor der Alm biegt er nach rechts (SW) um und steigt nur mehr mäßig zum Tauschenwald im Hundstal an. Schließlich trifft er auf den vom Krimpenbachsattel herabziehenden Weg, auf dem wir stetig absteigend in ½ St. zur Inzinger Alm gelangen, 1640 m (an Sonn- und Feiertagen bew., 2 B, 12 M).
Rückweg: am rechtsufrigen Forstweg durch das Hundstal nach Eben am Inzingerberg und nun ohne wesentliche Steigungen auf dem Wiesenweg über den Weiler Ried zurück nach Ranggen.
Gehzeit ↑ 3 St., ↓ 2–2½ St.; Höhenunterschied ↑↓ je 100 Hm.

B ↑↓ **Rangger Alm – Rangger Köpfl, 1939 m**

Von der Ranggener Kirche nach S aufwärts zum Ortsteil Obergasse. Weiter aufwärts bei der Weggabelung links und dann steil durch den Wald empor zur Rangger Alm, 1500 m (nicht bew.). Von der Alm führt ein Steig nach S steil weiter durch lichten Fichten-Lärchen-Wald zur Roßkogelhütte und auf das Rangger Köpfl.
Rückweg: auf dem mäßig fallenden Fahrweg zur Bergstation des Doppelsesselliftes bei Stieglreith, 1360 m (Gh.) Zu Fuß auf dem Forstweg etwas unterhalb der Liftstation nach N und im Wald in mehreren Kehren zum Weiler Dickicht westlich der Lift-Talstation oder Abfahrt mit dem Lift. Auf der Landesstraße über die Rangger Wiesen zurück nach Ranggen.

Gehzeit ↑ 3 St., ↓ 2½ St.; Höhenunterschied ↑↓ je 1120 Hm, bis Stieglreith ↓ 580 Hm.

REITH BEI SEEFELD   1130 m

Personenzughaltestelle der ÖBB, Mittenwaldbahn. 694 Ew.; 2092 ha, davon 411 ha landw., 1105 ha forstw. genutzt. FVV, 17 Gastbetriebe, 63 Privatvermieter, 860 Betten. Nördlinger Hütte, 2241 m, am Südgrat der Reither Spitze (AV-Sektion Nördlingen), Skischule, Campingplatz, Sessellift Reith – Gschwandtkopf, Schlepplifte Reith und Leithen.

Geschichte:
1260 als „Rute" erstmals urkundlich erwähnt. Damals besaßen die Stifte Benediktbeuren und Wessobrunn Güter in Reith. Seit 1817 selbständige Gemeinde. Im 16. Jahrhundert wurde von den Hofärzten Dr. Georg Thanstädter, Prof. Fuchsius und Dr. Petrus Merenda das „Thyrschenblut" als Heilmittel bezeichnet; seit 1656 wurde ein Recht zur Steinölbrennerei erteilt.

Kunstdenkmäler:
Pfarrkirche St. Nikolaus, 1391 erstmals urkundlich genannt, 1832/33 Neubau, 1892 abgebrannt und 1895 neu erbaut. Von der alten Kirche blieb nur der Turm erhalten. 1945 durch 6 Bombentreffer schwer beschädigt, 1964 wiederhergestellt. Im Weiler Leithen *St.-Pankrazius-Kapelle*, erbaut 1780 und *Pestsäule* mit den Jahreszahlen 1604 und 1633. „*Riesenhaus*" in Leithen, Haus Nr. 11, mit Fresko aus dem Jahre 1537, darstellend den Kampf der Riesen Haymon und Thyrsus.

Naturdenkmäler:
Naturschutzgebiet *Karwendel*, zusammen mit Bereichen der Gemeinden Scharnitz, Seefeld, Zirl, Innsbruck, Absam, Thaur, Hall in Tirol, Gnadenwald, Vomp, Jenbach, Eben und Achental; Schutz der Pflanzen- und Tierwelt sowie des Landschaftsbildes im Karwendelgebirge; 720 qkm (1933). Naturschutzgebiet *Reither Moor* bei Seefeld (1940). „*Wildmoos*", zusammen mit Bereichen der Gemeinden Telfs und Seefeld; blumenreiche Magerwiesen, Birkengruppen und 2 periodische Seen.

Reith bei Seefeld

Karten:
AV-Karte 1:25.000, Karwendel, Blatt West; AV-Karte 1:50.000, Blatt 31/5, Innsbruck-Umgebung; Österreichische Karte 1:50.000, Blatt 117; Kompaß-Wanderkarte 1:50.000, Blatt Nr. 26; Freytag-Berndt-Touristenwanderkarte 1:100.000, Blatt Nr. 33, Innsbruck-Umgebung.

| W⇄ | **Nach Seefeld** |

Vom Bahnhof in Reith kurz nach N leicht ansteigend über die Wiesen zum Waldrand und dann flach im Erika-Föhren-Wald etwas östlich der Bahn über den Schartenbach (Kaltwasserbach) und an der Maximilianhütte vorbei.

Die Maximilianhütte begründet sich auf das Vorkommen bituminöser Schiefer im Raume Seefeld – Eppzirl. Der Sage nach soll der Stein mit dem Blut des Riesen Thyrsus getränkt sein, daher wird es von alters her als „Dirschenblut" bezeichnet. Schon im 16. Jahrhundert dürfte es verwendet worden sein, denn 1535 erwähnen es Ärzte vom landesfürstlichen Hof zu Innsbruck. Sie nannten es „Tirolisches Gagatöl". Versuche, das Öl als Leuchtöl für Grubenlampen zu verwenden, schlugen fehl (1576–1610). Auch die Asphaltindustrie von Erzherzog Maximilian von Österreich-Este kam nach kurzer Blütezeit zum Erliegen. 1884 erwarb die Ichthyolgesellschaft den Bergbau samt der Maxhütte. Durch den damals führenden Hamburger Dermatologen P. G. Unna wurde das „Ichthyol" in die Humanmedizin eingeführt. Seither ist der Betrieb systematisch zu einem modernen pharmazeutischen Werk ausgebaut worden. Der Ölschiefer wird bergmännisch abgebaut und destilliert und das Ichthyol dann weiter verwertet.

Der Weg führt nun über die Seefelder Umfahrungsstraße und dann zwischen Bahn und Straße am Hagelbach entlang in den östlichen Ortsteil von Seefeld.
Gehzeit 1 St.; Höhenunterschied ↑ 100 Hm.

| B↑↓ | **Durch die Schloßbachklamm nach Hochzirl** |

Am östlichen Ortsende von der Hauptstraße abzweigen und dann stets über der Mittenwaldbahn nahezu eben durch lichten Föhrenwald ober Leithen vorbei.

Leithen gehört seit 1816 zur Gemeinde Reith, vorher war es ein Teil von Zirl (ab 1427). Einige Gebäude sind sehenswert: so die aus dem Jahre 1704 stammende Kapelle, die Pestsäule (1604 und 1663 bez.), und das „Riesenhaus" (Haus Nr. 11) mit einem Fresko aus dem Jahre 1537, den Kampf der Riesen Haymon und Thyrsus darstellend.

Nach ca. 20 Min. biegt der Weg nach N in die Schloßbachklamm und führt nach einem Bildstöckl steil hinab zum Schloßbach, der unterhalb der „Hohen Brücke" der Mittenwaldbahn gequert wird.

Auf den steilen Dolomitfelsen entdeckt man immer wieder einzelne, oft bizarr gewachsene Spirken (Pinus uncinata), eine nur mehr in kleinsten Reliktbeständen vorkommende Baumart, die einer aufrecht wachsenden Latsche ähnelt. Sie erreicht hier in der Schloßbachklamm ihre Arealgrenze gegen das Alpeninnere hin.

Am linken Ufer führt der Steig wieder in mehreren Kehren über die hier im Tunnel verlaufende Bahnlinie empor und dann fast eben durch den Föhrenwald hinaus zur Heilanstalt Hochzirl, 997 m.

In Erinnerung an die italienischen Bauarbeiter, die einen wesentlichen Anteil an der Erbauung der kühnen Mittenwaldbahn hatten, trägt dieser Teil des Steiges die Bezeichnung „Welscher Weg".

Gehzeit 1¼ St.; Höhenunterschied ↓ 200 Hm, ↑ 80 Hm. Der Weg ist meist halb schattig, mit wechselnden Ausblicken auf eine schroffe Hochgebirgslandschaft, am lohnendsten im Frühling (April, Mai), wenn die Bergblumen auf den Felswänden blühen.

W↓ Vom Seefelder Sattel ins Inntal

Vom Bahnhof in Reith steigen wir zur alten Bundesstraße an und auf dieser unter der Bahn und der neuen Straße hindurch. Nach dem Durchlaß gehen wir links weiter und biegen nach 100 m auf einen Feldweg nach rechts ab zum Reither Mühlbach, der weiter unten Niederbach heißt. Vor der Brücke über den Bach folgen wir nicht dem Wegweiser, sondern überschreiten beim Klotzhof den Bach und gehen dann links auf dem ebenen Weg durch die Wiesen (Wegweiser „Hochleitenkopf" zum Weiler Mühlberg, 20 Min. ab Reith). Eben kommen wir nun nach S

Reith bei Seefeld

in einen kleinen Graben und verlassen nach dem Bach den Weg zum Hochleitenkopf und wandern auf zuerst schmalem, ebenem, dann breiter und stärker fallendem Weg durch den Föhrenwald.

Hier blicken wir zurück über den tief eingeschnittenen Graben nach Reith. Der Bach mündet bei Dirschenbach in den Inn. Dieser Name erinnert an die Sage von den beiden Riesen Haymon und Thyrsus. Der fremde Riese Haymon (ein Bayer) soll von Norden her bis in die Gegend von Seefeld vorgedrungen sein. Als er überraschend auf den einheimischen Riesen Thyrsus stieß, kam es zum Kampf. Der unbewaffnete Thyrsus riß zwar einen Baum aus und benützte ihn als Waffe. Haymon hatte aber ein Schwert, mit dem er Thyrsus bald tötete. Sein Blut drang in den Boden ein und hinterließ das heilkräftige Öl, das die Bauern seit dem 16. Jahrhundert kannten und verwendeten und das sie als Thürschenöl bezeichneten. Haymon bereute seine Tat, und um sie durch eine gute Tat auszugleichen, zog er nach Veldidena, tötete dort den bösen Silldrachen und gründete das Stift Wilten auf den Mauern des römischen Kastells. Der aufmerksame Leser wird in dieser Sage manche historische Begebenheit verwoben finden.

Wir erreichen nun bald einen Karrenweg, der schließlich nach W umbiegt und zu den oberen Wiesen von Leiblfing hinabführt, über die wir zur Leiblfinger Kirche und weiter zum Gh. Baldauf in Unterpettnau weiterwandern. Autobushaltestelle.

Gehzeit 2 St.; Höhenunterschied ↓ 500 Hm. Der Weg ist meist halb schattig und wird am besten im Frühling und im Herbst begangen.

 Zum Kaiserstand

Vom östlichen Ortsende in Reith nach NO mäßig steil durch den lichten Wald aufwärts steigend erreichen wir in ca. 1 St. den Kaiserstand, einen Platz, 1420 m, von dem aus man einen umfassenden Blick in die schroffe, schwer zugängliche Schlucht des Zirler Schloßbaches und in sein zerschrundetes Einzugsgebiet unter dem Freiunggrat erhält. Rückweg wie Anstieg.

Gehzeit ↑ 1 St., ↓ ½ St.; Höhenunterschied ↑↓ je 300 Hm; halb schattig.

B↑↓ Rauhenkopf – Nördlinger Hütte

Von der Kirche in Reith nach N durch die Wiesen zum Waldrand hinauf und auf dem mit Nr. 211 bez. AV-Steig zunächst flach nach N, dann steil nach Nordosten durch den Wald am Westhang des Rauhenkopfes bis zur Legföhrengrenze. Nun geht es eben weiter westlich des Rauhenkopfes vorbei bis zum Schartlehner, 1856 m, einem scharfen Einschnitt in den Kamm (Schartlehnerhaus nicht bew.); bis hieher 2 St. Der Weg führt steil nach N weiter durch dichte Latschenbestände aufwärts bis zu deren Obergrenze und dann flacher auf grasigen Almmatten am Rücken des „Schoasengrates" zur Nördlinger Hütte, 2238 m (DAV-Sektion Nördlingen, Juni bis Ende September bew., 13 B, 23 M).

Rückweg wie Anstieg; oder von der Hütte nach W steil hinab über den Graben des Kaltwasserbaches zu einem alten Stollen des Ichthyolwerkes und von dort flach nach N über den Mühlbachgraben zur Reither Jochalm, 1505 m. Der Weg biegt nun nach links um (W) und führt steil durch den Wald zur Maxhütte hinab (Forstweg flacher, aber bedeutend länger), von wo wir auf dem Seefelder Wanderweg zurück nach Reith gehen.

Gehzeit ↑ 3¼ St., ↓ 2–2½ St.; Höhenunterschied ↑↓ je 1110 Hm. Der gut bez. Weg ist unschwierig, doch stellenweise sehr steil, je zur Hälfte sonnig und halb schattig.

RINN 921 m

Haltestelle der ÖBP-Autobuslinien Innsbruck – Tulfes und Innsbruck – Hall in Tirol – Rinn. 651 Ew.; 1065 ha, davon 304 ha landw., 659 forstw. genutzt. FVV, 9 Gastbetriebe, 53 Privatvermieter, 531 Betten, 2 Rheumabäder (oberes und unteres Lavierenbad), Skischule, Schlepplift Archenstadel.

Geschichte:
1250 erstmals als „Runne" urkundlich genannt. Im Register vom Jahre 1313 scheint Rinn als Wirtschafts- und Flurgemeinde auf, und seit 1817 ist es selbständige politische Gemeinde.

Kunstdenkmäler:
Kirche St. Andreas, einst gotisch, 1776 umgebaut. *Kirche in*

Judenstein, einst ein bekannter Wallfahrtsort. Die Kirche wurde 1670 über dem Stein errichtet, auf dem der selige Anderl 1462 ermordet worden sein soll. *Speckbacherhof* an der Hauptstraße, einst der Hof des berühmten Mitkämpfers Andreas Hofers, Josef Speckbacher.

Naturdenkmäler:
Naturschutzgebiet *Zirmberg,* zusammen mit Bereichen der Gemeinde Aldrans, Zirben-Urwälder, 178 ha (1942).

Karten:
Umgebungskarte von Innsbruck 1:25.000; AV-Karte 1:50.000, Blatt 31/5, Innsbruck-Umgebung; Österreichische Karte 1:50.000, Blätter 118, 148; Kompaß-Wanderkarte 1:30.000, Blatt Innsbruck – Igls – Solbad Hall; Freytag-Berndt-Touristenwanderkarte 1:100.000, Blatt 33, Innsbruck-Umgebung.

W↑↓ Waldweg nach Sistrans

Auf dem Forstweg nach S aufwärts bis zum Sportplatz und ober diesem dem gelb mit Nr. 30 bez. Weg nach rechts (W) folgen. Der Weg führt oberhalb der Schlepplift-Bergstation vorüber durch den Wald in 2 St. nach Sistrans.

Gehzeit in jeder Richtung ca. 2 St.; Höhenunterschied ↑↓ je 200 Hm.

W↓ Durch das Knappental nach Ampass

Von Rinn zunächst auf der Landesstraße nach W (Weg Nr. 20) und nach dem Rinner Bichl an der höchsten Stelle der Straße nach rechts (N) auf Weg 29 am Triendlhof vorbei und ein Stück am Waldrand entlang und dann nach links (W) auf Weg Nr. 44 flach durch den Wald ins Knappental hinab. Weiter nach W wandernd gelangen wir auf die Wiesen der Prockenhöfe und nach deren Überschreiten ins bewaldete Herztal. Wir biegen scharf nach rechts (N) ab, wandern das Herztal hinunter und gelangen schließlich zu einem Forstweg, auf dem wir nach links steil hinab ins Dorf Ampass kommen. Autobushaltestelle.

Gehzeit 1½ St.; Höhenunterschied ↓ 270 Hm.

W↓ Judenstein – Hall

Vom östlichen Ortsteil in Rinn wandern wir etwas abwärts durch die Felder zu den Mooshöfen. Dort biegen wir nach rechts (O) und gelangen auf ebenem Weg (Nr. 29) in 20 Min. zur Wallfahrtskirche Judenstein. Von der Kirche führt unser Weg (ab hier Nr. 26) steil durch den Wald ins Zimmertal hinab und quert beim Mäuslhof das Tal. Nun folgen wir dem neuen Forstweg am sonnseitigen Waldrand nach NO. Vom Forstweg biegt schließlich nach ca. ¼ St. ein Fußweg nach NW ab und leitet steil kurz durch den Wald hinunter und unter der Autobahn hindurch zur Haller Innbrücke und nach Hall.

Gehzeit ↓ 1½ St.; Höhenunterschied ↓ 350 Hm.

W↓ Über den Kienberg nach Hall

Von der Ortsmitte in Rinn nach N durch die Wiesen zu den Mooshöfen und weiter zum Bestandsmannhof. Dort auf einem Fußsteig nach links (W) hinab ins Hasental und talaus (Weg Nr. 27) an der Musmühle vorbei, bis wir auf einen breiten Güterweg stoßen. Diesem (Nr. 34) folgen wir in der Senke aufwärts nach N und gelangen nach ¼ St. zum Kienberg, einer in herrlicher Aussicht gelegenen Hofgruppe. Von hier auf dem Kienbergweg (Nr. 33) nach rechts (NO) durch die Kienberger Wiesen, dann durch den nordseitigen Kienbergwald zur Haller Innbrücke und nach Hall hinab.

Gehzeit 1½ – 2 St.; Höhenunterschied ↑ 50 Hm, ↓ 400 Hm.

W↑↓ Über die Rinner Alm zur Gedächtniskapelle

Von der Ortsmitte nach S aufwärts und am Sportplatz vorüber auf dem Forstweg (mit Nr. 45 markiert) stetig ansteigend durch den Hochwald in 2 St. auf die mitten im Hochwald gelegene, kleine Rinner Alm, 1394 m (im Sommer einfach bew. Gh.). Weiter auf dem Forstweg in mehreren Kehren mäßig steil in 1¼ St. zur Kriegergedächtniskapelle, 1739 m.

Die Kapelle wurde vom ehemaligen Rinner Postwirt Johann Erlacher 1931 in Erinnerung an alle gefallenen Söhne der Heimat auf einem beherrschenden Punkt oberhalb der Hühnerwände mitten im Zirbenwald aus behauenen Holzstämmen errichtet. Es lohnt sich, noch etwa 50 m weiter aufwärts zu gehen, wo man bei einem trigonometrischen Punkt am Rande der Felswände über den Ampasser Kessel hinweg in Richtung Patscherkofel (W) einen großen Teil des berühmten, jahrhundertealten Zirbenwaldes überblickt. Es empfiehlt sich auch, von der Kriegerkapelle weiter nach S etwas in den Zirbenbestand hinein zu wandern, der besonders schön zur Zeit der Alpenrosenblüte (Anfang Juli) und im Herbst ist. Man beachte aber, daß der Zirbenwald unter Naturschutz steht und daß das Pflücken von Blumen und Zirbenzweigen zur Gänze verboten ist. Der Ausblick auf das Inntal und das Karwendelgebirge ist von hier aus einer der schönsten im ganzen Innsbrucker Raum.

Rückweg wie Anstieg.

Gehzeit ↑ 3 St., ↓ 2 St., zusammen 5 St.; Höhenunterschied ↑↓ je 820 Hm; Wege gut markiert und bequem, großteils schattig.

| B ↑ ↓ | **Über die Kalte Kuchl auf den Glungezer, 2677 m**

Von der Ortsmitte in Rinn nach S aufwärts auf dem mit Nr. 45 bez. Forstweg in 2 St. zur Rinner Alm, 1394 m (im Sommer einfach bew. Gh.). Weiter auf dem Forstweg nach O stetig ansteigend, an der Seeblaslacke, einem kleinen Weiher oberhalb des Weges, vorüber bis zur Weggabelung bei der „Kalten Kuchl", 1653 m; ab Rinner Alm 1 St. Hier nach rechts auf dem Fahrweg bis zur Talstation des Skilifts und weiter auf dem Fußweg über die Skipiste zur Tulfeinalm; ab Liftstation 1¼ St. Von der Tulfeinalm auf AV-Steig Nr. 333 über baumloses Gelände in 2 St. zur Glungezerhütte, 2640 m (ÖAV-Sektion Hall i. T., ganzj. bew., 30 M), knapp unter dem Gipfel des Glungezer gelegen.

Der Glungezer ist zwar als Skiberg noch bekannter, doch lohnt sich auch im Sommer seine Ersteigung sehr, da sie durch abwechslungsreiches Gelände führt. Am Gipfel genießt man eine weite Rundsicht vom Karwendelgebirge bis zum Kaiser und in die Zillertaler Gletscher.

Rückweg: über den Viggartal-Rücken nach W südlich an der Viggarspitze vorüber und in ca. 2100 m Höhe (westlich der Viggarspitze) nach rechts (NW) abzweigen und hinab nach Ißeben, 1900 m, und zur Sistranser Alm, 1608 m (Gh., im Sommer bew.), weiter nach O auf dem Forstweg (Nr. 46) zur Aldranser Alm, 1511 m (Gh.), und über die Rinner Alm, 1394 m (Gh.), zurück nach Rinn.

Gehzeit ↑ 6 St., ↓ 4 St., zusammen 4 St.; Höhenunterschied ↑↓

je 1760 Hm; Wege gut bezeichnet und leicht, zur Hälfte sonnig und schattig.

ST. JODOK, siehe **VALS,** Seite 416

ST. SIGMUND   1516 m

Haltestelle der ÖBP und ÖBB-Autobuslinie Innsbruck – Kühtai. 156 Ew.; 10.230 ha, davon 134 ha landw., 3620 ha forstw. genutzt. 9 Gastbetriebe, 13 Privatvermieter, 350 Betten. Westfalenhaus, 2273 m, im Fernertal (AV-Sektion Münster i. Westfalen), Witzenmannhaus (Neue Pforzheimer Hütte), 2308 m, im Gleirschtal (AV-Sektion Pforzheim), Schlepplift Praxmar-Hausberg, 2 Schlepplifte Praxmar.

Geschichte:
Nach dem ältesten Urbar des Stiftes Wilten, 1305, war das Sellrainer Obertal von alters her alleiniger Besitz des Stiftes. Eine ältere Urkunde von 1142 leitet den Grundbesitz von der Verleihung durch das Hochstift Brixen her. In den Stiftsurbaren von 1470 und 1497 ist vom „Wiltener Gepirg" die Rede: Praxmar, Kreuzlon, Gleirs, Prant, Saichpichl, Rofner (Haggen) und Pischofsperg gehörten dazu. Pischofsperg wurde schließlich als St. Sigmund der Mittelpunkt der Gemeinde. Zahlreiche Lawinenopfer waren im Ortsteil Paida zu verzeichnen; die Gräber im Friedhof von St. Sigmund legen Zeugnis davon ab. Das letzte Lawinenereignis erfolgte am 23. Februar 1970, dabei wurde das Gh. Alpenrose zerstört und vier Tote waren zu beklagen. Daraufhin wurden die Höfe von Paida taleinwärts auf den Boden westlich der Kirche verlegt.

Kunstdenkmäler:
Pfarrkirche St. Sigmund, 1130 eine Holzkapelle erweitert, 1350 Wallfahrtskirche, 1490 Neubau angeblich durch Herzog Sigmund, 1789 Anbau. 1932 wurden Reste spätgotischer Fresken aus der 2. Hälfte des 15. Jahrhunderts aufgedeckt, 1963 die gotischen Fresken in der Urkirche.

Naturdenkmäler:
1 *Zirbe* im Längental (1941). Zahlreiche *Flaumbirken* (Betula pubescens ssp. pubescens) im Längental und am Lüsenser Ferner-

boden, einige *Flaumweiden* (Salix laggeri) im Fernertal und am Lüsenser Fernerboden.

Karten:

AV-Karte 1:25.000, Stubaier Alpen, Nordblatt; Österreichische Karte 1:50.000, Blätter 146, 147; AV-Karte 1:50.000, Blatt 31/5, Innsbruck-Umgebung; Kompaß-Wanderkarte 1:50.000, Blatt 35; Blatt Sellrain des FVV 1:50.000; Freytag-Berndt-Touristenwanderkarte 1:100.000, Blatt 33, Innsbruck-Umgebung.

 Kraspesspitze, 2953 m

Vom Weiler Haggen nach S ins Kraspestal bis zum Talschluß und dann westlich des Baches durch Geröll und Blockwerk gegen den Kraspessee hin. Unter dem See biegt das Tal scharf nach rechts (W) um, und Steigspuren führen durch Blockhalden und eine steile Rinne zu einer Scharte hinauf, 2910 m, von der man über den SO-Grat auf den Gipfel der Kraspesspitze gelangt, 2953 m.

Abstieg wie Anstieg oder über den SW-Grat ein Stück hinab, dann nach W durch das Blockkar hinüber etwas absteigend zum felsigen „Langschrofen", um diesen herum und weiter nach W fast eben zur Finstertaler Scharte, 2720 m. Von der Scharte in Serpentinen nach N in eine blockige und teils felsige Karmulde hinab und dort nach W umbiegend steil zu den Schaflegern hinunter. Rechts des Baches wandern wir dann flach zu den Finstertaler Seen hinaus und über eine Steilstufe hinunter nach Kühtai, 1967 m. Autobushaltestelle.

Gehzeit ↑ 4 St., ↓ 2½ St., zusammen 6½ St.; Höhenunterschied ↑↓ je 1300 Hm, nach Kühtai ↓ 990 Hm; lohnende, unschwierige Gipfelbesteigung, doch sind Trittsicherheit und Bergerfahrung notwendig, Steige stellenweise nur angedeutet.

 Durch das Gleirschtal zur Neuen Pforzheimer Hütte, 2308 m

Von St. Sigmund wandern wir auf dem Fahrweg nach S durch das bewaldete Gleirschtal zu den Gleirschhöfen, 1662 m.

Bis zum Ersten Weltkrieg waren die schon 1305 genannten Gleirschhöfe eine Dauersiedlung. Heute werden sie nur mehr als Alpe bewirtschaftet.

Über die Gleirschwiesen wandern wir flach taleinwärts, bei den letzten Baumbeständen durch eine Talenge etwas steiler zu den flachen Böden der Vorderen Gleirschalm hinauf. Wieder wird das Tal enger, und vor einer Talbiegung quert der Weg den Bach, um auf dem Osthang über Weideböden und Zwergstrauchheiden zur Neuen Pforzheimer Hütte (Adolf-Witzenmann-Haus) hinaufzuleiten, 2308 m (DAV-Sektion Pforzheim, Weihnachten bis Neujahr, Anfang Februar bis Ende Mai und Anfang Juli bis Ende September bew., 40 B, 22 M). Rückweg wie Hinweg.

Gehzeit ↑ 2½ St., ↓ 2 St., zusammen 4½ St.; Höhenunterschied ↑↓ je 800 Hm.

B ↑↓ Von der Pforzheimer Hütte zum Westfalenhaus

Von der Hütte zunächst auf dem AV-Steig Nr. 144 nach SO ca. 100 Hm hinunter ins Tal, wo wir etwas südlich der Hinteren Gleirschalm den Gleirschbach überschreiten. Ein kleines Stück folgen wir noch dem Weg, der zum Satteljoch und nach Praxmar führt, dann verlassen wir ihn bei einer Abzweigung und gehen rechts (nach S) weiter. Der mit Nr. 143 bez. AV-Steig führt uns – immer gleichmäßig ansteigend – über Schneeböden, Krumpseggenrasen und Schuttfelder zum Zischgenferner und über diesen in seinem linken Drittel hinauf zur Zischgenscharte, 2936 m, einem schmalen Einschnitt zwischen Schöntalspitze im O und Grubenwand im W. Von der Scharte geht es steil auf der Sonnseite nach S durch Blockhalden ins Grubenkar und über die Münsterhöhe auf alpinen Rasenfluren zum Westfalenhaus hinunter, 2273 m (DAV-Sektion Münster i. Westfalen, 1. 3. – 2. 5. und 1. 7. – 20. 9. bew., bei Anmeldung auch 27. 12. – 7. 1. 20 B, 35 M).

Gehzeit ↑ 3 – 3½ St., ↓ 2 St., zusammen 5 – 5½ St.; Höhenunterschied ↑ 740 Hm, ↓ 760 Hm. Der Weg führt durch teilweise vergletschertes Hochgebirge und ist geübten und ausdauernden Bergsteigern vorbehalten. Es sollte nur bei trockenem Wetter und bei guter Sicht begangen werden.

B ↑↓ Von der Pforzheimer Hütte nach Praxmar

Von der Hütte auf dem AV-Steig Nr. 144 nach SO zunächst ca. 100 Hm hinab ins Tal, wo etwas südlich der Hinteren Gleirschalm der Gleirschbach überschritten wird. Der Weg führt von da zuerst mäßig, dann steiler hinauf ins Kar und über alpine Rasenfluren zunehmend steiler werdend in vielen kurzen Serpentinen zum Satteljoch hinauf, 2734 m. Jenseits steigen wir nach O über die Schrofen des „Kuhwachters" und den Schönbichl zur Waldgrenze am Zirbenkogel hinab und weiter nach Praxmar, 1689 m.

Gehzeit ↑ 2 St., ↓ 1½ St., zusammen 3½ St.; Höhenunterschied ↑ 530 Hm, ↓ 1150 Hm. Der mit Nr. 1 und Nr. 144 bez. und rotweiß-rot markierte Weg ist ein einfacher, aussichtsreicher und unschwieriger Übergang.

B ↑↓ Von der Pforzheimer Hütte ins Ötztal

Von der Hütte zuerst neben der Wasserleitung nach W hinauf über Weideböden und Krummseggenrasen ins Roßkar und von diesem ziemlich steil in Serpentinen über Blockhalden auf das Gleirschjöchl, 2750 m, 1¼ St.

Vom Jöchl genießen wir einen schönen Rundblick auf Teile des Karwendelgebirges und der Sellrainer Berge; nach W auf den Larstiggrat und den Breiten Grieskogel; im NW auf die schönen Felsgipfel vom Acherkogel bis zum Hohen Wasserfall.

Ein bez. Steig führt uns über steile, steinige Rasenhänge hinab zu grünen Weideböden und am Hang in ca. 2300 m Höhe talaus nach NW. Allmählich senkt sich der Steig über Weideflächen und Alpenrosenhänge ins Zwieselbachtal hinab und führt dann eben am rechten Talhang über die Zwieselbachalm zur Gubener Hütte, 2034 m (DAV-Sektion Schweinfurt, 20. 6. – 15. 9. bew., 18 B, 54 M).

Gehzeit ↑ 1¼ St., ↓ 1½ St., zusammen 3 St.; Höhenunterschied ↑ 540 Hm, ↓ 720 Hm; leichter, lohnender Übergang auf dem mit Nr. 145 bez. AV-Steig.

Von der Gubener Hütte auf befahrbarem Weg in 1½ St. durch das Hoarlachtal nach *Niederthei* und am sehenswerten Stuibenfall vorbei in einer weiteren Stunde nach *Umhausen* im Ötztal.

SCHARNITZ 964 m

Haltestelle der ÖBB, Mittenwaldbahn. Haltestelle der Autobuslinie Innsbruck – München (nur im Sommer). 1020 Ew.;

15.865 ha, davon 184 ha landw., 5831 ha forstw. genutzt. FVV, Tiroler Landesreisebüro, 13 Gastbetriebe, 101 Privatvermieter, 834 Betten, Skischule, Sessellift Scharnitz – Mühlberg, Schlepplift Brand, Schlepplift auf der Übungswiese. Birkkarhütte, 2635 m, auf dem Schlauchkarsattel (AV-Sektion Männerturnverein München), Karwendelhaus, 1762 m, südwestlich des Hochalmsattels (AV-Sektion Männerturnverein München), Pleisenhütte, 1757 m, am Südhang der Pleisenspitze (privat).

Geschichte:
Die römischen Postverzeichnisse des 4. Jahrhunderts nannten bereits eine Station Scarbia. Diese Station dürfte aber weiter nördlich gelegen sein. Noch im 11. und 12. Jahrhundert war das ganze Gebiet zwischen Zirl – Leithen und dem Walchensee im bayerischen Alpenvorland ein geschlossener Wald. In dessen Mitte (Mittenwald) gründeten die bajuwarischen Edlen Reginbrecht und Irminfrid mit Zustimmung des bairischen Herzogs Tassilo III. 763 ein Kloster; als Ortsbezeichnung wird die Einöde Scarantia genannt. Eine Stiftungsurkunde spricht 763 von einem Kloster in der Einöde Scarantia an einer bereits bestehenden gemauerten Kirche. 1476 befahl Erzherzog Sigmund von Tirol seinem Pfleger auf Schloßberg (nördlich Seefeld), „den ganzen Hof in der Scharnitz bei der oberen Isarpruggen zu raumen", d. h. neu anzulegen. Daraus entstand die Siedlung Scharnitz. Bis 1803 unterstanden jedoch die einzelnen Häusergruppen drei verschiedenen Herrschaften (Hörtenberg, Schloßberg und Hochstift Freising). Während des Dreißigjährigen Krieges erwarb die Innsbrucker Regierung vom Hochstift Freising einen Platz in der Talenge von Scharnitz zum Bau einer mächtigen Befestigung. Diese erhielt den Namen der damaligen Tiroler Landesfürstin Claudia von Medici, also Porta Claudia. Erst 1766 gelang es nach langwierigen Verhandlungen mit dem Hochstift Freising, das Karwendeltal gegen das Raintal und den Ebenwald im Tauschwege zu erwerben.

Kunstdenkmäler:
Pfarrkirche Unsere Liebe Frau Mariahilf, Kapelle, 1630; die 1797 erbaute Kirche wurde 1809 durch Brand zerstört, ebenso die 1831 neuerbaute Kirche, die 1893 abbrannte; die jetzige Kirche stammt aus dem Jahre 1896.

Naturdenkmäler:

Naturschutzgebiet *Karwendel,* zusammen mit Bereichen der Gemeinden Seefeld, Reith, Zirl, Innsbruck, Thaur, Absam, Hall, Gnadenwald, Vomp, Jenbach, Eben und Achental; Schutz der Pflanzen- und Tierwelt sowie des Landschaftsbildes, 720 qkm (1933). Naturschutzgebiet *Ahrnspitze,* zusammen mit Bereichen der Gemeinde Leutasch; interessante Flora, die jedoch durch den Waldbrand von 1947 und durch starken Touristenverkehr aus Mittenwald sehr beeinträchtigt ist, 12,5 qkm (1942).

Karten:

AV-Karte 1:25.000, Blatt Karwendel-West; AV-Karte 1:50.000, Blatt 31/5, Innsbruck-Umgebung; Österreichische Karte 1:50.000, Blätter 84, 114; Kompaß-Wanderkarte 1:50.000, Blatt 26; Freytag-Berndt-Touristenwanderkarte 1:100.000, Blatt Nr. 33, Innsbruck-Umgebung.

W↑↓ „Über den Hohen Sattel" und „durch den Boden"

Von der Bahnstation Gießenbach zunächst nach N zum Gh. Maximilian, wo man die Bundesstraße nach W überschreitet. Nun dem Wegschild entsprechend den Schuttkegel „Sattelegries" aufwärts nach W.

Dabei durchwandern wir einen unscheinbaren, lichten Waldbestand, der sich aus Rotföhren (Pinus silvestris), Spirken (Pinus uncinata) und baumförmigem Wacholder (Juniperus communis) zusammensetzt. Diesen Waldtyp gibt es heute nur mehr an ganz wenigen Stellen Tirols. Er ist typisch für Schuttkegel, die immer wieder leicht überschottert werden. Spirke und Baumwacholder werden auf diesem Standort gleich hoch wie die Rotföhre und erreichen Höhen von etwa 12 m. Die Baumwacholder waren früher sicher häufiger als heute anzutreffen und wurden im Laufe der Jahrhunderte wegen ihres duftenden Holzes nahezu ausgerottet. Im Frühsommer ist der Boden übersät von den weißen Blütensternen der Silberwurz (Dryas octopetala), einem typischen, den Boden bedeckenden Spalierstrauch, der als Pionier auf Kalkschutt auftritt.

Der Weg führt am Rand des Bachbettes aufwärts über das „Kohlplatzl" in die Sattelklamm und nach ca. 100 m steilen Anstieges flach an einem Jagdhaus vorüber zum Hohen Sattel,

1495 m; bis hieher ca. 2 St. Vom Sattel steigen wir auf markiertem Weg ca. 120 m nach S zum bewaldeten Rücken westlich der Hochfluder auf und folgen dann sanft nach SW absteigend dem Rücken. Wir verlassen den nach Unterweidach führenden Weg bei einem Wegweiser, biegen nach S ab und gelangen durch die „Zipflklamm" auf die „Unteren Mähder", ein sanft nach O fallendes Wiesental, in dem wir auf der Straße nach links (O) „durch den Boden" zurück nach Gießenbach gelangen.

Gehzeit ↑ 2½ St., ↓ 2½ St., zusammen 5 St.; Höhenunterschied ↑↓ je 610 Hm; gut markierter Weg, zwei Drittel schattig, ein Drittel sonnig.

| B ↑↓ | **Von Scharnitz auf die Arnspitze, 2195 m** |

Vom Bahnhof in Scharnitz überschreiten wir die Isar und steigen auf dem mit lichtem Föhrenwald bestandenen, steilen Felsrücken an den Ruinen der Porta Claudia vorbei auf. Nach 10 Min. biegt der Steig in den Nordhang und führt stetig ansteigend zur Arntalmulde nordwestlich des Arntalköpfls, einem der Arnspitze vorgelagerten Rücken. Hier überschreitet der Steig die österreichisch-deutsche Staatsgrenze und leitet nun in steilen Serpentinen nach W über den „Haselrinner" zur Arnspitzhütte hin, 1955 m (DAV, keine Nächtigungsmöglichkeit, nur Unterstand). Nun wenden wir uns nach NW und steigen auf dem gut bez. teils felsigen Steig in ¾ St. zur Großen Arnspitze hinauf, 2195 m. Abstieg: zuerst zurück bis zum Blasigskopf oberhalb der Arnspitzhütte, 2007 m, dann über Schrofen und Schotter nach SW in den Sattelwald zum Hohen Sattel, 1495 m. Am Hohen Sattel folgen wir dem anfangs flachen Weg durch das Wannerstal, dann steil in Serpentinen über die „Sattelstiege" und über das Sattelgries, den mit Rotföhren, Spirken und Baumwacholder bestandenen Schuttkegel, zum Talboden. Wir halten uns dort nach links (N) und gelangen auf Weg Nr. 42 über die Wiesen zurück nach Scharnitz, 964 m.

Gehzeit ↑ 3½ St., ↓ 2½ St., zusammen 6 St.; Höhenunterschied ↑↓ je 1230 Hm; viel begangener, sehr aussichtsreiche und abwechslungsreiche Gipfelbesteigung im Kalkgebirge, Trittsicherheit erforderlich.

⬜W↑↓ Isarsteig

Vom östlichen Ortsende in Scharnitz führt der Isarsteig immer am linken Ufer des blauen Wildflusses entlang durch lichten Wald, bis wir nach ca. ¾ St. eine Klammstrecke erreichen, ober welcher der Steig entlangführt und immer wieder schöne Tiefblicke zum klaren Fluß und auf die von Spirken bestandenen bizarren Felsbildungen bietet. Nach einer weiteren ½ St. biegt der Steig nach Süden ca. 200 m weit in die Gleirschklamm hinein, steigt dabei ca. 60 Hm an un trifft dann auf den alten „Krapfenweg", dem wir zur Isar hinab folgen. Jenseits steigen wir etwa 60 Hm zur Gleirschhöhe, 1068 m, am Hinterautalfahrweg empor. Diesen Forstweg (mit Nr. 224 bez.) wandern wir nun am rechten Talhang entlang talauswärts. In ½ St. erreichen wir das Gh. Schönwieshof, in einer weiteren ½ St. Scharnitz.

Gehzeit 3 St.; Höhenunterschied ↑↓ je 120 Hm; bequemer Weg von eigenartigem Reiz an einem romantischen, sauberen Wildfluß entlang, zwei Drittel schattig, ein Drittel sonnig.

⬜W↑↓ Zum Karwendelsteg

Vom östlichen Ortsende in Scharnitz folgen wir zuerst dem orographisch rechten Ufer der Isar verlaufenden Forstweg an der Karwendelbachmündung vorbei (E-Werk). Bald danach – noch vor dem Gh. Schönwieshof – zweigt unser Weg von der Forststraße nach links (NO) ab (Tafeln) und führt durch den Lastwald zum Lablehner und „in die Räut'", einer Verebnung, auf der einst ausgedehnte Mähwiesen lagen. Am Oberrand der „Räut'" biegt der Weg nach links (N) leicht fallend in den Wasserlegraben ab und führt jenseits durch den „Lablehnerwald" zur „Schiechen Klamm" hinab, wo wir auf dem „Karwendelsteg" den Karwendelbach überschreiten. Der Steig leitet nun am anderen Ufer steil hinauf zum Karwendelfahrweg (Nr. 201), auf dem wir nach links wieder hinaus nach Scharnitz wandern.

Gehzeit 2 St.; Höhenunterschied ↑↓ je 160 Hm.

Durch das Karwendeltal nach Hinterriß

W↑↓

Der Name Karwendel stammt vermutlich vom althochdeutschen Personennamen Gerwentil, der erstmals 1280 in Urkunden auftaucht. Ursprünglich war wohl nur ein Teil des Tales – eben der Besitz des Gerwentil – so benannt. In einem Rechtsstreit in Seefeld wird 1284 ein Perktoldus Gerwendelaur genannt; das Gebiet im heutigen Karwendeltal „ze Gerbintla". Erst Hermann von Barth, der alpinistische Erschließer dieses Gebirges, dehnte den Namen auf die ganze Gebirgsgruppe aus (1870). Im Jahre 1943 wurden die alpinen Anteile des ganzen Gebirges zum Naturschutzgebiet erklärt.

Von der Hauptstraße in Scharnitz wandern wir am rechten Ufer der Isar aufwärts. Bei den letzten Häusern (Wegtafel) beginnt ein Abkürzungsweg, der zuerst steil aufwärts zur „Pürzlkapelle" führt und bald danach auf den Karwendeltalforstweg trifft. Auf diesem wandern wir taleinwärts durch Mischwald, der sich aber bald öffnet und den Blick auf die markanten Berge zu beiden Talseiten freigibt und auf die vielen Lawinen- und Schuttkegel, kleinen Wäldchen und Felsschrofen, die alle einen Namen tragen. Wir kommen an einer Wildfütterung vorüber, und nach ca. 2 St. liegt vor uns auf grünen Matten die Larchetalm, 1174 m (im Sommer bew., 3 B, 27 M). Weiter wandern wir – stets mäßig ansteigend – abwechselnd durch kleine Waldbestände und Weideflächen, mehrmals auch Schuttreißen querend, in 1 St. zur Angeralm. Am östlichen Ende des Almbodens steigt der Weg über eine Talstufe steil durch den Kaserwald in weiten Kehren hinauf – prächtige Einblicke in das Schlauchkar gewährend – zu den ausgedehnten grünen Flächen der Hochalm, 1689 m. Über die Almfläche steigen wir zum Karwendelhaus auf, das am NW-Fuß des Hochalmkreuzes in 1765 m Höhe ganz am Berghang auf einer in den Fels gesprengten Plattform steht (DAV-Sektion Männerturnverein München, von Pfingsten bis zum 2. Sonntag im Oktober bew., 45 B, 120 M); bis hieher von Scharnitz 4½ St. Vom Karwendelhaus nehmen wir ostwärts wandernd den Weg zum Hochalmsattel, 1781 m.

Von hier blicken wir nochmals zurück auf die markanten Berge des eben durchwanderten Karwendeltales. Ein noch großartigerer Blick öffnet sich uns nach O, wo über dem Kleinen Ahornboden links die Falken, rechts die fast 700 m hohe Felsmauer der Lalidererwand aufragen.

Vom Sattel wandern wir vorerst auf dem Fahrweg flach fallend bis zum „Graßlegerbichl". Dort zweigt links ein kürzerer Fußsteig ab, der bis zum Ahornboden der Tiefenlinie neben einem kleinen Bächlein folgt. Wegen der schönen Ausblicke empfiehlt es sich aber, für die Wanderung auf der Fahrstraße zu bleiben, die wohl etwas weiter ist und ebenfalls zum Kleinen Ahornboden führt, 1398 m; bis hieher vom Karwendelhaus 1¼ St.

Am Kleinen Ahornboden, einem der herrlichsten Talgründe in den Nördlichen Kalkalpen, steht ein Jagdhaus und unweit davon das Denkmal für Hermann von Bahr, den kühnen alpinistischen Erschließer des Karwendelgebirges, der innerhalb von 2 Jahren 88 Gipfel erstieg, davon mindestens 12 zum ersten Mal. Südlich des grünen, von einzelnen alten Ahornbäumen geschmückten Bodens bauen sich ober einzelnen Bergwald- und Latschenzungen die schroffen Nordwände der Kaltwasserkarspitze und der Birkkarspitze auf. Die Birkkarspitze ist mit 2749 m der höchste Gipfel des Karwendelgebirges.

Vom Barth-Denkmal wandern wir auf der Fahrstraße nach N in 1½ St. durch das relativ wenig begangene Johannistal – zum Schluß oberhalb einer tief eingeschnittenen Felsschlucht – hinab ins Rißtal und dort nach links (NW) der Straße entlang in ¾ St. nach Hinterriß, 944 m, einer kleinen Ansiedlung, die als einzige des ganzen Gebirges dauernd bewohnt ist. Neben dem Gh., das einst ein Franziskanerhospiz war, stehen wenige Häuser des Forst- und Jagdpersonals sowie das Zollhaus. Auf der anderen Seite des Rißbaches liegt auf einer Anhöhe zwischen mächtigen Laubbäumen versteckt das ehemalige Jagdschloß des Herzogs von Coburg, dem ein großer Teil des Karwendelgebirges gehört.

Gehzeit ↑ 4½ St., ↓ 2¼ St., zusammen ca. 7 St.; Höhenunterschied ↑ 840 Hm, ↓ 860 Hm. Der Weg durch das Karwendeltal ist bis zum Kleinen Ahornboden ein Teilstück des mit Nr. 201 bez. „Nördlichen Weitwanderweges" des AV. Durch das Johannistal ist der Weg mit Nr. 231 bez. Neben der „Karwendeltour" mit ihren verschiedenen Varianten ist dieser Wanderweg wohl einer der schönsten im Karwendelgebirge.

B ↑↓ **Die Karwendeltour**

Jeder, der nur einige Tage in Innsbruck weilte, hat meist von der Karwendeltour gehört, und nicht zu Unrecht gilt sie als Inbegriff einer Wanderung von Innsbruck aus.

Das Karwendelgebirge zwischen der Seefelder Senke im Westen und der Achenseefurche im Osten sowie zwischen dem Inntal im Süden und dem Isartal im Norden nimmt eine Fläche von rund 1000 qkm ein. Etwa drei Viertel dieser Fläche liegen in Tirol. Dieses tirolische Karwendel ist zugleich das größte unbesiedelte Gebiet Österreichs. In der West-Ost-Richtung ist es fast 35 km lang, und es ist, abgesehen von den Karwendelvorbergen, klar gegliedert in Ketten und Längstäler. Seine höchste Erhebung ist die Birkkarspitze, 2749 m hoch, die in der Karwendelhauptkette zwischen dem Hinterautal und dem Karwendeltal aufragt. Nicht nur die höchsten Erhebungen weist diese Kette auf, sie ist auch nach allen Seiten besonders steil, fällt sie doch z. B. bei der Ödkarspitze nach Süden auf eine horizontale Entfernung von 4 km 1600 m und nach Norden gar auf 2 km horizontale Entfernung 1300 m tief ab.

Dieser Tatsachen sollte man sich bewußt sein, wenn man die Karwendeltour antritt, denn in ihnen ist der besondere landschaftliche Reiz begründet, den dieser Wanderweg vermittelt. Schon kurz nach dem Eintritt ins Karwendeltal empfindet man die Enge und Steilheit, denen man auf dem ganzen weiteren Wege ausgesetzt bleibt. Almböden, die ins Ödland freundlich eingestreut sind, und die klaren Bäche, wie man sie nur im Kalkgebirge antrifft, mildern die Strenge des Landschaftsbildes, dunkle Fichtenwälder aber steigern stellenweise seinen Ernst ins Qualvolle. Erst der Herbst, der den überall eingestreuten Laubgehölzen, vor allem den Bergahorn, seine bunten Lichter aufsetzt, bringt eine liebliche, träumerische, romantische Note in diese von fahlen Steinwänden gekrönte Landschaft, die sich in dem Bereich zwischen Spielißjoch und Hohljoch in der ungeheuer steilen Laliderwand und den anschließenden Wänden der Dreizinkenspitze ins schier Unüberbietbare steigert.

Klein und unscheinbar, für kurze Zeit aus seiner gewöhnlichen Überheblichkeit in die wahren Maße der Schöpfung gerückt, wandert der Mensch am Fuße dieser gewaltigen Felsmauer entlang, und man muß seinen Kopf arg in den Nacken legen, will man darüber den blauen Himmel sehen.

Üblicherweise teilt man die Karwendeltour in drei etwa gleiche Abschnitte, wobei man im Karwendelhaus die erste und in der Engalm die zweite Nacht verbringt. Ausdauernde Geher können aber auch mit zwei Wandertagen auskommen. Ihnen bietet sich die Falkenhütte, in der Mitte des Gesamtweges gelegen, als vorteilhafte Unterkunft an. Wenn man beim Erwachen die Herzogkante, vom schräg einfallenden Licht der Morgensonne scharf ausgeleuchtet, vor sich hat, so ist das ein besonders starker Eindruck" (aus Emil Hensler, Nordtiroler Wanderbuch, 1968, Tyrolia-Verlag, Innsbruck).

Vom Bahnhof in Scharnitz folgt man der Bundesstraße bis zur Isarbrücke. Vor dieser nach links (O) auf asphaltierter Straße bis zu den letzten Häusern (Wegweiser „Karwendelhaus"), nach links auf dem Fußsteig hinauf zur Pürzlkapelle, 1120 m, und bald danach auf den Karwendeltalfahrweg. An der Larchetalm, 1174 m (Gh., 2 St. ab Scharnitz), vorüber gelangen wir nach 1 weiteren St. zur Angeralm, von der der Weg steiler in weiten Kehren zur Hochalm und zum darüber liegenden Karwendelhaus, 1765 m, ansteigt; ab Scharnitz 4½ St.; hier 1. Nächtigung.

Vom Karwendelhaus in ¼ St. zum Hochalmsattel, 1791 m, und dann auf dem Fahrweg in mehreren Kehren hinab zum Kleinen Ahornboden, 1403 m (unbew. Jagdhaus und Hermann-von-Barth-Denkmal), 1 St. ab Karwendelhaus. Vom Kleinen Ahornboden steigt der Weg wieder an und führt z. T. durch Wald und über Weideböden zum Spielißjoch, 1775 m, oder zur etwas höher liegenden Falkenhütte, 1846 m (Adolf-Sotier-Haus, DAV-Sektion Oberland, München, Juni bis Oktober je nach Schneelage bew., 34 B, 89 M); von Scharnitz 7 St., vom Karwendelhaus 3 St. Vom Spielißjoch weg queren wir am Fuße der mächtigen Laliderwand die Laliderer Reißen und gelangen in 1 St. auf das 1795 m hohe Hohljoch. Über die fruchtbaren Weideböden des Laliderer Hochlegers führt uns nun der Weg durch ahornreiche Fichtenwälder hinab in die Eng, 1216 m (Alm und Gh., von Pfingsten bis 30. Oktober bew., ca. 80 B, 85 M; Telefon 05245/214); bis hieher vom Karwendelhaus 5–5½ St.; hier 2. Nächtigung.

Ab der Eng gibt es für das letzte Drittel der Karwendeltour drei Varianten: a) über den Großen Ahornboden nach N das Enger-Tal hinaus (asphaltierte Mautstraße) in ½ St. bis zum Ende des Ahornbodens, wo rechts über die Wiesen ein breiter Weg in den Wald hinaufzieht.

Der Große Ahornboden ist der größte und schönste Bestand von Bergahornbäumen in den Ostalpen mit einer Fläche von über 240 ha, auf welcher 2409 Ahornbäume stehen, darunter mehr als 1400 Stämme mit einem Alter von mehreren Jahrhunderten. Eine große Anzahl der alten Stämme reicht in die Zeit des Dreißigjährigen Krieges zurück, als wegen der Kriegswirren die Alm lange Jahre hindurch nicht bestoßen wurde. Später wurden die Ahorne im Gegensatz zu den Nadelbäumen geschont, und so kam es zu dem außergewöhnlichen, parkartigen Bestand. Die Bäume starben in den letzten Jahrzehnten infolge zunehmender Verschotterung immer mehr ab. Die Verbauung des Enger Baches durch die Wildbach- und Lawinenverbauung beendete in dem mittleren Teil des Ahornbodens und neben der Engalm diese Verschotterung und damit das „Ahornsterben", und durch eine Aktion der Bezirksforstinspektion Schwaz wurden in den Jahren 1960–1969 zur Verjüngung des Bestandes 1000 junge Bäume gepflanzt. Die Aktion wurde am 16. Juni 1969 mit dem 1000. Baum abgeschlossen, der vom bayerischen Landrat Dr. Huber aus Bad Tölz gemeinsam mit dem Bezirkshauptmann von Schwaz, Dr. Weißgatterer, gepflanzt wurde. Jeder einzelne Baum trägt das Namensschild seines Spenders. Der Große Ahornboden konnte durch diese Maßnahmen erhalten bleiben und wird weiterhin das leicht erreichbare Ausstellungsstück des Naturschutzgebietes Karwendelgebirge sein.

Der Weg tritt in einen Mischwald ein und biegt bald danach nach O um, führt über die untere Plumsalm und durch lichten Wald in 3 St. zum Gh. Plumser Joch, 1640 m (Anfang Juni bis Oktober bew., 6 B) und auf das nahe Plumser Joch, 1649 m. Von diesem geht es in steilen Serpentinen nach O hinunter ins Gerntal, an der Gernalm, 1172 m (im Sommer bew. Gh., 12 B, 2 M), vorbei, 1 St., nach einer weiteren ½ St. an der auf grünem, sonnseitigem Anger liegenden Pletzachalm vorüber, 1040 m (Gh., 15. 4.–30. 11. bew., 8 B, 6 M), und durch das flache, großteils bewaldete Gerntal hinaus nach Pertisau, 933 m, Autobushaltestelle; ab Eng 5½ St.; Höhenunterschied ab Eng ↑ 430 Hm, ↓ 720 Hm.

b) vom Gh. Eng nach O steil auf einem Fahrweg in ¾ St. zur Binsalm, 1500 m (Gh., von Anfang Mai bis Ende Oktober bew., 12 B, 20 M). Nach ¼ St. biegen wir nach N ab und steigen über eine Steilstufe zum Grameijoch, 1901 m, auf, 2 St. ab Eng (herrliche Aussicht), und über den Gramei-Hochleger steil hinunter zum Gramei-Niederleger, 1203 m, im Falzthurntal. In 2 St. wandern wir durch das landschaftlich schönste der Achenseetäler an der Falzthurnalm, 1089 m (Gh. von Pfingsten bis 30. 9. bew., 6 B), vorbei nach Pertisau. Gehzeit ab Eng 5½ bis 6 St.; Höhenunterschied ↑ 680 Hm, ↓ 970 Hm.

c) vom Gh. Eng nach O ziemlich steil wie oben zur Binsalm, 1500 m (Anfang Mai bis Ende Oktober bew.), und in weiteren 2 St. auf das Lamsenjoch, 2123 m, und jenseits in ¼ St. hinab zur Lamsenjochhütte, 1953 m (DAV-Sektion Oberland, München, Anfang Juni bis Anfang Oktober bew., 31 B, 111 M). Weiter über Weideflächen, Latschenbestände und Schuttreißen zur Stallenalm, 1350 m (Pfingsten bis 30. 9. bew., 15 B), und durch das Stallental hinaus nach Stans oder Schwaz, 560 m. Gehzeit ab Eng 6–6½ St.; Höhenunterschied ↑ 910 Hm, ↓ 1560 Hm.

Scharnitz 335

Es ist schwer zu sagen, welche der drei Varianten die schönste ist. Das mag wohl auch vom persönlichen Erlebnis abhängen, und daher sollte man wohl alle drei selbst probieren. Die am häufigsten begangene Variante ist jene über das Plumser Joch, da sie den geringsten Höhenunterschied aufweist. Seit 1968 wird die Karwendeltour vom Tiroler Skiverband als „Karwendelmarsch" in Form einer Großveranstaltung organisiert, bei der die sportliche Seite im Vordergrund steht. Mehrere Tausende marschieren bzw. laufen in einem einzigen Tag – etliche sogar in wenigen Stunden – die mehr als 30 km lange Strecke. Umso geruhsamer sind dafür die Tage nach diesem Großereignis.

Gesamtgehzeiten und Höhenunterschiede für den genießenden Wanderer: Scharnitz – Karwendelhaus 4½–5 St.; ↑ 800 Hm. Karwendelhaus – Falkenhütte 3 St.; ↑ 460 Hm, ↓ 390 Hm. Karwendelhaus – Eng 5½ St.; ↑ 500 Hm, ↓ 970 Hm. Eng – Pertisau über Plumser Joch 5½ St.; ↑ 430 Hm, ↓ 720 Hm. Eng – Pertisau über Grameijoch 5½–6 St.; ↑ 680 Hm, ↓ 970 Hm. Eng – Schwaz 6–6½ St.; ↑ 910 Hm, ↓ 1560 Hm.

B ↑↓ Vom Karwendelhaus auf die Birkkarspitze, 2749 m, und die Ödkarspitze, 2739 m

Hinter dem Karwendelhaus führt der AV-Steig 225 zuerst im Zickzack teilweise mit Drahtseilen versichert ca. 100 Hm aufwärts und verläuft dann leicht steigend durch Latschen am Westhang des Hochalmkreuzes ins Schlauchkar. Von der unteren Karschwelle geht es im Rasen zur oberen und dann im Schutt in steilen Serpentinen hinauf (auch im Hochsommer meistens noch Schnee) zum Schlauchkarsattel, 2635 m, wo die Birkkarhütte, eine kleine, offene Unterstandshütte, steht, die von der DAV-Sektion Männerturnverein München 1919 erbaut wurde; vom Karwendelhaus 2½ St. Von der Birkkarhütte auf dem mit Drahtseilen gut versicherten Felssteig über den Westgrat, dann eine Rinne übersteigend in der SW-Flanke über plattiges und brüchiges Gestein und zuletzt durch Schutt in ½ St. zum Gipfel der *Birkkarspitze* oder vom Schlauchkarsattel über den schuttbedeckten, anfangs flachen, dann mit einigen Felsstufen abgesetzten Ostgrat in ¾ St. zum Gipfel der *Östlichen Ödkarspitze, 2739 m* (leicht).

Die schön geformte Felspyramide der Birkkarspitze ist der höchste Gipfel des Karwendelgebirges und bietet dadurch eine großartige, weitreichende Aussicht. Über die Vorberge im Norden ist die oberbayerische Ebene mit ihren Seen sichtbar, im O zeigt sich der Wilde Kaiser und der Bergkranz um Berchtesgaden. Im Westen überblicken wir Wettersteiner und Mieminger Berge, Lechtaler und Allgäuer Alpen. Die Zentralalpen sind von den Hohen Tauern bis zur Silvrettagruppe vor uns ausgebreitet. Am eindrucksvollsten aber ist der Tiefblick nach NO auf den Kleinen Ahornboden und die dahinter aufragenden Falken.

Abstieg wie Anstieg oder vom Schlauchkarsattel auf gut markiertem AV-Steig Nr. 225 nach S zuerst im Schutt ins westliche Birkkar hinab und dann durch Horstseggenrasen und Legföhrenbestände ins Hinterautal, 1190 m, wo der Steig etwas westlich der Kastenalm auf den Fahrweg trifft; bis hieher 2½–3 St. Weiter in 1½ St. auf das Hallerangerhaus, 1768 m, oder in 3½ St. talauswärts nach Scharnitz.

Gehzeit ↑ 3 St., ↓ 2½–3 St. bis Kastenalm, ↓ 3½ St. bis Scharnitz, zusammen 9–9½ St.; Höhenunterschied ↑980 Hm, ↓ 1560 Hm bis Kastenalm, ↓ 1790 Hm bis Scharnitz. Der Übergang vom Karwendel- ins Hinterautal gehört zu den lohnendsten Bergwanderungen im Karwendel, erfordert aber Bergerfahrung, Ausdauer und Trittsicherheit.

B ↑↓ Auf die Pleisenspitze, 2567 m

Von Scharnitz nach O auf der Fahrstraße (AV-Weg 224) am rechten Ufer der Isar entlang an der Mündung des Karwendelbaches (E-Werk) vorbei. Etwa 500 m danach biegen wir bei einer Wegtafel auf einem breiten Fahrweg nach links (N) hinauf in den „Lastwald" und an der „Räut", einer Wiese mit vielen Heustadeln vorbei zu einer Weggabelung. Dort halten wir uns nach rechts in den Wasserlegraben hinein und dann über den Lablehner ziemlich steil am Südhang durch den Bergwald bis zur Waldgrenze und dann flach nach SO in Latschen zur Pleisenhütte, 1757 m (privat, an Samstagen und Sonntagen bew., 20 M); von Scharnitz 3 St. Im Sommer ist die Auffahrt mit dem Taxi bis etwa 1500 m möglich. Von der Hütte unweit einiger Höhlen nach NO durch Latschenbestände ins Vordere Pleisenkar hinauf und über rasige Hänge auf den Hinteren Pleisen-(Süd-)Grat, auf dessen breitem Rücken wir zum Gipfel gelangen, der den westlichen

Eckpfeiler der Hinterautaler Kette bildet; von der Hütte 2½ St. Rückweg wie Anstieg.

Gehzeit ↑ 5½ St., ↓ 4 St., zusammen 9½ St.; Höhenunterschied ↑↓ je 1600 Hm.

| B ↑↓ | **Durch das Hinterautal zum Hallerangerhaus** |

Von Scharnitz auf der Hinterautaler Straße (Wegtafeln, AV-Steig 224) am orographisch rechten Ufer der Isar aufwärts, am Gh. Schönwieshof vorüber. Nach etwa 1 St. zweigt nach rechts die Straße ins Gleirschtal ab. Wir wandern geradeaus weiter am Südfuß des Kienleitenkopfes entlang.

Über dunklen Waldhängen zeigen sich im Süden immer wieder die Nordabstürze der Gleirschkette. Auf den Schuttkegeln sind hier noch kleine Bestände der schwarzstämmigen Spirke (Pinus uncinata) erhalten. Rechts liegt im Wald das Jagdhaus Hubertus, und bald danach erhalten wir nach N einen kurzen Einblick in das abweisende Ödkar.

Durch immer wieder verschotterten, ahornreichen Bergwald wandern wir fast eben unter der hinteren Schwarzwand entlang zur Abzweigung ins Birkkar und auf den Almboden der Kastenalm, 1220 m.

Vor uns ragt der „Reps" auf, ein Bergrücken zwischen dem obersten Hinterautal und dem Roßloch, wo im Mittelalter zahlreiche Stollen zum Abbau des Silbers vorgetrieben wurden. Wassereinbrüche erzwangen schließlich die Einstellung dieses Bergbaues, doch wurde hinter der Kastenalm während des Zweiten Weltkrieges ein neuer Bergbau begonnen, der sich vor allem auf das Bleierz gründete. Das Roßloch bietet touristisch wenig. Hier befindet sich wegen der erforderlichen Abgelegenheit eine Zuchtstation für Bienenköniginnen.

Der Weg steigt nun im schattseitigen Wald empor, in dem die ersten Zirben beigemischt sind, am alten Bergwerk „Zum silbernen Hansl" vorüber, dessen unbewachsene Halden noch gut erkennbar sind. Über eine kleine Talstufe gelangen wir zum Lafatschalm-Niederleger, 1574 m, dann zur Kohleralm, 1745 m, und zum Schluß etwas steiler durch Fichten-Lärchen-Legföhren-Bestände zum herrlich gelegenen Hallerangerhaus, 1768 m (DAV-Sektion Schwaben, Stuttgart, Pfingsten bis 1. oder 2. Sonntag im Oktober bew., 20 B, 72 M; Auffahrt nach Anmeldung auch mit Jeep möglich). Rückweg wie Hinweg.

Gehzeit ↑ 5 St., ↓ 4 St.; Höhenunterschied ↑↓ je 820 Hm.

| B ↑↓ | **Vom Hallerangerhaus durchs Vomperloch nach Vomperbach/Vomp**

Vom Hallerangerhaus gehen wir zuerst in ¼ St. zur fast gleich hoch gelegenen Hallerangeralm (Herrenalpe, im Sommer bew., 18 B, 15 M). Dann folgen wir dem AV-Steig 224 nach O über Weideböden, die von einzelnen Latschen bestanden sind, zum Überschalljoch, 1912 m, ½ St.

Wir blicken zurück auf das Hinterautal und nach S über die mächtigen Nordwände des Bettelwurfkammes. Am Joch stehen einige Wetterzirben, und vor uns liegt das lange, wildromantische Vomperloch, wohl das einsamste und am wenigsten begangene Tal im Karwendelgebirge.

Nun geht es in steilen Windungen nahe dem Jagdhaus „Knappenhüttl" vorbei neben dem Vomper Bach abwärts zum Lochhüttl, 1244 m (nicht bew., 2 St. ab Halleranger). Der Weg quert hier den Bach und führt in dunklem Bergwald in ½ St. zum nicht bew. Jagdhaus in der Au, 1075 m. Etwa 10 Min. östlich der Au teilt sich der Weg: a) rechts führt der „Knappensteig" bei der „Prügelklamm" in unzähligen Serpentinen ca. 400 Hm empor zur Walderalm, 1511 m, 2 St. ab der Au. b) bei der Wegteilung über den Bach, dann unter der „triefenden Wand" steil aufwärts und wieder hinab zur Ödkarbachklamm. Nach deren Überquerung neuerlich ansteigend zur Stierschlagklamm (Seilsicherung). Nun weiter aufwärts und dann über die aus 160 Stufen gehauene „Katzenleiter" hinab ins Zwerchloch, jenseits an einem verschlossenen Jagdhaus vorüber und nun durch lichten Wald am West- und Südhang an der nicht bew. Melansalm, 1022 m, vorbei zum Vomperberg, wo wir beim Beginn der Inntalterrasse zum 1. Stützpunkt nach der Hallerangeralm kommen, nämlich zum Gh. Karwendelrast, 3½ St. ab Au. Von der Karwendelrast führt rechts der Steig hinab nach Vomperbach und eine Fahrstraße geradeaus nach Vomp bzw. Schwaz, 550 m.

Gehzeit 6–8 St.; Höhenunterschied ↑ 300 Hm, ↓ 1500 Hm.

| B ↑↓ | **Durch das Gleirschtal über die Pfeishütte und das Halltal nach Hall i. T.**

Von Scharnitz auf der Hinterautalstraße (Nr. 224) bis zur Gleirschhöhe, 1069 m, ober der Gleirschklamm am Zusammenfluß von Isar und Gleirschbach, 1 St. Der Weg (ab hier Nr. 221) führt zur Isar hinab und jenseits steil über den bewaldeten „Krapfen", den westlichen Vorsprung des Gleirschkammes, wo man einen schönen Ausblick auf die westlichen Gipfel der Hinterautalkette hat. Etwa eine Stunde lang windet sich die Straße in vielen Kurven am SW-Hang der „Gleirschseite" entlang, bis sie bei einer Wildfütterung wieder den Talboden erreicht. Kurz darauf mündet von rechts (S) das Großkristental (Zirler Kristental) ein Weg Nr. 213 über Erlsattel zum Solsteinhaus und nach Hochzirl). Wir bleiben auf dem alten Weg (Nr. 215) und kommen nach ca. 10 Min. zur Amtssäge, 1193 m, einem Forsthaus, wo seit Jahrhunderten die Säge stand, von der das Holz zum Haller Bergbau gebracht wurde (von Mai bis Oktober bew., 8 B, 4 M). Ein ¼ St. später erreichen wir die Möslalm, 1252 m (Arzler Kristalm, privat, 15. 6.–1. 10. bew., 4 B, 5 M), von Scharnitz 2¾ St.

Von S mündet hier das Kleinkristen- oder Hippental ein, durch das man auf dem AV-Steig 215 den Übergang über den Frau-Hitt-Sattel nach Innsbruck machen kann.

Fast eben zieht sich der Weg durch den Wald talein bis zu einer kleinen Wiese unterhalb des „Kreidenegg", wo das Denkmal für den Generalkonsul Leo Schoelter steht, der in den Jahren 1927–1936 Jagdherr des Gleirschtales war.

Hier zweigt rechts der Fahrweg ins Angertal ab (Nr. 216), über den man auf das Hafelekar, aufs Gleirschjöchl und auf die Mühlkarscharte gelangt.

Das Gleirschtal (vom rätoromanischen „Gluirsch" = Schotter) endet hier; eigentlich erhält es nur einen neuen Namen: Samertal. Er erinnert an den wichtigen Saumweg, der im Mittelalter zum Holztransport von der „Christensag" über das Stempeljoch teils mit Pferdefuhrwerken, teils mit Saumtieren benutzt wurde, um den großen Holzbedarf an Stempeln für die Stollenabstützung im Haller Salzbergwerk zu befriedigen.

Auf dem „Reibensteig" wandern wir weiter aufwärts in einem fast schluchtartigen Talabschnitt, am Fuße der Nordabstürze der Gleirschtaler Brandjöcher und unter den großteils von Waldbränden und Lawinen blankgefegten Südhängen der Jagerkar-, Praxmarerkar- und Kaskarspitze. Mehrmals quert der Weg den Bach und steigt schließlich durch Latschenfelder und Schuttreißen auf dem Sonnenhang unter dem Kaskar an, biegt bei der Mündung des Sonntagskars nach S um und hinauf zur Pfeishütte, die am Nordrand einer weiten, welligen von Latschen bewachsenen Mulde liegt, 1922 m (ÖAV-Sektion Innsbruck, 15. 6.–1. oder 2. Sonntag im Oktober bew., 36 B, 36 M), 2 St. von der Amtssäge, 5 St. ab Scharnitz. Von der Pfeishütte auf Weg Nr. 221 nach SO mäßig ansteigend über die steinigen Almmatten in 1 St. auf das Stempeljoch, 2215 m. Jenseits steil hinab ins Halltal zu den Herrenhäusern und nach Hall, 575 m.

Gehzeit ↑ 6 St., ↓ 3½ St., zusammen 9½ St.; Höhenunterschied ↑ 1250 Hm, ↓ 1640 Hm.

B↑↓ Zu den Kristenalmen

Von Scharnitz nach O auf der Hinterautalstraße (Nr. 224) bis zur Gleirschhöhe, 1069 m, ober der Gleirschklamm am Zusammenfluß von Isar und Gleirschbach. Der Weg ist ab hier mit Nr. 221 bez., führt zur Isar hinab und jenseits steil über den bewaldeten „Krapfen" ins Gleirschtal bis zur Mündung des Großkristentales (Zirler Kristental), etwas unterhalb der Amtssäge, 1190 m, ab Scharnitz 2½ St. Auf breitem Fahrweg (Nr. 213) wandern wir durch den Wald in ¾ St. zur Zirler Kristenalm, 1348 m (im Sommer Jausenstation). Bald danach lichtet sich der Wald, und wir kommen zur Weggabelung bei der „Rast", 1540 m. Hier wenden wir uns nach links (O) und steigen in Serpentinen (Weg Nr. 215) steil durch den „Knappenwald" bis an die Waldgrenze und darüber durch Latschen und Rasen unter dem Kamm nach N zum „Sandegg", 1920 m. Von diesem führt der Weg nach O hinab ins Arzler Kar zum Grund des Kleinkristentales (Hippental). Talauswärts wandernd treffen wir wieder bald auf einen breiten Fahrweg, auf dem wir über licht bestockte Weidegründe zur Möslalm (Arzler Kristenalm), 1252 m, gelangen (privat, Gh., vom 15. 6.–1. 10. bew., 4 B, 5 M).

Rückweg nach Scharnitz auf dem Gleirschtalweg in 2 St.

Gehzeit ↑ 5½ St., ↓ 3½ St., zusammen 8½ St.; Höhenunterschied ↑↓ je 960 Hm.

B↑↓ Zur Oberbrunnalpe

Von Scharnitz auf Weg Nr. 36 nach S neben der Skipiste in den Mühlbergwald und weiter auf dem Fußsteig (Nr. 37) am Rücken nach SO zum Luchstalkopf, 1490 m, zum Mittagskopf,

Scharnitz 341

1640 m, und durch Latschen am Kamm zum Zeindlkopf, 1746 m, und von dort durch den Bergwald hinab zur Oberbrunnalm, die 1523 m hoch auf einem Sattel zwischen Karltal und Isertal liegt; ab Scharnitz 2½ St.

Der Aufstieg ist auch etwas bequemer über Gießenbach, die Gießenbachklamm (AV-Weg Nr. 212) bis zur Talgabelung, dann durch das Karltal auf dem Forstweg möglich, 2 St.

Rückweg: vom Nordende der Almfläche auf Weg Nr. 38 am Jagdhaus vorbei nach NO durch den Wald und westlich am Zunterkopf vorbei nach N in den Vorderen Kreidegraben hinab, dann über einen Rücken in die Teufelsklamm und nach deren Überquerung auf dem „Hochwaldweg" an der „Tafelefichte" vorbei durch den Wald hinunter in den Scharnitzer Ortsteil Eisack.

Variante: von der Oberbrunnalpe auf dem Forstweg nach NO durch das Isertal hinab ins Gleirschtal, jenseits hinauf zur Gleirschtalstraße und auf dieser zurück nach Scharnitz (ca. 1½ St. länger).

Gehzeit ↑ 2½ St., ↓ 2 St.; Höhenunterschied ↑↓ je 880 Hm.

W↑↓   **Mühlbergsteig**

Von Scharnitz auf Weg Nr. 36 neben der Bahn nach SW an der Talstation des Mühlbergliftes vorüber, am Fuße des Mühlberges entlang bis zum Gh. Maximilian in Gießenbach, ½ St., dort steil nach O durch den Wald hinauf zur Skipiste nordöstlich des Marendköpfls, 1300 m. Rückweg auf Weg Nr. 37 neben der Skipiste.

Gehzeit 2 St.; Höhenunterschied ↑↓ je 300 Hm.

W↑↓   **Rund um den Schlagkopf**

Von Scharnitz auf dem Fußweg neben der Bahn nach Gießenbach und weiter oberhalb der Bahn (Weg Nr. 11) durch lichten Wald bis zur Haltestelle Angerschlag. Dort wenden wir uns nach links (O) und steigen auf Weg Nr. 34 an der alten Steinölbrennerei vorüber zum Schlagsattel, 1446 m. Der Weg führt nun nach O ins Reither Tal hinunter und quert dann den „Schönwald". Etwas oberhalb der Karltal-Mündung treffen wir auf den Eppzirler Weg, den wir talauswärts durch die Gießenbachklamm nach Gießenbach wandern; von dort zurück nach Scharnitz.

Gehzeit 4 – 4½ St.; Höhenunterschied ↑↓ je 500 Hm.

W↑↓ Nach Eppzirl

Von der Kirche auf dem Fußweg nach Gießenbach; hieher auch mit Pkw. Südlich des Gh. Maximilian über die Bahn und nach Süden auf dem Fahrweg (nur für Wirtschaftsfahrten gestattet) in die romantische Eppzirler Klamm, 25 Min.

Bizarre Felsen ragen zu beiden Seiten auf, Spirken, Legföhren und Bergahorne wachsen in Felsklüften. Nicht selten kann man auch Gemsen beobachten. Zahlreiche Alpenpflanzen reichen hier bis ins Tal herab, und im Frühling sind die Felsen gelb von den duftenden Plateniglblüten (Primula auricula).

Nach ca. ¾ St. ab Gießenbach wird die Schlucht breiter und gabelt sich bei einem alten, aufgelassenen Kalkofen. Wir folgen dem Weg nach rechts über eine Steilstufe und erreichen nach 20 Min. den unteren Boden der Eppzirler Alm. Hier stehen am westlichen Hangfuß die Reste einer Latschenölbrennerei und die Haufen der destillierten Holzschnitzel. Leicht ansteigend erreicht man in ½ St. die Gebäude der Eppzirler Alm, 1455 m.
Gesamtgehzeit 2 St., Rückweg 1½ St.; Höhenunterschied ↑↓ je 500 Hm; gute, breite Wege, zur Hälfte sonnig und schattig (AV-Weg Nr. 212).

Von der Eppzirler Alm aus empfiehlt sich die lohnende *Umwanderung des Sunntigsköpfls*. Dabei gewinnt man eindrucksvolle Einblicke in die schroffe, hochkalkalpine Umrahmung des Eppzirler Talschlusses und hat oft auch Gelegenheit, Wild zu beobachten. Der Weg führt zuerst von der Alm nach Westen bis zum Hangfuß, dann steil empor bis zum 1807 m hoch gelegenen Übergang von den Kotzengruben nach NW über die „schöne Seiten" ins „Wibmertal" und dort an einem ehemaligen Ölschieferschurf vorüber zurück auf den Talboden.
Für diese Rundwanderung benötigt man ca. 1¾ St, der Höhenunterschied beträgt ↑ 350 Hm und ↓ 440 Hm.

B↑↓ Eppzirl – Großkristen

Wie vorne wandern wir durch die Gießenbachklamm in 2 St. zur Eppzirler Alm, 1455 m. Von hier nach S auf dem AV-Steig 212 über den Almboden und dann durch Latschen hinauf ins Kuhloch und über steile Schotterreißen zur Eppzirler Scharte, 2093 m, einem tiefen, engen Einschnitt zwischen Erlspitze und Kuhlochspitze, 1½ St.

Östlich der Erlturm; nach S schöne Aussicht.

Wir steigen nun durch Schutt nach S hinab und queren danach den großteils mit Legföhren bewachsenen Hang gegen SO zu den Almmatten hinüber, auf denen das Solsteinhaus 1806 m hoch liegt. Nach NO überschreiten wir vom Solsteinhaus an der Erlalm vorbei den grünen Erlsattel und steigen dann durch Latschenbestände zur „Rast" am Talschluß des Großkristentales hinunter. Ein immer breiter werdender Weg (Nr. 213) leitet uns durch das großteils licht mit Wald bestandene Tal zur Zirler Kristenalm, 1348 m (im Sommer Jausenstation), und weiter zum Gleirschtal hinaus. Auf dem Gleirschtalweg (Nr. 221) wandern wir in 2 St. zurück nach Scharnitz.

Gehzeit ↑ 3½ St., ↓ 4 St., zusammen 7½ St.; Höhenunterschied ↑↓ je 1130 Hm.

SCHMIRN 1405 m

Haltestelle der ÖBP-Autobuslinie Steinach – Schmirn. 730 Ew.; 6265 ha, davon 495 ha landw., 2842 ha forstw. genutzt. 3 Gastbetriebe, 48 Privatvermieter, 372 Betten.

Geschichte:
1249 erstmals als „Smurne" urkundlich erwähnt. Im Register von 1313 „Gemeinde Smürn mit wildentukkes (Tux)" als dem Gericht Steinach zugehörig genannt. Seit 1811 selbständige Gemeinde, jedoch 1926 Hintertux abgetrennt. Durch schwere Lawinenkatastrophe wurden im Jänner 1952 einige mehrhundertjährige Höfe zerstört.

Kunstdenkmäler:
Einzelne Weiler mit gut erhaltenen originellen Einzelhöfen. *Pfarrkirche hl. Josef,* 1756/57 von Franz de Paula Penz erbaut, 1898 restauriert. *Wallfahrtskirche Mariahilf* in der Kalten Herberge, 1838.

Karten:
Österreichische Karte 1:25.000, Blatt 148/3, Steinach (z. T.); AV-Karte 1:25.000, Blatt Zillertal-West (z. T.); AV-Karte 1:50.000, Blatt 31/5, Innsbruck-Umgebung; Österreichische Karte 1:50.000, Blätter 148, 149; AV-Karte 1:50.000, Brennergebiet; Kompaß-Wanderkarte 1:50.000, Blatt 36; Freytag-Berndt-Touristenwanderkarte 1:100.000, Blatt 33, Innsbruck-Umgebung.

 Über die Kalte Herberge nach Toldern

Von der Kirche in Schmirn 100 m taleinwärts und dort über die Brücke (gelbe Markierung) und dann im schattseitigen Wald leicht ansteigend zur „Kalten Herberge", 1575 m, ¾ St.

Rückweg: nach N durch den Wald hinab nach Toldern (Autobushaltestelle) und auf der Fahrstraße zurück nach Schmirn.

Gehzeit 2½ St.; Höhenunterschied ↑↓ je 170 Hm.

 Zum Ransgrubensee, 2370 m

Vom Weiler Toldern (Postautobushaltestelle) der gelben Markierungstafel entsprechend nach S fast eben durch die Wiesen und Weiden des Weilers Wildlahner und nach ca. 20 Min. nach links (O) durch lichten Bergwald, Grünerlen- und Alpenrosenbestände und herrlich blühende Bergwiesen empor zum Ransgrubensee, 2370 m. Rückweg wie Anstieg.

Gehzeit ↑ 3 St., ↓ 2 St., zusammen 5 St.; Höhenunterschied ↑↓ je 920 Hm.

 Wildlahnerweg zur Geraer Hütte und ins Valser Tal

Von Toldern (Autobushaltestelle) nach S auf AV-Steig Nr. 525 zuerst flach durch die Wiesen und Weiden des Weilers Wildlahner, dann durch lichten Fichten-Lärchen-Wald und schließlich über Almmatten steil zum Roßbichl und durch das Wildlahnerkar zum Steinernen Lamm, 2525 m, am Rücken zwischen Schmirn- und Valser Tal.

Hatten wir im Anstieg stets den markanten Eisbauch des Wildlahnerferners vor uns, so öffnet sich nun unvermittelt der Blick auf den ganzen westlichen Hauptkamm der Zillertaler Alpen mit den gewaltigen Abstürzen des Fußsteins und des Schrammachers, zu deren Füßen in sanfter, weiter Mulde die Geraer Hütte liegt.

Auf der Sonnseite in ½ St. etwas fallend über die steinigen Böden der Alpeiner Alm zur Geraer Hütte, 2324 m (DAV-Sektion Gera, Pfingsten, Ostern und vom 20. 6. – 20. 9. bew., 21 B, 60 M).

Abstieg ins Valser Tal: von der Hütte auf dem AV-Steig Nr. 502 in zahlreichen Kehren nach W über Bergwiesen hinab zur Ochsnerhütte, 2081 m, weiter über die Alterer Alm zum Gh. Touristenrast, 1345 m, wo von S das wildromantische Tscheischtal einmündet. Auf der Talstraße wandern wir an vielen einzeln stehenden Bauernhöfen vorbei durch das Valser Tal in 1½ St. nach St. Jodok, 1129 m (Bahnstation).

Gehzeit ↑ 3 St., ↓ bis Touristenrast 2 St., bis St. Jodok ↓ 3½ St.; Höhenunterschied ↑ 1070 Hm, ↓ 1400 Hm; sehr lohnende Bergwanderung auf gut bez. AV-Steigen mit prachtvollen Ausblicken in die Zillertaler Gletscher und im Abstieg auf die Stubaier Alpen. Der Abstieg von der Geraer Hütte durch das Valser Tal ist ein Teilstück des „Südlichen Weitwanderweges".

 Nach Kasern

Von Toldern (Endstation der Autobuslinie) auf der Talstraße am sonnseitigen Hang teils durch Wiesen, teils durch Lärchenwald, mehrere Lawinenbahnen querend, flach taleinwärts. Nach etwa 1 St. erreicht man eine Talweitung, in der auf dem beschränkten, flachen Talgrund die drei Weiler Madern, Obern und Kasern liegen.

Steile, teils beweidete, teils heute noch gemähte Bergwiesen zwischen senkrecht stehenden Felsrippen aus Kalkglimmerschiefer charakterisieren das Landschaftsbild. Geschlossener Wald ist fast zur Gänze auf die Schattseite zurückgedrängt und beherrscht fast nur die Felsrippen. Zwischen den Häusern stehen mächtige Hauszirben. Von Kasern, dem letzten der drei Weiler, öffnet sich der Blick in den „Kaserer Winkel", der von der mächtigen Gestalt der Kleinen Kaserer Spitze abgeschlossen wird.

Rückweg wie Hinweg.
Gehzeit 2 St.; Höhenunterschied ↑↓ je 170 Hm.

Über das Tuxer Joch ins Zillertal

Von Kasern, dem 1620 m hoch gelegenen letzten Weiler des Schmirntales (Parkplatz) nach S zuerst ½ St. flach ansteigend in den Kaserer Winkel und dann bei der Materialseilbahn (Wegweiser) dem AV-Steig Nr. 324 folgend in vielen Serpentinen durch Grünerlenbestände mit einzelnen Zirben und Lärchen steil aufwärts, stets einen prachtvollen Ausblick auf den schroffen Talschluß mit der Kleinen Kaserer Spitze vor Augen. Bald bleiben die letzten Bäume hinter uns, und über reich blühende Almwiesen gelangen wir auf das Tuxer Joch, 2338 m, und in weiteren 20 Min. zum Tuxer-Joch-Haus, 2313 m (Österr. Touristenklub, Ostern und 1. 7. – Ende September bew., 16 B, 36 M); ab Kasern 2½ St.

Abstieg ins Zillertal 2 Varianten: a) nach N durch das Weitental, dessen Rasen als Bergmähder bis vor wenigen Jahren gemäht wurden, auf dem AV-Steig Nr. 323 in weitem Bogen nach O drehend – am Schleierfall vorbei – hinunter nach Hintertux, 1493 m. b) von der Hütte zunächst über Wiesen auf dem AV-Steig Nr. 324 nach SO, dann nach N durch Latschen und lichten Bergwald hinab nach Hintertux. Autobushaltestelle.

Gehzeit ↑ 2½ St., ↓ 2 St., zusammen 4½ St.; Höhenunterschied ↑ 720 Hm, ↓ 850 Hm. Der Übergang über das Tuxer Joch ist ein alter, bedeutender Weg, da früher Hintertux zur alten Pfarre im Wipptal gehörte. Daher wurden damals die in Hintertux Verstorbenen über das Joch getragen und im Friedhof von Mauern oberhalb Steinach zur Ruhe gebettet. Der Weg ist unschwierig und wegen der großartigen Landschaft einer der schönsten Übergänge im Raume Innsbruck.

Kaserer Höhenweg

Von Kasern nach S in den Kaserer Winkel und dann nach O in 2½ St. auf das Tuxer Joch und zum Tuxer-Joch-Haus, 2313 m. Von dort führt der AV-Steig Nr. 527 nach S am Südhang der Frauenwand vorbei (prachtvoller Ausblick auf das Gefrorene-Wand-Kees) zum Kaserer Schartl, 2470 m. Am Nordabfall der Kleinen Kaserer Spitze steigt der Weg durch Rasen, Alpenrosen- und Grünerlenbestände – 3 Gräben querend – bis etwa 2140 m gegen den Kaserer Winkel ab, um dann wieder in Serpentinen nach S ziemlich steil zur Kleegrubenscharte, 2490 m, hinaufzuführen. Von der Scharte zuerst auf der Sonnseite 200 Hm hinab zur Ochsenalm, dann nahezu eben bis in den Talgrund. Hier verlassen wir den markierten Weg und steigen nach W auf undeutlichen Viehsteigen über Weideflächen und Moränenschutt hinab, queren den Bach und kommen zum Roßbichl, 2085 m, am orographisch linken Talhang, wo wir auf den AV-Steig Nr. 525 treffen. Auf diesem Weg gelangen wir in einer guten Stunde zum Weiler Toldern, 1453 m.

Gehzeit 5 – 6 St.; Höhenunterschied ↑ 1200 Hm, ↓ 1340 Hm.

SCHÖNBERG, siehe unter **MIEDERS**, Seite 227

SEEFELD   1180 m

Haltestelle der ÖBB, Mittenwaldbahn, und der Autobuslinie Innsbruck – München. 2120 Ew.; 1737 ha, davon 242 ha landw., 1081 ha forstw. genutzt. FVV, Tiroler Landesreisebüro, Reisebüro des FVV Seefeld, 2 private Reisebüros, 145 Gastbetriebe, 1 Kurhaus, 112 Privatvermieter, 3655 Betten, radioaktive Heilquelle, Sportzentrum, Skischule, Skibobschule, Sprungschanze, Langlaufloipen, Eislaufplatz, Kunsteisbahn, Eisschießen, Curling, Austragungsort der IX. Olympischen Winterspiele 1964 und der XII. Olympischen Winterspiele 1976. Roßhütte, 1748 m, am Westhang der Seefelder Spitze (privat), Standseilbahn Seefeld – Roßhütte, Seilschwebebahn Roßhütte – Seefelder Joch, Seilschwebebahn Roßhütte – Härmelekopf, Schlepplift Roßhütte – Seefelder Joch, Schlepplift Kaltwasser – Roßhütte, 2 Sessellifte Seefeld – Gschwandtkopf, 3 Schlepplifte Seefeld – Geigenbühel, 2 Übungsschlepplifte. Tennisplätze, 18-Holes-Golfplatz Wildmoos, Minigolf, Badesee mit geheiztem Becken, 7 Hallenbäder mit Saunen, Spielkasino.

Geschichte:

Das ganze Gebiet war ursprünglich ein großer, zusammenhängender Wald, in dem lediglich an der schon in römischer Zeit vorhandenen Straße die Grenzen zwischen den Stiften Brixen bzw. der Grafschaft Tirol und der Grafschaft Eschenlohe bzw.

dem Stift Freising lagen. Noch im 13. Jahrhundert wird Seefeld im Steuerkataster nicht eigens genannt; es gehörte damals wohl noch zum Viertel Zirl. Erst 1626 wird es im Kataster des Landgerichtes Hörtenberg als Teil des Viertels Zirl bezeichnet. Seit 1817 ist Seefeld eine eigene Gemeinde. Seine Entstehung verdankt Seefeld zweifellos der günstigen Verkehrslage, denn es war ein wichtiger Rastplatz nach dem Anstieg vom Inntal einerseits und vom Alpenvorlande bzw. Scharnitz von Norden her andererseits. Daneben war die Seefelder Kirche vor allem im 14. und 15. Jahrhundert ein bekannter Wallfahrtsort, der einen bedeutenden Pilgerstrom anzog. Kaiser Maximilian I. gründete deshalb 1516 neben der Kirche eine Herberge, die 1604 den Augustinern überlassen wurde. Diese bauten eine Brauerei dazu und erhielten das Gericht Schloßberg als freies Eigen. Der Prior des Klosters war Gerichtsherr, und die Kanzlei befand sich im Kloster. Dieses wurde jedoch 1786 wieder aufgelassen. Außer dem Seefelder Wildsee gab es früher im Wiesengelände beim Seekirchl einen zweiten See. Er war durch Erzherzog Sigmund für die Fischzucht angelegt worden und übertraf an Größe mit rund 10 ha den Wildsee um etwa ein Drittel. Er wurde als „Ablaßsee" oder „Kreuzsee" bezeichnet. Beim Verkauf der landesfürstlichen Fischwässer im Jahre 1779 erwarb das Kloster Seefeld den Kreuzsee. Er ging 1785 an das Stift Stams und 1808 an den Seefelder Posthalter, der ihn trockenlegte.

Kunstdenkmäler:
Pfarrkirche St. Oswald, urkundlich 1319 erwähnt, seit Ende des 14. Jahrhunderts durch das „Hostienwunder" zur Wallfahrtskirche geworden.

Ritter Oswald Milser lästerte nach der Legende bei der Kommunion die Hostie, worauf er in den Boden versank. Als er sich am Altartisch festhalten wollte, wurde dieser so weich wie Wachs, sodaß sich seine Finger darin abdrückten. Dieser Altarstein war früher zu sehen.

1423 – 1431 wurde die Pfarrkirche neu erbaut, 1604 verlängert; innen dreischiffig, mit unsymmetrischem Netzwerk. In Westen das Renaissance-Portal als ehemaliger Eingang in das Anfang des 17. Jahrhunderts erbaute Augustinerkloster. An der Rückseite des Triumphbogens die ältesten Fresken vom Jahre 1400. An der Westseite ehemaliges Refektorium des Augustinerklosters mit gotischem Rippengewölbe. Im Chor Tafelbild des Hostienwunders von Jörg Kölderer, 1502.

Seefeld

Heiligenblutkapelle, vom Seitenschiff auf einer Marmortreppe erreichbar, erbaut von Alberto Lucchese, dem Hofbaumeister Erzherzog Ferdinands II., 1574, 1724 barockisiert. *Ehemaliges Augustinerkloster,* an der Westseite der Pfarrkirche angebaut, 1516 von Kaiser Maximilian I. gegründet, um einen rechteckigen Hof angelegt; heute Hotel Klosterbräu. *Seekapelle* zum heiligen Kreuz, von Erzherzog Leopold V. 1628 zur Aufnahme eines wundertätigen Kreuzbildes gestiftet; Stukkaturen und Fresken von 1628. *Burg Schloßberg,* urkundlich 1263 genannt, nur mehr spärliche Mauerreste erhalten.

Naturdenkmäler:
Naturschutzgebiet *Seefelder Wildsee* (1926). Naturschutzgebiet *Karwendel,* zusammen mit Bereichen der Gemeinden Scharnitz, Reith, Zirl, Innsbruck, Thaur, Absam, Hall, Gnadenwald, Vomp, Jenbach, Eben und Achental; Schutz der Pflanzen- und Tierwelt sowie des alpinen Landschaftsbildes, 720 qkm (1933). *Wildmoos,* zusammen mit Bereichen der Gemeinden Telfs und Leutasch, blumenreiche Magerrasen, Birkengruppen und zwei periodische Seen.

Karten:
AV-Karte 1:25.000, Wetterstein- und Mieminger Gebirge, Ostblatt; AV-Karte 1:25.000, Karwendelgebirge, Westblatt (z. T.); AV-Karte 1:50.000, Blatt 31/5, Innsbruck-Umgebung; Österreichische Karte 1:50.000, Blatt 117; Kompaß-Wanderkarte 1:50.000, Blätter 26, 35; Freytag-Berndt-Touristenwanderkarte 1:100.000, Blatt 33, Innsbruck-Umgebung.

 Seepromenade um den Wildsee

Am westlichen Ufer entlang bis zum Gh. Wildsee und dann durch das Reither Moor zur Bundesstraße und zu dieser parallel entlang dem Ostufer am Strandbad vorüber zurück nach Seefeld. Verlängerungsmöglichkeit: vom Gh. Wildsee in südlicher Richtung weiter durch den Wald und nach ca. 10 Min. links am Waldrand zurück zur Seepromenade.

Das Reither Moor steht unter Naturschutz und ist ein kostbares Naturdenkmal. Hier endet der aus dem Härmeletal fließende Hagelbach, und der einstige ausgedehnte See verlandete daher mit dem hier abgelagerten Geschiebe. Schließlich bildete sich ein Hochmoor mit zahlreichen, heute umwaldeten Buchten. Im Moor kommen zahlreiche seltene Pflanzen vor, so etwa die reizende Kriechweide (Salix repens), Fettkraut (Pinguicula), Sonnentau (Drosera rotundifolia), Moosglöckchen (Andromeda polifolia), Moosbeere (Vaccinium oxycoccus). Vor etwa 100 Jahren waren hier auch noch die arktische Zwergbirke (Betula nana) und das Moorheideglöckchen (Erica tetralix) heimisch. Zahlreiche Schwimmvögel halten sich hier vorübergehend während des Vogelzuges auf, einige brüten sogar.

Gehzeit ½ St., mit Verlängerungsvariante 50 Min; eben; die Hälfte schattig.

W↑↓ Rund um den Gschwandtkopf

Vom Sportzentrum beim Seekirchl an der Talstation des Lifts und an der Sprungschanze vorüber im untersten Viertel des Seewaldes nach Südwesten bis zur Wegabzweigung nahe dem Gfallbichl. An der Abzweigung den linken Weg wählen und am Südhang des Gschwandtkopfes im Wald zuerst eben bis zu den Reither Mädern und dort an deren Rand mäßig absteigend zum Hof Mutlberg. Weiter auf dem Wiesenweg am Westrand von Auland, bis er schließlich in die Seepromenade einmündet. Auf dieser zurück zum Ausgangspunkt.

Gehzeit 2½ St.; Höhenunterschied ↑ 350 Hm, ↓ 250 Hm; bequemer, gut markierter Weg, meist halb schattig.

W↑↓ Seefelder Rundgang

Auf der Leutascher Straße bis zum Birkenlift und dort dem Klammbach entlang (Weg Nr. 6) zur Triendlsäge hinab. Weiter nach N (Weg Nr. 12) bis Lehenwald, 1058 m. Dort überschreiten wir nahe dem Zusammenfluß von Klammbach und Seebach den nunmehr als Drahnbach bezeichneten Bach und steigen zur Bundesstraße nach NO empor. Nach Überqueren der Bundesstraße und der Bahn treffen wir auf den ober der Bahn verlaufenden „Hirnweg" (Nr. 11), dem wir nun nach S folgen. Nahe dem Schloßberg mündet er in den „Römerweg" (mit Nr. 2 bez.), der oberhalb der Seefelder Umfahrungsstraße nach S führt, bei der Standseilbahn die Umfahrungsstraße überquert und nun ein Stück

Seefeld

neben dem Haglbach entlang zum südlichen Ortsende Seefelds führt. Am Südrand der Seefelder Wiesen überschreiten wir wieder Bahn und Straße und gelangen in die Seepromenade (mit Nr. 1 bez.), die zunächst das Seefelder Moor durchquert und dann am Westufer des Wildsees zurück zur Ortsmitte führt.
Gehzeit 3 St.; Höhenunterschied ↑↓ je 160 Hm.

| W↑↓ | **Römerweg und Hirnweg nach Scharnitz** |

Nahe der Standseilbahn überqueren wir die Seefelder Umfahrungsstraße und wandern auf dem „Römerweg" (mit Nr. 2 bez.) oberhalb der Straße durch lichten, sonnigen Wald nach N.

Wo einst das Schloß der Milser stand, begann früher die gefürchtete Steilstrecke des „Schloßberges". Durch die neue Straßentrasse wurde das Steilstück entschärft. Der Hügel, auf dem die spärlichen Mauerreste des Schlosses standen, mußte dem Straßenneubau weichen. Erstmals ist um 1263 das Schloß urkundlich genannt, als es zugleich mit Fragenstein, Thaur und Rottenberg dem Besitz Gebhards von Hintberg zugesprochen wurde. Die Burg muß aber schon einige Zeit vorher bestanden haben und dürfte wohl vor 1248 zur Sicherung der wichtigen Seefelder Straße und der damaligen Grenze erbaut worden sein. 1284 kam die Burg an die Grafen von Tirol. Im tirolischen Erbfolgekrieg besetzten die Bayern 1368 die Burg, und nach dem Schärdinger Frieden 1369 wurde sie wieder zurückgegeben. Um 1390 war der durch die Legende des Hostienwunders von Seefeld bekannt gewordene Ritter Oswald von Milser Burggraf und Pfleger von Schloßberg, weshalb die Burg seither auch „Milser Schlößl" genannt wurde. Der Pfleger von Schloßberg übte auch die niedrige Gerichtsbarkeit über die Leute aus, die auf den zur Feste gehörenden Höfen saßen. 1586 überließ Erzherzog Ferdinand II. das Schloß mit allem Zubehör dem Augustinerkloster in Seefeld als freies Eigen. Da nun der Prior das Gericht im Kloster und nicht im Schloß ausübte, geriet dieses seit dem 17. Jahrhundert in Verfall. Auf einer Abbildung von 1700 ist noch die Burg zu sehen.

Unser Weg trägt von hier ab den Namen „Hirnweg" und ist mit der Nr. 11 bez. Er bleibt immer oberhalb der Bahntrasse im Wald und führt sanft fallend zur Bedarfshaltestelle Angerschlag und weiter über Gießenbach am Fuße des Mühlberges entlang und zuletzt über die Wiesen nach Scharnitz, 964 m.

Rückweg: von der Kirche in Scharnitz nach W zum Hangfuß des felsigen Arntalköpfls und von dort auf Weg Nr. 801 bzw. 42 zuerst am Rande der Wiesen, später über den Schuttkegel „Sattelgrieß" gegenüber Gießenbach hinweg und durch den Wald am Hangfuß entlang im Drahnbachtal aufwärts bis Lehenwald, 1050 m. Weiter dem Klammbach entlang aufwärts durch Tannen-Buchen-Fichten-Wald auf Weg Nr. 12 zur Triendlsäge, 1125 m, und von dort auf Weg Nr. 6 und 4 über den Geigenbichl zurück nach Seefeld.

Gehzeit 3½ – 4 St.; Höhenunterschied ↑↓ je 220 Hm.

 Durch die Gießenbachklamm nach Scharnitz

Vom Nordende Seefelds auf dem Hirnweg (Nr. 11) ober der Bahntrasse durch den Wald sanft fallend nach N bis zur Bedarfshaltestelle Angerschlag, 1 St. Hier wenden wir uns nach rechts (O) und folgen dem Weg Nr. 34 an der verfallenen Steinölbrennerei vorbei durch lichten Wald zum Schlagsattel, 1450 m, zwischen Seefelder Joch und Schlagkopf. Auf der Ostseite steigen wir vom Schlagsattel ins Reither Tal ab und treffen oberhalb der Karltalmündung auf die Eppzirler Straße. Auf dieser (mit Nr. 31 bzw. 212 bez.) wandern wir durch die romantische Gießenbachklamm hinaus nach Gießenbach und am Fuße des Mühlberges und der Bahn entlang nach Scharnitz. Rückfahrt mit der Bahn oder wie oben.

Gehzeit 3 St.; Höhenunterschied ↑ 370 Hm, ↓ 600 Hm.

 Von Seefeld nach Wildmoos

Von der Kirchwaldsiedlung auf dem „Hörmannweg" (mit Nr. 13 bez.) nach W durch den Wald am „Köhlerbödele" vorüber zur Wildmooser Alm, 1314 m (im Sommer als Jausenstation bew.). Durch das „Gaßl" gelangen wir auf dem Fahrweg nach Wildmoos, einem birkenbestandenen Wiesengelände, das durch die jahrhundertelange Mahd zu einer blumenreichen Magerwiese wurde und unter Naturschutz steht. Die Besonderheit dieser Landschaft sind der Wildmooser- und der Lottensee, die periodisch auftreten. Seit einigen Jahren befindet sich hier ein 18-Holes-Golfplatz und seit den dreißiger Jahren steht am Ostrand die Ferienkolonie Wildmoos für Schulkinder (im Sommer bew.). Wir durchwandern die ganze Wildmooser Hochfläche auf dem Weg Nr. 13a in südwestlicher Richtung und biegen dann nach SO um, worauf wir südlich des Lottensees im dunklen Tannenwald auf die Zufahrtsstraße zum Golfplatz gelangen. Dieser folgen wir einige Min., gehen dann aber auf dem „Pirschtsteig" (Nr. 13) ziemlich eben ober der Straße durch den Wald weiter zu den obersten Häusern von Mösern. Von da wandern wir auf dem mit Nr. 7 bez. Wald- und Wiesenweg nach Seefeld zurück.

Gehzeit ca. 3 St.; Höhenunterschied ↑↓ je 170 Hm.

 Über Mösern und Buchen nach Telfs

Vom Seekirchl auf dem mit Nr. 7 bez. Wald- und Wiesenweg über die Möserer Mähder nach Mösern und auf dem „Pirschsteig" zum Lottensee, 1277 m.

Der Lottensee ist einer der periodisch auftretenden Seen im Bereich von Wildmoos und stellt damit wohl eines der erstaunlichsten Naturwunder in unserem Raum dar.

Wir lassen den See rechts liegen, queren den westlichsten Teil der Pairbacher Mähder und gelangen auf dem fast ebenen Hirnweg (mit Nr. 13 c bez.) zum Gh. Buchen.

Ein herrlicher Ausblick öffnet sich hier auf die Abstürze der Hohen Munde, das Mieminger Plateau und das Oberinntal.

Am Nordrand der Wiesen führt der Weg an mächtigen Bergahorn- und Eschengruppen beim oberen Bauernhof vorüber und dann im Wald am westlichen Wiesenrand steil abwärts in den obersten Teil des Kochentales.

Das von der Hohen Munde nach Sagl bei Telfs hinabziehende Kochental ist ein wenig begangenes, urtümliches Seitental, in das von allen Seiten Lawinen und Muren hinabstürzen. Besonders im obersten Teil sind noch Bestände der seltenen Spirke (Pinus uncinata) erhalten, die mit schwarzer Rinde und tiefgrünen Nadeln an baumförmig wachsende Latschen erinnern. Nach dem Kochental ist der *Kochenit* benannt, ein bernsteinartiges fossiles Harz aus dem Tertiär, das hier entdeckt wurde, aber sehr selten vorkommt.

Bei der Wegabzweigung am Talgrund wählen wir den oberen Steig, der uns über die Breitlahn durch den Erika-Föhren-Wald nach Birkenberg und St. Georgen in Telfs führt.

Gehzeit Seefeld – Buchen 2 St., Buchen – Telfs 1½ St., zusammen 3½ St.; Höhenunterschied ↑ 100 Hm, ↓ 600 Hm. Der Weg ist je zur Hälfte sonnig und halb schattig. Die schönsten Jahreszeiten sind Frühling und Herbst, doch ist im Frühling zwischen Buchen und Birkenberg auf die Lawinengefahr zu achten, denn von der Hohen Munde dringen mitunter Naßschneelawinen noch im Mai bis in das Kochental vor.

Mit dem Sessellift auf den **Gschwandtkopf,** 1495 m

 Vom Gschwandtkopf auf dem Nordweg zum Wildsee

Von der Liftstation nach N zuerst am Rande der Skipiste, dann im Tannen-Fichten-Wald absteigend, gelangt man nach ca. ½ St. auf die Seepromenade an der Westseite des Wildsees und auf dieser in ca. 10 Min. zur Ortsmitte.

Gehzeit 40 Min.; Höhenunterschied ↓ 350 Hm; bequemer, gut markierter Weg, zur Hälfte schattig.

 Vom Gschwandtkopf auf dem Ostweg nach Auland

Von der Bergstation nach O und neben der Skiabfahrt in mehreren Kehren durch birken- und lärchenbestandenes Gelände hinab zur Talstation des Aulander Sesselliftes, ¾ St. Rückweg nach Seefeld: von der Station nach links (N) durch Wiesen und Wald zur Seepromenade und auf dieser zur Ortsmitte.

Gehzeit 1½ St.; Höhenunterschied ↓ 450 Hm; gut markierter, bequemer Weg, meist sonnig.

 Vom Gschwandtkopf auf dem Südweg nach Auland

Von der Bergstation zuerst nach N und nach 5 Min. im Wald nach W (links) abbiegen und dann über die von Birken- und Lärchengruppen bestandenen Reither Mähder gegen Osten absteigend bis zum Hof Mühlberg, 1000 m, 1 St. Von dort fast eben zum Ortsteil Auland und entweder auf dem fast ebenen Weg an der Talstation des Aulander Sesselliftes vorüber durch Wiesen und Wald nach Seefeld oder am unteren, südlichen Ende von Auland nach Überschreiten des Mühlbaches diesem entlang 10 Min. ab-

Seefeld: Gschwandtkopf 355

wärts und dann durch die Wiesen nach links steil hinauf nach Reith. Rückfahrt von Reith mit der Bahn.

Gehzeit 1¾ St.; Höhenunterschied nach Seefeld 450 Hm, nach Reith ↑ 50 Hm, ↓ 120 Hm; Weg gut markiert und bequem, teils sonnig, teils halb schattig.

W↓ Vom Gschwandtkopf nach Mösern

Von der Bergstation knapp unter dem Rücken im Wald zuerst nach SW, dann nach W absteigen bis zum Gfällbichl (Kapelle). Nach Querung der Straße im Wald 5 Min. nach N ansteigen, dann nach W fast eben zum Gh. Menthof.

Rückweg mit Autobus oder auf dem Fußweg zuerst im Wald, dann nicht zum Gfällbichl absteigend, sondern über die Seewiesen am sonnseitigen Waldrand entlang bis zum Seekirchl und zurück zum Ausgangspunkt.

Gesamtgehzeit 2¼ St.; Höhenunterschied ↓ 300 Hm, ↑ 100 Hm; bequemer, gut gepflegter Weg, zur Hälfte halb schattig und sonnig.

W↑↓ Über die Maximilianhütte zur Reither Alm

Von der Seefelder Umfahrungsstraße südlich des Strandbades nach links abzweigen und in ¼ St. zum Ichthyolwerk Maximilianhütte.

Dort wird der „Seefelder Stinkstein", ein bitumenhaltiger Ölschiefer, verarbeitet, der in mehreren schmalen Schichten an den W-Abhängen des Reither-Spitz-Massivs ansteht. Früher wurden auch Vorkommen im Bereich der Eppzirler Alpe abgebaut. Nach der Sage ist der „Stinkstein" mit dem Blute des vom Riesen Haymon erschlagenen Riesen Thyrsus getränkt, und das Öl wird daher im Volksmund auch als „Dürschenblut" bezeichnet. Es wurde schon Anfang des 16. Jahrhunderts verwendet, denn um 1535 erwähnen es schon die Ärzte am landesfürstlichen Hof in Innsbruck als „tirolisches Gagatöl". Heute ist die Maxhütte ein modernes pharmazeutisches Werk, und das Seefelder Ichthyol hat in der Humanmedizin Weltgeltung.

Links von der Maxhütte steil hinauf in einer Stunde zur Reither Alm (während des Sommers bew.). Von der Alm auf dem „Höhenweg" (Forst- und Alpstraße) leicht absteigend zuerst gegen das hinterste Hermanns (Härmele-)tal und dann nach Süden abbiegend zum Ausgangspunkt.

Gesamtgehzeit 2 St.; Höhenunterschied ↑ 300 Hm, ↓ 300 Hm; Weg gut markiert und leicht, halb schattig.

W↑↓ Auf die Roßhütte

Von der Talstation der Seefelder Bergbahn (Standseilbahn) zuerst ins Hermannstal. Nach ca. 10 Min. nach links (N) abbiegen und auf dem Rücken entlang der Skiabfahrt auf breitem Fußweg über den Roßboden zur Roßhütte, 1748 m (ganzj. bew.). Rückweg: von der Roßhütte nach S auf dem „krummen Steig" steil hinab ins Hermannstal und dort dem Haglbach entlang zurück zum Ausgangspunkt.

Gesamtgehzeit 2½ St.; Höhenunterschied ↑↓ je 530 Hm; bequemer, gut markierter Fußweg, zur Hälfte halb schattig und sonnig.

B↑↓ Von der Roßhütte aufs Seefelder Joch und zurück

Zu Fuß oder mit der Standseilbahn auf die Roßhütte, 1748 m. Von der Bahnstation nach O steil ansteigend in mehreren Kehren zur Bergstation der Seilschwebebahn am Seefelder Joch, 2064 m; bis hieher ca. 40 Min. Vom Seefelder Joch ca. 10 Min. auf dem Gratweg nach S bis zu einem kleinen Wiesensattel, wo der Weg nach rechts (W) abzweigt und zurück zur Roßhütte führt.

Gesamtgehzeit 1½ St.; Höhenunterschied ↑↓ je 350 Hm. Der Weg ist ein gut markierter, aber schmaler und teils schotteriger Fußsteig, sonnig.

B↑↓ Von Bahn zu Bahn: Seefelder Joch – Härmelekopf

Mit der Seilbahn auf das Seefelder Joch, 2064 m. Dem Rücken zur Seefelder Spitze folgend ca. 10 Min. steil aufwärts, dann nach rechts abzweigen (Tafel) und in Serpentinen durch Bergwiesen und Legföhrenkrummholz hinab zum Schönangersteig, der das Reither Kar an dessen unterem Ende quert. Von dort zuerst eben

Seefeld: Härmelekopf

unter der Härmelebahn hindurch den Nordhang querend und schließlich das letzte Wegstück mäßig steil zur Bergstation der Härmelebahn empor, 2000 m.

Gesamtgehzeit 1 St.; Höhenunterschied ↑ 140 hm, ↓ 200 Hm; gut gepflegter, teils schotteriger Fußsteig, gut markiert, sonnig. Rückweg mit der Bahn oder in 1 St. durch das Hermannstal zur Talstation der Standseilbahn.

W↓ **Vom Härmelekopf nach Seefeld**

Mit der Standseilbahn zur Roßhütte und von dort mit der Seilschwebebahn zum Härmelekopf, 2050 m. Von der Bergstation steil nach Westen hinab am stillgelegten Meinhard-Stollen des Ichthyolwerkes vorüber zur Reither Alm (im Sommer bew.) und dann dem Forstweg folgend zur Umfahrungsstraße am südlichen Ortsende von Seefeld.

Gehzeit 1½ St.; Höhenunterschied ↓ 850 Hm; gut gepflegter Weg, zum Großteil halb schattig.

B↑↓ **Rund um den Härmelekopf**

Zu Fuß oder mit der Standseilbahn auf die Roßhütte. Von dort zuerst steil unter der auf das Seefelder Joch führenden Seilschwebebahn ca. 20 Min. bis zu den obersten Bäumen. Dort zweigt der Schönangersteig nach Süden ab und führt – in die Felsen unter dem Seefelder Joch eingesprengt – hinab ins Reither Kar. Vom unteren Ende des Kars führt der Weg durch Legföhrenkrummholz und lichten Bergwald – die Härmelebahn querend – zur Bergstation der Härmelebahn empor. Auf gut gesichertem und breit ausgesprengtem Weg folgt man dem Grat auf den Härmelekopf, 2223 m, und dann etwas ansteigend auf die Reither Scharte. Von dieser führt der Weg steil nach N ins Reither Kar hinab, bis man wieder auf dem Schönangersteig anlangt.

Gesamtgehzeit ab Roßhütte 3½ St.; Höhenunterschied ab Roßhütte ↑↓ je 600 Hm; Wege gut markiert und gepflegt, Trittsicherheit erforderlich, sonnig.

B ↑↓ Vom Härmelekopf zur Nördlinger Hütte und nach Seefeld

Mit der Standseilbahn zur Roßhütte und von dort mit der Seilschwebebahn auf den Härmeler, 2050 m. Auf dem Gratweg ca. 5 Min. aufwärts, dann nach rechts abbiegen und unterhalb des Härmelekopfes und der Reither Spitze leicht ansteigend in 1¼ St. zur Nördlinger Hütte, 2238 m (10 B, 24 M, nur im Sommer bew.). Von hier genießen wir eine umfassende Aussicht auf das Inntal, die Stubaier und Zillertaler Alpen und das tief eingeschnittene, schroffe Felstal des Zirler Schloßbaches. Von der Nördlinger Hütte steil in Serpentinen nach Westen hinab zu einer Schürfstelle des Ichthyolwerkes Maximilianhütte und auf die im Sommer bew. Reither Alm und dann auf der Forststraße hinab zum südlichen Ortsende von Seefeld.

Gesamtgehzeit 3¼ St.; Höhenunterschied ↑ 230 Hm, ↓ 1000 Hm; Wege gut gepflegt und markiert, teils steil, sonnig.

W↓ Vom Seefelder Jöchl nach Seefeld

Mit der Standseilbahn auf die Roßhütte und von dort mit der Gondelbahn auf das Seefelder Jöchl, 2064 m. Herrlicher Rundblick auf das Karwendel- und Wettersteingebirge, besonders auf Eppzirl, Seefeld, das Leutascher Tal und das oberste Isartal. Von der Bergstation etwas südlich neben der Seilbahntrasse auf gutem, aber steilem Weg in ½ St. hinab zur Roßhütte, 1748 m. Weiter entweder nach Süden auf dem „krummen Steig" in steilen Serpentinen hinab ins Hermannstal und in diesem zurück zur Talstation oder nach Westen weniger steil entlang der Skiabfahrt auf gutem, breitem Weg über den Roßboden ebenfalls zur Talstation der Standseilbahn.

Gesamtgehzeit 1½ St.; Höhenunterschied ↓ 820 Hm; Weg gut markiert und gepflegt, teils halb schattig, teils sonnig.

B ↑↓ Vom Seefelder Jöchl über die Seefelder Spitze zum Härmelekopf

Mit der Standseilbahn auf die Roßhütte und mit der Seilschwebebahn auf das Seefelder Jöchl, 2064 m. Von der Bergstation auf gut gepflegtem und markiertem Steig nach S am Grat aufwärts in ½ St. zur Seefelder Spitze, 2220 m. Nun fällt der Steig zuerst steil dem Grat zur Reither Spitze folgend ab. Nach ca. 20 Min. erreicht man die Wegabzweigung, wo man nach rechts (NW) ins Reither Kar hinabsteigt und an dessen unterem Ende auf den Schönangersteig trifft. Diesem folgt man zuerst fast eben, dann steil ansteigend zur Bergstation der Härmelebahn.

Rückweg über den Schönangersteig zur Roßhütte oder Rückfahrt mit der Härmelebahn.

Gehzeit hin 1½ St., Rückweg 1¼ St.; Höhenunterschied ↑ 300 Hm, ↓ 370 Hm, Rückweg zur Roßhütte ↑ 50 Hm, ↓ 300 Hm; Wege gut gepflegt und markiert, teils steil und schotterig, meist sonnig.

B ↑↓ Über die Seefelder Spitze und Reither Spitze nach Reith

Von der Bergstation der Seilschwebebahn auf dem Seefelder Jöchl auf gut gepflegtem und markiertem Steig den Rücken aufwärts in ½ St. zur Seefelder Spitze, 2220 m. Der Weg folgt nun dem Grat zur Reither Spitze zuerst abwärts und quert dann die abschüssigen Felsen und Schuttreißen des Reither Kars. Nach ca. 40 Min. erreicht man den Reither Sattel. Ein steiler, an einigen ausgesetzten Stellen gut mit Drahtseilen und Leitern versicherter Weg führt – herrliche Ausblicke bescherend – in ½ St. auf die Reither Spitze, 2373 m, von wo man eine prachtvolle Aussicht in die Lechtaler Alpen, die Mieminger Kette, auf die Zugspitze, aufs Karwendelgebirge und auf die Stubaier Alpen genießt.

Den Gipfel ziert ein mächtiges Holzkreuz zu Ehren der in beiden Weltkriegen gefallenen Reither, das am 12. Juli 1970 errichtet wurde, mit dem tröstenden Wort:

„Was wir bergen in den Särgen
ist das Erdenkleid.
Was wir lieben ist geblieben,
bleibt in Ewigkeit."

Vom Gipfel der Reither Spitze erreichen wir, über den Südgrat absteigend, in 10 Min. die Nördlinger Hütte, 2238 m (AV-Sektion Nördlingen, nur im Sommer bew., 10 B, 24 M). Weiter steigt man auf dem „Schoaßgrat" zuerst ca. 10 Min. durch grasbewachsenes Felsgelände und dann auf gutem, schotterigem Steig durch Legföhrenbestände in ½ St. hinab zum Schartlehnerhaus, 1853 m. Der Weg führt weiter am Westhang des Rauhenkopfes durch lichten Bergwald und zum Schluß durch Lärchenwiesen nach Reith, 1130 m.

Gesamtgehzeit 3½ St. (1½ St. Aufstieg, 2 St. Abstieg); Höhenunterschied ↑ 350 Hm, ↓ 1250 Hm; Wege gut gepflegt und markiert (Tafeln und rote Farbe), Trittsicherheit erforderlich, da teils schotterig und ausgesetzt, sonnig, nur ab Schartlehner halb schattig.

B ↑↓ Vom Seefelder Jöchl über die Nördlinger Hütte nach Eppzirl

Von der Bergstation der Seilschwebebahn auf dem Seefelder Jöchl auf gut gepflegtem und markiertem Steig den Rücken aufwärts in ½ St. zur Seefelder Spitze, 2220 m. Der Weg folgt nun dem Grat zur Reither Spitze zuerst abwärts und quert dann die abschüssigen Felsen und Schotterreißen des Reither Kars. Nach ca. 40 Min. gelangt man auf den Reither Sattel. Ein steiler, an einigen ausgesetzten Stellen gut mit Drahtseilen und Leitern gesicherter Weg führt – herrliche Ausblicke bescherend – in ½ St. auf die Reither Spitze, 2373 m. Am Südgrat in 10 Min. hinab zur Nördlinger Hütte, 2238 m (im Sommer bew., 10 B, 24 M). Von der Nördlinger Hütte zuerst nach Osten etwa 10 Min. absteigen und dann empor zum Ursprungsattel, 2087 m. Weiter über die Ursprungreißen hinab bis zu einer Abzweigung. Von dort kann man denWeg über den Rücken ober dem Sunntigköpfl wählen, der direkt zur Eppzirler Alm, 1455 m, führt (2 St. ab Nördlinger Hütte) oder den linken Weg durch das Wibmertal, der ca. 1½ km nördlich der Eppzirler Alm ins Eppzirler Tal mündet (2½ St. ab Nördlinger Hütte).

Das Eppzirler Tal ist seit Jahrhunderten die beste Alpe der Gemeinde Zirl, und früher wurde das Vieh stets über die Eppzirler Scharte getrieben. Erst seit etwa 60 Jahren wird der Talboden zunehmend von Schottermassen überlagert. Die früher blühende Latschenölgewinnung am unteren Ende des Eppzirler Talbodens wurde deshalb eingestellt, weil dies mit großen Schlägerungen verbunden ist, wodurch die Erosion gefördert wird. Im untersten Teil des Wibmertales wurde früher Ölschiefer für das Ichthyolwerk abgebaut.

Heute führt ein Fahrweg durch die romantische Gießenbachklamm (Fahrverbot!) nach Gießenbach. Gehzeit ab Eppzirler Alm 2 St.

Gesamtgehzeit 6½ St.; Höhenunterschied ↑ 400 Hm, ↓ 1450 Hm; Wege gut gepflegt und markiert, Trittsicherheit erforderlich, letztes Drittel schattig, sonst sonnig.

B↑↓ Höhenweg vom Seefelder Jöchl zum Solsteinhaus

Von der Bergstation der Seilschwebebahn auf dem Seefelder Jöchl, 2064 m, in ½ St. zur Seefelder Spitze, 2220 m. Dem Grat zur Reither Spitze nach Süden folgend zuerst etwas ins oberste Reither Kar absteigend und dann die Schotterreißen querend und leicht ansteigend zum Reither Sattel, 40 Min. Auf steilem, versichertem Felssteig in ½ St. zur Reither Spitze, 2373 m, und an deren Südgrat in 10 Min. hinab zur Nördlinger Hütte, 2238 m. Von der Nördlinger Hütte zuerst etwas ab- und nach 10 Min. leicht ansteigend zum Ursprungsattel. Knapp unter dem Sattel zweigt der Südweg ab und steigt steil über Felsgelände empor zur Freiung und führt in Gratnähe unter der Kuhlochspitze nach Osten und schließlich steil hinab zur Eppzirler Scharte; bis hieher von der Nördlinger Hütte 4 bis 5 St., Ausdauer und Bergerfahrung notwendig. Vom Ursprungsattel kann auch der kürzere und weniger ausgesetzte, aber weniger schöne Nordweg gewählt werden. Er steigt zuerst in Richtung Sunntigköpfl ab, quert dann die Kotzenreißen, führt über den Jagerschrofen ins Kuhloch und mündet dort in den von Eppzirl auf die Eppzirler Scharte ansteigenden Weg ein (2 St. von der Nördlinger Hütte). Von der Eppzirler Scharte in ¼ St. hinab zum Solsteinhaus, 1805 m (AV-Sektion Innsbruck, 30 B, 40 M, nur im Sommer bew.). Vom Solsteinhaus über die Solenalm nach Hochzirl, 950 m, 1½ St., und mit der Bahn zurück nach Seefeld.

Gesamtgehzeit Südweg 8 St., Nordweg 5 St.; Höhenunterschied Südweg ↑ 550 Hm, ↓ 1600 Hm, Nordweg ↑ 700 Hm, ↓ 1800 Hm; Wege gut gepflegt und markiert, Trittsicherheit und Bergerfahrung erforderlich, meist sonnig.

SELLRAIN   999 m

Haltestelle der Autobuslinie Innsbruck – Kühtai. 1159 Ew.; 6200 ha, davon 373 ha landw., 2607 ha forstw. genutzt. FVV, 6 Gastbetriebe, 59 Privatvermieter, 590 Betten. Eisenmineralbad Rothenbrunn, Potsdamer Hütte, 2012 m, auf der Seealm im Fotschertal (AV-Sektion Potsdam, 18 B, 28 M), ab Ostern im Sommer bew.), Skiferienheim und Bergheim Fotsch im Fotschertal, 1525 m, im Fotschertal (Skiklub Innsbruck), Skischule, Schwimmbad.

Geschichte:
Das Gebiet der heutigen Gemeinde Sellrain gehörte einst zum Hofgericht Axams des Stiftes Frauenchiemsee. Im Kataster von 1775 sind 20 Höfe dem Stift Frauenchiemsee zugehörig. Seit 1313 ist Sellrain selbständige Flur- und Steuergemeinde, seit 1811 selbständige politische Gemeinde. In Sellrain wurde bis vor wenigen Jahren ein großer Teil der Wäsche von Innsbruck gewaschen und gebleicht. Die Bleiche- und Trockengerüste sind bei vielen Häusern noch zu sehen.

Kunstdenkmäler:
Pfarrkirche hl. Anna, 1391 urkundlich genannt, Neubau 1492, jetzige Kirche 1701. *Kirche zu den Heiligen Quirinus und Veit,* urkundlich 1391 genannt, jetziger Bau 1487–1406.

Naturdenkmäler:
Prachtzirbe (Pinus cembra) oberhalb der Saigesalpe (1928).

Karten:
AV-Karte 1:25.000, Blatt Stubaier Alpen-Nord (z. T.); AV-Karte 1:50.000, Blatt 31/5, Innsbruck-Umgebung; Österreichische Karte 1:50.000, Blatt 147; Kompaß-Wanderkarte 1:50.000, Blatt 36; Freytag-Berndt-Touristenwanderkarte 1:100.000, Blatt Nr. 33, Innsbruck-Umgebung.

   Von Sellrain nach Axams

Von der Ortsmitte in Sellrain wandern wir auf der Straße nach N am Gh. Bad Rothenbrunn vorüber zur Kirche.

Sellrain 363

Schon 1313 wird hier ein „prunnen" erwähnt. Aus dem Jahre 1460 ist eine Urkunde erhalten, nach der Hanns Popp „die zeit pader in den selrain" war. Während der Regierungszeit Erzherzog Ferdinands II. (1565–1595) wurde das Bad auch von Fürstlichkeiten besucht.

Von der Kirche führt der Weg mäßig steigend durch den Wald auf die schattseitige Terrasse hinauf, wo wir im Weiler Dafl, 1022 m, auf die Fahrstraße treffen. Dieser folgen wir nun nach NO über Grinzens nach Axams, 874 m.

Rückweg auf der Fahrstraße zum Weiler Dafl und weiter fast eben nach Tanneben. Dort führt ein Fußsteig über die Steilstufe hinab nach Sellrain.

Gehzeit 3–4 St.; Höhenunterschied ↑↓ je 170 Hm.

 Ins Fotschertal

In Sellrain biegen wir von der Landesstraße nach S ab und wandern auf dem Forst- und Almweg (mit Nr. 118 bez.) neben dem Fotscherbach durch den Wald aufwärts. Nach etwa 1¾ St. kommen wir zu 2 Hütten, die unweit voneinander im Wald stehen: die Fotscher Skihütte, 1520 m (Skiklub Innsbruck, ganzj. bew., 40 B, 20 M) und das Bergheim Fotsch, 1510 m (privat, während der Sommer- und Wintersaison bew., 55 B, 30 M). Mäßig ansteigend wandern wir taleinwärts weiter durch Zirbenwald. Beim Beginn der Kaseralmwiesen überschreiten wir den Bach nach W und steigen den Osthang zuerst ziemlich steil durch den Wald, dann flacher durch Alpenrosenbestände und Grünerlen zur Potsdamer Hütte, 2009 m (DAV-Sektion Berlin, Potsdam, 20. 12.–5. 5. und 15. 6.–30. 10. bew., 18 B, 29 M). Rückweg wie Anstieg.

Gehzeit ↑ 3½–4 St., ↓ 2½–3 St.; Höhenunterschied ↑↓ je 1100 Hm.

Im Gegensatz zu den benachbarten Seitentälern des Sellraintales ist das Fotschertal ein typisches Waldtal, in dem noch geschlossene Zirbenwälder erhalten sind. Die Wege sind deshalb großteils schattig und auch an heißen Sommertagen zu empfehlen.

 Von der Fotscher Skihütte auf den Roten Kogel, 2832 m

Von dem Hauptweg zweigt nach W ein Almweg ab, der an

2 Privathütten vorbei in 5 Kehren über die Steilstufe durch den Wald auf die malerische Almindalm führt, 1710 m. Von den Almhütten gehen wir zuerst eben nach S bis zum Bach, dann neben diesem zur Waldgrenze und durch Alpenrosen und Almmatten gegen den Kastengrat hin. An seinem unteren Ende treffen wir auf den Weg, der von der Potsdamer Hütte auf den Roten Kogel führt. Ihm folgen wir nun über die von vielen kleinen Tümpeln durchsetzten Böden des Widdersberges und der Schafalm über Rasen zum Ostgrat auf diesem auf den Gipfel; bis hieher 3½–4 St.

Abstieg wie Anstieg oder zur Potsdamer Hütte (2 St.; ↓ 830 Hm) oder zuerst am Grat etwas nach N, dann nach W über die Bergwiesen „auf den Sömen" zum Gallwieser Hochleger, 2098 m; weiter nach NW flach durch den Zirbenwald zur Aflinger Alm, 1814 m, und steil nach W hinab zur Fahrstraße unterhalb Praxmar. Auf dieser in 1½ St. nach Gries im Sellrain, 1187 m (4 St.; ↓ 1750 Hm).

Gehzeit ↑ 3½–4 St., ↓ 3 St.; Höhenunterschied Fotsch – Roter Kogel – Fotsch ↑↓ je 1320 Hm.

B↑↓ Fotscher Expreß

Der Fotscher Expreß war wohl eine der berühmtesten Skitouren im Raum von Innsbruck. Man unterschied damals den „Kleinen Expreß", der wirklich in der Fotscher Skihütte, und zwar mit dem Schaflegerkogel, begann und dann über den Hoadl und das Birgitzköpfl nach Innsbruck führte, vom „Großen Expreß", der als ersten Berg noch den Roten Kogel mitnahm. Dann gab es noch einen „Riesenexpreß", bei dem man von Praxmar aus starten mußte und als ersten Berg den Zischgeles bestieg. Dabei waren 5 Anstiege mit 4360 Hm zu bewältigen, und dazwischen lagen die genußreichen Abfahrten mit den Fellen um den Bauch, damit sie schön trocken waren bei der nächsten Montage. Ganz „Narrische" aber verlängerten auch noch den Riesenexpreß zum „Orientexpreß", indem sie in der Lüsens „nächtigten" und gar mit dem Längentaler Weißkogel begannen. Ans Schlafen war da allerdings nicht zu denken, da man schon um Mitternacht losziehen mußte. Zu Fuß den Fotscher Expreß nachzugehen, ist kaum sinnvoll. Aber eine ähnliche Route von der Fotsch nach Innsbruck ist auch als Wanderung zu machen.

Man steigt von der Fotscher Skihütte auf durch den Zirbenwald nach SO zur Furggesalm, 1988 m, und über die Waldgrenze auf seinem Westhang zum Gipfel des Schaflegerkogels, 2405 m. Am

Südgrat steigen wir zum Kreuzjöchl ab und wenden uns dann nach O, wo der Weg ins hintere Senderstal hinabführt und auf der anderen Talseite wieder ca. 100 Hm ansteigt. Wir treffen auf den AV-Steig 117, auf dem wir in 20 Min. zur Adolf-Pichler-Hütte hinabgehen, 1977 m. Von der Hütte steigen wir nach SO auf dem AV-Steig 111 bis unter die schroffen Wände der Kalkkögel und dann nach N zum Hoadlsattel, 2264 m.

Wer hier schon genug hat, kann in ½ St. zur Bergstation der Hoadlbahn aufsteigen und mit dieser in die Lizum und von dort mit dem Lift auf das Birgitzköpfl fahren.

Die Expreß-Nachvollzieher aber wählen vom Hoadlsattel den herrlichen Höhenweg über den Hochtennboden und Widdersbergsattel auf das Halsl, 1992 m, dann über den Westhang der Nockspitze zum Birgitzköpfl, 2035 m (Birgitzköpflhaus, Naturfreunde, ganzj. bew.). Vom Birgitzköpfl steigt man flach in 1 St. auf dem AV-Steig 111 zum Pfriemesköpfl ab, von wo wieder eine Abfahrtsmöglichkeit mit dem Lift gegeben ist. Die Nimmermüden werden auch hier zu Fuß zur Mutterer Alm und nach Innsbruck gehen (3 St., 1480 Hm). Mit den Skiern ging es natürlich weit bequemer, und damals konnte man tatsächlich noch bis zur Wiltener Basilika fahren.

Gehzeit ca. 7 St.; Gesamthöhenunterschiede ↑ 550 Hm (Schaflegerkogel), ↓ 480 Hm, ↑ 100 Hm (A.-Pichler-Hütte), ↑ 300 Hm (Hoadlsattel), ↑ 360 Hm, ↓ 250 Hm (Birgitzköpfl), ↓ 430 Hm (Mutterer Alm), zusammen ↑ 1010 Hm, ↓ 1460 Hm (bis Innsbruck 2490 Hm).

B ↑↓ Von der Potsdamer Hütte auf die Franz-Senn-Hütte

Von der Hütte zuerst eben auf dem AV-Steig 118 taleinwärts, unter dem Fernerboden über den Bach und nach SO über Rasenhänge und zum Schluß steil auf Schotter zur Wildkopfscharte, 2599 m (von der Hütte 3 St.). Von der Scharte steigen wir steil nach S über schrofige Rasenhänge zur verfallenen Seduggalm hinab, 2249 m. Dort treffen wir auf den AV-Steig 117, dem wir nach rechts (SW) taleinwärts folgen über „die Schön", dann durch Felsen zur Viller Grube hinab und immer über die sonnseitigen, felsdurchsetzten, steilen Rasenhänge sanft fallend zur Franz-Senn-Hütte, 2149 m (ÖAV-Sektion Innsbruck, 1. 6. – 15. 10. und 15. 2. – 15. 5. bew., 158 B, 108 M).

Gehzeit ↑ 3 St., ↓ 2½ St., zusammen 5½ St.; Höhenunterschied ↑ 590 Hm, ↓ 460 Hm.

W↑↓ Kreuzweg nach St. Quirin

Von Sellrain Ortsmitte auf dem Fahrweg an der Sonnseite aufwärts über die Weiler Haslach und Gasse nach Tiefental; bis hieher auch mit Pkw. Im untersten Teil des Weilers Tiefental nach links (S) abzweigen (grüne Markierungstafel) und auf schmalem, zuerst sanft, später steil ansteigenden Fußsteig aufwärts durch üppige Wiesen zum Weiler St. Quirin, 1243 m.

Das Kirchlein St. Quirin steht am steilen Wiesenhang und grüßt den Wanderer mit seiner bunten Bemalung des gotischen Spitzturmes von weitem. Die den hl. Quirin und Veit geweihte Kirche ist seit 1391 urkundlich erwähnt. Der jetzige Bau stammt aus dem Jahren 1487–1496. Am Triumphbogen eine Darstellung des Jüngsten Gerichtes aus dem Ende des 15. Jahrhunderts.

Rückweg auf demselben Weg.
Gesamtgehzeit: 2½ St., ab Tiefental 1 St.; Höhenunterschied ab Sellrain ↑ 350 Hm, ↓ 350 Hm, ab Tiefental ↑ 200 Hm, ↓ 200 Hm; Weg gut markiert, sonnig.

W↑↓ Waldweg von St. Quirin nach Martelseben

Nach St. Quirin, 1243 m (bis hieher auch mit Pkw), und vom Ende der Fahrstraße zuerst 5 Min. flach, dann sanft ansteigend zuerst durch Wiesen, dann den größten Teil des Weges durch Fichtenwald in ca. 1 St. nach Martelseben, 1680 m.
Gesamtgehzeit 2 St.; Höhenunterschied ↑ 450 Hm, ↓ 450 Hm; Weg gut markiert, ein Drittel sonnig, der Rest halb schattig.

B↑↓ Auf den Roßkogel

Nach St. Quirin, 1243 m (bis hieher auch mit Pkw), und vom Ende der Fahrstraße zuerst 5 Min. flach, dann nach rechts (grüne Pfeiltafel) steil ansteigend im Bergwald aufwärts. Nach ca. 1½ St. erreicht man die Waldgrenze und folgt nun auf ehemaligen Berg-

mähdern Hinteriß, Jochrain und Schöneben dem sanft ansteigenden Rücken über den Ochsenstein aufs „Kögele", 2192 m. Von hier steil ansteigend am Ostgrat auf den Roßkogel, 2649 m.
Gehzeit von St. Quirin 4 St.; Höhenunterschied von St. Quirin ↑ 1400 Hm; ein Drittel schattig, sonst sonnig.
Abstiegsvarianten: 1. auf dem grasigen Südhang über Hirscheben und die Sonnbergmähder nach Gries im Sellrain, 2½ St., ↓ 1450 Hm; 2. auf dem Ostgrat 20 Min. bis zum Kögele und dann nach links über die Krimpenbachalm zum Rangger Köpfl, 1930 m, von hier auf dem neuen Weg nach Stieglreith und von dort entweder zu Fuß über die Egghöfe oder mit dem Lift nach Oberperfuß; bis Oberperfuß 3 St., ↓ 1830 Hm.

SISTRANS 919 m

Haltestelle der Autobuslinie Innsbruck – Tulfes. 680 Ew.; 792 ha, davon 292 landw., 403 ha forstw. genutzt. FVV, 4 Gastbetriebe, 58 Privatvermieter, 488 Betten, Skischule, Schlepplift.

Geschichte:
Am Tiglshügel wurden bronzezeitliche Urnengräber mit Grabbeigaben aufgedeckt, die eine alte Besiedelung bezeugen. Erstmals wird Sistrans 1050 urkundlich genannt. Im Steuerregister von 1313 erscheint Sistrans mit Perchach als Ortschaft des Gerichtes Sonnenburg. Laut einem Amtsbericht von 1772 war in Sistrans ein landesfürstlicher See, der zur Erziehung der Laichfische und Setzlinge für die übrigen herrschaftlichen Seen diente. Später wurde dieser See trockengelegt.

Kunstdenkmäler:
Pfarrkirche hl. Gertrud, urkundlich 1339 genannt, Inneres 1727 barockisiert. Die *Salchervilla* ist die älteste Sommerfrischvilla in Sistrans. Hier wohnte zeitweilig der Dichter Josef Georg Oberkofler.

Naturdenkmäler:
Naturschutzgebiet „Patscherkofel", zusammen mit Bereichen der Gemeinden Patsch, Innsbruck, Ellbögen und Lans; Schutz der Alpenflora, besonders der rostroten Alpenrose, 12 qkm (1947).

Karten:
Umgebungskarte von Innsbruck 1:25.000; Kompaß-Wanderkarte 1:30.000, Blatt Innsbruck – Igls – Hall; AV-Karte 1:50.000, Blatt 31/5, Innsbruck-Umgebung; Österreichische Karte 1:50.000, Blatt 148; Freytag-Berndt-Touristenwanderkarte 1:100.000, Blatt 33, Innsbruck-Umgebung.

 Waldweg nach Rinn

Von der Ortsmitte in Sistrans zuerst nach S bis zu den obersten Häusern und dann am Waldrand auf Weg Nr. 30 (gelb) nach Osten. Der Weg führt zuerst leicht ansteigend bis ca. 1100 m Höhe, dann sanft nach Rinn abfallend.

Gehzeit in jeder Richtung ca. 2 St.; Höhenunterschied ↑↓ je 200 Hm; wenig begangener, zum Teil nasser und meist schattiger Waldweg.

Speckbacherweg, siehe unter **TULFES,** Seite 406

 Nach Heiligwasser

Von der Ortsmitte in Sistrans nach SW aufwärts am Farmerhof vorbei zum Waldrand. Bei der Kapelle gehen wir rechts (mit Nr. 49 und 50 gelb-rot bez.) weiter. Nach ca. ½ St. gelangen wir zum Schutzdamm am Ramsbach. Wir überschreiten Damm und Bach und steigen in einem artenreichen Nadelwald – auf stellenweise treppenartigem Weg empor – zur Mittelstation der Patscherkofel-Seilbahn und gelangen bald danach auf den Forstweg, der uns in ¼ St. zur Wallfahrtskirche Heiligwasser, 1234 m, bringt (Gh.). Rückweg auf dem Forstweg ober der Olympia-Bob- und Rodelbahn nach W und die Heiligwasserwiesen querend hinab bis zur Ellbögner Straße. Von dort wandern wir auf dem neben der Straße im Wald verlaufenden Speckbacherweg zurück nach Sistrans.

Gehzeit ↑ 1 St., ↓ 1 St.; Höhenunterschied ↑↓ je 320 Hm.

 Auf die Sistranser Alm

Von der Ortsmitte nach S bis zu den obersten Häusern und

Sistrans

dann auf Weg Nr. 48 steil aufwärts in den Wald. Auf dem Forstweg (Fahrverbot!) in vielen Kehren mäßig steigend durch den Hochwald zur Sistranser Alm, 1608 m (Gh.), wo sich eine prachtvolle Aussicht auf das Inntal und besonders auf Innsbruck und die Nordkette darbietet. Gehzeit 2 St. Von der Sistranser Alm nach W auf schmalem, gut markiertem Fußsteig durch flechtenbehangenen Zirben-Lärchen-Fichten-Wald in ½ St. zur Lanser Alm, 1718 m, und weiter zur Igler Alm 1475 m (Gh.), Heiligwasser, 1234 m (Gh.), und unterhalb Heiligwasser bei der Mittelstation der Patscherkofelbahn vorüber nach O zurück nach Sistrans.

Gehzeit ↑ 2½ St., ↓ 1½ St., zusammen 4 St.; Höhenunterschied ↑↓ je 700 Hm. Der Weg ist gut mit gelben Pfeiltafeln markiert, großteils ein breiter, bequemer Forstweg. Rückweg zwischen Sistranser und Lanser Alm und unterhalb Heiligwasser gute Fußsteige, meist schattig.

W↑↓ Almwanderung von Sistrans aus

Von der Ortsmitte nach S bis zu den letzten Häusern und dann auf dem Forstweg (mit Nr. 48 gelb bez.) in 2½ St. zur Sistranser Alm, 1608 m (Gh.). Weiter auf befahrbarem Weg (Nr. 46) nach O immer leicht fallend an der „Hirschlacke" vorbei in ¾ St. zur Aldranser Alm, 1511 m (Gh., im Sommer einfach bew.). Weiter nach O auf dem Forstweg sanft fallend bis zur ersten Kehre, dort den Forstweg verlassen (Wegweiser) und auf einem Fußsteig durch den Hochwald in ½ St. zur Rinner Alm, 1394 m (Gh., im Sommer einfach bew.). Von der Rinner Alm folgen wir dem Forstweg (Nr. 45) in mehreren Kehren durch den Hochwald hinab nach Rinn, 918 m.

Von Rinn mit dem Autobus oder auf dem Speckbacherweg zurück nach Sistrans.

Gehzeit ↑ 2½ St., ↓ 2½ St., zusammen 5 St.; Höhenunterschied ↑↓ je 690 Hm; Wege gut bezeichnet und bequem, meist schattig.

B↑↓ Über die Sistranser Alm auf den Patscherkofel, 2246 m

Auf dem Forstweg (Nr. 48) in 2½ St. zur Sistranser Alm, 1608 m; bis dahin auch mit Taxi. Von der Sistranser Alm durch Bergwald nach SO auf dem Weg Nr. 48 (gelbe Pfeiltafeln) in

¾ St. aufwärts nach Ißeben oberhalb der Ißhütte. Weiter nach W bei prachtvoller Aussicht auf das Inntal über den Rücken leicht ansteigend zum Grünbichl, 2024 m, und dort nach links (O) eben bis Boscheben, 2035 m. Bei Boscheben nach rechts (W) abbiegen und über den Ostweg mäßig steil ansteigend auf den Gipfel des Patscherkofels (Gh.). Prachtvolle Rundsicht über die Tuxer Voralpen in die Zillertaler Gletscher, die Stubaier Alpen, das Karwendelgebirge, Inn- und Wipptal; bis hieher von der Sistranser Alm ca. 2 St.

Abstieg auf dem Westweg zuerst nach S und nach der 1. Kehre nach W und N zum Patscherkofel-Schutzhaus des ÖAV und von dort nach NO zur Lanser Alm, 1718 m, und eben durch den Bergwald zurück zur Sistranser Alm, 1½ St. vom Gipfel.

Gehzeit ab Sistrans ↑ 4½ St., ↓ 3½ St., zusammen 8 St., ab Sistranser Alm ↑ 2 St., ↓ 1½ St., zusammen 3½ St.; Höhenunterschied ab Sistrans ↑↓ je 1330 Hm, ab Sistranser Alm ↑↓ je 650 Hm; Weg bequem und gut bezeichnet, je zur Hälfte schattig und sonnig.

STEINACH 1048 m

Haltestelle der ÖBB, Brennerbahn. Haltestelle der Autobuslinie Innsbruck – Brenner. 2476 Ew.; 2805 ha, davon 603 ha landw., 1405 ha forstw. genutzt. FVV, Tiroler Landesreisebüro, 38 Gastbetriebe, 104 Privatvermieter, 1812 Betten, Skischule, Sessellifte Steinach – Bergeralm und Bergeralm – Steinacher Jöchl, Schlepplifte Bergeralm – Steinerboden, Bergeralm und Steinach, 2 Rodelbahnen, Eislaufplatz, Schwimmbad, Hallenbad, Karlsbad mit radioaktiver Quelle, Minigolf, Tennisplatz.

Geschichte:

1286 erstmals urkundlich genannt, seit 1349 Sitz des gleichnamigen Gerichtes. Seit 1407 ist Steinach Marktgemeinde, und seit 1574 besitzt es das Recht zur Abhaltung von Märkten. Kaiser Maximilian I. baute sich neben der Kirche ein Jagdschloß, das aber beim großen Brand 1585 zerstört wurde. In den Jahren 1585 und 1853 verheerten Großbrände den Ort.

Kunstdenkmäler:

Pfarrkirche hl. Erasmus, ursprünglich Pilgerkapelle, 1518 umgebaut, 1763 Neubau nach Plänen von Franz de Paula Penz, 1853 ausgebrannt, seit 1855 neuromanisch erneuert; innen Bilder von Martin Knoller. *Kalvarienbergkapelle*, 1790. *Kirche St. Ursula* in Mauern, 1201 erweitert, 1678 barockisiert; uralte Begräbnisstätte, da hier die Toten von Hintertux beerdigt wurden; die Tuxer Kreuze erinnern daran.

Bedeutende Persönlichkeiten:
Martin Knoller, 1725–1804, Barockmaler.

Karten:
Österreichische Karte 1:25.000, Blätter 148/3, Trins, und 148/4, Steinach; AV-Karte 1:50.000, Blatt 31/5, Innsbruck-Umgebung; Österreichische Karte 1:50.000, Blatt 148; Kompaß-Wanderkarte 1:50.000, Blatt 36; AV-Karte 1:50.000, Blatt Brennergebiet; Freytag-Berndt-Touristenwanderkarte 1:100.000, Blatt 33, Innsbruck-Umgebung.

 Nach Gschnitz

Von der Ortsmitte zur Talstation des Bergeralmlifts und weiter durch die Wiesen auf der orographisch rechten (südlichen) Talseite in 1¼ St. zur Trinser Stirnmoräne (siehe Seite 396). Weiter am rechten Ufer des Gschnitzbaches durch teilweise von Erlen, Birken und Fichten bestandene Mähwiesen und schließlich durch Fichtenwald immer sanft ansteigend nach Gschnitz, 1245 m. Zurück am selben Weg oder mit Autobus.

Gesamtgehzeit ↑ 3½ St., ↓ 3 St.; Höhenunterschied ↑↓ je 200 Hm; Weg gut markiert und gepflegt, zwei Drittel sonnig, ein Drittel halb schattig.

Über Mauern nach Tienzens

Am nördlichen Ortsende von Steinach überschreiten wir die Sill und gehen nach NO in 20 Min. zum Ortsteil Mauern hinauf. In der Hauptstraße stehen einige gut renovierte alte Bauernhäuser. Leicht aufsteigend gelangen wir zur alten, 1973 renovierten Kirche St. Ursula von Mauern mit zahlreichem schmiedeeisernen Kreuzen im Friedhof, in dem viele Tote aus Tux begraben liegen, da einst Tux zur Pfarre Steinach gehörte. Die Toten trug man über das Tuxer Joch und bettete sie hier zur Ruhe. Auf dem mit Nr. 1 bez. Weg (rot-weiß-rot markiert) wandern wir in ½ St. eben durch die Wiesen nach Tienzens.

Auf diesem Weg bewegt man sich auf einem alten Talboden des Wipptales, der hier besonders schön erhalten blieb und aus der Zeit stammt, bevor sich die Sill in die glazialen Ablagerungen eingrub und den heutigen, 100 bis 150 m tiefer liegenden Talgrund schuf.

Vom Weiler Tienzens wandern wir zum Tienzner Kirchlein empor, das am linken Ufer der Navisbachschlucht steht. Zwischen den Bäumen schimmert das Kirchlein St. Kathrein durch, das am anderen Ufer auf einem Felsen aus den Resten des ehemaligen Schlosses Aufenstein errichtet wurde. Vom Tienzner Kirchlein wandern wir auf dem oberen Weg zurück nach Mauern. Er führt immer am Waldrand ober den teilweise steilen Wiesen entlang, in denen Enzian, Trollblumen und die seltene Sand-Esparsette (Onobrychis arenaria) blühen. In 35 Min. gelangen wir zurück nach Mauern und in einer weiteren ¼ St. hinab nach Steinach.

Gesamtgehzeit 2 St.; Höhenunterschied ↑↓ je 150 Hm. Der Weg ist meist sonnig, der Rückweg halb schattig.

Mauern wird bereits um 985 als Muron erstmals genannt. Im Register von 1313 war es eine eigene Gemeinde „Mouren". Die Kirche St. Ursula ist 1201 erstmals urkundlich genannt und wurde 1678 umgebaut.

Auf alten Flurwegen nach Innsbruck

Am nördlichen Ortsende überschreiten wir die Sill und gehen nach NO in 20 Min. zum Ortsteil Mauern hinauf. Auf der Hauptstraße in Mauern wandern wir nach N zur alten Kirche St. Ursula und auf Weg Nr. 1 (rot-weiß-rot) zum Weiler Tienzens, ab Bahnhof Steinach 50 Min.

Der Weiler Tienzens wird erstmals urkundlich um 1200 im „liber censualis" (Zinsbuch) des Stiftes St. Ulrich und Afra in Augsburg erwähnt. Der dortige Maierhof war dem Stift unterstellt und dazu verpflichtet, jedes Jahr 5 „Saumladungen" Wein von Bozen zum Inn zu transportieren. Über den alten Talboden des Wipptales, der heute die Kulturen und Siedlungen von Mauern und Tienzens trägt, führten wohl die ältesten Saum- und Fahrwege. Die in Tienzens früher in Kriegszeiten üblichen „Kreydefeuer" unterstreichen ebenfalls die einst taktisch wichtige Lage von Tienzens. In Tienzens liegt auch der älteste Erbhof Österreichs, der Bortenhof, der seit 1374 im Besitz der Familie Peer ist. An der Vorderseite des Hofes ist das Wappen angebracht, das 1453 Friedrich III., der Vater Kaiser Maximilians I., der Familie Peer verliehen hatte.

Nun steigen wir hinab zum Navisbach und jenseits empor zur Kirche St. Kathrein.

Die Kirche wurde aus den Trümmern der im 14. Jahrhundert zerstörten und 1474 erbauten Burg Aufenstein errichtet. Der spätgotische Bau steht auf einem Felssporn am rechten Ufer des Navisbaches und beherrscht das Landschaftsbild am Eingang des Navistales.

Von St. Kathrein leicht ansteigend, die Naviser Straße querend, weiter nach Norden, einige 100 m durch den Wald und auf Weg Nr. 9 durch die Wiesen zum Weiler Schöfens absteigen und unter dem Schloß Arnholz (heute bischöfliches Schulungsheim) und ober dem Gh. Larcherhof an einer kleinen Kapelle vorüber nach N auf einem schmalen Fahrweg zur Ellbögner Straße; auf dieser nach Pfons, 1043 m.

Von Pfons folgen wir bis zum Weiler Gedeier der Ellbögner Landesstraße. In Gedeier steigen wir in den Wiesen ober der Straße zum Waldrand auf und kommen auf der Schattseite des Arztales über die Wiesen von Schmid und Menten taleinwärts zum Falkesaner Bach. Nachdem wir ihn überschritten haben, wandern wir auf der Sonnseite durch die Innerellbögner Wiesen von Hof zu Hof und treffen schließlich auf die befahrbare „Oberstraße", auf der wir durch die alten Kulturen nach NW bis Mühltal sanft absteigen. Gleich bei den südlichsten Häusern von Mühltal überqueren wir die Landesstraße, steigen am linken Ufer des Mühlbaches bis zum Wald hinunter, queren im Wald den Bach und gelangen bei den Lehnerhöfen wieder auf die Wiesen. Von hier bleiben wir auf dem ziemlich ebenen Wiesenweg, der über die Rinnerhöfe zu den Auer Wiesen und nach Überschreiten des bewaldeten Ruckschreingrabens zum Hof Kehr unterhalb Patsch leitet. Über die Wiesen steigen wir nun nach Patsch auf und wandern unter der Kirche nach N aus dem Dorf hinaus und auf dem Wiesenweg nach Igls.

Von der Igler Kirche nach N durch das Viller Moor nach Vill und dort westlich des Grillhofes auf dem Paschbergweg über die Poltenhütte durch den Wald und ober dem ehemaligen Lemmenhof, wo heute der Speicher für das Sillkraftwerk liegt, nach links

(W) hinab, unter der Autobahn hindurch und am Bretterkeller vorbei zur Sillbrücke beim Stift Wilten.

Gehzeit 6–7 St.; Höhenunterschied ↑ 300 Hm, ↓ 800 Hm.

| B ↑↓ | **Über den Pflutschboden auf den Blaser, 2176 m** |

Von der Gschnitztalstraße zweigt der mit Nr. 13 rot-weiß-rot markierte Steig nach N ziemlich steil unter der Autobahn hindurch, am Gh. Wipptalerhof vorbei durch lichten Lärchenwald zum „Pflutschboden"., 1308 m. Wir überschreiten die flachen Wiesen und dann führt uns der Weg nach W im Lärchen-Fichten-Wald über die Steilstufe hinauf zum flacheren Platzerwald und durch diesen zur Waldgrenze bei ca. 1900 m. Über herrliche, blumenreiche Mähder steigt der Weg mäßig steil zur Blaserhütte empor, 2176 m (privat, im Sommer bew., Unterkunft möglich), 3½ St. ab Steinach. In 20 Min. erreichen wir den Gipfel des Blasers, der zurecht wegen seiner Aussicht und der Vielfalt seiner Flora gleichermaßen berühmt ist. Rückweg wie Anstieg.

Gehzeit ↑ 4 St., ↓ 2½–3 St.; Höhenunterschied ↑↓ je 1200 Hm.

| B ↑↓ | **„Höhenweg" auf den Bendelstein, 2436 m** |

Am nördlichen Ortsende überschreiten wir die Sill und gehen in 20 Min. zum Ortsteil Mauern hinauf; dort nach N, wo knapp vor der Kirche St. Ursula der Weg Nr. 326 nach Osten abzweigt (rot-weiß-rot markiert). Steil führt der Weg nach O durch den Fichten-Lärchen-Hochwald zur Waldgrenze hinauf und dann durch Zwergstrauchheiden und Almmatten auf den Schröflkogel, 2153 m, 3 St. Auf dem Kamm zwischen Padaster- und Navistal steigt der Weg gleichmäßig an durch felsdurchsetzten Rasen zum Gipfel des Bendelsteins, 2436 m.

Rückweg wie Anstieg oder nach Navis: zuerst am Grat ¼ St. nach Osten, dann nach N durch Schneeböden und Almmatten zum Schafalm-Hochleger und weiter steil hinab nach N an der Lechneralm, 1861 m, vorüber durch den Graben zur Kirche von Navis, 1343 m. Autobushaltestelle.

Gehzeit ↑ 4–4½ St., ↓ 3 St., nach Navis 2½–3 St.; Höhenunterschied ↑ 1390 Hm, ↓ nach Navis 1100 Hm; halb sonnig,

Steinach: Bergeralm

halb schattig, nur im Hochsommer zu empfehlen (Juni bis Oktober).

Mit dem Sessellift von Steinach auf die *Bergeralm*, 1675 m (privat, Gh., während der Saisonen bew., 10 B).

Wanderungen von der Bergeralm talwärts:

| W↓ | **Forstweg nach Steinach** |

Von der Bergeralm nach NO auf dem Forstweg durch den Wald – mehrmals die Skipiste querend – zurück zur Talstation des Liftes.
Gehzeit 1½ St.; Höhenunterschied ↓ 600 Hm.

| W↓ | **Über den Hümlerhof nach Steinach** |

Von der Bergeralm auf dem Fußweg nach S (mit Nr. 102 bez.) durch den Lärchen-Fichten-Hochwald sanft fallend zum Hümlerhof, 1385 m (Gh.), am N-Ende des Nößlacher Plateaus; weiter auf der Landesstraße nach Steinach.
Gehzeit 1½–2 St.; Höhenunterschied ↓ 600 Hm. Dieser Weg ist bis zum Hümlerhof ein Teilstück des „Südlichen Weitwanderweges" des AV.

| W↓ | **Über Trins nach Steinach** |

Von der Liftstation auf dem mit Nr. 102 bez. AV-Weg nach SW durch den Hochwald des Steinacher Berges fast eben zur Gerichtsherrenalpe, 1663 m (im Sommer Jausenstation). Nach Querung des Grafernaunbachgrabens am linksufrigen Rücken steil durch den Wald hinab bis zu einem Forstweg. Diesem folgen wir nach rechts (O) und kommen hinunter zu den Talwiesen gegenüber von Trins und auf den Weg, der uns über die Wiesen zurück zur Liftstation in Steinach bringt.
Gehzeit 3–4 St.; Höhenunterschied ↓ 600 Hm.

Mit dem Sessellift von Steinach auf die Bergeralm und weiter bis zu *Bergstation unter dem Steinacher Jöchl*, 2050 m

Wanderungen von der Bergstation des Bergeralmliftes aus

| B ↑↓ | **Auf das Nößlachjoch (Steinacher Jöchl), 2231 m** |

Schon bei der Auffahrt mit dem Lift erkennt man an den zerzausten Bäumen und besonders an den letzten Baumgruppen unschwer, daß hier der Wind der für den Baumwuchs lebensbegrenzende Faktor ist. Selten kann man so gut die Gruppenbildung im alpinen Bergwald erkennen wie hier.

Durch fast geschlossene, flechtenreiche Zwergstrauchheide steigen wir nach W aufwärts, und erst am letzten Wegstück gibt es einige Felsen, Quarzphyllite der Steinacher Decke, die hier im Gegensatz zu den benachbarten Bergketten auf die viel jüngere Triasdecke aufgeschoben sind. In ¾ St. erreichen wir den Gipfel, der zwar keine markante Form aufzuweisen hat, dafür aber einen großartigen Rundblick über die ganze Brennersenke samt ihrer Umrahmung bis zum Zillertaler (Tuxer) Hauptkamm, den Tarntaler Bergen und im N dem Karwendelgebirge. Zu unseren Füßen zieht sich das helle Band der Brenner-Autobahn durch das grüne Wipptal nach Innsbruck.

Abstieg nach SO (rot markiert) durch Zwergstrauchheiden zu den arnikareichen Nößlacher Mähdern. Knapp unter der Waldgrenze stoßen wir in etwa 1800 m Höhe auf die kleinen Halden des ehemaligen Kohlenbergbaues, 1¼ St.

Schon Adolf Pichler hatte dieses Kohlevorkommen durch seine Funde versteinerter Pflanzen als zur Ottweiler Stufe gehörend datieren können, also derselben Serie, der auch die reichen Kohlevorkommen etwa im Saargebiet angehören. Hier sind freilich durch die gebirgsbildenden Kräfte die Kohleschichten so dünn ausgewalzt und zerrissen worden, daß der unwirtschaftliche Abbau nur in Notzeiten wie zuletzt nach dem Zweiten Weltkrieg vertretbar ist.

Am Jugendheim der evangelischen Pfarrgemeinde Innsbruck, das an der Stelle der ehemaligen Bergwerksbaracke neu errichtet wurde (nicht bew.), wandern wir vorbei durch den Wald nach Nößlach, 1437 m. Durch die Nößlacher Wiesen gehen wir nach

N zum Hümlerhof, 1385 m (Gh.), und dann auf der Fahrstraße zurück nach Steinach, 1050 m.

Gehzeit ↑ ¾ St., ↓ 3 St.; Höhenunterschied ↑ 180 Hm, ↓ 1180 Hm. Diese Gipfelbesteigung ist die leichteste und bequemste im Gebiet von Steinach und ist am schönsten zur Zeit der Arnikablüte im Juli und im Herbst. An windigen Tagen sollte man sich geschütztere Wanderwege auswählen; zwei Drittel sonnig, ein Drittel schattig.

| B ↑ ↓ | **Kammwanderung nach Obernberg** |

Von der Bergstation in ¾ St. nach W auf den Gipfel des Nößlachjoches (Steinacher Jöchl), 2231 m. Auf dem Rücken wandern wir nun nach SW zuerst ca. 60 Hm absteigend, dann hinauf zum Eggerjoch, 2282 m. Wieder müssen wir etwas absteigen und dann zum Leitnerberg aufsteigen, 2309 m. Nun führt der Steig etwas nördlich unter der Kammhöhe zum Kastnerberg, 2209 m. Von hier biegen wir von der Kammhöhe nach S hinab zum Lichtsee, 2164 m. Über die Taler Bergmähder mit lichten Lärchengruppen steigen wir nach S ab, queren den schmalen Waldgürtel und erreichen Obernberg unweit der Kirche, 1396 m.

Gehzeit ↑ 1 St. → 2½ St., ↓ 2–2½ St., zusammen 5½–6 St.; Höhenunterschied ↑ 400 Hm, ↓ 1000 Hm. Die Kammwanderung ist bei schönem Wetter sehr zu empfehlen, doch ist auf ihre Windausgesetztheit zu achten.

| B ↑ ↓ | **Kammwanderung zum Trunnajoch und nach Trins** |

Wie oben von der Bergstation in ¾ St. auf das Nößlachjoch, 2231 m, und auf dem Rücken nach SW über Eggerjoch-Leitnerberg zum Kastnerberg. Von diesem steigen wir etwas zum Trunnajoch ab, 2152 m. Auf der Nordseite des Joches gelangt man in ¼ St. in die „Schöne Grube" hinab und über die Almböden der Trunnaalm zu der im Sommer bew. Trunnahütte, die an der von Lärchen gebildeten Waldgrenze steht. Immer östlich des Trunnabachgrabens führt nun der Weg ziemlich steil durch die Trunnamähder in den Trunnawald nach Trins hinab, 1233 m. Autobushaltestelle. Ab der Trunnahütte kann man auch auf dem Forstweg erheblich flacher, dafür aber weiter absteigen.

Gehzeit ↑ ¾ St., → 2½ St., ↓ 2–2½ St., zusammen 5½–6 St.; Höhenunterschied ↑ 400 Hm, ↓ 1070 Hm; bei schönem Wetter sehr lohnende Kammwanderung, an windigen Tagen sollte man sich aber andere Wanderwege auswählen.

TELFES 994 m

Haltestelle der Stubaitalbahn Innsbruck – Fulpmes. 761 Ew.; 2738 ha, davon 428 ha landw., 1489 ha forstw. genutzt. FVV, 13 Gastbetriebe, 100 Privatvermieter, 1100 Betten. Skischule, Sessellift Schlicker Alm – Sennesjöchl, Schlepplifte Telfes – Lukken, Telfes, Eislaufplatz, Eisschießbahn, Hallenbad, Freischwimmbad.

Geschichte:
Im Jahre 1133 wurde „Telves" zum ersten Male urkundlich genannt. Damals bestand bereits die Pfarre Telfes, die begrifflich identisch war mit dem ganzen Stubaital. Der Sitz der Pfarre war gleichzeitig der älteste Sitz des Gerichtes Telfes. Die ältesten Richter entstammten dem Geschlecht der Karlinger, deren Wappen seit 1967 zum Gemeindewappen erhoben wurde. In Telfes bestand einst ein Hammerwerk mit 5 Hämmern. Wiederholt wurden die Sonnenhänge ober dem Ort von Waldbränden heimgesucht, zuletzt im Herbst 1947, als rund 400 ha Hochwald und Legföhrenbestände abbrannten.

Kunstdenkmäler:
Pfarrkirche hl. Pankraz, eine Kapelle ist schon 1344 urkundlich erwähnt, 1434 wurde an ihrer Stelle eine neue Kirche erbaut; die heutige Kirche stammt aus den Jahren 1754/55 und wurde von Franz de Paula Penz erbaut, der hier Pfarrer war.

Karten:
Österreichische Karte 1:25.000, Blatt 148/1, Fulpmes; Österreichische Karte 1:50.000, Blätter 147, 148; AV-Karte 1:50.000, Blatt 31/5, Innsbruck-Umgebung; Kompaß-Wanderkarte 1:50.000, Blätter 36 oder 83; Freytag-Berndt-Touristenwanderkarte, Blatt 33, Innsbruck-Umgebung.

W↓ Stockerhof – Mutters

Von Telfes nach NO zum Weiler Kapfers und leicht steigend weiter bis zu einer Weggabelung. Wir wählen den oberen Weg, der zuerst über die Wiesen, dann durch lichten Lärchenwald zum Stockerhof führt, welcher in beherrschender Aussichtslage thront, 1156 m (Gh.). Vom Stockerhof wandern wir auf einem neuen Fahrweg leicht fallend in den Kreither Graben hinein und dann hinaus auf die Fahrstraße nach Kreith und Mutters.
Gehzeit 2 St.; Höhenunterschied ↓ 360 Hm.

W↓ Durch die Telfeser Wiesen

Von Telfes gehen wir zunächst nach NO zum Weiler Kapfers und weiter leicht ansteigend bis zu einer Wegegabelung. Hier folgen wir dem unteren Weg, der zuerst fast eben durch die Mähwiesen und dann durch die Telfeser Lärchenwiesen oberhalb der Stubaitalbahn leicht fallend nach NO führt. Der Weg verläuft nach der Haltestelle „Telfeser Wiesen" noch ein Stück ober der Bahn, dann in unmittelbarer Nähe über den Kreither Graben, den die Bahn auf einer Stahlbrücke quert, und über Kreith nach Mutters.
Gehzeit 2 – 2½ St.; Höhenunterschied ↓ 360 Hm; halb sonnig, halb schattig. Der Weg ist am schönsten im Frühling, wenn Enzian und Trollblumen blühen, und im Herbst, wenn die Nadeln der Lärchen goldig erglühen.

Die Lärchenwiesen sind eine typisch tirolische Wirtschaftsform. Sie entstanden durch Aushauen der Fichten aus den natürlichen Fichten-Lärchen-Wäldern, sodaß unter den lichten Baumgruppen ein guter Graswuchs möglich wurde. Zahlreiche lichtbedürftige Blütenpflanzen konnten sich dadurch ansiedeln, darunter der Stengellose Enzian, viele Orchideen, Arnika und Kleearten. Die Nutzung ist eine gemischte: die Wiesen werden einmal gemäht und dann im Herbst beweidet, daneben gewinnt man als wertvolle Lärchenholz. Immer mehr verschwinden die Lärchenwiesen, denn die Bewirtschaftung ist recht mühsam. Das niedere Gras ist zwar hochwertig, aber es kann nur mit der Sense gemäht werden. In jedem Frühling müssen die abgebrochenen Lärchenäste zusammengerecht und verbrannt werden. Deshalb werden viele der schönen Lärchenwiesen heute nicht mehr bewirtschaftet, und allmählich er-

obert sie der Wald wieder zurück. Im Innsbrucker Raum sind die
Telfeser Wiesen noch die größten geschlossenen Lärchenwiesen.

Rückweg: über Stockerhof oder parallel zur Bahn über den
Weiler Luimes nach Telfes.

 „Gloatsteig"

Von der Ortsmitte wandern wir zum Weiler Gagers hinauf und
von dort eben am Waldrand ober dem Weiler Plöven in den
Schlickerbachgraben hinein. Gleich zu Beginn biegen wir nach
links hinauf zur Anhöhe, auf der das Gh. Froneben liegt, 1316 m;
bis hieher auch mit dem Lift von Fulpmes aus. Von Froneben
nach W sanft ansteigend ins Schlicker Tal. Nach ca. ¾ St. erreichen wir den Schlicker Almboden und zweigen 100 m danach
rechts (nach N) ab (Wegweiser und rote Markierung). Der Weg
steigt zuerst an durch den Bergwald, dann durch Latschen in ¾ St.
zum „Berger Brünnl", einem Aussichtspunkt in einer ehemaligen
Waldbrandfläche, 1700 m. Von hier ab führt der „Gloatsteig"
immer leicht auf und ab in tief eingeschnittene Felsrinnen, durch
Legföhrenbestände und die obersten Baumgruppen vom Süd- zum
Osthang des Ampfersteins und schließlich zum Ißboden, 1672 m.
Dort treffen wir auf den von Telfes direkt heraufführenden Halsl-
weg. Wir überqueren den Ißboden und gehen mäßig ansteigend
etwa an der Untergrenze der Waldbrandfläche von 1947 nach SO
hinaus zum Rücken, auf dem in herrlicher Aussichtslage die
Pfarrachalm steht, 1736 m. Von der Alm auf dem Fußweg steil
nach S oder auf dem Forstweg in Kehren flacher, aber weiter,
zurück nach Telfes, 994 m.

Gehzeit ↑ 2½ St., → 1½ St., ↓ 1½ St., zusammen 5½ – 6 St.;
Höhenunterschied ↑↓ je 800 Hm; ein Drittel schattig, zwei Drittel
sonnig.

 **Über das Halsl
in die Axamer Lizum**

Von Telfes zum Weiler Gagers und dort steil auf dem Fußweg
durch den lichten Wald am linken Ufer des Halslbaches in 2 St.
zum Ißboden, 1690 m. In der Senke steigen wir mäßig steil über
Almmatten und durch einzelne Latschengruppen hinauf auf das

Halsl, 1992 m, den tiefen Einschnitt zwischen Nockspitze und Ampferstein, an dessen Südseite eine kleine Kapelle steht; bis hieher 3 – 3½ St. Auf der Nordseite des Halsls führt der Steig ziemlich steil durch Grünerlen und Latschen in ¾ St. zur Axamer Lizum hinunter, 1564 m (3 Gh. und Autobushaltestelle).

Gehzeit ↑ 3 – 3½ St., ↓ ¾ St., zusammen 4 – 4½ St.; Höhenunterschied ↑ 1000 Hm, ↓ 430 Hm.

| B↑↓ | **Auf die Nockspitze (Saile), 2403 m** |

Wie vorne über Gagers und Ißboden in 3 – 3½ St. auf das Halsl, 1992 m. Vom Halsl steigt der AV-Weg Nr. 111 bzw. 112 steil nach rechts (O) zuerst durch einen geschlossenen Legföhrengürtel, dann über blumenreiche Blaugras- und Horstseggenrasen auf den Gipfel der Nockspitze, 2403 m, wo uns ein prachtvoller Tiefblick auf das Inntal und besonders auf Innsbruck überrascht. Abstieg wie Anstieg.

Gehzeit ↑ 3½ – 4 St., ↓ 2½ – 3 St., zusammen 6 – 7 St.; Höhenunterschied ↑↓ je 1400 Hm; zwei Drittel sonnig, ein Drittel halb schattig, Weg rot-weiß markiert.

| B↑↓ | **Über die Pfarrachalm auf das Nederjoch** |

Von Telfes zum Weiler Gagers und auf dem Fußweg in 2 St. oder auf dem etwas bequemeren Forst- und Almweg in 2¼ St. auf die Pfarrachalm (herrliche Aussichtslage), 1736 m. Unmittelbar westlich der Alm steigen wir auf blau-weiß markiertem Steig steil über die Waldbrandfläche aus dem Jahre 1947 hinauf bis zu einem flach in etwa 2000 m Höhe verlaufenden Steig, dem wir nach links (NW) folgen. In ¼ St. erreichen wir die Sailnieder, 1972 m, einen Sattel zwischen Nockspitze und Nederjoch, von dem aus man nach N durch schrofiges Gelände zur Kreither und Raitiser Alm absteigen kann. Wir wenden uns hier nach rechts (O) und steigen weglos auf dem Rücken zum Nederjoch, 2141 m, auf und weiter zum Jochkreuz, 2045 m. Bald treffen wir wieder auf den von der Nordseite herkommenden Steig, dem wir über den Rücken zur Waldgrenze hinunter folgen, dann in den bewaldeten Südhang hinein, bis wir auf den nach Telfes führenden Forstweg treffen.

Gehzeit ↑ 3 St., ↓ 2½ St.; Höhenunterschied ↑↓ je 1150 Hm; zwei Drittel sonnig, ein Drittel halb schattig.

TELFS   633 m

Haltestelle der ÖBB, Arlbergbahn. Haltestelle der Autobuslinien Innsbruck – Telfs (Dörferlinie), Innsbruck / Obergurgl, Innsbruck – Nassereith – Imst und Innsbruck – Reutte. 6388 Ew.; 4548 ha, davon 887 ha landw., 2807 ha forstw. genutzt. FVV, 23 Gastbetriebe, 2 Kinder- und 1 Jugenderholungsheim, 1 Jugendherberge, 163 Privatvermieter, 1330 Betten. 2 Schlepplifte in Mösern, Schlepplift Buchen, Schlepplift Telfs, Skischule Telfs-Mösern, Eislaufplatz. Kneippkuranstalt, Kaltwasseranstalt, Rinnerbad, Schwimmbad, Hallenbad, Sauna, Hotelhallenbad mit Sauna in Mösern, Waldkurhaus mit Sauna, Tennisplätze, Minigolf, Reitstall in Telfs und in Mösern, 2 Campingplätze, Golfplatz Wildmoos (18 holes).

Geschichte:
Am Ematbödele wurden 25 Graburnen mit Grabbeigaben aus der Bronzezeit aufgefunden. Eine römische Niederlassung ist unter dem Georgenkirchlein durch Funde von Münzen, Figuren und Mauerresten bezeugt. In St. Georgen wurden germanische Gräber und Siedlungsreste freigelegt. Urkundlich wird der Ort als „Telves" erstmals 1175 erwähnt, 1233 als „Telpheri". Um 1250 waren die Herren von Weilheim vorwiegend Grundherren. 1280 wird Telfes als „villa" (Dorf) bezeichnet. 1786 wollten sich die Weiler Mösern und Buchen von Telfs trennen. 1825 wurde Telfs der Sitz des Landgerichtes Telfs. 1908 wurde Telfs zur Marktgemeinde erhoben. Vor 1500 bestand am Arzberg ein Bergbau. 1634–1674 wurden neuerlich Schürfrechte am Erzberg verliehen. 1770 wird die erste Baumwollmanufaktur von Franz Anton Strele u. Co. genannt. 1811 gab es in Telfs 2 Ölschlagmühlen zur Gewinnung des Öls aus dem bituminösen Seefelder Mergel. Ab 1880 begann dann die Begründung mehrerer Industrien, die heute noch ansässig sind. In Telfs war ein Salzstadel, der als Depot auf dem Handelswege nach Westen und Nordwesten diente. Auch die Innschiffahrt hatte für Telfs erhebliche Bedeutung, weil hier der schiffbare Teil des Inns endete. Obzwar von Telfs bis Hall nur

Telfs

kleinere Zillen und Plätten fahren konnten, war doch die Lände von Telfs ein bedeutender Umschlagplatz, und es waren Verladestationen für Getreide und Salz eingerichtet, die erstmals 1489 erwähnt werden. Die Brücke über den Inn dürfte erst gegen Ende des 15. Jahrhunderts erbaut worden sein, da sie erstmals im Jagdbuch Kaiser Maximilians I. von 1500 erwähnt wird.

Kunstdenkmäler:
Pfarrkirche St. Peter und Paul, 1113 erstmals bezeugt, 1474 neu erbaut, 1666 erweitert und 1740 mit Deckenbildern von Josef Zoller ausgestattet; jetzige Kirche 1860–1863. *Franziskanerkloster und -kirche,* 1704–1705, *St.-Georgs-Kapelle,* 1350 erweitert, später wurde dort ein Pestfriedhof angelegt, jetzige Kapelle aus der ersten Hälfte des 17. Jahrhunderts. *St.-Veit-Kapelle* bei Lehen, 1384. *Mariahilfkapelle* am Birkenberg, 1640 erbaut. *Marienkapelle* in Mösern, 1772 erbaut. *Kapelle in Buchen,* aus dem 18. Jahrhundert.

Naturdenkmäler:
Rostrote Alpenrose (Rhododendron ferrugineum) am Möserer See (1942). Naturschutzgebiet „*Wildmoos*", zusammen mit Bereichen der Gemeinden Reith und Seefeld; blumenreiche Magerrasen, Birkengruppen und zwei periodische Seen.

Bedeutende Persönlichkeiten:
Andreas Einberger, Bildhauer und Maler, 1878–1952, Josef Schöpf, Maler, 1745–1822, Anton Zoller, Maler, 1695–1768, Josef Anton Zoller, Maler, 1730–1791.

Karten:
AV-Karte 1:25.000, Blatt Wetterstein und Mieminger Gebirge, Mitte; Österreichische Karte 1:50.000, Blätter 116, 117; AV-Karte 1:50.000, Blatt Innsbruck-Umgebung (z. T.); Kompaß-Wanderkarte 1:50.000, Blatt 35; Freytag-Berndt-Touristenwanderkarte 1:100.000, Blatt 33, Innsbruck-Umgebung.

Wanderung ober Telfs (Sagl – Birkenberg – Bergwachtsweg nach Hinterberg – St. Veit – Lehen – Griesbach)

Mit dem Autobus zum Ortsteil Sagl. Von da steigen wir auf dem mit Nr. 24 bez. Fußsteig über den von Erika-Föhren-Wald bestandenen Steilhang empor nach Birkenberg. Etwas westlich davon zweigt vom Fahrweg der Bergwachtssteig (mit Nr. 22 bez.) nach rechts ab und führt nahezu eben über den untersten Hang des Arzberges nach W zum Erzbergklammbach und nach dessen Querung durch den Wald zum Weiler Hinterberg. Bei den obersten Häusern folgen wir dem mit Nr. 21 bez. Weg steil hinauf (nach N) zum Weiler St. Veit, 870 m.

Die Kapelle von St. Veit stammt aus dem Jahr 1384.

Von St. Veit an benützen wir den Fahrweg durch die Wiesen nach Lehen (Gh.) und weiter nach W den Fußsteig durch Föhrenwald hinab zum E-Werk im untersten Teil der Straßbergklamm. Auf dem linksufrigen Fahrweg gelangen wir zurück nach Telfs.
Gehzeit 2 St.; Höhenunterschied ↑↓ je 240 Hm. Der Weg ist gut markiert, zwei Drittel halb schattig, ein Drittel sonnig. Am schönsten ist er im Frühling, wenn die Erika blüht, und im Herbst; im Sommer bei schönem Wetter zu heiß.

 Auf den Kupf (Arzberg)

Von der Ortsmitte in Telfs nach St. Georgen am nördlichen Siedlungsrand.

In St. Georgen wurden germanische Gräber aufgedeckt. Der Friedhof stammt aus dem 16. Jahrhundert und wurde damals als Pestfriedhof errichtet. Im Jahre 1648 baute man die Kapelle in barockem Stil um. Fresken aus dem 13., 14. und 15. Jahrhundert beweisen aber, daß die Kapelle viel älter ist.

Von St. Georgen durchqueren wir die gleichnamige Siedlung nach NO, überschreiten den Erzbergklammbach und kommen nach ¼ St. nach Birkenberg, das auf beherrschender Höhe über dem Talboden liegt.

Seit 1968 ist der Gutshof im Besitz des Landes Tirol und beherbergt eine Besamungsstation für Rinder aller Tiroler Rassen. Die Kapelle ist erstmals urkundlich 1427 erwähnt. Friedrich Kranewitter, der Besitzer des oberen Birkenberghofes, und Johann Kranewitter, Kurat in Ötz, erbauten 1640 die erste Kapelle. 1698 wurde sie dann vergrößert und als Wallfahrtskirche geweiht. 1963 und 1969 wurde die Kirche restauriert. Die Villa neben der Kirche erbaute der Dramatiker Karl Schönherr 1913 und bewohnte sie bis 1924.

Durch lichten Erika-Föhren-Wald wandern wir nun von Birkenberg zuerst leicht ansteigend nach NO, biegen dann nach N, und allmählich steigt auch der Weg steiler an. Bei einer Weggabelung folgen wir dem linken Weg (Tafel), und nach Durchschreiten eines niedrigen, oft von Lawinen geworfenen Bestandes wird der Weg immer flacher und führt uns durch Buchen-Tannen-Fichten-Wald (zuletzt nach W) auf einen ebenen Boden nördlich des Kupfes, am Fuße der Hohen Munde, deren beinahe kahlen Südabstürze bleich herableuchten; bis hieher 1 St.

Vom Arzbergboden erreichen wir auf undeutlichem Steig nach S ansteigend in 10 Min. die Höhe des Kupfes (Arzberges), 1065 m.

Am Arzbergboden befanden sich einst Mähwiesen und heute noch sind die beiden Heuhütten des Breitangerle und der Arzbergmahd erhalten, wenngleich man sich nicht mehr vorstellen kann, daß da, wo heute hohe Bäume stehen, einmal gemäht wurde. Doch auch der Bergbau, der dem ganzen Kopf seinen Namen gab, gehört der Vergangenheit an.

Der Weg führt nun in der Senke des Arzbergbodens nach SW, und plötzlich steht man am Rande des Steilhanges, und der Blick schweift über das Inntal, die Sellrainer Berge und hinüber zum Mieminger Plateau. Auf steilem, teilweise felsigem Fußsteig gelangen wir nach S durch schütteren Föhrenwald, in dem immer wieder Spirken, Latschen und Felsenbirnen eingemischt sind, rasch hinab. Fast jeder der auf unfruchtbarem Dolomit stockenden, krüppelwüchsigen Bäume ist voll von Misteln (Viscum album). Immer wieder bieten sich Einblicke in die Erzbergklamm mit ihren bizarren Felsbildungen. Nach 20 Min. erreichen wir den Bach, wo an einem Baum ein Marterl zum Schutz der Siedlung angebracht ist:

„Heilige Mutter Gottes bas auf das nit übergät der Boch,
sonst hobm mir in St. Georgen olla koan Doch."

Nach Überschreiten des Baches führt der Steig am rechten Ufer durch den Wald zurück nach St. Georgen.

Gehzeit ↑ 1 St., ↓ ¾ St.; Höhenunterschied ↑↓ je 440 Hm. Der Weg ist mit Wegtafeln und Nr. 23 bez., auf längere Strecken hin aber ohne Markierung; besonders schön im Frühling, wenn Erika, Kugelblumen und Felsenbirnen blühen; im Hochsommer wegen der Hitze am besten vor Sonnenaufgang.

W↑↓ Von Telfs nach Wildermieming

Am westlichen Ortsende gehen wir von der Nassereither Bundesstraße nach N am Campingplatz vorüber ins Minzigtal nach links (W). Wir folgen dem weiß-rot-weiß mit Nr. 14 markierten Weg durch ein mit Pappeln bepflanztes Wiesental und erreichen nach 20 Min. eine Weggabelung, dort auf den Rücken in lichtem Föhrenwald. Nach ¾ St. passiert man den Gerhartshof (Gh.), von wo ab der Weg mit gelben Pfeiltafeln (Nr. 10b) markiert ist. Nach ¼ St. verlassen wir den Wald und treten auf die Wiese von Neuraut und die Brandäcker, wo sich der Blick nach W über das Mieminger Plateau und den Simmering öffnet. In ½ St. erreichen wir von dort Wildermieming, 884 m.

Rückweg: von der Hauptstraße nach NO in ein breites Wiesental bis zum „Anger". Von hier wandern wir dem Tal entlang nördlich am Gerhartshof vorbei bis zum Ausgangspunkt zurück. Dieser Weg ist vor allem im Frühling und Herbst zu empfehlen. Zu anderen Jahreszeiten wählt man besser den von Anger nach links durch den Zimmerwald führenden Fahrweg, der ebenfalls zum Ausgangspunkt zurückführt.

Gehzeit jede Richtung 1½ St.; Höhenunterschied ↑↓ je 180 Hm; Weg zur Hälfte halb schattig und sonnig.

 Über das Mieminger Plateau

Am westlichen Ortsende von Telfs biegen wir von der Nassereither Bundesstraße nach N ab und gehen am Campingplatz vorbei und nach W ins Minzigtal. Wir folgen dem weiß-rot-weiß markierten und mit Nr. 14 bez. Weg durch das mit Pappeln bepflanzte Wiesental und dann durch lichten Erika-Föhren-Wald zum Gerhartshof (Gh.). Auf der Fahrstraße wandern wir nach W zur Bundesstraße hinab und nach deren Querung über die Wiesen ins Fiechter Tal hinein. Nach etwa 20 Min. öffnet sich das Tal zu einem weiten Wiesengelände, das von einzelnen Lärchen- und Kieferngruppen bestockt ist. Durch leicht hügeliges Gelände kommen wir zur Häusergruppe Fiecht, die auf erhöhter Stelle liegt und eine umfassende Rundsicht auf das Mieminger Plateau und seine umrahmenden Berge bietet. Auf der Fahrstraße (Nr. 12)

wandern wir sanft fallend nach Untermieming, 807 m; bis hieher 2½ St.

Rückweg: von der Untermieminger Kirche gehen wir nach N bis zum Dorfende, dann nach rechts (O) auf einem Wiesenweg, der im oberen Drittel eines Wiesentales zwischen Feldterrassen und Wiesen verläuft (mit Nr. 7a gelb markiert). Nach ca. ¾ St. gehen wir links zum Waldrand und im Föhrenwald auf Weg 13 (weiß markiert) nach Brand (im Wald bei der Weggabelung rechts). Wir kommen an einem kleinen Teich mit Seerosen und Fieberklee (Naturdenkmal) vorüber und durch den Wald abwärts wieder zur Bundesstraße. Wie beim Hinweg wandern wir über den Gerhartshof auf Weg 14 zurück nach Telfs.

Gehzeit 5 St.; Höhenunterschied ↑↓ je 180 Hm. Der großteils halbschattige Weg ist fast das ganze Jahr über begehbar und weist nirgends größere Steigungen auf.

W↑↓ Klammweg nach Straßberg

Am westlichen Ortsende biegen wir von der Nassereither Bundesstraße nach N ab und wandern am rechten Ufer des Griesbaches auf dem mit Nr. 19 bez. Weg durch die wildromantische Straßbergklamm zum Straßberghaus, 1200 m (privat, ganzj. bew., 8 B, 10 M), das auf blumenreichem, von einzelnen Baumgruppen bestandenem Wiesenboden liegt.

Rückweg: auf der Fahrstraße eben an einigen Berghütten vorüber nach O und bei der „Grießlehn" nach rechts (S) durch den Wald ober der Straßbergklamm zum Hof Lehen. Von da steil auf befahrbarem Weg zurück nach Telfs-Emat.

Gehzeit ↑ 1¾ St., ↓ 1¼ St.; Höhenunterschied ↑↓ je 570 Hm.

B↑↓ Rund um die Hohe Munde

Von Telfs-Emat auf der Fahrstraße (mit Nr. 20, 31 und 32 bez.) steil durch den Erika-Föhren-Wald nach Lehen, das westlich St. Veit auf einer flachen Wiese liegt. Weiter auf der Fahrstraße (Nr. 32) zum Straßberghaus, 1200 m; bis hieher 1¾ St., auch mit Pkw oder Taxi Anfahrt möglich. Der Weg führt nun durch das bewaldete Alpltal sanft steigend nach NW in 1 St. zum Alplhaus, 1506 m, das bei den letzten Bäumen auf einer

Anhöhe mitten im Tal liegt (DAV-Sektion München, nicht bew.). Vom Alplhaus führt der Steig zuerst flach steigend nach O und biegt dann nach N auf den Rücken des Hochbrandbodens. Am Fuße der Felswände – den oberen Straßberg querend – steigt er durch Latschen und Almmatten – zum Schluß steil – hinauf zur Niedermunde, einem 2055 m hohen Sattel, dem tiefsten Einschnitt der ganzen Mieminger Kette. Auf der Nordseite der Niedermunde steigen wir steil durch Latschen, strauchförmige Legbuchen und schütteren Bergwald ins Gaistal ab, wo wir unter der Tilfußalm, 1391 m, die Talstraße erreichen. Auf dieser wandern wir talaus nach Klamm und Obern in der Oberleutasch und dort eben nach S zum Weiler Moos. Über das „Katzenloch" geht es weiter zum einzeln in herrlicher Aussichtslage ober dem Inntal stehenden Hoiselerhof und neben dessen westlichem Wiesenrand auf dem mit Nr. 27 bez. Steig steil ins Kochental hinab und nach Sagl. Autobushaltestelle.

Gehzeit ↑ 4 – 4½ St., ↓ 3 – 3½ St., zusammen 7 – 8 St.; Höhenunterschied ↑↓ je 1470 Hm. Die Bergwanderung ist sehr abwechslungsreich, da sie ins formenschöne Kalkhochgebirge führt. Trittsicherheit und Ausdauer sind erforderlich; ein Drittel schattig, zwei Drittel sonnig.

W↑↓	**Von Telfs über Buchen nach Wildmoos**

Vom Weiler Sagl (Autobushaltestelle) wandern wir im wildromantischen Kochental nach N aufwärts bis zum Talschluß und dann nach rechts (O) steil durch den Wald zum frei stehenden Hoiselerhof. Fast eben führt der Weg unter mächtigen Bergahornen und Eschen nach S in 10 Min. zum Gh. Buchen (Ropfen), 1210 m. Der mit Nr. 13c bez. Weg steigt nun gegen den „Bärenbrand" hin an und an dessen SO-Seite in einer Senke flach zu den „Pairbacher Mähdern" hinab. Hier treffen wir auf den Weg Nr. 13a, der nach NO über das ganze, als „Wildmoos" bezeichnete, von Birkengruppen bestandene Wiesengelände zur Ferienkolonie Wildmoos führt, 1350 m (Gh. im Sommer bew.).

1847 verkaufte die Gemeinde Telfs das Recht der Torfgewinnung in Wildmoos an Erzherzog Maximilian zur Gewinnung von Brennmaterial für das von ihm gegründete Asphaltwerk bei Seefeld (Maxhütte). Der Torfstich wurde bis 1905 betrieben. Vom Gutsbesitzer Robert Nißl aus Innsbruck wurde am Ostrand von Wildmoos ein

Telfs: Mösern

Jagdhaus erbaut, das er 1921 für eine Ferienkolonie der Höttinger Volksschüler zur Verfügung stellte. Seit 1970 ist der neue Golfplatz (18 holes) in Betrieb, der einer der größten und schönsten in Europa ist. Im Gelände von Wildmoos treten periodisch 2 Seen auf, der Wildmooser See im östlichen und der Lottensee im westlichen Teil. Beide Seen haben oberirdisch weder Zu- noch Abfluß. Das ganze Gebiet von Wildmoos, das zu den drei Gemeinden Telfs, Reith und Seefeld gehört, steht unter Naturschutz. Da die Wiesen nur mehr zum Teil gemäht werden, wird die Erhaltung der schönen, blumenreichen Wiesen immer problematischer. Denn überall dringt bereits der Waldwuchs vor.

Rückweg: von der Ferienkolonie auf der Fahrstraße im schattseitigen Wald bis zum Lottensee am SO-Rand der Wiesen. Dort verlassen wir die Straße, überqueren eine Senke nach W, kommen an einigen Häusern vorbei zu einer zweiten Senke, in welcher der Weg durch den Ropferswald nach SW abwärts führt. Der Fußweg quert einmal die Landesstraße und steigt über die Hofgruppe Brand nach Sagl ab.

Gehzeit ↑ 2½ St., ↓ 2 St.; Höhenunterschied ↑↓ je 700 Hm; halb sonnig, halb schattig. Die Wanderung empfiehlt sich im Frühsommer und im Herbst. Im Sommer sollte man wegen der Hitze nicht untertags, sondern am frühen Morgen aufsteigen.

Mit dem Autobus oder Taxi oder eigenem Auto nach *Mösern*.

MÖSERN   1250 m

Ortschaft der Gemeinde Telfs, 90 Ew. FVV, 4 Gaststätten, 4 Pensionen, 4 Fremdenheime, 1 Appartementhaus, Hallenbad, Sauna, Bad am Möserer See, Skilift, Skischule, Reitstall.

Zu Fuß gelangt man nach Mösern am besten von *Platten* an der Bundesstraße durch den lichten Längenbergwald (↑ 1½ St.; ↑ 600 Hm).

   Von Mösern zum Möserer See

Von Mösern gelangt man in ¼ St. zum Möserer See, der zwischen sanften Hügeln etwas nördlich des Ortes mitten im Wald liegt.

Der See steht samt seiner Umgebung seit 1942 unter Naturschutz. Bemerkenswert sind vor allem das tiefe Vorkommen der hier reliktischen rostroten Alpenrose (Rhododendron ferrugineum), die landschaftlich einmalige Lage und die hier brütenden Wasservögel. Das Betreten des Geländes und das Baden im See sind erlaubt.

TERFENS 591 m

Haltestelle der ÖBB. 1225 Ew.; 1520 ha, davon 456 ha landw., 950 ha forstw. genutzt. FVV Terfens-Vomperbach, 4 Gastbetriebe, 40 Privatvermieter, 196 Betten, Schlepplift Birchat.

Geschichte:
Tervens wird 1058 erstmals urkundlich genannt, als Woppo im Inntal sein Gut am Berg ober „villa Tervanes" dem Brixner Domkapitel übergab. 1313 scheint Terfens mit „Cholgrueb, Slegelpach, Hof, Hunteker und Ekke" als selbständige Steuer- und Flurgemeinde des Gerichtes Thaur auf. 1927 wurde Terfens dem Bezirk Schwaz angegliedert. Die Innbrücke zwischen Terfens und Weer wurde 1890 erbaut, davor bestand nur eine Fähre.

Kunstdenkmäler:
Pfarrkirche hl. Juliana, Kapelle 1337 errichtet, um 1515 erweitert. *Friedhofkapelle,* 1796 mit geschnitzten Figuren. *Kapelle Maria Larch,* 1678 über einem geschnitzten Marienbild eine Holzkapelle gebaut, 1699 Steinbau.

Karten:
AV-Karte 1:25.000, Blatt Karwendel-Ost; Österreichische Karte 1:50.0000, Blatt 119; Kompaß-Wanderkarte 1:50.000, Blatt 26; Freytag-Berndt-Touristenwanderkarte, Blatt 33, Innsbruck-Umgebung.

W↑↓ **Auf das Gnadenwalder Plateau**

Durch das Larchtal wandern wir auf der Fahrstraße aufwärts bis zur Kapelle Maria Larch, 680 m. Dort biegen wir von der

Terfens

Fahrstraße nach W ab und wandern auf einem Wiesenweg durch das schmale Tal aufwärts. Zum Schluß halten wir uns links und steigen durch den schattseitigen Tannenwald zum Taldaxerhof auf. Von diesem führt ein Fußweg durch Wiesen und ein Waldstück quer über die Gnadenwalder Terrasse nach S zum Kirchnerhof. Nach O wandern wir zwischen Thierburg und dem Werlweiher vorbei über den Vollandsegghof und weiter über die Höfe Puiten und Eggen, von wo wir auf der asphaltierten Straße durch das Larchtal zurück nach Terfens wandern.
Gehzeit 2–3 St.; Höhenunterschied ↑↓ je 250 Hm.

 Um den Umlberg (Walderkamm)

Von der Ortsmitte in Terfens wandern wir durch das Larchtal auf der Fahrstraße aufwärts an Maria Larch vorbei auf das östliche Gnadenwalder Plateau bis zum Hangfuß des Walderkammes. Dort führt eine Forststraße nach O leicht ansteigend im Wald empor und biegt schließlich in den schattseitigen Mischwald des Vomperloches nach W um. Wir folgen der Forststraße bis zu ihrem Ende und gehen auf dem Fußweg weiter – einige felsige Rinnen querend – zur einsamen Ganalm, 1189 m, auf deren Weideflächen mehrere mächtige Eiben (Taxis baccata) stehen, wohl die ältesten und größten im mittleren Tirol.

Prächtige Aussicht auf das Vomperloch, das gegenüber liegende Zwerchloch und die schroffen Kalkberge der Vompertalkette: Huderbank, Hochnißl und Hochglück.

Auf dem rot mit Nr. 4 bez. Weg steigen wir nun nach SW in 1 St. zur Walderalm an, 1501 m (privat, im Sommer bew., 8 B). Von der Walderalm gehen wir über den flachen Almboden nach S und dann auf dem rot mit Nr. 6 bez. Weg in vielen Serpentinen über die Sonnseite des Umlberges hinab zum Gh. Gunggl an der Gnadenwalder Straße. Direkt bei der Gunggl führt ein Fußweg zuerst eben durch die Wiesen, dann steil ins Larchtal hinab und durch dieses hinaus nach Terfens.

Gehzeit ↑ 3 St., ↓ 2 St., zusammen 5 St.; Höhenunterschied ↑↓ je 910 Hm; ein Drittel schattig, ein Drittel halb schattig, ein Drittel sonnig; sehr abwechslungsreiche Wanderung.

THAUR 633 m

Haltestelle der Autobuslinie Innsbruck – Hall (Dörferlinie). 2338 Ew.; 2144 ha, davon 539 ha landw., 742 ha forstw. genutzt. 4 Gastbetriebe, 44 Privatvermieter, 362 Betten.

Geschichte:
In Thaur wurde ein Urnengräberfeld aus der jüngeren Bronzezeit (1200–900 v. Chr.) aufgedeckt. In der Schenkungsurkunde des romanischen Grundbesitzers und Edlen Quartinus aus dem Jahre 827 wird der Ort als „Taurane" zum ersten Mal urkundlich erwähnt. 1201 werden die Herren von Thaur der gleichnamigen Burg erwähnt. Vielleicht war diese Burg der Mittelpunkt der damaligen Grafschaft im Inntal. Die Herren von Thaur gehörten zu den ältesten und bedeutendsten Rittergeschlechtern Tirols und waren Dienstmannen der Herzoge von Andechs. Das Hochstift Trient besaß in Thaur Grundbesitz. Ab 1283 war Thaur Gerichtssitz. Der St.-Afra-Hof in Thaur war der Verwaltungssitz für den Grundbesitz des Hochstiftes Augsburg im Inntal. Daraus entstand die „Hofmark Absam". 1217 ist zum ersten Mal von Salzvorkommen im Bistum Brixen die Rede. Seit 1232 wird bereits die Saline zu Thaur genannt. Der Sitz der Saline war von 1230–1270 in Thaur und wurde danach nach Hall verlegt. Ende des 17. Jahrhunderts verfiel das Schloß Thaur.

Kunstdenkmäler:
Schönes *Bauerndorf* mit gut erhaltenem Ortskern mit mehreren Schwerpunkten und einer größeren Anzahl von Einhöfen mit besonders schönen Tennentoren. *Pfarrkirche* Mariä Himmelfahrt, 1244 erstmals erwähnt, jetzige Kirche 1487, um 1766 barockisiert. *Totenkapelle,* erbaut 1773. *St.-Ulrich-Kirche* und *St.-Afra-Hof* (zusammengebaut), der ehemalige Mairhof des Hochstiftes Augsburg, Anlage romanisch, später mehrmals umgebaut. *St.-Vigilius-Kirche,* im 15. Jahrhundert erstmals erwähnt, jetzige Kirche 1643 von Salinenbeamten erbaut. Wallfahrtskirche hl. Peter und Paul *(Romedikirchl)* auf der Anhöhe nördlich von Thaur neben der Schloßruine, ursprünglich romanische Doppelkapelle, im 17. Jahrhundert wiederhergestellt, jetzige Kapelle aus dem Jahre 1783. *Lorettokapelle* an der Haller Straße, 1589 von Erzherzog Ferdinand II. erbaut zugleich mit 15 Stationssäulen zwischen Innsbruck und Hall. *Burgruine des Thaurer Schlosses* aus dem

11. Jahrhundert, seit 1248 durch den Grafen von Hirschberg zu einer weitläufigen Anlage und zur größten Burg des Inntales ausgebaut; um 1400 Gotisierung, um 1500 durch Kaiser Maximilian I. im Westen durch eine starke Rondell- und Toranlage erweitert, seit 1670 Ruine.

Naturdenkmäler:

Naturschutzgebiet *„Karwendel"*, zusammen mit Bereichen der Gemeinden Scharnitz, Seefeld, Reith, Zirl, Innsbruck, Absam, Hall, Gnadenwald, Vomp, Jenbach, Eben und Achental; Schutz der Pflanzen- und Tierwelt sowie des Landschaftsbildes, 720 qkm (1933). *Schwarzföhre* (Pinus nigra – austriaca) auf Gp. 359/3 und *Buche* auf Gp. 3581 (1968). Zahlreiche *Eiben* (Taxus baccata) in der Umgebung der Schloßruine. Vorkommen der *Innsbrucker Küchenschelle* (Pulsatilla oenipontana) auf den sonnigen Hügeln nördlich des Ortes. Alter *Eichenwald* am Sonnenhang unter dem Schloß (Stieleiche, Quercus robur).

Karten:

AV-Karte 1:25.000, Blatt Karwendel-Mitte; Umgebungskarte von Innsbruck 1:25.000; AV-Karte 1:50.000, Blatt 31/5, Innsbruck-Umgebung; Österreichische Karte 1:50.000, Blatt 118; Kompaß-Wanderkarte 1:30.000, Blatt Innsbruck-Igls-Solbad Hall; Kompaß-Wanderkarte 1:50.000, Blatt 26; Freytag-Berndt-Touristenwanderkarte, Blatt 33, Innsbruck-Umgebung.

W↑↓ Zum Thaurer Schlößl

Von der Ortsmitte nach N aufwärts in ½ St. über den Schloßhügel – mit einem Reliktbestand des alten Eichen-Linden-Mischwaldes bestockt; als große Seltenheit kommt noch vereinzelt die unter totalem Naturschutz stehende Innsbrucker Küchenschelle (Pulsatilla oenipontana) im Trockenrasen vor – zum Romedikirchl (Wallfahrtskirche St.-Peter-und-Paul), neben dem westlich auf dem Hügel die Ruinen des ehemals stattlichen und bedeutenden Thaurer Schlosses aufragen (siehe Seite 157).

Gehzeit 1 St.; Höhenunterschied ↑↓ je 160 Hm.

**Von Thaur
auf dem Adolf-Pichler-Weg nach Absam**

Von der Ortsmitte nach N in ½ St. über den Schloßhügel zum Romedikirchl. Etwas hinter der Kapelle steigen wir zum Thaurer Langebach hinab und an seinem linken Ufer zur Kapaunssiedlung. Der blau mit Nr. 3 bez. Adolf-Pichler-Weg führt nun zum Waldrand hinauf und im Wald nach Osten. An Schwarzkiefern-Aufforstungen vorbei kommen wir zum Militär-Schießplatz „Thaurer Mure", wo der Weg wieder ins freie Gelände tritt und ober den Absamer Wiesen zur Jägerkaserne führt. Auf einem Feldweg wandern wir von der Jägerkaserne abwärts bis zur Landesstraße westlich des Friedhofes. Bei einem einzelnen, kugeligen Roßkastanienbaum verlassen wir die Straße und gehen eben auf dem Feldweg nach W an der Fischzuchtanstalt vorüber zurück nach Thaur.

Die Fischzuchtanstalt am Kinzachbachl wird bereits im 14. Jahrhundert als solche erwähnt. Vor einigen Jahren wurde jedoch die Zucht von Fischen aufgelassen und statt dessen ein fischereiwissenschaftliches Institut der Universität Innsbruck eingerichtet.

Gehzeit 2 St.; Höhenunterschied ↑↓ je 160 Hm.

 Auf die Thaurer Alm

Von Thaur über den Schloßberg am Romedikirchl und an den Ruinen des Thaurer Schlößls vorbei zum Schloßbauern und weiter im Wald aufwärts. Bald treffen wir auf den Forstweg, der in 5 Kehren mäßig steil über den Osthang emporführt. Der steilere Fußweg berührt den Forstweg jeweils an seinen westlichen Kehren. Östlich des auffallend geformten Thaurer Roßkopfes mündet von links (W) der Stanglmahdweg ein, und beide führen nun vereint sanft ansteigend zur Thaurer Alm, 1461 m (Gh., im Sommer bew., 10 M). Rückweg wie Anstieg.

Gehzeit ↑ 2½ St., ↓ 1½ St., zusammen 4 St.; Höhenunterschied ↑↓ je 830 Hm.

B ↑↓ Zunterkopf – Guggermauer

Wie vorne in 2½ St. zur Thaurer Alm, 1461 m. Nach O steigen wir nun mäßig auf dem AV-Steig Nr. 218 an der Kaisersäule vorbei zum Törl, 1773 m, wo sich eine herrliche Aussicht auf das Halltal mit seinen Bergwerkanlagen und die Bettelwurfkette unvermittelt vor uns auftut. Vom Törl steigen wir nach rechts (SO) durch geschlossene Latschenbestände auf den Kamm hinauf und auf diesem nach O zum Haller Zunterkopf, 1966 m. Hier zweigt ein unscheinbarer Steig nach SW ab, der steil über felsiges, latschenbewachsenes Gelände zur „Guggermauer" hinabführt, unter der auf einer bewaldeten Rückfallkuppe ein privates, nicht bew. Jagdhaus steht, 1483 m. Über den SW-Rücken führt der Weg steil durch den Wald weiter zum „Ochsner", einem weit nach W in den Graben hinein vorgebauten Felsrücken, und von dort über den Vorberg nach S zur Kapaunssiedlung und Thaur hinunter.

Gehzeit ↑ 4 St., ↓ 2½ –3 St.; Höhenunterschied ↑↓ je 1340 Hm; zwei Drittel sonnig, ein Drittel schattig. Der Weg ist ab dem Zunterkopf nicht immer deutlich zu erkennen und sollte daher nur von erfahrenen Bergsteigern begangen werden. Trittsicherheit erforderlich; bei Nässe abzuraten!

TRINS 1233 m

Haltestelle der Autobuslinie Steinach – Gschnitz. 769 Ew.; 4881 ha, davon 699 ha landw., 1597 ha forstw. genutzt. FVV, 17 Gastbetriebe, 97 Privatvermieter, 1335 Betten, Padasterjochhaus, 2332 m auf der Südseite der Kirchdachspitze (Naturfreunde, 27 B, 45 M, nur im Sommer bew.), Skischule.

Geschichte:
Trins wird 1140 erstmals urkundlich als „Trunnes" genannt. Es war ursprünglich eine Bergwerksiedlung. Daraus entstand dann das „Dorf Trins mit dem Tal Gschnitz" des Landgerichtes Steinach. 1775 wurden daraus zwei selbständige Orte. In Trins erbaute sich der bedeutende Botaniker Prof. Anton Kerner von Marilaun westlich der Schneeburg einen Landsitz. Kerner von Marilaun war einer der führenden Naturforscher im Alpen-

raum. Unter anderem legte er auf dem Blaser in 2095 m Höhe einen Versuchsgarten an, der inzwischen leider wieder verfiel.

Kunstdenkmäler:

Schloß Schneeburg, 1297 wird Lazerius de Trums als Besitzer von Schneeburg erwähnt; um 1500 verlieh Kaiser Maximilian I. seinem Rat Franz Schneeberger das Schloß, 1771 brannte es ab und wurde 1778 von Graf Sarnthein erworben, der das Schloß wieder neu errichten ließ. Von Graf Sarnthein stammt auch die erste pollenanalytische Untersuchung des auf dem Stirnmoränenhügel gelegenen „Krotenweihers". Das Schloß steht auf dem Stirnmoränenwall, der dem späteiszeitlichen Gletschervorstoß den Namen Gschnitzstadium gab. Später erwies es sich jedoch, daß er dem älteren Schlernstadium zuzurechnen ist. Mit dem Schloß war ein Burgfriede verbunden. Der *Ortskern von Trins* ist eine guterhaltene Hangsiedlung mit sehr geschlossener Gesamtwirkung und einzelnen, guterhaltenen Bauernhöfen. *Pfarrkirche hl. Georg,* urkundlich 1359 erwähnt; heutige Kirche zu Ende des 15. Jahrhunderts erbaut und 1835 umgebaut.

Naturdenkmäler:

Naturschutzgebiet *„inneres Gschnitztal",* zusammen mit Bereichen der Gemeinde Gschnitz (1949). Naturschutzgebiet „Trinser Stirnmoräne" (1950). *Lärche* im Gemeindewald am Weg von Trins zum Muliboden (1928). Naturschutzgebiet *„Krotenweiher"* auf der Stirnmoräne (1949).

Karten:

Österreichische Karte 1:25.000, Blatt 148/3, Trins; Österreichische Karte 1:50.000, Blatt 148; AV-Karte 1:50.000, Blatt 36 oder 83; Freytag-Berndt-Touristenwanderkarte 1:100.000, Blatt Nr. 33, Innsbruck-Umgebung.

Über St. Barbara zum Wasserfall

Von der Ortsmitte nach W der grünen Markierung folgend in ¾ St. durch den Bergwald in den Padasterbachgraben zum Wasserfall.

Höhenunterschied ↑↓ je 220 Hm.

Trins

 Nach Gschnitz

Von Trins hinab zum Gschnitzbach und nach dessen Überquerung durch die Lücke der Trinser Stirnmoräne auf dem mit Nr. 12 bez. Weg fast eben über die von einzelnen Birken- und Erlengruppen bestandenen Auwiesen taleinwärts. Der Weg bleibt immer am rechten Ufer des Gschnitzbaches und steigt erst nach Eintritt in den Wald unterhalb der Martheierbachmündung mäßig an. Zum Schluß wandern wir im Wald am Fuße schroffer Kalkhänge – mehrere Lawinengassen überschreitend – bis zur Gschnitzer Kirche, wo wir über die Brücke in den Ort gelangen. Rückweg wie Hinweg.

Gehzeit je 1½ St.; Höhenunterschied ↑↓ je 30 Hm. Der Weg ist ein Teilstück des „Südlichen Weitwanderweges" des AV Nr. 102 und führt durch einen gänzlich unbewohnten Abschnitt des Gschnitztales.

 Wiesenweg nach Steinach

Vom östlichen Ortsende in Trins steigen wir in den sonnseitigen Wiesen bis zu einer Geländekante ab. Bei einem Wegkreuz gehen wir links weiter über die Talwiesen – stets am linken Ufer des Gschnitzbaches bleibend – bis zur Talstation des Bergeralmliftes. Dort überqueren wir den Bach und gelangen auf der Zufahrtsstraße nach Steinach, 1048 m.

Gehzeit 1 St.; Höhenunterschied ↓ 170 Hm.

B ↑↓ Über das Trunnajoch nach Obernberg

Von Trins steigen wir zum Gschnitzbach hinab, über die Brücke und durch die Stirnmoräne zuerst dem Bach entlang aufwärts. Bei der Weggabelung gehen wir links weiter auf AV-Steig Nr. 125 durch die Wiesen bis zum Vallzahmbachgraben, dann im Wald sanft ansteigend bis zum rechten Einhang des Trunnabaches und dort über den Rücken im Trunnawald steil bis zur Waldgrenze. Durch Bergwiesen, die von Grünerlenbeständen und Lärchengruppen unterbrochen werden, gelangen wir zur Trunnahütte (im Sommer bew. Gh.). Auf dem Forstweg kann man flacher, aber weiter ebenfalls bis zur Trunnahütte aufsteigen. Von der Trunnahütte gelangen wir über Mähder zur Trunnaalm mäßig steil empor und dann über die Almmatten zur „schönen Grube" und zuletzt ziemlich steil auf das Trunnajoch, 2153 m; bis hieher 3 St. Vom Trunnajoch folgen wir dem Weg eben nach O zum Lichtsee, 2164 m, der auf einer Verebnung am Fuße des Kastnerberges liegt (siehe Seite 290). Über die blumenreichen „Taler Bergmähder" steigen wir mäßig steil an mehreren Heustadeln und Lärchengruppen vorüber nach Süden ab, durchmessen den kurzen Waldgürtel und die Obernberger Talwiesen. Zwischen AV-Jugendheim und Kirche treffen wir auf die Landesstraße.

Gehzeit ↑ 3 St., ↓ 1½ St., zusammen 4½ St.; Höhenunterschied ↑ 940 Hm, ↓ 750 Hm; lohnender Übergang mit schönen Ausblicken in die Tribulaungruppe, auf Habicht und Serleskamm sowie auf die beiden Täler, ein Drittel schattig, zwei Drittel sonnig, unschwierig.

B ↑↓ Kammwanderung vom Trunnajoch zum Nößlachjoch

Von Trins nach S auf dem AV-Steig Nr. 125 wie oben durch den Trunnawald an der Trunnahütte vorüber zum Trunnajoch, 2153 m, 3 St. Vom Joch verfolgen wir den Kammsteig, der mehrmals auf und ab über den Kastnerberg, 2209 m, das Leitnerjoch, 2153 m, den Leitnerberg, 2309 m, den Eggersattel, 2140 m, das Eggerjoch, 2282 m, zum Nößlachjoch (Steinacher Jöchl, 2231 m) führt. Vom Nößlachjoch steigen wir nach NO durch Zwergstrauchheiden zur Bergstation des Sesselliftes (Gh., 2050 m) und weiter durch den Bergwald zur Bergeralm ab, 1675 m (privat, Gh., während der Saisonen bew., 10 B). Abfahrt auch mit Lift möglich. Von der Liftstation bei der Bergeralm auf dem mit Nr. 102 bez. AV-Steig (Südlicher AV-Weitwanderweg) nach SW fast eben durch den Wald zur Gerichtsherrenalpe, 1663 m (im Sommer Jausenstation). Nach Querung des Grafenaunbachgrabens am linksufrigen Rücken steil durch den Wald hinab bis zu einem Forstweg. Weiter auf dem Fußweg bis zum Waldrand, dann steil über die Wiesen nach Trins.

Gehzeit ↑ 3 St., → 2½ St., ↓ 2½ St., zusammen 8 St.; Höhenunterschied ↑ 1200 Hm, ↓ 1500 Hm; schöne Kammwanderung ohne Schwierigkeiten, die aber wegen der Windausgesetztheit nur bei schönem, windstillem Wetter gemacht werden sollte.

Trins

W↓ Pflutschboden – Steinach

Vom östlichen Ortsrand auf dem Forstweg fast eben dem Waldrand entlang in 1 St. bis zum Pflutschboden. Bei der Weggabelung nach rechts (Weg Nr. 8) durch die Pflutschwiesen – Lärchenwiesen mit herrlichem Blütenflor im Juni – zu dem an der Autobahn liegenden Wipptalerhof (Gh., ganzj. bew.). Weiter unter der Autobahn hindurch und über die Wiesen hinab nach Steinach, 1050 m.

Gehzeit 1½ St.; Höhenunterschied ↑ 75 Hm, ↓ 260 Hm; Weg sehr gut rot markiert, großteils sonnig.

W↑↓ Trinser Steig nach Matrei

Vom östlichen Ortsausgang auf dem Forstweg fast eben dem Waldrand entlang in 1 St. zum Pflutschboden, dem oberen Rand ausgedehnter Lärchenwiesen. Bei der Weggabelung dem Weg Nr. 29 folgen (rot markiert) und leicht ansteigend durch den Salfauner Wald und unterhalb der Hablerbergschrofen nach Norden, wobei mehrere kleine Lawinenrinnen und das Statzertal mit dem Weg von Matrei zum Blaser gequert werden; bis zum Statzertal vom Pflutschboden ca. ¾ St., hier Abstiegsmöglichkeit nach Matrei. Weiter auf dem meist flach in ca. 1450 m verlaufenden Weg durch den Bergwald an einem auf kleiner Waldwiese neben einer Bildfichte gelegenen Brunnen vorüber in ca. ¾ St. (ab Statzertal) zu einer Weggabelung, wo wir dem nach rechts abwärts führenden Weg Nr. 2 (gelb markiert) folgen und nach ca. 100 m in 1390 m Höhe eine gemauerte kleine Kapelle auf einer Waldlichtung erreichen. Nach 5 Min. Abstieg treten wir aus dem Wald auf eine Bergwiese auf einem Sattel, von wo wir zur Serles, ins Waldraster Tal und ins Wipptal herrliche Ausblicke genießen. Der weitere Weg führt nach Süden hinab durch Föhrenwald zu den Wiesen von Obfeldes. Von hier durch die Kulturen auf Weg Nr. 6 hinunter zum Bahnhof von Matrei, 993 m.

Gesamtgehzeit 3–3½ St.; Höhenunterschied ↑ 250 Hm, ↓ 500 Hm; Weg gut markiert, teils schmal, aber bequem, zwei Drittel schattig, ein Drittel sonnig.

W↑↓ **Trinser Steig –
Maria Waldrast – Stubaital**

Vom östlichen Ortsausgang auf dem Forstweg fast eben am Waldrand entlang in 1 St. zum Pflutschboden und weiter leicht ansteigend auf Weg Nr. 29 (rot markiert) die Osthänge des Hablerberges und Blaser querend und nach 3 St. (ab Trins) nach W ins Waldraster Tal einbiegend, wo der Trinser Steig unterhalb der Mutterbrunnenquelle in den Talweg mündet. An der Siebenbrunnenquelle führt der Fußweg in ½ St. vorüber zum Kloster Maria Waldrast, 1636 m (Gh.); bis hieher von Trins 3½ St. Weiter nach N über den Sattel zwischen Serles und Waldraster Jöchl, 1692 m, und jenseits entweder über Sonnenstein in 2 St. nach Fulpmes, 937 m, oder über den Obergallenwald nach Mieders, 952 m, hinab.

Gesamtgehzeit 4½ St.; Höhenunterschied ↑ 530 Hm, ↓ 750 Hm; Wege gut markiert und unschwierig, zum größten Teil schattig.

B↑↓ **Auf den Blaser**

Oberhalb der Kirche auf dem Forstweg zuerst taleinwärts, dann in mehreren Kehren durch den Platzerwald ansteigend in 2 St. bis zur Waldgrenze. Hier betreten wir bei ca. 1900 m die Platzer Mähder, die wohl eine der schönsten und blumenreichsten Bergwiesen in der Innsbrucker Umgebung sind.

Neben den für den Serleskamm typischen triadischen Kalken und Mergeln kommen auch ähnlich wie am Nößlachjoch paläozoische Gesteine vor, wodurch eine große Standortvielfalt entsteht. Daneben finden wir vom trockensten Rücken und ärmsten Dolomitboden bis zu den fettesten Düngewiesen alle denkbaren Übergänge. Die Zahl der vorkommenden Pflanzenarten ist daher besonders groß. R. Wettstein beschrieb sogar einige Tiroler Unterarten. Der Tiroler Botaniker von internationalem Ansehen, Ritter Anton Kerner von Marilaun, der sich auf der Stirnmoräne von Trins seinen Ansitz erbaute, hat hier am Blaser botanische Studien betrieben und unter anderem auch in 2095 m Höhe einen Versuchsgarten angelegt, der leider inzwischen wieder verfiel.

Der Weg führt auf der SO-Seite über die Platzer Mähder in ca. 1 St. zur Blaserhütte, 2176 m, empor. Die private Hütte steht

Trins 401

am W-Abhang des Blaser und ist bewirtschaftet, doch ohne Nächtigungsgelegenheit. Von der Hütte in ½ St. zum Gipfel des Blaser, 2241 m, von wo man eine prachtvolle Rundsicht auf das Wipptal und die Tuxer Voralpen, den Serleskamm und das Gschnitztal genießt.

Abstieg: zur Blaserhütte zurück und dann über die Kalbenjoch- und Zwieselmähder und weiter durch den Graben nach S steil in 1½ St. hinab nach Trins.

Gesamtgehzeit ↑ 2½ St., ↓ 1½ St.; Höhenunterschied ↑↓ je 1000 Hm; Weg sehr gut rot-weiß-rot mit Nr. 30 markiert und gepflegt, je zur Hälfte sonnig und schattig.

B ↑↓ Auf den Padasterkogel, 2301 m

Vom westlichen Ortsende in Trins auf dem AV-Steig Nr. 122 nach NW zum Eingang des Padastergrabens, durch diesen sanft ansteigend, bis sich der Weg nach links wendet und in vielen Serpentinen einen latschenbewachsenen Steilhang erklimmt (am Weg Quelle). Nach 2 St. erreichen wir eine Anhöhe, 1996 m, von der man einen prächtigen Rückblick auf die Eisberge des Tuxer Kammes hat. Durch ein Gatter betritt man die im Frühsommer in herrlicher Blütenpracht prangenden Padastermähder und gelangt über sie in 1 St. zum Padasterjochhaus, 2232 m (Naturfreunde, 15. 6.–20. 9. bew., 25 B, 45 M). Von der Hütte steigt man nach S in 20 Min. über das Padasterjoch auf den Padasterkogel (schöne Aussicht auf das Gschnitztal und die Tribulaune). Rückweg wie Anstieg.

Gehzeit ↑ 3¼ St., ↓ 2½ St., zusammen 5¾ St.; Höhenunterschied ↑↓ je 1070 Hm; sehr lohnende, unschwierige Bergwanderung, am schönsten zur Blütezeit im Frühsommer (Juni, Juli).

B ↑↓ Über die Hammerscharte ins Pinnistal und Stubaital

Wie oben auf dem AV-Steig Nr. 122 in 3 St. zum Padasterjochhaus, 2232 m. Über Almweiden führt der Weg von der Hütte nach W auf die Hammerscharte, 2529 m, zwischen Wasenwand und Hammerspitze. Auf der NW-Seite steigen wir auf dem versicherten „Rohrauersteig" zwischen jähen Wandfluchten zu den latschenbewachsenen Steilhängen der Wasenwand und durch diese in vielen Serpentinen zur Ißenangeralm am Boden des Pinnistales, 1372 m, 1½ bis 2 St. von der Scharte.

Bei der Wanderung bieten sich stets prächtige Blicke auf die Kalkfelsen der Ilmspitzen und der Kirchdachspitze und auf den kristallinen Klotz des eisgekrönten Habicht, die das hinterste Pinnistal umschließen.

Über das Gh. Herzeben wandern wir durch das Pinnistal auswärts in 1 St. nach Neder im Stubaital, 1017 m. Autobushaltestelle.

Gehzeit ↑ 4 St., ↓ 3–3½ St., zusammen 7–8 St.; Höhenunterschied ↑ 1300 Hm, ↓ 1520 Hm. Dieser Übergang ins Stubaital ist in dieser Richtung weniger beschwerlich als umgekehrt. Trotzdem empfiehlt sich eine Nächtigung auf dem Padasterjochhaus. Trittsicherheit und Schwindelfreiheit sowie Ausdauer sind erforderlich. Die Wanderung wird nur bei trockenem Wetter empfohlen.

B ↑↓ Auf die Kesselspitze, 2728 m

Wie oben auf dem AV-Steig Nr. 122 in 3 St. auf das Padasterjochhaus, 2232 m. Von der Hütte auf Almmatten zuerst mäßig, dann steil nach N östlich unter der Wasenwand vorbei auf den Serleskammweg, der zunächst zum Roten Kopf, 2527 m, und dann auf die Kesselspitze, 2728 m, führt; 1½ St. ab der Hütte. Von der Kesselspitze führt der Weg etwa ¼ St. nach NO etwas abwärts. Bei einem Wegweiser verlassen wir den Serleskammweg und steigen nach rechts (O) über einen felsigen Rücken ab in das Falschwernalmkar (Quelle), und eben gelangen wir von dort auf dem Rücken nach SO zu Peilspitze, 2393 m, und hinab auf den Blasersattel, 2114 m. Wir steigen dann ca. 80 Hm zur Blaserhütte an, 2176 m (privat, Gh., im Sommer bew., Unterkunft möglich). Nach Osten überqueren wir die Mähwiesen am Südhang des Blaser. Vor dem Waldrand (bei ca. 2000 m) verlassen wir die neue Fahrstraße und steigen auf dem Fußweg noch ein Stück nach S über die Platzerwiesen und dann durch den Platzerwald – immer steiler werdend – hinab nach Trins.

Gehzeit ↑ 4½ St., ↓ 3½ St.; Höhenunterschied ↑↓ je 1500 Hm. Diese Wanderung ist am schönsten während der Blütezeit, wenn die Bergwiesen, aber auch die felsige alpine Region besonders reich an sonst seltenen Blütenpflanzen sind (siehe Seite 400).

Zu allen Jahreszeiten aber genießen wir vom Serleskamm fortwährend wechselnde Ausblicke in die schroffen Kalkberge und die vergletscherten Gipfel des hinteren Stubaitales und Gschnitztales. Der Weg ist leicht, doch ist Trittsicherheit erforderlich.

B↑↓ Über den Serleskamm auf die Serles und nach Matrei

Wie oben auf dem AV-Steig Nr. 122 in 3 St. zum Padasterjochhaus, 2232 m, und in weiteren 1½ St. auf den Gipfel der Kesselspitze, 2728 m. Nach NO wandern wir am Kamm mehrmals auf und ab über die Lämpermahdspitze, 2595 m, und Rote Wand, 2524 m, auf das Serlesjöchl hinab, 2384 m; 1½ St. ab Kesselspitze. Vom Serlesjöchl ersteigen wir den Gipfel der Serles unschwierig in ½ St. auf einem schotterigen Weg.

Abstieg vom Serlesjöchl nach SO auf dem AV-Steig Nr. 121 in ein blockerfülltes Kar und dann durch fast geschlossene Legföhrenbestände nach NO zum Kloster Maria Waldrast, 1636 m (Gh.), ab Serlesgipfel 2–2½ St. Durch das Waldraster Tal wandern wir in 1½ St. hinaus nach Matrei, 985 m.

Gehzeit ↑ 5–5½ St., ↓ 3½–4 St.; Höhenunterschied ↑ 1880 Hm, ↓ 2130 Hm. Die Wanderung über den Serleskamm ist eine der schönsten im Wipptal und nicht schwierig. Sie erfordert aber Bergerfahrung, Trittsicherheit und Ausdauer. Wegen der Länge ist eine Nächtigung auf der Hütte ratsam.

TULFES 923 m

Haltestelle der Autobuslinien Innsbruck – Igls – Tulfes und Innsbruck – Hall – Tulfes. 718 Ew.; 2773 ha, davon 418 ha landw., 1067 ha forstw. genutzt. FVV, 11 Gastbetriebe, 1 Kindererholungsheim, 34 Privatvermieter, 506 Betten, Voldertalhütte, 1375 m (Haller Naturfreunde, 40 M, im Sommer bew.), Glungezerhütte, 2610 m, knapp unter dem Gipfel des Glungezer (AV-Sektion Hall i. T., 30 M, ganzj. bew.), Tulfer Hütte, 1412 m, zwischen Windegg und Halsmarter (AV-Sektion Berlin, 5 B, 10 M, ganzj. bew.), Vinzenz-Tollinger-Hütte, 1200 m, am Weg zwischen Tulfes und Tulfer Hütte, Jugendheim (AV), Sessellift Tulfes – Halsmarter, kombinierter Sessel- und Schlepplift Halsmarter – Tulfein, Schlepplift Kalte Kuchl, Schlepplift Tulfes und 2 Übungslifte in Tulfes, Skischule Glungezer-Tulfes, Skikindergarten, Oberlavierenbad, hoteleigenes Schwimmbad.

Geschichte:

Tulfes wird erstmals 1270 urkundlich genannt. Im Steuerregister von 1313 ist es als eigene Wirtschafts- und Flurgemeinde eingetragen. Der Volderbach bildete die Grenze zwischen den Gerichten Rettenberg und Sonnenburg. 1817 wurde Tulfes dem Landgericht Hall zugeteilt.

Kunstdenkmäler:

Pfarrkirche hl. Thomas und Andreas, 1332 urkundlich erwähnt; jetzige Kirche spätgotisch und in der 2. Hälfte des 18. Jahrhunderts barockisiert. *Mariahilf-Kapelle* am Volderberg. *Huisenkapelle*, 1709.

Naturdenkmäler:

Tulfer *Zirbenwälder* am Nordhang des Glungezer.

Karten:

Umgebungskarte von Innsbruck 1:25.000; Österreichische Karte 1:50.000, Blätter 118, 148; AV-Karte 1:50.000, Blatt 31/5, Innsbruck-Umgebung; Kompaß-Wanderkarte 1:30.000, Blatt Innsbruck-Solbad Hall; Kompaß-Wanderkarte 1:50.000, Blatt 36; Freytag-Berndt-Touristenwanderkarte 1:100.000, Blatt 33, Innsbruck-Umgebung.

W⇄ Wiesenweg nach Rinn

Im westlichen Teil von Tulfes von der Hauptstraße nach Süden abbiegen (gelbe Pfeiltafel). In ca. 20 Min. gelangt man auf dem nach Westen führenden Weg durch die Wiesen nach Oberlavierenbad, 940 m, und von dort leicht absteigend durch den Wald zum Westrand von Rinn. Rückweg mit Autobus möglich.

Gehzeit ¾ St. in jeder Richtung, Höhenunterschied ↑ 30 Hm, ↓ 30 Hm.

Tulfes

`W⇄` **Promenadenweg**

Von der Ortsmitte zuerst auf dem nach Oberlavierenbad führenden Wiesenweg in westlicher Richtung bis zum Pfannerbach. Dort biegt der Promenadenweg nach links (S) ab und führt etwas ober dem Waldrand nach Osten, mehrmals schöne Ausblicke auf Tulfes und die ganze Inntalterrasse sowie auf das Karwendelgebirge freigebend. Etwa 200 m nach Unterquerung der Sessellifttrasse nach links hinab (gelbe Pfeiltafel) zur Windegger Fahrstraße und auf dieser zurück nach Tulfes.

Gehzeit 1 St.; Höhenunterschied ↑↓ je 50 Hm; bequemer, gut markierter Weg, meist schattig.

`W↑↓` **Durch das Poltental nach Judenstein**

Von Tulfes auf der Landesstraße nach Westen bis zur Wegkapelle, Punkt 925, hier nach rechts (N) über die Wiesen zum Waldrand und dann nach links (W) steil hinab zum Poltenhof. Von dort im Grunde des Wiesentales aufwärts (nach W) bis zur Säge bei Unterlavierenbad und dann nach rechts (N) auf dem Fahrweg (Nr. 28) am Westrand bzw. durch lichten Fichtenwald nach Judenstein, ¾ St.

Rückweg: von Judenstein nach NO durch den Wald bis zur „Oberen Hochstraße", einer Gruppe mehrerer Höfe. Dort am südlichen Waldrand hinab zur „Unteren Hochstraße" und weiter durch den Wald nach Süden hinunter zum Poltenhof, 806 m. Von diesem jenseits wieder empor und auf die Landesstraße und auf dieser zurück nach Tulfes.

Gehzeit 1½ St.; Höhenunterschied ↑↓ je 220 Hm; bequemer, gut markierter Weg, je zur Hälfte sonnig und halb schattig.

`W↓` **Durch das Poltental nach Hall**

Von Tulfes auf der Landesstraße nach W bis zur Kapelle, Punkt 925 m, hier nach rechts (N) über die Wiesen bis zum Waldrand und dann nach links (W) steil hinab zum Poltenhof. Weiter auf dem sonnseitigen Waldrand des Poltentales nach Nordosten. Nach der Einmündung des Fußweges in die Landesstraße Tulfes – Hall auf dieser ca. 300 m (bis zur Säge), dann nach links auf den Rükken „Gasteig" und jenseits im Wald steil hinunter in das Zimmertal und von dort wieder steil nach Westen hinab zur Autobahnunterführung und über die Innbrücke nach Hall. Rückweg mit dem Autobus.

Gehzeit 1½ St.; Höhenunterschied ↑ 60 Hm, ↓ 360 Hm; Weg gut markiert, großteils schattig.

W↑↓ Speckbacherweg nach Ellbögen

Von der Kirche in Tulfes auf dem Forstweg nach Oberlavierenbad. Dieser Teil des Weges ist als Waldlehrpfad ausgestaltet. Der Weg führt nun weiter am südlichen Rand von Rinn und an der Bergstation des Rinner Schleppliftes vorüber, überschreitet den Schreierbach und geht eben durch den Wald zum Sistranser Sportplatz. Die westlichen Sistranser Wiesen werden eben gequert, und nach Durchschreiten eines kurzen Waldstückes erreichen wir nahe dem Igler Badhaus die Römerstraße (Landesstraße Hall – Matrei). Zwischen der Bob- und Rodelbahn und der Römerstraße führt nun der Weg bis zur Auffahrt nach Heiligwasser, quert diese und steigt nun mäßig bis Patsch an, von wo er am Waldrand bis über den Ruckschreinbach und von dort durch die Wiesen und Felder von Tarzens nach St. Peter führt. Rückweg am selben Weg oder mit Autobus.

Gehzeit 3½ St.; Höhenunterschied ↑↓ je 200 Hm.

Der Speckbacherweg ist ein neuer Wanderweg, der vom Dachverband für Fremdenverkehr im östlichen Mittelgebirge errichtet und 1975 der Öffentlichkeit übergeben wurde. Da der Weg stets unweit der Ortschaften vorbeiführt, kann er beliebig unterbrochen und die Rückfahrt mit Autobus angetreten werden. Der Weg ist gut bez. und mit 50 Ruhebänken ausgestattet. Etwa die Hälfte der Wegtrasse verläuft im schattigen Wald, die andere Hälfte am Waldrand oder in Wiesen.

Kleinvolderberger Wanderweg

Von Tulfes auf dem von Kirschbäumen gesäumten Fahrweg nach Osten bis zur Abzweigung mit dem Wegweiser „Voldertal". Dort links leicht abwärts weiter bis zum „Heisangererhof", einem der schönsten Bauernhöfe der östlichen Inntalterrasse. Südlich am

Hof vorüber zum Hof „Tanner". Dort endet der Fahrweg. Ein auf ca. 300 m Länge unbezeichneter und schlecht erkennbarer Fußweg führt vom alten Bauernhof östlich des Tanner etwas abwärts zum „Edenhaushof" und von dort zur Kleinvolderberger Straße. Bis hieher hat man immer wieder herrliche Ausblicke auf das Inntal und das Karwendelgebirge. Nun folgen wir der Straße nach O mäßig steigend durch Fichtenwald und schließlich an der linksufrigen Kante des Voldertales mit prächtigem Ausblick auf Höfe und Kulturen des Großvolderberges zum Hof „Guggenbichl", 1028 m, unter dem ein Bestand mächtiger alter Bergulmen erhalten ist, der noch nicht dem Ulmensterben zum Opfer fiel.

Rückweg: vom Guggenbichl wieder etwa 100 m am selben Weg zurück und dann nach links abbiegen und am Güterweg über den Oberen Plattenhof und die Gschwenderwiesen abwärts auf den ebenen Tulferer Weg, wo wie uns am Beginn der Wanderung bei der Tafel „Voldertal" links gehalten hatten.

Gehzeit 2 St.; Höhenunterschied ↑↓ je 350 Hm; teils sonnig, teils schattig, Markierung fehlt auf kurze Strecke.

| W↑↓ | **Berghöfewanderung von Tulfes nach Weerberg** |

Von Tulfes auf der asphaltierten Fahrstraße nach Windegg, 1170 m; bis hierher auch mit Taxi. Nach O auf dem linken Weg leicht absteigend in ca. 20 Min. durch den Wald nach Volderwildbad, 1104 m. Unter dem Gh. führt der Weg zum Großvolderberg und über diesen an zahlreichen Bauernhöfen zuerst leicht abfallend, dann etwas ansteigend zum Schwaighof, 1000 m. Dort verlassen wir die asphaltierte Voldertalstraße und gehen auf schotterigem Fahrweg über den Brantachhof und einige hundert Meter durch den Wald zum oberen Vögelsberg, wo sich ein prächtiger Blick auf den Wattenberg bietet. Von Ried, dem letzten Hof des Vögelsberges, führt der schmale Fahrweg eben durch den Wald talein zum Gh. Säge am Wattenbach, 1000 m. Nach Überschreiten des Wattenbaches erreicht man in wenigen Min. die Wattentalstraße, auf der man – talaus gehend – in 10 Min. das Gh. Mühle erreicht, 1003 m. Beim Gh. Mühle auf asphaltiertem Güterweg durch die Wiesen des Wattenberges nach N aufwärts bis zur Rechtskurve und dann nach etwa 150 m wieder nach links (N) zum Waldrand und nun eben im Wald ober der Neuwirtaste vorüber nach O in das Weertal hinein. Im Wald hinunter zum Gh. Jägerhof, 900 m, dem Mittelpunkt des Kolsaßberges. Von da an auf wenig befahrenem Weg (mit Nr. 314 bez.) durch die Wiesen des inneren Kolsaßberges und den Innerbergwald zum Talgrund, wo unterhalb des Weilers Innerst das Nafing- und das Nurpental zusammentreffen. Nach Überschreitung des Baches steigt der Weg jenseits am Wiesenhang empor und mündet schließlich unter Innerst bei ca. 1220 m in den Weerbergweg (mit Nr. 315 bez.). Auf diesem bis Mitterweerberg, 890 m, und dann steil über die Wiesen und durch den Wald hinab nach Weer, 560 m (Autobus- und Eisenbahnhaltestelle). Vom Weerberg ab Gh. Berghof Autobusverbindung nach Schwaz.

Gehzeit Tulfes – Windegg ¾ St.; Windegg – Volderwildbad 20 Min., Volderwildbad – Vögelsberg/Ried 1¼ St., Ried – Gh. Säge im Wattental ½ St., Gh. Säge – Gh. Mühle ¼ St., Gh. Mühle – Gh. Jägerhof am Kolsaßberg 1½ St., Gh. Jägerhof – Innerst 1 St., Innerst – Weer 1½ St., zusammen ca. 7 St. Höhenunterschied ↑ 840 Hm; ↓ 1200 Hm (bis Weer); Wege gut markiert (von Volderwildbad bis Gh. Säge mit E), je zur Hälfte durch Wald und durch sonnige Wiesen. Der Weg bietet bei geringen Höhenunterschieden immer wieder prachtvolle Ausblicke auf das Inntal und das Karwendelgebirge, und besonders reizvoll ist der häufige Wechsel von Wald und Wiesen und das Wandern von einem Hof zum nächsten in der typisch bajuwarischen Streusiedlungsweise, bei der jeder Bauernhof selbständig für sich inmitten der zugehörigen Kulturen liegt.

Der Weg kann fast das ganze Jahr über begangen werden, doch hat jede Jahreszeit ihren eigenen Reiz; im Frühling zur Blütezeit der Krokusse und Obstbäume; im Sommer, wenn das duftende Heu geerntet wird und die Nagelen und Geranien von den Balkonen leuchten; im Herbst, wenn das Vieh von der Alm zurückgekehrt ist und die Wiesen abweidet und das goldene Laub zu fallen beginnt.

Vor überraschenden Wetteränderungen braucht man keine Sorge haben, denn immer wieder hat man die Möglichkeit, rasch ins Tal zur nächsten Autobus- oder Bahnstation zu gelangen.

| B ↑ ↓ | **Auf den Malgrübler, 2749 m**

Von Tulfes auf der Fahrstraße in ¾ St. nach Windegg, 1160 m (Gh.); bis hieher auch mit Pkw oder Taxi. Bei der Weggabelung nach links (O) absteigend in ¼ St. nach Volderwildbad und in 1 weiteren Stunde zur Voldertalhütte, 1376 m (Naturfreunde, 40 M). Auf dem Forstweg am orographisch rechten Ufer weiter bis zur 1. Wegabzweigung, wo wir links zur Sternbachalm weitergehen. Dort verlassen wir den Forstweg und steigen durch die Wiesen ober der Hütte zum Waldrand, folgen der etwas undeutlichen Markierung steil aufwärts zur Markißalm, 1896 m. Der Fußsteig führt nun weiter steil aufwärts zur Waldgrenze, dann über etwas flachere Almböden und schließlich wieder steil durch die Blockhalden (meist nur Steigspuren erkennbar) auf die Ostseite der Haneburgerspitze, 2596 m. Am Grat gelangt man unschwer, jedoch ohne Weg in 1½ St. auf den Malgrübler, 2749 m, den beherrschenden Gipfel des Voldertaler Kammes.

Abstieg: vom Gipfel zuerst kurz am Grat nach S, dann auf dem nach W hinabziehenden, grasigen Rücken bis zur Waldgrenze bei etwa 2050 m und schließlich im Zirbenwald steil hinab zur Vorbergalm, 1668 m. Auf dem Forstweg zurück nach Windegg.

Gehzeit ↑ 5¾ St., ↓ 4 St., zusammen 9¾ St.; Höhenunterschied ↑↓ je 1600 Hm. Auf den Almböden sind die Wege stellenweise undeutlich sichtbar, daher nur für geübte Bergwanderer; je zur Hälfte sonnig und schattig.

B ↑↓ Von Tulfes in die Wattener Lizum

Von Tulfes auf der Fahrstraße in ¾ St. nach Windegg, 1170 m (Gh.); bis hieher auch mit Pkw oder Taxi. Auf dem links abzweigenden Forstweg leicht abwärts in ¼ St. nach Volderwildbad (1140 m, Gh.) und an der Stiftsalm und Lechneraste vorüber durch den Wald zur Voldertalhütte, 1374 m (Naturfreunde, 40 M). Auf der orographisch rechten Talseite wandern wir auf dem Forst- und Almweg (mit Nr. 331 bez.) über die Nößlachalm und Vorbergalm durch herrliche Zirbenbestände zum Klausboden. Dort über den Bach und steil in Kehren hinauf zur Steinkasernalm, 2002 m.

Hier lohnt sich eine kurze Rast, um den prachtvollen Tiefblick talaus auf die geschlossenen Zirbenwälder des äußeren Voldertales und die dahinter aufragenden Kalkketten des Karwendelgebirges sowie nach S auf die zartgrünen, von düstern Blockhalden durchzogenen Matten des inneren Voldertales zu genießen. Die vielen Hütten der Steinkasernalm sind wegen der Lawinengefahr eng an riesige Felsblöcke angebaut und vervollkommen den Kontrast zwischen strenger Urlandschaft und lieblicher Kulturlandschaft.

Der Weg führt von der Alm am orographisch linken Ufer des Voldertalbaches ziemlich gerade aufwärts (einzelne Markierungsstangen mit Nr. 331), zuerst mehrmals den zum Melkboden führenden Fahrweg kreuzend. Anfangs mäßig steil, zum Schluß steil gelangen wir durch Blockhalden zum Naviser Jöchl, 2479 m, wo sich unvermittelt ein umfassender Blick auf das Navistal und Wipptal, die Tarntaler und Olperergruppe öffnet. Vom Naviser Jöchl nach links (O) ca. 20 Hm steigend, dann fast eben am Südhang der Naviser Sonnenspitze entlang zum Mölserjoch, 2334 m, und weiter am Kamm zwischen Mölstal und Navistal in die Militärstraße einmündend zum Klammjoch, 2359 m. Von hier auf dem mit Nr. 327 bez. Weg hinunter über grüne Matten in die Wattener Lizum und zur Lizumer Hütte, 2019 m (ÖAV-Sektion Hall in Tirol, 15. 6. – 30. 9. und 15. 12. – 31. 4. bew., sonst nur an Samstagen und Sonntagen, 15 B, 90 M).

Abstieg von der Lizumer Hütte durch das Wattental nach Wattens, 3 St., oder Abfahrt mit Jeeptaxi.

Gehsteig ↑ 4 St., bis Lizum ↓ 1½ St., bis Wattens ↓ 4½ St.; Höhenunterschied ↑ 1340 Hm, bis Lizum ↓ 460 Hm, bis Wattens ↓ 1920 Hm.

B ↑↓ Von Tulfes durch das Voldertal nach Navis

Mit dem Sessellift nach Halsmarter, 1560 m (Gh.), von dort zuerst 5 Min. nach S aufwärts, dann sanft absteigend in ¾ St. zur Voldertalhütte, 1374 m (Naturfreunde, 40 M). Auf der orographisch rechten Talseite wandern wir auf dem Forst- und Almweg (mit Nr. 331 bez.) über die Nößlachalm zur Vorbergalm, gegenüber dem mächtigen Felssturz der „Vorbergreißen".

Neben dem letzten der sehr gut erhaltenen Holzgebäude steht eine riesige, alte Lärche.

Nun wandern wir bis zum Klausboden durch geschlossenen, alten Zirbenwald, ½ St. Nach Überschreiten der Brücke bringt uns der Weg in einigen Kehren über die vorwiegend mit Alpenrosen bewachsene Steilstufe zur Steinkasernalm, 2002 m (Aussicht beim Kreuz!).

Vor uns liegen die Kare des obersten Voldertales, die eine reiche Flora mit Krummseggenrasen und vor allem Speikböden beherbergen (Blauer

Speik = Primula glutinosa). Block- und Schutthalden unterbrechen vielfach das zarte Grün.

Der Weg führt von der Steinkasernalm am linken Ufer des Voldertalbaches gerade aufwärts – mehrmals den neuangelegten Fahrweg zum Melkboden querend. Zuerst mäßig, zum Schluß steiler steigend führt er über die Blockhalden zum Naviser Jöchl, 2479 m, wo sich ein prachtvoller Blick nach Süden öffnet; bis hieher 4 St.

Abstieg vom Naviser Jöchl nach S über die Grafmartlalm, Zeheter- und Peeralm in 1½ St. nach Navis, 1340 m. Von dort mit Autobus nach Matrei und mit der Bahn nach Innsbruck.

Gehzeit ↑ 3½ St., ↓ 2¼ St., zusammen 5¾ St. (bis Navis); Höhenunterschied ↑ 1100 Hm, ↓ 1330 Hm. Der Weg ist mit Nr. 331 bez. und rot-weiß-rot markiert, je zur Hälfte sonnig und schattig, ein leichter, lohnender Übergang.

Wanderungen von Halsmarter aus

Mit dem Sessellift zur Mittelstation Halsmarter, 1570 m (Gh.).

| W↓ | **Waldweg nach Tulfes** |

Von der Mittelstation auf dem Forstweg (Nr. 37) an der Tulfer Galthütte vorbei nach W in 5 Kehren durch den Fichten-Hochwald hinab nach Tulfes.

Gehzeit 1¼ St.; Höhenunterschied ↓ 650 Hm; schattig.

| W↓ | **Über Stiftsalm und Windegg nach Tulfes** |

Von der Halsmarterhütte nach SO zuerst auf einem Fahrweg, dann nach wenigen Min. nach links auf dem Fußsteig Nr. 21 zum Stiftalm-Hochleger und über die Almwiesen zum Niederleger hinab, 1237 m. Von da nach N auf Weg Nr. 21 am linken Talhang im Wald nach Windegg (Gh.) und auf der Fahrstraße zurück nach Tulfes.

Gehzeit 1½ – 2 St.; Höhenunterschied ↑ 50 Hm, ↓ 700 Hm.

Wanderungen von Tulfein aus

Mit dem Sessellift bis zur Bergstation Tulfein, 2050 m.

W↓ **Über Windegg
nach Tulfes**

Von der Bergstation auf dem AV-Steig Nr. 333 neben der Skipiste nach NO hinab durch den Wald an der Mittelstation Halsmarter (Gh.) und oberhalb der Tulfer Hütte (Gh.) vorüber zu den Wiesen des Oberen Tulferer Berges und nach Windegg (Gh.). Auf der Fahrstraße von Windegg zurück nach Tulfes.
Gehzeit 2 St.; Höhenunterschied ↓ 1100 Hm.

W↓ **Von Tulfein
auf dem Waldweg nach Tulfes**

Von der Bergstation des Liftes auf dem Forstweg zuerst neben der Skipiste nach NO, dann nach N in einem herrlichen Zirbenwald und schließlich im Lärchen-Fichten-Wald in 12 Kehren hinab nach Tulfes.
Gehzeit 2 St.; Höhenunterschied ↓ 1100 Hm; schattig.

W↓ **Kalte Kuchl – Tulfes**

Mit dem Sessellift bis zur Bergstation Tulfein, 2050 m. Von der Station nach rechts (W) hinab in die „Kalte Kuchl", einer alten, von Zirben bestandenen Karmulde, und am Rande der Skipiste bis zur Talstation des Schleppliftes. An dieser vorüber auf den Forstweg und nach der ersten Linkskehre nach rechts (O) abbiegen (gut beschildert) und durch den Wald auf steilem Fußweg hinab nach Tulfes, 933 m.
Gehzeit ↓ *2 St.; Höhenunterschied* ↓ 100 Hm; Weg unschwierig, aber stellenweise steil, großteils schattig.

W↓ **Von Tulfein
über die Kalte Kuchl nach Rinn**

Von der Bergstation zur Tulfeinalm, 2035 m, und dann entlang

Tulfes: Tulfein

der Skipiste hinab bis zur Talstation des Schleppliftes. Von dort auf dem Forstweg nach W leicht fallend zur Rinner Alm, 1394 m (Gh., im Sommer einfach bew.), und weiter in mehreren Kehren durch den Hochwald nach Rinn, 918 m. Rückfahrt mit Autobus.

Gehzeit ↓ 2 St.; Höhenunterschied ↓ 100 Hm; Weg zum größten Teil schattig, nur im obersten Teil sonnig, unschwierig.

 Von Tulfein auf den Glungezer, 2678 m

Von der Bergstation nach links (S) aufwärts dem AV-Steig Nr. 333 folgend zur Tulfeiner Schäferalm und dort rechts abzweigend durch blockiges Gelände steil hinauf zur Glungezerhütte, 2610 m (ÖAV-Sektion Hall in Tirol, 21. 6.–30. 10. und 26. 2. bis 15. 4. bew., 30 M). Von der Hütte in ¼ St. auf den Gipfel des Glungezer, von wo wir eine prachtvolle Aussicht genießen. Abstieg wie Aufstieg.

Gehzeit ↑ 1¾ St., ↓ 1 St.; Höhenunterschied ↑↓ je 600 Hm.

 Zirbenweg von Tulfein zum Patscherkofel

Hoch über Innsbruck zieht fast 7 km lang der Zirbenweg zwischen den Bergstationen der Glungezerbahn und der Patscherkofelbahn am Oberrand der ausgedehntesten Mitteltiroler Zirbenwälder hin, ein gefahrloser Wanderweg in rund 2000 m Höhe, der von den beiden Bergbahnen ausgebaut und vom Tiroler Forstverein zu einem Hochlagen-Lehrpfad ausgestaltet wurde. Entlang des Weges sind 44 Tafeln aufgestellt, die auf die ökologischen Verhältnisse hinweisen, unter denen der Hochlagenwald hier leben muß, und auf die Funktionen, welche der Wald im Gebirge zu erfüllen hat. Daneben werden die verschiedenen Methoden der Lawinenverbauung an Hand der am meisten verwendeten Bautypen demonstriert. Auch die wichtigsten Wildtierarten dieses Lebensraumes sind beschrieben und durch graphische Darstellungen ergänzt. Die stärksten Zirben, die neben dem Lehrpfad stehen, sind 250 Jahre alt, standen also schon zur Zeit der Thronbesteigung der Kaiserin Maria Theresia im Jahre 1740! Der Zirbenweg ist auch mit zahlreichen Ruhebänken ausgestattet und so angelegt, daß man zu zweit nebeneinander gehen kann, sodaß er sich besonders auch als Familienwanderweg eignet. Die gute Beschilderung erlaubt sogar das Begehen bei schlechter Sicht und Nebel, doch sollte man sich möglichst einen schönen Tag für diese Wanderung auswählen, damit man in den Genuß der herrlichen Aussicht auf das ganze Inntal und das gegenüberliegende Karwendelgebirge kommt.

Wegverlauf: Von der Bergstation geht man zuerst in wenigen Minuten nach W zur Tulfeinalm, 2035 m (im Sommer bew., Gh.). Eben überqueren wir dann den weiten Kessel der Tulfeinalm. Dann steigt der Weg etwas auf einen Felssporn an und führt nun durch Zwergstrauchheiden, Latschenbestände und die obersten Zirbengruppen, vereinzelt sogar durch kleine Schneetälchen, nach W ohne bedeutende Höhenunterschiede unter der Roten Wand, der Neunerspitze und der Viggarspitze entlang nach Boscheben, 2035 m (im Sommer bew. Gh., 4 B, 15 M), und weiter über den Grünbichl zur Bergstation der Patscherkofelbahn, 1964 m.

Gehzeit 2–3 St.; Höhenunterschied ↑↓ je 80 Hm.

B ↑↓   Tulfeinweg nach Steinkasern im Voldertal

Von Tulfes mit dem Sessellift nach Halsmarter und Tulfein, 2050 m. Weiter auf dem AV-Steig Nr. 333 in ¾ St. bis in die Senke ober der Tulfeiner Schäferhütte, 2278 m (Talstation der Materialseilbahn auf den Glungezer). Hier zweigt der Tulfeinweg links (nach S) ab und quert in der Folge den steilen Osthang des Glungezer hoch über dem Talgrund. Bald erreicht man jenen Felshang zwischen Glungezer und Gamslanerspitze, an dem vor Jahren eine Bristol-Britannia-Maschine der englischen Fluggesellschaft Eagle zerschellte, wobei alle Insassen den Tod fanden. Noch immer findet man Metallstücke und Stoffreste weit verstreut. Auf einer kleinen Verebnung liegt die einfache Schäferhütte der Gwannalm, 1966 m. Sie wird heute nicht mehr bestoßen. Von der Gwannalm geht es fast eben zur Steinkasernalm, 2002 m, deren Hütten ganz an mächtige Felsbrocken angelehnt, gegen Lawinen geschützt liegen.

Abstieg auf dem Alp- und Forstweg (mit Nr. 331 bez.) über die Vorbergalm, 1668 m, und Nößlachalm, 1402 m, zur Voldertalhütte, 1374 m (Naturfreunde, 40 M); ab Steinkasern 1½ St. Von der Naturfreundehütte an führt ein Karrenweg am linken Ufer des Voldertalbaches fast eben zur Stiftalm und nach Volderwildbad, 1140 m (Gh. nicht mehr bew.). Etwa 100 m vor Volderwildbad zweigt der Weg nach links (NW) ab und steigt mäßig an bis Windegg, 1170 m (Gh.). Von Windegg auf dem Fahrweg nach W in ½ St. hinab nach Tulfes.

Variante: von Volderwildbad zuerst auf dem ebenen Fahrweg bis zum Egghof, dort nach links zum Horberhof hinab und auf dem unteren Fahrweg hinunter nach Volders, 558 m (Autobus- und ÖBB-Haltestelle).

Gehzeit bis Tulfes 4½ St., bis Volders 5½ St.; Höhenunterschied ↑ 220 Hm, ↓ 1350 Hm bis Tulfes, ↑ 180 Hm, ↓ 1730 Hm bis Volders; sehr lohnender, abwechslungsreicher Weg, gut bez., am schönsten von der Alpenrosenblüte etwa zur Sonnenwende bis zum ersten Schneefall, zwei Drittel sonnig, ein Drittel schattig.

UNTERPERFUSS, siehe unter **KEMATEN,** Seite 194

VALS und ST. JODOK

VALS   1271 m

Haltestelle St. Jodok der ÖBB (Brennerbahn). Haltestelle St. Jodok der Autobuslinie Steinach – Schmirn. 442 Ew.; 4871 ha, davon 598 ha landw., 945 ha forstw. genutzt. 17 Gastbetriebe, 24 Privatvermieter, 414 Betten, Geraer Hütte, 2324 m, südwestlich des Olperer (AV-Sektion Gera, 20 B, 40 M, im Sommer bew.). Skischule in St. Jodok, Übungslift.

Geschichte:

Im Steuerregister von 1313 wird Valles zum ersten Mal als zum Gericht Matrei gehörig genannt. 1627 waren noch das „Tal Vals im außern Riegat mit St. Joas" und „im innder Riegat" getrennt; 1811 wurden diese beiden Riegate zu einer Gemeinde zusammengefaßt. Vorübergehend wurde in Vals Molybdänglanz abgebaut. Da dieses Vorkommen an der Alpeiner Scharte sehr extrem gelegen war und nur durch eine kühn angelegte Seilbahn von Innervals aus erschlossen werden konnte, war es nur im Krieg (1941) wegen der Beschaffungsschwierigkeiten für solche seltenen Metalle möglich, einen derartigen Bergbau in Betrieb zu nehmen. Trotzdem ging er noch vor Ende des Krieges wieder ein, da die Abbauschwierigkeiten in der Gletscherregion und die überschätzten Erzvorräte selbst im Krieg den Betrieb unwirtschaftlich machten. Eine schwere Lawinenkatastrophe bot den unmittelbaren Anlaß zur Einstellung.

Kunstdenkmäler:
Pfarrkirche St. Jodok, 1425 erbaut, 1780 erweitert und barokkisiert, 1949 restauriert.

Naturdenkmäler:
Naturschutzgebiet „Inneres Valser Tal", 33 qkm (1941).

ST. JODOK 1127 m

Dorf in der Gemeinde Vals. 115 Ew. Aus dem ehemaligen „äußeren Riegat St. Joas" des Valser Tales wurde 1811 die Gemeinde Vals gebildet. St. Jodok war einst eine Dingstätte für Vals und Schmirn. Die Pfarrkirche von St. Jodok wurde 1425 erbaut, 1780 erweitert und barockisiert.

Karten:
Österreichische Karte 1:25.000, Blatt 148/4, Steinach; Österreichische Karte 1:50.000, Blätter 148, 149; AV-Karte 1:50.000, Blatt 31/5, (zum Teil); Kompaß-Wanderkarte 1:50.000, Blatt 36; AV-Karte 1:50.000, Brennergebiet; Freytag-Berndt-Touristenwanderkarte 1:100.000, Blatt 33, Innsbruck-Umgebung.

B↑↓ Auf den Padauner Kogel, 2066 m

Von der Bahnstation St. Jodok geht man zuerst ins Dorf hinunter und am Talboden über die Wiesen zur Unterführung unter die Brennerbahn, worauf der Weg stetig zum Waldrand und dann im Hochwald zum Gh. Steckholzer auf dem Padauner Sattel ansteigt. Mit dem Auto fährt man von St. Jodok nach Außervals hinauf und biegt beim Haus Nr. 48 nach rechts ab bis zum Doppelhaus Nr. 17/18, wo geparkt werden kann. Ein steiler, gewundener Fußweg führt von hier auf der Schattseite in 1 St. hinauf zum Gh. Steckholzer am NO-Rand des Padauner Sattels, 1590 m. Anrainer dürfen bis hierher auch mit dem Pkw fahren.

25 Die Karwendeltour führt am Fuße mächtiger Felswände vorüber (siehe Seite 333).

26 Schmirn (siehe Seite 343).

27 Seefeld mit seiner sanft gewellten Umgebung. Hinten das Oberinntal, Mieminger Plateau und Hohe Munde (siehe Seite 347).

28 Rund um den Seefelder Wildsee (Seite 349). Hinten die Kalkkögel.

29 Blick von Mösern (Seite 355, 389) auf das Oberinntal mit Telfs, Oberhofen und Pfaffenhofen und dem Mieminger Plateau.

30 Tulfes mit Blick zur Halltalmündung und zum Gnadenwald (siehe Seite 403).

31 Mitterweerberg (siehe Seite 450) mit Blick gegen den östlichen Gnadenwald und die Vompertalkette.

32 Zirl mit der Ruine Fragenstein (siehe Seite 458) gegen Unterperfuss, Axams und die Kalkkögel.

Jedem, der den Padauner Sattel zum ersten Male betritt, fällt dessen eigenartige Form und Lage auf. Er ist einer der wenigen noch erhaltenen Reste eines ehemaligen Talbodensystems. Mit den heute terrassenförmigen Verebnungen der Sattelalm, dem Brenner und dem Nößlacher Plateau war er einst verbunden, ehe sich die Flüsse tiefer eingruben. Auf dem Padauner Sattel liegen neben dem Hochgeneinhof im äußeren Schmirntal die höchsten Bauernhöfe des Wipptales. Besonders schön sind hier die alten, aus behauenen Lärchenholzstangen errichteten Zäune und die blumenreichen Wiesen.

Vom Gh. Steckholzer überschreiten wir den Padauner Sattel an zwei Bauernhöfen vorübergehend nach SW ziemlich flach bis zum Gh. Larcherhof, ¼ St. Dort steigt der rot markierte Weg nach rechts (N) an und führt steil durch Wiesen, dann im lichten Wald auf den Südkamm. Sanft steigt er nun an den letzten Baumgruppen vorüber durch blühende Anemonenmatten, unterbrochen von niederen Zwergstrauchheidenpolstern nach NO zum Gipfel des Padauner Kogels, 2066 m.

Rückweg wie Anstieg oder zunächst steil durch Zwergstrauchheiden nach N hinab bis zu einem flachen Boden. Dort nach rechts über den Weidezaun und der Markierung (Tafeln auf einzelner, mächtiger Lärche) folgend ziemlich steil durch den Bergwald nach O hinab auf den Waldweg nach St. Jodok oder – sich rechts haltend – zurück zum Gh. Steckholzer.

Gehzeit ↑ 3½ St. ab St. Jodok, ↑ 2½ St. ab Haus 17/18, ↓ 2½ St. bzw. 1¾ St.; Höhenunterschied ab St. Jodok ↑↓ je 940 Hm, ab Innervals je 790 Hm; halb schattig, halb sonnig, am schönsten im Juni, Juli und im Herbst.

B ↑↓ **Auf die Vennspitze, 1390 m**

Wie oben zum Gh. Steckholzer am Padauner Sattel, 1590 m. Nach S mäßig steil durch Lärchen-Zirben-Wald und ausgedehnte Alpenrosenfluren in 2 St. auf den Sattel zwischen Padauner Berg und Vennspitze, 2195 m, und von dort auf den Westrücken in ¼ St. auf den Gipfel der Vennspitze, 2390 m.

Der Name dürfte vom lateinischen foenum = Heu stammen und sich vom Vennatal ableiten, in das die Südflanke des Berges steil abfällt. In der Tat sind diese Steilhänge ehemalige Bergmähder, und noch vor einigen Jahrzehnten waren die Wahrzeichen der Vennspitze und des Padauner Berges die weithin sichtbaren kegelförmigen Heupiller am Grat.

Rückweg wie Anstieg.
Gehzeit ↑ 2¼ St., ↓ 1½ St.; Höhenunterschied ab Gh. Steckholzer ↑↓ je 800 Hm. Am schönsten ist der Aufstieg während der Alpenrosenblüte (Juni, Juli), da man zu dieser Zeit in einem wahren Blütenmeer wandert.

B ↑↓   Hochgenein – Padastertal

Wir gehen vom Bahnhof in St. Jodok aus. Wer mit dem eigenen Auto kommt, läßt es am besten beim Bahnhof in Steinach stehen und fährt von dort mit der Bahn nach St. Jodok. Auf einem schmalen Fahrweg geht man etwa 500 m nördlich der Bahn taleinwärts bis zu dem Bauernhof vor der Bahnbrücke über den Schmirnbach. Nun auf rot-weiß-rot markiertem und mit Nr. 15 bez. Steig zuerst durch die Wiesen, dann durch den Fichten-Lärchen-Hochwald steil hinauf zum einzeln stehenden Hochgeneinerhof, 1639 m, 1½ St.

Der Hochgeneinerhof ist der höchste, heute noch ganzjährig bewohnte Bauernhof im Wipptal. Im Namen Hochgenein ist vielleicht eine Erinnerung erhalten an das Volk der Genaunen, von dem Horaz in Carmina berichtet, daß es den Römern bei ihrem Vorstoß über den Brennerpaß im Jahre 15/14 v. Chr. schwere, erbitterte Kämpfe bereitete, ehe es sich geschlagen geben mußte. Vielleicht ist auch die hohe Lage des Hofes ein Hinweis auf den Rückzug dieses Volksstammes in unzugängliche Bereiche ihres Lebensraumes. Auch heute ist es ja hier heroben recht ruhig und beschaulich, ja manchmal einsam, obwohl zu Füßen der Verkehr über eine der Hauptschlagadern Europas flutet.

Vom Hof führt ein Fußsteig durch die Wiesen in ¾ St. zum Hochgeneinjoch, 1940 m. Nach Überschreiten des Jöchls kommen wir zur „Lacke", 1911 m, und dann nahe der Waldgrenze allmählich absteigend zur hinteren Padasteralm, 1817 m, 1 St. Auf dem Almweg wandern wir am schattseitigen Talhang durch den Wald zur Hoferalm und der knapp darunter liegenden Vorderen Padasteralm hinaus, 1620 m, ½ St. Im Wald steigt der Weg zum Padasterbach ab, und am rechten Ufer gelangen wir hinaus zum Weiler Siegreid an der Mündung des Padastertales, 1070 m, ¾ St. Ein Fahrweg bringt uns östlich der Bahn entlang zum Bahnhof in Steinach. Zum Bahnhof St. Jodok wählt man den Steig, der am Waldrand nach Süden führt.

Vals/St. Jodok: Geraer Hütte

Gehzeit ↑ 2¼ St., ↓ 2½ St., zusammen 5 St.; Höhenunterschied ↑↓ je 810 Hm, nach Steinach ↓ 890 Hm.

| B ↑↓ | **Durch das Valser Tal zur Geraer Hütte** |

Von St. Jodok steigt die Valser-Tal-Straße zuerst ziemlich steil auf den Außervalser Sonnenhang an. Danach wandern wir flach an zahlreichen, einzeln stehenden Bauernhöfen vorüber bis zur versumpften Talweitung, wo von S her das wilde Tscheischtal einmündet. Unter den sonnseitigen Bergmähdern steht an der Straße das Gh. Touristenrast, 1345 m (privat, im Sommer bew., 6 B); bis hieher 1¾ St. Auffahrt auch mit Auto möglich. Auf dem gut ausgebauten Geraer Weg (AV-Steig Nr. 502) wandern wir immer auf der rechten Talseite flach steigend an der Kaseralm und Altereralm vorbei gegen den Talgrund hin. Über die steinigen Hänge der Alpeiner Alm steigt der Weg in vielen Kehren steil zur Ochsnerhütte, 2081 m, und zur Geraer Hütte auf, 2324 m (DAV-Sektion Gera, Ostern und Pfingsten und vom 20. 6. – 20. 9. bew., 21 B, 60 M). Rückweg wie Anstieg.

Gehzeit ↑ 4¼ St. ab St. Jodok, 2½ St. ab Touristenrast, ↓ 3 – 3½ St. nach St. Jodok, 1½ – 2 St. zur Touristenrast; Höhenunterschied ↑↓ von St. Jodok je 1200 Hm, von Touristenrast ↑↓ je 980 Hm.

| B ↑↓ | **Geraer Hütte – Schmirntal** |

Von der Hütte folgen wir zunächst ca. 100 Hm dem Olperersteig bis zur Weggabelung. Wir halten uns links nach N und steigen auf dem AV-Steig Nr. 525 über die obersten Alpeiner Almböden zum Steinernen Lamm, dem Grat zwischen Valser Tal und Schmirntal, 2528 m, ¾ St. Prachtvoller Blick auf den Wildlahnerferner und ins Wildlahnertal hinab und zurück auf Olperer, Fußstein und Schrammacher. Jenseits steigen wir steil über Rasen zum Ochsenbichl ab, 2085 m, und dann mäßig steil durch lichten Bergwald, Grünerlen- und Alpenrosenbestände zu den Wiesen des Weilers Wildlahner und nach Toldern an der Schmirntalstraße, 1453 m. Autobushaltestelle.

Gehzeit ↑ ¾ St., ↓ 2 St.; Höhenunterschied ↑ 200 Hm, ↓ 1070 Hm.

B ↑↓ Geraer Hütte – Tuxer-Joch-Haus (Kaserer Höhenweg)

Von der Geraer Hütte folgen wir dem Olperersteig bis zur Weggabelung (ca. 100 Hm). Dort halten wir uns nach links (N) und steigen leicht zum „Steinernen Lamm" am Grat zwischen Schmirn- und Valser Tal an, 2528 m, ¾ St. Knapp vor dem Steinernen Lamm wählen wir bei der Weggabelung den rechten Weg (AV-Steig Nr. 527). Der Weg fällt nun auf der N-Seite des Sattels steil ca. 200 Hm zu den Moränen des Wildlahnerferners ab, quert die oberen Hänge der Ochsenalm und steigt dann ziemlich steil über Almmatten zur Kleegrubenscharte auf, 2490 m. Jenseits geht es wieder hinab in den Kaserer Winkel bis etwa 2140 m. Nach Querung von 2 tief eingeschnittenen Gräben steigt der Weg zum letzten Mal an auf das 2470 m hohe Kaserer Schartl. Leicht fallend wandern wir knapp unter dem Kamm auf seiner Ostseite an der Frauenwand vorüber zum Tuxer-Joch-Haus, 2313 m (ÖTK, Ostern und 1. 6. – Ende September bew., 16 B, 36 M).

Gehzeit 3½ – 4 St.; Höhenunterschied ↑ 730 Hm, ↓ 710 Hm.

B ↑↓ Von der Geraer Hütte über die Alpeiner Scharte in den Zemmgrund

Von der Hütte nach O zuerst ca. 200 Hm aufwärts gegen den Fußstein-Westgrat hin, dann durch eine weite Karmulde südlich des Fußsteins über Moränen und Schneefelder zur Alpeiner Scharte, 2957 m, einer schmalen Lücke im Felsgrat zwischen Fußstein und Schrammacher. Jenseits ca. 250 Hm steil hinab ins obere Schrammacherkar zu einer Wegabzweigung. Hier 2 Möglichkeiten: a) nach links (NO) steigt der Weg zum Riepengrat an und nach dessen Überschreitung ins Riepenkar zur Olpererhütte, 2389 m, hinab (DAV-Sektion Berlin, 30. 6. – 20. 9. bew., 18 B, 10 M), 4 St.; b) nach rechts hinab führt ein Steig ins Untere Schrammacherkar und in den Zemmgrund. Talaus wandernd gelangt man in ¾ St. zum Stausee Schlegeis und zur etwas höher am Sonnenhang liegenden Dominikushütte, 1805 m (privat, 15. 5. – Ende Oktober bew., 16 B, 10 M), 4 St.

Gehzeit 4 St.; Höhenunterschied ↑ 640 Hm, ↓ 570 Hm (Olpererhütte) bzw. ↓ 1150 Hm (Dominikushütte). Dieser Übergang erfordert Bergerfahrung, Trittsicherheit und Ausdauer und kann nur bei trockenem Wetter und guter Sicht im Hochsommer empfohlen werden.

B↑↓ Vom Valser Tal auf die Landshuter Hütte

Etwas unterhalb des Gh. Touristenrast, 1345 m, biegt der mit Nr. 529 bez. „Geistbeckweg" von der Talstraße ab und führt nach SO unter der Nockeralm vorbei am rechten Ufer des Tscheischbaches aufwärts. Nach ca. ½ St. überschreiten wir den Bach und steigen zuerst mäßig steil bis zur Baumgrenze und durch Grünerlen und Alpenrosenbestände, dann steil hinauf gegen den Kraxentrager hin. Wir überschreiten den vom Kraxentrager herabziehenden felsigen Nordgrat nach W hin und steigen dann steil zum Stumpfschartl empor, 2666 m. An der S-Seite der Scharte müssen wir noch ca. 100 m absteigen, ehe der Weg nochmals 70 Hm zur Landshuter Hütte aufsteigt, die in 2693 m Höhe am Kraxentragersattel steht (DAV-Sektion Landshut, dzt. unbew., 30 B, 18 M).
Gehzeit 5 St.; Höhenunterschied ↑ 1390 Hm, ↓ 100 Hm.

VOLDERS – KLEINVOLDERBERG – GROSSVOLDERBERG

VOLDERS   557 m

Haltestelle der ÖBB, Haltestelle der Autobuslinien Innsbruck – Rattenberg, Innsbruck – Mayrhofen und Innsbruck – Schwaz – Vomp. 1706 Ew.; 312 ha, davon 211 ha landw., 61 ha forstw. genutzt. FVV Volders und Umgebung, 6 Gastbetriebe, 58 Privatvermieter, 379 Betten, Skischule mittleres Inntal, Volderwildbad.

Geschichte:
Volders war eines der Zentren der vorgeschichtlichen Siedlung im Inntal. Am westlichen Ortsende liegt ein großes Urnengräberfeld. Es ist rund 1000 Jahre älter als die bedeutenden Funde von Himmelreich. Dort wohnte ein Volksstamm, der auf dem Hügel eine befestigte Wallburg angelegt hatte. Urkundlich wird „Volares" zum ersten Mal 995 genannt. In dem Steuerregister vom Jahre 1313 wird „Vollres daz dorf" als Ortsgemeinde des Gerichtes Rettenberg angegeben. Nach dem Verfall des Schlosses Rettenberg wurde der Gerichtssitz nach Volders übertragen und zwar in ein

Gebäude in der Kirchgasse. Die Volderer Innbrücke ist schon um 1300 nachzuweisen, da sie den kürzesten Weg von Hall ins Unterinntal ermöglichte. Die Volderer Brücke wurde am 11. April 1809 schwer umkämpft. 1968 wurde diese alte Brücke im Zuge des Autobahnbaues durch eine neue, daneben verlaufende ersetzt. Volders schloß sich 1973 mit den Gemeinden Kleinvolderberg und Großvolderberg zusammen, die bis dahin selbständige Gemeinden waren.

Kunstdenkmäler:
Pfarrkirche hl. Johannes der Täufer, urkundlich seit 1253 bekannt. Die Kirche wurde später verschüttet. Die jetzige Kirche ist spätgotisch und wurde durch Clemens Holzmeister 1965 erweitert und der etwas schief stehende Turm durch einen Innenausbau gesichert. Servitenkirche und -kloster des hl. Karl Borromäus bei der Volderer Brücke *(Karlskirche),* wurde nach 1620 nach Plänen des Haller Stiftsarztes Dr. Hippolyt Guarinoni erbaut, der offenbar von orientalischen Bauten (Moscheen) beeinflußt war. Die an die Karlskirche angebaute Kapelle zur schmerzhaften Muttergottes wurde 1697 errichtet, Kapelle hl. Anna, 1710, Servitenkloster, 1692. *Kapelle hl. Franz von Borgia in Volderwald,* 1677 durch das Haller Damenstift erbaut. *Kapelle zu den Heiligen Kosmas und Damian in Volderwildbad,* 1625 von Damian Gienger gestiftet und vermutlich auch nach Plänen von Guarinoni erbaut. *Ansitz Volderthurn,* urkundlich seit 1311 bekannt. *Ansitz Schönwerth,* vor 1499 erbaut. *Ansitz Kolbenturm,* urkundlich als „Turn bei Hall„ 1256 erwähnt. *Schloß Aschach,* seit 1311 urkundlich genannt, 1413 beim Bayerneinfall zerstört und 1575 wieder aufgebaut. *Schloß Friedberg* (siehe Wanderweg).

Naturdenkmäler:
4 Pappeln auf dem Wege von der Bundesstraße bis zum Schloß Aschach (1929). Gruppe mächtiger *Fichten* und *Winterlinden* am Weg westlich von Schloß Friedberg (1949).

KLEINVOLDERBERG   1028 m

197 Ew.; 279 ha, davon 137 ha landw., 130 ha forstw. genutzt. 1 Gastbetrieb, 2 Privatvermieter, 30 Betten.

Volders/Kleinvolderberg/Großvolderberg

Geschichte:
1345 wird ein Hof zu „Platten am Tulverberg" genannt. Seit 1973 mit Volders und Großvolderberg vereinigt.

Kunstdenkmäler:
Schloß Friedberg (siehe dort). *Ansitz Hauzenheim,* 1274 saßen auf diesem Ansitz die Edlen Vögler, die 1495 ausstarben. Seit 1603 der Name Stachelburg nach diesen Besitzern, dann von Benediktinern umgebaut.

Naturdenkmäler:
Winterlinde und Kruzifix am Fahrweg von Volders nach Friedberg (1929), *9 Stieleichen* beim Josephinum (1930), *1 Winterlinde* auf Gp. 29 (1940), *1 Stieleiche* auf Gp. 29 (1940), *2 große Winterlinden* auf Gp. 17 und 22 (1940), *3 Stieleichen* auf Gp. 7 und 8 (1940), *1 Winterlinde* auf Gp. 18 und 19 (1940), *Zirbe* unterhalb des Gh. Windegg gegen den Plattenhof (1942), bodengezwieselte *Fichte* am Eingang des Friedberger Schloßparks (1949).

GROSSVOLDERBERG 900 m

413 Ew.; 2651 ha, davon 1254 ha landw., 1334 ha forstw. genutzt. 2 Gastbetriebe, 6 Privatvermieter, 125 Betten, Bad Volderwildbad, Skihütte Großvolderberg. Streusiedlung. Seit 1973 mit Volders vereinigt.

Naturdenkmäler:
1 Lärche auf der Vorbergalpe (1941).

Karten:
Umgebungskarte von Innsbruck 1:25.000; Österreichische Karte 1:50.000, Blätter 118, 119; AV-Karte 1:50.000, Blatt 31/5, Innsbruck-Umgebung; Kompaß-Wanderkarte 1:30.000, Blatt Innsbruck – Igls – Solbad Hall (z. T.); Kompaß-Wanderkarte 1:50.000, Blatt 36; Freytag-Berndt-Touristenwanderkarte 1:100.000, Blatt 33, Innsbruck-Umgebung.

W↑↓ Friedberg – Tummelplatz – Karlskirche

Vom südlichen Ortsende in Volders auf der Kleinvolderbergstraße über den Volderbach und dann nach links (S) durch die Schlucht in ½ St. durch einen selten schön erhaltenen Laubmischwald empor zum Schloß Friedberg.

Die mächtige, mit einem runden Wehrturm und einer bestens erhaltenen Wehranlage versehene Burg wurde auf einem Quarzphyllit-Felsen erbaut, der jäh nach Osten zum Volderbach abstürzt. Bereits 1260 wurde Friedberg als Sitz eines landesfürstlichen Propstes erwähnt. Wahrscheinlich reicht aber die Anlage noch ins 12. Jahrhundert zurück. Friedberg besaß damals das Asylrecht. 1491 wurde die Burg erneuert und im 17. Jahrhundert nochmals renoviert. Der Name der Burg stammt von den Herren von Friedberg, die Ministerialien des Grafen von Andechs waren. Seit 1844 ist die Burg Besitz der Grafen Trapp. Bei der Restaurierung des Rittersaales 1968/69 wurde eine einzigartige Landschaftsmalerei mit Turnier- und Jagdszenen und einer Belagerung der Burg freigelegt, die vermutlich von einem Meister aus der Zeit Kaiser Maximilians I. um 1500 stammt. Sie ist eine der besten profanen Malereien in Tirol.

Vom Schloß wandern wir nach Westen durch die unter Naturschutz stehende Allee mächtiger alter Fichten, Linden und Vogelkirschen ca. 200 m abwärts, dann auf dem 2. Weg nach links (W) und eben an zwei Höfen vorüber zum Tummelplatz, einem im Wald liegenden Soldatenfriedhof. An diesem westlich vorüber und hinab zur Fahrstraße. Auf dieser gelangen wir nach rechts (N) an der Karlskirche und unter dem Korethhof vorbei in den Wiesenweg, der zurück nach Volders führt.

Gehzeit 1½ St.; Höhenunterschied ↑↓ je 100 m; meist sonnig, ca. ein Drittel halb schattig.

Von Volders über Vögelsberg nach Großvolderberg

Auf der asphaltierten, mit D markierten Fahrstraße zum Gh. Vögelsberg, 1000 m, 1 St.; bis hieher auch mit Taxi. Fast eben wandern wir nun weiter in Richtung Wattental bis zum Hof Ried, 1003 m. Dort biegen wir nach rechts (W) ab und steigen zu den Höfen des Oberberges hinauf, wo der Fahrweg eben in 1 St. zum Großvolderberg führt. Weiter auf dem Fahrweg in Richtung

Volderwildbad bis zum Wegweiser mit der Nr. 21 und dort rechts hinab durch die Wiesen zum Vorholzhof und dann auf der Fahrstraße zurück nach Volders.

Gehzeit 3½ St.; Höhenunterschied ↑↓ je 450 Hm, ab Vögelsberg ↑ 130 Hm, ↓ 450 Hm; Wege bequem und leicht zu finden, ein Drittel schattig, zwei Drittel sonnig, prachtvolle Ausblicke auf das Inntal, das Karwendelgebirge und den Wattenberg.

W↑↓ Von Volders auf die Krepperhütte und Largotzalpe

Auf dem Fahrweg (mit D bez.) zur ehemaligen Krepperhütte, 1360 m (1974 abgebrannt); bis hieher 2 St. Auffahrt mit Pkw erlaubt, jedoch ab der asphaltierten Voldertalstraße schmal und steil, daher Taxi empfohlen. Von der Krepperhütte folgen wir dem Forstweg nach links (O) und steigen dann in mehreren Kehren mäßig steil durch Lärchen-Fichten-Wald und später durch Zirbenwald zur Largotzalm, 1930 m, auf, die etwas unter der Waldgrenze am Nordhang des Largotz liegt; bis hieher ab Krepperhütte 2 St. Von der Largotzalm auf breitem Weg zuerst kurz ansteigend zum Westhang des Voldertales und dann immer mäßig fallend zunächst durch Weideflächen, dann nach rechts auf Weg Nr. 16 durch Zirben- und Fichtenwald zurück zur Krepperhütte.

Gehzeit ↑ 2 St., ↓ 1¼ St.; Höhenunterschiede ab Volders ↑↓ je 1370 Hm, ab Krepperhütte ↑↓ je 600 Hm; Aufstieg mit Nr. 14 bez., ab Largotzalm mit Nr. 16, sehr bequeme, breite Forstwege, zwei Drittel schattig, ein Drittel sonnig; besonders schöne Aussicht bei der Largotzalm.

B↑↓ Largotzalm – Largotz, 2214 m

An der östlichsten Hütte der Largotzalm vorüber nach O leicht ansteigend zuerst über die Almwiesen, dann durch lichten Zirbenwald und schließlich durch Alpenrosenbestände empor zum Glotzenkreuz und auf dem Rücken nach S aufsteigend zum Gipfel des Largotz; von der Alm 1 St.

Rückweg: über den Rücken ca. 500 m nach Süden, dann nach rechts (W) hinab zu den Almböden und auf dem Weg Nr. 13 zurück zur Largotzalm.

Gehzeit 1 St., ↓ ¾ St.; Höhenunterschied ↑↓ je 260 Hm; besonders im Herbst schöne, aussichtsreiche und bequeme Bergwanderung.

B↑↓ Von Volders auf die Hanneburger Spitze, 2596 m

Von Volders auf der asphaltierten Fahrstraße zum Gh. Vögelsberg und fast eben weiter auf Weg Nr. 12 bis zum Bauernhof Ried; bis hieher auch mit Pkw oder Taxi. Der Weg biegt nun nach rechts (W) ab und führt über die Wiesen zum Schwoagerhof, dem höchsten Gehöft am Vögelsberg; ab Volders 1½ St. Weiter zuerst über die Wiesen und dann auf dem gut mit Nr. 13 bez. Forstweg an der Jägerhütte vorüber durch den Wald und den Osthang des Wattentales zur Galtererhütte und von da durch den obersten, lichten Bergwald und Alpenrosenbestände zum Gipfel des Largotz, 2214 m; vom Schwoagerhof 3 St. Vom Largotz wandern wir auf dem blockigen Grat nach S in 1½ St. auf die Hanneburger Spitze, 2596 m.

Abstieg: auf dem Westhang zuerst gegen das Voldertal hinab, dann – oberhalb der Waldgrenze – dem Weg Nr. 13 folgend nach N zur Largotzalm, 1930 m, 1 St. Von dieser auf dem Forstweg (Nr. 14) in zahlreichen Kehren durch den Hochwald bis zu einer Wegabzweigung (Wegweiser am Baum nach links „zur Krepperhütte"). Wenn wir zum Vögelsberg zurück wollen, müssen wir hier den rechten Weg (nach Osten) ca. 10 Min. leicht ansteigen, bis wir die Jägerhütte erreichen, vor der wir in den Aufstiegsweg einmünden.

Gehzeit ab Volders ↑ 6 St., ↓ 3½ St., ab Ried ↑ 4½ St., ↓ 2½ St.; Höhenunterschiede ab Volders ↑↓ je 2040 Hm, ab Ried ↑↓ je 1550 Hm. Der Weg ist manchmal spärlich bez. (im Waldbereich wegen der zahlreichen Forstwegabzweigungen auf kleine rote Markierungsschilder mit Nr. 13 achten), leicht, ab Largotz am Grat nur Geübte, halb sonnig, halb schattig.

W↑↓ In das Voldertal

Wenn wir zu Fuß ins Voldertal wandern, verlassen wir die Voldertalstraße gleich beim ersten Haus nach rechts und steigen auf einem Fußweg durch Wald und Wiesen zum Vorholzhof hinauf und weiter über die Wiesen zum Horberhof und über

Anger zum Hof Hauswurz. Dort erreichen wir wieder die Fahrstraße, auf der wir ziemlich flach nach Volderwildbach gelangen, 1104 m; bis hieher 1½ St.

Das Bad wurde als solches schon im Jahre 1463 benutzt. Der Haller Stiftsarzt Hippolyt Guarinoni untersuchte das Wasser und fand darin Eisen, Salpeter, Vitriol, Schwefel und Alaun. Die Heilquelle entspringt aus einem Vorkommen von Kupfer- und Antimonerz, das im Mittelalter abgebaut worden ist. Schon im Tiroler Landreim von 1558 wird das „Volderer Spießglas" erwähnt.

Auf der Fahrstraße (mit Nr. 331 und 22 bez.) wandern wir in 1 St. im Wald taleinwärts an der Stiftsalm und der Lechneraste vorüber zur Voldertalhütte, 1274 m (Naturfreunde, 40 M). Weiter führt der Waldweg über die Nößlachalm und die Vorbergalm durch herrliche Zirbenbestände zum Klausboden. Dort überschreiten wir den Bach, und in Kehren überwindet nun der Weg die mit Alpenrosen dicht bewachsene Steilstufe zur Steinkasernalm, 2002 m.

Die zahlreichen Almhütten sind zum Schutze gegen Lawinen eng an mächtige Felsblöcke angebaut, die hier am flachen Hang verstreut liegen. Aus größerer Distanz ist die Alm deshalb kaum zu erkennen. Am Rand der Talstufe steht ein Kreuz, neben dem eine Bank zur Rast einlädt. Der Blick schweift nach N über die geschlossenen Zirbenwälder der rechten Talflanke bis zu den bleichen Kalkbergen des Karwendelgebirges. Im Süden vermittelt der Talschluß aus grünen Matten, durchzogen von dunklen Blockhalden und Silikatfelsen einen eher düsteren Eindruck.

Rückweg wie Anstieg.

Gehzeit ↑ 4–4½ St., ↓ 3 St.; Höhenunterschied ↑↓ je 1400 Hm.

  Auf den Malgrübler, 2749 m

Wie vorne in 1½ St. nach Volderwildbad, 1104 m; bis hieher auch mit eigenem Auto. Von Volderwildbad folgen wir dem mit Nr. 331 bzw. 22 bez. Weg auf der orographisch rechten Talseite an der Stallsinsalm, der Voldertalhütte und dem „Dörfl" vorüber taleinwärts. Bald danach quert der Weg den Bach und steigt im Wald mäßig steil zur Vorbergalm an, 1668 m. Bei der mächtigen Lärche neben der letzten Hütte verlassen wir den Forstweg und steigen steil im Wald nach links (O) aufwärts bis zur Waldgrenze bei ca. 2000 m. An der Waldgrenze führt nun der Steig etwa 500 m sanft ansteigend nach Süden. Bald nach einem kleinen Bachgraben muß man zwischen den obersten Zirben durch Alpenrosenbestände nach O aufwärts gehen. Unter einem vorspringenden Felskopf, 2207 m, führt der Weg dann etwas nordwärts und in einigen Serpentinen durch blockiges Gelände auf den Gipfel des Malgrüblers.

Der Malgrübler ist der höchste Berggipfel in der Voldertalkette und wurde schon 1669 vom universellen Haller Stiftsarzt Dr. Hippolyt Guarinoni erstiegen.

Abstieg wie Anstieg oder nach NO ins Malgrüblerkar hinab und über die Watzalm ins Wattental und nach Wattens.

Gehzeit ab und bis Volders ↑ 5½–6 St., ↓ 4½ St., ab und bis Volderwildbach ↑ 4½ St., ↓ 3 St.; Höhenunterschied ↑↓ je 2150 Hm, ab Volderwildbach ↑↓ je 1650 Hm. Der Weg ist zwar unschwierig, aber oberhalb der Almen nicht immer deutlich bezeichnet und überdies im Bereich der Blockhalden etwas mühsam, daher nur für erfahrene und trittsichere Bergwanderer.

B ↑↓ Durch das Voldertal in die Wattener Lizum

Auf der Voldertalstraße und dem Forstweg (mit Nr. 331 und 22 bez.) in 4–4½ St. zur Steinkasernalm, 2002 m. Von der Alm dem AV-Steig Nr. 331 folgend in 1½ St. auf das Naviser Jöchl, 2479 m. Weiter nach links (O) eben zum Mölserjoch, 2335 m, und auf der Militärstraße zum Klammjoch, 2359 m. Von dort auf dem mit Nr. 327 bez. AV-Steig hinab in die Wattener Lizum und zur Lizumer Hütte, 2019 m.

Gehzeit ↑ 5½–6 St., ↓ 1½ St., zusammen 7–7½ St.; Höhenunterschied ↑ 1880 Hm, ↓ 460 Hm.

B ↑↓ Durch das Voldertal nach Navis

Wie oben in 5½–6 St. zum Naviser Jöchl, 2479 m. Auf der S-Seite auf dem AV-Steig 331 über die Grafmartlalm, Zeheter- und Peeralm in 1½ St. nach Navis, 1340 m. Autobushaltestelle.

Völs

Gehzeit ↑ 5½–6 St., ↓ 1½ St., zusammen 7–7½ St.; Höhenunterschied ↑ 1880 Hm, ↓ 1330 Hm. (Genauere Angaben siehe Seite 410 und 263).

VÖLS 594 m

Haltestelle der ÖBB (Arlbergbahn). Haltestelle der Autobuslinien Innsbruck – Ranggen, Innsbruck – Telfs (Dörferlinie), Innsbruck – Oberperfuss und Innsbruck – Kühtai. 2309 Ew.; 561 ha, davon 95 ha landw., 205 ha forstw. genutzt. 4 Gastbetriebe, 34 Privatvermieter, 203 Betten.

Geschichte:
Ein Urnenfeld im Bahnbereich bezeugt eine vorgeschichtliche Siedlung. Urkundlich ist Völs erstmals 1150 als „Velse" erwähnt. Im Steuerregister vom Jahre 1313 ist Völs bereits als Steuer-, Wirtschafts- und Flurgemeinde des Landgerichtes Sonnenburg genannt. Am 23. Juli 1703 wurde Völs bei den Kriegshandlungen niedergebrannt.

Kunstdenkmäler:
Burgruine Vellenberg, 1232 erstmals als Besitz der Grafen von Andechs erwähnt, ging 1249 an Graf Albert von Tirol über. Vom Ende des 13. Jahrhunderts bis 1349 war die Burg im Lehensbesitz des Landrichters im Inntal. 1670 wurde sie durch ein Erdbeben schwer beschädigt und daraufhin nicht mehr hergestellt. Der letzte Besitzer war das Stift Wilten. 1757 wurde aus den Steinen des beschädigten Schlosses das Mesnerhaus auf dem Blasiusberg erbaut. Der Minnesänger Oswald von Wolkenstein war einige Tage auf der Burg Vellenberg gefangen. *Alte Pfarrkirche* zu den Hl. Jodok und Lucia, urkundlich seit 1494 bekannt, 1785 barockisiert. *Wallfahrtskirche St. Blasienberg,* die älteste Urkunde erwähnt eine Erweiterung im Jahre 1286; jetzige Kirche anstelle einer spätgotischen im Jahre 1733 gebaut; sie war vielleicht die Schloßkapelle der Edlen von Völs, die sich Ritter „de monte s. Blasii" nannten.

Karten:
Umgebungskarte von Innsbruck 1 : 25.000; Österreichische

Karte 1:50.000, Blätter 117, 118, 147, 148; AV-Karte 1:50.000, Blatt 31/5, Innsbruck-Umgebung; Kompaß-Wanderkarte 1:30.000, Blatt Innsbruck-Igls-Solbad Hall; Kompaß-Wanderkarte 1:50.000, Blatt 36; Freytag-Berndt-Touristen-Wanderkarte 1:100.000, Blatt 33, Innsbruck-Umgebung.

 Über Afling nach Kematen

Von der Ortsmitte in Völs am Fuße des bewaldeten Berghanges nach W. Wir können dabei an einigen Schilf- und Weidenbeständen noch die letzten Spuren des einstigen Völser Sees erkennen.

Herzog Sigmund ließ diesen See ausbauen und nannte ihn Sigmundslust. Laut Fischereibuch des Kaisers Maximilian I. von 1500 wurde er gerne vom landesfürstlichen Hofe zu Lustbarkeiten aufgesucht. Der See wurde durch zwei Zuflüsse gespeist, dem Axamer (Völser) Bach und der Melach, von der aus ein Graben in einer Länge von 1000 m entlang dem Kristener Höhenrücken herführte. 1601 ersuchte die Gemeinde Völs, auf dem Seeboden Getreide anbauen zu dürfen, nachdem der See gerade abgelassen war, doch wurde dies damals abgelehnt. 1768 wurde der See noch als Fischzuchtsee angegeben, doch schon 1781 an die Gemeinde verkauft und bis 1800 bereits in Äcker und Wiesen umgewandelt. Die ehemalige Seefläche beträgt ca. 40 ha. Seit 1932 besteht ein Plan, den See als Bade- und Ausflugsee wenigstens zum Teil wieder herzustellen. Indessen ist inzwischen der größte Teil des dafür bestimmten Areals bereits verbaut worden.

Ab der Einmündung des Fahrweges, der von der Friedenssiedlung herführt, steigt unser Wanderweg etwas zu den Wiesen nach Afling an, 619 m, und nach Kematen fällt er dann wieder ab. Zurück wandern wir von der Ortsmitte in Kematen durch die Wiesen nach Osten über das „Michelfeld" und dann neben dem Gießenbach an den Garvenswerken vorüber nach Völs.

Gehzeit 2 St.; Höhenunterschied ↑↓ je 80 Hm.

 Kristenweg nach Omes

In Völs zum Oberdorf (Markierung Waldlehrpfad), über den Bach und nach ca. 200 m rechts ab und auf dem Fahrweg zur Senke zwischen Blasiusberg und Kristenkamm. Von hier an folgen wir dem 1 km langen, am Kamm verlaufenden Waldlehrpfad zu

Völs

den Kristenhöfen. Oberhalb der sonnseitigen Kristenleitensiedlung weiter auf dem Rücken, bis der Weg im Westen zum Weiler Wollbell (Gh. Alpenblick) im Omeser Tal hinabführt; bis hieher 1¾ St. Von Wollbell am Talboden nach O über Omes, weiter über den Axamer Bach zuerst am rechten Ufer, dann nach ca. ¼ St. nochmals über den Bach und am linken Ufer durch das Nasse Tal zurück nach Völs.

Gehzeit 3¼ St.; Höhenunterschied ↑↓ je 220 Hm; zwei Drittel schattig, ein Drittel sonnig. Weg mit schönen Ausblicken auf die Nordkette, das Inntal und die Kalkkögel.

Das Omestal und das Nasse Tal sind Gräben, die durch Gletscherbäche zu einer Zeit in den Moränenschutt gegraben wurden, als das Inntal selbst noch vom Toteiskörper des Inntalgletschers – teilweise von Schutt bedeckt – und stellenweise von Gletscherseen erfüllt war.

| W↑↓ | **Durch das Nasse Tal nach Axams** |

Vom Bahnhof auf der Ostseite des Blasiusberges herum und nach dem letzten Haus zuerst durch die Wiesen am orographisch linken Ufer des Axamer Baches nach SW bis zum Bauhof. Auf der linken Talseite bleibend führt der Weg weiter am Bach entlang durch den Wald. Nach ca. ¾ St. erreicht man die Wiesen am Fuße der Kristenleiten. Der Weg biegt nun nach S ab, und in 20 Min. erreicht man leicht ansteigend die Ortschaft Axams, 874 m.

Variante: beim Bauhof über den Bach und auf der rechten Talseite durch den Wald am Fuße der „Hohen Birga" – zuletzt ansteigend – bis zu einem Wegkreuz. Von dort durch die Wiesen zur Omesmühle, von dieser nach W über den Bach und in ¼ St. hinauf nach Axams. Rückweg wie Hinweg oder Abfahrt mit Autobus.

Gehzeit ↑ 1¼ St., ↓ 1 St.; Höhenunterschied ↑↓ je 300 Hm; Weg rot-weiß markiert, ein Drittel schattig, zwei Drittel sonnig.

| W↑↓ | **Zum Natterer See** |

Von der Ortsmitte in Völs an der Ostseite um den Blasiusberg herum und eben durch die Wiesen des Nassen Tales zum Bauhof. Dort überqueren wir den Bach und wandern am großteils bewaldeten rechten Talhang das Nasse Tal aufwärts bis zur Gabelung des Tales. Nun gehen wir nicht geradeaus ins Omeser Tal weiter, sondern nach links (SO) kurz durch den Wald um die „Hohe Birga" (prähistorische Siedlung) herum. Noch am Waldrand biegen wir neuerlich nach links (NO) auf den Akademikersteig ab, der uns durch den Wald im obersten Teil des rechten Einhanges des Nassen Tales zur Ruine Vellenberg bringt. Dort überqueren wir die Landesstraße, steigen zum östlichen Götzner Plateau auf und durch dessen Wiesen und Felder bis zu seinem Ostrand. Zur Querung des Geroldsbachgrabens müssen wir an seinem Westrand etwa 200 m durch die Wiesen nach Süden gehen, bis wir auf den von Götzens zum Natterer See führenden Weg treffen.

Abstieg: am westlichen Ende des Natterer Sees biegt nach links (NO) im Wald der mit Nr. 6 bez. Weg ab, der ziemlich steil über den Klosterberg zum Waldhüttl und nach Mentlberg hinab führt; dort Bushaltestelle.

Gehzeit 2½–3 St.; Höhenunterschied ↑↓ je 270 Hm.

WATTENS 567 m, mit Wattenberg

Haltestelle der ÖBB; Haltestelle der Autobuslinie Innsbruck – Schwaz – Vomp, Innsbruck – Rattenberg, Innsbruck – Jenbach – Mayrhofen, Innsbruck – Kufstein und Innsbruck – München. 6338 Ew.; 7198 ha, davon 571 ha landw., 2458 ha forstw. genutzt. FVV Wattens-Wattenberg, 16 Gastbetriebe, 74 Privatvermieter, 632 Betten, Lizumer Hütte in der Wattener Lizum, 2050 m (AV-Sektion Hall i. T., 15 B, 90 M), Alpenbad, Tennisplatz, Sportstadion, automatische Kegelbahnen, Skischule, Eislaufplatz.

Geschichte:

Um Christi Geburt entstand im Raume von Wattens ein Mittelpunkt römischer Kolonisation, vermutlich anschließend an die latènezeitliche Siedlung im unmittelbar benachbarten Volderer „Himmelreich". Die römische Flureinteilung, der vom Galloromanischen abzuleitende Ortsname und das Laurentius-Patronizium weisen auf diesen römischen Einfluß hin. Urkundlich wird

Wattens erstmals 930 als „Wuattanes" erwähnt. Den Kern des Dorfes bildete der Mairhof der Grafen von Andechs und Tirol. Im Steuerregister vom Jahre 1313 wird Wattens mit Wattenberg als eigene Ortsgemeinde angeführt. Im 16. Jahrhundert nahm Wattens einen bedeutenden wirtschaftlichen Aufschwung durch die Errichtung einer Erzschmelzhütte. Deshalb findet sich nicht zufällig die älteste bekannte Ansicht von Wattens im Ettenhardtschen Bergbuch vom Jahre 1556. Nach Auflassen der Schmelze errichtete Ludwig Laßl, ein ehemaliger Berggerichtsschreiber, eine Papiermühle, die 1559 ein kaiserliches Privileg erhielt. Aus dieser entwickelte sich im Laufe der Zeit die heutige Papierfabrik Bunzl und Biach. 1875 gründete die Textilfabrik Rhomberg aus Innsbruck in Wattens ein Zweigwerk. 1895 gründete Daniel Swarovski aus Johannistal bei Reichenberg in Böhmen eine Glasschleiferei, die sich zum heutigen Großunternehmen entwickelte. 1974 wurden Wattens und Wattenberg wieder miteinander vereinigt.

Kunstdenkmäler:
Alte *Pfarrkirche zum hl. Laurentius,* urkundlich erstmals 1336 genannt, nach einem Brand 1809 neu erbaut. *Denkmal* Daniel Swarovskis von Gustinus Ambrosi, 1960.

Karten:
Österreichische Karte 1:25.000, Blatt 149/1, Lizumer Reckner (zum Teil); Österreichische Karte 1:50.000, Blätter 119, 148, 149; Kompaß-Wanderkarte 1:50.000, Blatt 36; Freytag-Berndt-Touristenwanderkarte 1:100.000, Blatt 33, Innsbruck-Umgebung.

W↑↓ Wasserfallweg

Westlich des Elektrizitätswerkes der Papierfabrik an der Vögelsberger Straße bei einem Marterl und zwei Ruhebänken nach links hinauf in den Wald. Nach einigen Min. kommt man zum Wegweiser für den mäßig steil bergwärts führenden Wasserfallsteig. In ¼ St. gelangt man zur Vögelsberger Straße, wo der Pfeil nach links (S) ins Mühltal weist. Nach weiteren 20 Min. erreicht man den Talschluß. Rückweg wie Hinweg.

Gehzeit ↑ ¾ St., ↓ ½ St.; Höhenunterschied ↑↓ je 200 Hm;

schattiger, besonders für heiße Sommertage geeigneter Weg mit zahlreichen Ruhebänken.

W⇄ Verlobungsweg

Vom Kraftwerk der Papierfabrik folgen wir der Vögelsberger Straße noch etwa 100 m und zweigen dann rechts auf einen Fußweg ab, der am Waldrand entlangführt. Weiter am Beginn der Parcour-Anlage vorüber bis zum Fuß des ehemaligen Steinbruchs und zur Bundesstraße. Über die Bundesstraße hinweg über den Himmelreichweg durch die Siedlung auf den Kreuzbichl, an dessen Spitze sich ein schöner Rundblick auf Wattens, Volders, Baumkirchen und Fritzens bietet (Gedenkkreuz Andreas Hofer). Vom Hügel nach N hinab auf den ehemaligen Volderer Feldweg und zurück zur Ortsmitte.

Gehzeit 1 St., Höhenunterschied ↑↓ je 80 Hm; Weg je zur Hälfte sonnig und schattig, mehrere Ruhebänke.

W↑↓ Himmelreichkopf

Am Ende von Wattens bei der Shell-Tankstelle zur Parcour-Sportanlage und unterhalb des ehemaligen Steinbruches vorbei in den neuangelegten „Harbweg". Links weiter zum „Falkensteig" und auf diesem zu einem kleinen Plateau mit Ruhebänken und schönem Rundblick.

Von hier aus kann man die vorgeschichtliche Siedlung auf dem Himmelreich besichtigen. In alten Urkunden und Urbaren wird diese bewaldete Kuppe als Turlutsch (= Turm des Lichtes) bezeichnet. Nach dem Ersten Weltkrieg fand man hier Münzen und Waffen. Der Wattener Gemeindearzt Dr. Karl Stainer nahm erste Grabungen vor und fand dabei Gegenstände aus vorgeschichtlicher und aus römischer Zeit. Dr. Alfons Kasseroler entdeckte unterhalb der höchsten Kuppe am W-Hang eine wallburgähnliche Siedlung. Sie wurde im 4. Jahrhundert v. Chr. gegründet, beim Durchzug der Kimbern 113–102 v. Chr. zerstört, aber danach wieder aufgebaut. Die Siedlung bestand bis um Christi Geburt und war ein befestigter Haufenhof mit fünf Gebäuden und einer über 10 m tiefen Zisterne. Das Urnengräberfeld westlich von Volders war die zugehörige Begräbnisstätte. Im Wattener Heimatmuseum sind die Ausgrabungsgegenstände aufbewahrt (siehe auch *Kasseroler*, 1957).

Rückweg nach O im Wald abwärts an der Schönen Aussicht vorbei und über einen kleinen Bach zum Hochschwarzweg. Von dort geradeaus zur Vögelsberger Straße und hinab nach Wattens. Gehzeit 1½ St.; Höhenunterschied ↑↓ je 120 Hm; aussichtsreichste Kurzwanderung in der Umgebung von Wattens mit zahlreichen Ruhebänken, großteils schattig.

W↑↓ Nach Vögelsberg

Westlich des Kraftwerkes der Papierfabrik zweigt von der Vögelsberger Straße bei einem Marterl und zwei Ruhebänken der Weg nach S ab. Er führt im Wald mäßig steil empor und mündet nach ¼ St. wieder in die Vögelsberger Straße. Dieser folgen wir bis zur großen Kehre (Beginn des Mühltales), überqueren die Straße und biegen nach links (S) auf einen Fußsteig ab, der durch Wald und Wiesen zum Gh. Vögelsberg führt, 900 m.

Vögelsberg war vorübergehend eine eigene Gemeinde mit 142 Ew. und einer Fläche von 655 ha, davon 131 ha landwirtschaftliche, 477 ha forstwirtschaftlich genutzt. Vögelsberg wird 1279 erstmals urkundlich erwähnt. „Vegels" soll soviel wie „zweijährige Mäder" bedeuten, und daher ist anzunehmen, daß diese Mäder von den in Wattens ansässigen Romanen genutzt wurden. Im Steuerregister von 1313 wird „Vegels" als Ortsgemeinde des Gerichtes Rettenberg genannt.

Rückweg wie Anstieg oder über die Fahrstraße.
Gehzeit ↑ 1½ St., ↓ 1 St.; Höhenunterschied ↑↓ je 330 Hm; ruhiger, abwechslungsreicher Weg mit schöner Aussicht, zwei Drittel schattig, ein Drittel sonnig.

Wattental – Vögelsberg

Auf der Wattentalstraße in 1½ St. bis zum Gh. Säge, 1000 m. Bis hieher auch mit Taxi. Vom Gh. Säge über den Wattentalbach und auf der linken Talseite auf einer schmalen Forststraße eben durch den Wald und in ½ St. auf die Wiesen von Ried. Stets leicht abwärts mit Blick auf die schroffen Berge des Karwendelgebirges durch die Wiesen des Innerberges nach Vögelsberg, 900 m, Gh. Hier mit Nr. 13 E rot markiert. Vom Gh. Vögelsberg auf asphaltierter Straße hinab nach Wattens (rechts halten, 20 Min.) oder nach Volders, ½ St.

Gehzeit ↑ 1½ St., ↓ 1 St.; Höhenunterschied ab Wattens ↑↓ je 450 Hm, ab Gh. Säge ↓ 450 Hm. Weg bequem, drei Viertel sonnig.

 Auf den Wattenberg

Wattenberg war bis 1974 eine eigene Gemeinde mit 450 Ew. und 6767 ha, davon 276 ha landwirtschaftlich und 2380 ha forstwirtschaftlich genutzt. Wattenberg wird erstmals 1267 als zum Gericht Rettenberg gehörend urkundlich genannt. Im Steuerregister von 1313 scheint Wattenberg mit Wattens als eigene Ortsgemeinde auf, und später wurde es zur eigenen Gemeinde erhoben.

In Wattens gehen wir auf der Wattentalstraße bis zur ersten Linkskurve und dort im Wald steil nach S aufwärts, bis man nach ca. 20 Min. wieder auf die Wattentalstraße gelangt. Bei der nächsten (Rechts-)Kurve verlassen wir die Wattentalstraße und gehen zuerst geradeaus weiter, dann nach links über den Graben und in den Wiesen an zwei Höfen vorüber. Höher oben queren wir denselben Graben nochmals in südlicher Richtung, durchschreiten ein Waldstück und gelangen am Waldrand zu einer Kapelle. Von dieser folgen wir einem Fußsteig anfangs im Wald, dann über die Wiesen steil aufwärts bis zum Fahrweg; auf diesem Fahrweg durch die Wiesen von Hof zu Hof bis zum Weiler Dörfl, 1259 m. Von Dörfl 200 m eben nach S, dann über mehrere Hofgruppen und Einzelhöfe hinab zum Gh. Mühle an der Wattentalstraße und auf der Wattentalstraße zurück nach Wattens.

Gehzeit ↑ 2½ St., ↓ 1½ St.; Höhenunterschied ↑↓ je 700 Hm; sehr schöne, meist sonnige Höfewanderung mit prachtvoller Aussicht auf das Inntal und das Karwendelgebirge. Am schönsten ist die Wanderung im Spätherbst, wenn man gelegentlich eine Abkürzung über die bereits abgemähten Wiesen machen kann.

 Über Gartlach nach Kolsaßberg

Auf der Wattenbergstraße bis zur 1. Kehre und dort nach links auf schmalem Fahrweg der gelben Markierung A folgen, zuerst ansteigend, dann fast eben dem Wald entlang nach O in 40 Min. nach Gartlach, 850 m (Gh.). Weiter talein über die Wiesen 10 Min. ansteigend und bei der Wegegabelung am Waldrand ebenaus weiter zum Gh. Jägerhof, 900 m, dem Mittelpunkt von Kolsaßberg.

Rückweg: bis Gartlach auf demselben Weg, dann nach NO durch den Wald hinab nach Merans und Kolsass. Rückfahrt nach Wattens mit Autobus.

Gehzeit 2 St.; Höhenunterschied ↑↓ je 340 Hm.

 Kreuztaxen – Kolsassberg

Auf der Wattentalstraße bis zum Grubhof, 1 St.; bis hieher auch mit Taxi. Vom Grubhof auf dem mit Nr. 1 bez. Weg an mehreren Bauernhöfen vorbei hinauf zum Fahrweg, der in den Wald und nach Kreuztaxen, 1601 m, der letzten Verflachung des Wattentalkammes, führt. Von Kreuztaxen führt der Weg durch den Wald nach SO zur Herren- und So-Alpe, von wo er – immer noch im Wald – zu den Wiesen des äußeren Kolsassberges absteigt. Über sie gelangt man nach Gartlach, 840 m.

Zurück nach Wattens über den wenig befahrenen Weg durch den Wald zur untersten Kehre der Wattentalstraße.

Gehzeit 6 St.; Höhenunterschied ↑↓ je 1050 Hm; gut bez. Weg, im 1. Teil über die sonnigen Wiesen des Wattenberges, danach schattiger Waldweg.

 Rote Wandspitze

Auf der Wattentalstraße bis zum Gh. Mühle. Dort nach links (O) auf dem Wirtschaftsweg durch die Wiesen des Wattenberges bis zum Waldrand, 1360 m; bis hieher 2½ St., auch mit Pkw Anfahrt möglich. Weiter auf dem Forstweg durch den Wald in ¾ St. nach Kreuztaxen, 1601 m. Auf dem Fußweg (mit Nr. 2 bez.) durch den Wald nach S bis zur Waldgrenze und weiter auf dem Rücken durch Alpenrosenbestände und Blockwerk auf den Gipfel der Rote Wandspitze, 2217 m. Rückweg wie Anstieg.

Gehzeit von Wattens ↑ 5 St., vom Gh. Mühle 4 St., vom Waldrand am Wattenberg ↑ 2½ St., nach Wattens ↓ 3½ St., nach Gh. Mühle ↓ 2½ St., zum Waldrand am Wattenberg ↓ 1½ St.; Höhenunterschied von Wattens ↑↓ je 1650 Hm, von Gh. Mühle ↑↓ je 1220 Hm, vom Waldrand am Wattenberg ↑↓ je 860 Hm; gut mit Nr. 2 bez. Weg mit herrlicher Aussicht ober der Waldgrenze; am schönsten zwischen Juni und dem ersten herbstlichen Schneefall.

W↑↓ Über den Heuweg ins Wattental

Auf der Wattentalstraße bis zum Gh. Mühle, 1003 m; bis hieher auch mit Taxi oder eigenem Pkw. Dort nach links (O) auf dem Wirtschaftsweg durch die Wiesen des Wattenberges über den Weiler Dörfl, 1259 m, bis zum südlichen Waldrand, 1320 m, und geradeaus weiter leicht ansteigend auf dem „Heuweg" durch den Wald am W-Hang des Wattentalkammes. Nach ca. ½ St. mündet der Weg in einen neuen Forstweg, der (mit Nr. 4 bez.) in mehreren Kehren hinab zum Gh. Hanneburger, 1350 m, am Talboden des Wattentales führt. Rückweg auf der Wattentalstraße.

Gehzeit ab Wattens ↑ 3½ St., ↓ 2 St., ab Gh. Mühle ↑ 2¼ St., ↓ 1 St.; Höhenunterschied von Wattens ↑↓ je 1100 Hm, von Gh. Mühle ↑↓ je 600 Hm; im ersten Teil sonniger, dann schattiger Waldweg.

B↑↓ Poversalm – Hirzer

Auf der Wattentalstraße über Gh. Mühle bis gegenüber Steidlalm bei ca. 1300 m (ca. 100 m nördlich vom Gh. Hanneburger); bis hierher auch mit eigenem Pkw oder Taxi (ab Gh. Mühle nur auf eigene Gefahr). Von der Wattentalstraße (Wegweiser) nach links (NO) auf einem Forstweg in ¼ St. zur Steffenasten und von dort auf einem Fußweg in ca. 5 Min. zu einem 2. Forstweg, der in einer Kehre auf die Poversalm führt. Etwa in der Mitte der Alpfläche führt der Fußweg zwischen zwei Zäunen an zwei Hütten vorbei steil aufwärts zur oberen Alm, 1821 m. Von dort nach SO zuerst am Waldrand entlang und durch den hier schmalen Zirbenwald in ca. 20 Min. auf baumfreies Gelände. Weiter vorerst flach nach S über den Almboden des Stubenbrand-Hochlegers und nun steil ansteigend zum Gipfel des Hirzer, 2725 m. Rückweg wie Anstieg.

Gehzeit ↑ 4 St., ↓ 2½ St., zusammen 6½ St.; Höhenunterschied ↑↓ je 1425 Hm. Der Weg führt ab dem Stubenbrand-Hochleger durch alpines Blockwerk und erfordert daher alpine Erfahrung und Trittsicherheit; lohnend, nicht viel begangen, am schönsten zwischen Juni und September, ein Drittel schattig, zwei Drittel sonnig.

B↑↓ Hanneburger

Auf der Wattentalstraße bis ca. 100 m nördlich Gh. Hanneburger, 1300 m 2½ St.; bis hieher auch mit Pkw (ab Gh. Mühle auf eigene Gefahr). Von der Wattentalstraße nach rechts (W) über den Bach (gelbe Wegweiser auf Fichten schlecht sichtbar) und dem mittleren Weg folgend in ¾ St. zum Watzalm-Niederleger, 1580 m.

Die aus 15 einzelnen Holzhäusern bestehende Alm liegt malerisch neben einem Lawinenzug zwischen mächtigen Steinblöcken, und man überblickt von hier die ganze rechte Seite des Wattentales von der Torwand bis zu dem sanft ins Inntal abfallenden Rücken. Auf dieser Talseite ist noch ein geschlossener Zirbenwald erhalten.

Vom Watzalm-Niederleger in 1 St. zum Hochleger und von dort auf spärlich markiertem Steig ins Malgrüblerkar und nach rechts (N) durch hochalpines, felsiges und blockiges Terrain zur Hanneburgerspitze, 2596 m.

Rückweg: auf dem Grat nach N über Roßkopf, 2382 m, Wattenspitze, 2317 m, zum Largotz, 2214 m, und von dort auf dem mit Nr. 13 bez. Weg über die Galterer- und Jägerhütte zum Schwoagerhof und Vögelsberg (Gh.) zurück nach Wattens.

Gehzeit ab Wattens ↑ 6 St., ab Gh. Hanneburger ↑ 3½ St., bis Wattens ↓ 4 St., bis Gh. Hanneburger ↓ 2½ St.; Höhenunterschied ab Wattens ↑↓ je 2100 Hm, ab Gh. Hanneburger ↑↓ je 1300 Hm; sehr aussichts- und abwechslungsreicher Weg, der ober der Waldgrenze Ausdauer und Erfahrung fordert. Am Kamm zwischen Hanneburger und Largotz ist der Weg oft schwer zu erkennen.

Wattener Lizum

Auf der Wattentalstraße nach Walchen, 1410 m (Gh.), 3 St.; bis hieher am besten mit eigenem Pkw (ab Gh. Mühle auf eigene Gefahr) oder mit Taxi. Ab Walchen führt eine Militärstraße (Fahrverbot) am orographisch rechten Talhang nach S durch herrliche Zirbenbestände bis an die Waldgrenze und schließlich fast eben an Alm und Militärlager Wattener Lizum vorüber zur 1912 erbauten Lizumer Hütte (AV-Sektion Hall i. T., 15. 6. – 30. 9. und

15. 12. – 31. 4. bew., sonst nur an Samstagen und Sonntagen, 15 B, 90 M), 2019 m.

Der Name Lizum ist rätoromanisch und bedeutet „der große Viehleger". Der Talschluß der Wattener Lizum ist und war in der Tat stets eine hervorragende Alm und überdies einer der schönsten Talschlüsse im Raume von Innsbruck, umgeben von den markanten Felsgestalten der Tarntaler Gruppe. Sie sind aus alten Kalken, Serpentin- und Silikatgesteinen aufgebaut und im Sommer von einer vielfältigen Alpenflora geschmückt. Allein das Durchstreifen des Talbodens ist daher schon erlebnis- und abwechslungsreich. Im Winter ist die Wattener Lizum ein beliebtes Skigebiet. Ursprünglich gehörte die Lizumer Alpe zum Schloß Aufenstein (Trautson) in Matrei a. Br. Sie wurde aber schon 1425 an Bauern von Watten- und Volderberg verpachtet. Auch nach Urkunden aus dem 16. und 17. Jahrhundert wurde die Alpe Lizum, auch „Hoch- oder Wilde Lizum" genannt, ausdrücklich als zum Gericht Steinach gehörig bezeichnet. Aber schon 1628 ergibt sich aus dem Kataster, daß die Steuern nicht mehr nach Steinach, sondern zum Gericht Rettenberg abzuführen waren. 1912 wurde von der Sektion Hall des ÖAV die Lizumer Hütte erbaut. In der Lizum wurden an der Ostseite der Sonnenspitze lange Zeit hindurch Steine als Wetzsteine gebrochen, nach 1945 wurde der Steinbruch für einige Jahre zur Erzeugung von Schleifsteinen und Bausteinen betrieben. An einigen Häusern in Innsbruck (z. B. Hungerburg-Talstation) sind die hellgrünen, sehr schmucken „Lizumer Riemchen" noch zu sehen. Seit 1934 ist die Wattener Lizum Truppenübungsplatz. Dazu wurde 1940 vom Bahnhof Fritzens-Wattens bis nach Walchen eine Seilbahn gebaut, die erst nach dem Kriege wieder abgetragen wurde.

Rückweg: zur Lizumalm und auf dem alten Fußweg (heute auch als Zirbenweg bezeichnet) am rechten Talhang durch den Zirbenwald hinab nach Melang und weiter nach Walchen.

Gehzeit ↑ 2¼ St., ↓ 1½ St.; Höhenunterschied ↑↓ je 640 Hm; zu jeder Jahreszeit lohnende, bequeme Wanderung ins Hochgebirge, Taxiverbindung von Wattens bis zur Wattener Lizum.

B↑↓ Hippoldspitze

Auf der Wattentalstraße nach Walchen, 1410 m (Gh.); bis hieher auch mit Taxi oder eigenem Pkw. Auf dem AV-Weg

Nr. 314 an der orographisch rechten Talseite zur Alpe Melang, 1670 m. Von dort auf befahrbarem Alpsteig über die Weideflächen nach N zum Außermelang-Nieder- und -Hochleger, 2067 m, und weiter nach SO über Almmatten, Alpenrosenbestände und schließlich über felsiges Gelände auf die Hippoldspitze, 2643 m. Rückweg: zuerst nach W bis auf ca. 2200 m hinab und auf dem AV-Steig Nr. 319 zur Wattener Lizumalm, 1980 m, und von dort nach orographisch rechten Berghang durch den Zirbenwald zurück über Melang nach Walchen.

Gehzeit ↑ 3½ St., ↓ 3 St.; Höhenunterschied ab Walchen ↑↓ je 1240 Hm; gut markierte AV-Steige, mit Nr. 5, 314 und 319 bez. (einer der schönsten Talschlüsse im Raume von Innsbruck mit unvergleichlichen Berggestalten und besonders schönen, geschlossenen Zirbenwäldern); zwei Drittel sonnig, ein Drittel schattig, von Anfang Juni bis zum ersten herbstlichen Schneefall gangbar, am schönsten zur Blütezeit im Juli.

B ↑↓ Walchen – Mölstal – Lizum

Auf der Wattentalstraße nach Walchen, 1410 m (Gh.), 3 St.; bis hieher am besten mit eigenem Pkw (ab Gh. Mühle auf eigene Gefahr) oder mit Taxi. Auf der Militärstraße (Fahrverbot) durch den Wald nach SW in das Mölstal am Mölser Niederleger vorbei bis zur Waldgrenze. Knapp ober dieser liegt der Mölser Hochleger und darüber mehrere kleine Seen.

Im Fischereibuch Kaiser Maximilians I. um 1500 sind diese Seen erwähnt als „zween Wildsee im Tale Mels mit Forchen und Renken". Im Mölstal wurde um 1300 ein Eisenbergwerk errichtet, wie aus der Verleihungsurkunde an Heinrich von Wattens aus dem Jahre 1315 hervorgeht. Große Bedeutung hat dieses Bergwerk freilich nie erlangt.

Knapp ober dem Mölser Hochleger zweigt der Fußweg (mit Nr. 328 bez.) von der Militärstraße nach links (SO) ab und steigt nach den beiden Mölser Seen auf die Mölser Scharte, 2379 m, empor, wo sich ein ungewöhnlich schöner Blick auf die Wattener Lizum und die umgebenden Berge auftut. In ½ St. erreicht man von hier die Lizumer Hütte, 2019 m. Variante: vom Mölser Hochleger der Militärstraße folgend bis zum Klammjoch, 2359 m, und von dort hinab (mit Nr. 327 bez.) zur Lizumer Hütte.

Rückweg: über die Militärstraße zuerst eben, dann ziemlich

steil durch Zirbenwald am orographisch linken Berghang zurück nach Walchen.

Gehzeit ↑ 3 St., ↓ 2 St.; Höhenunterschied ↑↓ je 970 Hm; gut markierter und lohnender Weg, ein Drittel schattig, zwei Drittel sonnig.

B↑↓ Torjoch – Junsjoch

Von der Lizumer Hütte nach O über den Roßkopf zum Torjoch, 2386 m, zwischen Grauer Wand, 2594 m, und Torwand, 2771 m, gelegen (schöner Blick zum Rastkogel und zurück zu den Tarntaler Bergen). Vom Torjoch weiter nach O ungefähr 100 m absteigen zu den Torseen, 2265 m.

Geradeaus gelangt man am orographisch linken Talhang hinab über die Nasse Tuxalm nach Lanersbach im Tuxer Tal, 2½ St.

Unser Weg führt zwischen den beiden Torseen nach S weiter auf das Ramsjoch, 2510 m, und jenseits durch saftige Bergweiden steil ein Stück hinab (Weg manchmal schlecht erkennbar), dann am Sonnenhang bis knapp ober den Junsalm-Hochleger, 1984 m, um dann wieder nach W zum Junsjoch, 2486 m, anzusteigen. Vom Junsjoch über die Blockhalden nach N zur Lizumer Hütte zurück.

Variante: vom Junsalm-Hochleger dem Bach entlang nach W, bis der Steig knapp unter dem Kamm in den AV-Steig Nr. 325 mündet. Auf diesem Steig nach rechts (N) ober dem Junssee vorüber auf den Pluderling, 2781 m, und auf AV-Weg Nr. 323 nach N hinab zur Lizumer Hütte; diese Variante ist ca. 1 St. länger.

Gehzeiten ↑ 3 St., ↓ 2½ St.; Höhenunterschied ↑ 1120 Hm, ↓ 1080 Hm; Variante ↑ 1400 Hm, ↓ 1380 Hm; hochalpiner, aussichts- und abwechslungsreicher Weg, am schönsten im Hochsommer (Juli bis September), Bergerfahrung notwendig.

B↑↓ Junsjoch – Pluderling

Von der Lizumer Hütte nach S zuerst ziemlich flach zum Talschluß. Von dort in Serpentinen über die Schutthalden zum Junsjoch empor, 2486 m.

Vom Junsjoch bietet sich ein besonders schöner Blick auf den vergletscherten Hauptkamm der Zillertaler Alpen dar.

Weiter auf dem Kamm nach rechts (W) auf den Pluderling, 2781 m, von wo man auf den grünen, zwischen Blockhalden eingebetteten Junssee, 2665 m, hinabblickt. Auf dem felsigen Rücken nach W zum Sattel zwischen Pluderling und Geierspitze und dann nach rechts (N) auf AV-Steig Nr. 323 zurück zur Lizumer Hütte.

Gehzeit ↑ 2½ St., ↓ 1½ St.; Höhenunterschied ↑↓ je 760 Hm; gut bez. AV-Steig (Aufstieg Nr. 322, Abstieg Nr. 323), vom Junsjoch über den Kamm zum Pluderling steig- aber problemlos, jedoch Bergerfahrung notwendig.

B ↑↓ **Lizumer Sonnenspitze**

Von der Lizumer Hütte nach S in den Talschluß, dann halbrechts (W) über steile Block- und Schutthalden empor auf die Lizumer Sonnenspitze, 2831 m. Abstieg wie Anstieg.

Gehzeit ↑ 3 St., ↓ 2 St.; Höhenunterschied ↑↓ je 820 Hm; großteils hochalpines, wegloses Gelände, daher nur für geübte Bergwanderer.

B ↑↓ **Geierspitze und Reckner**

Von der Lizumer Hütte nach S in den Talschluß und dann steil auf AV-Steig Nr. 323 bis zum Sattel zwischen Pluderling und Geierspitze. Dort wenden wir uns nach rechts (W) und steigen steil auf der Ostseite auf die Geierspitze, 2857 m, empor (AV-Steig mit Nr. 325 bez.). Nach N steigen wir ca. 50 m ab und dann am S-Grat auf den aus grünlich-schwarzem Serpentin aufgebauten Gipfel des Lizumer Reckner, 2886 m, dem höchsten Gipfel der Tuxer Alpen.

Von hier überblicken wir die ganzen Tarntaler Berge, die markanteste und höchste, vorwiegend aus alten Kalken und Serpentinen aufgebaute Berggruppe der Tuxer Alpen, die einst manchen Bergschatz barg und lange Zeit den Geologen Rätsel zu lösen aufgab. Darüber schweift der Blick über die gesamten Stubaier Alpen und im S besonders großartig die nahen Eisriesen des Zillertaler Hauptkammes.

Rückweg wie Anstieg.

Gehzeit ↑ 3 St., ↓ 2 St.; Höhenunterschied ↑↓ je 920 Hm. Die

Wege sind gut erhaltene und bezeichnete AV-Steige, doch erfordert das hochalpine Gelände Bergerfahrung und Trittsicherheit. Dieser Weg ist wohl der Höhepunkt unter den Bergwanderungen in den Tuxer Alpen; am günstigsten im August.

B ↑↓ Rund um die Tarntaler Gruppe

Von der Lizumer Hütte auf AV-Weg Nr. 323 nach S in den Talschluß und durch Blockhalden steil auf den Sattel zwischen Pluderling und Geierspitze.

Dort öffnet sich zum ersten Mal der Blick auf die nahen Eisriesen des Zillertaler Hauptkammes und auf den unter uns in einer von Felstrümmern umrahmten Mulde liegenden grünen Junssee, 2665 m.

Vom Sattel wenden wir uns nach rechts (W) und steigen steil auf dem AV-Steig Nr. 325 an deren Ostseite auf die Geierspitze, 2857 m (umfassender Rundblick auf Stubaier und Zillertaler Alpen und auf die nahe Tarntaler Gruppe). Von der Geierspitze steigen wir ca. 50 m nach NW ab und erreichen die Abzweigung zum Lizumer Reckner.

Der kurze Abstecher auf den Gipfel des Reckner, 2886 m, lohnt sich nicht allein wegen des romantischen Felssteiges, sondern vor allem auch wegen des Blickes in das seengeschmückte Tarntal, den man von oben gewinnt (ca. ¾ St.; ↑↓ je 80 Hm).

Weiter am Fuße des Reckner nach W zum Staffelsee, 2655 m, hinab und bei der etwas unterhalb liegenden Felsstufe nach rechts (NW) zum Griffjoch und über die weiten Almmatten nach N biegend immer abwärts ansteigend über die Kuchlböden zum Klammjoch, 2359 m.

Der Name Knappenkuchl und einige verfallene Stollen erinnern noch an die rege Bergbautätigkeit, die hier im Mittelalter herrschte. Vom Klammsee kann man noch einen Abstecher auf die Klammspitze und die Tarntaler Köpfe, 2757 m, machen, eine viel begangene, schöne und wenig anstrengende Gipfeltour (ca. 2½ St.; ↑↓ je 400 Hm).

Vom Klammjoch auf AV-Weg Nr. 327 (z. T. auf der Militärstraße) zurück zur Lizumer Hütte.

Gehzeit ohne Gipfelbesteigungen ca. 5 St.; Höhenunterschied ↑↓ je 1050 Hm; sehr lohnende Rundwanderung, vor allem zur

Zeit der Bergblumenblüte im Juli und August, Wege gut bez., doch zwischen Staffelsee und Griffjoch u. U. Orientierungsschwierigkeiten, daher bei Schneelage oder Nebel abzuraten.

B ↑↓ Vom Wattental ins Weertal

Von der Lizumer Hütte zuerst abwärts zum Hüttendorf der Lizumer Alm und von dort auf dem AV-Steig Nr. 319 nach NO ober der Waldgrenze ansteigend auf das Joch zwischen Hippold und Krovenzspitze, 2460 m. Über das Joch nach NO zur Krovenzalm, 1707 m, hinab, dort über den Bach und durch den Bergwald nach O ins Nafingtal zur Weidener (Nafing-)Hütte, 1856 m (DAV-Sektion Weiden, ganzj. bew., 11 B, 30 M). Von der Weidener Hütte in 3 St. nach Weer. Ab Gh. Berghof Autobus nach Schwaz.

Gehzeit 4 St.; Höhenunterschied ↑ 650 Hm, bis Weidener Hütte ↓ 800 Hm.

B ↑↓ Vom Wattental ins Navistal Lizumer Hütte – Naviser Hütte

Von der Lizumer Hütte nach W auf AV-Steig Nr. 327 bzw. 328 (z. T. auf der Militärstraße) in 1½ St. auf das Klammjoch, 2359 m. Jenseits auf Weg Nr. 327 zuerst nach S über die Kuchlböden zur Oberen Knappenkuchl, 2158 m. Von dort auf AV-Weg Nr. 325 auf ca. 2300 m ansteigen und dann über die weiten Almböden nach W und das „Bettlerstiegl" zur Waldgrenze, an der Unteren Griffalm und Poltenalm vorbei zur Naviser Hütte (Schranzberghaus), 1780 m (ÖAV-Sektion Innsbruck, ganzj. bew., 40 B und im Nebenhaus 40 B und 12 M).

Gehzeit 3½ St.; Höhenunterschied ↑ 480 Hm, ↓ 750 Hm.

B ↑↓ Von der Lizum zum Tuxer Joch

Von der Lizumer Hütte auf AV-Weg Nr. 323 nach S auf den Sattel zwischen Pluderling und Geierspitze, 2750 m. Ober dem grünen Junssee quert man den blockigen SO-Hang der Geierspitze und gelangt in 10 Min. zum Grat zwischen Zillertal und Wipptal. Der Weg führt nun immer etwas unter diesem Grat an den Osthängen in stetigem Auf und Ab nach S über die „Toten Böden" im hintersten Junstal und das „Silberkarl" im hintersten Madseittal auf den grasbewachsenen Rücken zwischen Madseit- und Weitental, 2650 m. Von hier fällt der Weg steil über ehemalige Bergwiesen tief hinab ins Weitental (2020 m). Im obersten Weitental steigt der Weg dann sanft, aber stetig zum Tuxerjochhaus nach SO an, 2310 m (ÖTK, bew. um Ostern und vom 1. 7. bis Ende September, 16 B, 36 M).

Gehzeit ca. 6 St.; Höhenunterschied ↑ 1220 Hm, ↓ 850 Hm; sehr schöne Bergwanderung durch das Hochgebirge mit wechselnden, prachtvollen Ausblicken. Ausdauer und Trittsicherheit erforderlich, meist nur im Hochsommer ab Sonnenwende begehbar; bei schlechtem Wetter nicht zu empfehlen.

WEER/WEERBERG und KOLSASS/KOLSASSBERG

WEER 559 m

Haltestelle Terfens-Weer der ÖBB; Haltestelle der Autobuslinien Innsbruck – Rattenberg, Innsbruck – Schwaz – Vomp und Innsbruck – Kufstein. 1058 Ew.; 561 ha, davon 334 ha landw., 180 ha forstw. genutzt. FVV Weer, Kolsass und Kolsassberg, 5 Gastbetriebe, 57 Privatvermieter, 356 Betten Skischule.

Geschichte:

1060 wird Weer erstmals urkundlich erwähnt, um 1260 ein landesfürstlicher Mairhof „ze Were" genannt. Im Steuerregister vom Jahre 1313 wird Weer als eigener Steuerverband angeführt, der im Gericht Freundsberg gelegen sei. Um 1500 wurde in Weer eine Schmelzhütte zur Verarbeitung des am Kolsassberg gewonnenen Eisenerzes und überdies eine Goldwäscherei errichtet. Die Brücke zwischen Weer und Terfens wurde erst um 1890 erbaut. Zwar ist in einem Akt vom Jahre 1525 eine „Innbruggen" bei Weer erwähnt, doch scheint sie nur ein vorübergehender Bau gewesen zu sein.

Kunstdenkmäler:
Pfarrkirche zum hl. Gallus, urkundlich seit 1268 genannt, 1778 neu erbaut. *Friedhofkapelle,* seit 1464 urkundlich bekannt.

WEERBERG 882 m

Haltestelle der Autobuslinie Schwaz – Weerberg. 1418 Ew.; 5541 ha, davon 835 ha landw., 2365 ha forstw. genutzt. FVV, 15 Gastbetriebe, 45 Privatvermieter, 797 Betten, Erholungsdorf, Skischule, Schlepplift Hausstatt, Schlepplift Schwaner, Übungslift.

Geschichte:
Weerberg wird um 1300 erstmals urkundlich erwähnt. Im Steuerregister vom Jahre 1313 wird Weerberg als eigene Steuergemeinde genannt. Der Außerberg (Kreuth) wurde unter Graf Heinrich von Tirol gerodet. Der Schwazer Bergbau beeinflußte auch noch den Raum um Weerberg. Zwar wurde hier nicht geschürft, doch siedelten sich etliche Bergknappen mit ihren Familien an, was heute noch gelegentlich an relativ kleinen bäuerlichen Betrieben und Häusern vor allem im östlichen Teil erkennbar ist.

Kunstdenkmäler:
Alte Pfarrkirche zu den Hl. Peter und Paul, auf einem nördlichen Vorsprung der Terrasse, gotische Kirche, 1441 erweitert, um 1715 ein neuer Chor gebaut, um 1749 durch Franz de Paula Penz umgebaut, seit der 2. Hälfte des 19. Jahrhunderts nicht mehr als Kirche benutzt. *Neue Pfarrkirche* zu Unserer Lieben Frau Mariä Empfängnis, um 1872 fertiggestellt. *Bildstock,* „Rosenkranzkönigin" in Außerweerberg, 1965 errichtet.

KOLSASS 550 m

Personenzughaltestelle Terfens-Weer der ÖBB; Haltestelle der Autobuslinie Ledermair, Schwaz – Innsbruck. 947 Ew.; 336 ha, davon 244 landw., 53 ha forstw. genutzt. FVV Weer, Kolsass und Kolsassberg, 3 Gastbetriebe, 15 Privatvermieter, 548 Betten.

Geschichte:
1050 als Cuolesaz erstmals urkundlich genannt. 1313 selbständige Steuergemeinde.

Kunstdenkmäler:
Pfarrkirche Mariä Heimsuchung, von der in der 1. Hälfte des

15. Jahrhunderts erbauten gotischen Kirche noch der Chor erhalten. Anfang 17. Jahrhundert erweitert und neu gewölbt. *Friedhofkapelle,* spätgotisch.

KOLSASSBERG 700 m

Haltestelle der Autobuslinie Schwaz – Kolsassberg (Ledermeier). 454 Ew.; 3538 ha, davon 1369 ha landw., 1491 ha forstw. genutzt. FVV Kolsass, Kolsassberg und Weer, 1 Gastbetrieb, 12 Privatvermieter, 140 Betten, Erholungsdorf.

Geschichte:

1196 erstmals urkundlich als „in monte Cholsass" genannt. 1313 eigene Steuergemeinde. Laut einer Urkunde von 1448 waren die Angehörigen der Gemeinde Kolsassberg zu persönlichen Diensten auf dem Gerichtsschloß Rettenberg verpflichtet, jedoch frei von Steuer „und Rais".

Kunstdenkmäler:

Schloß Rettenberg, 1315 im Besitz der Rettenberger. Die mit Schußscharten und Viereckrondellen versehene Ringmauer wurde unter Florian Waldauf hinzugebaut; er erwarb die Burg 1492, erneuerte sie und ließ auch einen hohen Walmbau mit Zinnengiebel errichten, dessen Grundmauern noch erhalten sind. Mit der Burg war das Gericht Rettenberg verbunden. Ein Richter von Rettenberg wird erstmals 1315 erwähnt. Nach dem Verfall der Burg wurde der Sitz des Gerichtes nach Volders verlegt. Die Gemeinde Wattens baute mit dem Material der Burg ihre 1809 abgebrannte Kirche wieder auf. Heute ist die Ruine in bäuerlichem Besitz.

Karten:

Österreichische Karte 1:50.000, Blatt 119; Kompaß-Wanderkarte 1:50.000, Blätter 26 und 28; Freytag-Berndt-Touristenwanderkarte 1:100.000, Blatt 33, Innsbruck-Umgebung.

 Zum Schloß Rettenberg im Weertal

Von Weer bzw. Kolsass auf der asphaltierten Fahrstraße

(Weg Nr. 2) bis zur Burgruine Rettenberg, ¾ St. Hier biegen wir nach links ab und erreichen nach wenigen Min. die vordere Hängebrücke beim Stauwerk für das tiefer liegende E-Werk. Wir überschreiten auf der Hängebrücke den Weerbach und steigen am rechtsufrigen Steilhang großteils durch Wald hinab nach Weer bzw. Kolsass.

Gehzeit 1½ St.; Höhenunterschied ↑↓ je 130 Hm.

W↑↓ Auf den Kolsassberg

Von Weer bzw. Kolsass auf der asphaltierten Fahrstraße (mit Nr. 2 bez.) an der Ruine des ehemaligen Schlosses Rettenberg vorbei zum Gh. Jägerhof, 870 m, dem Mittelpunkt des Kolsassberges. Der roten Markierung Nr. 11 folgend steigen wir nach SW im Wald mäßig steil in 1 St. zum Gh. Hohenleach hinauf, 1120 m.

Rückweg: nach N auf dem Forstweg (Nr. 11) durch den Wald absteigen zu den Wiesen des äußeren Kolsassberges. Beim „Hundsegghof" treffen wir auf den von Gartlach herüberführenden Weg Nr. 10, auf dem wir nach rechts (NO) hinab zur Ruine Rettenberg und auf der Fahrstraße zurück ins Dorf gelangen.

Gehzeit 3–4 St.; Höhenunterschied ↑↓ je 560 Hm; ein Drittel schattig, zwei Drittel sonnig.

W↑↓ Kleine Weertalrunde

Wie oben in 1 St. auf der asphaltierten Fahrstraße (Nr. 2) zum Gh. Jägerhof am Kolsassberg; bis hieher auch mit Taxi. Nach Querung eines kurzen Waldstückes steigen wir durch die Wiesen auf dem mit Nr. 7 markierten Weg am Reindlhof vorbei zum Weerbach ab, den wir auf der oberen Hängebrücke überschreiten. Jenseits führt uns der Weg sanft steigend zur Weerbergstraße und nach Mitterweerberg. Unmittelbar nach der doppeltürmigen Kirche biegen wir nach links (N) ab und gelangen an der alten Weerberger Kirche St.-Peter-und-Paul vorbei zur Weerbergebene und nach Weer bzw. Kolsass hinab.

Gehzeit 3 St.; Höhenunterschied ↑↓ je 320 Hm.

Almwanderung am Kolsassberg (Studlalm – Sagaalm)

Wie oben auf der asphaltierten Fahrstraße (Nr. 2) in 1 St. zum Gh. Jägerhof am Kolsassberg; bis hieher auch mit eigenem Auto oder Taxi. Der weißen Markierung Nr. 12 folgen wir nun nach rechts (SW) im Wald in 4 Kehren zur Felderaste und dann weiter durch den Herrenwald und den Schachnerwald zur Sagaalm, 1712 m. In 2 Kehren steigen wir nun – auf dem mit Nr. 29 bez. Almweg bleibend – durch Almweiden vom Sagbach ab und erreichen gleich nach Überquerung des Grabens die Studlalm, 1600 m. Abstieg: auf Weg Nr. 29 mäßig steil durch den Hochwald in 8 Kehren hinab zur Kolsassbergstraße (Nr. 2), auf der man sanft fallend zurück zum Gh. Jägerhof und nach Kolsass bzw. Weer gelangt.

Gehzeit ↑ 3½ St., ↓ 2 St., zusammen 5½ St. (ab Gh. Jägerhof 1 St. weniger); Höhenunterschied ab Kolsass bzw. Weer ↑↓ je 1150 Hm, ab Jägerhof ↑↓ je 850 Hm.

Von Kolsass/Weer nach Weerberg

Auf der alten Weerbergstraße (mit Nr. 3 bez.) zur Weerbergebene hinauf. Durch schattigen Hochwald steigt der Weg zur alten Weerberger Kirche St.-Peter-und-Paul an, einem der schönsten Aussichtspunkte im mittleren Unterinntal. In weiteren 15 Min. gelangen wir über die Wiesen zum Zentrum des Weerberges (Mitterweerberg) mit der weithin sichtbaren doppeltürmigen Kirche, 882 m.

Rückweg: von der Kirche auf der Straße eben nach SW bis zur Abzweigung des Weges Nr. 27 bzw. 315. An der Geländekante, welche etwa die Grenze zwischen Mitter- und Innerweerberg bildet, führt nun der Steig durch die Wiesen nach NW hinab zum Wald und in diesem steil zum Ausgangspunkt zurück.

Gehzeit ↑ 1½ St., ↓ ¾ St.; Höhenunterschied ↑↓ je 320 Hm.

Von Weerberg auf die Hausstatt

Vom Kirchenwirt in Mitterweerberg steigt man auf dem mit

Nr. 23 bez. Wiesenweg nach S hinauf zur Fahrstraße (Nr. 5) und auf dieser zum Gh. Hausstatt, 1215 m (privat, ganzj. bew., 20 B, 10 M).

Rückweg wie Anstieg oder über Außerweerberg: Von der Hausstatt geht man weiter leicht steigend zum Waldrand, etwa 100 m danach zweigt vom Fahrweg nach links der Fußsteig Nr. 19 ab und führt durch den Hochwald nach NO immer leicht fallend zur Außerweerberger Straße hinunter (Nr. 4). Auf dieser wandert man fast eben zurück nach Mitterweerberg.

Gehzeit ↑ 1 St., ↓ 1½–2 St.; Höhenunterschied ↑↓ je 350 Hm; je zur Hälfte sonnig und schattig.

B ↑↓ Von Weerberg auf den Gilfert, 2506 m

Vom Kirchenwirt in Mitterweerberg steigt man auf dem mit Nr. 23 bez. Wiesenweg nach S hinauf zur Fahrstraße (Nr. 5) und auf dieser zum Gh. Hausstatt, 1215 m; bis hieher auch mit eigenem Auto oder Taxi. Von der Hausstatt wandert man auf dem Forst- und Almweg (Nr. 20) durch Fichten- und Zirbenwald stetig steigend auf den Nonsalm-Niederleger, 1784 m (privat, Gh. während der Saisonen bew., 10 M), 2½ St. ab Hausstatt. Über Almböden und durch Zwergstrauchheiden zuletzt durch blockiges Gelände, steigt nun der Weg – in weitem Bogen zuerst nach S, dann nach N ausgreifend – auf den Gipfel des Gilfert, wo man eine besonders schöne Aussicht auf die vergletscherten Zillertaler Alpen genießt, 2 St. ab Nonsalm.

Abstieg: zuerst am Anstiegsweg nach W hinab bis zum Gilfertsattel, dann nach N durch Zwergstrauchheiden und über Almböden zur Lawasteralm, 1870 m. Von der Alm wandert man am besten auf dem Forst- und Almweg (Nr. 21) durch den Breiteggwald und den Weerer Wald zurück zur Hausstatt.

Gehzeit ab Mitterweerberg ↑ 5½ St., ↓ 3–3½ St., ab Hausstatt ↑ 4½ St., ↓ 2½–3 St.; Höhenunterschied ↑↓ je 1530 Hm (ab Mitterweerberg), ↑↓ je 1290 Hm (ab Hausstatt); je zur Hälfte sonnige und schattige, unschwierige Gipfelwanderung.

W ↑↓ Große Weertalrunde

Von der Ortsmitte in Weer westlich des Weerbaches auf Weg

Nr. 27 bzw. 315 steil durch den Wald nach Weerberg und auf der Fahrstraße bis zum Gh. Berghof; bis hieher 1½–2 St.; auch mit Autobus ab Schwaz oder Pill möglich. Weiter auf dem sanft steigenden Fahrweg an den Höfen des Innerweerberges vorüber bis knapp unter den Weiler Innerst. Dort zweigt unser Weg (von nun an mit Nr. 2 bez.) bei ca. 1250 m Seehöhe rechts (nach S) ab und führt durch die Wiesen hinunter zum Talgrund. Bei einer Wehranlage quert der Weg den Bach und führt nun wieder talauswärts. Einige Hundert Meter steigen wir leicht durch die Wiesen an, dann fällt der Weg sanft durch Hochwald und nach etwa ½ St. treten wir auf die Wiesen des Kolsassberges. Wir folgen weiter dem mit Nr. 2 bzw. 314 (AV) bez. Fahrweg durch die Wiesen des inneren Kolsassberges und durch zwei Waldstücke zum Mittelpunkt des Kolsassberges, wo das Gh. Jägerhof, die Schule und eine moderne Kirche stehen, 780 m. Weiter wandern wir auf der Fahrstraße an der Ruine Rettenberg vorbei hinunter nach Kolsass bzw. Weer.

Gehzeit ↑ 2½ St., ↓ 2 St.; Höhenunterschied ↑↓ je 690 Hm.

W↑↓ Zur Weidener Hütte (Nafinghütte), 1856 m

Wie oben in 1½–2 St. zum Gh. Berghof in Innerweerberg, 816 m (Autobushaltestelle). Weiter auf dem sanft ansteigenden Fahrweg (Nr. 1 bzw. 315) bis knapp vor dem Gh. Innerst. Hier biegen wir rechts ab und folgen dem Weg Nr. 2 bzw. 315 zum Talboden hinab. Nach Überschreiten des Nurpenbaches wandert man auf dem Forst- und Almweg (Nr. 28 bzw. 315) links (nach SO) hinauf durch den Wald an der Jagdhütte und der Sperasten vorbei zur Weidener Hütte, 1856 m (DAV-Sektion Weiden, ganzj. bew., Ski- und Ferienheim, 11 B, 30 M); 2 St. ab Innerst.

Gehzeit ab Weer ↑ 5 St., ↓ 3 St., ab Berghof ↑ 3 St., ↓ 2 St., ab Innerst ↑ 2 St., ↓ 1½ St.; Höhenunterschied ↑↓ ab Weer 1300 Hm, ↑↓ ab Berghof 850 Hm, ab Innerst ↑↓ 600 Hm; Auffahrt auch mit Jeep ab Weer möglich.

B↑↓ Von der Weidener (Nafing-)Hütte über das Geiseljoch ins Zillertal

Wie oben zur Weidener (Nafing-)Hütte, ab Weer 5 St., ab Bushaltestelle Berghof 3 St. Von der Weidener Hütte geht man auf dem AV-Weg Nr. 315 in ¼ St. zur Nafingalm, 1954 m, in den Talschluß hinein und in 1 St. auf das Geiseljoch hinauf, 2291 m. Auf der Südseite des Joches führt der Weg mäßig steil über die Geiselalm, 1833 m, zu den Geiselhöfen, 1630 m, hinab, 1½ St. vom Joch.

Die Geiselhöfe sind die höchstgelegenen Höfe des ganzen Zillertales. Schon im Jahre 1257 ist der Geisler in einer Urkunde des Stiftes Frauenchiemsee erwähnt – eine der frühesten Nachrichten aus diesem Gebiet. Damals war der Geisler eine Schwaige, also ein reiner Grünlandbetrieb des Stiftes, der diesem jährlich einen Zins von 300 Käsen zu leisten hatte. Da in dieser Höhe noch Gerste gedieh, konnte die Schwaige später als ganzjährig bewohnter Hof weitergeführt werden.

Über das „Gemais" steigt man durch saftige Wiesen in 1 St. hinab nach Lanersbach im Tuxer Tal, 1286 m. Autobushaltestelle.

Gehzeit ↑ 1¼ St., ↓ 2½ St.; Höhenunterschied ↑ 440 Hm, ↓ 1000 Hm. Dieser unschwierige, großteils sonnige Übergang vom Inntal ins hinterste Zillertal (Tuxer Tal) ist besiedlungsgeschichtlich einer der bedeutendsten der Tuxer Alpen. Man wandert daher großteils durch eine seit langem kultivierte Berglandschaft.

| B ↑↓ | **Von der Weidener (Nafing-)Hütte in die Wattener Lizum** |

Von der Hütte geht man zunächst einige Min. nach S taleinwärts, überschreitet dann den Nafingbach und wandert auf dem AV-Steig Nr. 319 nach W durch den Bergwald leicht fallend zur Krovenzalm, 1707 m. Auf dem orographisch linken Talhang führt der Steig nach SW durch Alpenrosenhänge und Bergweiden auf das Joch zwischen Krovenzspitze und Hippold, 2460 m. Auf der Westseite steigt man bis etwa 2150 m ab zu einer Weggabelung.

Nach W führt der AV-Steig Nr. 314 steil hinunter zur Melangalm und weiter nach Walchen im Wattental, 1402 m (1½ St.; ↓ 750 Hm).

Wir bleiben auf dem AV-Steig Nr. 319, der nun nach S etwas auf und ab immer ober der Waldgrenze entlang führt und zuletzt zur Lizumer Alm absteigt, von der man in ½ St. die Lizumer Hütte erreicht, 2019 m (ÖAV-Sektion Hall i. T., 15. 6.–30. 9.,

15. 12.–31. 4. bew., sonst nur an Samstagen und Sonntagen, 15 B, 90 M).
Gehzeit 4 St.; Höhenunterschied ↑ 800 Hm, ↓ 650 Hm.

B ↑↓ Nafingtal – Nurpenstal

Von der Nafinghütte nach S in ¼ St. zur Nafingalm, 1954 m. Nun steigt der Weg nach links (SO) ziemlich steil zum Kamm zwischen Zillertal und Nafingtal. Auf dem Westgrat erreicht man den Gipfel der Halslspitze, 2574 m. Über den Ostgrat steigt man zum Nurpensjoch ab, 2525 m, und von dort nach N über Zwergstrauchheiden in das Nurpenstal hinunter und am rechten Talhang über die Haglhütte, 2057 m, zur Oberen Nurpensalm, 1884 m. Von der Oberen Nurpensalm folgen wir dem befahrbaren Almweg talaus (mit Nr. 30 bez.) über die Stallnalm nach Innerst und Weerberg nach Kolsass bzw. Weer, 560 m.
Gehzeit ↑ 2 St., ↓ 3½ St. (Weerberg), ↓ 4½ St. (Kolsass, Weer); Höhenunterschied ↑ 720 Hm, ↓ 1700 Hm (Weerberg), ↓ 2010 Hm (Kolsass, Weer). Die Wege sind ober den Almen nicht markiert, doch bereitet die Orientierung bei guter Sicht keine Schwierigkeiten.

ZIRL 622 m

Haltestelle der ÖBB, Arlbergbahn; Haltestelle der Autobuslinien Innsbruck – Reutte, Innsbruck – Obergurgl und Innsbruck – Nassereith – Imst. 3753 Ew.; 5724 ha, davon 561 ha landw., 2982 ha forstw. genutzt. FVV, Reisebüro, 15 Gastbetriebe, 116 Privatvermieter, 961 Betten, Skischule, Schwimmbad, Tennisplätze, Minigolf, Kegelbahnen, 4 Campingplätze. Neue Magdeburger Hütte, 1633 m, am Martinsberg (AV-Sektion Geltendorf, 20 B, 30 M, im Sommer bew.), Solsteinhaus, 1805 m, am Erlsattel (AV-Sektion Innsbruck, 30 B, 40 M, im Sommer bew.).

Geschichte:
Der älteste Nachweis einer menschlichen Besiedlung im Raume von Zirl ist der Fund eines Faustkeils aus Hornstein bei der Solenalpe aus der jüngeren Steinzeit. 1908 stieß man beim heuti-

Zirl

gen Gapphaus auf Urnengräber. In der Römerzeit war Zirl ein wichtiger Straßenknotenpunkt. Dazu gehörte die Station Teriolis auf dem Martinsbühel, wo der Befehlshaber eines Sonderkommandos und der Präfekt der II. Italischen Legion ihr Hauptquartier hatten. 1835 wurde auf der Zirler Bergstraße ein römischer Meilenstein gefunden. Urkundlich wird „Zyreolu" erstmals 799 genannt; später tauchen die Namen „Cirala", „Cirla" und „Cirlo" auf. In Zirl besaßen der Bischof von Freising (977), die Grafen von Andechs (1078), der Bischof von Brixen (1050), die Grafen von Tirol und die Klöster Wilten und Stams Güter. 1295 wird die Errichtung einer Zollstätte erwähnt, die bis 1766 bestand. Im 13. Jahrhundert war Zirl der Hauptort eines selbständigen Gerichtes der Grafen von Hirschberg und Eschenlohe. Dieses Gericht war im Schloß Fragenstein. Im Steuerregister von 1313 gehören zu Zirl noch Seefeld, Reith und Pettnau als ein Viertel des Gerichtes Hörtenberg. Später wurden diese Orte von Zirl abgetrennt, zuletzt Reith mit Leithen um 1751. Ab 1750 scheint Zirl mit Eigenhofen als eigene Gemeinde auf. In Zirl wird seit 1355 Wein angebaut, z. B. wird „Der Weingarten bei Fragenstein" erwähnt. Kaiser Maximilian I. ließ diesen Weinberg vergrößern und mit Reben aus Vahrn bepflanzen. Im 18. Jahrhundert wurde der Weinbau aufgelassen. Erst Anton Mederle, der aus Eppan stammte, legte 1934 neuerlich einen Weingarten an. Der jetzige Weingarten wurde 1940–1942 neu angelegt. In Zirl wurde auch Bergbau betrieben, so schürfte man im Knappental am Solstein nach Silber und im Christental nach Blei (1480–1620). In Eppzirl betrieb man um 1630 einen Bergbau auf Zinkerz (Galmei). Mehrere Schürfe in der Ehnbachklamm auf Arsenschwefel wurden bald wieder aufgegeben. Ölschiefer wurde im Wibmertal in Eppzirl und in der Nähe von Dirschenbach bis 1839 abgebaut. Bereits im 17. Jahrhundert wurde am Fuße der Martinswand Baustein gewonnen („Zirler Marmor"). Die Zirler Maurer bildeten eine eigene Zunft. Auch bestand in Zirl eine Salzfaktorei. Alte Gewerbe waren die Hutmacherei, Mosaikwerkstätten und Kalköfen. Der erste Kalkofen wird schon um 1660 erwähnt. Die schmalen Schichten in der Ehnbachschlucht und beim Kalvarienberg anstehenden Mergels wurden in der Mitte des 19. Jahrhunderts zur Zementerzeugung abgebaut. Die Zirler Innbrücke dürfte bei Martinsbühel gelegen sein, wo die Hauptstraße seit der Römerzeit den Fluß überwand. Später verfiel aber diese Brücke, bis 1482 eine neue Holzbrücke errichtet wurde. Zirl wurde in den Jahren 1608, 1661, 1680, 1703, 1748, 1808, 1809 und 1908 von Großbränden heimgesucht. Auch die beiden durch Zirl fließenden Bäche, der Schloßbach und der Ehnbach, haben den Ort oftmals verheert, zuletzt im Jahre 1929. Aus diesen häufigen Katastrophenfällen erklärt sich das Fehlen alter großer Häuser.

Kunstdenkmäler:
Pfarrkirche hl. Kreuz. urkundlich 1391 erwähnt; die jetzige Kirche wurde 1848/49 anstelle einer gotischen neu erbaut. *St.-Michael-Kapelle*, mit Altar aus dem 18. Jahrhundert. *Burgruine Fragenstein*, vermutlich aus dem 12. Jahrhundert, seit dem 16. Jahrhundert dem Verfall preisgegeben; beim bayerischen Einfall 1703 niedergebrannt und danach zum Teil wieder aufgebaut. *Martinsbühel*, schon vorgeschichtlich besiedelt und befestigt, in der römischen Zeit Castellum Teriolis, Reste der spätantiken Befestigungsmauer, eines spätantiken Bischofssitzes und der ehemaligen mittelalterlichen Klause zwischen Martinswand und dem Martinsbühel sind noch zu erkennen.

Naturdenkmäler:
Naturschutzgebiet *Karwendel,* zusammen mit Bereichen der Gemeinden Scharnitz, Seefeld, Reith, Innsbruck, Thaur, Absam, Hall, Gnadenwald, Vomp, Jenbach, Eben und Achental; Schutz der Pflanzen- und Tierwelt sowie des Landschaftsbildes, 720 qkm (1933). *Mannaeschen* (Fraxinus ornus) bei Fragenstein (1971).

Karten:
AV-Karte Karwendel 1:25.000, Blatt West; AV-Karte 1:50.000, Blatt 31/5, Innsbruck-Umgebung; Österreichische Karte 1:50.000, Blätter 117, 118; Kompaß-Wanderkarte 1:50.000, Blatt 26; Freytag-Berndt-Touristenwanderkarte 1:100.000, Blatt Nr. 33, Innsbruck-Umgebung.

W↑↓	**Schöne Aussicht – Schloßbachklamm**

Auf der wenig befahrenen Hochzirler Straße am Kalvarienberg (1. Kehre) vorüber bis zur 2. Kehre. Von dort gelangt man auf einem ebenen Fußsteig (grüne Tafel, mit Nr. 1a bez.) nach W durch lichten Föhrenwald in ca. 5 Min. zur „Schönen Aussicht",

Zirl

wo auf einem Felsvorsprung drei Bänke zum Genuß des Blickes auf Zirl, Fragenstein, das Oberinntal und die Kalkkögel einladen. Weiter nach W auf einem neuangelegten Steig durch schütteres, felsiges Gelände mit lichtem Föhren- und Spirkenwald in ¼ St. zur Schloßbachklamm; dort nach links durch die äußerste Klamm und zum Schluß am linken Ufer gegenüber Fragenstein hinab nach Zirl.

Gehzeit 2 St.; Höhenunterschied ↑↓ je 150 Hm; teils neuangelegter, abwechslungsreicher und bequemer Weg, wegen der sonnigen, warmen Lage besonders für die kühle Jahreszeit zu empfehlen.

| W ↑↓ | **Höhenpromenade über Zirl**

Östlich des Schloßbaches unter der Nordumfahrungsstraße durch und dann nach rechts durch einen Nuß- und Roßkastanienhain zum Kriegerdenkmal, von dem man einen schönen Ausblick auf den Ort und das Inntal hat. Vom Kriegerdenkmal steil aufwärts an einigen Kreuzwegstationen vorüber und nach ca. 100 m links abbiegen (Tafel, Nr. 1). Nach wenigen Min. quert der Weg die Hochzirler Straße. Von hier führt der Steig durch die sonnigen Felshänge nach Westen. Schon bald nach der Querung der Hochzirler Straße erreichen wir den ersten der drei Wanderwegtunnels. Beim ersten sind neben seinem Aus- und Eingang steile, tief eingegrabene Rinnen zwischen steil stehendem Dolomitfels erkennbar. Es sind die Mergelbänder, die man einst zur Zementerzeugung abbaute. Nach etwa ¼ St. biegt der Weg nach N in die Schloßbachschlucht ein, eine wildromantische Landschaft, die an ihrem rechtsufrigen Rücken von der Ruine Fragenstein gekrönt wird. Hoch über einer Geschiebestausperre überschreiten wir auf einer neuerbauten Brücke den Bach und wandern dann am rechten Ufer wieder nach Süden. Aus einer nahezu subalpinen Landschaft, wo auf schattigem Fels die seltene Spirke (Pinus uncinata) und sogar die behaarte Alpenrose (Rhododendron hirsutum) zu finden sind, treten wir durch zwei weitere Wanderwegtunnels unvermittelt hinaus auf den sonnendurchglühten Südhang unter der Schloßruine von Fragenstein. Zahlreiche Bänke laden hier berechtigterweise zum Verweilen ein.

Der Hang unter der Ruine ist klimatisch besonders begünstigt, und daher treffen wir hier eine ungewöhnlich reiche, südliche Flora an, obwohl fast überall der Fels zutage tritt und die jahrhundertelange Ziegenweide den ehemaligen Wald nicht mehr aufkommen ließ. Wir finden hier 25 verschiedene Gehölzpflanzen, darunter die in Nordtirol nur hier vorkommende Mannaesche (Fraxinus ornus) und den nur nach am Karer Berg vereinzelt wachsenden Blasenstrauch (Colutea arborescens). Zwischen den Gehölzgruppen entdecken wir im Trockenrasen zahlreiche Blütenpflanzen, unter denen vor allem wegen ihrer Häufigkeit die Schwalbwurz (Cynanchum vincetoxicum) und das Salomonssigel (Polygonatum odoratum), der sonst nur sporadisch vorkommende kreuzblättrige Enzian (Gentiana cruciata) sowie im Herbst die blaue Aster (Aster amellus) auffallen. Die Ritzen der Felswände bewohnt das hängende, weißblühende Stengel-Fingerkraut (Potentilla caulescens).

Der stellenweise durch einen Zaun gesicherte Steig führt leicht ansteigend nach W und dann steiler hinauf zu den Ruinen der ehemaligen Burg Fragenstein.

Die Burg wurde wahrscheinlich im 12. Jahrhundert erbaut, der obere Turm um 1283; um 1227 wurden die Herren von Fragenstein zum ersten Mal urkundlich erwähnt, seit dem 14. Jahrhundert wurde die Burg als landesfürstliches Lehen verliehen, seit Herzog Sigmund jedoch von Pflegern verwaltet. Kaiser Maximilian I. hielt sich hier öfters zur Gemsjagd auf und ließ sich zu diesem Zweck 1502 eigens eine Wohnung in der Burg ausbauen. Seit der Mitte des 16. Jahrhunderts verfiel die Burg. Beim bayerischen Einfall 1703 wurde sie niedergebrannt und danach nicht mehr aufgebaut. 1975 begann man mit den Erhaltungsarbeiten für den östlichen Turm, der im Laufe der Zeit zerborsten und zum Teil in die Schloßbachklamm hinabgestürzt war.

Von der Burg folgen wir zuerst dem Fahrweg nach W, dann biegen wir auf den Fußweg ab, der nun stets durch lichten Föhrenwald führt.

Im Wald fallen uns die vielen Exemplare des deutschen Backenklees (Dorycnium germanicum) auf und die gelben Sterne des Kuhauges (Buphthalmum salicifolium). Schließlich wird der Boden immer ärmer und felsiger, und die Bäume erreichen nur mehr Höhen von wenig mehr als 3 m. Fast alle Kiefern tragen im Geäst mächtige, hellgrüne Mispeln (Viscum album). Den felsigen Boden decken ausgedehnte, kriechende Polster der herzblättrigen Kugelblume (Globularia cordifolia) und Alpenaster (Aster alpinus), die beide wegen der geringen Konkurrenz auf diesen unfruchtbaren Dolomitböden soweit herabsteigen.

Der Weg nähert sich immer mehr der Zirlerbergstraße und mündet schließlich etwa 100 m östlich des Rasthauses an der Kehre in diese (Gh. ganzj. bew.). Rückweg wie Hinweg.

Zirl

Gehzeit ↑ 1 St., ↓ ¾ St.; Höhenunterschied ↑↓ je 200 Hm; sehr lohnender Weg, vor allem im Frühling und Herbst, wenn wegen der Schneelage höhergelegene Gebiete noch nicht aufgesucht werden können; meist sonnig, zahlreiche rote Markierungen und Bänke.

| W↑ | **Ridsteig nach Reith bei Seefeld** |

Am rechten Schloßbachufer aufwärts und unter der Nordumfahrungsstraße hindurch. Von da an auf felsigem Steig steil empor zur Höhenpromenade. Auf dieser über die Ruine Fragenstein und den Schloßwald zum Rasthaus an der Kehre der Zirlerbergstraße, ¾ St. Hier beginnt der Ridsteig am linken Rand des Bremsweges und führt durch lichten Föhrenwald stetig steigend nach Reith bei Seefeld, 1130 m.

Gehzeit 1½ St.; Höhenunterschied ↑ 500 Hm; Weg rot markiert, meist halb schattig, im ersten Teil meist sonnig und heiß (bis zur Ruine Fragenstein).

Rückweg am schönsten über die Schloßbachklamm und Hochzirl (siehe Seite 315).

| W↑↓ | **Zur Maximiliangrotte** |

Neben dem Ehn-(Kreuz-)bach aufwärts bis zur Nordumfahrungsstraße und dort am linken Ufer unter der Straße hindurch und nach Osten. Hier – ca. 100 m westlich des Zirler Weinhofes – beginnt der mit Nr. 8 bez. Steig und führt zuerst als Fahrstraße mäßig steigend ober dem Weinberg nach Osten. Bei der 1. Kehre verlassen wir den Fahrweg und gehen auf dem Fußsteig weiter durch lichten Föhrenwald nach O. Nach ca. ½ St. ab Zirl tritt der Wald zurück, und der Steig führt nun – durch ein Drahtseilgeländer gesichert – in den westlichsten, über Martinsbühel liegenden Teil der Martinswand zur „Grotte", einer mächtigen natürlichen Wandnische in der sonst gleichmäßig aufragenden Wandflucht.

Die Maximiliangrotte soll der Schauplatz jenes im „Theuerdank" geschilderten Jagdabenteuers Kaiser Maximilians I. gewesen sein, das zur Entstehung der Legende von der Errettung des Kaisers durch einen Engel Anlaß gab, nachdem er sich in der Wand verstiegen hatte. Die

Kreuzigungsgruppe in der Felsnische erinnert an diese Begebenheit. Später wurden in diesem Bereich der Martinswand von den Landesfürsten Schaujagden auf die dort gehegten Gemsen und Steinböcke veranstaltet.

Die Martinswand wurde beim Bau der Mittenwaldbahn in den Jahren 1910/11 durch einen 1809 m langen Tunnel durchfahren. Bauleiter dieses damals außerordentlichen Bauvorhabens war der Innsbrucker Ingenieur Karl Innerebner.

Von der Maximiliangrotte bietet sich ein einzigartiger Tiefblick auf das Inntal und besonders auf den direkt darunter liegenden Hügel von Martinsbühel. Dieser 25 m über den Fluß aufragende felsige Hügel war schon in vorgeschichtlicher Zeit befestigt und besiedelt. In römischer Zeit befand sich auf ihm das Castellum Teriolis. Es war der Sitz des Präfekten der III. römischen Legion und des Tribuns von Rätien. Reste der spätantiken Befestigungsmauern sind heute noch zu erkennen. 1964 wurden auch Reste eines spätantiken Gotteshauses mit halbkreisförmiger Priesterbank aufgedeckt. Vielleicht war hier die Residenz des Bischofs Marcianus, des Suffragen von Aquileia. Auf dem Hügel und in seiner Umgebung fand man auch mehrere frühgeschichtliche und römische Gräber. Seit 1290 stand auf dem Hügel die Burg St.-Martins-Berg, die 1363 an Margareta Maultasch als Witwensitz verschrieben wurde. Zwischen der Burg und der Martinswand befand sich im Mittelalter zur Absperrung der Straße eine Klause. 1497 kaufte Kaiser Maximilian I. die Burg, erneuerte sie zu einem Jagdschloß und legte einen Tiergarten an. Heute gehört Martinsbühel den Benediktinerinnen in Scharnitz, die dort eine Sonderschule für schwer erziehbare Jugendliche betreiben.

Rückweg nach Zirl auf demselben Steig.

Gehzeit 1¾ St.; Höhenunterschied ↑↓ je 220 Hm; Weg gut mit Nr. 8 markiert, sonnig, besonders schön im Frühling und im Spätherbst.

B ↑↓ Von Hochzirl auf die Erlspitze, 2404 m

Vom Bahnhof Hochzirl in 2½ St. über die Solenalm zum Solsteinhaus, 1805 m (ÖAV-Sektion Innsbruck, im Sommer bew., 30 B, 40 M). Vom Solsteinhaus steil nach N zuerst über die Weideflächen, dann durch Legföhren und über grasige Felshänge in mehreren Serpentinen in 1½ St. auf die Erlspitze.

Prächtige Aussicht auf das Eppzirler Tal und die Nordwände der beiden Solsteine im N, auf das Inntal und die Stubaier Alpen im Süden.

Zirl: Hochzirl

Abstieg auf demselben Weg.
Gehzeit ↑ 4 St., ↓ 2½ St., zusammen 6½ St.; Höhenunterschied ↑↓ je 1500 Hm, ab Solsteinhaus ↑↓ je 600 Hm.

B ↑↓	**Erlsattel –**
	Großer Solstein, 2540 m

Vom Bahnhof Hochzirl in 2½ St. über die Solenalm zum Solsteinhaus, 1805 m hoch am Erlsattel gelegen. Vom Solsteinhaus zuerst mäßig steil nach SO durch lichte Legföhrengruppen und Rasen ansteigen, dann nach links (O) steil aufwärts in vielen Serpentinen über den teils grasbewachsenen, teils felsig-schottrigen Westrücken auf den Gipfel des Großen Solsteins; bis hieher von der Hütte 2 St. Abstieg auf demselben Weg oder – schöner – nach S durch das Wörgltal auf aussichtsreichem Steig steil hinab zur Neuen Magdeburger Hütte, 1633 m hoch am Martinsberg gelegen, und von dort über die Zirler Mähder zurück zum Bahnhof Hochzirl.
Gehzeit ↑ 4½ St., ↓ 3 St., zusammen 7½ St.; Höhenunterschied ↑↓ je 1620 Hm; Wege gut markiert, sonnig, unschwierig, aber Trittsicherheit erforderlich.

B ↑↓	**Von Hochzirl**
	über Großkristen nach Scharnitz

Vom Bahnhof Hochzirl in 2½ St. über die Solenalm zum Solsteinhaus, 1805 m hoch am Erlsattel gelegen. Weiter nach N zuerst über den flachen, grasigen Sattel, dann nach rechts mäßig steil durch Legföhren und über Almböden ins Großkristental absteigen und in 1 St. zur Zirler Kristenalm, 1340 m. Durch lichten Bergwald führt der Weg zuerst am linksufrigen und nach etwa 20 Min. am rechtsufrigen Hang nach N, wo er unterhalb der Amtssäge ins Gleirschtal mündet. Auf der Forststraße wandern wir talauswärts nach NW über den „Krapfen", eine Steilstufe an der Mündung des Gleirschtales in das Hinterautal, und dann nach W hinaus nach Scharnitz, 964 m.
Gehzeit ↑ 2½ St., ↓ 3 St.; Höhenunterschied ↑ 880 Hm, ↑↓ 850 Hm. Der Weg ist zum größten Teil sonnig, gut markiert und mit den Nummern 213, 221 (ab Gleirschtal) und 224 (ab Hinterautal) bez.

B ↑↓ Von Hochzirl über Eppzirl nach Scharnitz

Vom Bahnhof Hochzirl auf der Bergseite der Bahnlinie ostwärts durch den Föhrenwald. Bei der Wegkreuzung links weiter (N) dem Wegweiser entsprechend aufwärts über die Brunnalm zur Solenalm, 1643 m.

Hier wurde als ältester Nachweis einer Besiedlung im Raum von Zirl ein Faustkeil aus Hornstein gefunden, der aus der jüngeren Steinzeit stammt.

Nach kurzem Abstieg in den Erlgraben führt der Weg jenseits über den Bärengschoß empor zum Solsteinhaus, 1805 m (ÖAV-Sektion Innsbruck, im Sommer bew., 30 B, 40 M); bis hieher 2½ St. Vom Solsteinhaus steil nach N aufwärts über die Weidematten, dann durch Legföhren und schließlich steil durch die Schutt- oder Schneerinne hinauf zur Eppzirler Scharte, 2100 m, 1 St. ab Solsteinhaus. Von der Eppzirler Scharte nach N steil durch die Schuttreißen und später zwischen Baumgruppen hindurch zur Eppzirler Alm hinab, 1455 m. Von da über die weiten, teilweise verschotterten Almböden in die Gießenbachklamm und zur Bahnstation Gießenbach, 1000 m. Rückfahrt mit der Bahn.

Gehzeit ↑ 3½ St., ↓ 3 St., zusammen 6½ St.; Höhenunterschied ↑ 1180 Hm, ↓ 1100 Hm; gut markierte AV-Steige (Nr. 212), zwei Drittel sonnig.

B ↑↓ Magdeburger Hütte – Kirchbergalm

Von Zirl zuerst auf dem ober dem Weinberg emporführenden Fahrweg über den von lichtem Föhrenwald bestandenen Felshang bis zur „Rast", 848 m, wo ein Brunnen zum ersten kurzen Halt mit Rückblick auf das Inntal einladet. Dieser Fahrweg ist für Anrainer gestattet, was zur Folge hat, daß wegen der zahlreichen Wochenendhütten in den Zirler Mähdern an Wochenenden in der Sommersaison gelegentlich ziemlich viele Fahrzeuge fahren. Zu dieser Zeit empfiehlt es sich, mit einem Zirler Taxi diesen Abschnitt zurückzulegen oder zeitig am Morgen loszuziehen.

Von der Rast biegt der Fahrweg nach Norden in das Brunnental zuerst steil durch tannenreichen Bergwald und dann in die Zirler Mähder.

Die Zirler Mähder sind lichte Lärchenwälder, die ehemals gemäht wurden und daher zahlreiche schöne, lichtliebende Blütenpflanzen, z. B. Arnika, Enziane und Orchideen, beherbergen. Zur Aufbewahrung des Heus dienten zahlreiche Hütten, die heute fast alle zu Wochenendhäusern umgebaut sind.

Etwa in der Mitte der Zirler Mähder wurde auf den „Hörbstenböden" eine Kapelle neu errichtet, neben der der Weg zur Kirchbergalm steil aufwärts führt. Wir folgen aber dem flacheren, taleinwärts führenden Weg und erreichen nach ca. ½ St. ab „Rast" den Punkt 1098 m. Hier verläßt man den Fahrweg und steigt in ca. 1¼ St. steil durch den Bergwald empor zum Sattel zwischen dem Solstein und dem Hechenberg, wo die Neue Magdeburger Hütte in 1633 m Höhe neben dem 1923 erbauten Jagdhaus Martinsberg, einer kleinen Holzkapelle, einer Almhütte und einer kleinen Privathütte liegt (AV-Sektion Magdeburg, 20 B, 30 M, im Sommer bew.).

Von hier genießt man einen herrlichen Ausblick auf Solstein und Erlspitze und über das Inntal hinweg auf die Stubaier Alpen.

Von der Neuen Magdeburger Hütte nach Süden in 1 St. zum Hechenberg empor, 1944 m, Höhenunterschied ↑↓ je 320 Hm.

Rückweg: zuerst über die Wiesen des Martinsberges, dann auf rot markiertem Weg durch Bergwald hinab zur nicht mehr bewirtschafteten, in einer Senke liegenden Kirchbergalm, 1427 m, und von dort nach rechts (W) durch die Zirler Mähder steil hinunter, wo man bei der Kapelle an den Hörbstenböden wieder den Fahrweg erreicht.

Gesamtgehzeit 3 St.; Höhenunterschied ↑↓ je 1180 Hm; gut markierte Wege, je zur Hälfte sonnig und halb schattig.

VERWENDETE UND EMPFEHLENSWERTE LITERATUR

Dehio, Die Kunstdenkmäler Tirols. Verlag Schroll, Wien 1960
Fischnaler, K., Innsbrucker Chronik. Vereinsbuchhandlung Innsbruck 1929
Hensler, E., Nordtiroler Wanderbuch. Tyrolia-Verlag, Innsbruck 1968
Hensler, E., Bergwandern in Nordtirol. Tyrolia-Verlag, Innsbruck 1970
Hye, F.-H., Beiträge zur Geschichte von Hötting. Veröff. des Innsbrucker Stadtarchivs, Neue Folge, Band 5, 1975
Kasseroler, A., Die vorgeschichtliche Niederlassung auf dem „Himmelreich" bei Wattens. Universitäts-Verlag Wagner, Innsbruck 1975
Klein, H., Alt-Innsbrucker Geschichten. Herausgeber: Premrunde Innsbruck, Blasius-Hueber-Straße 6, 1972
Mutschlechner, G., Der Bergbau an der Innsbrucker Nordkette zwischen Kranebitten und Mühlau. Veröff. des Innsbrucker Stadtarchivs, Neue Folge, Band 5, 67–138, 1975
Pichler, A., Ausgewählte Werke. Reclam, Leipzig 1927
Pöll, J., Stimmen der Heimat. Gesammelte heimatkundliche Tiroler Schriften. Gauverlag Innsbruck 1940
Staffler, J. J., Tirol und Vorarlberg, F.-Rauch-Verlag, Innsbruck 1839
Thaler, F., Zwischen Brenner und Karwendel, Tyrolia-Verlag Innsbruck-Wien-München 1974
Walde, K., Der Innsbrucker Hofgarten und andere Gartenanlagen in Tirol. Schlern-Schriften, Universitäts-Verlag Wagner, Innsbruck, Band 231, 1964
Wattener Buch. Schlern-Schriften, Universitäts-Verlag Wagner, Innsbruck, Band 165
Widmoser, E., Tirol von A–Z. 1131 Seiten und Karte 1:30.000; Südtirol-Verlag, Innsbruck 1970

FORSTMEILEN UND FITNESS-PARCOURS

Die genannten Forstmeilen sind zum größten Teil von der Landesforstinspektion bzw. dem Tiroler Forstverein in Zusammenarbeit mit dem Institut für Leibeserziehung der Universität Innsbruck und verschiedenen Mäzenen eingerichtet worden und sollen der körperlichen Ertüchtigung in sauberer Luft dienen.

Innsbruck-Kranebitten, neben dem Campingplatz in lichtem Föhrenwald; Parkplatz.

Innsbruck-Igls, nördlich des Kurhauses im lichten Fichtenwald; Parkplatz.

Innsbruck-Hungerburg, etwa 100 m oberhalb des Seehofes am Weg zur Umbrückleralm im Fichtenwald; Parkplatz beim Seehof, an Wochenenden meist voll belegt.

Absam, nördlich der Gnadenwalder Straße im Fichtenwald; Parkplatz.

Fulpmes, im Ortsteil Medraz.

Innsbruck-Amras, unweit Tantegert bzw. Tummelplatz im Fichtenwald; Parkplatz beschränkt, Haltestelle der Mittelgebirgsbahn.

Lans, am Lanser Kopf im Föhrenwald; Parkplatz beschränkt.

Natters, zwischen Sonnenburgerhof und Jehlihof am Plumesköpfl; Parkplatz beim Sonnenburgerhof sehr beschränkt, besser von Natters aus.

Rietz, westlich des Baches gegen Buchen-Haslach hin.

Rum, beim Canisiusbrünnl im lichten Föhrenwald; Parkplatz.

Völs, am Rücken vom Blasiusberg zu den Kristenhöfen; Parkplatz im Ort beschränkt.

Wattens, oberhalb der Tankstelle am westlichen Ortsende im Mischwald; Parkplatz.

Kolsass, südlich des Ortes gegen Merans.

WALDLEHRPFADE

Die Waldlehrpfade sind Wanderwege, die mit belehrenden Hinweistafeln über die einzelnen Gehölze, waldbauliche Begriffe und die Funktionen des Waldes ausgestattet sind. Sie wurden zum größten Teil vom Tiroler Forstverein und von der Landesforstinspektion für Tirol in Zusammenarbeit mit verschiedenen Spendern eingerichtet.

Innsbruck-Hötting, nördlich des Schlotthofes bzw. der Wohnsiedlung Sadrach, teilweise den unteren Stangensteig benützend, ca. 2 km lang, 100 m Anstieg. Höttinger Hofwald; Mischwald. Parkplatz im Raum Sadrach.

Waldlehrpfad am Absamer Erholungs- und Wanderweg, oberhalb Absam. Der Wanderweg ist im Bereich von St. Martin in Gnadenwald bis St. Michael als Waldlehrpfad ausgestattet, 2 km, fast eben (siehe Seiten 19 und 79).

Waldlehrpfad Tulfes – Speckbacherweg. Das erste Teilstück des Speckbacherweges von Tulfes bis Oberlavierenbad ist als Waldlehrpfad ausgestattet, ca. 1 km lang (siehe Seite 406).

Waldlehrpfad Völs. Auf dem Weg vom Blasiusbergl über den Kristenkamm zu den Kristenhöfen ist ein Waldlehrpfad von 1 km Länge eingerichtet (siehe Seiten 34 und 430).

Hochgebirgs-Lehrpfad Zirbenweg. Der Zirbenweg zwischen Tulfein und Patscherkofel ist auf einer Länge von mehreren Kilometern als Lehrpfad eingerichtet. Die vom Tiroler Forstverein in Zusammenarbeit mit den beiden Bergbahnen und verschiedenen Mäzenen aufgestellten Tafeln informieren den Wanderer nicht nur über das im Hochgebirge vorkommende Wild, die Bäume und wichtigsten Sträucher an der Waldgrenze, sondern auch über die Funktionen des Bergwaldes und die verschiedenen Methoden der Lawinenverbauung. Zu diesem Zweck sind auch mehrere Lawinenverbauungstypen in Originalgröße aufgestellt worden (siehe Seite 413).

SKI-WANDERWEGE (Loipen)

Natters – Mutters, präparierte Loipen in der unteren und oberen Luvens, bis 15 km lang, markiert und gepflegt.

Götzens – Birgitz – Axams – Omes, mehrere Loipen, bis 15 km lang, markiert und gepflegt.

Oberperfuss – Ranggen, auf der Terrasse westlich Oberperfuss in einer großen Schleife angelegte, ca. 10 km lange Loipe.

Rinn – Tulfes – Kleinvolderberg, beiderseits der Glungezerbahn-Talstation mehrere Loipen angelegt mit einer Gesamtlänge von ca. 18 km, markiert und gepflegt.

Absam – Gnadenwald, außer dem Absamer Erholungs- und Wanderweg noch mehrere Loipen im Gnadenwald angelegt, die durch abwechslungsreiches Gelände führen und etwa 20 km lang sind, markiert und gepflegt.

Seefeld – Mösern – Leutasch, größtes zusammenhängendes Skiwandergebiet Tirols mit den für die Olympischen Spiele 1964 und 1976 ausgebauten und zahlreichen weiteren Loipen mit Distanzen bis 50 km, markiert und betreut.

Mieminger Plateau, vor allem im Bereich Obsteig stets gepflegte und markierte Loipen vorhanden, die durch ein abwechslungsreiches Gelände führen.

SEILBAHNEN UND SESSELLIFTE

Axams:
Sessellifte *Axamer Lizum – Birgitzköpfl* u. *Axamer Lizum – Hoadl.* Standseilbahn *Axamer Lizum – Hoadl.*

Fulpmes:
Doppelsessellift *Fulpmes – Froneben.* Doppelsessellift *Froneben – Kreuzjoch.* Sessellift *Schlicker Alpe – Sennesjöchl.*

Gries a. Br.:
Sessellift *Gries – Sattelalm.*

Innsbruck:
Nordkettenbahn (Seilschwebebahn) Hungerburg-Hafelekar mit Mittelstation Seegrube. *Hungerburgbahn* (Standseilbahn) Innsbruck-Hungerburg. *Patscherkofelbahn* (Seilschwebebahn) Igls-Patscherkofel. Sessellift auf den *Patscherkofel-Gipfel.* Sessellift Seegrube – Frau-Hitt-Warte. Sessellift Stütze III – Seegrube.

Kühtai:
Sessellift *Kühtai – Plenderleseekopf.* Sessellift *Kühtai – Hochalterkar.*

Leutasch:
Sessellift *Weidach-Katzenkopf.* Sessellift *Oberleutasch Moos – Rauthhütte.*

Mieders/Schönberg:
kombinierter Sessel-Schlepplift *Mieders – Koppeneck.*

Mutters/Kreith/Natters:
Gondellift *Mutters – Mutterer Alm* mit Mittelstation Nockhöfe. Sessellift *Mutterer Alm – Pfriemesköpfl.* Sessellift Lärchenwald.

Neustift im Stubaital:
Kleingondel-Umlaufseilbahn *Mutterbergalm – Bildstöckljoch.* Sessellift *Neustift – Elferberg.*

Oberperfuss
Sessellift *Oberperfuss – Stieglreith*. Schlepplift Stieglreith-Mittelstation.

St. Sigmund:
Schlepplift Praxmar – Hausberg.

Seefeld:
Standseilbahn *Seefeld – Roßhütte*. Seilschwebebahn *Roßhütte – Seefelder Joch*. Seilschwebebahn *Roßhütte – Härmelekopf*. Zwei Sessellifte *Seefeld – Gschwandtkopf*.

Scharnitz:
Sessellift *Scharnitz – Mühlberg*.

Steinach:
Sessellifte *Steinach – Bergeralm* und *Bergeralm – Steinacher Jöchl*.

Tulfes:
Sessellift *Tulfes – Halsmarter*. Kombinierter Sessel- u. Schlepplift *Halsmarter – Tulfein*.

WANDERUNGEN EBENAUS

Seite

Absam – Thaur und zurück 15
Absam – Baumkirchen über Mils 15
Absam: Rund um Melans 16
Absamer Erholungs- und Wanderweg 19
Absam: Adolf-Pichler-Weg zum Thaurer Schloß
und Adolf-Pichler-Quelle 20
Axams – Grinzens 34
Baumkirchen – Mils und zurück 47
Götzens: Akademikersteig 51
Fritzens – Kandlerhof 61
Gnadenwalder Erholungsweg 79
Gnadenwald: Eggenweg von Hof zu Hof 80
Gnadenwald/Hinterhornalm – Nisslachboden und zurück . . 81
Gnadenwald/Hinterhornalm – Walderalm und zurück 81
Gries im Sellrain – zum Lüsenser Fernerboden 96
Praxmar: „Waldweg" nach Lüsens 100
Grinzens – Sellrain 104
Rund um Gschnitz 110
Innsbruck/Hötting: Schießstand – Buzzihütte 144
Innsbruck/Hötting: zum „Grünen Boden" 144
Innsbruck/Hötting: Kranebitten 147
Innsbruck/Mühlau – auf dem Marthaweg nach Hall i. T. . . . 167
Innsbruck/Wilten: Tummelplatz – Schloß Ambras 179
Kematen – Völs und zurück 195
Leutasch: Rund um den Weidacher See 205
Leutasch: Durch die Plaikner Mähder 208
Leutasch: Auf dem Archenweg von der Ober- in die
Unterleutasch 215
Schönberg – Europabrücke – Patsch 228
Mieders: Stollensteig 230
Mösern – Möserer See 389
Durch die Thaurer und Rumer Felder 242
Natters – Natterer See 251
Neustift: Wiesenweg nach Fulpmes 265
Patsch: über die Europabrücke nach Schönberg 301
Ranggen: Hubertusweg 312
Ranggen – Oberperfuss 312
Ranggen – Inzinger Berg 312

	Seite
Reith bei Seefeld – Seefeld	315
Seefeld: Seepromenade um den Wildsee	349
Trins – Gschnitz	397
Tulfes: Wiesenweg nach Rinn	404
Tulfes: Promenadenweg	405
Tulfes: Zirbenweg von Tulfein zum Patscherkofel	413
Völs – Afling – Kematen	430
Wattens: Verlobungsweg	434

WANDERUNGEN ABWÄRTS

Seite

Aldrans – Ambras	28
Axams – Völs über Kristenkamm	34
Hoadl – Lizum – Axams	37
Hoadl – Pleisenspitze – Axamer Kögele – Axams	37
Hoadl – Kemater Alm – Senderstal – Grinzens	37
Hoadl – Adolf-Pichler-Hütte	38
Hoadl – Schafalm – Lizum	42
Birgitzköpfl – Lizum	43
Birgitzköpfl – Mutterer Alm	43
Birgitzköpfl – Sailenieder – Kreither Alm oder Telfes	44
Birgitzköpfl – Nederjoch – Kreith	44
Birgitzköpfl – Halsl – Telfes	45
Birgitz – Nasses Tal – Völs	51
Birgitzköpfl – Birgitzalm – Adelshof – Axams/Birgitz/Götzens	53
Birgitzköpfl – Götzner Alm – Birgitz/Götzens	54
Ellbögen: Speckbacherweg nach Tulfes	55
Fulpmes: Froneben – Vergör	66
Fulpmes/Sennesjöchl – Schlicker Alm – Froneben – Fulpmes	70
Fulpmes/Sennesjöchl: auf dem Krinnenkopfweg nach Fulpmes	70
Fulpmes/Sennesjöchl: über Pfurtschell nach Fulpmes	71
Fulpmes/Sennesjöchl: Starkenburger Hütte – Neustift	71
Gnadenwald: St. Martin – Wiesenhof – Baumkirchen	77
Gnadenwald: von St. Martin durch das Farbental nach Fritzens	77
Gnadenwald: von St. Michael nach Fritzens	78
Gnadenwald: von Mairbach über die Thierburg nach Fritzens	78
Gnadenwald: von der Gunggl durch das Larchtal nach Terfens	78
Gnadenwald: über den Walderkamm zum östl. Gnadenwald	82
Gnadenwald: von der Hinterhornalm auf dem „Gungglweg" nach St. Michael	83
Vom Brennerpaß nach Gries am Brenner	87
Gries am Br.: Landshuter Hütte – Pfitscherjochhaus	90
Gries am Br.: Landshuter Hütte – Valser Tal	91
Praxmar: Fußweg über Kniepiss-Narötz nach Gries	100
Gschnitz: Wiesenweg über Trins nach Steinach	110

Seite

Innsbruck/Hafelekar: zur Seegrube 135
Innsbruck/Hafelekar: nach Scharnitz 137
Innsbruck/Hafelekar: Mannltal – Scharnitz 138
Innsbruck/Hafelekar: Pfeis – Scharnitz 138
Innsbruck/Hungerburg: Sprengerkreuz – St. Nikolaus 151
Innsbruck/Hungerburg: über den Erlerweg nach Mühlau . . 152
Innsbruck/Hungerburg: über den Knappensteig nach
   Mühlau 152
Innsbruck/Hungerburg: über die Steigerruhe nach Mühlau . . 152
Innsbruck/Hungerburg: über die Weiherburg nach
   St. Nikolaus 153
Innsbruck/Hungerburg: Gramartboden – Hötting 153
Innsbruck/Hungerburg: Höttinger Graben – Hötting 154
Innsbruck/Hungerburg: Höttinger Bild – Planötzenhof –
   Hötting 154
Innsbruck/Hungerburg: auf dem Stangensteig zum
   Kerschbuchhof 155
Innsbruck/Seegrube: Arzler Horn – Hungerburg 168
Innsbruck/Seegrube: Bodensteinalm – Hungerburg 169
Innsbruck/Seegrube: Höttinger Alm – Arzler Alm –
   Hungerburg 169
Innsbruck/Seegrube: Höttinger Alm – Innsbruck 170
Innsbruck/Seegrube: Achselkopf – Hötting 170
Innsbruck/Seegrube: auf dem Durrachsteig ins Aspach
   und nach Hötting 171
Innsbruck/Patscherkofel: Patscher Alm – Igls 184
Innsbruck/Patscherkofel: Lanser Alm – Igls 184
Innsbruck/Patscherkofel: Sistranser Alm – Igls 185
Innsbruck/Patscherkofel: Sistranser Alm – Sistrans 185
Innsbruck/Patscherkofel: Patscher Alm – Patsch 186
Innsbruck/Patscherkofel: Viggartal 187
Kühtai: Marlstein – Silzer Sattel – Haiming 198
Leutasch: Bodenweg nach Gießenbach 206
Unterleutasch – Mittenwald 216
Mieders: vom Koppeneck über den Zirkenhof nach
   Mieders 232
Mieders: vom Koppeneck über Sonnenstein nach
   Mieders oder Medraz 232
Mutterer Alm – Mutters 253
Mutterer Alm – Raitis 253

Mutterer Alm – Raitiser Alm – Kreith – Mutters 254
Almwanderung Mutterer Alm – Kreither Alm –
    Stockerhof – Kreith 254
Mutterer Alm – Götzens 255
Neustift/Stubaital: vom Elferlift ins Pinnistal 268
Neustift/Stubaital: von der Elferhütte nach Neustift 268
Oberperfuss: von der Roßkogelhütte nach Ranggen 297
Patsch – Innsbruck 301
Seefelder Sattel – Inntal 316
Rinn: Knappental – Ampaß 319
Rinn: Judenstein – Hall i. T. 320
Rinn: Kienberg – Hall i. T. 320
Seefeld: Mösern – Buchen – Telfs 353
Seefeld: vom Gschwandtkopf auf dem Nordweg zum
    Wildsee 354
Seefeld: vom Gschwandtkopf auf dem Ostweg nach
    Auland 354
Seefeld: vom Gschwandtkopf auf dem Südweg nach
    Auland 354
Seefeld: vom Gschwandtkopf nach Mösern 355
Seefeld: vom Härmelekopf nach Seefeld 357
Seefeld: vom Seefelder Jöchl nach Seefeld 358
Steinach: Forstweg von der Bergeralm nach
    Steinach 375
Steinach: von der Bergeralm über den Hümlerhof
    nach Steinach 375
Steinach: Bergeralm – Trins – Steinach 375
Telfes: Stockerhof – Mutters 379
Telfes: durch die Telfeser Wiesen nach Mutters 379
Trins: Wiesenweg nach Steinach 397
Trins – Pflutschboden – Steinach 399
Tulfes – Poltental – Hall i. T. 405
Tulfes/Halsmarter: Waldweg nach Tulfes 411
Tulfes/Halsmarter: über Stiftsalm und Windegg
    nach Tulfes 411
Tulfes/Tulfein: Windegg – Tulfes 412
Tulfes/Tulfein: auf dem Waldweg nach Tulfes 412
Tulfes/Tulfein: Kalte Kuchl – Tulfes 412
Tulfes/Tulfein: Kalte Kuchl – Rinn 412

REGISTER

Absamer Erholungs- und Wanderweg 19
Achselkopf 170
Achberg (= Fiechtenköpfl) 246
Adelshof 35, 51, 53
Adolf-Pichler-Hütte 38, 69, 74, 75, 105, 106, 275
Adolf-Pichler-Quelle 20
Adolf-Pichler-Weg 20, 394
Afling 200, 430
Aflinger Alm 100
Ahrnspitze 215, 328
Ahrnspitzhütte 328
Akademikersteig (Birgitz) 51
Aldranser Alm 30, 185, 369
Alpeinerferner 285
Alpeinerscharte 420
Alpenklubscharte 39, 74
Alpensöhnehütte 21, 84
Alplhaus 237, 387
Almindalm 364
Amarellersteig (Innsbruck) 165
Amberger Hütte 99
Amras 131
Andreas-Hofer-Weg 176
Archenweg (Leutasch) 215
Archbrandhütte 119
Arzl (Innsbruck) 133, 134
Arzler Alm 146, 165, 169
Arzler Horn 168
Arzler Scharte 136
Arzkasten 237
Arztal 56, 310
Aspachhütte 171
Autenalm 268
Axamer Kögele 35, 37

Bärenbad 272
Baumkirchner Tal 48
Bendelstein 263, 374
Bergeralm 88, 376–377
Bergisel 175

Bettelwurf 25
Bettelwurfhütte 24, 139
Bildstöckljoch 286
Birchkogel 199
Birgitzalm 53
Birgitzköpfl 43–45, 53–54, 255
Birkkarhütte 335
Birkkarspitze 335
Blaser, Blaserhütte 224, 374, 400
Bodensteinalm 169
Bodenweg (Leutasch) 206, 327
Brandjoch 172
Bremer Hütte 112, 113, 280
Brennerpaß 87
Brennersee 87
Bsuechalm 280
Buchen bei Telfs (= Ropfen) 353, 388
Burgstall, Hoher 71, 72
Buzzihütte 144

Canisiusbrünnl 163
Coburger Hütte 238

Dominikushütte 90, 420
Dresdener Hütte 279, 283–286
Durrachsteig 171

Eggerjoch 377, 398
Eigenhofen 303
Ehrwalder Alm 238
Elfer 267
Elferhütte 267, 268
Eng 333
Enzianhütte 165
Eppzirl, Eppzirler Alm 342, 360, 462
Erlerweg (Innsbruck) 152
Erlsattel 461
Erlspitze 460
Europabrücke 228, 301

Falbeson 278
Falkenhütte (= Adolf-Sotier-Haus) 333

Falzturnalm 334
Farmtal 48, 62, 77
Finstertaler Seen, Finstertaler Scharte 197, 323
Flachjoch 92, 288
Flaurlinger Alm 59, 200
Flaurlinger Joch 60, 297
Flaurlinger Scharte 59, 200
Fotscher Express 364
Fotscher Bergheim 364
Fotscher Schihütte 363
Fotschertal 102, 104, 363
Fraderalm 288
Franz-Senn-Hütte 97, 106, 271, 273–277, 285, 365
Franz-Senn-Weg (Oberbergtal) 9, 73, 105
Franz-Senn-Weg (Neustift, Stubai) 266
Franzosensteig (Leutasch) 217
Frau-Hitt-Sattel 173
Freihut 101
Friedberg (Schloß) 244, 424
Froneben 66, 68–70

Gaistal 210, 237
Gallhof 229
Gallwieser Alm, Gallwieser Hochleger 100, 364
Ganalm 82, 391
Garklerin 115
Gartlach 436
Gedächtniskapelle (Rinn) 320, 436
Gehrenspitze 211
Geierspitze 443
Geiseljoch 452
Geraer Hütte 344, 419–420
Geroldsbachweg 176
Gießenbach 206
Gießenbachklamm 352
Gilfert 451
Gleins 230
Gleinser Berg 231

Gleinser Jöchl 232
Gleinser Mähder 224, 231
Gleirschtal (Sellrain) 324
Gleirschtal (Scharnitz) 21, 338
Gloatsteig (Telfes) 380
Glungezer 190, 321, 413
Glungezerhütte 190, 413
Gnadenwalder Erholungsweg 79
Goetheweg (Innsbruck) 135
Götzner Alm 52–54
Gramartboden 153
Gramei Hochleger, Gramei Niederleger 334
Grawaalm 282
Großer Solstein 461
Großkristen (Scharnitz) 342, 461
Grünberg 247
Grünsteinscharte (= Seebentörl) 237
Gsallerweg 42
Gschnitzer Tribulaun 115
Gschwandtkopf 350, 354–355
Gstreinjoch 116, 292
Gubener Hütte 197, 325
Guggermauer 395
Gunggl 78
Gungglweg (Gnadenwald) 83

Habicht 114
Hafelekar 134–142
Haggen 59, 322
Hallerangeralm (= Herrenalpe) 338
Hallerangerhaus 23, 141, 142, 337–338
Haller Zunterkopf 25, 394
Halltal 22, 140, 159, 338
Halsl 45, 67, 380
Halsmarter 411
Hammerscharte 401
Hanneburger Spitze 426, 439
Härmelekopf 356–358
Häusern 32
Hausstatt 450

Hechenberg   463
Heiligwasser   183, 368
Hemmermoosalm   208, 209
Herrenalpe   437
Herzsee, Herztal   33, 179
Heuweg (Wattens)   438
Hildesheimer Hütte   285–286
Himmelreichkopf   434
Hinterautal   337
Hinterriß   330
Hinterhornalpe   80–85
Hintertux   346
Hippoldspitze   440
Hirnweg (Seefeld)   351
Hirzer   438
Hoadl   35, 37–42
Hochalm, Hochalmsattel   330, 333
Hocheder   59, 308
Hochgeneinjoch   418
Hochmoos (Leutasch)   205
Hochtennboden   38, 75, 365, 384
Hochtennspitze   42
Hochzirl   315, 460–462
Hohe Birga   51
Hohenfriedberg, Schloß (Volders)   244, 424
Hohe Munde   218, 387
Hoher Burgstall   71
Hoher Sattel   214, 215, 327
Hohljoch   333
Höll   306
Hörtenberg (Ruine)   306
Höttinger Alm   169, 170
Höttinger Bild   145, 154
Hubertusweg   156
Hungerburg   131, 150–161

Innerst/Weertal   408, 451
Innsbrucker Hütte   112–114, 269
Inzinger Alm (= Hundstalalm)   119, 192, 297, 313
Inzinger Berg   192, 312
Isarsteig (Scharnitz)   192, 312, 329

Judenstein   30, 179, 320, 405
Juifenau, Juifenalm   94, 95, 96
Junsjoch, Junssee   442

Kaisersäule   25, 159, 395
Kalbenjoch   225
Kalte Herberge (Schmirn)   344
Kalte Kuchl   321, 412
Karwendelhaus   335
Karwendelsteg   329
Karwendeltal   330
Karwendeltour   331
Kaspar-Sautner-Weg   131
Kaserer Höhenweg (Schmirn)   346, 420
Kasern (Schmirntal)   345
Kemater Alm   37, 105, 107
Kerschbuchhof   155
Kesselspitze   402
Kienberg (Ampass)   320
Kirchbergalm (Zirl)   462
Klammjoch   262
Klammweg (Telfs)   387
Knappensteig (Mühlau)   152
Knappensteig (Hötting)   145
Knappensteig (Vomperloch)   83
Knappental   243, 319
Kniepiß   100
Kogelalm (Praxmar)   101
Koppeneck (Mieders)   232
Kranebitter Klamm   148
Kraspesspitze   323
Kraxentrager   91
Kreither Alm   44, 253, 254
Krepperhütte   425
Kreuzjoch (Kühtai)   199
Kreuzjoch (Fulpmes), Lift-Bergstation   70, 74
Kreuzjöchl (Navis)   259
Kreuzjöchl (Innsbruck)   142
Kreuztaxn   437
Krimpenbachalm   296
Krimpenbachsattel   192
Kristenalmen (Scharnitz)   340
Kristenkamm   34, 195

Kristenweg (Völs)   430
Krössbach   278
Kupf (= Arzberg)/Telfs   384
Kupferbergalm   259, 260

Lafatscher Joch   24, 140
Lamsenjoch, Lamsenjoch-
   hütte   334
Lampsenspitze (Praxmar)   101
Landshuter Hütte   89–91, 421
Langer Sattel   172
Lanser Alm   182, 184, 202, 369
Lanser Kopf   29, 178, 201
Laponesalm   112
Larchetalm (Karwendeltal)   330
Larchtal   78
Largotz, Largotzalpe   425
Lehnbergalm   238
Leiblfing   303
Leitenweg (Obernberg)   287
Leitnerberg   291, 376, 398
Leitnerjoch   398
Leutascher Schanz   216
Lichtsee   290
Lizum (Axamer)   36, 37, 43, 67,
   380
Lizum (Wattener)   189, 262, 409,
   428, 439, 453
Lizumer Hütte (Wattens)   445
Lizumer Reckner   260, 443
Lizumer Sonnenspitze   443
Locherboden (Wallfahrts-
   kirche)   246
Lorenzberg   288
Lüsens   95–97, 100, 275
Lüsenser Alm   95
Lüsenser Fernerboden   96

Magdeburger Hütte (neue)   149,
   176, 462
Mairbach   19, 78
Malgrübler   408, 427
Mandlscharte   135–140
Marchreisenspitze   42
Maria Waldrast   67, 223–225,
   232, 400

Marlstein   198
Martelseben   366
Marthaweg   167
Mauern   371
Maximiliangrotte   459
Meilerhütte   212
Meißner Haus   55, 188, 310
Melans   16
Michaelerhof, Gnadenwald   63
Mieminger Plateau   235, 247, 386
Mieslkopf   190, 222, 264, 310
Milders   269
Milderaunalm   277
Mischbachalm   278
Mölsjoch   262, 434, 455
Mölstal   441
Morgenkogel   55
Möserer See   389
Mösern   304, 353, 355, 389
Möslalm (= Arzler Kristenalm)
   26, 138, 173, 339
Mühlauer Klamm   165
Mühlbergsteig (Scharnitz)   341
Muttenjoch   117, 290
Mutterer Alm   43, 253, 254
Mutterbergalm   284

Nafingalm, Nafingtal   454
Nafinghütte (= Weidener Hütte)
   452–453
Narötz   94, 100
Nasses Tal   51, 431
Natterer See   176, 251, 431
Naturfreundehaus Birgitzköpfl
   256
Naviser Jöchl   189, 263, 410, 411
Naviser Hütte (= Schranzberg-
   haus)   260, 445
Navistal   188, 222
Nederjoch (Stubaital)   44, 381
Nockspitze (Saile)   43, 256, 381
Nördlinger Hütte   318, 358, 360
Nösslach   88
Nösslachjoch (= Steinacher
   Jöchl)   291, 376, 398

Nösslachhütte (Pfaffenhofen) 307
Nürnberger Hütte   113, 280–281
Nurpental   454

Oberbrunnalm   340
Oberhofener Alm (= Lattenalm)   59, 307
Obernberger See   289, 292
Obernberger Tribulaun   116, 292
Obfeldes   220
Ochsenalm (Pfons)   309
Ödkarspitze   335
Olpererhütte   420
Omes   195, 430
Omesbergerhof (Ranggen)   313

Padasterjochhaus   270, 401–403
Padasterkogel   401
Padastertal   418
Padauner Kogel   87, 416
Paschberg   29
Patscher Alm   184, 186, 302
Patscherkofel   183–191, 302, 369, 413
Peilspitze   225
Pettnau   304
Pfaffenhofener Höhenweg   307
Pfaffensteig   131
Pfarrachalm   44, 45, 255, 381
Pfarrtal   33
Pfeis, Pfeishütte   26, 135–141, 338
Pfitscher Joch, Pfitscher-Joch-Haus   90
Pflutschboden   374, 399
Pforzheimer Hütte (Neue) = Adolf-Witzenmann-Haus   102, 324–325
Pfriemesköpfl, Pfriemeswand   43, 255–257, 365
Pfurtschell   65, 71, 267
Pinnisalm, Pinnisjoch, Pinnistal   268–269, 401

Plaik/Leutasch   208–210
Pleisenhütte (Scharnitz)   336
Pleisenspitze (Axams)   35, 37
Pleisenspitze (Scharnitz)   336
Pletzachalm   334
Plumserjoch   334
Poltenalm   260
Poltental   405
Potsdamer Hütte   102, 106, 275, 365
Povers Alm   438
Praxmar   99, 324
Puitental   211, 212

Raitiser Alm   253, 254
Ranalt   280
Rangger Alm   313
Ranggeralm   313
Ranggerköpfl   60, 193, 295, 313, 367
Ransgrubensee   344
Rauhkopf (Flaurling/Polling/Hatting)   119, 307
Rauhenkopf (Reith b. Seefeld)   318
Rauschbrunnen   146, 171
Rauthhütte   218
Rechenhof   128, 162
Reckner   260, 443
Regensburger Hütte (Neue)   277–279, 284
Reither Alm   355
Reither Spitze   359
Rettenbachtal   195
Ridsteig (Zirl)   459
Rietzer Grieskogel   308
Rinnensee, Rinnenspitze   274
Rinner Alm   31, 186, 320, 321
Rohrauersteig/Pinnistal   424
Römerweg (Seefeld)   351
Rosengarten (Naturschutzgebiet), Igls   299
Rosenjoch   190, 310
Rosnerweg   156
Roßhütte   356
Roßkogel   94, 295, 366

Roßkogelhütte 60, 193, 295–297, 313
Rote-Wand-Spitze 437
Roter Kogel 162, 363
Rumer Alm 142, 159
Rumer Spitze 136, 142

Sagaalm 450
Saile (= Nockspitze) 43, 256, 381
Sailnieder 43, 256, 381
Salfeins, Salfeinsalm, Salfeinsköpfl 104, 107, 108
Sandestal 116, 292
St. Magdalena (Gschnitztal) 111
St. Martin (Gnadenwald) 47, 77, 242
St. Michael (Gnadenwald) 78, 83
St. Quirin (Sellraintal) 94, 193, 294, 366
St. Peter (Ellbögen) 300
Sattelalm, Sattelberg 91, 92
Satteljoch 100, 102, 325
Sautnerweg 131, 176 b
Schaflegerkogel 107, 364
Scharnitzjoch 211
Schartensteig (Axams) 36
Schaufelnieder 285
Schillerweg (Innsbruck) 128
Schlagkopf (Scharnitz) 341
Schlauchkarsattel 335
Schlick (Schlicker Alm) 39, 45, 67, 69, 70, 74, 254
Schlicker Schartl 69, 276
Schlicker Seespitze 106
Schloßbachklamm 315, 456
Schloß Hohenfriedberg (Volders) 244, 424
Schloß Klamm 247
Schloß Rettenberg 448
Schmirntal 419
Schneetalscharte 116
Schranzberghaus (= Naviser Hütte) 260, 445

Schützensteig (Inzing) 60, 297
Schwarze-Wand-Spitze 116
Sedugg 272
Seefelder Joch 356–361
Seefelder Rundgang 350
Seefelder Spitze 358, 359
Seegrube 135, 161, 168–173
Seejöchl 69, 72, 106, 276
Sendersjöchl, Senderstal 37, 73, 107, 108
Sendesjöchl 69, 72, 106, 276
Sennesjöchl 69–72
Serles, Serlesjöchl 68, 226, 403
Serleskamm 270, 403
Sillschluchtweg 176
Silzer Sattele 198
Simmelberg 206
Simminger Jöchl 113, 281
Sistranser Alm 185, 202, 368–369
So-Alpe 437
Solenalm 174, 361, 460, 462
Söllerpaß 212
Solsteinhaus 149, 173, 361, 460–462
Sommerwand (Franz-Senn-Hütte) 274
Sonnenstein 67, 232
Speckbacherweg (Tulfes) 55, 406
Spielißjoch 333
Sprengerkreuz 129, 151
Sulzenauhütte 281–283
Staffelsee 261, 444
Stallenalm 334
Stangensteig 155
Starkenburger Hütte 68, 71, 72, 106, 271, 275
Stefansbrücke 229
Steigeruhe (Mühlau) 152
Steinernes Lamm 344
Steinkasernalm 189, 263, 410, 411, 415
Stempeljoch 26, 140, 141, 340
Stempeljochspitze 136

Stieglreith 60, 295, 313, 367
Stiftsalm 411
Stockerhof 45, 254, 379
Stöcklenalm 272
Stollensteig (Mieders/Schönberg) 230
Straßberg 236, 387
Studlalm 450

Tarntaler Köpfe 261, 444
Telfeser Wiesen 252, 379
Thaurer Alm 25, 159, 160, 394
Thaurer Schloß 20, 156, 393
Thaurer Zunterkopf 25
Thierburg 61, 78
Tienzens 371–372
Tilfußalm 388
Torjoch 442
Törl (Halltal) 25, 160, 442
Torseen, Torwand 442
Tribulaunhütte 115–117, 291
Trinser Steig 221, 399–400
Trunnajoch 290, 377, 397–398
Tulfein 187, 412–414
Tulfeinweg 414
Tummelplatz (Ambras) 179
Tummelplatz (Volders) 424
Tuxer Joch 346, 445
Tuxer-Joch-Haus 346, 420, 446

Überschalljoch 338
Umbrüggler Alm 146, 160
Umlberg (Walderkamm) 83, 391

Valser Tal 91, 344, 419, 421
Vennatal 89
Vennspitze 417
Vergör 65, 66, 67
Verlobungsweg (Wattens) 434
Viggartal 55, 187
Vintlalm/Thaur 142, 159
Vögelsberg 424, 435
Voldertal 56, 189, 310, 410, 415, 426, 428

Voldertalhütte 57, 190, 310, 409, 414, 427
Vomperloch 83, 338
Vorbergweg (Gnadenwald) 80

Walchen (Wattental) 262, 441
Walderalm (Gnadenwald) 81, 82, 391
Walderjoch 82
Walderkamm 82, 391
Walder Zunterkopf (Hundskopf) 85
Wandlalm 21, 85
Wandlsteig (Gnadenwald) 84
Wangalm 209, 211
Wattenberg 436
Wattener Lizum 189, 262, 409, 428, 439, 453
Weertal 445, 448
Weertalrunde (kleine und große) 449–450
Weidacher See (Leutasch) 204
Weidener Hütte (= Nafinghütte) 452–453
Weiherburg 153
Weirichalm (Navis) 259
Westfalenhaus 97–99, 324
Wettersteinhütte (Leutasch) 209
Widdersberg, Widdersbergsattel 38, 75, 365
Wiesenhof (Gnadenwald) 48, 77
Wilde Gruben (Stubai) 284
Wildeben (Fulpmes) 67
Wilder Freiger 281
Wildermieming 386
Wildlahner/Schmirn, Wildlahnerweg (Schmirn) 344
Wildmoos 207, 352, 388
Windeck (Sellrain) 96
Windegg (Tulfes) 411–415
Winnebachseehütte 98
Wolfendorn 90
Würziger Steig (Leutasch) 209

Zimmertal 180, 243

Zirbenweg 187, 413
Zirkenhof (Mieders) 232
Zirler Kristenalm 340, 461
Zirmbachtal 60
Zischgeles (Praxmar) 102

Zischgenscharte 98, 325
Zunterkopf (Haller) 25, 394
Zwirchkopf (Leutasch) 214
Zwiselbachalm 325
Zwölfernieder 268

Tiroler Wanderbuch 1

50 Wanderungen zwischen Arlberg und Mieminger Plateau, Außerfern und Oberem Gericht von Emil Hensler. 270 Seiten Text, 50 Kartenskizzen, 16 Kunstdruckbilder, eine Übersichtskarte, Plastik

In diesen 50 Wanderungen wird der westliche Teil Tirols erschlossen, wobei der erfahrene Autor für das jeweilige Wandergebiet kennzeichnende Wege beschrieben und auf typische Eigenheiten einer bestimmten Gegend hingewiesen hat. Zudem war Hensler bemüht, das Gebiet zwischen Silvretta und Ötztalmündung bzw. zwischen den Landesgrenzen gegen Südtirol und Bayern (mit dem Lechtal und Außerfern) möglichst gleichmäßig zu erfassen.

Die Wanderungen erstrecken sich auf alle Höhenlagen, wobei auf schwierige Bergfahrten verzichtet wird. So können die meisten Touren auch mit Kindern unternommen werden.

Der Westen Tirols ist landschaftlich überaus reizvoll, wenn auch weniger lieblich als andere Bereiche Tirols. Er ist aber von einer herben Schönheit, die immer wieder neu fasziniert. Henslers „Tiroler Wanderbuch 1" ist mehr als ein Hinweisbuch mit Wegskizzen, nach dem Motto Propst Weingartners: „Wandern, o Wandern! Aus Wolken und Wellen, Waldesrauschen und Wipfelruh, Licht und Dunkel: aus tausend Quellen strömt mir köstliches Leben zu."

Tiroler Wanderbuch 3

55 Wanderungen vom Karwendel bis zum Kaiser und von den Zillertaler bis zu den Kitzbüheler Alpen von Emil Hensler. Ca. 320 Seiten, 53 Wegskizzen, 16 Kunstdruckbilder, Plastik

Mit Henslers „Tiroler Wanderbuch 3" ist das dreiteilige „Tiroler Wanderbuch", das den gesamten Raum Nordtirols umfaßt, abgeschlossen. In diesen 55 Wandervorschlägen ist die Karwendeltour ebenso enthalten wie eine Wanderung um den Achensee oder der Weg vom Inntal ins Tuxer Tal. Das Angebot reicht von der gemütlichen Mittelgebirgswanderung bis zur hochalpinen Tour (Rastkogel, Wildseeloder u. a.), mehrheitlich für Schulwanderungen geeignet, ebenso für die Familie mit schulpflichtigen Kindern.

Tyrolia-Wanderbücher

Tyrolia-Wanderbücher für Österreich und Südtirol

	Knoll
Burgenland	Erlebte Geschichte im Land unter der Enns
	Knoll
	Vom Nordwald bis zur Puszta
	Buchenauer – Gallin
Kärnten	Kärntner Wanderbuch
	Knoll
Niederösterreich	Vom Nordwald bis zur Puszta
	Knoll
	Erlebte Geschichte im Land unter der Enns
	Herges – Pilz
Oberösterreich	Wandern in Oberösterreich 1/2
	in Vorbereitung
	Goldberger
Salzburg	Salzburger Wanderungen 1 (Nord)
	Schueller
	Salzburger Wanderungen 2 (Süd)
	Buchenauer
Steiermark	Wandern in der Steiermark
	Buchenauer
	Bergwandern in der Steiermark
	Hensler
Tirol	Tiroler Wanderbuch 1 (Tirol-West)
	Schiechtl
	Tiroler Wanderbuch 2 (Innsbruck-Umgebung)
	Hensler
	Tiroler Wanderbuch 3 (Tirol-Nordost)
	Rampold
Südtirol	Südtiroler Wanderbuch
	Delago
	Dolomiten-Wanderbuch
	Jungblut – Märk – Stahr
Vorarlberg	Vorarlberger Wanderbuch
	Knoll
Wien	Wanderungen rings um Wien

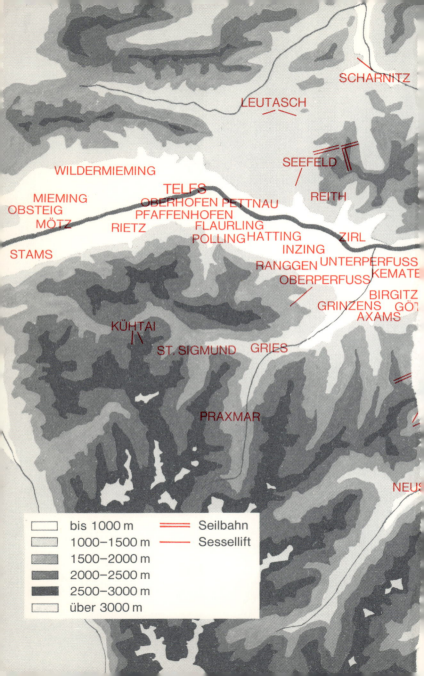

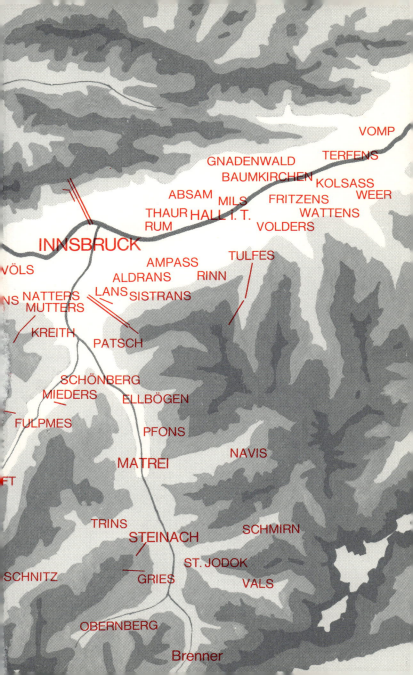

gelöscht